Hermann A. Richter
Im War for Talents bestehen

Hermann A. Richter

Im War for Talents bestehen

New Leadership, New Work und Innovative
Unternehmensführung

DE GRUYTER

ISBN 978-3-11-137433-8
e-ISBN (PDF) 978-3-11-137442-0
e-ISBN (EPUB) 978-3-11-137447-5

Library of Congress Control Number: 2024952057

Bibliografische Information der Deutschen Nationalbibliothek
Die Deutsche Nationalbibliothek verzeichnet diese Publikation in der Deutschen Nationalbibliografie;
detaillierte bibliografische Daten sind im Internet über http://dnb.dnb.de abrufbar.

© 2025 Walter de Gruyter GmbH, Berlin/Boston, Genthiner Straße 13, 10785 Berlin
Einbandabbildung: beast01/iStock/Getty Images Plus
Satz: Integra Software Services Pvt. Ltd.

www.degruyter.com
Fragen zur allgemeinen Produktsicherheit:
productsafety@degruyterbrill.com

———

Meiner Frau,
unseren (Schwieger-) Kindern
und unserem Hund.

Meine *Work-Life-Balance* war – na ja: mau,
die *Work-Family-Integration* habe ich zeitweilig fast ignoriert,
und von etwas wie proaktivem *Work-Dog-Management* war sowieso nie die Rede.

Inhaltsverzeichnis

Vorwort

Was müssen wir tun, damit die Leute zu uns kommen wollen? Das ist die Frage, die Unternehmen sich heute stellen. Ergänzt um die Frage: *... und damit sie bleiben?* An deren Beantwortung arbeiten ungezählte Führungskräfte, Personaler, Consultants, Top-Manager und Unternehmenseigner. Die zahlreichen Antworten aus Praxis und Wissenschaft bestimmen dieses Buch. Es bietet damit zugleich Tools aus Unternehmenssicht sowie für den individuellen beruflichen Erfolg.

Den Begriff *War for Talent* führte 1998 im *McKinsey Quarterly* ein Artikel ein, der mit „Better talent is worth fighting for" begann (Chambers et al., 1998, S. 45). Doch heute hat *War* einen anderen Klang. So haben der Verlag De Gruyter Brill und ich entschieden, „*War for Talents*" auf dem Cover einmal in Anführungszeichen zu setzen: Es liegen zweifellos Welten zwischen dem *War for Talents* und echtem Krieg mit seinem unermesslichen Leid. Daran wollten wir erinnern.

Auf den Artikel damals folgte Streit. Manager, Berater und Business Schools stimmten McKinsey zu. Im *New Yorker* brandmarkte Malcolm Gladwell[1] (2002) das unter dem Titel „The Talent Myth" jedoch als eigennützig: Ihnen winke Geld, stand zwischen den Zeilen. Dabei hatte Stanford-Professor Jeffrey Pfeffer (2001) die Symbolik des *War for Talent* schon gefährlich genannt: Stars seien überbezahlt, interne Talente unterbewertet – und Unternehmenskultur gefährdet.[2]

Heute ist der Begriff geläufig geworden (Von der Oelsnitz et al., 2023, S. 9). Und wer bis hierher gelesen hat, weiß vermutlich, warum. Die Demographie dreht sich. Wir schreiben *War for Talents* ohne Anführungszeichen – auch in diesem Buch.

„... das ohne meine Frau nicht zustande gekommen wäre": So etwas habe ich immer für übertrieben gehalten. Dabei stimmt es so sehr, dass ich mich schämen muss. Lifelong Learning. Und auch etlichen anderen habe ich zu danken – allen voran meinem Lektor, Editorial Director Business and Economics Dr. Stefan Giesen. Unglaublich, wie er immer schon vor mir wusste, was ich wollte: ein fundiertes, anwendungsorientiertes Buch.

Viel Vergnügen!

Hamburg, 30.09.2024   Hermann A. Richter

---

1 Kanadischer Unternehmensberater, Journalist und Autor.

2 Im Englischen wird *War for Talent* i. d. R. im Singular geschrieben (als Talent-Pool verstanden), während der deutsche Anglizismus *War for Talents* eher die *Talentierten* meint, um die die Unternehmen konkurrieren.

https://doi.org/10.1515/9783111374420-203

Hinweise

Sprache: Ich strebe Geschlechterneutralität an, bediene mich wegen der besseren Lesbarkeit und Ästhetik gelegentlich aber auch des generischen Maskulinums.

Übersetzungen: Wo Englisches übertragen wurde – und sofern nicht anders gekennzeichnet –, gehen Fehler auf mein Konto. So sorry!

https://doi.org/10.1515/9783111374420-204

1 Auftakt

Die meisten von uns arbeiten mit dem Laptop in der Küche oder im Wohnzimmer, als hätten sie nie etwas anderes getan: fast jeder Zweite. Dass die Digitalisierung jeden betrifft, hatte man zwar immer gehört – aber auch verstanden? Und, mit Blick auf den Arbeitsmarkt: Ist uns eigentlich klar, wie dieser schnelle und disruptive Wandel sich tatsächlich auswirkt?

Vor dem Hintergrund des demografischen Wandels lernen Unternehmen, sich selbst neu zu sehen, weil sie als Arbeitgeber attraktiv bleiben wollen. Jeder 3. Arbeitsplatz wird 2030 von Gen Z besetzt sein. Dabei warten auf die Beschäftigten neue Aufgaben; der Wettbewerb um die attraktivsten Arbeitsplätze bleibt bestehen. Und für Führungskräfte bringt er neue Herausforderungen mit sich.

Im 2. Quartal unseres Jahrhunderts wird manches in der BWL neu geschrieben werden. Nicht, weil es falsch war, sondern weil es anzupassen ist. *Gesetzmäßigkeiten* bleiben, *Gegebenheiten* ändern sich. Die einen wie die anderen gilt es zu verstehen, um Entwicklungen und Erfolg zu gestalten.

Führungskräfte müssen die Auswirkungen von Innovation und die Bedürfnisse ihrer Mitarbeitenden neu verstehen und antizipieren. Nur das hilft ihnen, Entscheidungen klug zu treffen und den eigenen Erfolg sowie den ihrer Unternehmen zu sichern. Dabei sind sie selbst Teil der Änderungsmasse im neuen Spiel von Arbeitsangebot und -nachfrage.

Gleichzeitig verlagert sich in Unternehmen der Wissensgesellschaft das Knowhow in die Breite. Arbeit ist neu zu organisieren, agil und divers, zeitlich und örtlich, flexibel und in Projekten, von unten bis oben. Leadership muss neu verstanden, Kommunikation geradezu inhaliert werden. Soft Skills gilt es sich neu anzueignen, Lifelong Learning endlich ernst zu nehmen.

Ein Schlüsselbegriff, der wieder Furore macht, ist *Work-Life-Balance*: das Gleichgewicht von Erwerbs- und Privatleben.[3] Aus Sicht der Beschäftigten – besonders von Gen Y und Gen Z – ist die Forderung nach Balance selbstverständlich; doch auch sie erfordert Wandel.

Für Unternehmen besteht die Anforderung, die Work-Life-Balance ihrer Beschäftigten zu fördern. Die Tür zur Forschung ist hier erst aufgestoßen; unter dem „Dachbegriff" Work-Life-Balance (Mohe et al., 2010) finden sich vielfältige Aktivitäten. Der

---

[3] In den beiden vergangenen Jahrzehnten entstanden Begriffe wie Work-Life-Integration, Work-Personal-Life-Integration, Work-Family-Integration (Lewis & Cooper, 2005), Work-Health-Balance (Gragnano et al., 2020), Work-Family-Balance (Schobert, 2010) und Work-Life-Blending (Breyer-Mayländer, 2017). Letzterer thematisiert treffend die Verwobenheit von Erwerbs- und Nicht-Erwerbsleben: Berufliches und Privates werden durch- und nebeneinander erledigt – was die damit einhergehenden Probleme gut beschreibt, sie jedoch nicht löst (zu den Begriffen s. a. Kap. 7.1 u. 11.3).

https://doi.org/10.1515/9783111374420-001

Begriff eines proaktiven *Work-Life-Management (WLM)* seitens der Unternehmen steht dafür bereit (s. Kap. 11.3).

Ein Modell für *Quality of the Work Life Management* (QWLM) präsentieren Limongi-França et al. (2021, S. 431 f.). Es unterteilt die Aufgabenfelder von Work-Life-Management in 4 Dimensionen („BPSO"):

– B: die *biologische* (Gesundheit, Gewohnheiten)
– P: die *psychologische* (Selbstwertgefühl, Anerkennung)
– S: die *soziale* (Konsum, Bildung)
– O: die *organisationale* (ergonomische Bedingungen und Arbeitsklima)

Dazu nennen die Autoren („Business"-) Indikatoren, mit denen Work-Life-Management sich befasst und die sie diesen vier BPSO-Dimensionen zuordnen (s. Abb. 1).

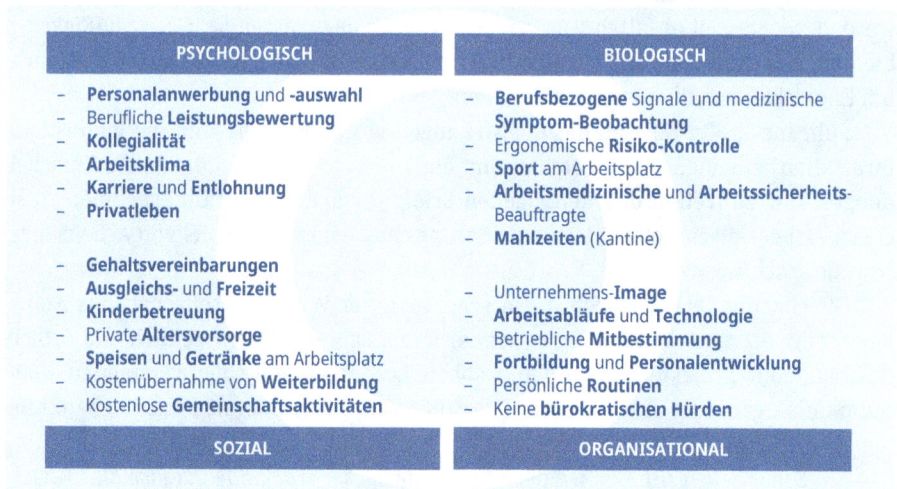

PSYCHOLOGISCH	BIOLOGISCH
– **Personalanwerbung** und **-auswahl** – Berufliche **Leistungsbewertung** – **Kollegialität** – **Arbeitsklima** – **Karriere** und **Entlohnung** – **Privatleben**	– **Berufsbezogene** Signale und medizinische **Symptom-Beobachtung** – Ergonomische **Risiko-Kontrolle** – **Sport** am Arbeitsplatz – **Arbeitsmedizinische** und **Arbeitssicherheits-** Beauftragte – **Mahlzeiten** (Kantine)
– **Gehaltsvereinbarungen** – **Ausgleichs-** und **Freizeit** – **Kinderbetreuung** – Private **Altersvorsorge** – **Speisen** und **Getränke** am Arbeitsplatz – Kostenübernahme von **Weiterbildung** – Kostenlose **Gemeinschaftsaktivitäten**	– Unternehmens-**Image** – **Arbeitsabläufe** und **Technologie** – Betriebliche **Mitbestimmung** – **Fortbildung** und **Personalentwicklung** – Persönliche **Routinen** – Keine **bürokratischen Hürden**
SOZIAL	ORGANISATIONAL

Abb. 1: Indikatoren für Work-Life-Management. Ein Modell mit zahlreichen Faktoren, von denen dieses Buch die zukunftsweisenden sowie für Management und Führungskräfte herausfordernden vertieft (eigene Darstellung nach Limongi-França et al., 2021, S. 32).

Das Modell geht von einem sozio-psychosomatischen, auf Balance ausgerichteten Menschenbild aus. Es bemüht sich darum, betriebswirtschaftliche Aufgaben unserer Zeit zu integrieren, und glaubt an die Entwicklungsmöglichkeit menschlicher Arbeit.

In der positiven Sicht auf solche Gestaltbarkeit folgt das vorliegende Buch diesem Modell – wie in der Überzeugung, dass ein Blick auf Ethik sich lohnt. Nach meiner Erfahrung entspricht Ethik, sofern in Freiheit gebildet, unserer Vernunft. Sie dient damit zugleich der aktuellen Suche nach Sinn und dem Streben nach Effizienz. So dient sie auch dem *Purpose* von Unternehmen (s. Kap. 3.3).

Das vorliegende Buch entwickelt kein eigenes Modell. Es ist für die Praxis geschrieben. Es richtet sich an Manager und Unternehmer, Führungskräfte, HR-Verantwortliche und Berater, Steuerer des digitalen Wandels und Zukunfts-Interessierte. Und an die Wissenschaft, deren Publikationen zu *Workplace Innovation* seit 2015 sprunghaft gestiegen sind (Weerakoon & McMurray, 2021, S. 6 f.).

Mit der Wirtschaft, die sich ständig ändert, und den Menschen, die in ihr tätig sind, haben wir Berge von Arbeit vor uns.

Legen wir los.

2 Die neue „New Economy": War for Talents, Problem Owners – und Zielharmonie

2.1 Digitalisierung, Demographie und Work-Life-Management

2013 wurde die damalige Bundeskanzlerin Angela Merkel für ihren Satz belächelt, das Internet sei „für uns alle Neuland" (Wietlisbach, 2018). Ihr Redenschreiber meinte vermutlich nicht das Internet, sondern die Digitalisierung. Die steht heute etwa da, wo die Industrialisierung war, als die Dampfmaschine auf Schienen gesetzt zur Lokomotive wurde: Die einen waren fasziniert, wenn sie heranschnaubte, die anderen flohen in den Wald. Ähnlich ambivalent verhalten sich Menschen heute.

Die Covid19-Pandemie zeigte, wie schnell technischer Fortschritt fruchtbar werden kann: mit neuen Formen von Arbeit, ihrer Organisation, Strukturen und Prozessen. Hatten die meisten von uns zuvor kaum Erfahrung mit Live-Video-Calls gehabt (außer per Skype), integrierten die Unternehmen MS Teams, Zoom & Co. in wenigen Monaten, wenn nicht kurzen Wochen in ihren Alltag.

Seit 2020 arbeiten wir im **Homeoffice** (wie es umgangssprachlich heißt) oder **remote**, also nicht im Büro (Remote Work). Der Begriff **hybrid** bezeichnet dagegen üblicherweise eine Form der Arbeit, die im Wechsel von Büro und außerhalb davon – zu Hause oder an anderen Orten – stattfindet (Hybrid Work; s. Kap. 5).[4]

Vor 2020 taten die meisten dies nur tageweise und überwiegend ohne Video-Calls und -Meetings. Heute sind diese nicht mehr wegzudenken. Unter dem Einfluss der Covid19-Pandemie änderte sich das. Die Jüngeren gewöhnten sich naturgemäß schneller um als die Älteren; doch erstmals betraf eine solche Innovation nicht *zunächst* nur einige Beschäftigte und erst *danach* schrittweise viele, sondern in kürzester Zeit in etlichen Bereichen und Abteilungen von Unternehmen sowie zahlreichen Branchen (zumal Dienstleistungen) *gleichzeitig* fast alle Fach- und Führungskräfte.

Die jüngeren Generationen waren dabei fast komplett den älteren gegenüber im Vorteil. Die Effekte des *Alterns* der Gesellschaft mit seinem Wandel der demographischen Struktur auf der einen Seite und die der *High-Speed*-Digitalisierung auf der anderen Seite kamen zusammen Eine solche Melange in der **Demographie** hatte es zuvor noch nie gegeben. Allerdings ist umstritten, ob die Digitalisierung ihr Tempo beibehalten wird: Es gibt gute Gründe dafür, eher von einer Rückkehr zu normaleren, also niedrigeren Veränderungsraten auszugehen (Atkinson, 2018).[5]

---

4 Das britische Englisch bezeichnet mit *Homeoffice* eigentlich das Innenministerium.

5 Es ist ferner umstritten, in welche Wellen die Industrialisierung einzuteilen ist. Der kanadisch-amerikanische Ökonom Robert Atkinson (*1954) meint, dass wir gegenwärtig nicht die vierte Welle („4.0") erleben, sondern bereits die *sechste*. Er unterscheidet in:

(1) Dampfmaschine (1780er und 1790er),

(2) Eisen (1840er und 1850er),

https://doi.org/10.1515/9783111374420-002

In diesem Zusammenhang entstand die Erwartung, dass auch künftig per Saldo kaum Stellen verloren gehen; nur dass aufgrund des demografischen Wandels weniger Arbeitskräfte zur Verfügung stehen: mit der Folge einer *Netto-Verringerung* von Stellen auf dem Arbeitsmarkt. So zeigen BMAS, IAB u. a., dass sich der wirtschaftliche **Strukturwandel** nach Branchen und Berufen zwischen 2020 und 2040 durch Wegfall, allerdings auch Schaffung von Stellen zwar spürbar auswirkt (Schneemann et al., 2020), und das auch in eindrucksvollen Zahlen. Aber keineswegs so einseitig als Wegfall, wie oft behauptet, sondern indem Abbau und Zuwachs an Stellen sich in etwa die Waage halten (s. Abb. 2).

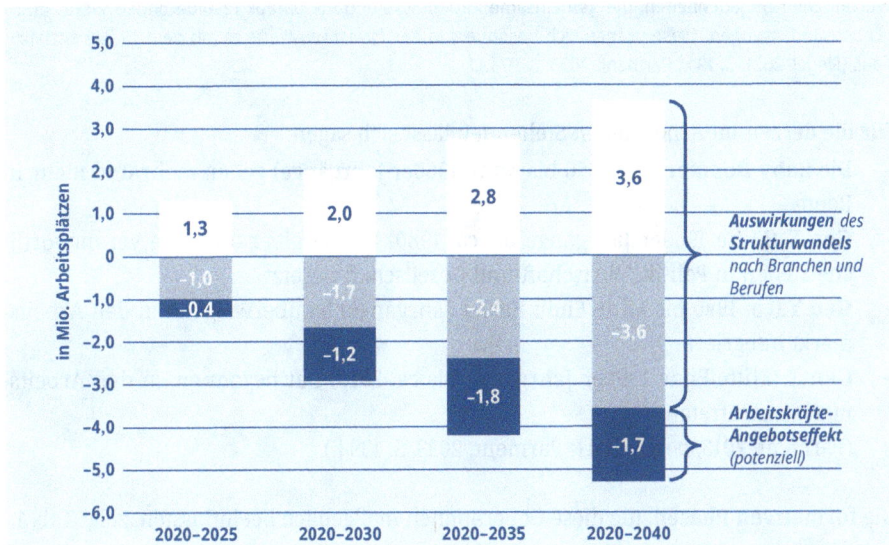

Abb. 2: Neu entstehende und wegfallende Arbeitsplätze 2020–2040. Positive und negative Effekte des Strukturwandels in etwa ausgeglichen (oben und Mitte); zusätzlicher Effekt wegen reduzierten Angebots an Arbeitskräften aufgrund demographischen Wandels (unten; nach Schneemann et al. 2020, S. 37).

Nach den Berechnungen von BMAS, IAB u. a. gehen in diesen zwei Jahrzehnten also ca. 3,6 Mio. *Arbeitsplätze* verloren, und es werden in etwa ebenso viele geschaffen. Dramatisch aber sinkt das Angebot an *Arbeitskräften* insgesamt: um ca. 1,7 Mio. Die Herausforderung für Unternehmen, Ersatz für die *ausscheidenden* Arbeitskräfte zu

---

(3) Stahl und Elektrizität (1890er und 1900er),
(4) Elektromechanik und Chemie (1950er und 1960er),
(5) Informations- und Kommunikationstechnologie (2000er und 2010er).

Welle 6 basiert demnach primär auf *AI* und *Robotics* sowie vermutlich *Nano-* und *Biotechnologie* und findet primär in den 2030ern bis 2050ern statt; deren Beginn erleben wir jetzt (Atkinson, 2005; Atkinson, 2018).

finden und die neu geschaffenen Stellen zu besetzen, wird daher als größer einge-schätzt als je zuvor.[6]

Für die Generation der Baby Boomer stellten die Innovationen der Digitalisierung ebenfalls deutliche Herausforderungen dar. Einfacher war die Situation für die be-troffenen *Gen X, Gen Y* und seit ca. 2020 auch *Gen Z*, die sich leichter für die betreffen-den Stellen qualifizieren konnten (Schneemann et al., 2020, S. 37 f.).

> Entscheidend für die Zugehörigkeit zu einer **Generation** sind nicht die Geburtsjahrgänge an sich, son-dern die für deren Zugehörige prägenden wirtschaftlichen, gesellschaftlichen, soziokulturellen und technischen Gegebenheiten, die gemeinsamen Erlebnisse und die daraus resultierenden Werte und Lebensauffassungen. Diese prägen sich besonders in der *formativen Phase* ca. ab dem 13. Lebensjahr aus (Siegel, 2021, S. 19 f., Parment, 2023, S. 97 f.).[7]

Für die derzeit im Arbeitsleben Stehenden lässt sich sagen:
– Die **Baby Boomer** (um 1950 bis Mitte 1960er Jahrgänge) gehen mehr und mehr in Rente
– **Gen X** (Mitte 1960er Jahrgänge bis ca. 1980) hat bereits zahlreiche verantwortli-che Stellen in Politik, Wirtschaft und Gesellschaft besetzt
– **Gen Y** (ca. 1980 bis Mitte/Ende 1990er Jahrgänge) ist überwiegend in den Arbeits-markt integriert
– **Gen Z** (Mitte/Ende 1990er Jahrgänge bis ca. 2010) hat begonnen, in den Arbeits-markt einzutreten
(Parment, 2013, bes. S. 8–11; Parment, 2023, S. 139 f.).

Die **formativen Phasen**, die diese Generationen maßgeblich beeinflussten, zeigt Tab. 1.

---

6 Die Notwendigkeit, so aktiv Arbeitskräfte ggf. abwerben zu müssen, hatte es in Deutschland bis dato nicht gegeben. In den 1960er Jahren glichen die „Gastarbeiter" (zuerst „Fremdarbeiter" genannt) den Bedarf aus. Die vorherigen Phasen der Industrialisierung hatten noch zu Landflucht geführt; das gleich-zeitige Anwachsen der Bevölkerung hatte Arbeitslosigkeit und Verarmung ausgelöst: bei steigender Le-benserwartung – ob als Folge oder Auslöser (oder beides), ist bisher nicht entschieden (Condrau, 2005; Hahn, 2011; Ziegler, 2012). Diese Erfahrungen prägten Denken und Ängste bis über die 1970er und 1980er Jahre hinaus, als Baby Boomer in nennenswertem Umfang Zahl noch arbeitslos waren, bis die neuen Entwicklungen eintraten.
7 Entsprechend treten bestimmte Generationsphänomene nicht einheitlich und in verschiedenen Ländern und Regionen u. U. zu unterschiedlichen Zeiten auf; z. B. nach Kriegen (USA früher als Deutschland), Umbrüchen (Westen vor dem Mauerfall früher als Osten) oder je nach Wohlstand und bestimmten Entwicklungen (globaler Westen früher als Süden), und das ggf. sehr ausgeprägt – wes-halb Jahrgangs-Abgrenzungen sich nicht einfach übertragen lassen; und manche Einflüsse ändern mitunter gleichzeitig Einstellungen mehrerer Generationen. Es handelt sich also nicht um einen Feh-ler der Soziologie.

Tab. 1: Formative Phasen und Einstellungen Baby Boomer bis Gen Z (Siegel, 2021, S. 19; Weindl, 2021, S. 42; Germann, 2023, S. 71).

(Geburtsjahrgänge in Deutschland)	Baby Boomer ca.1950 – Mitte 60er	Gen X Ende 60er – ca. 1980	Gen Y (auch: „Millenials") ca. 1980 – Mitte 90er	Gen Z Ende 90er – ca. 2010
Formation ab ...	Ende 1960er	Anfang 1980er	Ende 1990er	Anfang 2010er
Zeitgeschichte	Wirtschaftswunder, „68er", Mondlandung, Frauenbewegung, Greenpeace	Arbeitslosigkeit, Wettrüsten, Wiedervereinigung, EU-Gründung, Euro-Bargeld	„Nine-Eleven" (2001), Globalisierung, Internationalisierung, Deklaration von Rio	Arabischer Frühling, Mediatisierung, Multikulturalität
Krisen	Arbeitslosigkeit, Ölkrise, RAF	Tschernobyl, AIDS	Börsencrash, Amoklauf von Erfurt	Flüchtlingskrise, Finanzkrise, Fukushima
Bundeskanzler	Brandt, Schmidt	Kohl	Kohl, Schröder	Merkel
Musik	MC, Walkman	CD, Discman	MP3, iPod	Spotify
Sport	Olympia 1972	Fußball-WM 1990	Fußball-WM 2006	FC Bayern Triple
Interindividual-Kommunikation	Papier-Brief, Schreibmaschine, Tisch-Telefon	Commodore C 64, PC, Telefax, Tasten-Telefon, schnurloses Festnetz	Laptop, Email/Internet Mobiltelefon, SMS	iPad, Facebook, Smartphone, WhatsApp
Ziele im Berufsleben	Schneller Aufstieg	Sicherheit im Job, Familie, Alter	Gesundheit, Familie	Einkommens- u. Lust-Maximierung
Präferenzen im Beruf	Arbeit	Work-Life-Balance Humanisierung	Vernetzung, Team, Gesundheit, Gerechtigkeit	Trennung von Beruf u. Privatleben

(fortgesetzt)

Tab. 1 (fortgesetzt)

(Geburtsjahrgänge in Deutschland)	Baby Boomer ca.1950 – Mitte 60er	Gen X Ende 60er – ca. 1980	Gen Y (auch: „Millenials") ca. 1980 – Mitte 90er	Gen Z Ende 90er – ca. 2010
Verhalten in der Arbeitswelt	Austausch, strukturiert, Beziehungspflege	Verantwortungssplit, ergebnisorientiert, technisch versiert	Führung sekundär, projektbezogen, Fachlaufbahnen	Flexibilität, digitaler Entrepreneur
Motivation	Persönliches Wachstum, Gebrauchtwerden	Beruflicher Fortschritt, Freiheit	Selbstverwirklichung, Vernetztsein	Feedback-Kultur; umgehende Bedürfnisbefriedigung
Leitsatz	Lebe, um zu arbeiten	Arbeite, um zu leben	Arbeit und Leben verbinden	Hier die Arbeit, da mein Leben

Gen Y und Gen Z wissen, dass Wirtschaft und Gesellschaft sie dringend brauchen – wenngleich der Wettbewerb untereinander um die *attraktiven* Arbeitsplätze naturgemäß bestehen bleibt. Die Angst vor dem völligen Entfall („Wegrationalisieren") von Arbeitsplätzen wird dagegen als unbegründet angesehen. Der Wettbewerb um attraktive Arbeitsplätze in den kommenden Jahren erfordert jedoch Neues: Es geht um *Kompetenzerwerb* und um *Lifelong Learning* (Schneemann, 2020, S. 56–67).

Seit dem Jahr 2000 Jahre kam der Begriff **War for Talents** für das Phänomen auf, dass Unternehmen verschärft um Arbeitskräfte konkurrierten. Daneben war von *Employer Branding* die Rede: Der Begriff bezeichnet die *strategische*, also nicht nur kurzfristig orientierte Führung der Marke eines Unternehmens zum Zweck der Personalbeschaffung (Rowold, 2015, S. 136 f., Esch & Langner, 2019, S. 179 f.; s. a. Kap. 11.2).

Employer Branding verfolgt Kommunikations- und Positionierungsziele gegenüber Stakeholdern auf dem Arbeitsmarkt, und zwar im Zusammenhang mit Produktmarken der betreffenden Unternehmen. Unternehmen haben dabei besonders auf Authentizität zu achten: *Woke Washing* und andere unaufrichtige Kommunikation droht stets entlarvt zu werden; funktionieren können nur ehrlich gemeinte Angebote an attraktiven Arbeitsplätzen (Sponheuer, 2010; Immerschitt & Stumpf, 2019; Wilbers, 2022).

Lösungen werden auch in anderer Richtung gesucht. Eine Erhöhung der *Frauen-Erwerbsquote*, eine Ausweitung der *Nettozuwanderung* ausländischer Arbeitskräfte sowie eine weitere Verschiebung der *Altersgrenze* angesichts immer wieder sich verlängernder Lebenserwartung gehören zu den am meisten genannten Komponenten (Werding, 2019, S. 14 f.).[8] Im Hinblick auf ausländische Arbeitskräfte geraten Unternehmen zugleich in einen internationalen Wettbewerb, in dem sie sich attraktiv positionieren müssen.

Das Selbstbewusstsein, mit dem schon die *Millennials* (Gen Y) Work-Life-Balance einforderten, fehlte ihren Eltern noch – selbst wenn der Begriff schon bei ihnen auftauchte. Für *Gen Z* ist diese Forderung zur Selbstverständlichkeit geworden. Das führt zu erheblichen Herausforderungen. Unternehmen können ein proaktives **Work-Life-Management** ihrerseits nicht mehr außer Acht lassen (s. a. Kap. 11.3). Im Zusammenhang damit ergreifen Management und Führungskräfte wettbewerbsorientierter moderner Unternehmen zahlreiche Maßnahmen. Sie werden in den folgenden Kapiteln dargestellt.

---

8 Im Zusammenhang der verlängerten Lebenserwartung entsteht Druck auf die Sozialversicherungssysteme, der voraussichtlich noch steigen wird – ein weiterer Grund für verlängerte Lebensarbeitszeiten (Bujard, 2022, S. 51 f.; s. a. Kap. 6).

2.2 Eine neue BWL? Problem Owners & Problem Solvers

Nach üblicher Sicht geht es in der Wirtschaft um Knappheit und um deren Beseitigung. Unternehmen erstellen Güter und Dienstleistungen, die sie auf *Märkten* anbieten. Dort treffen sie auf Nachfrager, die je nach Bedarf auf diese Angebote reagieren: So entsteht – modellhaft – der *Preis*. Er hängt also maßgeblich von der Knappheit dieser Güter und Dienstleistungen ab. So sanken z. B. die Preise für zahlreiche (Konsum-) Güter in den vergangenen Jahrzehnten aufgrund von Über-Angeboten in den westlichen Industriegesellschaften so sehr, dass diese zu den kritisierten Wegwerfgesellschaften mutieren konnten. Im Zusammenhang mit Arbeit lohnt ein Blick auf die Begrifflichkeit.

> Wo von *Märkten* die Rede ist, sind Angebot und Nachfrage meist recht klar erkennbar. Auf dem *Arbeitsmarkt* ist das nicht so klar. Zwar bieten Menschen **Arbeitskraft** an, die von Unternehmen nachgefragt wird; und Unternehmen bieten **Arbeitsplätze** an, die potenzielle Mitarbeitende besetzen wollen (nachfragen). Spricht man jedoch davon, dass jemand „Arbeit anbietet" (wie es immer wieder geschieht), so kann unklar sein, ob damit eine Arbeits*kraft* oder ein Arbeits*platz* gemeint sind. Daher lohnt es sich, präzise zu sein – auch wenn das mitunter zu Formulierungen führt, die etwas sperrig wirken.

Über lange Phasen der Geschichte, zumindest der Industrialisierung, galt das Angebot von Arbeit (im Sinne von Arbeits*plätzen*) als knapp und die Nachfrage nach diesen Arbeitsplätzen als groß. Und anders herum betrachtet, galt das Angebot an Arbeits*kraft* groß und die Nachfrage danach als mäßig.

Die Folge dieser unterschiedlich empfundenen **Knappheit** war, dass der *Preis* für Arbeitsleistung, also der *Lohn*, immer wieder nach unten gedrückt werden konnte: Der **Wettbewerb** auf Seiten der *Arbeitnehmer* war intensiv, derjenige auf Seiten der *Arbeitgeber* war es weniger – oder zumindest weniger wirksam.[9]

Neu im angebrochenen Jahrtausend mit seinem demographischen Wandel, mit *War for Talents* und Employer Branding ist also, dass Arbeitgeber in diesem intensivierten Wettbewerb miteinander um qualifizierte Arbeitskräfte konkurrieren, ohne ihren Bedarf vollständig decken zu können: Die Zahl der offenen Stellen steigt (s. a. Abb. 3).

Ein Ende dieser Entwicklung ist nicht absehbar: Politik und Wirtschaft suchen nach Lösungen z. B. in Form des Imports von Arbeitskraft. Das stellt gewaltige Anforderungen an das Management von Diversität (s. Kap. 9.1). Die Suche nach qualifizier-

---

[9] Das war in den vergangenen Jahrzehnten auf *globaler* Ebene gut zu beobachten: Trotz der Transportkosten über Kontinente hinweg verlagerte sich die Produktion von Konsumgütern aus Westeuropa bis nach Ostasien (Japan, Südkorea, China, Indien, Bangladesch, Vietnam u. a.) – teils aufgrund dort niedrigerer sozialer und ökologischer Kosten, doch maßgeblich auch aufgrund niedrigerer *Löhne*. Diese stiegen in *developing markets* i. d. R. an, bis sich die Produktion in andere Länder mit wiederum niedrigerem Lohnniveau verlagerte. – Dies übrigens nicht nur in ausbeuterischer Absicht; vielmehr forderte die soziale Perspektive, z. B. der Kirchen, lange Zeit eine Teilhabe des globalen Südens an der Weltwirtschaft ganz im Sinne der Arbeitsteilung.

Offene Stellen (in Mio)

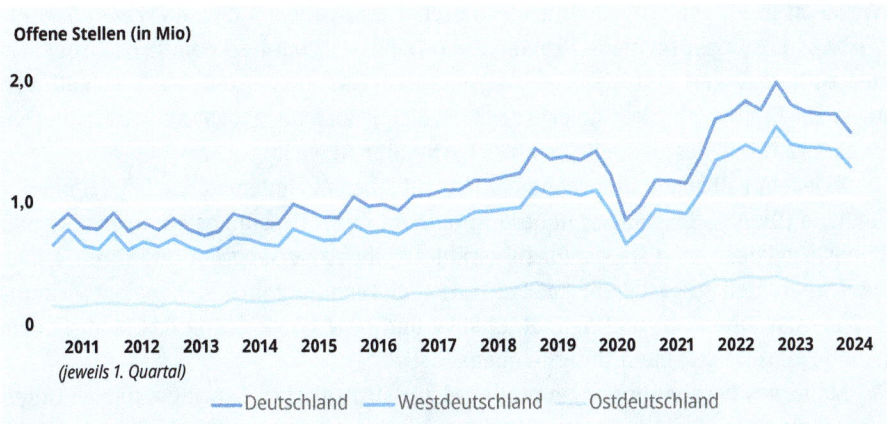

Abb. 3: Anzahl offener Stellen in Deutschland. Einbruch 2020 bedingt durch Covid19-Pandemie; 2022 dann zunächst auf knapp 2 Mio gestiegen. Rückgang 2022 nach der Invasion Russlands in die Ukraine; danach Krieg in Gaza (Daten: IAB, 2024a).

ten Arbeitskräften wird – neben der Digitalisierung – derzeit als größte Herausforderung für die Mehrheit der deutschen Unternehmen angesehen (Rohrmeier, 2021, S. 7).

Zugespitzt lässt sich sagen, dass es im industriellen Zeitalter eher um die *technische* Lösung von Problemen ging, wofür das Angebot von Arbeitskraft fast unbegrenzt zur Verfügung stand, was die gewaltigen *sozialen* Probleme der Industrialisierung mit verursachte. So wird kritisch angemerkt, dass Wirtschaft und Wissenschaft bei der Erstellung von Gütern und Dienstleistungen die Arbeit als **Produktionsfaktor** bezeichneten (und dies teils weiterhin tun), also *materiellen* Produktionsfaktoren gleichsetzten – und damit auch die *Arbeitskräfte*, statt die Besonderheit des Menschen und dessen Würde in den Fokus zu rücken (Hesseler, 2022). Im postindustriellen Zeitalter geht es dagegen um die *sozioökonomische* Lösung des Problems der Knappheit von Arbeitskraft.[10]

Angelehnt an die Terminologie des agilen Projektmanagements (z. B. Scrum mit *Product Owners*, s. a. Kap. 9.2) lassen sich Arbeitgeber als **Problem Owners** bezeichnen, die bestimmte sozioökonomische Aufgaben zu lösen haben. Die Generationen neuer Arbeitskräfte verstehen sich dagegen immer mehr als **Problem Solvers**, die Unternehmen helfen, diese Aufgaben zu lösen.[11]

[10] Dementsprechend lassen sich in der BWL heute drei unternehmerische *Rationalitäten* unterscheiden: die *technische* (die die Frage der Leistungsfähigkeit behandelt), die *ökonomische* (mit der Frage der Wirksamkeit) und die *sozioökonomische* (mit der Einbettung in das gesamtgesellschaftliche System) – die Unternehmen auch vor ethische Aufgaben stellt (Thommen et al., 2023, S. 679).
[11] Wer nach den Zukunftsaussichten bestimmter Berufe bzw. Ausbildungen fragt, sei auf den Job-Futuromat des IAB (2024b) verwiesen. Alle, die so fragen, seien jedoch darin bestärkt, ihrem Interesse nachzugehen und darauf zu vertrauen, so zu besonderen Resultaten zu gelangen: mit dann guten Aus-

Wie so oft in Phasen wirtschaftlich-technischer Innovationen bieten *Freiberufler* und *Start-ups* Lösungen für neue Probleme an. Dabei werden herkömmliche Unternehmen zu Nachfragern auf Dienstleistungsmärkten. Dass Gen Y und Gen Z deshalb verstärkt zur Freiberuflichkeit neigen, zeichnet sich jedoch noch nicht ab – und manches weist darauf hin, dass (Arbeitsplatz-) Sicherheit ihnen wichtiger ist.

In jedem Fall gehen Unternehmen ihre Aufgaben an, indem Löhne bzw. Honorare für neue (Dienst-) Leistungen höhere Anteile an ihren Gesamtkosten ausmachen als früher. Zugleich sehen sie sich dazu veranlasst, ihr *Arbeitsangebot* und ihre *Gesamtausrichtung* neu zu gestalten. Auf Führung und Team-Building, Personalentwicklung und Lernen, Diversität und Agilität, Change und New Work richtet das Management seinen Fokus im gesamten Unternehmen.

Modernes **Personalmanagement** wird zur strategischen Leitungsaufgabe; Unternehmensstrategie, von der neuen Situation der Knappheit her gedacht, und Personalmanagement gehen Hand in Hand (Holtbrügge, 2022, S. 3). Das Unternehmen entwickelt seine *Human Resources* zum Treiber eines Wandels und zum Unterstützer für alle operativen Einheiten (s. Abb. 4). Gut möglich, dass auch an dieser Stelle ein Kapitel BWL neu zu schreiben ist.

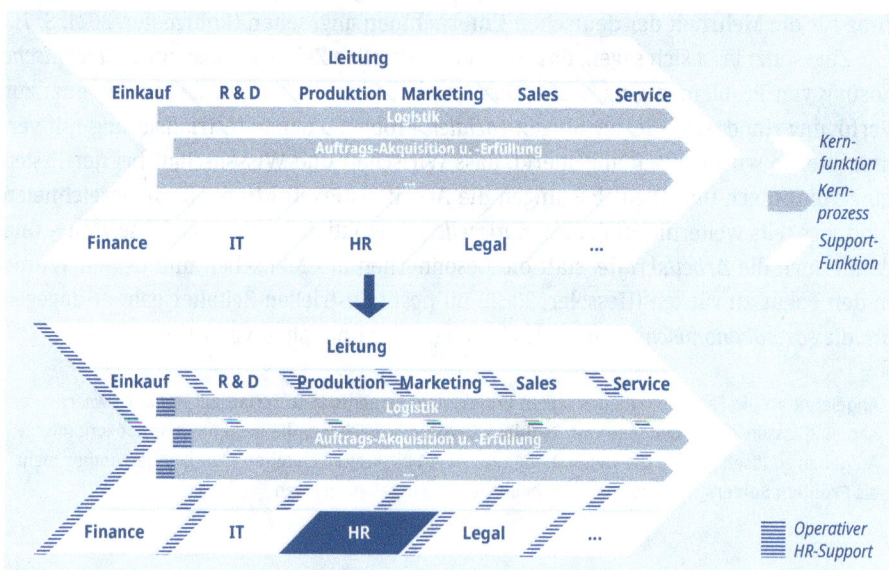

Abb. 4: Personalmanagement als integraler Treiber im Unternehmen. HR vom herkömmlich administrativen zum modernen operativen Führungs- und Management-Support (eigene Darstellung in Anlehnung an Holtbrügge, 2022, S. 3; in der Wertschöpfungs-Darstellung nach Thommen et al., 2023, S. 574).

sichten auf dem Arbeitsmarkt. Denn ohnehin regiert in der Zukunft das Prinzip des *Lifelong Learning* (s. a. Kap. 8.4).

Die Gestaltung der neuen Arbeitsbedingungen betrifft das Unternehmen im Ganzen. Davon betroffen sind alle Mitarbeitenden. Von den Maßnahmen, die damit einhergehen, handelt das vorliegende Buch.

2.3 Vom Zielkonflikt zur Zielharmonie

Traditionelle Unternehmen sind auf Rendite ausgerichtet, mit dem Ziel der *Gewinnmaximierung*: Die Erwartung ist, dass Investitionen sich monetär möglichst hoch rentieren. Davon unterschieden sind Sozialunternehmen oder Non-Profit-Organisationen (NPOs), die ein anderes primäres Ziel verfolgen. Ihnen geht es um *soziale* Rendite: Diese befriedigt einen gesellschaftlichen Bedarf. Rein betriebswirtschaftlich gesehen haben beide Renditen vieles gemeinsam; doch ihr Zweck bzw. die Verwendung des betrieblichen Überschusses unterscheidet sie.

> **Unternehmensziele** richten sich an Unternehmenszwecken aus. Üblicherweise werden die Ziele oft in 4 Kategorien unterschieden:
> – *Leistungsziele:*   z. B. Umsatz, Marktanteile, Produktarten
> – *Finanzziele:*   z. B. Liquidität, Kapital- u. Vermögensstruktur
> – *Führungs-/Organisationsziele:*   z. B. Aufgabenteilung, Organisations-Struktur u. -Prozesse, Führungsstile
> – *Soziale/ökologische Ziele:*   z. B. Umwelt-/Gesundheitsschutz, Lohngerechtigkeit, Arbeitsklima
>
> Alle diese Ziele lassen sich als *Sachziele* eines Unternehmens bezeichnen – und von *Formalzielen* unterscheiden, die sich am Erfolg der Unternehmenstätigkeit orientieren: z. B. Produktivität oder Rentabilität (H. Jung, 2016, S. 31–35; Thommen et al., 2023, S. 52–55).

Die **Zielbeziehungen** können sehr unterschiedlich sein: Alle genannten Ziele können *komplementär* sein (einander begünstigen), *konkurrierend* sein (konfliktär, einander mindern) oder *indifferent* (neutral zueinander, oder harmonisch). Dabei ist zwischen *Ober-*, *Zwischen-* und *Unterzielen* zu unterscheiden, die sich in Mittel-Zweck-Beziehungen zu **Zielhierarchien** ordnen lassen und aufgrund der Unterordnung normalerweise zueinander komplementär oder zumindest harmonisch sind. Zudem sind *Hauptziele* von *Nebenzielen* zu unterscheiden: Ziele, die miteinander konkurrieren können und die deswegen gegeneinander abgewogen werden müssen (Thommen et al., 2023, bes. S. 57 f.).

> Die Betrachtung von Zielen dient dazu, relevante **Zielkonflikte** in Unternehmen und deren etwaige Lösungsmöglichkeiten zu erkennen. Genauso sollen potenzielle **Zielharmonien** aufgedeckt werden, die in neuen Problemlagen im Unternehmen verborgen sein können.[12]

---

12 Zielkonflikte an sich sind nicht neu. So wird z. B. mitunter das Ziel Gewinnmaximierung in profitorientierten Unternehmen strategisch bedingt anderen Zielen untergeordnet, z. B. bei einer Expansion

Haupt-Unternehmensziele erwachsen traditionell aus den Bereichen der *Leistungs-* und *Finanzziele*. Hier finden die primären Aktivitäten von Unternehmen ihren (Haupt-) Niederschlag. *Nebenziele* von Unternehmen beziehen sich meist auf Felder der Führung und Organisation bzw. der sozialen oder ökologischen Ziele: eher in Hilfsfunktionen.

Mit der Bedeutungszunahme **sekundärer Aktivitäten** in Unternehmen wie Personalgewinnung und Personalentwicklung und dem Entstehen neuer *Sachziele*, die z. T. sogar vom Gesetzgeber stammen und sich z. B. in Umwelt- und Gesundheitszielen niederschlagen, hat sich allerdings die relative Gewichtung der Unternehmensziele zueinander zu verschieben begonnen.[13]

Zugleich lassen die **Rahmenbedingungen** der Wirtschaft für die kommenden Jahre wenig Ruhe und Kontinuität erwarten. Vielmehr ist anzunehmen, dass Disruptionen zunehmen und dass Ziele und Strategien entsprechend kurzfristig angepasst werden. Die Gründe dafür sind vielfältig – und es kommen immer wieder neue hinzu. Gemeinsam ist ihnen, dass sie als **externe Faktoren** auf die Unternehmen einwirken, also von diesen nicht (oder kaum) beeinflusst werden können.[14]

> **Ziel-Diskussionen** gewinnen in der aktuellen Situation an Bedeutung. *Unternehmen* verhalten sich disruptiver als früher: Sie ändern Ziele und Strategien schneller und häufiger. *Beschäftigte* drängen vor diesem Hintergrund mehr als früher auf Transparenz: Sie verlangen vom Management Klarheit und Orientierung. Transparenz ist – wie im Privaten – auch eine Sache der Gewöhnung: Transparenz gebiert Transparenz (Parment, 2023, S. 240 f.).

Unternehmensziele wie Leistungs- und Finanzziele (aber auch andere) geben für ein Unternehmen als Ganzes übergreifende Kenngrößen vor. Diese werden i. d. R. mehrstufig heruntergebrochen, dabei zunehmend detailliert und so zu Bereichs-, Abteilungs- und Team-Zielen entwickelt. Auf diese Weise werden daraus **Mitarbeiterziele**: meist individuelle (oder Gruppen-) Zielvorgaben, die die Beschäftigten zu erfüllen haben.

Während *Unternehmensziele* meist aus mehrjährigen Strategien abgeleitet werden (5–10 Jahre), beziehen *Mitarbeiterziele* sich eher auf wenige Jahre. Diese Ziele werden entweder vorgegeben oder (sinnvollerweise) gemeinsam mit den Beschäftigten erarbeitet. Doch selbst im Fall des gemeinsamen Erarbeitens spiegeln solche Ziele

---

in neue Märkte dem Erreichen von Marktanteilen. In der Zielhierarchie sind dann also andere Ziele *zwischenzeitlich* prioritär: Sie werden zeitweise zu *Oberzielen*.

13 Die Unterscheidung in primäre und sekundäre Aktivitäten erfolgt hier nach Porter (2014): *Primäre* Aktivitäten (Kernfunktionen) dienen direkt der Erstellung der Güter bzw. Dienstleistungen, die den Unternehmenszweck abbilden; *sekundäre* Aktivitäten (Support-Funktionen) unterstützen diese Primäraktivitäten (s. a. Abb. 4).

14 Gründe sind in den vielfältigen Post-Covid-Phänomenen zu sehen, in Kriegs- und Nachkriegsentwicklungen in Osteuropa und anderen Erdteilen, in der verzögerten Lösung der ökologischen Krise, in der Neujustierung von Lieferketten, der Globalisierung und der Multilateralisierung der Weltordnung, im Fortgang der Digitalisierung, in der Zunahme ihres Tempos sowie der Weiterentwicklung von Agilität – um nur einige Beispiele zu nennen.

selten die Interessen des Beschäftigten ganz wider: Meist sind sie Ergebnis einer **Verhandlung** (s. a. Kap. 10) zwischen Führungskraft und Mitarbeitendem und oft als **Kompromiss** anzusehen.

Beim oben erwähnten Beispiel der Konkurrenz zwischen den zwei Zielen Gewinnmaximierung und Expansion handelt es sich um einen Konflikt zwischen zwei *Unternehmenszielen*, der durch eine Entscheidung der Geschäftsführung – in relativ homogener Interessenlage – gelöst wird (bzw. durch einen Aufsichtsrat/Eigentümer-Entscheid). Eine solche Entscheidung innerhalb eines Gremiums kann ebenfalls den Charakter einer Verhandlung haben; auf Seiten der Entscheidungsträger ist jedoch nicht von prinzipiell divergierenden Interessen auszugehen: Die Mitglieder einer Geschäftsführung (oder eines Aufsichtsrats) sollten vergleichsweise *homogen* agieren.

Dagegen besteht zwischen und den Zielen einer Führungskraft und den individuellen Zielen eines Mitarbeitenden häufig eine eher antagonistische Interessenlage, wenn nicht sogar grundsätzliche **Interessenkonflikte**. Sie leiten sich aus den Leistungs- und Finanzzielen her: So ist dem Unternehmen z. B. an niedrigem Lohn gelegen, um Gesamtkosten niedrig zu halten, oder an langer Arbeitszeit, um hohen Output zu erreichen. Ähnliches gilt für Verhandlungen zwischen Unternehmen und Betriebsrat und Verhandlungen zwischen Tarifparteien.

> Unternehmen und Beschäftigte befinden sich in einem solchen **Interessenkonflikt** prinzipiell in *antagonistischen Positionen* – unbeschadet der Tatsache, dass sie in mancher Hinsicht *Interessen-Identität* aufweisen, z. B. was den Erfolg des Unternehmens in seinen primären Aktivitäten betrifft (Letzteres gem. Kernfunktionen, s. Abb. 4.).

Das Verhalten von Menschen – wie z. B. sein Arbeiten in einem Unternehmen – lässt sich erklären aus einer Abfolge aneinander anknüpfender, handlungsbestimmender Elemente:
- *Bedürfnisse*: das Empfinden von Mangel, das sich manifestiert in …
- *Motive*: die Bereitschaft zur Mangel-Beseitigung, aufgrund eines Anreizes umgesetzt in …
- *Aktivierung*: die Initiierung einer Aktion, dem Auslöser von …
- *Verhalten*: ein Tun, das der Befriedigung des o. g. Bedürfnisses dient.
  (H. Jung, 2016, S. 959–960).

Auch das Pyramiden-Modell von Abraham Maslow sieht **Bedürfnisse** als Triebfedern menschlichen Handelns. Es unterscheidet 5 verschiedene Kategorien. Grundbedürfnisse (physiologische Bedürfnisse bzw. Sicherheits-Bedürfnisse) werden zuerst befriedigt. Erst danach werden soziale Bedürfnisse und Wertschätzungs-Bedürfnisse befriedigt, sowie schließlich das Bedürfnis nach Selbstverwirklichung (Maslow nach Lippold, 2023, S. 26; s. Abb. 5).[15]

Ein anderes, jüngeres Modell von Clayton Alderfer unterscheidet lediglich zwischen 3 derartigen Ebenen: die „ERG-Theorie" mit Existenzbedürfnissen („*Existence*"), Beziehungsbedürfnissen („*Relations*") und Wachstumsbedürfnissen („*Growth*"). Im Gegensatz zur Bedürfnispyramide von Maslow können bei Alderfer die Bedürfnisse verschiedener Ebenen gleichzeitig aktiviert werden; die Bedürfnisse einer untergeordneten Ebene bleiben jedoch dominant, so lange sie nicht befriedigt sind (Lippold, 2023, S. 27 f.; s. a. Abb. 5).

Abb. 5: Bedürfnismodelle nach Maslow und Alderfer. Bei Maslow schrittweise Befriedigung von unten nach oben, bei Alderfer zusätzliches Beziehungsgeflecht zwischen den Ebenen (in Anlehnung an Weibler, 2023, S. 200; ERG-Adaption nach Lippold, 2023, S. 26–28).[16]

Für die Baby Boomer und auch für Teile von Gen X ging es noch wesentlich darum, *physiologische* oder *Sicherheits-* bzw. *Existenz-* oder *Grundbedürfnisse* zu befriedigen. Diese sehen **Gen Y** und **Gen Z** teils als von der Gesellschaft zu gewährleisten an – oder empfinden sie auch anderweitig als leicht zu befriedigen. Stattdessen geht es

---

15 Zur Priorisierung der Bedürfnisse: „Denken Sie z. B. daran, wie schwierig es ist, einer Vorlesung oder einem langweiligen Meeting zu folgen, wenn Sie echten Hunger verspüren" (Hilmer, 2023a, S. 69).
16 Den Ausgangspunkt wirtschaftlichen Handelns sieht auch H. Jung in der Knappheit von Gütern bzw. Dienstleistungen und damit in der Betrachtung der Bedürfnisse des Menschen. Er unterscheidet diese in *Existenzbedürfnisse* (z. B. Nahrung, Kleidung, Wohnung), *Grundbedürfnisse* (z. B. Radio, Bildung, Kühlschrank) und *Luxusbedürfnisse* (z. B. Schmuck, Genussmittel, Zweitwohnung) – in aufsteigender Reihenfolge (H. Jung, 2016, S. 4).

ihnen eher um *soziale Bedürfnisse,* um *Wertschätzung, Entfaltung* und *Selbstverwirklichung* – innerhalb wie außerhalb ihrer beruflichen Arbeit.

> **Zielkonflikte** zwischen Unternehmen einerseits, die auf *Leistungs-* und *Finanzziele* fokussieren, und Beschäftigten andererseits, die zu diesen Zielen andere Vorstellungen verfolgen bzw. sich eher auf *Führungs-/Organisations-* sowie auf *soziale Ziele* richten, nehmen potenziell zu. Reichte schon Gen X das Geldverdienen alleine nicht, um mit ihrer Arbeit zufrieden zu sein, so bewegen **Gen Y** und **Gen Z** heute zu einem grundsätzlichen Neudenken: Unternehmen beginnen, sich an *neuen Sachzielen* zu orientieren.

Einen anderen Ansatz als die o. g. Bedürfnistheorien liefert Frederick Herzbergs **Zwei-Faktoren-Theorie** (s. a. Kap. 11.2): Ihr zufolge ist das Verständnis dafür, was Menschen zu ihrer beruflichen Arbeit motiviert, nicht in *einem* Kontinuum zu suchen (Zufriedenheit vs. Unzufriedenheit), sondern vielmehr in *zwei* Kontinuen, nämlich (1) *Unzufriedenheit* vs. *Nicht-Unzufriedenheit* sowie (2) *Zufriedenheit* vs. *Nicht-Zufriedenheit.*
Es handelt sich dabei um die zwei sog. *Faktorengruppen:*

- **Hygienefaktoren** (Kontext-Faktoren) wie – vor allem – Lohn, ferner Arbeitsbedingungen, Arbeitsplatzsicherheit, Führungsstil, kollegiale Beziehungen oder Firmenpolitik: eher *extrinsische* Faktoren aus dem Arbeitsumfeld, die im Erfolgsfall zu *Nicht-Unzufriedenheit* (aber *nicht zu Zufriedenheit*) und bei Nicht-Erfüllung zu *Unzufriedenheit* führen – die also Unzufriedenheit zu vermeiden vermögen, aber *nicht intrinsisch* motivieren können. (Die Bezeichnung Hygienefaktor stammt aus einer Analogie zum Wasser, dessen Hygiene zwar Krankheit zu vermeiden hilft, aber keine Gesundheit herbeiführt.)
- **Motivatoren** (Content-Faktoren) wie Arbeitsinhalte, Verantwortung, Entfaltungsmöglichkeit sowie Anerkennung und Leistungserfolg: eher *intrinsische* Faktoren der Arbeitstätigkeit, die im Erfolgsfall zu *Zufriedenheit* und andernfalls zu *Nicht-Zufriedenheit* führen (aber nicht zu *Unzufriedenheit*) – die also *Belohnung* zu geben vermögen; gespeist z. B. aus Wünschen nach Selbstbestimmung, Kompetenz oder Neugier.
(Weibler, 2023, bes. S. 209–211; s. Abb. 6; s. a. Kap. 11.2)

Kritik an dieser Theorie entzündet sich u. a. an der fehlenden Trennschärfe der Faktorengruppen – zumal der Lohn zwar einerseits als Hygienefaktor angesehen wird, andererseits aber auch als Motivator, z. B. im Fall der Anerkennung besonderer Leistungen. An solchen Modellen, die sich an *Inhalten* von Motiven orientieren, ist kein Mangel. Sie wurden im Laufe von Jahrzehnten entwickelt, verfeinert, ergänzt durch weitere Modelle, die eher auf *Prozesse* oder die *Funktion* von Motiven fokussieren – und erleben seit Kurzem ein gewisses Revival. Denn gerade unter modernen, neurowissenschaftlichen Gesichtspunkten kommen inhaltliche, dabei auch unbewusste Motive wieder stärker in den Fokus (Weibler, 2023, S. 210 bzw. 199).

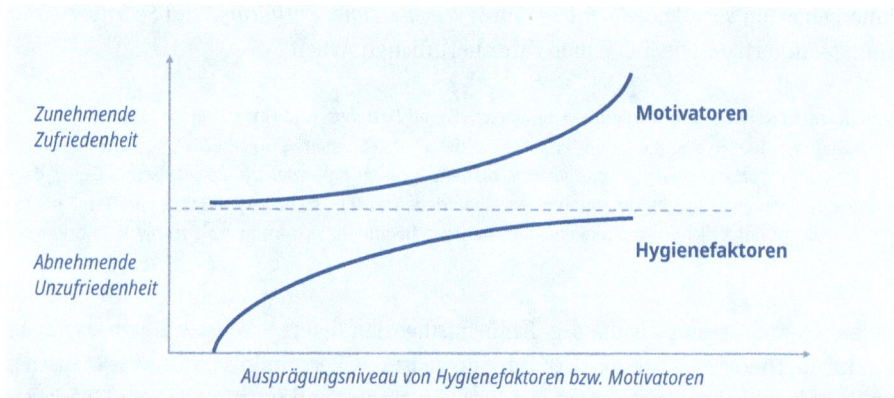

Abb. 6: Zusammenhang zwischen Hygienefaktoren bzw. Motivatoren und Mitarbeiterzufriedenheit. Zwei Faktoren-Arten nicht eines gemeinsamen Kontinuums, sondern zwei separate Phänomene (nach Stock-Homburg & Groß, 2019, S. 99).

> Die grundsätzlichen **Zielkonflikte** zwischen Unternehmen und Beschäftigten heben derartige Modelle nicht auf. Im Gegenteil: Neben die Lohn-Erwartungen von **Gen Y** und **Gen Z** treten zusätzliche, neue Ansprüche, die sich – in der Terminologie der Zwei-Faktoren-Theorie – besonders auf den Bereich der **Motivatoren** erstrecken.

Berufliches Arbeitsgeschehen lässt sich durch Faktoren kennzeichnen, die in einem Spannungsfeld zwischen den Polen *Person* vs. *Organisation* (personale/organisationale Faktoren) ansiedeln lassen – bzw. zwischen den Polen *pathogen* vs. *salutogen* (krank/gesund machend). Diese Faktoren lassen sich in vier Quadranten anordnen und folgendermaßen charakterisieren:

– *Pathogen/personal*: Risikofaktoren (z. B. Bewegungsmangel, Fehl-Ernährung, Tabak-, Alkoholkonsum), Stress
– *Pathogen/organisational*: Physische Risiken (z. B. Unfälle), Mobbing, Burnout, Innere Kündigung
– *Salutogen/personal*: Wohlbefinden, Vertrauen, Anerkennung, Sinnstiftung, Qualifikation
– *Salutogen/organisational*: Arbeitsbedingungen, Soziale Netzwerke, Führung, Unternehmenskultur
  (Badura, 2009, in einem nicht benannten Vortrag nach Kaminski, 2013, S. 30; s. a. Abb. 7).

Arbeitsgestaltung muss sich demzufolge künftig an einer Minimierung von *Pathogenese* (Prozess der Erkrankung) und einer Maximierung von *Salutogenese* (Prozess der Entwicklung bzw. Erhaltung von Gesundheit) ausrichten. Das wird in der Wissensgesellschaft umso wichtiger, als die Bedeutung der einzelnen Mitarbeitenden für die Er-

PERSON

pathogen (krank machend)		salutogen (gesund machend)

Risikofaktoren
(z. B. Bewegungsmangel,
Fehl-Ernährung,
Tabak-/Alkoholkonsum),
Stress

Wohlbefinden
Vertrauen
Anerkennung
Sinnstiftung
Qualifikation

Physische Risiken
(z. B. Unfälle)
Mobbing
Burnout
Innere Kündigung

Arbeitsbedingungen
Soziale Netzwerke
Führung
Unternehmenskultur

ORGANISATION

Abb. 7: Pathogene vs. salutogene Faktoren im Arbeitsgeschehen. Zur Vermeidung von Pathogenese bzw. zur Förderung von Salutogenese (Badura, 2009, nach Kaminski, 2013, S. 30).

stellung von Arbeitsergebnissen steigt – und umso dringlicher, als Gen Y und besonders Gen Z Veränderungen in den Rahmen- und Arbeitsbedingungen einfordern. Die Einsicht, diese Herausforderung nur gemeinsam bewältigen zu können, eröffnet Unternehmen und Beschäftigten anstelle alter Zielkonflikte den Weg zu einer neuen *Zielharmonie*.

> Das Streben nach **Zielharmonie** auch in profitorientierten Unternehmen bewerten Gen Y und Gen Z positiv, zumal es dem Ziel einer *sozialen Rendite*, wie Non-Profit-Organisationen es verfolgen, näherkommt. Eine solche Zielharmonie lässt profitorientierte Unternehmen in ihrem Wettbewerb mit NPOs punkten. Dagegen verliert Gewinnmaximierung per se als Ziel an Attraktivität, wenn nicht gar Akzeptanz bei Gen Y und Gen Z.

Für die vielen Unternehmen, die dennoch weiterhin auf Gewinnmaximierung ausgerichtet sind, ist die Richtung im *War for Talents* damit vorgegeben. Ein modernes, proaktives *Work-Life-Management* (s. Kap 11.3) setzt hier an. Das Bemühen um Zielharmonie und eine neue, moderne Arbeitsgestaltung stellen die Unternehmensethik in einen Zusammenhang mit einer guten Unternehmenskultur sowie einen *Purpose* in der Arbeit. Kap. 3 bietet dazu mehr.

3 Zukunfts-Werte, Speak-up Culture, Purpose

3.1 Ausgangspunkt Ethik

Die Ziele des Unternehmens ethisch zu verankern ist unabdingbar. Damit stellt sich die Frage nach seiner Kultur und seinem Sinn. Ethik, Kultur und Purpose sind Grundlagen, ohne die kein Unternehmen existiert. Deren Gestaltung behandelt dieses Kapitel.

Ob herkömmliches Unternehmertum mit Gewinnmaximierung oder Social Entrepreneurship mit Gemeinnutzenmaximierung: Welchem Ziel auch immer ein Unternehmen sich verschreibt, wirtschaftliches Handeln erfordert Klarheit über Unternehmensziele (Kap. 2). Denn damit verbinden Beschäftigte Aussagen über die dahinterstehenden Werte, die ein Unternehmen vertritt: eine Auseinandersetzung mit *Ethik* und *Moral*.

> **Moral** ist ein Fremdwort für **Sitte**: das, was „man" tut (oder nicht tut). Sie basiert auf **Werten** bzw. Wertvorstellungen; Moral bezeichnet einen *Fächer* derartiger Werte oder das *Handeln* nach Werten. In praktisch jeder menschlichen Gesellschaft gibt es ein „Du darfst das und das", und ein „… dieses oder jenes *nicht*", bzw. ein: „man macht das" – oder „man macht das *nicht*."

> **Ethik** hängt mit einer solchen vorfindlichen Moral eng zusammen: Sie ist eigentlich eine *Systematik* solcher Werte, oder ein (systematisches, rationales) Nachdenken oder Wissen über derartige Werte.[17]

Wirtschaftsethik beschäftigt sich daher mit der Frage, welche Werte in der *Wirtschaft* – eigentlich: in der Volkswirtschaft und damit in der Gesellschaft eines Landes – insgesamt herrschen. Dagegen ist der Betrachtungsgegenstand von **Unternehmensethik** etwas enger gefasst, nämlich die Frage, welche Werte in den *Unternehmen* allgemein (oder in einem speziellen Unternehmen) herrschen: ein maßgeblicher Teil von Wirtschaftsethik (Holzmann, 2019, bes. S. 17–24; Aßländer & Schumann, 2022, S. 45–47).

Wer aus der Generation der Baby Boomer in den 1970/80ern BWL studierte, fand im damaligen Standard-Lehrbuch, Wöhes „Einführung in die Allgemeine Betriebswirtschaftslehre" (z. B. Wöhe, 1976, damals immerhin schon in der 12. Aufl.), das Stichwort *Ethik* nicht einmal im Register. Auch im Text war es kaum zu finden – und wenn, dann im Zusammenhang der Diskussion um die BWL als „wertfreie Wissenschaft" (Wöhe, 1976, S. 45 f.).[18]

---

17 So bringt Ethik Werte bzw. Moral in eine Art *Übersicht* und ist damit eine Disziplin der Philosophie (auch: „Moralphilosophie") bzw. der Theologie. Umgangssprachlich werden *Ethik* und *Moral* jedoch oft synonym verwendet: „Moral ist gleich Sitte, zu Deutsch also Ethik", wurde mein Philosophie-Lehrer in der Abi-Zeitung zitiert; natürlich ein Joke.
18 Ethik war in der Wirtschaft der 1970/80er Jahre kaum Thema und in der Wissenschaft kaum Gegenstand der Betrachtung. Das heißt nicht, dass man sich moralisch schlechter verhalten hätte – vielleicht waren Werte auf andere Weise fest verankert. Jedenfalls hat sich die Beschäftigung mit Ethik in Wirtschaft und Gesellschaft geändert: Heute ist diese Diskussion ein Muss.

https://doi.org/10.1515/9783111374420-003

Nach den fast korporativ staatlich geprägten Eingriffen von Roosevelts *New Deal* in den USA vor dem 2. Weltkrieg und den sozial-marktwirtschaftlichen, christlich-sozialen und sozialdemokratischen Ausprägungen freiheitlicher Wirtschaftspolitik in den westlichen Ländern der ersten Jahrzehnte nach 1945 hatte der US-Wirtschaftswissenschaftler Milton Friedman die Debatte der 1970/80er Jahre geprägt. **Verantwortung** konnten für ihn lediglich *Menschen* tragen, jedoch nicht *Unternehmen*: „A corporation is an artificial person and in this sense may have artificial responsibilities, but 'business' as a whole cannot be said to have responsibilities, even in this vague sense" (Friedman, 1970).[19]

Der *gesellschaftliche Nutzen* von Unternehmen ergibt sich demnach aus der Aggregation des Nutzens der einzelnen Marktteilnehmer – die soziale Verantwortung von Business bestehe lediglich darin, „Gewinne zu erhöhen" („to increase its profits", Friedman, 1970). Dem liegt die Harmoniethese zugrunde, wonach u. a. „die unsichtbare Hand des Marktes" (Adam Smith, zit. nach Aßländer & Schumann, 2022, S. 48) dazu führt, dass die Interessen der Marktteilnehmer koordiniert werden.[20] In letzter Konsequenz würde das idealerweise zu gesellschaftlichem Frieden und Harmonie führen (Suchanek, 2022, S. 113) – ein Konzept, dem viele vehement widersprechen.[21]

Seit den 2000er Jahren werden Werte in Wirtschaft und Gesellschaft und infolgedessen ebenfalls Wirtschafts- und Unternehmensethik wieder mehr beachtet: Das Thema *Ethik* und *Moral* findet wieder mehr Aufmerksamkeit. Die Beschäftigung damit ermöglicht auch auf diesem Feld ein Lernen, das in der heutigen Zeit als unabdingbar gilt.

Unterstellt man, dass der Mensch zu freier **Entscheidung** fähig ist, bietet sich ein spannendes Objekt der Betrachtung. Unter der Bedingung, dass der Mensch frei entscheiden kann, wie er sich verhalten will, darin also keinem Zwang unterworfen ist, kann er seine Entscheidungssituationen *reflektieren* – sowie seine Wünsche und Absichten, die Gründe für seine Entscheidungen. Folglich kann er bewusst handeln und diesbezüglich lernen. Holzmann (2019, S. 108 f.) stellt dies als Abfolge dar, deren Schritte jedoch kaum voneinander zu trennen sind. Sie beeinflussen sich vielmehr gegenseitig und lassen sich als Komponenten moralischen *Handelns* und *Lernens* verstehen (s. Abb. 8).

---

19 „Ein Unternehmen ist eine künstliche Person und mag in diesem Sinne künstliche Verantwortung haben, aber von ‚Business" als Ganzem kann nicht gesagt werden, dass es Verantwortung trage, auch nicht in diesem vagen Sinne." (Übersetzung: H. R.)

20 Dabei bedient der Mechanismus der privatwirtschaftlichen *Effizienz* in der betrieblichen Allokation der Ressourcen (Rohstoffe, Kapital, Arbeit, Ideen, etc.) optimal die Wünsche der gesellschaftlichen Gruppen wie „Güter, Dienstleistungen, sinnvolle und gesicherte Arbeitsplätze, Märkte und andere Outputs" (so z. B. Hinterhuber, 1977, S. 19).

21 Auch der Shared-Value-Ansatz von Porter & Kramer, der die Verwerfungen der 2000er Jahre zu beantworten suchte und zunächst hoffnungsvoll aufgenommen wurde, konnte den grundsätzlichen Antagonismus zwischen *Economic Value* für Unternehmen bzw. deren Anteilseigner einerseits und *Social Value* für die Gesellschaft andererseits nicht wirklich auflösen (Schormaier & Gilbert, 2017, bes. S. 106–108).

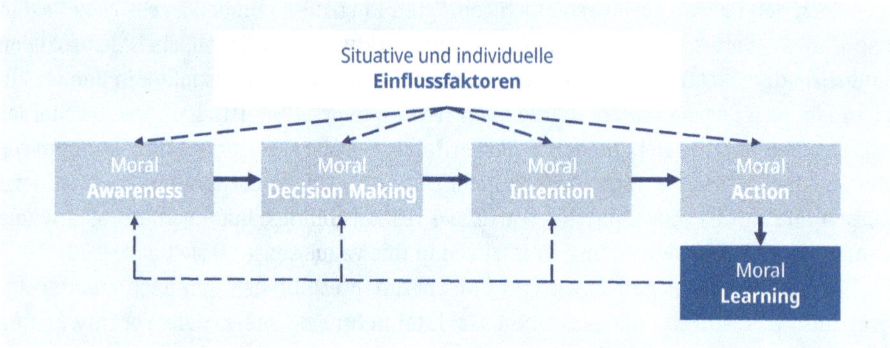

Abb. 8: Prozess des moralischen Handelns und Lernens. Mehrstufiger Prozess, der nach moralischer Bewusstseinsbildung, Entscheidung, Intention und Handlung in moralischer Reflexion und Bewertung – moralischem Lernen – mündet (Holzmann, 2019, S. 109).

Modernes **Unternehmertum** wird in diesem Sinne als *verantwortliches* Unternehmertum verstanden. Solches verantwortlich handelnde Unternehmertum lässt sich z. B. an die Kriterien binden, dass

– die betreffende *Branche* nicht aktiv schädlich ist
– die Interaktion mit allen *Stakeholdern* nie schädlich oder gar ausbeuterisch ist, sondern sich in jedem Fall mit Purpose (s. Kap. 3.3) und in Bescheidenheit[22] vollzieht
– das Handeln *Gemeinschaften* unterstützt, die als wichtige Komponenten menschlicher Gesellschaften angesehen werden (s. a. Kap. 7.2 zu Community Building) (Jones, 2023, S. 5 f.)

> Unter solchen **Stakeholdern** (dt.: *Anspruchsgruppen*) werden alle internen und externen Personen und Institutionen verstanden, die von den aktuellen oder zukünftig geplanten Aktivitäten eines Unternehmens betroffen sind bzw. sein werden (Holzmann, 2019, S. 94).

Unternehmen sehen sich von zahlreichen derartigen Stakeholdern umgeben, deren Interessen ein komplexes Geflecht ergeben (Beschorner, 2022, S. 394 f.). In ihm haben sie ihre eigenen Interessen mit denen der Stakeholder abzugleichen: ein anspruchsvolles *Stakeholder-Management* (Kleb & Talaulicar, 2022). Die wichtigsten Perspektiven der Stakeholder dem Unternehmen gegenüber gibt Tab. 2 wieder:

---

22 Jones (2023, S. 6) verwendet an dieser Stelle den Begriff „humility", der hier mit *Bescheidenheit* übersetzt wird und fast an *Demut* grenzt: zu *humble leadership* (demütige Führung) s. Kap. 11.3

Tab. 2: Akteure und Ansprüche nach dem Anspruchsgruppen-Konzept (in Anlehnung an Hill et al., 1994, nach P. Berger, 2018, S. 235).

Anspruchsgruppe	Typische Ansprüche
Top-Management, Vorstand	Gestaltungsmacht in der Organisation und ihrer Umwelt; Prestige, hohes Einkommen; Verwirklichung kreativer Ideen
Arbeitnehmervertretung, Betriebsrat, Personalrat	Gestaltungsmacht in der Organisation; Durchsetzung der Mitbestimmung; Renommee in der Belegschaft; Wiederwahl; Anerkennung als mächtiger Verhandlungspartner
Bereichs- und Abteilungs-Leitungen; Projektleitung	Einfluss auf andere Akteure und auf die oberste Leitung; Anwendung und Erweiterung professioneller Kenntnisse und Fähigkeiten; Prestige; hohes Einkommen
Sachbearbeiter, Mitarbeiter, „Belegschaft"	Einfluss auf andere Akteure und auf die Leitungspersonen; Prestige; Anwendung und Erweiterung von Kenntnissen und Fähigkeiten; geregeltes Einkommen; soziale Sicherheit; Selbstverwirklichung am Arbeitsplatz; gute Arbeitsbedingungen; gute zwischenmenschliche Beziehungen
Kapitalgeber	Hohe Gewinnsteigerung; hohe Wertsteigerung; Risikobegrenzung; Einfluss auf das Top-Management
Lieferanten	Günstige Lieferkonditionen; Zahlungsfähigkeit; anhaltende Liefermöglichkeiten
Kunden	Qualitativ hochstehende Leistung zu günstigen Preisen; Zertifizierungen; Logistik; Übernahme von Nebenleistungen (z. B. Kredite, Service, Ersatzteile, Beratung); gesicherte Warenversorgung
Kommunalbehörden	Bereitstellung von Arbeitsplätzen; Steuereinnahmen; Beiträge an die Infrastruktur und an Kultur- und Bildungseinrichtungen
Staat	Einhaltung gesetzlicher Vorschriften; Verbesserung wirtschaftlicher, sozialer und ökologischer Messgrößen; Steuereinnahmen
Gewerkschaften	Anerkennung von Gewerkschaften als Verhandlungspartner; Ausrichtung unternehmerischer Entscheidungen an gewerkschaftlichen Interessen; Mitwirkung an der Tarifpolitik
Arbeitgeberverbände	Mitgliedschaft der Unternehmen; Einfluss auf die Mitgliedsunternehmen; Mitwirkung an der Tarifpolitik
Politische Parteien, Bürger, Medien, kritische Öffentlichkeit	Umwelt-, Human-, Sozial- und Demokratieverträglichkeit der Aktivitäten des Unternehmens; Einfluss auf die unternehmerischen Entscheidungen

Erst seit wenigen Jahrzehnten also ist **wertebasierte Unternehmensführung** zum Gegenstand wissenschaftlicher Forschung i. e. S. geworden. Ob wertebasierte Entscheidungen schon in früheren Zeiten bessere *Ergebnisse* herbeiführten als andere Entscheidungen und ob Unternehmensführungen in früheren Zeiten überhaupt wertebasierte Entscheidungen trafen oder nicht, lässt sich heute nicht mehr beurteilen. In der Folge der Wirtschafts- und Finanzkrise nach 2008 scheint sich die Einsicht etabliert zu haben, dass *Effizienz* als maßgebliches Kriterium für Entscheidungen allein nicht ausreicht und durch ethisch basierte Entscheidungen ergänzt werden muss (K.-H. Brodbeck, 2022, bes. S. 93 f.).

Heutige Forschung kommt zugleich zu dem Ergebnis, dass wertebasierte Führung zu einer langfristig überlegenen **Performance** führt: hinsichtlich Gesundheit, Resilienz und Leistungsfähigkeit der Beschäftigten, hinsichtlich Qualität, Produktivität und Profitabilität des Unternehmens sowie hinsichtlich der Zufriedenheit sowohl der Beschäftigten als auch der Kunden (Wyatt, 2024, S. 30 f.). Vor diesem Hintergrund gewinnt der *War for Talents* eine zusätzliche Relevanz.

Zum Skandal um die Auto-Abgas-Manipulationen der Jahre um 2015 könnte man fragen, ob dem handelnden Management von VW (und anderen) der Anstand komplett verloren gegangen war. Die Frage berührt ein immerwährendes Problem von Ethik im Allgemeinen und damit auch von Wirtschafts- und Unternehmensethik: das Problem der **Freiheit** und die Frage, wie der Mensch mit ihr umgeht.

Wer ist schuld? „Nicht die Prinzipien der offenen Gesellschaft, nicht das marktwirtschaftliche Regelwerk, nicht der Wettbewerb als Entdeckungsverfahren tendieren zur Raffgesellschaft, sondern die Beschädigungen unserer Moralregeln sind das Problem" (Karl Schiller, ehemaliger VWL-Professor und Bundeswirtschaftsminister, zit. nach Streithofen, 2005, S. 3).

Raffgesellschaft und *Beschädigungen unserer Moralregeln*: starke Worte – und jener Karl Schiller starb bereits 1994, zwei Jahrzehnte vor dem Skandal. Grund zum Nachdenken gab es offenbar schon damals. Wir wollen Freiheit – und sehen im Wettbewerb ein wirkungsvolles Mittel, um die Macht einzelner Unternehmen zu beschränken. Aber Freiheit kostet offenbar genau diesen paradoxen Preis, die Möglichkeit zu bieten, sie zu missbrauchen. Was ist zu tun?

> Zum Umgang mit Freiheit empfiehlt ein Sprichwort *allgemeine Moral*: „Was du nicht willst, dass man dir tu, das füg' auch keinem andern zu!" Das klingt nach dem Philosophen Immanuel Kant (1724–1804) und dessen **kategorischem Imperativ**: Handle nur nach Grundsätzen, von denen du wollen könntest, dass sie Gesetz würden (hier in einer ungefähren Umschreibung).

Der kategorische Imperativ kann als eine Art *Prüf-Regel* für moralische Grundsätze gesehen werden (Holzmann, 2019, S. 44). Als Basis von Moral scheint diese Regel bereits Menschen aller Zeiten und Kulturen überzeugt zu haben (Thorhauer, 2022, S. 361). Der kategorische Imperativ nimmt eine Aufforderung bereits von Jesus auf, dessen sog. *Goldene Regel* lautet: „Behandelt eure Mitmenschen in allem so, wie ihr selbst von ihnen behandelt werden wollt" (Mt 7, 12a, in der Fassung der Genfer Bibelgesellschaft, 2011).[23]

> Zur Bestimmung von **Werten**, zumal von solchen, die für die Zukunft zentral sind oder werden – oft ist von *Core Values* die Rede – mag eine manchmal übersehene Funktion von Werten helfen, nämlich einem tatsächlich *Wertvolles* vor Augen zu führen: „im Sinne dessen, was wirklich *wichtig* ist im Leben" (Suchanek, 2015, S. 154; Hervorhebung v. Verf.).

Der Anklang der Forderung von Frithjof Bergmann nach einer Arbeit, die wir „wirklich, wirklich wollen" (F. Bergmann, 2008, S. 121, 323 u. a.), ist vermutlich kein Zufall. Vielmehr deutet sich dabei an, dass Bergmanns Konzept des **New Work** eben auf gerade diesem Verständnis von *Werten* basiert: ein Verständnis, das für die Gestaltung der Welt, die für Gen Y und Gen Z maßgeblich ist, unverzichtbar sein dürfte (s. dazu Kap. 11.3).

Welchen Werten ein Unternehmen sich im Hinblick auf seine Kunden und Beschäftigten verschreiben sollte, ist nicht leicht auszumachen. Die **Global Goals** der UNO von 2015 scheinen eine geeignete Basis darzustellen. Allerdings lässt die Umsetzung dieser Ziele in tausenden von Unternehmen, die sich auf sie verpflichtet haben, offenbar zu wünschen übrig (Senge & Dabrowski, 2022, S. 226). In Gen Y und Gen Z haben die Global Goals der UNO jedoch eine breite Akzeptanz gefunden: Im *War for Talents* sollte es sich für Unternehmen daher lohnen, Unternehmenswerte und Ziele ernsthaft daraus abzuleiten (The Global Goals for Sustainable Development, s. Abb. 9).[24]

Auch wird von einer neuen Werte-Orientierung wie einem *ökologischen* und *politischen* Interesse bei Gen Y und Gen Z gesprochen – allerdings auch kontrovers diskutiert. Denn zugleich werden eine gewisse politische Distanz und sehr heterogene Werte-Vorstellungen bei diesen Generationen konstatiert: ein diffuses Bild. Mit Global Goals allein wird man jedenfalls kein Unternehmen führen können. Von einer Basis für konkrete Handlungsanweisungen sind die meisten von ihnen weit entfernt.

Seit mehr als zehn Jahren befragt die *Wertekommission* Führungskräfte in deutschen Unternehmen nach der **Priorisierung** vorgegebener Werte, die diese Führungskräfte in ihrem jeweiligen beruflichen Kontext als besonders wichtig erachten. In ihrer Rangfolge lauten sie:
(1) Vertrauen
(2) Verantwortung
(3) Respekt

---

23 Die Bezeichnung *Goldene Regel* stammt nicht von Jesus selbst, sondern entstand später. – Beispiele aus der vorchristlichen griechischen Philosophie sowie aus anderen Religionen gibt Enderle (2022), S. 723 f.

24 Dabei müssen sich Unternehmen jedoch davor hüten, sich im *Green Washing* oder gar *Woke Washing* zu verlieren: Menschen haben einen sensiblen Sinn dafür und sind in der Lage, ein Verhalten, das sie als nicht-authentisch empfinden, zu entlarven (H. A. Richter & Westphal, 2024, bes. S. 66–69)

THE GLOBAL GOALS
For Sustainable Development

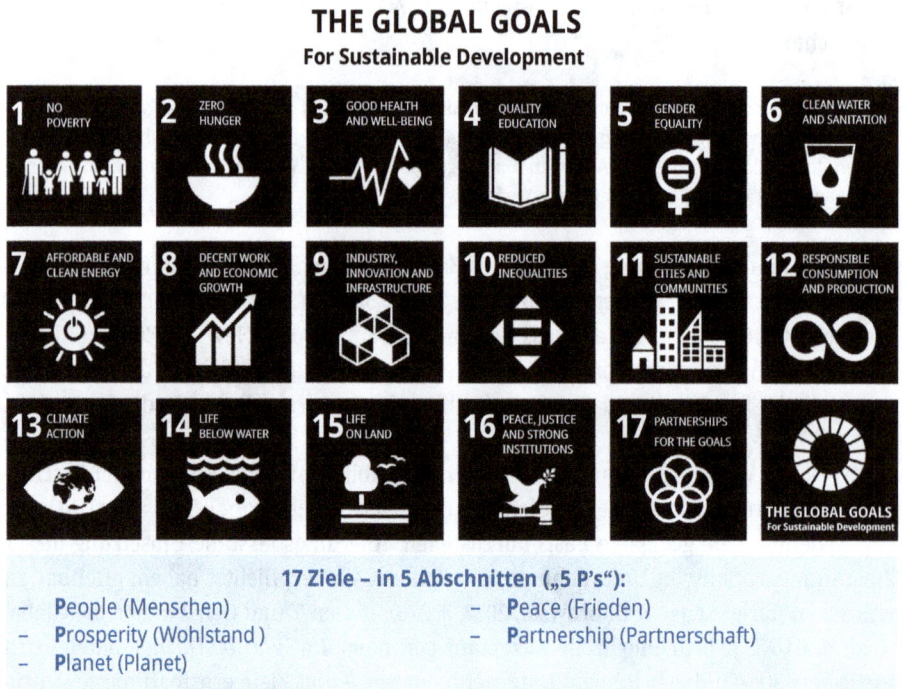

17 Ziele – in 5 Abschnitten („5 P's"):

- **P**eople (Menschen)
- **P**rosperity (Wohlstand)
- **P**lanet (Planet)
- **P**eace (Frieden)
- **P**artnership (Partnerschaft)

Abb. 9: The Global Goals. Mit indirekter Relevanz für die Unternehmensführung und breiter Akzeptanz in Gen Y und Gen Z (The Global Goals for Sustainable Development, 2023; die 5 Abschnitte – 5 „P's" – nach Beyer, 2023).

(4) Integrität

(5) Nachhaltigkeit

(6) Mut

Diese Spitzenränge zeigten in den vergangenen Jahren praktisch identische Ergebnisse mit kaum vertauschten Rängen (Fladerer et al., 2022.)

Das Streben nach *Leistung* einerseits und das Interesse an einem guten *Lebensstandard* andererseits bilden einen Gegensatz, der immer wieder kontrovers diskutiert wird. Hinsichtlich der Bedeutung von Werten wurden in den vergangenen Jahrzehnten einerseits *Pflicht-* und *Akzeptanzwerte* identifiziert (z. B. Disziplin, Gehorsam, Leistung, Ordnung, Pflichterfüllung, Treue, Fleiß und Bescheidenheit), andererseits *Selbstentfaltungswerte* (z. B. Emanzipation von Autoritäten, Gleichbehandlung, Partizipation oder Autonomie des Einzelnen). Dabei wurde von gründlicher **Werteverschiebung** bereits bei Gen Y gesprochen – mit unterschiedlichen Interpretationen und Ableitungen (Winkel, 1996).

Gegenwärtig haben Familie, Partnerschaft, Freundschaft, Kontakte, Gesundheit und Umweltschutz eine neue Priorität erlangt. Gen Y und Gen Z streben eine Umverteilung von Arbeits- und Freizeit an (Hellert, 2022, u. a.; s. a. Kap. 6). Doch die Suche nach *allgemeingültigen Werten* stößt fast immer schnell an Grenzen.

> Moderne Ethik versucht daher, Werte im *Gespräch* zu ermitteln: die **Diskurs-Ethik** von J. Habermas. Danach sind für die Betroffenen lediglich diejenigen Werte verbindlich, denen sie zustimmen – das allerdings erst, nachdem sie eine Reihe von Diskurs- (Erörterungs-) Regeln befolgt haben (Habermas, 1992, S. 12).

Somit ist es wichtig für Vorgesetzte, sich mit den Einstellungen, Überzeugungen und Werten ihrer Mitarbeitenden auseinanderzusetzen – am besten im **Gespräch** (zur Bedeutung von Kommunikation und Feedback s. a. Kap. 4.3 bzw. 8.3). Die Notwendigkeit zu dieser Auseinandersetzung illustriert ein Versuch zu Kriterien für Zufriedenheit mit der Arbeit (s. a. Kap. 2), die in zwei Rangfolgen zu bringen sind: die erste, die die *eigenen* Prioritäten angibt, und die zweite, die die *vermuteten* Prioritäten der *Mitarbeitenden* angibt (1 = am wichtigsten, 10 = am unwichtigsten):

- Wirtschaftliche Situation des Unternehmens
- Arbeitsplatzsicherheit
- Vergütung
- Arbeitsbedingungen
- Informationen über Entwicklung und Ziele des Unternehmens
- Interessante Tätigkeit
- Verhältnis zu Vorgesetzten
- Freundlichkeit des Managements
- Einfühlungsvermögen bei persönlichen Problemen
- Anerkennung für Leistung und Verhalten

Unerwartet groß war die Abweichung in einer Befragung in über 100 Unternehmen zwischen der Rangreihe, die *Beschäftigte* für diese Kriterien angaben, und der Rangreihe, die deren *Führungskräfte* bei ihnen *vermuteten*: Es ergaben sich Divergenzen von bis zu 8 (von 10) Positionen (s. Tab. 3).

Tab. 3: Kriterien für Zufriedenheit mit Arbeit aus Sicht der Mitarbeitenden bzw. nach Einschätzung von deren Führungskräften (1 = am wichtigsten, 10 = am unwichtigsten) (nach Stolz, 2007, S. 30).

Kriterium	Bedeutung des Werts aus Sicht der Mitarbeitenden	Einschätzung jener Bedeutung, aus Sicht der Führungskräfte	Divergenz
Anerkennung für Leistung und Verhalten	1	8	7
Information über Entwicklung und Ziele des Unternehmens	2	10	8

Tab. 3 (fortgesetzt)

Kriterium	Bedeutung des Werts aus Sicht der Mitarbeitenden	Einschätzung jener Bedeutung, aus Sicht der Führungskräfte	Divergenz
Einfühlungsvermögen bei persönlichen Problemen	3	9	6
Arbeitsplatzsicherheit	4	2	2
Vergütung	5	1	4
Interessante Tätigkeit	6	5	1
Wirtschaftliche Situation des Unternehmens	7	3	4
Verhältnis zu Vorgesetzten	8	6	2
Arbeitsbedingungen	9	4	5
Freundlichkeit des Managements	10	7	3

Das Kriterium „Informationen über Entwicklung und Ziele des Unternehmens" war dasjenige, bei dem es die stärkste Divergenz gab. Es hat mit dem *Vertrauen* zu tun, das ein Unternehmen seinen Beschäftigten entgegenbringt. Vertrauen ist ein Wert, dessen Bedeutung kaum überschätzt werden kann. Mit Vertrauen und seinem Einfluss auf die *Unternehmenskultur* beschäftigt sich auch der Abschnitt 3.2.

3.2 Der neue Clash of Cultures: Bottom-up vs. Top-down

Als einer der zentralen Werte in der Wirtschaft gilt **Vertrauen**: ein Grundstein, der auf den Boden menschlicher Freiheit gesetzt wird. In menschlichen Beziehungen überhaupt gilt Vertrauen als unverzichtbar (Sautermeister, 2022, S. 59). So ist Vertrauen als „Schmiermittel im Getriebe der Ökonomie" bezeichnet worden: nicht im Sinn von Korruption,[25] sondern wie das notwendige Öl einer Maschine (Wirtschaftsnobelpreisträger Kenneth Arrow, zit. n. Stoi & Dillerup, 2022, S. 116).

Vertrauen ist grundsätzlich und lebensnotwendig. Dazu der ehemalige Bundespräsident Johannes Rau: „Vertrauen kann man nicht beschließen. Vertrauen muss wachsen. Vertrauen wächst zwischen einzelnen Menschen, in Gemeinschaften und muss eine ganze Gesellschaft prägen. Ohne Vertrauen können Menschen nicht friedlich miteinander leben. Ohne Vertrauen werden wir unsere Probleme nicht lösen. Erst Vertrauen schafft das Klima für wirtschaftlichen Erfolg, für wissenschaftlichen

---

25 *Schmieren* wird umgangssprachlich auch in der Bedeutung von *Bestechen* verwendet.

und sozialen Fortschritt, für technische Innovation [...]" (Rau zit. n. Blank, 2011, Vorspann o. S.).

> **Vertrauen** ist interpersonal bzw. institutionell, also auf *Personen* gerichtet oder auf *Institutionen* in Gesellschaft, Wirtschaft, Politik und anderswo. Zudem ist es – vielleicht überraschend – *rational*: Empirie und Theorie zeigen, dass Menschen (*Vertrauensgeber*) anderen Menschen bzw. Institutionen (*Vertrauensnehmern*) vertrauen, auch weil es vernünftig ist. Es geht kaum anders (Röttger, 2022, bes. S. 356; Schweer & Siebertz-Reckzeh, 2022, S. 39 f.).

Die wissenschaftliche Forschung dazu reicht von der Psychologie bis zu Soziologie und Politologie, und in den Wirtschaftswissenschaften z. B. von der Neuen Institutionenökonomik in der VWL bis zu Wertschöpfung und Marketing in der BWL. Ihre Ergebnisse gleichen sich: Vertrauen ist nötig, weil Wissen zu begrenzt ist, um Entscheidungen vollständig rational begründen zu können – Entscheiden ist jedoch daily business in Wirtschaft und Management. Anders gesagt: Vertrauen ist nötig, um mit **Intransparenz** umgehen zu können.[26]

Vertrauen wurzelt in der Vergangenheit und richtet sich auf ein Geschehen in der Zukunft (s. Abb. 10). Dabei ist zu beachten: Vertrauen ist freiwillig und pragmatisch, gibt aber letztlich *keine Sicherheit*. Insofern erfordert Vertrauen Risikobereitschaft (Eberl, 2022, S. 222). Der Vertrauensgeber bleibt verwundbar (Bentele & Seidenglanz, 2015, S. 416).

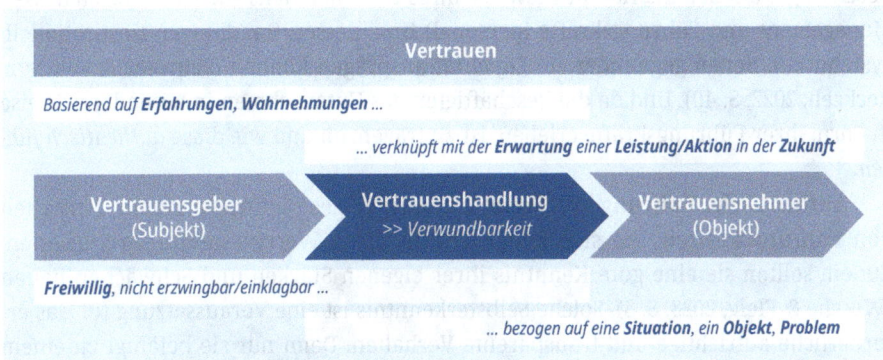

Abb. 10: Zentrale Merkmale von Vertrauen. Vertrauen als Handlung zwischen Vertrauensgeber und Vertrauensnehmer, die Verwundbarkeit mit sich bringt (eigene Darstellung nach Röttger, 2022, S. 357).

---

26 In der VWL begründet die Erkenntnis unvollkommener Märkte den Umgang mit Vertrauen, z. B. die Property-Rights-Theorie, der Transaktionskostenansatz, die Principal Agents Theory und die Informationsökonomik mit ihren Informationsasymmetrien (Bentele & Seidenglanz, 2015, S. 416). In der BWL gründet das Vertrauen schon immer in der Spezialisierung, die Produktivität erhöht: schon seit den Urzeiten der Jagd mit der Arbeitsteilung zwischen Treibern und Jägern (P. Berger, 2018, S. 4).

Die Hoffnung, dass der *Vertrauensnehmer* ein Vertrauen nicht missbraucht, indem er kurzfristig egoistisch handelt, basiert – auch – auf **Rationalität**. Vertrauen beinhaltet nicht nur das beschriebene Risiko, sondern auch eine Art von Reziprozität: Der Missbrauch von Vertrauen könnte sich in der Zukunft rächen, sanktioniert (bestraft) werden – durch den *Vertrauensgeber* oder durch andere Stakeholder, z. B. durch andere Marktteilnehmer, ob aus Lieferanten-, Kunden-, oder Beschäftigten-Perspektive (Osterloh & Weibel, 2006; Schweer, 2008).[27]

> Das Vertrauen, das Beschäftigte ihrem Unternehmen gegenüber entwickeln, führt idealerweise zu **Loyalität**. Diese muss das Unternehmen sich jedoch *verdienen*. Sie entsteht aus Erleben und Erfahrung, nicht einfach aus einem kognitiven Abgleich von Werten oder Zielen (Parment, 2013, S. 14).

Loyalität seiner Beschäftigten ist vermutlich der Wunsch eines jeden Unternehmens. Maßgeblich dafür sind also die Erfahrungen, die die Beschäftigten mit ihrem Unternehmen machen. Dabei ist von entscheidender Bedeutung, ob ein Unternehmen sich *authentisch verhält*.

> Vertrauen und Loyalität der Beschäftigten in ihr Unternehmen entstehen durch deren Erleben der moralischen **Authentizität** ihres Unternehmens. Die Beschäftigten stellen die Frage, welche Werte es *tatsächlich vertritt* – und nicht nur *davon redet*. Authentizität heißt „Übereinstimmung mit sich selbst [...] Echtheit" (Spall & Schmidt, 2019, S. 135).

Beschäftigte erleben die Handlungsweise ihres Unternehmens vor allem durch dessen Management und Führungskräfte (personal) bzw. dessen Handlungen (institutionell/systemisch), denen gegenüber sie *Loyalität* ausprägen können (Schweer & Siebertz-Reckzeh, 2022, S. 40). Und da die Beschäftigten das Unternehmen in besonderer Weise in Form ihrer Führungskräfte erleben, ist zu fragen, ob und wie diese *authentisch führen*.

Authentische Führung beschreibt ein aufrichtiges und transparentes Verhalten von Führungskräften, die sich kongruent zu ihren Wertvorstellungen verhalten. Zudem sollten sie eine gute Kenntnis ihrer eigenen Stärken und Schwächen haben (Wesche & Fleig, 2023, S. 3). Solche Selbsterkenntnis ist eine Voraussetzung für das erforderliche aufrichtige und transparente Verhalten. Denn nur sie befähigt zu einem empathischen, fairen und damit angemessenen Umgang mit den Mitarbeitenden (Wesche & Fleig, 2023, S. 3 f.; s. a. Tab. 4).

---

27 So formulierte der Unternehmensgründer *Robert Bosch* (1861-1942) prägnant: „Lieber Geld verlieren als Vertrauen" (zit. nach Stoi & Dillerup, 2022, S. 122) – in Übereinstimmung von *Werten* (Moral) und *Vernunft* (Rationalität).

Tab. 4: Dimensionen authentischer Führung (nach Wesche & Fleig, 2023, S. 5).

Dimension	Erläuterung
Selbsterkenntnis – auch Feedback	Sich seiner eigenen Werte und Ziele, Stärken und Schwächen sowie seiner Wirkung auf andere bewusst sein (Reflexion) und sich zur stetigen persönlichen Entwicklung Rückmeldungen von anderen einholen (s. a. Kap. 8.3)
Ausgewogene Informationsverarbeitung	Informationen aus unterschiedlichen Quellen berücksichtigen, ausgewogen analysieren und auch Informationen in Betracht ziehen, die der eigenen Haltung widersprechen
Transparente Beziehungsgestaltung	In Interaktion mit anderen offen und ehrlich seine Gedanken und Gefühle zum Ausdruck bringen
Internalisierte moralische Werthaltung (dann schon fast sekundär)	Übergeordnete moralische Prinzipien internalisiert haben und diese nicht nur kommunizieren, sondern auch das eigene Verhalten (auch bei Widerständen) daran ausrichten

Aus authentischem Reden und Handeln erwächst **Vertrauenswürdigkeit**. Sie gilt als eine notwendige Bedingung für Erfolg in sozialen Beziehungen. Es lässt sich folgern, dass alles soziale Handeln (auch) „unter dem Gesichtspunkt seiner Vertrauenswürdigkeit [geschieht]" (Luhmann, 2000, S. 48). Die Begriffe *Vertrauen* und *Vertrauenswürdigkeit* erweisen sich somit als eng miteinander verwoben. Man kann Vertrauenswürdigkeit als Grundlage für Vertrauen ansehen. Vertrauen wächst, wo Menschen bzw. Institutionen dies durch ihr Verhalten rechtfertigen (Reinmuth, 2009, S. 132).[28]

Für Unternehmensethik und Führung von Mitarbeitenden im *War for Talents* wäre zu ergänzen: Die Berücksichtigung von Vertrauenswürdigkeit gilt für wirtschaftliches Handeln, zumal im Wettbewerb auf unvollkommenen Märkten, ebenso. Und ein Mindestmaß an *Verlässlichkeit* ist vorauszusetzen (Sautermeister, 2022, S. 59).

Als Komponenten von *Vertrauenswürdigkeit* werden genannt:
- *Glaubwürdigkeit*: Verlässlichkeit dessen, was jemand sagt
- *Zuverlässigkeit*: Sicherheit, dass jemand etwas tut
- *Vertrautheit*: Nähe, die zudem an den *emotionalen* Bereich grenzt

Diese Komponenten weisen in die Richtung von **Vertrauensbildung** bei Anderen. Zugleich kann die *Selbst-Orientierung* des Handelnden in eine entgegengesetzte Richtung weisen (nach der *Trusted Equation* von Maister et al., 2001).[29]

---

28 Pointiert fasst der Dalai Lama die Entstehung von *Vertrauen* als authentisches Sozialverhalten zusammen: „Wir müssen nur echte Sorge um das Wohlbefinden anderer zeigen. So entsteht Vertrauen" (Dalai Lama, 2016, zit. nach Hennerfeind et al., 2020, S. 17).
29 Im Einzelnen lässt sich eine vertrauenswürdige Führungskraft dadurch charakterisieren, dass sie Versprechen erfüllt, sich konsistent verhält, Fairness und Loyalität zeigt, Ehrlichkeit erweist, Vertrau-

Als Komponenten von *Glaubwürdigkeit* eines Unternehmens seinen Stakeholdern gegenüber werden 3 Handlungsweisen gesehen, die konstitutiven Elemente einer **Glaubwürdigkeitsstrategie**:

- *verantwortliches* Handeln
- *innovatives* Handeln
- *kommunikatives* Handeln (zu dessen Bedeutung s. a. Kap. 4.3)

Diese Komponenten werden in einer engen Abhängigkeit voneinander verstanden und führen auch daher nur im Wechselspiel zum Erfolg, nämlich zu Glaubwürdigkeit und Vertrauen (Thommen, 2015, bes. S. 51–53).

> Ebenso ist **Wertschätzung** im Unternehmens-Verhalten verankert. Sie basiert auf den psychischen Bedürfnissen des Menschen. Diesen kommen Unternehmen durch ihr (Markt-)Verhalten gegenüber den äußeren Stakeholdern bzw. durch ihr internes Verhalten gegenüber ihren Beschäftigten nach (Lies, 2013).

Wertschätzung wird als maßgeblich zur Ausprägung positiver *Unternehmenskultur* angesehen (nach Lies, 2018). Denn wir vertrauen eben nicht nur als Konsumenten den Firmen und Marken, mit denen wir zu tun haben, oder als Kunden den Banken und dem Geld, das wir akzeptieren, sondern auch Unternehmen z. B. in ihrer Rolle als *Arbeitgeber.*

Institutionen bringen wir **Systemvertrauen** (oder *institutionelles* Vertrauen, s. Beginn des Kap. 3.2) entgegen, das sich verflüchtigt, wenn es sich getäuscht sieht, und verfestigt, wenn es sich bestätigt sieht (Gilbert, 2003, S. 232; Mauler et al., 2017, S. 11). Auf der Basis solchen Vertrauens kann positive *Unternehmenskultur* sich entwickeln – und auch hier kann von einer Übereinstimmung von *Vernunft* und *Werten* (Moral) gesprochen werden.

> Als **Unternehmenskultur** wird üblicherweise die im Unternehmen vorfindliche Gesamtheit aller Normen, Wertvorstellungen und Denkhaltungen bezeichnet, die das Verhalten aller Mitarbeitenden und somit das Erscheinungsbild eines Unternehmens – nach innen und außen – prägen (vgl. Thommen et al., 2023, S. 612).

Pragmatischer gesagt: Die Unternehmenskultur definiert, „wie wir Dinge tun, und warum in dieser Weise" (Wyatt, 2024, S. 91). Noch handfester: „Kultur ist der Klebstoff, der eine Organisation zusammenhält" (Adrian Montague, zit. nach Wyatt, 2024, S. 90). In die Unternehmenskultur gehen die Werte und Einstellungen aller Beschäftigten ein: so, wie sie tatsächlich *sind* – und nicht, wie das Unternehmen sie sich *wünscht.*

---

lichkeit wahrt, offen für andere Meinungen ist und als Ansprechpartner fungiert (auch in Notlagen) und Kompetenzen zur Bewältigung von Aufgaben hat (Rohmann & Bierhoff, 2022, S. 20).

Diese Werte und Einstellungen der Beschäftigten stammen aus dem Privaten, Persönlichen oder Politischen, soweit die Beschäftigten sie in den Unternehmenskontext einbringen. Man kann sagen, dass der Begriff Unternehmenskultur das „unter der Oberfläche [...] nicht direkt zugänglich(e)", oberflächlich also *nicht* unbedingt sichtbare *Gedankengut* eines Unternehmens bezeichnet (Wache, 2022, S. 82).[30]

Unternehmenskultur speist sich jedoch nicht nur aus externen Haltungen– im Gegenteil. Werte wie Toleranz, Aufgeschlossenheit, Flexibilität oder Courage können sich gerade im beruflichen Kontext nachjustieren oder neu bilden. Was Unternehmen, Management und Führungskräfte sagen und tun, ist wichtig und fungiert als *Vorbild* (Tillmann et al., 2022, bes. S. 206–211; s. a. transformationaler Führungsstil, Kap. 4.2).

> Zu den **Faktoren** der **Unternehmenskultur** werden die Persönlichkeitsprofile der Führungskräfte gezählt; daneben sind es die Rituale und Symbole, die im Unternehmen vorherrschen, sowie die im Unternehmen vorfindliche Kultur der Kommunikation (Thommen et al., 2023, S. 612; s. Tab. 5).

Von der Unternehmenskultur zu unterscheiden ist die *Unternehmensphilosophie*: ein Begriff, der sich in den letzten Jahrzehnten zur Bezeichnung für ein weiteres großes Gedanken- und Wertegebäude im Unternehmen durchgesetzt hat.

> Mit **Unternehmensphilosophie** werden die Einstellungen, Überzeugungen und Unternehmenswerte bezeichnet, nach denen das Unternehmen offiziell handelt – die also auch formal die Grundlagen seiner Entscheidungen bilden (vgl. Stoi & Dillerup, 2022, S. 110; s. a. Kap. 3.3).[31].

Tab. 5: Kernfaktoren der Unternehmenskultur (Thommen et al, 2023, S. 612).

Faktoren der Unternehmenskultur	Erläuterung
Persönlichkeitsprofile der Führungskräfte	– *Lebensläufe*: soziale Herkunft; beruflicher Werdegang; Dienstalter; Verweildauer in einer Funktion etc. – *Werte und Mentalitäten*: Ideale; Sinn für Zukunftsprobleme; Visionen; Innovationsbereitschaft; Widerstand gegen Veränderungen; Durchsetzungs- und Durchhaltevermögen; Ausdauer; Lernbereitschaft; Risikoeinstellung; Frustrationstoleranz etc.

---

30 Ein fast entgegengesetztes Verständnis des Begriffs *Unternehmenskultur* zeigt H. Jung (2016, S. 169, dort auch die Zitate): Sie setzt sich demnach geradezu aus den offiziellen Komponenten des Unternehmens zusammen:
- *Unternehmensphilosophie*: als „weltanschauliche Ausrichtung" des Unternehmens
- *Unternehmensethik*: als „Rangfolge der Werte", denen das Unternehmen sich verpflichtet fühlt
- *Unternehmensidentität*: die Ausdrucksformen des Unternehmens, seine Corporate Identity (Erscheinungsbild)

31 Der Begriff *Unternehmensphilosophie* bezieht sich also nicht auf Philosophie i. S. v. Wissenschaft, die sich mit Weisheit, Welt, Erkenntnis, Menschheit, Logik oder Ethik beschäftigt (s. Kap. 3.1).

Tab. 5 (fortgesetzt)

Faktoren der Unternehmenskultur	Erläuterung
Rituale und Symbole	– *Rituelles Verhalten der Führungskräfte:* Beförderungspraxis; Selektion von Nachwuchsführungskräften; Sitzungsverhalten; Entscheidungsverhalten; Beziehungsverhalten; Bezugspersonen; Vorbildfunktion etc. – *Rituelles Verhalten der Mitarbeitenden:* Besucherempfang; Begrüßung durch Kundenservice; Umgang mit Reklamationen; Wertschätzung des Kunden etc. – *Räumliche und gestalterische Symbole:* Erscheinungsbild; Zustand und Ausstattung der Gebäude; Gestalt des Firmenwandels; Anordnung, Gestaltung und Lage der Büros (Bürologik); Berufskleidung; Firmenwagen etc. – *Institutionalisierte Rituale und Konventionen:* Empfangsrituale von Gästen; Kleidungsnormen; Sitzungsrituale; Parkplatzordnung etc.
Kommunikation	– *Kommunikationsstil:* Informations- und Kommunikationsverhalten; Konsens- und Kompromissbereitschaft etc. – *Kommunikation nach innen und außen:* Vorschlagswesen; Qualitätszirkel (s. a. Kap. 8.4) und übrige Mitwirkungsformen; Dienstwege; Öffentlichkeitsarbeit etc.

Im Gegensatz zur *Kultur* eines Unternehmens mit ihrem ggf. nicht sichtbaren Gedankengut handelt es sich bei der *Philosophie* also um i. d. R. sichtbare, oft schriftliche Grundlagen für Handlungen des Managements. Je größer die Übereinstimmung von Kultur und Philosophie eines Unternehmens ist, desto mehr Authentizität strahlt es aus und desto stärkeres Vertrauen bauen Beschäftigte auf. Und je größer die Übereinstimmung zwischen den Werten des Unternehmens und denen seiner Beschäftigten, desto größer ist deren **Identifikation** mit ihm.

Um Authentizität zu erlangen, kommt es auf ein „hierarchieübergreifendes Vorleben" von Werten an. Das Unternehmen sowie dessen Eigentümer und besonders dessen Management sind z. B. zum „Walk the Talk" aufgefordert (Tomoff, 2018, S. 16 f.): ein Weg, die Unternehmenskultur durch den Austausch zwischen Führungskräften und Beschäftigten zu entwickeln – kongruent zu den eigenen Werten.

Unternehmen, die auf diese Weise geführt werden, zeichnen sich durch nicht-hierarchisches Denken und eine höhere Kreativität ihrer Beschäftigten aus. Ob zu technischen Prozessen, Struktur und Organisation, Strategie oder Planung: Aktives Mitdenken aller Kräfte im Unternehmen wird prinzipiell gefördert. Das Ziel ist, Beschäftigte an der Gestaltung des Unternehmens mitarbeiten und möglichst unternehmerisch denken zu lassen (s. Kap. 8.3 und 8.4 zu Feedback bzw. systemischem Lernen sowie Kap. 10.2 zu Intrapreneurship).

Ein modernes **Ideenmanagement** ermöglicht es den Beschäftigten, das Unternehmen über ihre eigentlichen Arbeitsaufgaben hinaus mit zu formen. Dies bezieht sich auf technische, ökonomische und soziale Ziele und damit auch auf eine Steigerung der *Effizienz*. Dafür werden Prozesse definiert, auf welche Weise Ideen eingebracht, behandelt sowie ggf. umgesetzt und wie die Betreffenden honoriert werden, die mit neuen Gedanken und Perspektiven aufwarten (Thom, 2003; Varney, 2021, bes. S. 152–154; s. a. Kap 8.3, 8.4 und 10.2).

Derartiges Ideenmanagement ist an *kognitive Diversität* gebunden: Es geht weniger um objektive Einschätzungen als darum, möglichst *verschiedene Perspektiven* zu nutzen, um einen Gegenstand zu betrachten. Dabei gehen auch die Führungskräfte ggf. über die engeren Grenzen ihrer eigentlichen Aufgabe hinaus, und ggf. über ihre kurzfristige Sicht. Und sie müssen möglicherweise Menschen ermutigen, sich einzubringen, die das normalerweise nicht so tun: Ideenreiche Menschen, die evtl. hierarchisch nicht so hoch angesiedelt oder nicht so selbstbewusst sind (Varney, 2021, S. 152 f.).

Solches Ideenmanagement, verbunden mit materiellen oder immateriellen Anreizsystemen, bietet zudem ein erhebliches Potenzial zur *Motivation* und stellt insofern auch ein Führungsmittel dar. Allerdings birgt es auch Konfliktpotenzial: Voraussetzung für sein Gelingen ist, dass Vorschläge nicht als Kritik aufgefasst, sondern die Beschäftigung mit ihnen als Führungsaufgabe gelebt wird (s. bes. Kap. 4.3 und 8.3). Das Ideenmanagement kann zeitlich befristet oder permanent und auf bestimmte Projekte begrenzt und generell offen sein (vgl. H. Jung, 2016, S. 997–1000).[32]

Über solches Ideenmanagement hinaus bemühen sich moderne Unternehmensleitungen darum, eine **Kultur** des **Vertrauens** aufzubauen und allen Mitarbeitenden eine Partizipation an der Gestaltung nahezubringen – und um deren größtmögliche Integration: schrankenlos, informell und permanent. Seit über einem Jahrzehnt wird das mit dem Begriff *Speak-up Culture* erfasst.

Speak-up Culture bezeichnet eine Unternehmenskultur der Offenheit für Ideen und Diskussionen sowie der Beteiligung an Prozessen und Entscheidungen. Die Vorschläge zur Veränderung von Strukturen und Prozessen sowie betrieblicher Umstände aller Art werden dabei hierarchisch *von unten nach oben* gemacht. Voraussetzungen dafür sind der Abbau von Kommunikationsschranken auf allen Ebenen sowie die vorbehaltlose Bereitschaft zur Annahme der Vorschläge bei den Führungskräften (Beament & Mercer, 2016; Yue et al, 2022).[33]

---

[32] Die *Bewertung* der Ideen ist unabhängig von Sympathie und Antipathie, Vorlieben oder Abneigungen zu gestalten: nach Regeln (s. o.) und möglichst in Gruppen mit unabhängigen Sachverständigen. Wichtig ist eine sensible Kommunikation der Gründe im Falle der Ablehnung, die nicht frustriert oder demotiviert (Thom, 2003, S. 12; H. Jung, 2016, S. 997 f.).

[33] Eines der Felder, auf dem *Speak-up Culture* in den vergangenen Jahrzehnten intensiv diskutiert wurde, ist durch sehr klar definierte Strukturen, die Notwendigkeit schneller Entscheidungen und das Wissen um deren Auswirkungen gekennzeichnet: das Krankenhauswesen mit seinen OP-Bereichen (besonders in den USA). Hier ist Kommunikation herausragend wichtig, um eine funktionsfähige Speak-up

Systematische Trainings können ein wirkungsvolles Speaking-up befördern. Dafür bedarf es eines guten **Selbstvertrauens** und der Fähigkeit zum Hinterfragen fehlerhafter Entscheidungen (Beament & Mercer, 2016; s. dazu auch Schipper & Petermann, 2022).[34] Dabei wird auch von *Challenge Culture* gesprochen: einer Unternehmenskultur, die den Status Quo herausfordern soll, ohne ihn zu missachten, und in der das Management diese Art von Herausforderungen aktiv sucht. Auch die Challenge Culture legt ein besonderes Augenmerk auf Potenzial und Nutzen neuer Ideen (Travis, 2018).

Speak-up Culture erscheint als Weg in eine erfolgreiche Zukunft für eine Vielzahl von Unternehmen und Branchen, zumal im *War for Talents*. Das an Diversity (s. Kap 9.1) orientierte non-profit Center for Talent Innovation (CTI), New York, hat in Verbindung mit der Unternehmensberatung PwC sechs *Grundsätze* veröffentlicht, die die Basis für die Einführung dieser offensiven Unternehmenskultur bilden (s. Abb. 11).

Sechs Wege, eine Speak-up Culture zu fördern
6   **Teile die ANERKENNUNG für den TEAM-ERFOLG** *Stell dich selbst zurück und lass deine Team-Mitglieder Erfolge an die obere Führungsebene präsentieren.*
5   **Stärke die ENTSCHEIDUNGSBEREITSCHAFT unter den TEAM-MITGLIEDERN:** *Gib Leuten Verantwortung zur Umsetzung von Strategieteilen, und gib ihnen die nötige Unterstützung, damit sie erfolgreich werden*
4   **NIMM RAT AN und setze Feedback um:** *Frage nach Beiträgen zu deinen Entscheidungen und Verhaltensweisen und beherzige sie. Zeige so dem Team, dass es deine Einstellungen tatsächlich zu ändern vermag.*
3   **Gib umsetzbares FEEDBACK:** *Gib Kommentare unmittelbar und konkret. Richte 5-Min.-Debriefings ein: „Eine Sache, die du gut gemacht hast, und eine, an der du noch arbeiten solltest …"*
2   **Schaffe eine VERTRAUENSBASIS für neue IDEEN:** *Frage nach unkonventionellen Beiträgen. Biete deine Außensicht-Ideen an, um radikale Ideen zu fördern. Beantworte Neues mit Begeisterung.*
1   **Sorge dafür, dass JEDER GEHÖRT wird:** *Bevorzuge Leute, die sich aus abgelegenen Orten einwählen, und Leute, die weniger fließend in der Sprache der Gruppe sind.*

Abb. 11: Six Ways to Foster a Speak-up Culture. Beispiel für eine neue Unternehmenskultur mit mehr Kommunikation bottom-up statt top-down (eigene Darstellung nach PwC/Center for Talent Innovation, zit. nach strategy + business, 2017).

Culture zu etablieren. Barrieren, die dieser Kultur im Weg standen, reichten von beruflichen Beziehungen und Entscheidungsmechanismen bis zu Kosten-Nutzen-Berechnungen und Risiko (Yue et al, 2022).

34 Selbstvertrauen lässt sich als Größe verstehen, die in zwischenmenschlichem Vertrauen wurzelt (das schon in der Kindheit ausgeprägt wird) und in Zukunftsvertrauen mündet (das sich im Jugendalter entwickelt); alle drei Komponenten dieser *Vertrauens-Trias* hängen zusammen und bedingen einander (Schipper & Petermann, 2022, S. 89–93). Gravierende Störungen überschreiten Grenzen des Coachings: als Fälle für Therapie.

The proof of the pudding lies in the eating, sagt ein amerikanisches Sprichwort. Damit Beschäftigte mobilisiert werden können, am Unternehmenserfolg mitzuwirken, bedürfen *Speak-up Culture* (auch: Bottom-up-Kultur) und *Challenge Culture* einer behutsam „einzuübenden Praxis" (Hemel, 2022, S. 179). Diese erstreckt sich auf Kommunikation und Führungsstil (s. Kap. 4.3 bzw. 4.2), Team-Building und Feedback (s. Kap. 7.2 bzw. 8.3), Change-Kultur und Personalentwicklung (s. Kap. 9.3 bzw. 10.3) – um nur einige Faktoren zu nennen.

Unternehmenskultur, ein *soft factor* im Unternehmen und in der Management-Wissenschaft und der BWL, kann in ihrer grundsätzlichen Bedeutung kaum überschätzt werden. Der enge Zusammenhang zur Strategie mag durch eine Dominanz seitens der Kultur gekennzeichnet sein. Mit den Worten des Management-Gurus Peter Drucker: „Culture eats strategy for breakfast" (zit. n. Spisak, 2018, S. 1).

Unternehmenskultur bildet zudem eine maßgebliche Grundlage für den *Sinn*, den Beschäftigte – zumal der Gen Y und Gen Z – vom Unternehmen und von ihrer Arbeit zunehmend einfordern. Dazu der nächste Abschnitt.

3.3 Purpose: mehr als Vision und Mission

Schon seit den 1990er Jahren verlangen Beschäftigte sowie andere, marktseitige Stakeholder nach Auseinandersetzung mit der Unternehmensidentität: Sie fragen, wofür das Unternehmen steht, was es im Kern tut und was es in Zukunft erreichen will (Eichholz, 2000, S. 35 f.). Das führt heute zu Fragen und Diskussionen, in denen sich Unternehmen im *War for Talents* authentisch und umfassend präsentieren können müssen.

> Unter **Corporate Identity** (Unternehmensidentität) sind das *Selbstverständnis* eines Unternehmens und das von ihm angestrebte *Selbstbild* zu verstehen. Sie setzt sich aus einer Reihe von Einzelteilen zusammen (Thommen et al., 2023, S. 644).

Zur Corporate *Identity* gehören u. a.:
- Corporate *Design*: das äußere Erscheinungsbild (Farben, Logo),
- Corporate *Essentials*: die Ausrichtung der Arbeit (Eckpfeiler, Geschäftsmodell),
- Corporate *Language*: die Sprache (bestimmtes Wording, Claim),
- Corporate *Structure*: die Organisationsstruktur (Ebenen, Zuständigkeiten),
- Corporate *Values*: die Unternehmenswerte (s. Abschnitte 3.1, 3.2).

Diese Begriffe werden, wie so oft, unterschiedlich abgegrenzt. Für Corporate *Language* wird mitunter der Begriff *Communication* verwendet – wogegen wir mit **Corporate Communications** eine *Organisationseinheit* benennen: Die Unternehmenskommunikation (mitunter noch PR = Public Relations). Mit Corporate *Essentials* wird mitunter das bezeichnet, was hier *Leitbild* genannt wird.

> Das **Leitbild** umfasst Ziele und gewünschte Verhaltensweisen eines Unternehmens. Dazu gehören insbesondere die *Vision* und das *Mission Statement* (s. u.). Das Leitbild dient der Information für Beschäftigte und Stakeholder und damit als Grundlage für Glaubwürdigkeit und Vertrauen in das Unternehmen (Gilbert, 2003, S. 231; Thommen et al., 2023, S. 644 f.; s. a. Kap. 3.2).

Das Leitbild ist meist online einsehbar und offline an zentralen Orten platziert. Sofern es nicht die *Vision* und das *Mission Statement* des Unternehmens umfasst, steht es jedenfalls in direktem Zusammenhang mit den beiden. Es kommt der *Unternehmensphilosophie* nahe. Diese bezeichnet eine Gesamtheit verschiedener Aspekte und Dokumente (Stoi & Dillerup, 2022, S. 210; s. a. Kap. 3.2).

> Die **Vision** eines Unternehmens blickt in die Zukunft. Sie beschreibt, wie das Unternehmen und seine Leistungen künftig aussehen sollen – und meist ebenfalls, welche Bedingungen das Unternehmen künftig auf seinen Märkten und in seiner Umwelt erwartet, z. B. in seinem Wettbewerb oder bei den Arbeitsbedingungen (Stoi & Dillerup, 2022, S. 143).

> Das **Mission Statement** – kurz auch **Mission** – bezieht sich auf die Gegenwart des Unternehmens. Es beschreibt die Kern-Tätigkeiten des Unternehmens, seine aktuelle Position gegenüber seinen Stakeholdern und seine Ziele, bezogen auf seine gegenwärtigen Leistungen, sowie den Zweck, also warum es tut, was es tut – und das alles ggf. in Form von Handlungsleitlinien (Stoi & Dillerup, 2022, S. 152 f.; J. Hoffmann, 2022, S. 61 f.).

Die *Vision* zeigt einen Weg von der Gegenwart in die Zukunft, indem Zielzustände erklärt werden. Das *Mission Statement* erläutert den Zustand des Unternehmens in der Gegenwart und sein Potenzial für die Zukunft. Dabei wird ggf. ein Alleinstellungsmerkmal (**USP**, Unique Selling Proposition) formuliert.

Vision und Mission Statement werden daher i. d. R. als eine Einheit präsentiert. Zusammen mit den **Corporate Values** (Unternehmenswerten) sind sie ins Leitbild eingebettet. Aufgrund ihres engen Zusammenhangs werden sie nicht immer differenziert als Vision und Mission ausgewiesen.[35]

Mit der Frage nach seinen Zielen, seiner Zukunft und seinem Zweck verbindet sich die Frage nach dem **Sinn** des Unternehmens – und nach dem Sinn der Arbeit seiner Beschäftigten: eine Frage, die *Gen Y* und *Gen Z* immer kraftvoller stellen. Das Mission Statement beantwortet sie mitunter nicht zufriedenstellend (z. B. primär ökonomisch für das Unternehmen). So wurde das Konzept des *Golden Circle* von Simon Sinek auf die Unternehmensführung übertragen (s. Abb. 12).[36]

---

35 Zudem spielen Vision und Mission Statement eine Rolle für die *Corporate Governance*, die Regelung von Entscheidungsprozessen sowie Rechten und Pflichten der wichtigsten Organe des Unternehmens, auch: *Unternehmensverfassung* (Stoi & Dillerup, 2022, S. 167 f.).
36 Ursprünglich hatte Simon Sinek dieses Konzept 2009 im Kontext von Marketing unter dem Titel *Start with Why* publiziert. Er nahm damit ein Motiv von Nietzsche auf, der bereits die Bedeutung von

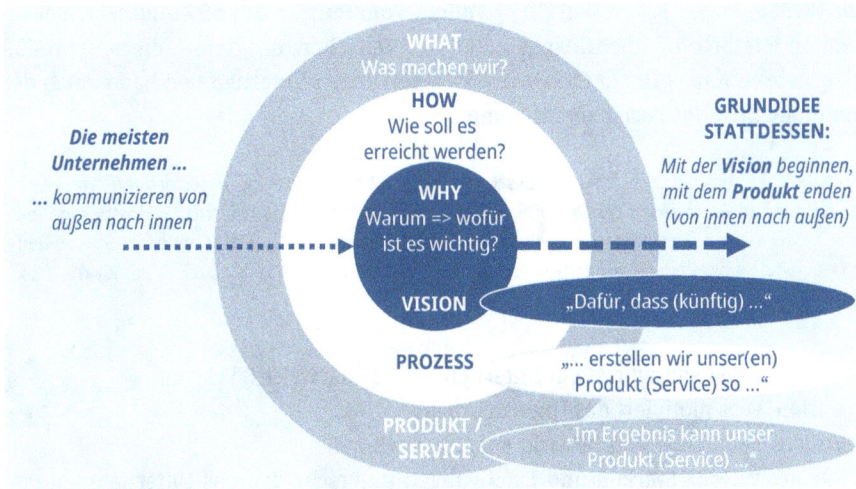

Abb. 12: Der Golden Circle für Unternehmen nach Simon Sinek. Das *Why* („*Wofür*") als Grundidee für die Vision von Unternehmen und deren Kommunikation (eigene Darstellung in Anlehnung an Stoi & Dillerup, 2022, S. 104).

Dem **Golden Circle**-Konzept geht es um Darlegung von *Sinn* und *Zweck* wirtschaftlichen Handelns, also in die Zukunft gerichtete Sichtweisen – statt um Begründungen im Sinn von *Kausalität*, die in die Vergangenheit orientiert sind. Das *Why* ist demnach weniger mit *Warum* als mit *Wofür* oder *Wozu* zu übersetzen (Stoi & Dillerup, 2022, S. 103 f.).[37]

Hatte in den 1980/90er Jahren als Sinn und Zweck von Unternehmen primär deren *monetärer Wert*, der **Shareholder Value**, gegolten,[38] so entdeckte Michael Porter danach die Bedeutung *sozialer Verantwortung* von Unternehmen. In den 2000er Jahren gewann der **Stakeholder Value** zusehends an Popularität (Tapaninaho & Kujala, 2019). Er beschreibt einen *gesellschaftlichen Wert*, der den Wunsch der Allgemeinheit nach Sinn offenbar besser zufriedenstellen kann und damit im *War for Talents* eine größere Bedeutung spielt.

Das Konzept, das sich damit verbindet, wurde als **Corporate Social Responsibility** (CSR) bekannt, das Unternehmen zunächst eine *soziale* und zunehmend eine *ökologische Verantwortung* zuschrieb. Es führte dazu, dass Unternehmen heute ihr Handeln stärker ethisch reflektieren – wobei zu beachten ist, ob es sich statt um Ethik um

---

Begründung und *Zweck* für den Menschen erkannt und prägnant formuliert hatte: „Hat man sein Warum? des Lebens, so verträgt man sich fast mit jedem Wie?" (Nietzsche, zit. n. Spall & Schmidt, 2019, S. 62)

37 Das wird mitunter übersehen und führt dann zu einer Ausrichtung, die ihr Ziel verfehlt: Das Zentrum des *Golden Circle* gibt die Zielrichtung vor, nicht die Herkunft.

38 So die Chicago-Schule des Wirtschafts-Nobelpreisträgers Milton Friedman, s. a. Kap. 3.1.

Green Washing oder *Woke Washing* handeln könnte: also um *nicht-authentisches* – und damit letztlich für unehrlich gehaltenes – Verhalten, das dem Anliegen von CSR zuwiderliefe (s. Kap. 3.1). Mit CSR-Aktivitäten versuchen Unternehmen heute auch der Bestimmung ihres *Purpose* näherzukommen.

Purpose (dt. am besten: Sinnhaftigkeit) beschreibt einen übergeordneten, längerfristigen Zweck von Unternehmen in Form eines *gesellschaftlichen* Nutzens über ihren *ökonomischen*, selbstbezogenen Zweck hinaus. Damit verbindet sich zugleich ein Werteversprechen des Unternehmens. So schwebt Purpose nahezu über dem Unternehmen und der Wirtschaft (Gudergan et al., 2022, S. 45; Wyatt, 2024, S. 18).

Mit dem Purpose beantwortet ein Unternehmen idealerweise 3 Fragen:
- Passion: Was motiviert das Unternehmen?
- Soziales Bedürfnis: Was bewirkt das Unternehmen?
- Talente: Welche Stärken und Erfahrungen unterscheiden das Unternehmen von anderen?

Damit ist Purpose in der Lage, Menschen zu inspirieren und emotional zu berühren – ggf. weit über die Wirkung der (eher wirtschaftlichen) Vision hinaus (Wyatt, 2024, S. 23 bzw. S. 90).[39]

Die Forderung nach Purpose und damit nach Übernahme gesellschaftlicher Verantwortung verbindet sich mit einem Grundbedürfnis nach Gerechtigkeit: Sie hat sich neben dem *externen sozialen Nutzen* des Unternehmens auch in seinem *Inneren* widerzuspiegeln – die Mitarbeitenden müssen sich mit dem Purpose identifizieren können (Immerschitt & Stumpf, 2022, S. 7).

Die Idee der Gerechtigkeit stellt neben das Ideal der **Freiheit** (Markt, Wettbewerb, Demokratie, Wahlen) ein Ideal der **Gleichheit** (Solidarität, Verteilung, Sozialität, Versorgung). Im Hinblick auf die Frage nach der Verteilung von Gütern steht das Bedürfnis nach Gerechtigkeit damit in einem grundsätzlichen *Konflikt* zwischen dem Motto *Jedem das Seine* einerseits und einem *Jedem das Gleiche* andererseits (Meckenstock, 1997, S. 89).[40]

---

[39] Wenn Praktiker zum Stichwort *Purpose* von „Berufung" reden (Bruce & Jeromin, 2020, S. 17), scheint mir das zu hoch gegriffen. Die Charakterisierung von Purpose als „reason for being" (Blackrock-Chairman und CEO Larry Fink, 2019) halte ich dagegen für passend.

[40] Westliche Demokratien und Marktwirtschaften bauten auf die Idee von Menschenwürde aus dem 19. Jh. So konnte bereits Karl Marx (1818–1883) auf Gedankengut der Bibel zurückgreifen: „Du sollst deinen Nächsten nicht *unterdrücken* und sollst ihn nicht *berauben* ..." (3. Mose [=Levitikus] 19, 13), „Wehe dem, der [...] seinen Nächsten *umsonst arbeiten* lässt und ihm seinen Lohn nicht gibt" (Jer 22, 13; zit. n. Schirrmacher, 2002, S. 128, Hervorhebung dort). Es entwickelten sich Parteien, Gewerkschaften und Tariffreiheit. Der *Mindestlohn* entsprang dem Gedanken, dass der Arbeitsmarkt mit seinen Spezifika, die ihn von *funktionsfähigen* Märkten für Güter und Dienstleistungen unterscheiden, ein gerechtes Ergebnis nicht würde erzielen können.

Drei Perspektiven versuchen, diesen Forderungen nach **Gerechtigkeit** näherzukommen. Sie lassen sich als organisationale *Gerechtigkeit* bezeichnen und in die folgenden *Grundtypen* unterscheiden (Tab. 6).

Tab. 6: Dimensionen von Gerechtigkeit (nach Weibler, 2023, S. 53–56; ähnlich Rohmann & Bierhoff, 2022, S. 23 f.).

Gerechtigkeitsdimension	Erläuterung	
Distributive Gerechtigkeit	hat die Ergebnisse von *Verteilung* zum Gegenstand	
Prozedurale Gerechtigkeit	hat mit *Regeln* und *Verfahren* zu tun (die auch Be- und Entlohnung betreffen können)	
Interaktionale Gerechtigkeit	betrifft die *Beziehung* zwischen Organisationsmitgliedern, meist dem Führenden und Geführten; zu unterscheiden in:	
	Interpersonale Gerechtigkeit	z. B. Umgangsformen, Respekt
	Informationale Gerechtigkeit	informationelle Einbindung, in Form von zumindest ex post gegebenen Erklärungen für eine Entscheidung

Diesen Dimensionen von Gerechtigkeit in Unternehmen muss sich modernes Management in seiner Handlungs- und Führungsfunktion stellen – so schwierig deren Forderungen auch umzusetzen sind. Dazu kommen weitere Parameter. Das freiheitsorientierte
Leistungsprinzip (Zuordnung von Gütern nach Leistungsbeitrag) wirkt differenzierend,
das verteilungsorientierte **Bedarfsprinzip** (Zuordnung nach der Existenz) eher egalisie-
rend (Meckenstock, 1997, S. 303).

In der komplexen Welt von Marktwirtschaft und Demokratie sind Wege aus den Konflikten zwischen den verschiedenen Dimensionen eher zunehmend schwerer als leichter
zu finden. Denn die *Kriterien* zur Beurteilung von Gerechtigkeit sind unschärfer geworden, während die *Ansprüche* der Menschen an gerechte Gestaltung steigen (Holzmann,
2019, S. 90). Im Zusammenhang von Be- und Entlohnung ist dies von vitaler Bedeutung.[41]

Neben dem *Vertrauen* rückt damit also *Gerechtigkeit* als eine „Basiskategorie von
Interaktion" ins Zentrum der Unternehmensethik (Weibler, 2023, S. 53). Beide ermöglichen überhaupt erst Führung: Ohne Akzeptanz seitens der Geführten und eine gewisse Zufriedenheit mit den Ergebnissen wäre Führung in modernen Unternehmen
mit dem Bedürfnis nach Purpose unvereinbar und daher unmöglich. Nur Vertrauen
und Gerechtigkeit schaffen eine Beziehung, die über den reinen Austausch von Leis-

---

[41] Angesichts der zahlreichen tlw. widersprüchlichen Prinzipien von Gerechtigkeit hält Lippold
(2023, S. 248) es für nahezu unmöglich, einen allgemein als gerecht empfundenen Entlohnungs-
Maßstab zu entwickeln.

tung hinausgeht: „Gerechtigkeit und Vertrauen können [...] nur *gemeinsam erschaffen* und ausgelebt werden" (Weibler, 2023, S. 62, Hervorhebung dort).

Behavioural Business Ethics spürt dem Verhalten von Menschen und ihren Präferenzen im Kontext von Wahlfreiheit zwischen Egoismus und Verteilungsgerechtigkeit/Gemeinwohlmaximierung nach. Dazu macht sie Experimente in Form von *Spielen* (verhaltensorientierte Spieltheorie): z. B. mit der Frage, wieweit Menschen *monetäregoistisch* oder *moralisch-altruistisch* entscheiden. Dabei zeigt sich, dass sie soziale **Fairness** anstreben. Allerdings ist die soziale Belastbarkeit nicht unbegrenzt (Holzmann, 2019, S. 130 f.). Dabei wich das *beobachtete Verhalten* von Vermutungen erheblich ab, die zuvor unter Annahme *rationaler Theorie* getroffen waren. Zu den spannendsten Ergebnissen dieser Spiele gehören die folgenden (s. Tab. 7).

Tab. 7: Spiele der verhaltensorientierten Spieltheorie: erwartetes und tatsächlich beobachtetes Verhalten (Holzmann, 2019, S. 129).

	Spielbeschreibung	Vorhersage des standardökonomischen Modells	Empirische Beobachtungen (Beispiele)
Ultimatum Game	Im Ultimatum-Spiel bietet der Proposer dem Responder eine Aufteilung von $ 10 an. Der Responder kann die Aufteilung ablehnen oder annehmen. Bei Ablehnung ist die Auszahlung für beide Spieler null	Der Responder präferiert jede noch so kleine Aufteilung gegenüber keiner Auszahlung. Er sollte folglich nie ablehnen. Entsprechend sollte der Proposer die kleinste mögliche Summe anbieten	75% der Angebote entsprachen einer 50/50-Aufteilung oder besser für den Responder
Dictator Game	Im Diktator-Spiel bietet der Proposer dem Responder eine Aufteilung von $ 10 an. Der Responder kann die Aufteilung *nicht* ablehnen	Da der Responder die Verteilung nicht ablehnen kann und dem Proposer Nutzenmaximierung unterstellt wird, wird der Proposer die volle Auszahlung für sich beanspruchen	nur ca. 20% der Proposer gaben dem Responder nichts. Die meisten Proposer (ca. 29%) verteilten 30% an den Responder
Market Game	Entspricht in etwa dem Ultimatum-Spiel, nur dass hier entweder mehrere Responder oder Proposer im Wettbewerb zueinander stehen	Da sich die Responder / Proposer gegenseitig unterbieten können und gleichzeitig jegliche Aufteilung gegenüber einer Ablehnung präferieren, wird immer eine 0/100-Aufteilung angestrebt	Wird das Spiel mehrere Runden gespielt, pendelt sich das ökonomische Gleichgewicht ca. in Runde 5 ein. In der ersten Runde liegt die Verteilung etwa bei 20/80

Tab. 7 (fortgesetzt)

	Spielbeschreibung	Vorhersage des standardökonomischen Modells	Empirische Beobachtungen (Beispiele)
Gift-Exchange Game	Proposer können einem Responder eine Summe (Lohn) anbieten. Bei Annahme verdreifacht sich der Anteil für den Responder. Der Responder kann daraufhin die Verteilung erwidern und seinerseits einen Teil des erhaltenen Anteils auf eigene Kosten zurückgeben	Der Responder wird eigene Kosten nicht in Kauf nehmen. Folglich wird er eine Verteilung nicht erwidern. Entsprechend sollte der Proposer dem Responder keine positive Summe auszahlen	Responder erwidern eine Auszahlung abhängig von der Höhe der Auszahlung. Die höchstmögliche Auszahlung wird nahezu immer mit einer 50/50-Rückgabe erwidert
Public Goods Game	Spieler haben einen Anfangsbesitz. In jeder Runde entscheiden die Spieler, wie viel ihres Besitzes sie in eine öffentliche Kasse einzahlen möchten. Jede Einzahlung erhöht das Einkommen aller Spieler, reduziert aber das Einkommen des Einzahlers. Zahlt jeder ein, erhöht sich für alle das Einkommen	Da jeder Spieler eine positive Auszahlung präferiert, wird kein Spieler auf eigene Kosten in die öffentliche Kasse einzahlen	Ohne Bestrafungsmöglichkeit durch Mitspieler sinkt die Kooperationsbereitschaft gegen Null. Kann Free-Riding bestraft werden, steigt die Kooperationsbereitschaft nahezu auf 100%

Neben die offiziellen Aspekte des Unternehmens, die in das Leitbild mit Vision und Mission Statement einfließen, treten Werte und Kultur, die auch von außen in die Unternehmenskultur eingehen, sowie der externe politische Ordnungsrahmen. Er beeinflusst durch Gesetze, Verordnungen und Normen die **Corporate Governance**, die Steuerung des Unternehmens.

Aus seinem Zweck entwickelt das Unternehmen seine *Ziele* (s. Kap. 2) und seine *Strategie*: den Weg, wie diese Ziele erreicht werden sollen. Daraus leitet dann das Management die Operations – auch *operative Führung* – ab (s. Abb. 13). Die offizielle **Unternehmenspolitik** umfasst also den Bereich der *Unternehmensphilosophie* sowie die *Operations*.

Ob lediglich als Leitbild oder gar in Form von **Key Performance Indicators** (KPI) formuliert: Das Management muss Purpose und Unternehmenskultur im Unternehmen verankern, durch Führung vorleben und immer wieder zur Diskussion stellen. Dabei gilt: So viele Regeln wie nötig, so viel Sinnhaftigkeit und Vertrauen wie möglich. Ist

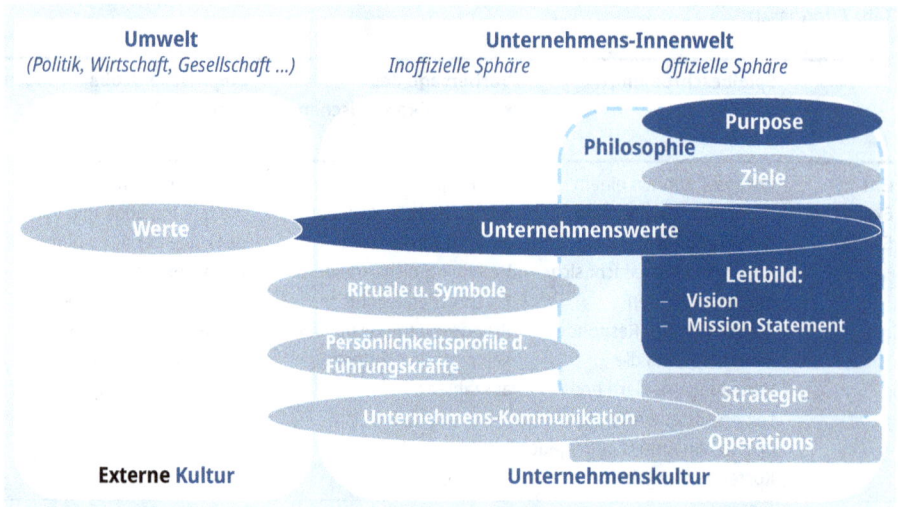

Abb. 13: Zusammenspiel von Purpose, Leitbild, Unternehmenswerten und -kultur. Einflüsse von außen, z. B.: Werte aus der Umwelt (eigene Darstellung u. a. nach Stoi & Dillerup, 2022, S. 143 bzw. S. 108; sowie Pfister et al., 2019, S. 292).

dazu eine Praxis erzielt, von der die Betroffenen überzeugt sind, sind Purpose und Unternehmenskultur belastbar geworden.

Insbesondere die Begriffe *Leitbild* und *Unternehmensphilosophie* werden in der Praxis allerdings recht unterschiedlich – und überschneidend – verwendet. Konjunktur hat seit Beginn der 2020er Jahre der Begriff *Purpose*. Sie alle umfassen Werte und beschäftigen sich mit deren Einfluss auf die Unternehmenskultur und das Handeln der Mitarbeitenden. Konkrete Leitfragen dazu (ursprünglich: für ein Leitbild) formuliert Abb. 14.

Funktioniert die Ausrichtung eines Unternehmens an Werten und ergibt dies einen Beitrag zu gesellschaftlich anerkannten Zwecken, kann von privatwirtschaftlicher **Sinnschöpfung** gesprochen werden. Diese stellt sich neben die wirtschaftliche **Wertschöpfung**: eine *Win-Win*-Situation für die Gesellschaft und das Unternehmen, das so zum „System organisierten Sinns" wird: Das Wechselspiel von *Verantwortung* und *Vertrauen* kann eine Aufwärtsspirale hervorrufen (Hemel, 2022, S. 180).

Das ist im *War for Talents* eine wertvolle Situation. Durch *Führung* erhalten Vertrauen, Kultur und Purpose die erforderliche Gestalt. Davon handelt das nächste Kapitel.

Fragen zur Erstellung eines Unternehmensleitbilds – Elemente zu Unternehmensphilosophie und Purpose

- Welche **Bedürfnisse** wollen wir mit unseren Marktleistungen (Produkten, Dienstleistungen) befriedigen?
- Welchen grundlegenden Anforderungen sollen unsere **Marktleistungen** entsprechen (Qualität, Preis, Neuheit ...)?
- Welche **geografische Reichweite** soll unser Unternehmen haben (lokal, national, international)?
- Welche **Marktstellung** wollen wir erreichen?
- Welche Grundsätze sollen unser **Verhalten gegenüber Marktpartnern** (Kunden, Lieferanten, Wettbewerbern) bestimmen?
- Welches sind unsere grundsätzlichen Zielvorstellungen bezüglich Gewinnerzielung und **Gewinnverwendung**?
- Welches ist unsere grundsätzliche Haltung gegenüber dem **Staat**?
- Wie sind wir gegenüber wesentlichen **gesellschaftlichen Anliegen** eingestellt (Umweltschutz, Gesundheitspflege, Armutsbekämpfung, Entwicklungshilfe, Kunstförderung etc.)?
- Welches ist unser wirtschaftliches **Handlungsprinzip**?
- Wie stellen wir uns grundsätzlich zu **Anliegen der Mitarbeitenden** (Entlohnung, persönliche Entwicklung, soziale Sicherung, Mitbestimmung, finanzielle Beteiligung etc.)
- Welches sind die wesentlichsten **Grundsätze der Mitarbeiterführung**, die in unserem Unternehmen gelten sollen?
- Welches sind unsere **technologischen Leitvorstellungen**?

Abb. 14: Frageliste zum Unternehmensleitbild. Mit Elementen besonders zu Philosophie, Werten und Purpose, für Aussagen über das Unternehmen und sein Verständnis von sich selbst (in Anlehung an Ulrich, 1987, nach Thommen et al., 2023, S. 647).

4 Das 1x1 für 4.0: New Leadership und sensible Kommunikation

4.1 Sozial-Beziehungen statt Macht-Business

Die Unternehmenskultur ethisch zu fundieren und einen Purpose zu verankern ist eine der primären Aufgaben der Unternehmensleitung. Dafür muss sie Kultur sowie Werte authentisch beeinflussen, ohne die Autonomie der Beschäftigten zu beeinträchtigen. Dabei formt sie das Gefüge sozialer Beziehungen im Unternehmen und gestaltet dessen Führung sowie Kommunikation. Davon handelt dieses Kapitel.

„Mission defines strategy, and strategy defines stucture", wird Management-Autor Peter Drucker gelegentlich zitiert.[42] Das wirkt plausibel; und der Ablauf scheint simpel. Nach klassischem Verständnis von *Strategie* (ein Wort, das sich ursprünglich von Griechisch für *Heerführung* ableitet) bestimmen die *Ziele* des Unternehmens seine *Mission*, und diese die Strategie (R. Bergmann & Bungert, 2022, S. 2 f.). Diese Form gesamtplanerischen Handelns wird vielfach praktiziert.

> Um langfristige Ziele zu erreichen, legt ein Unternehmen mit seiner **Strategie** eine Reihe von Maßnahmen fest – bzw. *Wege* zur Zielerreichung, oft mit Meilensteinen als Zwischenzielen. Häufig geschieht dies im Zusammenhang von Ziel-Priorisierungen bzw. Ziel-Hierarchien und mithilfe von Risiko-Analysen, Ressourcen-Betrachtung sowie Beschreibung des Geschäftsmodells (R. Bergmann & Bungert, 2022, S. 2 f.).

Die Strategie für das gesamte Unternehmen wird dann durch Teil-Strategien für dessen Bereiche komplettiert (z. B. für Marketing, Produktion, Forschung, Finanzen) und so in Form operativer Pläne für die Handlungsebenen detailliert. Nach anderem Verständnis des Begriffs kann die Strategie dagegen auch Ausdruck *nicht-plangesteuerter Ausrichtungen* sein (s. Tab. 8).[43]

Gemeinsam dürfte den meisten Ansätzen sein, dass eine Strategie die Überlebensfähigkeit des Unternehmens sichern soll (Stoi & Dillerup, 2022, S. 222). Das klassische Verständnis ist ferner, dass die Strategie die **Organisationsstruktur** eines Unternehmens zumindest mitbestimmt: seine Strukturen und Prozesse (Aufbau- und Ablauforganisation – s. o., P. Drucker: „strategy defines structure"). Allerdings beeinflussen auch umgekehrt die Strukturen und Prozesse die Strategie – und diese beiden zudem die **Kultur** des Unternehmens, sowie umgekehrt (s. Abb. 15).

---

42 „Die Mission bestimmt die Strategie, und die Strategie bestimmt die Kultur" – dafür finden sich Internet-Quellen, aber keine echte von Peter Drucker: Falls jemand eine sieht, bitte gerne melden ...
43 Ein Teil der empirischen Forscher (so z. B. Henry Mintzberg) zweifeln die oben beschriebene Praxis planvoller rationaler Strategiefindungs-Prozesse mit dem Argument an, empirisch ließen sich vielmehr zahlreiche andere, nicht-planvolle Strategieprozesse nachweisen. Vertreter der Rationalitätsprämisse halten dies jedenfalls für eine Minderheiten-Position (s. Welge et al., 2017, bes. S. 17–24).

https://doi.org/10.1515/9783111374420-004

Tab. 8: Nicht-klassische Verständnisformen von Strategie (eigene Zusammenstellung nach Welge et al., 2017, bes. S. 19–22).

Strategie als ...	Erläuterung
... Reihe verbundener *Einzelentscheidungen*	Strategie nicht als Teil eines planvollen Handelns, sondern als Ansammlung von miteinander verbundenen Maßnahmen und Entscheidungen, die allerdings aufeinander abgestimmt und insofern funktionsfähig sind
... Aussage nur zur *Positionierung*	Strategie als Aussage zu Wettbewerbsverhältnissen, z. B. in Form einer SWOT-Analyse: als Positionierung im Hinblick auf unternehmensbezogene Stärken (Strengths) bzw. Schwächen (Weaknesses) sowie marktbezogene Chancen (Opportunities) bzw. Bedrohungen (Threats)[44]
... Liste bzw. Katalog von Maßnahmen	Strategie im Sinn von *Kriegslist* als Katalog von taktischen Maßnahmen, die unter bestimmten Bedingung (z. B. Abwehr von bzw. Angriff auf Wettbewerber) getroffen werden können
... Muster	Strategie als Folge unbeabsichtigten, auch zufälligen Handelns, das primär auf Geschehnisse auf Märkten und in der Umwelt reagiert (und insofern ex post als sinnvoll dargestellt werden kann)
... Denkhaltung	Strategie als Perspektiven-Sammlung oder Unternehmensphilosophie (s. Kap. 3.2) der Unternehmensleitung

Der Erfolg einer Strategie und damit des betreffenden Unternehmens hängt nach dem **7-S-Modell** hauptsächlich von sieben Faktoren ab, davon drei *harte* und vier *weiche*. *Harte* Faktoren sind demnach:

– *Structure* (Struktur): formale Aufbauorganisation; Zuständigkeiten, Delegation, Zentralisation und Organisation, Strukturtypen etc.
– *Systems* (Systeme): Prozesse; Planung, Kontrolle, Steuerung, Informationssysteme, Anreizsysteme etc.
– *Strategy* (Strategie): Unternehmenspolitik; Strategie, Marktverhalten, Sortimentspolitik etc. (also nicht nur Strategie im engeren klassischen Sinne)

Weiche Faktoren sind demnach:
– *Style* (Stil): Führungsstil; Beziehung zwischen Vorgesetzten und Mitarbeitenden, Umgang mit Mitarbeitenden, Kunden, Lieferanten etc.
– *Staff* (Stammpersonal): Aufbau und Pflege Personals; Attraktivität auf dem Arbeitsmarkt, Bewertung der Mitarbeitenden etc.

---

44 Eine solche SWOT-Analyse sollte Teil des Gesamtpakets einer plangesteuerten Unternehmensstrategie sein, aber diese nicht ersetzen. – Vision und besonders Einsicht und Klarheit, als Ergebnisse strategischer Analyse, dienen zugleich als Rüstzeug gegen die als volatil, unsicher und komplex beklagte heutige VUCA-Welt (nach Johansen, 2012, S. 8).

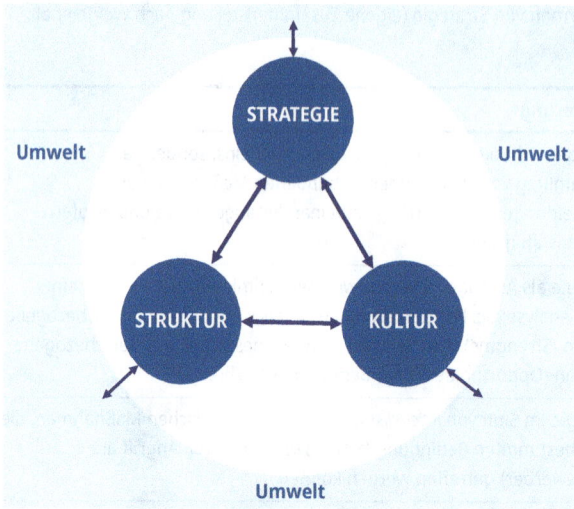

Abb. 15: Trilogie Strategie – Kultur – Struktur. Dreifache gegenseitige Beeinflussung im Unternehmen, jeweils auch von der Umwelt beeinflusst (in Anlehnung an Ruhli, 1991; hier nach Thommen et al. 2023, S. 628).

- *Skills* (Soziale u. fachliche Fähigkeiten): Sachverstand, spezielle Fähigkeiten und Entwicklung der Mitarbeitenden; Management Development etc.
- *Shared Values* (gemeinsame Werte): Unternehmenskultur; Normen und Wissensbestände (auch: Selbstverständnis)
  (nach H. Jung, 2017, S. 509–511; s. a. Stoi & Dillerup, 2022, S. 220).[45]

Der siebte Faktor wird ursprünglich und mitunter noch immer bezeichnet als:
- *Superordinate Goals*: Übergeordnete Ziele und Grundwerte des Unternehmens
  (Thommen et al, 2023, S. 656).[46]

Das 7-S-Modell wird meist in der Form eines Moleküls dargestellt (s. Abb. 16).[47]

Das 7-S-Modell stellt ein wechselseitiges System dar, nahezu einen lebendigen Organismus, in dem alle Faktoren sich gegenseitig beeinflussen. In dem Modell sind der **Unternehmenszweck**, Purpose sowie Ziele des Unternehmens nur indirekt enthalten.

---

45 H. Jung (2017) bezieht sich auf Pascale & Athos, die in ihrer vielbeachteten Studie *The Art for Japanese Management* (1981) den internationalen Erfolg japanischer Unternehmen in den 1970er Jahren untersucht und daraus die 7 Faktoren abgeleitet hatten.

46 Der 7. Faktor (*Superordinate Goals*) wurde durch *Shared Values* ersetzt von Peters & Waterman, die in ihrem Bestseller *In Search of Excellence* (1982) als Antwort auf die japanische Studie von Pascale & Athos (1981) die Gründe für den Erfolg *amerikanischer* Spitzenunternehmen untersuchten.

47 Mit *Strategy*, *Structure* und *Systems* befassen sich im vorliegenden Buch u. a. die Kap 2, 5, 6, 9 und 11; mit *Shared Values*, *Style*, *Staff* und *Skills* u. a. die Kap. 3, 4, 7, 8 und 10.

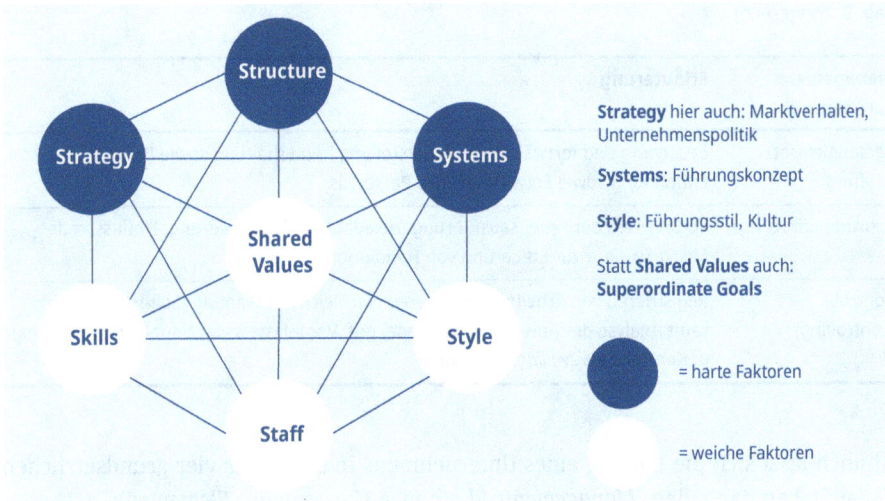

Abb. 16: Das 7-S-Modell. 3 harte, 4 weiche Faktoren für das Zustandekommen von Unternehmenserfolg (Darstellung nach H. Jung, 2017, S. 511; sowie Thommen et al., 2023, S. 656).

Sie alle werden durch die Eigentümer festgelegt und sind ggf. zu ergänzen; denn auch diese Grundentscheidungen tragen zu Erfolg bzw. Misserfolg des Unternehmens bei. Die Strategie zu erstellen, seine Umsetzung zu veranlassen und die begleitenden Faktoren herzustellen ist dann die Aufgabe des *Managements*.

Unter **Management** werden einerseits die obersten hierarchischen Ebenen im Unternehmen verstanden, die sich mit dessen *Leitung* oder *Steuerung* beschäftigen (*institutionelle* Perspektive), andererseits das Bündel der *Aufgaben*, die mit dieser Steuerung zusammenhängen (*funktionale* Perspektive). Im Gegensatz zu den betrieblichen *Sachfunktionen* (wie z. B. Produktion, Marketing, Finanzen) gehört das Management damit zu den *Querschnittsfunktionen* (G. Schreyögg & Koch, 2020, bes. S. 4–7).

Die Aufgaben des Managements wurden im klassischen *5er-Kanon* seit den 1950er Jahren bis heute in etwa in die folgenden Funktionen unterschieden (Tab. 9).

Tab. 9: Management-Funktionen im 5er-Kanon (Zusammenstellung nach G. Schreyögg & Koch, 2020, bes. S. 8–11).

Management-Funktion	Erläuterung
Planung (planning)	Primärfunktion: Bestimmung der Zielrichtung, Handlungsoptionen, Richtlinien, Programme und Verfahrensweisen
Organisation (organizing)	Umsetzung durch Einrichten von Aufgabeneinheiten und deren Verknüpfung sowie ggf. Hierarchisierung; Installation des Kommunikationssystems

Tab. 9 (fortgesetzt)

Management-Funktion	Erläuterung
Personaleinsatz (staffing)	Besetzung und fortwährende Sicherstellung und Erhaltung sowie Beurteilung, Entlohnung sowie Entwicklung des Personals
Führung (directing)	Veranlassen der Arbeitsausführung, zieladäquate Feinsteuerung, Einfluss in der Mikro-Struktur zur Steuerung von Handlungen
Kontrolle (controlling)	Registrieren von Arbeitsergebnissen u. Vergleich mit Planung (Soll-Ist-Abgleich) samt Analyse der Abweichungsgründe; ggf. Veranlassen von Neuplanung (Planung u. Kontrolle als *Zwillingsfunktionen*)

Ähnlich lässt sich die Leitung eines Unternehmens in sogar nur vier grundsätzlichen Teilaufgaben darstellen (*Managementrad* mit vier Management-*Elementen*):

- **Planung**: Problemerkennung und -Analyse, Lösungsvorschläge und Ergebnisprognosen
- **Entscheidung**: Zielbestimmung, Varianten-(Wege-)Auswahl und Allokation von Mitteln
- **Aufgabenübertragung**: Instruktion der betr. Personen sowie Umsetzung der Entscheidungen in konkretes Handeln
- **Kontrolle**: Überwachen der Phasen im Problemlösungsprozess sowie Kontrolle seiner Ergebnisse
  (Thommen et al., 2023, S. 13 f.; s. a. Abb. 17).

Alternativ wird die *Zielbestimmung* als initiale Tätigkeit separat vorangestellt und die Planung aus der Zielsetzung abgeleitet. Im entsprechenden *Managementkreis* wird die Funktion des Managements daher wiederum in fünf Elemente unterteilt (H. Jung, 2017, S. 442; s. Abb. 18).

Beide Modelle beschreiben also Zyklen, bei denen an die Kontrolle die (ggf. zu revidierende) Neu-/Planung anschließt; die Kreisläufe sind von oben im Uhrzeigersinn zu lesen. Es handelt sich bei Planung und Kontrolle also um *Zwillingsfunktionen* (s. o.: Tab. 9, letzte Zeile).

Im Gegensatz zu den beiden Modellen von *Managementrad* und *-kreis* beschreibt das vielzitierte *Führungsrad* des Bestseller-Autors Malik (2006, S. 378) nicht wirklich einen Zyklus – auch wenn sein Name dies vermuten lässt und es zahlreiche der hier genannten Funktionen und Tätigkeiten aufgreift. Vielmehr flicht Maliks Führungsrad *Management-* und *Führungselemente* ineinander und ordnet sie im Grunde prioritär, wie hier in Tab. 10 dargestellt (die in Stufe IV dargestellten Aufgaben und Werkzeuge sind dabei als voneinander unabhängige Ergänzungen zueinander zu verstehen).

Abb. 17: Managementrad: Planen – Entscheiden – Aufgaben übertragen – Kontrollieren (Thommen et al., 2023, S. 14).

Abb. 18: Managementkreis: Ziele setzen – Planen – Entscheiden – Realisieren – Kontrollieren (nach H. Jung, 2017, S. 442).

Tab. 10: Management-Elemente des „Führungsrads" von Malik (eigene Zusammenstellung nach Malik, 2006, bes. S. 377–379).

I	Verantwortung
II	Grundsätze wirksamer Führung
III	Kommunikation
IV	Management von Bekanntem und Management von Neuem

IV Management von Bekanntem und Management von Neuem

Aufgaben:	Werkzeuge:
– Für Ziele sorgen	– Sitzungen
– Organisieren	– Reports, schriftliche Kommunikation
– Entscheiden	– Job Design & Assignment Control
– Kontrollieren – Messen – Beurteilen	– Persönliche Arbeitsmethodik
– Fördern von Menschen	– Budget u. Budgetierung
	– Leistungsbewertung
	– Systemische Müllabfuhr[48]

Die **Steuerung** (Leitung) eines Unternehmens wird also vielfach als *Management* bezeichnet und oft auch als *Führung*; ausdrücklich werden diese beiden Begriffe häufig

---

[48] Unter „Systemischer Müllabfuhr" versteht Malik das Abwerfen von Ballast, das geradezu systemisch erfolgen solle (Malik, 2006, S. 359 f). – Die 5 Aufgaben + 7 Werkzeuge ergeben die 12 „Speichen" seines *Führungsrads*, das selten neue brauche, denn die 12 Speichen „decken 100 Prozent der typischen Managementaufgaben ab, die [...] immer und überall erfüllt werden müssen" (Malik, 2006, S. 380 f.).

sogar *synonym* verwendet.[49] Im vorliegenden Buch wird jedoch Führung anders verstanden.

> Unter **Führung** wird hier eine *Beziehung* zwischen Menschen in Organisationen verstanden. Durch (personale) Führung vermag eine Person eine andere Person zu motivieren, zu beeinflussen und dazu zu befähigen, zur Wirksamkeit und zur Zielerreichung ihrer Organisation beizutragen (F. C. Brodbeck, 2016, S. 4).

Der Begriff **Management** umfasst demnach Inhalte, die sich fast als technisch-strukturell bezeichnen lassen – jedenfalls als kaufmännisch-betriebswirtschaftlich (s. Abb. 17 bzw. Abb. 18). Diese Inhalte fügen sich in einen Ablauf, der mit einer Aufgabenstellung (Ziel) beginnt und mit einem Ergebnis (dem Erreichen bzw. Verfehlen des Ziels) endet. Dass dabei Aufgaben geradezu gleichzeitig anfallen, liegt in der Natur der Sache: Das Management muss in der Praxis oft neu entscheiden, nachjustieren, priorisieren, nicht selten improvisieren – und Dinge quasi synchron handhaben.[50]

Manager sind demnach in Funktionen tätig, in denen sie Abläufe planen, entscheiden, veranlassen, steuern und kontrollieren. Dazu ist die Frage, wie die Vorgaben der Eigentümer und die Zielsetzung und Entscheidungen des Managements auf das Unternehmen übertragen werden. Lange Zeit war das primär eine Frage von **Macht**.

In bestimmten Situation bleibt es sinnvoll, Entscheidungen an die *Befugnis* dazu (formale Macht) zu knüpfen: in Krisen und Notfällen, die Schnelligkeit erfordern (z. B. bei Gefahr, Unfällen, ...), wenn eine Abstimmung zu viel kostbare Zeit kosten würde. Für die normale Situation im Management lässt sich dagegen sagen: Die *Ausübung von Macht* kostet die Machthaber ...

- Entfremdung
- Einfluss
- Stress
- und letztlich auch Durchsetzung (Autorität).

---

[49] So in einem der populärsten BWL-Lehrbücher: „Diese Steuerungsfunktion bezeichnet man als Management oder Führung" (Thommen et al., 2023, S. 13), und in der Auflage zuvor (Thommen et al., 2020, S. 11) noch ausdrücklich: „Diese Steuerungsfunktion bezeichnet man als Führung oder synonym als Management"; so auch H. Jung (2017, S. 442): „Die Begriffe Management und Führung werden sowohl im täglichen Sprachgebrauch als auch in der Literatur oft synonym verwendet."

[50] Augenscheinlich leitet sich *Management* von ital. *maneggiare = handhaben* (von lat. *manus = Hand*) ab. Meine These: Es mischte sich im *Little Italy* New Yorks ins Englische; wer dort etwas werden wollte, musste vieles gleichzeitig *maneggiare*: fast wie ein Jongleur. „Maneggiare con cura", steht auf einer Kiste Rotwein in meinem Keller. – Aber ein Manager ist nicht immer hierarchisch hochgestellt, sondern lediglich „in charge": Verantwortlich am Kiosk um die Ecke ist ebenfalls dessen *Manager*.

Ausdrücklich sind damit also diejenigen Kosten gemeint, die der *Führungskraft* (und damit ggf. ihrem Unternehmen) entstehen – nicht deren Mitarbeitenden; so der Psychologe und Beziehungs-Forscher Thomas Gordon (2005, S. 193–199).

„Vielleicht ist es unvermeidlich", so Gordon (2005, S. 192), der ebenfalls Management-Coach war, „dass erzwingende Macht eben jene Kräfte weckt, die sie schließlich zur Strecke bringen und die einen gewissen Machtausgleich herbeiführen. Macht legt die Saat zu ihrer eigenen Zerstörung."[51] So warnt er vor Argwohn, Misstrauen, Feindseligkeit und passivem Widerstand von Beschäftigten, zumal neuen Führungskräften gegenüber.

Dabei kann es zum Ausbruch kindlichen Verhaltens kommen, wenn Beschäftigte sich in einer Situation empfinden, die sie als einer Macht gegenübergestellt erleben. „Insofern *erbt* der neue Führer das Kind, das jedes seiner Gruppenmitglieder einmal war" (Gordon, 2005, S. 29–30, Zitat S. 31; s. dazu Abb. 19 sowie das Transaktions-Modell von Eric Berne, Kap. 4.3).[52]

Potenzielles Widerstands-Verhalten von Beschäftigten als Reaktion auf Machtausübung seitens ihrer Führungskräfte (nach Gordon)

- Widerstand, Trotz, Auflehnung, negative Einstellung
- Groll, Ärger, Feindseligkeit
- Aggression, nachtragendes Verhalten, Abwehr, Lächerlichmachen der Autoritätsperson
- Lügen, Verbergen der Gefühle
- Andere beschuldigen, Klatschen, Mogeln
- Herrschaft, den Chef herauskehren, Tyrannisieren von Mitarbeitenden
- Bedürfnis zu gewinnen, Unfähigkeit zu verlieren, Perfektionismus

- Suchen von Verbündeten, Intrigieren gegen die Autoritätsperson
- Unterwürfigkeit, Gehorsam, Willfährigkeit
- Speichelleckerei, Buhlen um Gunst, Honig-um-den-Mund-Schmieren
- Konformismus, Angst vor dem Wagnis von Neuem oder Kreativem, Abhängigkeit von einer Autoritätsfigur; Bedürfnis, sich des Erfolgs sicher zu sein
- Rückzug, Flucht, Phantasien, Regression
- Krank werden
- Weinen

Ausdrücklich zählt Gordon widerständige Verhaltensweisen auf, die an naive Verhaltensweisen erinnern und nicht immer in Gänze geäußert werden, aber im Kern daran anknüpfen, wie sie in der Kindheit geformt wurden und weiterhin abrufbar sind.

Abb. 19: Widerständige Verhaltensweisen in der Konfrontation mit Macht. Anknüpfen an im Kindesalter geformtes Verhalten, abrufbar auch bei Erwachsenen (eigene Darstellung nach Gordon, 2005, S. 32).

Dem im Zusammenhang von Abb. 17 und 18 genannten, eher technisch-strukturellen oder jedenfalls kaufmännisch-betriebswirtschaftlichen Verständnis des Begriffs *Manage-*

---

[51] Gordon (2005, S. 192) zitiert dazu William Shakespeare: „Schwer ruht das Haupt, das eine Krone drückte" (Heinrich IV, III. 1). – Es fällt auf, dass Sozialwissenschaften vermehrt Bezüge zu älteren Quellen herstellen, die außerhalb ihrer selbst liegen: in Kunst, Kultur, Philosophie und benachbarten Gebieten.

[52] Das *Transaktions*-Modell von Berne ist nicht zu verwechseln mit *transaktionaler* Führung (s. u. in Kap. 4.2).

ment setzen wir hier also den Begriff der *Führung* entgegen, der die interpersonale (zwischenmenschliche) Bedeutung des Wortes betont.

> Die Aufgabe der *Führung* gehört allerdings – fast immer – zum *Management* hinzu. Zum Verständnis der begrifflichen Unterscheidung tragen die Begriffe Headship und Leadership bei:
> - **Headship** bezeichnet die *formale* Leitung eines in der betreffenden Organisation hierarchisch Vorgesetzten
> - **Leaderhip** bezeichnet die *inhaltliche* Führung einer Person durch eine andere Person (nach Weibler, 2023, S. 27 f.)

Im Normalfall setzt Führung in einer **Hierarchie** auf einer oberen Ebene an, beim Vorgesetzten, und ist auf die *nächstuntere* Ebene ausgerichtet – und so weiter. In Ausnahmefällen kann sie aber auch auf *derselben* Ebene, also seitwärts (*laterale Führung*), oder sogar von *unten* nach *oben* geschehen. In jedem Fall bezeichnet Führung ein *Zusammenwirken* zwischen Führendem und Geführten. Insofern kann man sie als soziale Interaktion (s. Abb. 20) verstehen – oder sogar als *Beziehung*.

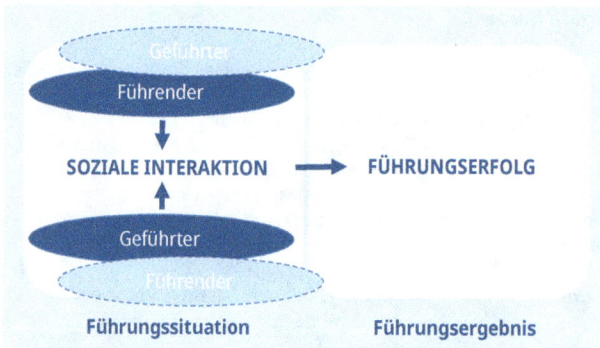

Abb. 20: Grundstruktur einer Führungsbeziehung. Meist hierarchisch, aber nicht notwendigerweise: Führung kann auch lateral (seitwärts, nicht dargestellt) oder von unten nach oben geschehen (eigene Darstellung nach Weibler, 2023, S. 31; bzw. Pfister et al., 2019, S. 287).

Das weist darauf hin, dass Führung zur Verwirklichung der **Beziehung** nicht mehr hierarchisch von oben *oktroyiert* (aufgesetzt, übergestülpt) werden kann, sondern von unten *attribuiert* (zugestanden, beigemessen) werden muss: anders, als es noch die Baby Boomer oder Gen X als üblich empfanden. Bei lateraler Führung sowie Führung von unten gilt das erst recht. Damit ist Führung etwas, das vom Geführten *akzeptiert* werden muss – andernfalls drohen Konflikte (Weibler, 2023, bes. S. 31 f.).

> Wenn Führung nicht mehr Ergebnis einer *sozialen Situation* (Hierarchie), sondern von *persönlicher Zuschreibung* ist, entsteht ein neuer Auftrag an Führende: Sie müssen sich die **Akzeptanz** der Geführten verdienen. Die Geführten billigen den Führenden also die Führung zu – oder nicht. Und genau das verlangen *Gen Y* und *Gen Z*: Nach ihrer Vorstellung geschieht Führung auf Augenhöhe (Sass, 2019, S. 92 f.).

Man kann auch sagen: Die Geführten müssen Führenden die Führung *zutrauen*. Immer wieder geht es dabei um das *Vertrauen* (s. Kap. 3). Eine gute Unternehmenskultur sowie die Authentizität von Vorgesetzten werden damit auch zum Nährboden *gelingender Führungsbeziehungen*. Die folgende Übersicht zeigt Einstellungen und Verhaltensweisen verschiedener Generationen: Die Generation der Baby Boomer ist die letzte, die der Arbeit mehr Gewicht zugemessen hatte als dem Leben abseits davon (Tab. 11). Gen Y und auch Gen Z mit neuem **Führungsverständnis** zu begegnen ist demnach eine der großen Aufgaben für das Management und das Unternehmen insgesamt.

Tab. 11: Arbeitsverhalten verschiedener Generationen (in Anlehnung an Oertel, 2007, nach Lippold, 2021, S. 59; s. a. Ciesielski & Schutz, 2016, S. 41–58).

Traditionalisten *(Jahrgänge in Deutschland) bis ca. 1950*	Baby Boomer *ca. 1950 – Mitte 60er*	Gen X *Ende 60er – ca. 1980*	Gen Y *ca. 1980 – Mitte 90er* (auch: „Millenials")	Gen Z *Ende 90er – ca. 2010*
Verhalten am Arbeitsplatz				
+ verlässlich + gründlich + loyal + fleißig + beständig + hierarchietreu	+ kundenorientiert + leistungsbereit + ehrgeizig + motiviert + beziehungsfähig + kooperativ	+ flexibel + Technik-affin + unabhängig + selbstbewusst + kreativ	+ teamorientiert + optimistisch + hartnäckig + kühn + multitaskingfähig + technologisch fit	+ hohe Akzeptanz / Toleranz von Diversitäten + selbstüberzeugt + technologisch fit + fähig zu Selbstorganisation
- konfliktscheu - systemkonform - wenig bereit für Veränderung	- egozentrisch - eher prozess- als ergebnisorientiert - kritikempfindlich - vorurteilsbeladen	- ungeduldig - wenig sozial - zynisch - wenig durchsetzungsfähig	- unerfahren - anleitungsbedürftig - strukturbedürftig - antriebsschwach - illoyal	- Verantwortung wird abgegeben (z. B. an die Helicopter-Eltern) - geringe Sorgfalt - maximiertes Google-Gedächtnis
Einstellung zur Arbeit				
Pflicht und Wert	Herausforderung und Selbstfindung	Job und Spaß	Sinn und Team	Arbeit ist Spaß, Arbeit ist unsicher, Arbeit ist unklar
Einstellung zu Autorität				
Gehorsam	Hassliebe	Unbeeindruckt	Höflichkeit	Indifferenz
(-)	„Leben, um zu arbeiten"	„Arbeiten, um zu leben"	„Erst leben, dann arbeiten"	„Leben und arbeiten als fließender Prozess"

Zu einer guten **Führungskultur** gehört, dass das Unternehmen sich zu Sinn und Zweck sowie über Art und Umfang von Führung und zu deren Voraussetzungen äußert. Ähnlich wie im Zusammenhang von Zielen und Leitbild für seine Gesamtheit (s. Kap. 2 bzw. Kap. 3) formuliert das Unternehmen daher für seine Führungskräfte sowie für die von ihnen Geführten *Führungsziele, -grundsätze* und *-mittel* (Jörg & Steiger, 2019a, S. 161 f.).

Dabei trifft das Unternehmen Aussagen über Arbeit und Leistung, Kooperation und Autonomie, Sinn und Freiheit. Als **Qualifikationen** für Führung – und damit Erfolg im Management – nennt H. Jung (2016, S. 1012 f.):

- Zukunftsoffenheit
- Lernfähigkeit/Lernbereitschaft
- Denken in Gesamtzusammenhängen
- Lösen schlecht strukturierter Probleme
- Konfliktfähigkeit
- Menschenführung
- Kommunikationsfähigkeit
- Teamfähigkeit

Mit diesen Qualifikationen beschäftigt sich auch das vorliegende Buch.

Daneben ist die *Außensicht* auf das Unternehmen und sein Umfeld, also die Märkte auf Beschaffungs- und Absatzseite, zu beachten. Abb. 15 hat dies mit dem Begriff *Umwelt* und Abb. 16 mit dem Begriff *Systems* schon angedeutet, aber nicht so explizit formuliert, wie Abb. 21 es mit dem Begriff *Marktsituation* tut: das systemische Führungsmodell.

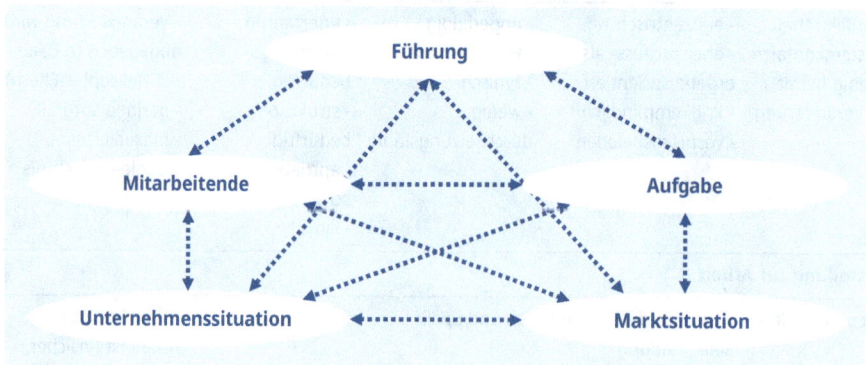

Abb. 21: Das systemische Führungsmodell. Eine Veränderung eines der Elemente zieht Veränderungen der anderen Elemente nach sich (eigene Darstellung in Anlehnung an Posé, 2016, S. 6 f.).

Systemische Führung heißt, dass die Führungskraft sich zugleich als *Gestaltende* wie als *Gestaltete* versteht: Sie agiert und reagiert. Alle Elemente des Systems, dessen Teil sie ist, hängen zusammen und bedingen einander. Jede Veränderung eines der Elemente zieht Veränderungen der anderen Elemente im System nach sich (nach Pfister, 2019, S. 14).[53]

Diese Sichtweise erweitert den Blick auf Führung und Führungskultur im Unternehmen. Damit wirkt das Unternehmen auf seine Führungskräfte und Mitarbeitenden ein (die es gleichzeitig beeinflussen). Zugleich fördert es „eine Kultur des *Mitdenkens*, *Mithandelns* und *Mitverantwortens*" (Jörg & Steiger, 2019a, S. 161, Hervorhebungen hier v. Verf.).

Dieses Verständnis von Führung beinhaltet zudem ein anderes **Menschenbild** und ein anderes Bild seiner Sozialität als die klassische BWL. Es geht von traditionellen Zielen aus (s. Kap. 2), fokussiert mit seinen Werten und dem Purpose (Kap. 3) aber zugleich auf die breite, partnerschaftliche Mitwirkung aller seiner Mitarbeitenden am Unternehmen sowie auf deren maximale Aktivierung.

Führung ist insofern als Aufbau eines **sozialen Systems** zu verstehen. Ebenso wie im klassischen Verständnis verfolgt sie allerdings das Ziel, „eine eigene oder fremdgestellte Aufgabe zu lösen" (Posé, 2016, S. 6).

Dies impliziert eine gemeinschaftliche Arbeit von Management und Mitarbeitenden am Erfolg des Unternehmens, unabhängig von deren hierarchischer Position. Sie baut damit umso mehr auf Vertrauen auf – und wird somit ganzheitlicher.

Bezieht man schließlich die Dimensionen der Wahrnehmung und Verarbeitung von Reizen aus dem Umfeld der Geführten in die Wahrnehmung von Führung ein, gelangt man zur **neurosystemischen Betrachtung**. Sie integriert situative, soziale und organisationale Aspekte und fokussiert neben den *Einflüssen* zudem auf das *Verhalten* sowohl von Führenden als auch von Geführten – und auf deren Wechselwirkungen. Entsprechend komplex ist das Modell (s. Abb. 22).[54]

Demnach ist **Führung** als ein Prozess von Einflussnahme zu verstehen, der für Geführte ein günstiges Umfeld erzeugt und sie in der Wahrnehmung und Verarbeitung dieses Umfelds unterstützt – und zwar so, dass die Geführten mit erhöhter Wahrscheinlichkeit ein Verhalten äußern, das zielgerichtet, gut motiviert und selbstkoordiniert ist und das Überleben der Organisation wie auch der beteiligten Personen sichert (nach Pfister & Neumann, 2019, S. 59 f.).

---

53 Auch im weiteren Verlauf geht das vorliegende Buch von einem *Systembegriff* aus, der Zusammenarbeit im Hinblick auf eine gemeinsame Aufgabe anvisiert. So werden das Unternehmen sowie dessen Teile als Systeme verstanden: in einem dynamischen Zusammenhang zahlreicher Elemente und im Hinblick auf Inputs aus der Umwelt und Outputs in die Umwelt (Jörg & Steiger, 2019b, S. 24 f.)
54 Die Aufgabe von Modellen ist m. E., die Komplexität von Wirklichkeit zu reduzieren. Das macht sie eingängig, wenn auch mitunter fast banal. Das o. g. neurosystemische Modell bildet eine relativ hohe Komplexität ab – mit der Folge, dass es vielleicht weniger prägnant wirkt.

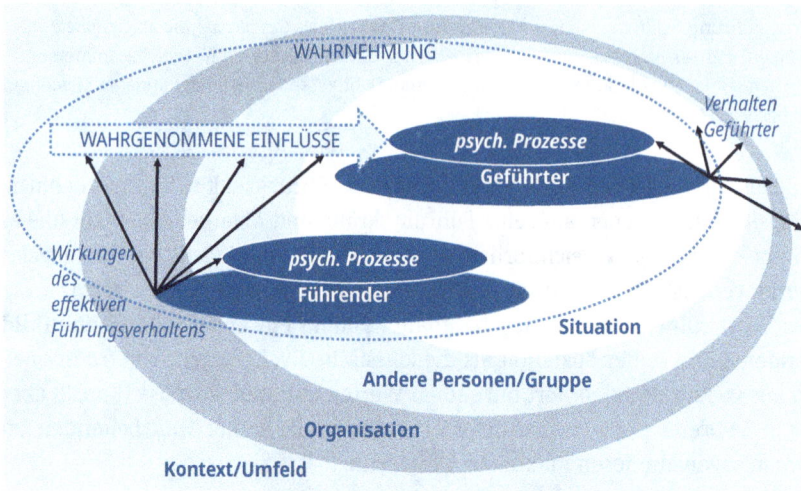

Abb. 22: Führung im neurosystemischen Modell. Wirkungen des Führungsverhaltens in 4 Sphären durch Wahrnehmung der Einflüsse aus diesen 4 Sphären (eigene Darstellung nach Pfister & Neumann, 2019, S. 60).

In solcher Komplexität also muss ein Management Führung entfalten. Bei einer Umfrage unter 841 Schweizer Unternehmen 2021 sahen 89 % die größte Herausforderung hybriden Arbeitens im Aufrechterhalten und Weiterentwickeln der *Unternehmenskultur* (S. Berger et al., 2021, S. 11 f.). Das ist aufschlussreich; denn der erste Covid19-Schock war zum betreffenden Zeitpunkt fast überwunden: Die Bedeutung von Unternehmenskultur kann kaum überschätzt werden (s. Abb. 23).

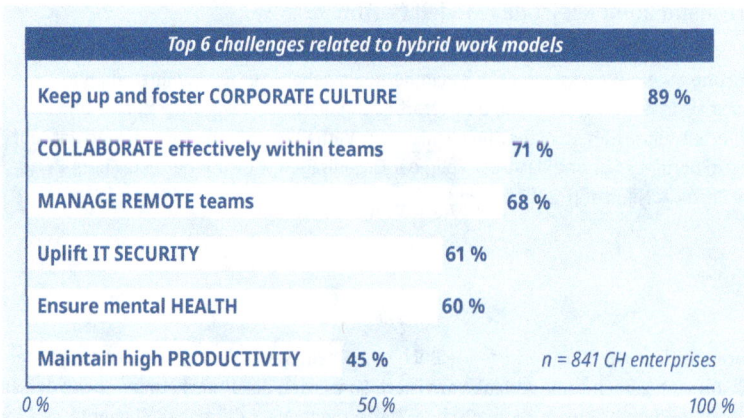

Abb. 23: Top-6-Herausforderungen von hybriden Arbeitsmodellen, CH 2021. *Unternehmenskultur* mit Abstand auf Platz 1, *Zusammenarbeit* und *Remote Teams* auf den Folgeplätzen (nach S. Berger et al., 2021, S. 12).

Dass die Herausforderung der *Corporate Culture* dort doppelt so oft genannt wurde wie *Produktivität hochhalten*, unterstreicht deren Bedeutung zusätzlich. Auch die beiden nächstgenannten Items gilt es zu beachten: *Effektive Zusammenarbeit* im Team sowie das Management von *Remote Teams* – also Teams im Homeoffice bzw. hybride Teams (s. Abb. 23).

Das alles erfordert systemische Führung in modern gestalteten Beziehungen, gerade im Verzicht auf die Ausübung faktisch vorhandener, hierarchisch installierter Macht.[55] Der Ausprägung von Führung widmet sich der nächste Abschnitt.

4.2 Enriched Transformational Leadership

Hinsichtlich der Beteiligung der Mitarbeitenden an Entscheidungen und damit an der Ausübung von Macht lassen sich zahlreiche **Führungsstile** in ein Schema fassen, dessen Relevanz in der digitalen Welt einen neuen Schub erhalten hat. Es unterscheidet zwischen Willensbildung beim Vorgesetzten bzw. bei den Mitarbeitenden (s. Abb. 24).

Führung geht im Normalfall weiterhin primär vom Vorgesetzten aus. Er hat die Zusammenarbeit zu gestalten, Aufgaben zu übertragen und Kontrolle auszuüben; dabei entstehen naturgemäß Konflikte und die Suche nach deren Lösungen. **Eigenverantwortung** und **Selbständigkeit** nehmen bei den in Abb. 24 dargestellten Führungsstilen (von links nach rechts) zu – und dementsprechend das *Vertrauen*, das Vorgesetzte in ihre Mitarbeitenden zu setzen haben: Es ist Voraussetzung für solche Arten von Führung. Die *Bezeichnungen* für die verschiedenen Führungsstile variieren; so wird z. B. der hier als *autonom* bezeichnete Führungsstil mitunter auch *demokratisch* genannt.[56]

> Erhebliche Freiheit kennzeichnet den Führungsstil, der als **Empowering Leadership** bekannt ist. Er knüpft an den oben *autonom* genannten Stil an, geht über Delegation insofern hinaus, als er die Mitarbeitenden aktiv mit allen erforderlichen Ressourcen ausstattet, und baut auf weitgehendes *Vertrauen* der Führungskraft ihren Mitarbeitenden gegenüber auf (Furtner, 2017, S. 9 f.; Wyatt, 2024, S. 145 f.; Furtner & Baldegger, 2023, S. 241 f.).

---

[55] Macht an sich bleibt bestehen: „Macht ist nichts Verwerfliches" (Reumann, 2019). Sie ist Teil von Beziehung, so Michel Foucault (1926–1984). Führung heißt für ihn „einerseits, andere (durch mehr oder weniger strengen Zwang) zu lenken, und andererseits, sich (gut oder schlecht) aufzuführen, also sich in einem mehr oder weniger offenen Handlungsfeld zu verhalten. Machtausübung besteht darin, ‚Führung zu lenken', also Einfluss auf die Wahrscheinlichkeit von Verhalten zu nehmen" (zit. nach Große Kracht, 2019). Die Frage ist also, wie man mit Macht umgeht: eine Frage der Ethik.

[56] Die Bezeichnung *demokratisch* kann jedoch als irreführend angesehen werden: Die Mitarbeitenden erhalten keine *Herrschaft* über das Unternehmen (*Demokratie* = Volksherrschaft), sondern Freiheiten in der Erfüllung ihrer Leistungen.

Willensbildung beim Vorgesetzten						Willensbildung bei Mitarbeitenden
autoritär	*patriarchalisch*	*informierend*	*beratend*	*kooperativ*	*delegativ*	*autonom*
Vorgesetzter entscheidet ohne Konsultation der Mitarbeitenden	Vorgesetzter entscheidet, versucht aber, Mitarbeitende von seiner Entscheidung zu überzeugen, bevor er sie anordnet	Vorgesetzter entscheidet, gestattet jedoch Fragen zu seinen Entscheidungen - um dadurch Akzeptanz zu erreichen	Vorgesetzter informiert Mitarbeitende über Absicht zu Entscheidungen - Mitarbeitende können ihre Meinung äußern, bevor Vorgesetzter endgültig entscheidet	Mitarbeitende / Gruppe entwickelt Vorschläge - Vorgesetzter entscheidet sich für die von ihm favorisierte Alternative	Mitarbeitende / Gruppe entscheidet - nachdem Vorgesetzter die Probleme aufgezeigt und die Grenzen des Entscheidungs-spielraums festgelegt hat	Mitarbeitende / Gruppe entscheidet - Vorgesetzter fungiert als Koordinator nach außen
1	2	3	4	5	6	7

Abb. 24: Führungsstilkontinuum nach Tannenbaum & Schmidt. Willensbildung bzw. Entscheidungsbefugnis als Teilhabe an Macht bei Führungskraft und Mitarbeitenden unterschiedlich verteilt (in Anlehnung an Tannenbaum & Schmidt, 1958, bzw. Ergänzungen durch Wunderer, 2011, beide nach Weibler, 2023, S. 339).[57]

Empowering Leadership lehnt sich damit an das Konzept von Selbstbestimmung (Autonomie) an, das Führung weitgehend an Mitarbeitende abgibt. In seiner Weiterentwicklung zur *Super Leadership* geht es dann sogar darum, dass Führungskräfte sich möglichst überflüssig machen und Mitarbeitende ohne sie auskommen (s. a. Kap. 10.2, dort auch zu *Shared Leadership*).

Führung variiert nicht nur nach individuellen Voraussetzungen bzw. dem Stil der Führungskräfte selbst, sondern auch danach, was die *Mitarbeitenden* benötigen: je nach deren individueller Situation und Voraussetzungen. Darauf fußt das **Reifegrad-Modell** nach Hersey & Blanchard. Es sieht Mitarbeitende in verschiedenen *Szenarien* (Situationen, Lebensaltern ...), wobei sie je nach Reifegrad unterschiedliche *Handlungsfähigkeit* aufweisen. Darauf gilt es Führungsstile abzustimmen, die sich aus der Kombination von aufgaben- und beziehungsorientiertem Verhalten ergeben (s. Abb. 25).

Die vier **Führungsstile**, zu verschiedenen Reifegraden der Mitarbeitenden, sind folgendermaßen zu verstehen:
- *Telling*, bei niedrigem Reifegrad: Die Führungskraft erteilt Anweisungen bzw. zeigt etwas und kontrolliert
- *Selling*, bei niedrigem bis mittlerem Reifegrad: Die Führungskraft weist an und unterstützt sozio-emotional; sie überzeugt und erklärt

---

57 Führungsstile, die hier als *kooperativ* oder *delegativ* benannt sind, werden immer mehr auch als *partizipativ* bezeichnet.

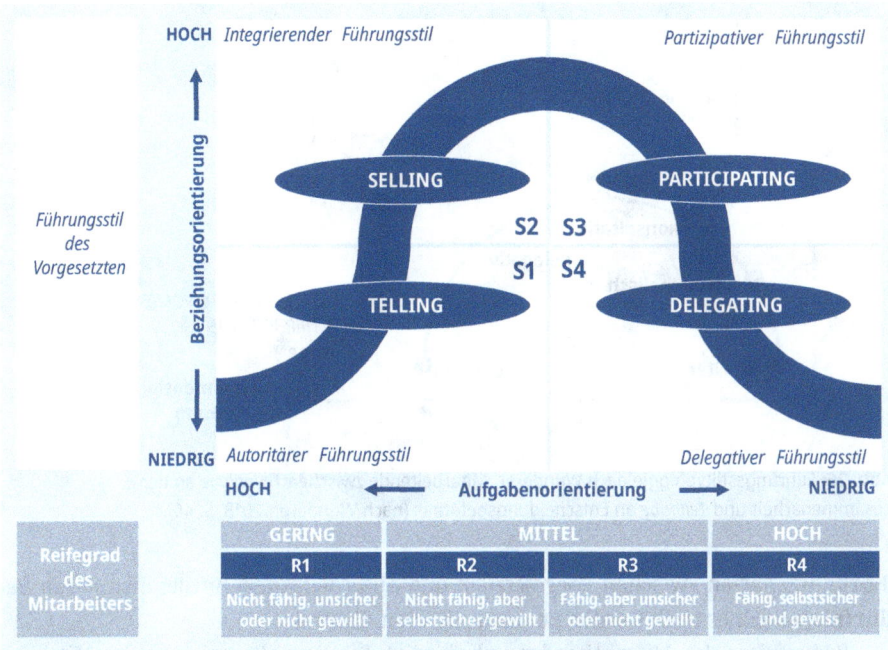

Abb. 25: Reifegrad-Modell nach Hersey & Blanchard. Die Aufgabenorientierung nimmt von links nach rechts ab, die Freiheitsgrade der Mitarbeitenden also entsprechend zu (sonst häufig umgekehrt dargestellt, s. H. Jung, 2017, S. 433; Pfister & Neumann 2019, S. 48; hier nach Weibler, 2023, S. 354).

– *Participating*, bei mittlerem bis hohen Reifegrad: Die Führungskraft hilft bei Problemen, über deren Lösung zu entscheiden; sie ermutigt
– *Delegating*, bei hohem Reifegrad: Die Führungskraft kann delegieren und braucht daher nur zu verfolgen und zu beobachten
(Weibler, 2023, bes. S. 353 f.).

Das Denken zwischen den Bestimmungsgrößen *Aufgaben-* bzw. *Beziehungsorientierung* (auf der X- bzw. Y-Achse des Modells) gewinnt heute für die Führung in hybrider Arbeit (Homeoffice) und die Anforderungen von Unternehmen an ihre Führungskräfte neue Aktualität. Damit hängen zahlreiche Phänomene zusammen, die dieses Buch in den Kap. 7–11 aufgreift.

Die Beziehungsorientierung (s. a. Kap. 4.1) kommt zum Ausdruck, indem Führung nicht allein die *Teilhabe* an Macht gestaltet, sondern auch die *Teilnahme* an (gemeinsamer) Entwicklung. Damit vollzieht die Führungskraft den Wandel vom Manager zum **Leader** – und einen Kulturwandel, den *shift to leadership* (N. Schnell & Schnell, 2019, S. 134). Der Leader ist *Inspirator, Sparringspartner, Co-Operator* und *Cultivator*. Um Partizipation und Sozialität geht es moderner Führung (s. Abb. 26).

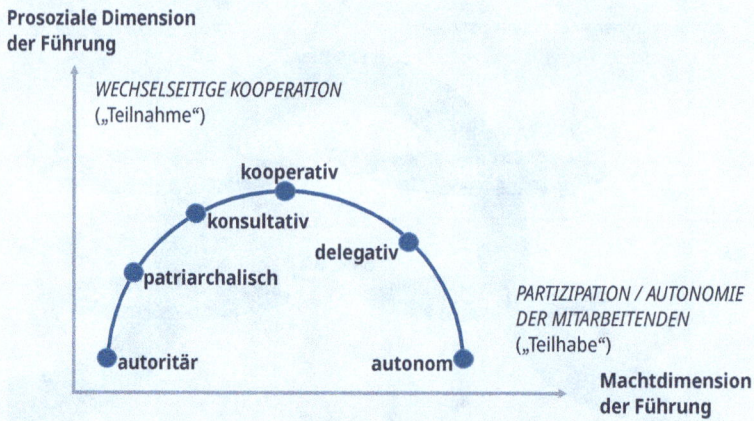

Abb. 26: Führungsstiltypologie nach Wunderer. Mitarbeitende zwischen *Teilnahme* an der Zusammenarbeit und *Teilhabe* an Entscheidungsbefugnis (nach Wunderer, 2018, S. 46).

3 Grundszenarien zwischen *Vorgesetztem* und *Mitarbeitendem* hinsichtlich deren **Bedürfnissen** gilt es nach Gordon zu unterscheiden. Es sind:

– Bedürfnisse des *Mitarbeitenden unbefriedigt*: Die Verhaltensweisen des Mitarbeitenden zeigen an, dass der Mitarbeitende ein Problem hat
– Bedürfnisse des *Vorgesetzten unbefriedigt*: Die Verhaltensweisen des Mitarbeitenden geben dem Vorgesetzten ein Problem auf
– Bedürfnisse *beider Seiten befriedigt:* Dieser (Ideal-)Bereich wird angestrebt und ggf. ausgebaut

Die Aufgabe des Vorgesetzten im ersten und zweiten Szenario besteht darin, eine Lösung des Problems zu initiieren. Führung zielt demnach darauf, einen möglichst weiten Bereich des dritten Szenarios herzustellen: unproblematische und daher *produktive Arbeitsbeziehungen* zu bewirken (Gordon, 2005, S. 48 f.). Dazu ist eines der Grundmodelle das der *transaktionalen Führung*.

Die **transaktionale Führung** bezeichnet ein Führungsverständnis im Bild eines Deals (Geschäft., engl. auch *„transaction"*), das ein Zusammenwirken von *Leistung* und *Gegenleistung* impliziert. Dabei wird gewünschtes Verhalten belohnt, unerwünschtes sanktioniert: ein gegenseitiges Geben und Nehmen (Lippold, 2023, S. 37).

Traditionell legt die Führungskraft – idealerweise gemeinsam mit dem Mitarbeitenden – anhand von Erwartungen des Unternehmens individuelle **Ziele** (s. Kap. 2) für den Mitarbeitenden fest sowie für deren Erreichen möglicherweise variable *Boni* (Prämien, Tantiemen). Das ist seit über einem halben Jahrhundert gängige Praxis.[58]

Daraus ist das Zielvereinbarungs-Konzept **Management by Objectives** (MbO) entstanden, das wohl meistverbreitete und populärste der „Management by"-Konzepte. Es kann in vier Phasen unterteilt werden:
- *Analyse, Vorbereitung*: Die Ausgangslage bilden übergeordnete Rahmenbedingungen und Ziele, Aufgaben und deren Prioritäten sowie Fähigkeiten und Fertigkeiten
- *Zielvereinbarungsgespräche*: Die eigentlichen individuellen (und ggf. Gruppen-) Ziele und Bedingungen für Boni werden verhandelt
- *Umsetzung, Zielverfolgung*: Mitarbeitende handeln selbständig und verantwortlich, ggf. mit Zwischenevaluation und Feedback sowie etwaigen zusätzlichen Qualifikationsmaßnahmen
- *Kontrolle, Feedback*: Zum Ende der Phase (meist jährlich, ggf. kürzer/länger) erfolgen die Standortbestimmung (KPI-Messung) und ein Feedback

Idealerweise ist die Kommunikation zwischen Führungskraft und Mitarbeitenden dabei so eng und die Motivation für die Mitarbeitenden so groß, dass am Ende – bei individuellen Boni – nichts überrascht (Synett, 2017, S. 14; C. Hoffmann & Pfister, 2019, S. 686–688).

Variable Gehaltszulagen wurden immer differenzierter, so z. B. in der **Balanced Scorecard** (BSC). Diese ergänzt finanzielle KPIs durch externe Kunden- oder Markt-Kennzahlen sowie interne Prozess-, Infrastruktur- bzw. Mitarbeitenden-Kennzahlen (J. Weber, 2018). Dabei vermag die BSC als Bindeglied zwischen dem Roll-out einer Strategie und deren operativer Umsetzung dem Management interessante Einsichten zu vermitteln: Die BSC hilft, *Strategie* und *Operations* enger zu verzahnen.

Als Gehaltsbestandteile stehen *individuelle Zielvereinbarungen* jedoch in der Kritik. Teils wurde daher stärker auf **Gruppen-Boni** gesetzt. Doch Vorab-Vereinbarungen führen erfahrungsgemäß hinsichtlich ihrer *Bonus-KPIs* generell zu guten Ergebnissen und drohen andere Aspekte zu vernachlässigen. Das läuft dem Sinn der Boni zuwider und kann der Unternehmenskultur schaden – in hybrider Führung ein noch sensiblerer Gegenstand als ohnehin schon.[59]

---

[58] Derartige *Leistungsziele* sollten nach dem SMART-Prinzip formuliert werden: (S) spezifisch, (M) messbar, (A) akzeptiert, (R) realistisch und (T) terminierbar (Lippold, 2023, S. 280). Das (A) wird im Englischen sinnigerweise oft als *assignable* (zuweisbar) angegeben (leider ohne dt. Übersetzung mit A), das (R) gelegentlich auch als *result-based* oder *reasonable*.

[59] Durch den mit dem Bonus verbundenen Leistungsdruck „[...] steigt zudem die Wahrscheinlichkeit, dass die Grauzonen des Erlaubten ausgelotet und gelegentlich auch überschritten werden. Zu guter Letzt verändern individuelle Boni häufig die Kultur. Sie verstärken den Fokus auf das Eigeninteresse des Managers sowie das Denken in Silos und stehen so der Arbeit in agilen Teams, dem gemeinsamen Lernen und übergreifenden Netzwerk-Strukturen entgegen. Und natürlich zieht ein hoher Anteil individueller Boni tendenziell eher Einzelkämpfer an [...]." (Schäffer & Möller, 2022)

Das gilt überhaupt für die sensiblen Fragen der Gerechtigkeit (s. Kap. 3.3). Gerechtigkeit begleitet den Prozess von der Teilnahme an der Zielvereinbarung bis zum Zielcommitment. Die Basis dieses Prozesses bildet wiederum das *Vertrauen* (s. Abb. 27).

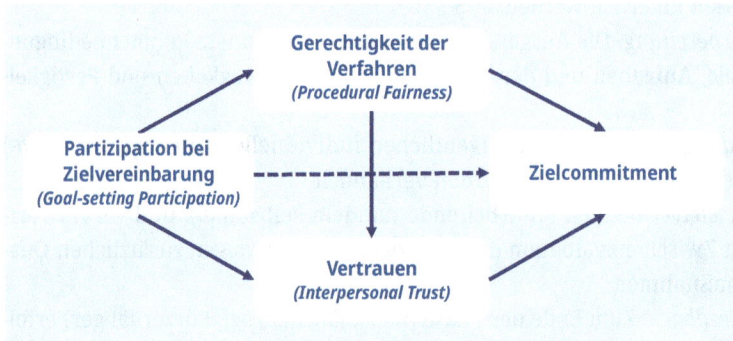

Abb. 27: Partizipation, Zielvereinbarung und Zielcommitment. Gerechtigkeit als notwendig begleitende Einflusskonstante, Vertrauen als deren Ergebnis und unabdingbare Basis (Sholihin et al., 2011, nach Pfister & Neumann, 2019, S. 63).

Eine Alternative sind **Spot Boni**, spontane Sonderzahlungen für besondere Leistungen. Sie sind, zumal in der VUCA-Welt der Gegenwart mit ihren Unwägbarkeiten, zweckdienlich: Kurzfristig volatile Bedingungen können naturgemäß durch geplante Vereinbarungen kaum pariert werden (Schäffer & Möller, 2022).

> Dem effizienten Verfolgen von Zielen dient die Methode **Objectives and Key Results** (OKR). Sie differenziert zwischen *qualitativen* Zielen und *quantitativen* Resultaten, um Management und Führung agiler sowie flexibler zu machen und Strategieprozesse zu dynamisieren. Sie verläuft iterativ und als lernendes System mit Team-Funktionen, in definierten Vorgehensweisen sowie in Zyklen ab (s. a. Kap. 8.4; Kudernatsch, 2022; C. Lange, 2022).

OKR wird den modernen Projektmanagement-Methoden zugerechnet (s. a. Kap. 11.1) und kann die *intrinsische* (innewohnende, eigene) *Motivation* der Mitarbeitenden steigern. OKR ist jedoch kein Kontroll-, sondern ein Lernsystem – und daher zwar im weiteren Sinn als Steuerungs-, aber nicht als Entlohnungs- und Bonus-System geeignet. Wird es zur Kontrolle eingesetzt, drohen Potenzialverluste oder gar Konflikte (C. Lange, 2022). Eine Gegenüberstellung von OKR und MbO liefert Tab. 12.

Im Gegensatz zur *transaktionalen* Führung ist die Förderung der **intrinsischen Motivation** eines der zentralen Prinzipien der *transformationalen* Führung. Diese ist nicht auf das Prinzip von Leistung und Gegenleistung ausgerichtet, sondern geht von einer inneren *Wandlung* des Geführten aus, ggf. durch *Übertragung* von Verhaltensweisen oder Beispielen der Führungskräfte (von engl. *transform* = *wandeln*, auch: *übertragen*).

Tab. 12: MbO versus OKR (nach Doerr, 2018, S. 39).

	MbO	OKR
Gegenstand	sachliche Ziele	sachliche Ziele u. Umsetzungs-Modi
Zeitlicher Zyklus	jährlich	vierteljährlich oder monatlich
Modus	persönlich u. isoliert	öffentlich u. transparent
Richtung d. Kommunikation	top-down	bottom-up oder horizontal (ca. 50 %)
Payment-Modus	an Entlohnung gekoppelt	meistens getrennt von Entlohnung
Risiko-Aspekt	risikovermeidend	aggressiv u. ambitioniert

Transformationale Führung setzt auf Beeinflussung und ggf. Änderung im *Verhalten* des Geführten, maßgeblich bewirkt durch *Freiheit* zum Handeln bzw. durch *Vorbildfunktion* des Führenden. Auch sie geht vom Vertrauen zwischen Führungskraft und Geführten aus. Dabei ersetzt sie die *transaktionale* Führung *nicht*, sondern behält meist Elemente davon bei. Sie ist also kein Gegenstück, sondern selbst leitendes Führungsprinzip, ggf. um Elemente der transaktionalen Führung *ergänzt* (Pelz, 2016, S. 94 f.; F. Becker, 2019, S. 81 f.; Weibler, 2023, S. 363 f.).

Als charakteristisch für die *transformationale Führung* gelten die sog. „**4 i's**" nach Bass:

- **Idealized Influence**: Eine *Vorbildfunktion* erzeugt Bewunderung, Respekt und Vertrauen; charismatisches Verhalten vermittelt Werte und Ideale
- **Inspirational Motivation**: Eine *Vision* der Zukunft inspiriert, setzt bedeutungsvolle Ziele und bezieht darauf hohe Leistungserwartungen
- **Intellectual Stimulation**: Angeregt werden *neue Ideen* und *Denkweisen* sowie ein kritisches Hinterfragen des Status quo; gefördert werden Kreativität und Innovativität
- **Individualized Consideration:** Persönliche *Unterstützung* und *Weiterentwicklung* gemäß den individuellen Bedürfnissen und Wünschen der Geführten

Die positive Wirkung dieses Modells ist empirisch belegt. Problematisch bleibt, dass innere Faktoren und psychische Zusammenhänge kaum trennscharf zu fassen sind (Weibler, 2023, bes. S. 363–372).

Zur **Vorbild-Funktion** des Vorgesetzten ist Vorsicht geboten. Sie kann als *parenting* (Elternverhalten) und übergriffig verstanden werden – das Gegenteil dessen, was erzielt werden soll. *Fachlich* sind Mitarbeitende meist stärker spezialisiert als ihre Vorgesetzten und brauchen in ihrer Tätigkeit kaum ein Vorbild; *menschlich* muss die Funktion sich auf Felder erstrecken, die *motivierend* wirken, z. B. Freiheiten einräumen, Vertrauen schenken und Entscheidungen delegieren (P. Berger, 2018, S. 142).

Motivation kann als zentrale Größe angesehen werden, um die Führung sich bemüht: in zahlreichen Facetten und etlichen Modellen. Hilfreich ist die Unterscheidung zwischen *intrinsischen* und *extrinsischen* (innewohnenden bzw. von außen kommenden) Faktoren, wobei Anreize auf Motive bzw. Bedürfnisse stoßen und eine aktivierende Resonanz erzeugen (Weibler, 2023, bes. S. 193–239).[60]

Ein Modell, das sich mit Motivation beschäftigt, ist das **Job Characteristics Model**. Es setzt Merkmale der Arbeitstätigkeit (Job Characteristics) mit psychologischen Erlebniszuständen von Mitarbeitenden in Beziehung und beschreibt Auswirkungen auf deren Arbeit (s. Abb. 28).

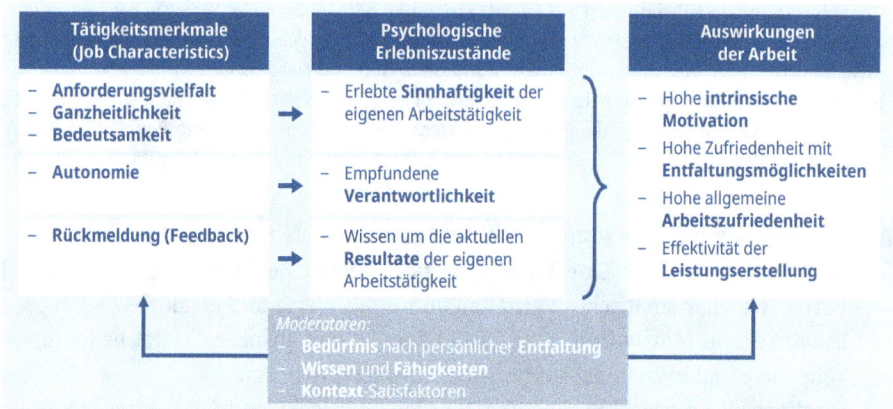

Tätigkeitsmerkmale (Job Characteristics)	Psychologische Erlebniszustände	Auswirkungen der Arbeit
– Anforderungsvielfalt – Ganzheitlichkeit – Bedeutsamkeit	– Erlebte **Sinnhaftigkeit** der eigenen Arbeitstätigkeit	– Hohe **intrinsische Motivation** – Hohe Zufriedenheit mit **Entfaltungsmöglichkeiten** – Hohe allgemeine **Arbeitszufriedenheit** – Effektivität der **Leistungserstellung**
– Autonomie	– Empfundene **Verantwortlichkeit**	
– Rückmeldung (Feedback)	– Wissen um die aktuellen **Resultate** der eigenen Arbeitstätigkeit	

Moderatoren:
Bedürfnis nach persönlicher **Entfaltung**
Wissen und **Fähigkeiten**
Kontext-Satisfaktoren

Abb. 28: Job Characteristics Model. Motivationsfördernde Arbeitsgestaltung und innere Erlebniszustände sowie deren Effekte auf Motivation und Umstände der Arbeitserstellung (eigene Darstellung nach Weibler, 2023, S. 211).

Belohnungen lassen sich also mit *transformationaler* Führung, ausdrücklich auch als *transaktionale* Führungsmaßnahmen, vereinbaren – Druckmittel jedoch kaum. In modernen Unternehmen mit ihren vielfältigen Prozessen und Projekten (s. Kap. 11.1) ist in diesem Sinn verstandene transformationale Führung erforderlich. Von Gen Y und Gen Z wird sie geradezu vorausgesetzt.

Die **Herausforderung** der transformationalen Führung – wie jeder Führung – bleibt jedoch bestehen: „Wie kann man erreichen, dass Mitarbeiter loyal sind, gern Verantwortung übernehmen, Teamgeist entwickeln, Selbstdisziplin zeigen und auf Veränderungen mit Lernbereitschaft und Engagement reagieren?" (Pelz, 2016, S. 94).

---

[60] Ryan & Deci (2000, S. 54), weisen darauf hin, dass *motiviert* sein „to be *moved* to do something" bedeute: *bewegt* sein, etwas zu tun (von *movere*, lat. „bewegen")

Eine Antwort liefert das Zusammenspiel transaktionaler und transformationaler Führung. Die beiden lassen sich als gegenseitige Ergänzung verstehen, und in mancher Hinsicht entfachen sie erst dann ihre volle Wirkung (F. Becker, 2019, S. 82 f.). Tab. 13 stellt die beiden einander gegenüber:

Tab. 13: Transaktionale vs. transformationale Führung (Lippold, 2021, S. 23).

	Transaktionale Führung	**Transformationale Führung**
Koordinationsmechanismen der Führung	– Verträge – Belohnung – Bestrafung	– Begeisterung – Zusammengehörigkeit – Vertrauen – Kreativität
Ziel der Mitarbeitermotivation	äußere Anreize (extrinsisch)	die Aufgabe selbst (intrinsisch)
Fokus der Zielerreichung	eher kurzfristig	mittel- bis langfristig
Zielinhalte	materielle Ziele	ideelle Ziele
Rolle der Führungsperson	Instrukteur	– Lehrer – Coach

Insofern kann bei der Kombination aus transaktionaler und transformationaler Führung von einem **motivationalen Führungsstil** gesprochen werden. Für Menschen mit hoher *intrinsischer* Motivation haben transaktionale Belohnungsmechanismen oft nur geringe Bedeutung: Sie motiviert das Lösen von Aufgaben, Problemen und Herausforderungen, das Überspringen von Hürden und Erreichen von Zielen. Motivationale Führung gibt Menschen Freiraum, an ihren Zielen zu arbeiten und dadurch dem Unternehmen zu nützen (Peters, 2015, S. 48 f.).

Dass die Führungskraft in Arbeitsprozessen möglichst unsichtbar bleibt, liegt auf der Hand. Diese Erkenntnis scheint so alt zu sein wie die Menschheit; bereits Laotse beschreibt solche Ausprägung von Führung (Abb. 29).

Unsichtbare Führung   „Ein Führer ist am besten, wenn die Leute kaum wissen, dass er existiert, weniger gut, wenn sie sich ihm unterwerfen oder Beifall spenden, und noch schlechter, wenn sie ihn verachten [...], aber von einem guten Führer, der wenig darüber spricht, wenn seine Arbeit getan und sein Ziel erreicht ist, werden sie sagen: ‚Wir haben es vollbracht'."

LAOTSE

Abb. 29: Die unsichtbare Führungskraft. Der chinesische Philosoph Laotse, der vor ca. 2.500 Jahren gelebt haben könnte, zur Frage der Beeinflussung und Motivation von Mitarbeitenden (zit. nach F. C. Brodbeck, 2016, S. 28).

Eine weitere Antwort auf die Herausforderung der Führung gibt das **Empowering Leadership** (s. o.) als eine Form transformationaler Führung.[61] Sein Zielprozess informiert die Mitarbeitenden über die Ziele des Unternehmens und über Teilziele relevanter Organisationseinheiten sowie der Führungskraft selbst (vgl. Kap. 2.3 bzw. 4.1). Sein Zielsystem sollte vollständig transparent sein – eine wesentliche Voraussetzung für dessen Erfolg (Heyna & Fittkau, 2021).[62]

Empowering Leadership schafft Freiräume, die nicht für alle Beschäftigten gleichermaßen nutzbar sind. Einige Menschen empfinden in der Selbstführung **Paradoxien**, z. B. dass man Selbstführung braucht, um Selbstführung zu verbessern (zur Selbstführung s. a. Kap. 10.2). Daher wird zum Empowering Leadership ausdrücklich die Möglichkeit externen Supports empfohlen (Stewart et al., 2019, S. 59 f.), z. B. in Form von *Coaching* (s. Kap. 8.1). Impulse ergeben sich zudem durch sensibles *Feedback,* und auch *systemisches Lernen* kann Anstöße vermitteln (s. Kap. 8.3 bzw. 8.4).

Der Akzent der transformationalen Führung liegt damit weniger in einer tatsächlichen *Änderung* im Verhalten von Mitarbeitenden als in der Schaffung des *Freiraums* dazu (s. Abb. 30).

Transformationale Führung verändert nicht nur die Mitarbeitenden und deren Situation, sondern auch die der **Führungskraft** selbst. Sie findet sich im Erfolgsfall in einem Geflecht verbesserter Arbeitsbeziehungen und neuer organisatorischer Bedingungen wieder, und das mit mehr Energie, weniger Beanspruchung durch Stress (s. Kap. 7.1) sowie ggf. sogar erhöhtem Einkommen (Pelz, 2016, S. 96 f.; Wyatt, 2024, S. 31).

> Die Kombination von *transformationaler* Führung mit Elementen *transaktionaler* Führung und dem Ziel weitgehenden *Empowering Leaderships* (s. Kap. 10.2) wird hier als **Enriched Transformational Leadership** bezeichnet. Dabei ist Führung weitest möglich zu individualisieren, also den jeweiligen Erfordernissen und der Entwicklung der Mitarbeitenden anzupassen – transparent und eingebettet in eine Gesamtkultur: Führung wird zusehends Teil einer „dezentralen Selbststeuerung" (Lippold, 2023, S. 268; zu Selbststeuerung und Selbstbestimmung s. a. Kap. 10.2).

Solche Führung und besonders die Individualisierung ist zugleich Grundlage für die Entwicklung der **Führungskultur** als einem maßgeblichen Teil der Unternehmenskultur. Die Individualisierung spielt zudem eine besondere Rolle bei der Förderung der Diversität im Unternehmen (s. Kap. 9.1) als einem maßgeblichen strategischen Ziel moderner Unternehmen: eine „Kultur des Unterschieds" (Bartscher, 2018).

---

[61] Manche Autoren sehen im *Empowering Leadership* gerade *keine* transformationale Führung (so Furtner, 2017, S. 10). Sie verstehen diesen Stil eher im Sinne des *Super Leadership* (s. Beginn dieses Kap. 4.2, s. a. Kap. 10.2) mit dem Ideal, Führung obsolet zu machen. Ich selbst folge einer mittleren Position, die *Empowering Leadership* als äußerste Steigerung der Bereitschaft zur Übergabe von Entscheidungsbefugnis betrachtet – und in diesem Sinne *transaktionale Führung* als eine Umsetzung von *Management by Exception* (so z. B. Heyna & Fittkau, 2021, S. 15 f.).
[62] Zur Zielbildung (SMART) s. o., Kap. 4.2, zur MbO- Gestaltung.

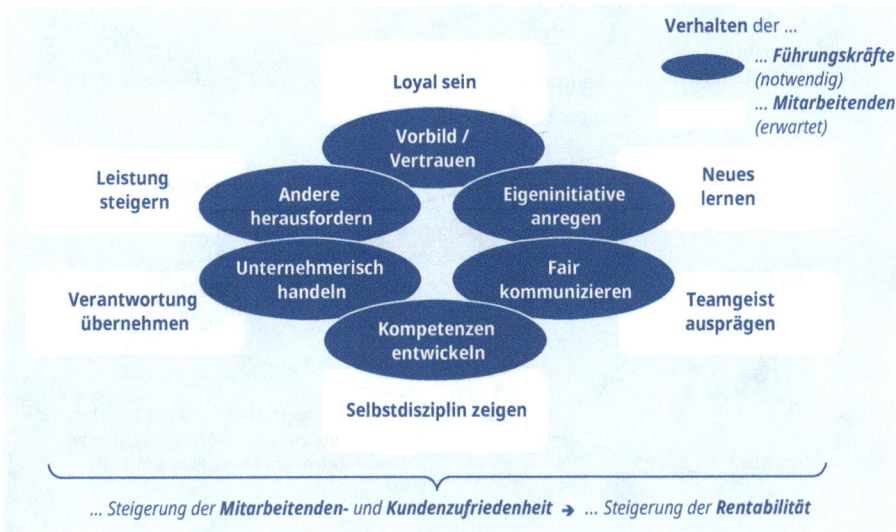

Abb. 30: Modell der transformationalen Führung. Impulse aus dem Vorgesetzten-Verhalten und Wirkungen im Mitarbeitenden-Verhalten (eigene Darstellung nach Pelz, 2016, S. 95; Weibler, 2023, S. 363–372).

Manche Autoren ordnen transformationale Führung der **charismatischen Führung** zu. Beide Modelle gehen von einer Persönlichkeitsstärke der Führungskraft aus. Als charakteristisch für charismatische Führungskräfte werden z. B. gesehen:

– starke kommunikative Fähigkeiten
– eine klare Vision
– das Ansprechen von Emotionen der Beschäftigten
– Selbstvertrauen
– symbolisches Verhalten
– hohe Erwartungen an die Beschäftigten
  (F. Becker, 2019, S. 84 f.).

Doch ist transformationale Führung – und damit das hier so genannte *Enriched Transformational Leadership* – nicht per se an das Charisma von Führungskräften gebunden. Sie geht vielmehr von überzeugenden *Inhalten* aus und ist als **wertebasierte Führung** anzusehen, die Ethik zur Grundlage hat. Im Falle echten, mit sich selbst übereinstimmenden Verhaltens ist sie eine Form der **authentischen Führung** (Wyatt, 2024, S. 30 f.; s. a. Kap. 3.1 zu Ethik bzw. 3.2 zu Authentizität).

Das hier so genannte *Enriched Transformational Leadership* kann also als Führungsstil verstanden werden, der auf der Basis von **Vertrauen** mit geringer Kontrolle maximale **Freiheit** zu geben sucht, um Beschäftigte individuell zu entwickeln, die Kultur des Unternehmens auszubauen und so dessen Ergebnisse zu optimieren – hier als Annährung dargestellt im Führungsmodell nach Dahms (s. Abb. 31).

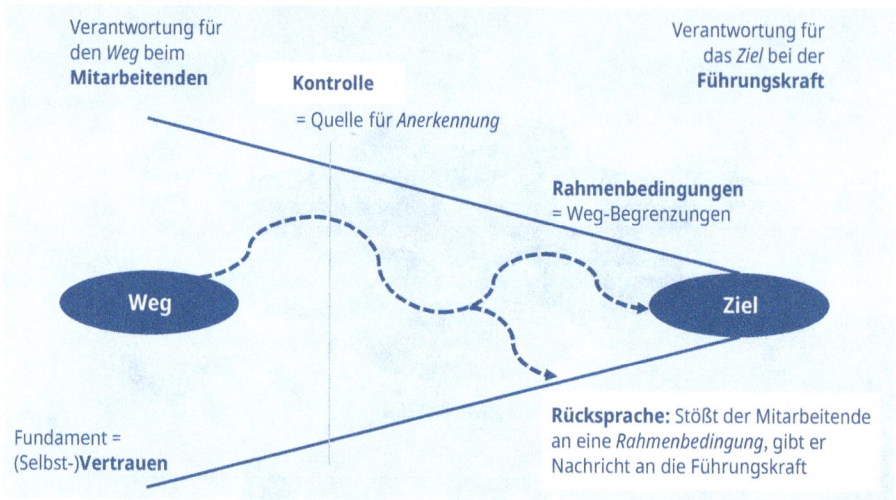

Abb. 31: Das Führungsmodell nach Dahms. Hier als Annährung zum *Enriched Transformational Leadership*, mit größtmöglicher Freiheit und geringstmöglicher Kontrolle (eigene Darstellung angelehnt an Dahms, 2010, nach C. Hoffmann & Pfister, 2019, S. 706).

Dabei geht es darum, dass Mitarbeitende *Ziele* erreichen, doch auf welchen *Wegen*, bleibt mehr und mehr ihnen selbst überlassen. Sie sind verpflichtet, definierte **Rahmenbedingungen** einzuhalten und die Vorgesetzten zu informieren, falls dies nicht der Fall ist. Kontrollen erfolgen nicht im Sinn von Kritik, sondern um das Erreichen der SMART (s. o.) vereinbarten Ziele zu unterstützen – und mit dem Effekt der Motivation: Kontrolle gibt im positiven Fall Anlass zu Anerkennung (C. Hoffmann & Pfister, 2019, S. 703–707).

Es ist zu ergänzen, dass transformationale Führung mit ihrem Ansatz zur Veränderung stets der Gefahr einer gewissen Übergriffigkeit ausgesetzt ist. Unternehmen stehen in der näheren Zukunft jedoch vor so immensen **Veränderungen**, dass eine Art permanenter Druck zum Wandel (Change) entsteht – und damit ein dauerhafter Anlass zu Change Management (s. Kap. 9.3). Auch vor diesem Hintergrund wird ein die Transformation begünstigender Führungsstil unverzichtbar.[63]

In diesem Kontext ist auch die Diskussion um *heroische* bzw. *postheroische Führung* zu beachten. Die Kritik an charismatischen oder heroischen Führungskräften mag historisch eine Berechtigung haben – mit Sicherheit da, wo es um (zu viel) Macht und deren Missbrauch ging, zumal bei Überschreitung der Grenzen zu unethischem

---

63 Und ebenfalls vor diesem Hintergrund ist die große Bedeutung von *Feedback* und *systemischem Lernen* zu sehen, s. Kap. 8.3 bzw. 8.4.

oder antisozialem Verhalten.[64] Wichtig daran ist aber, dass Konzepte wie *Empowering Leadership* und *Shared Leadership* (s. a. Kap. 7.2 bzw. 10.2) gegen die Konzentration von Macht fungieren.

Empowering Leadership und *Shared Leadership* sowie ähnliche Führungsstile, die im Team ausgeübt werden, wirken gegen Machtkonzentration und damit gegen die Gefahr von Korruption und gegen Ineffizienz, indem sie ihre immanenten wechselseitigen **Kontrollmechanismen** nutzen. Damit wirken sie erheblichen Schäden für die Unternehmen entgegen (Furtner, 2017, S. 11; Wyatt, 2024, S. 58 f.; Denis et al., 2012, bes. S. 214–231).

Gerade Unternehmen, die der Ethik, marktwirtschaftlicher Rechtsstaatlichkeit und demokratischen Ordnungen verpflichtet sind, sehen darin einen hohen Wert. Für die nähere Zukunft mit ihren immer schneller werdenden Veränderungen und wachsenden Entscheidungsspielräumen des Managements dürfte dies umso mehr gelten.

Teils zunächst widersprüchlich scheinende Führungskonzepte können sich also gegenseitig ergänzen, wie am Beispiel transaktionaler und transformationaler Führung gezeigt. Aus der Erkenntnis, dass es daher mitunter Führungsstile miteinander zu kombinieren gilt, ist beim Autohersteller Porsche seit einigen Jahren ein neues Führungskonzept entstanden, die *inspirierend-multimodale Führung*.

Mit **inspirierend-multimodaler Führung** wird ein Konglomerat aus verschiedenen *Modi* bezeichnet (wie die Projektleiter sie nennen), die sich gegenseitig ausschließende Aktionsweisen beschreiben und einander diametral entgegengesetzt sein können. Dazu gehören z. B.
- *Fokus gebend* vs. *Freiraum schaffend*
- *administrativ* bzw. *ergebnisorientiert* vs. *inspirierend*
- *explorativ* vs. *umsetzungsorientiert*
  (Bruch et al., 2022; s. a. Kap. 11.2).

Auch von daher integriert das hier so genannte *Enriched Transformational Leadership* verschiedene Führungsstile, die nicht immer zusammengesehen werden, darunter **Servant Leadership** (dienende Führung). Hierbei gibt die Führungskraft den Mitarbeitenden Unterstützung mit der Folge, dass sich die Führungsbeziehung in bestimmter Hinsicht nahezu umkehrt. Ein Schwerpunkt liegt in der *Priorität der Personen* vor dem Unternehmen. Dieser Führungsstil ist gekennzeichnet durch
- standhaft moralischen Charakter
- die Fähigkeit zur Entwicklung von Beziehungen und dem Fördern anderer
- starke Führungseigenschaften, verbunden mit Bereitschaft zur Begleitung
- das Streben nach Verbesserung organisationaler Prozesse

---

[64] Der Zuordnung von transformationaler Führung zu *heroischem* Führungsstil bzw. Empowering Leadership zu *postheroischem* Führungsstil folgt dieses Buch nicht; im beschriebenen Sinn kann transformationale Führung völlig anders verstanden werden – und Empowering Leadership in erster Linie als Förderung von Freiheit und Persönlichkeit.

– den Wunsch nach Auswirkung auf Kultur und Gesellschaft
  (Wills et al, 2023, 326 f.; Wyatt, 2024, S. 31).[65]

> Ein Mix von Stilen und Instrumenten wird unter dem Begriff **symbolische Führung** verstanden. Dazu gehören *symbolisierte* Führung, die Gegenstände, Wörter, Interaktionen u. a. als Wirkmittel einsetzt, ebenso wie *symbolisierende* Führung, womit Führungskräfte Interpretationen liefern, um z. B. Sinn zu vermitteln oder Bedeutung und Motivation zu geben (Lippold, 2021, S. 49 f.).

Symbolische Führung ist z. B. im Zusammenhang mit (Status-) Symbolen hinsichtlich der Gestaltung von *Arbeitsräumen* (s. Kap. 5), aber auch bei der Arbeitszeit (Kap. 6) relevant. Damit unterliegt sie ggf. ebenso Einflüssen von *Servant Leadership* oder *transformationaler Führung*: Sowohl Konzepte, die wertebasiert arbeiten, als auch materiell orientierte Konzepte bedienen sich der Symbolik (Weibler, 2023, S. 427 f.).

Andere **moderne Führungsstile** tragen so klangvolle Namen wie *ambidextre* (beid-händige) Führung, *coachende* Führung, *emotionale* Führung, *empathische* Führung, *leis-tungsorientierte* Führung oder *selbstreflexive* Führung. Auch sie sind i. d. R. keine in sich geschlossene Konzepte; vielmehr heben sie den einen oder anderen Aspekt stär-ker hervor. Sofern für uns relevant, wird ihre Essenz in den folgenden Kapiteln mit be-handelt.[66]

Die skizzierten Führungsansätze, die hier als *Enriched Transformational Leader-ship* zusammengefasst werden, fokussieren also besonders auf die individuellen Be-dürfnisse der betroffenen Personen, ihre jeweiligen Aufgaben und Entwicklungen sowie den Wandel im Unternehmen. Zu dessen größten Herausforderungen gehört zunächst die Umstellung auf hybride Arbeitsformen. Für die Führung **hybrider Teams** werden die *7 D's der hybriden Führung* vorgeschlagen (s. Abb. 32).

Auch *hybride Führung* gilt es transformational zu gestalten. Es bleibt keine Alter-native: „Du kannst nicht nicht wirken", so B. Herrmann (2014, S. 105). Er lehnt sich damit an Paul Watzlawicks erstes Axiom der Kommunikation an: „Man kann nicht nicht kommunizieren" (Watzlawick, o. D.).

Womit wir bei Kommunikation sind: zur Gestaltung von Führung die Basis schlechthin. Kap. 4.3 zeigt, wie Kommunikation Führung ermöglicht.

---

65 Das Servant Leadership geht auf Robert K. Greenleaf (1904–1990) zurück, das der ehemalige AT&T-Manager seit den 1960er Jahren gegen die Machtkonzentration in US-Unternehmen entwickelte.
66 Dabei tauchen nicht unbedingt die genannten Bezeichnungen auf; denn das vorliegende Buch zielt auf die zugrundeliegenden Phänomene und die Lösung der damit verbundenen Probleme: Wichtig ist ihm der Erfolg in der Praxis, nicht die theoretische Klassifikation.

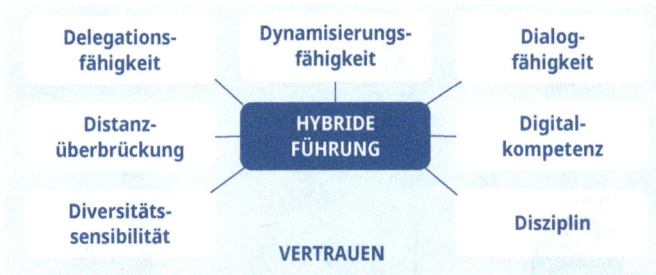

Abb. 32: Die 7 D's der hybriden Führung. Komponenten, die sich auf die Beziehung zwischen Führungskraft und Mitarbeitenden beziehen bzw. die das Unternehmen entwickeln – sowie deren Basis: Vertrauen (nach Winkler et al., 2022, S. 27).[67]

4.3 Kommunikation als Führungsinstrument

Die wesentlichen Aufgaben von Führung sind eingebettet in *Kommunikation*; denn sie sind Teil betrieblicher Beziehungen. Pfister und Neumann (2019, S. 61) nennen aufbauend auf Peter Drucker sowie Fredmund Malik (und verknüpft mit Leadershipforschung, Psychologie, Neurowissenschaften und Praxiserfahrung, wie sie sagen) sechs *Hauptaufgaben* für Führungskräfte (s. Abb. 33 – die an Kap. 4.2 anknüpft). Diese Aufgaben zu erledigen und die zugrundeliegenden Prinzipien wertebasierter Führung umzusetzen wird nur möglich durch Kommunikation.

Kommunikation ist als ein zentrales Instrument von Führung anzusehen – wenn nicht als *das* zentrale Instrument: „Sie fungiert als Transmissionsriemen zwischen den voneinander abhängigen und sich gegenseitig beeinflussenden Aufgaben" (Pfister & Neumann, 2019, S. 61).

Die Metapher des Transmissionsriemens (aus der Mechanik) sieht Kommunikation als Instrument der *Kraftübertragung*: ein passendes Bild, zumal wenn man von „Führungskraft" spricht. Pointiert kann man sagen: Führung *ist* Kommunikation.

Die Bedeutung von Kommunikation für Führung bestätigt der Zeitaufwand, den Kommunikation in Anspruch nimmt. Nach einer Studie aus den 1980er Jahren (die heute noch aktuell ist)

- wendeten Führungskräfte 50–90 % ihrer Zeit für *verbale Kommunikation* auf,
- waren davon etwa 80 % *geplante* (vorbereitete) Gespräche

---

67 Diese Komponenten werden im vorliegenden Buch erörtert: die *Diversitätssensibilität* (Kap. 9.1), die *Distanzüberbrückung* in Form von Empathie (Kap 7.3), die *Delegationsfähigkeit* in der Resilienz (Kap. 7.1), die *Dynamisierungsfähigkeit* als systemisches Lernen (Kap. 8.4), die *Dialogfähigkeit* und die *Digitalkompetenz* als Moderation bzw. Kommunikation (Kap. 10.1 bzw. 4.3) und die *Disziplin* als Basis zur Selbstbestimmung (Kap. 10.2).

Abb. 33: Führungskompass nach Pfister & Neumann. Führungsaufgaben eingebettet in Kommunikation, basierend auf Werten (eigene Darstellung, basierend auf dem Führungsverständnis von Drucker, 2007 bzw. 2009, sowie Malik, 2014; beide nach Pfister & Neumann, 2019, S. 61).

- entfielen auf den verschiedenen hierarchischen Ebenen
    - 20 % auf Kommunikation mit *Vorgesetzten,*
    - 20 % auf Kommunikation mit *Kollegen* (der gleichen Ebene),
    - 60 % auf Kommunikation mit *Mitarbeitenden* (hierarchisch nachgeordnet).

(Wahren, 1987, S. 50 f.). Die Zahlenverhältnisse an sich dürften sich nicht prinzipiell verändert haben – außer durch **hybride Arbeit** (mit Homeoffice): Nach einer Studie aus den 2020er Jahren sinkt sowohl nach Einschätzung von Mitarbeitenden als auch von Führungskräften der Anteil *informeller* Kommunikation (*ungeplante* Gespräche) in hybrider Arbeit deutlich (Tautz et al., 2023, S. 106 f.).

> Neben formaler (offizieller, aufgabenbezogener) ist die **informelle Kommunikation**[68] im Arbeitsalltag wichtig: sowohl für informative Zwecke als auch zur unmittelbaren und mittelbaren Herstellung von Arbeitszufriedenheit. Unterbleibt informelle Kommunikation, drohen der Teamgeist zu schwinden und der Zusammenhalt zurückzugehen (Tautz et al., 2023, S. 107).

Die fünf *Axiome der Kommunikation* von Paul *Watzlawick* bestehen fort – auch in hybrider Form. Das dritte Axiom lautet: „Kommunikation ist immer Ursache und Wirkung."

---

68 Dazu zählt Kommunikation auf dem Flur, an der Kaffeemaschine, im Fahrstuhl, auf dem Weg zum Parkplatz, vor bzw. nach Meetings u. ä. – mit informativen, aber auch persönlichen, semi-privaten u. a. Inhalten (Tautz et al., 2023, S. 102 f.)

(Watzlawick, o. D.) Daran ändert sich in hybrider Arbeit nichts. Im Gegenteil: Da **virtuelle Kommunikation** (schriftlich sowieso, aber auch in der Video-Kommunikation) Nuancen eher abschleift, als sie hervorzuheben, gilt es umso mehr, auf Untertöne, versteckte Andeutungen und andere verborgene Hinweise zu achten – und sich mehr Zeit dafür zu nehmen.

Es ist faszinierend zu sehen, wie viele Menschen das *Kommunikationsquadrat* von Schulz von Thun heutzutage bereits aus der Schule kennen und dennoch nicht recht verstanden haben – oder es nicht anzuwenden wissen. Es beschreibt folgende *4 Seiten einer Botschaft*, die nach dem Modell in (fast) jeder Art von Botschaft verstanden werden können:

- *Sachinhalt*
- *Selbstkundgabe*
- *Beziehungshinweis*
- *Appell*
  (Schulz von Thun Institut für Kommunikation, o. D.).

Das **Kommunikationsquadrat** nach Schulz von Thun besagt, dass der Sender meist nur einen der vier Inhalte tatsächlich übermitteln will und es daneben zahlreiche Möglichkeiten zum Missverständnis gibt. Der Sender sollte diese Möglichkeiten antizipieren und sich vergewissern, dass der Empfänger die Botschaft des Senders gemäß dessen Intention versteht (Schulz von Thun Institut für Kommunikation, o. D.).

Das Modell zeigt anhand eines simplen Satzes (meist zitiert: „Die Ampel ist grün"), dass der Sender einer Botschaft diese vier Arten von Inhalten an seinen Empfänger übermitteln kann (s. Abb. 34).[69]

Führungskräfte also tun gut daran, proaktiv das **Verstehen** ihrer Kommunikation zu überprüfen. Deren Mitarbeitende sollten ihr Verständnis ebenso hinterfragen – doch in der Realität verzichten beide Seiten oft darauf. Die vergebliche Arbeit, die daraus resultiert, und die Konflikte, die auf diese Weise entstehen, kosten Zeit, Energie und Geld.

Die *Transaktionsanalyse* (TA) nach Eric Berne fokussiert auf die **Beziehung** zwischen Menschen in Kommunikation. Ein Bewusstsein über die Beziehung zwischen Menschen, die zusammenarbeiten, ist unverzichtbar – und deren Gestaltung eine wichtige Aufgabe.

[69] Häufig werden die vier Bedeutungs-Möglichkeiten der Botschaft beim Sender als Gesicht mit vier Schnäbeln oder Zungen (so im Original) dargestellt, und die entsprechenden vier Möglichkeiten zum (Miss-)Verständnis beim Empfänger als Gesicht mit vier Ohren. Doch auch diese Darstellung erweist sich als missverständlich – Kommunikation eben ...

Abb. 34: Kommunikationsquadrat nach Schulz von Thun. Hier adaptiert auf alltäglich berufliche (Büro-) Kommunikation (eigene Darstellung nach Schulz von Thun Institut für Kommunikation, o. D.).

> Das Modell der **Transaktionsanalyse (TA)** unterscheidet bei Teilnehmenden einer Kommunikation in verschiedene *Modi* (Ich-Zustände): *Eltern-Ich* (EL), *Erwachsenen-Ich* (ER) und *Kind-Ich* (K). Gelingende, produktive Kommunikation findet statt, wenn die Teilnehmenden von den gleichen Voraussetzungen ausgehen und insofern auf *parallelen* Strängen kommunizieren, also *nicht kreuzweise* oder *verdeckt* (Lippmann, 2019c, S. 771; s. a. Abb. 35).

Demnach sind die 3 möglichen Ich-Zustände (Modi) von Personen in Kommunikationssituationen folgende:

– *Eltern-Ich* (**EL**): ein kritisch-fürsorglicher (auch *direktiver*) Modus
– *Erwachsenen-Ich* (**ER**): ein problemlösender und vermittelnder Modus
– *Kind-Ich* (**K**): ein angepasst-natürlicher (auch *untergebener*) Modus

Dazu sind verschiedene **Szenarien** zu unterscheiden:

– Befinden sich beide Personen im *selben* Modus (z. B. beide Seiten im ER-Modus), verläuft die Kommunikation i. d. R. *unproblematisch*
– Befinden sie sich in *verschiedenen* Modi, *kann* die Kommunikation ebenfalls *unproblematisch* sein: solange die Kommunikationsstränge *parallel* verlaufen (z. B. eine Person im EL-, die andere im K-Modus – sofern beide damit einverstanden sind)
– *Kreuzen* sich die Stränge ihrer Kommunikation jedoch, kommt es zum *Konflikt* (z. B. beide Personen im EL-Modus, senden an den K-Modus und empfangen von der jeweils anderen aus deren EL-Modus)
– Als *problematisch* sieht die TA auch Situationen an, in denen *neben offene* Kommunikation (auf der Hauptebene) gleichzeitig eine *verdeckte* Kommunikation (auf einer anderen Ebene) tritt
  (Berne, 2002, bes. S. 37–45; s. a. Abb. 35).

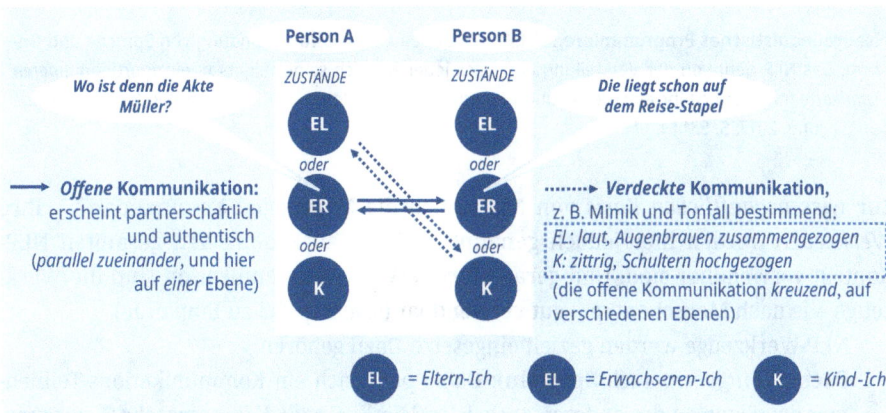

Abb. 35: Offene und verdeckte Transaktion nach Berne. Parallele Kommunikation unproblematisch, sofern von beiden Seiten akzeptiert; kreuzende und verdeckte Kommunikation problematisch (eigene Darstellung, ergänzt um Dialog, nach H. Jung, 2017, S. 537).

In gewöhnlichen beruflichen Situationen ist dies i. d. R. eine Kommunikation auf *Augenhöhe* (also von ER zu ER). Dies gilt auch in **Führungssituationen**, wo partnerschaftliche Kommunikation möglich ist. Die Führungskraft steuert daher möglichst den ER-Modus für sich selbst wie für ihre Mitarbeitenden an. Aber auch andere Modi weisen Vorteile auf. So ist bspw. das K (*Kind-Ich*) als ein Datenspeicher vorstellbar, aus dem heraus Kreativität gut nutzbar zu machen ist (H. Jung, 2017, S. 534 f.).

Es gilt hier wie zuvor: In der **Video-Kommunikation** ist die Führungskraft umso mehr gefordert. Sie muss sensibel zweideutige Signale vermeiden, die missverstanden werden könnten, und Signale *verdeckter Kommunikation* penibel beachten. Diese sind *remote* ungleich schwerer aufzudecken als in Präsenz – der Preis der Vorzüge, die digitale Kommunikation mit sich bringt. Noch bewusster als in Präsenz sollte Video-Kommunikation gestaltet werden durch

- aufrechte Körperhaltung
- intensiven Blickkontakt (d. h. beim Sprechen: Blick in die Kamera – auch wenn Reaktionen der Zuhörenden dann nur aus dem Augenwinkel wahrgenommen werden können)
- unzweifelhafte, ausgeprägte Gestik
- ausdrucksstärkeres Lächeln, ggf. bewusst unterstützende Mimik
- klare Modulation der Stimmlage
  (Ilter et al., 2023, S. 265).

Einen weiteren Weg, zwischenmenschlichen Kontakt herzustellen, bietet das *neurolinguistische Programmieren (NLP)*.

Neurolinguistisches Programmieren (NLP) zielt auf eine bewusste Verbindung von Sprache und Gehirn. Das NLP geht von der Vorstellung aus, dass jeder Mensch seiner eigenen, einzigartigen *inneren Landkarte* folgt. Um zu ihr eine Verbindung (*Rapport*) herzustellen, bietet NLP verschiedene *Werkzeuge* an (H. Jung, 2017. S. 531 f.).

Zur *wissenschaftlichen Basis* von NLP gehen die Meinungen auseinander[70] – ihre *Werkzeuge* werden hier jedoch genannt, weil sie auch ohne den gesamten NLP-Kontext verwendbar sind. Und gerade für die Video-Kommunikation sind die Werkzeuge – je nach Menschentyp – gut verwendbar (s. a. Kap. 7.3 zu Empathie).

NLP-Werkzeuge werden gezielt eingesetzt. Dazu gehören:
- **Pacing** (*Mitgehen*, auch **Spiegeln**): Dabei passt sich ein Kommunikations-Teilnehmer den Signalen des anderen an: z. B. in *Mimik, Gestik, Körpersprache* (Bewegung, Haltung, Distanz), *Sprechmodalitäten* (Tempo, Lautstärke, Atmung, Dynamik, Pausen, Wortwahl, Stil etc.), oder *inhaltlichen Schwerpunkten*
- **Leading** (*Führen*): Dabei führt ein Kommunikations-Teilnehmer den anderen gemäß dessen *Landkarte* in einen anderen *Zustand*, wenn Pacing vorausgegangen ist: Hat er erfolgreich Beziehung hergestellt, können bestimmte Signale den anderen Teilnehmer z. B. *entkrampfen* oder *Vertrauen* herstellen
- **Kalibrieren**: Dabei stellt sich ein Kommunikations-Teilnehmer neu auf den anderen ein: eine Übung, die laut NLP immer wieder gemacht werden soll, weil (a) Menschen sich ändern, und weil (b) solches Kalibrieren Sensibilität sowie Wahrnehmung fördert und der Kommunikation somit Sicherheit gibt
(Seidel, 2018, bes. S. 36–50).

Video-Kommunikation kann sich also – wie die Kommunikation in Präsenz – der Grundannahmen und Tools von NLP bedienen. NLP unterscheidet in *drei Typen* von Informationsaufnahme:
- *Augen-Typ* (nimmt vornehmlich *visuell* auf)
- *Ohren-Typ* (nimmt vornehmlich *auditiv* auf)
- *kinästhetischer Typ* (nimmt vornehmlich über Eindrücke aus *Bewegung* bzw. *Gefühlen* auf) – mitunter ergänzt durch den gustatorischen Typ (*geschmacklich* orientiert)

---

70 So wird gesagt, dass NLP „persönliche Freiheit" und quasi-religiös „neue Lebensperspektiven" verspreche (Faulstich, 1989, zit. nach Weibler, 2023, S. 302); NLP füge lediglich übliche Verhaltensrezepte zusammen, die jeweils unabhängige Kompetenzen darstellten. Führungskompetenz ist jedoch im Kern Sozialkompetenz, nicht in Seminaren schnell erlernbar, sondern in der Biografie einer Führungskraft durch Erfahrung zu erwerben und durch Reflexion auszubauen (Weibler, 2023, S. 302).

Nach der NLP lassen verbale Äußerungen von Menschen darauf schließen, welchem dieser Typen sie angehören (H. Jung, 2017, S. 530 f.): ein relativ einfaches Tool.[71]

Daneben sind, zumal für schwierigere Kommunikations-Situationen – genau wie in Präsenz – die Vorzüge von **Metakommunikation** zu nutzen. Deren Erfolg ist daran geknüpft, dass keine kulturellen oder hierarchischen Barrieren im Wege stehen; und sie kann nur freiwillig gelingen. Denn sie beinhaltet das Eingeständnis, dass die vorangegangene bzw. die Haupt-Kommunikation nicht das erwünschte Ergebnis gebracht hat (Franck, 2019, S. 133–136).

> Unter **Metakommunikation** wird eine Kommunikation verstanden, die auf einer anderen Ebene als die vorausgegangene bzw. die Haupt-Kommunikation stattfindet – also gleichsam von einem Balkon aus auf die sonstige Kommunikation schaut. Sie dient z. B. der Distanzierung, in angespannten oder konfliktträchtigen Situationen, und zielt dadurch auf Erleichterung; denn über ihre Wahrnehmungen offen zu sprechen, fällt vielen Menschen oft schwer (Hofert, 2021, S. 221).

Metakommunikation bedient sich bestimmter Formulierungen, die anzeigen, dass der Sender sich aus der gegenwärtigen Situation herauszuziehen und sie dadurch zu lösen sucht.[72] Auch sie lassen sich in der **Video-Kommunikation** gut und mit genügend Gewicht versehen und dadurch zielgerichtet einsetzen – und zwar in Zweier- wie in Gruppen-Kommunikation. Sie gehören in den Grundbaukasten der Kommunikation von Führungskräften (Struhs-Wehr, 2017, S. 134).

> Für *Video-Besprechungen*, also Meetings mit max. 8–12 Teilnehmern, gilt hinsichtlich Planung, Durchführung und Nachbereitung noch mehr als in Präsenz: Jeder einzelne **Tagesordnungspunkt (TOP)** erfordert präzise Vorstrukturierung, Einbettung in die Gesamt-Agenda, Ergebnisfixierung und Notiz im Protokoll – eigentlich eine Selbstverständlichkeit, die jedoch häufig übersehen wird (Allhoff & Allhoff, 2021, S. 191–194).

Die **Arbeitsschritte** für jeden TOP von Online-Besprechungen sollten wie folgt absolviert werden:
- Vorstrukturierung (Gesprächsplanung) mit
  - Analyse der verschiedenen Aspekte und Problemkreise
  - ggf. Abgrenzung, Einschränkung, Ausklammerung
  - Gliederung, Ausgangs- und Zielpunkt, ggf. Festlegung der Reihenfolge der zu erörternden Einzelaspekte

---

71 Solche verbalen Äußerungen sind z. B. „etwas bei Licht besehen" (*visuell*), „jemandem Gehör schenken" (*auditiv*), oder „etwas im Griff haben" (kinästhetisch). Sie können durch weitere Kategorien ergänzt werden, z. B. „einen guten Riecher haben" (olfaktorisch = den Geruchssinn betreffend), oder „das schmeckt mir nicht" (gustatorisch = den Geschmackssinn betreffend); alle Beispiele nach Seidel (2018, S. 139 f.).
72 Solche Formulierungen sind z. B. „Mir scheint, wir kommen hier nicht voran" oder „Ich habe den Eindruck, wir lösen das Problem nicht durch die Suche nach einem Schuldigen" (Struhs-Wehr, 2017, S. 135).

- Besprechung der genannten Elemente in der o. g. Reihenfolge
- Ergebnis, ggf. Protokollnotiz, und (Zwischen-) Fazit jedes einzelnen TOP, ggf. mit Verlesen und Bestätigung aller Ergebnisse
- deutlicher Abschluss jedes TOP sowie klarer Übergang zum nächsten TOP

Agenda und Unterlagen sind rechtzeitig zur Vorbereitung vor der Besprechung und das Protokoll zur Nachbereitung zeitnah danach zu versenden. Die Erfahrung zeigt, dass dies oft nicht so geschieht: Die hier skizzierten Schritte gelten vielen Menschen als sperrig und unliebsam. *Online* sind diese Regeln jedoch umso wichtiger (Allhoff & Allhoff, 2021, S. 191–193; s. a. Abb. 36).

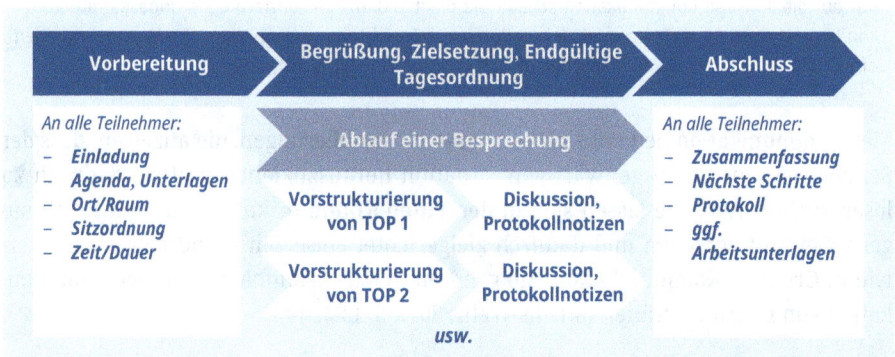

Abb. 36: Effektive Gesprächsplanung, -durchführung und -nachbereitung. Sperrige Schritte, in der Präsenz hilfreich und in der Video-Kommunikation besonders wirkungsvoll gegen Verlust von Information (nach Allhoff & Allhoff, 2021, S. 194).

Online-Besprechungen erfordern jedoch nicht nur auf der Informationsseite der Kommunikation eine noch höhere Aufmerksamkeit seitens der Führungskräfte als in Präsenz. Ihnen fehlt naturgemäß die **emotionale Unterstützung**, die die Präsenz bietet. Zudem hat die hybride Arbeit die Anzahl an beruflichen Besprechungen erhöht, die Zeit dafür also verknappt (s. a. Kap. 6.2).

Zum positiv-emotionalen Einstieg in Kommunikation helfen bestimmte Techniken, so z. B. das *Gordon-Konzept*. Es basiert auf der Gleichwertigkeit der Gesprächspartner. Demnach verfügt eine Führungskraft über die Schlüssel, um ihre Mitarbeitenden in ein Gespräch zu ziehen. Bei der Gesprächsführung handelt es sich also um erlernbare Technik (Gordon, 2005, S. 72).

Das **Gordon-Konzept** führt Probleme zwischen Führungskraft und Mitarbeitenden auf in der Kindheit erlerntes Verhalten (Eltern-Kind-Verhalten) zurück. Es bringt beide Seiten miteinander ins Gespräch, bietet dafür Tools an, die in Präsenz wie online nutzbar sind, und unterstützt die Beziehung zwischen Führungskraft und Mitarbeitendem (Gordon, 2005, bes. S. 72 f.). Insofern hat es Anklänge an die Transaktionsanalyse von Berne (TA, s. o. in diesem Kap. 4.2).

Gordon knüpft an Carl Rogers' *klientenzentrierte Psychotherapie* an. Deren Name ist Programm: Sie nimmt die **Bedürfnisse** des Menschen in den Fokus – bei Gordon die der Mitarbeitenden, ohne dass die Bedürfnisse der Führungskraft oder des Unternehmens ausgeblendet werden. Die Führungskraft bringt den Mitarbeitenden in das Gespräch, indem sie – authentisch – Interesse signalisiert:

- *Türöffner*: Die Führungskraft lädt den Mitarbeitenden zum Gespräch ein, indem sie Interesse an etwas äußert, was ihr *emotional* aufgefallen ist – ideal oft in Form einer Frage („... wollen wir darüber sprechen?")
- *Passives Zuhören*: Die Führungskraft ist *schweigsam* und gibt dadurch dem Mitarbeitenden Freiraum, Probleme bzw. Sorgen darzulegen
- *Aufmerksamkeitsreaktionen*: Die Führungskraft äußert authentische Zeichen von Interesse bzw. Bekräftigung (Blickkontakt, Kopfnicken, verbale Verständnisbekundung)[73]
- *Aktives Zuhören*: Die Führungskraft gibt wiederholendes bzw. zusammenfassendes *Feedback* oder stellt *Nachfragen* (besonders um Missverständnisse auszuschließen)[74]
- *Zum Kernproblem vordringen*: Mitunter sehen Beteiligte ein Problem noch nicht, so dass die Führungskraft dazu beitragen kann, es zu erkennen und – ggf. gemeinsam – zu lösen
(Gordon, 2005, S. 73–98; s. a. H. Jung, 2017, S. 527).

Für Gespräche in **Harmonie**, deren Gegenstand eher Information und Diskussion als Probleme und Auseinandersetzung sind, empfiehlt sich eine Vorspanntechnik. Sie fokussiert auf einen lockeren, emotional positiven Beginn, z. B. in Form von
- humorvoller Einstiegsbemerkung
- persönlicher Ansprache
- Hörerbezug
- Situationsbezug
(Allhoff & Allhoff, 2021, S. 79)

Die Knappheit der Zeit und der Aufmerksamkeit beim Empfänger macht *Storytelling* online zu einem noch schwierigeren Werkzeug als in Präsenz.

---

73 In der *Video-Kommunikation* stellt sich dazu die Herausforderung, nicht wirklich gleichzeitig in die Kamera sprechen und auf dem Screen die Reaktion des Gegenübers vollständig verfolgen zu können, bzw. meist beim Sprechen auf den Bildschirm zu schauen, daher nicht ganz in die Kamera und insofern dem Gesprächspartner nur unvollständig in die Augen – eine Situation, die den vom Gesprächspartner wahrgenommenen Blickkontakt (Augenkontakt) reduziert und daher besonders zu trainieren ist (H. A. Richter et al., 2023; s. u. zur Kommunikation auf Augenhöhe; s. a. Kap. 7.3).
74 Eine Wiederholung, die schlichte Wiedergabe von Wörtern oder Satzteilen allein ist oft bereits wirkungsvoll, um Beziehung herzustellen, eine Gesprächssituation zu eröffnen, positive Emotionalität freizusetzen und somit einen Fortschritt im Geschehen zu bewirken.

Storytelling gehört zu den wirkungsvollsten Mitteln von Kommunikation. Dabei handelt es sich nicht einfach um das Erzählen einer Geschichte. Es erfordert vielmehr einen Plot, der Unerwartetes bietet, die Hörerschaft emotional einbindet und die gewünschte Botschaft prägnant transportiert – und das in präziser Umsetzung und mit persönlichen Bezug (Jonassen et al., 2019, S. 347–349).

Oft wird Storytelling nicht recht verstanden. Ein wirkungsvolles Set stellt die SUCCES-Formel dafür dar: ein Akronym für simple – unexpected – credible – concrete – emotional – story (Heath & Heath, 2017, nach Jonassen, 2019, S. 348; s. Abb. 37).[75]

Die SUCCES-Formel für erfolgreiches Storytelling		
Professionelles Storytelling erfordert – online noch mehr als offline – knappe, präzise Umsetzung:		
S	Simple	Äußere deine **Kernbotschaft** – und lasse Überflüssiges weg: einfach und direkt
U	Unexpected	Bringe **Unerwartetes**, das der Erwartung zuwiderläuft: Das macht aufmerksam
C	Credible	Sichere die **Glaubwürdigkeit** deiner Story …
C	Concrete	… durch Beispiele und Details aus der **Erfahrungswelt** deiner Zuhörer …
E	Emotional	… und sichere so zugleich deren **emotionale Einbindung**
S	Story	Verknüpfe alles zu einem Ablauf: zur **Handlung** deiner Geschichte

Abb. 37: Storytelling nach der SUCCES-Formel. Gestaltungsprinzipien, die in einer Gesamtkonstruktion zur Kommunikation beitragen: online noch präziser als offline vorzubereiten (angelehnt an Heath & Heath, 2017; nach Jonassen et al. 2019, S. 348).

Wenn eines der Kriterien nicht gegeben ist, sollte man auf Storytelling verzichten. Andernfalls steigt das Risiko, dass es das Ziel verfehlt.

Je nach Situation, Unternehmenskultur, Hörerschaft, Erzählermentalität, Stimmung etc. eignen sich unterschiedliche **Typen** von Geschichten. Sie lassen sich unterscheiden in

– Entstehungs- und Gründungsgeschichten
– Leitbildgeschichten
– Geschichten vom gemeinsamen Auftreten (Corporate Identity)
– Produktgeschichten
– Zukunftsgeschichten: Visionen und Strategien

---

75 Die SUCCES-Formel kommt, anders als das Wort „success" (engl. für *Erfolg*) mit nur einem „s" am Ende aus.

- Kundengeschichten
- Geschichten vom Gelingen oder Scheitern von Projekten
- Veränderungsgeschichten bzw. Geschichten vom Lernen in der Organisation

Eine Führungskraft, die mit Storytelling kommunizieren will, sollte eine Geschichte mit persönlichem Bezug auswählen und sie dann in den Kontext ihrer aktuellen Kommunikationssituation einbetten (Jonassen et al., 2019, S. 347).

Unverzichtbar für praktisch alle erfolgreiche Kommunikation – und sowieso möglichst für jedes Storytelling – ist der Einsatz *nonverbalen* und *paraverbalen Ausdrucks* (s. a. oben: zum Pacing im NLP).

Der Begriff **nonverbale Kommunikation** bezeichnet *nicht-gesprochene* Kommunikation wie *Mimik* (Gesichtsausdruck), *Gestik* (Arm- und Handbewegungen) und *Körpersprache* (Haltung, Bewegung, Distanz), *Blickkontakt, Berührung, Geruch* u. v. a. m. bis hin zu *Schminke, Tattoos* oder *Kleidung* (Franck, 2019, S. 159).

Der Begriff **paraverbale Kommunikation** bezeichnet *sprach-ähnliche, aber nicht in Worten* geäußerte Kommunikation wie Stöhnen, Lachen, Kichern, „ach", „ähm", „hmm" o. ä. Auch *Sprechmodalitäten* (Tempo, Lautstärke, Dynamik, Melodik, Stimmlage, Atmung, Pausen, Wortwahl, Satzlänge, Stil) gehören in diesen umfangreichen Strauß rhetorischer Mittel (Kernen et al., 2019, S. 225; Franken, 2022, S. 294 f.; Ilter, 2023, S. 261).

Oft werden *paraverbale* und *nonverbale* Kommunikation schlicht als **nonverbale Kommunikation** zusammengefasst. Davon geschieht ein großer Teil automatisch und unbewusst (Mimik sogar fast ausschließlich). Teils ist das international verständlich (Mimik), teils missverständlich und je nach Kultur recht gegensätzlich.[76]

Angesichts der technischen Restriktionen online sind *paraverbale* und *nonverbale* Kommunikation sensibel zu beachten. Sie können eine Vielzahl von **Funktionen** erfüllen, die für die Führung *remote* nützlich sind: verbale Äußerungen unterstützen, kommentieren, relativieren oder sogar konterkarieren. Zu den wichtigsten solcher Funktionen zählen die folgenden (s. Tab. 14).

Zur Erzeugung von **Sympathie** beim Zuhörer sind paraverbale und nonverbale Kommunikation um ein Mehrfaches wichtiger als der Inhalt – und Sympathie ist einer der wichtigsten Schlüssel für die Zustimmung zu einer Botschaft durch deren Empfänger, mithin für den Erfolg von Kommunikation. Nach einer Untersuchung von Mehrabian wirken positiv auf Sympathie:

---

[76] So bedeutet z. B. der thumbs-up Daumen in Russland ungefähr das, was der „Stinke"- (Mittel-) Finger in den südeuropäischen Kulturen bedeutet – ein beachtlicher Unterschied … Der einzigartige Siegeszug der Emojis um die Welt unmittelbar nach ihrer Erfindung gründete sich dagegen darauf, dass große Teile der menschlichen Mimik global einheitlich verstanden werden.

Tab. 14: Funktionen paraverbalen und nonverbalen Ausdrucks (nach Allhoff & Allhoff, 2021, S. 23–26).

	Verbaler Inhalt	Nonverbale Unterstützung / Kommentierung
1	Unterstützung	z. B. durch Handbewegung etwas unterstreichen
2	Abschwächung	z. B. durch freundlichen Ton einer kritischen Äußerung die Schärfe nehmen
3	Verstärkung	z. B. durch nachdrücklichen Ton eine Bitte zur Aufforderung machen
4	Widerspruch	z. B. durch Körperhaltung eine freundliche Aufforderung abschwächen
5	Ersatz	z. B. durch Kopfschütteln ein unausgesprochenes „Nein" verkörpern
6	Zuhören	z. B. durch Kopfhaltung (k)ein Interesse verkörpern
7	Stellungnahme	z. B. durch Kopfnicken eine Zustimmung verkörpern
8	Ablaufregelung	z. B. durch Handbewegung eine Stellungnahme anderer verzögern
9	Gestimmtheit	z. B. durch Händereiben Freude oder durch Kopfkratzen Zweifel ausdrücken
10	Beziehung	z. B. durch Wegdrehen innere Ablehnung verkörpern

- Mimik, Gestik, Körpersprache: 55 %
- Paraverbale Kommunikation: 38 %
- Verbale Kommunikation: 7 %
  (Mehrabian, 1971, nach Jonassen et al., 2019, S. 333)[77]

Das ist zugleich wichtig für das Zustandekommen *authentischer Kommunikation* – und damit für den Erfolg von Kommunikation (s. a. Kap 3.2: Authentizität als „Übereinstimmung mit sich selbst", Spall & Schmidt, 2019, S. 135).

Authentische Kommunikation entsteht, wenn ihr *Inhalt* und die sie begleitenden *paraverbalen* und *nonverbalen Signale* übereinstimmen. Denn diese sind Ausdruck des inneren Selbst des Senders (das nur Schauspieler glaubhaft überspielen können). Solche Authentizität ist die Basis **ganzheitlicher** – und erfolgreicher – **Kommunikation**. Authentizität der Kommunikation ist nötig, weil Menschen, die eng zusammenarbeiten, sensibel darauf reagieren (Weibler, 2023, S. 557; s. a. Abb. 38).

Besonders diese Übereinstimmung ist es, die online schwerer herzustellen ist als offline. Das kann zu unterschwellig abgeschwächter – wenn nicht gar gegenläufiger – Reaktion beim Empfänger führen. Deshalb werden *Coaching* (s. a. Kap. 8.1) und *Training* auch für Kommunikation immer üblicher. Dort geht es nicht um Schauspielun-

---

77 Mehrabians Studie wird oft sinnentstellend zitiert: Es geht ihr nicht um die Wirkung von Kommunikation überhaupt (wie oft verkürzt wird), sondern lediglich um die *Herstellung von Sympathie* in der Kommunikation. Und: Ist der *Inhalt* sinnlos, werden auch die sonst geringen 7% der *verbalen* Kommunikation eine dominante Größe erreichen.

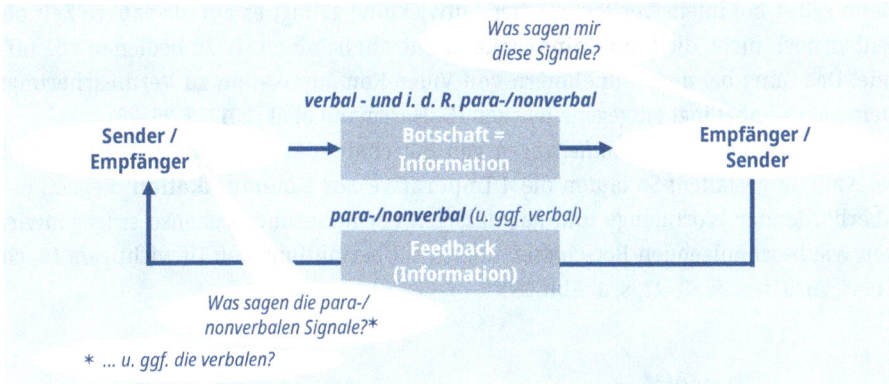

Abb. 38: Ganzheitliche Kommunikation. Zwei-Wege-Informationen mit verbalen sowie paraverbalen und nonverbalen Signalen, hier mit Fragen bei Empfänger und Sender (eigene Darstellung in Anlehnung an Alter et al., 2019, S. 614).

terricht, sondern eher um das Gegenteil: Es hilft dem Sender, eine Übereinstimmung zwischen Botschaft und para- bzw. nonverbalen Signalen herzustellen.[78]

Das ist gerade auch für die Kommunikation von *Werten* bzw. *Purpose* (s. Kap. 3.1 bzw. 3.3) wichtig: Ganzheitliche Kommunikation vermag bestimmte Führungsaspekte leichter zu transportieren, als nur verbale Kommunikation es könnte, so z. B. Achtung, Anstand, Fairness, Wahrhaftigkeit, Zuneigung, Offenheit, Interesse, Gelassenheit, Teamgeist oder Vertrauen. In diesem Sinn kann geradezu von *Liebesfähigkeit* den Mitarbeitenden gegenüber gesprochen werden: nicht im Sinne intimer Gefühle oder emotionaler Abhängigkeit, sondern als Öffnung den Menschen gegenüber (Pinnow, 2012, S. 242 f.).

> Führungskommunikation ist insofern möglichst auf **Augenhöhe** zu gestalten: kooperativ und von Mensch zu Mensch unterstützend. Dabei hat sie die Bedürfnisse des Gegenübers ins Auge zu fassen – *online* besonders auch im Hinblick darauf, dass die Sinne weniger oder gar nicht angesprochen werden.[79]

---

78 Eine verbale Botschaft wird üblicherweise von einem großen, bunten Strauß weiterer Signale aus Gestik, Mimik, Stimm-Modulation, Körpersprache usw. begleitet: einer der Gründe für den Siegeszug der Emojis. – Für viele Menschen lohnt sich zu Video-Calls ein Kommunikations-Coaching.

79 Auch daher immer wieder der Appell, beim Sprechen den Blick in die Kamera zu richten (s. o. zur *Video-Kommunikation* mit Blickkontakt) und etwaige Reaktionen der Zuhörenden auf dem Screen mutig eher aus dem Augenwinkel zu verfolgen: Der direkte Kontakt zum Gegenüber durch den eigenen Blick in dessen imaginäres Auge hinter der Kamera ist wichtiger als der eigene Blick auf den Screen, weil Reaktionen der Zuhörenden sowieso auf dem Screen nur schwach ablesbar sind – und weil sich der zwischenmenschliche Kontakt über den imaginierten Blick ins Auge des anderen deutlich intensiviert. Letztlich spürst du beim Sprechen sogar selbst: Du bist ganz bei dir – und bei deinem Gegenüber (H. A. Richter et al., 2023).

Denn selbst bei intensiver technischer Entwicklung gelingt es auf absehbare Zeit offenbar noch nicht, die **Sinneseindrücke** online ähnlich intensiv zu bedienen wie offline. Das führt bei den Teilnehmern von Video-Kommunikation zu Verunsicherung: Dem gilt es unbedingt entgegenzuwirken (D. Herrmann et al., 2012, S. 25–28).

Zugleich sind die *Formulierungen* von Botschaften knapp, klar, wahrhaftig und relevant zu gestalten: So lauten die **4 Imperative zur Kommunikation**: Regeln, die überbordender Wortmenge und nachlässigen Formulierungen ebenso entgegenwirken wie beschönigenden Botschaften oder der Übermittlung von Unwichtigem (nach Ebert, 2020, bes. S. 38–42; s. a. Abb. 39).[80]

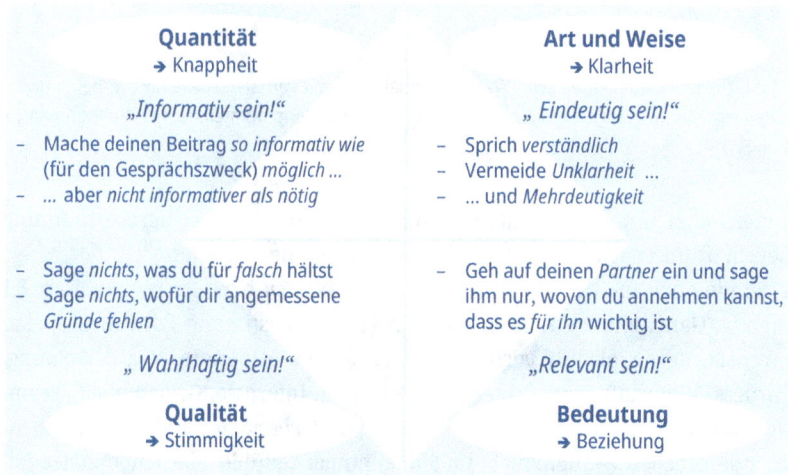

Quantität → Knappheit	**Art und Weise** → Klarheit
„Informativ sein!"	*„ Eindeutig sein!"*
– Mache deinen Beitrag *so informativ wie* (für den Gesprächszweck) *möglich ...* – ... aber *nicht informativer als nötig*	– Sprich *verständlich* – Vermeide *Unklarheit* ... – ... und *Mehrdeutigkeit*
– Sage *nichts*, was du für *falsch* hältst – Sage *nichts*, wofür dir angemessene *Gründe fehlen*	– Geh auf deinen *Partner* ein und sage ihm nur, wovon du annehmen kannst, dass es *für ihn* wichtig ist
„ Wahrhaftig sein!"	*„Relevant sein!"*
Qualität → Stimmigkeit	**Bedeutung** → Beziehung

Abb. 39: Knapp, klar, wahr und wichtig: 4 Imperative zur Kommunikation. Mittel (Regeln) gegen überreiche Wortmengen, nachlässige Formulierungen, beschönigende Botschaften und irrelevante Details (eigene Darstellung nach Grice, 1967, hier angelehnt an Ebert, 2020, S. 41 f.).

Zusammen mit effektiver Gesprächsplanung, -durchführung und -nachbereitung von *Besprechungen* (s. o., Abb. 36) unterstützen die *„4 Imperative"* (Regeln) sowie eine *ganzheitliche Kommunikation* (s. o., Abb. 38) Führungskräfte dabei, die „7 D's" in hybrider Führung (s. o., Kap. 4.2) umzusetzen. Damit drücken die Tools Mitarbeitenden gegenüber Wertschätzung aus. So sind sie Beispiele für symbolische wie für gelingende *transaktionale Führung* (Landes et al., 2020, S. 35 – s. o., Kap. 4.2).

Ähnlich verhält es sich mit Kommunikation in **Ich-Botschaften**. Vielfach machen sie Kommunikation verständlicher und weniger konfliktträchtig – aber bedürfen ggf. der Übung.

---

80 Dabei kommt es gelegentlich weniger auf den exakten Wortlaut an als auf die **Intention** des Gesagten, z. B. bei der Frage: „Kannst du mir sagen, wie spät es ist?", die niemand mit „Ja!" beantworten würde (was sprachlogisch wäre), sondern mit der Uhrzeit (Ebert, 2020, S. 41).

Ich-Botschaften sind Kommunikation in der 1. Ps. Sg.: *„Ich empfinde das …"* statt *„Du bist …"* Sie sind in zahlreichen Situationen, Rollenbeziehungen und Konfliktphasen gut geeignet, Klarheit zu erhöhen, Interessen zu formulieren, Beziehung zu klären und Führung auszuüben. Der Sender übernimmt damit zugleich *Verantwortung* (Franck, 2019, S. 101–104).

Ich-Botschaften verhindern, dass ein Sender sich hinter einem anonymen „man" oder „wir" versteckt. Die Gründe, warum Ich-Botschaften häufig *vermieden* werden, sind vielfältig:
– die *Angst* vor einem Nein / falscher Stolz
– die Auffassung, *eigene Wünsche* oder Bedürfnisse zu äußern sei ungehörig oder selbstsüchtig
– die *Sorge*, anderen werde dadurch zu viel zugemutet
– die Vermutung, dem Gegenüber wäre es *peinlich*, der Äußerung *nicht zu entsprechen*
– die Vermutung, das Gegenüber *traue sich nicht*, Nein zu sagen

Meist handelt es sich dabei letztlich um eine Art von **Angst** vor Gesichtsverlust: beim Sender selbst oder bei seinem Gegenüber (Franck, 2019, S. 104–108).[81]

Ich-Botschaften ermöglichen in besonderer Weise Führung. Denn sie erlauben dem Empfänger oft überhaupt erst, sich zum Sender in **Beziehung** zu setzen – ob durch Identifikation mit der Botschaft, Stellungnahme dazu oder durch Absetzen davon (s. Abb. 40).

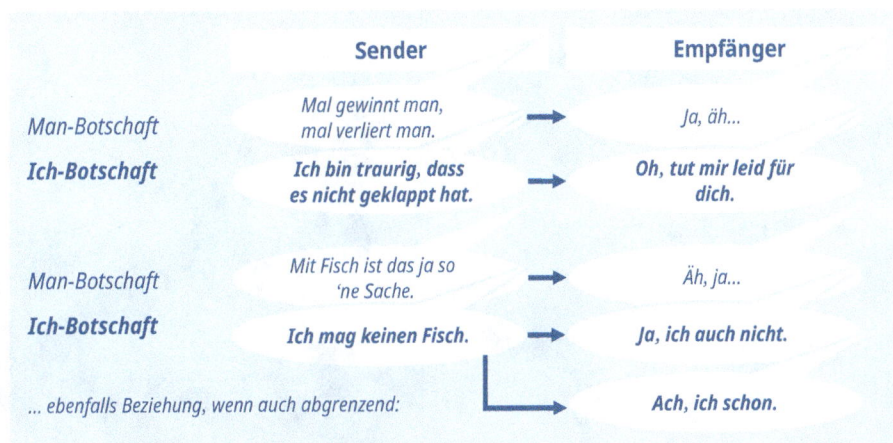

	Sender		**Empfänger**
Man-Botschaft	*Mal gewinnt man, mal verliert man.*	→	*Ja, äh…*
Ich-Botschaft	**Ich bin traurig, dass es nicht geklappt hat.**	→	**Oh, tut mir leid für dich.**
Man-Botschaft	*Mit Fisch ist das ja so 'ne Sache.*	→	*Äh, ja…*
Ich-Botschaft	**Ich mag keinen Fisch.**	→	**Ja, ich auch nicht.**
… ebenfalls Beziehung, wenn auch abgrenzend:		→	**Ach, ich schon.**

Abb. 40: Man-Botschaften und Ich-Botschaften. Ich-Botschaften zum Ermöglichen von Beziehung – durch anknüpfende Stellungnahme, Identifikation oder Abgrenzung (eigene Darstellung).

---

81 Ich-Botschaften verhelfen Kommunikation auch dadurch zum Erfolg, dass sie die o. g. *4 Imperative zur Kommunikation* (Kommunikations-Regeln) umsetzen

Damit geben Ich-Botschaften zugleich ein deutliches Signal von Authentizität. So unterstützen sie die Kommunikation von Werten, Zielen und Purpose – und Vertrauen: Eine „Vertrauensspirale" (Gilbert, 2003, S. 232) kommt in Gang. Und sie unterstützen den Ausbau von Unternehmenskultur, zumal von Speak-up-Culture (s. Kap. 3.2). Sind sie im Unternehmensalltag etabliert, tragen sie zu einer *„Kultur des Gelingens"* (Pfister & Neumann, 2019, S. 66) bei – auch durch einen Fokus auf das, was offenbar bereits funktioniert.

Solche Kommunikation wird damit zum zentralen Werkzeug zur Umsetzung von Führung – zumal von (*Enriched*) *Transformational Leadership*. Sie ist in Unternehmen des digitalen Zeitalters unverzichtbar, besonders für hybride Führung. Daher spielt sie eine Rolle in fast allen folgenden Kapiteln, besonders zu Resilienz, Community Building und Empathie (Kap. 7), Coaching, Mentoring, Feedback und systemischem Lernen (Kap. 8), sowie Moderation, Selbstbestimmung und Talent Development (Kap. 10).

Und das alles räumlich und zeitlich flexibel: in Präsenz, remote, hybrid ... Dazu die Kapitel 5 und 6.

5 Räumliche Faktoren der Arbeitsplatzgestaltung

5.1 Vor Ort + remote = hybrid?!

Die **Teilbarkeit** der Arbeit eines einzigen Beschäftigten auf verschiedene Räume und Zeiten rückte in Deutschland erst die Covid19-Pandemie wieder voll ins Bewusstsein. Zuvor herrschte hier eine *Anwesenheitskultur* (Zeschke & Zacher, 2022, S. 6 f.). Arbeit aus dem *Homeoffice* sowie *Remote Work* (s. u.) waren selten und verbanden sich meist mit flexibler Arbeitszeit. Seit der Pandemie sind zeitlich (s. Kap. 6) und räumlich flexible Arbeit in der Arbeitswelt fest verankert, wie auch die Arbeit zu festen Zeiten an verschiedenen Orten, verbunden durch digitale Kommunikation.

> Mit **Homeoffice** wird meist die Arbeit an einem Arbeitsplatz in der privaten Wohnung des Arbeitnehmers bezeichnet – genau genommen, sofern die Arbeit *teilweise* auch im Unternehmen stattfindet. Der Begriff **Heimarbeit** (umgangssprachlich mitunter ebenso verwendet) bezeichnet dagegen in korrekter Verwendung (wie beim Gesetzgeber) die Arbeit *komplett* im Privaten; sie wird auch **Telearbeit**[82] genannt (Backhaus et al., 2021, S. 2; BMAS, o. D.).

Ausschließlich im eigenen Unternehmen arbeitete schon vor der Pandemie weniger als die Hälfte der Beschäftigten; mehr als ein Drittel der Beschäftigten arbeitete sogar mehrmals im Monat außerhalb des eigenen Unternehmens. Dies waren jedoch vor allem Arbeit beim Kunden/Klienten sowie Dienstreisen, z. B. für Dienstleistungen wie Unternehmensberatung (Hammermann, 2019, S. 86).

> Mit **mobiler Arbeit** (auch **Remote Work** oder nur **remote**; gelegentlich auch: *Smart Working*, s. dazu Kap. 5.2) wird Arbeit bezeichnet, die räumlich entfernt vom Büro stattfindet, also entweder im privaten Bereich (**Homeoffice**) oder auch anderswo (Backhaus et al., 2021, S. 2; Heidt, 2023, S. 5; s. a. Abb. 41).[83]

Remote Work eignet sich prinzipiell für informatorisch-mentale Arbeitsaufgaben, die primär am PC bzw. am Telefon erledigt werden können. Remote ist (noch) weitgehend *unmöglich* für mechanische Arbeit, die vor Ort bzw. am Kunden verrichtet werden muss (z. B. Busführer, Hebamme, Friseur).

Für den Ausbau von Remote Work werden sich Entwicklungsaufgaben stellen, deren Art und Umfang noch nicht absehbar sind. Büroarbeitsplätze unterliegen jedoch der Arbeitsstättenverordnung (ArbStättV), die die „EG-Richtlinie 89/654/EWG des Rates vom 30. November 1989 über Mindestvorschriften für Sicherheit und Gesund-

---

82 Der Begriff *Telearbeit* (von griech. *télos* = Ende, Ausgang, s. Telefon, Television) hat sich seit Jahren nur in der Fachliteratur und im politisch-juristischen Raum, jedoch nicht im allgemeinen Sprachgebrauch durchgesetzt.
83 In jedem Fall bezeichnen die Begriffe Arbeit im Angestelltenverhältnis, also *nicht* die Arbeit als Freiberufler, freier Mitarbeiter oder sonstiger Selbstständiger.

https://doi.org/10.1515/9783111374420-005

	WEITERE BEZEICHNUNG	ANMERKUNGEN
Hybrid Work	**HW (Hybrid Work),** Hybride Arbeit, Virtual/Distributed Work	*Kombination von Homeoffice/ Remote Work mit Büro: gesamtheitlich zu gestalten*
Remote Work	**WFA (Work from Anywhere),** Mobiles Arbeiten Smart Working	*gelegentlich; nicht fest geregelt (engl. auch: Telework – anders als „Telearbeit", s. WFH)*
Homeoffice	**WFH (Work from Home),** Arbeit zu Hause, **Telearbeit***	*i. e. S. keine Wahl beliebiger Arbeitsorte* *** fest, geregelt gem. ArbStättV**
Büro	**WFO (Work from Office),** Arbeit vor Ort (im Büro)	*klassisches Arbeitskonzept: keine Flexibilität des Arbeitsortes*

Abb. 41: Arbeitsformen Hybrid/Remote Work, Homeoffice vs. Büro. Begrifflichkeit zwischen Alltagssprache, englischen Bezeichnungen und Regelung gemäß deutscher ArbStättV (eigene Darstellung nach Heidt, 2023, S. 8; Lynn, 2023, S. 7–9; BMAS, o. D.).[84]

heitsschutz in Arbeitsstätten" umsetzt, die „der Sicherheit und dem Schutz der Gesundheit der Beschäftigten" dienen soll (Bundesministerium der Justiz & Bundesamt für Justiz, 2024, Präambel bzw. § 1).

Die ArbStättV definiert die Anforderungen an **Bildschirmarbeitsplätze** sowie an Bildschirme und Bildschirmgeräte (Bundesministerium der Justiz & Bundesamt für Justiz, 2024, Anhang Ziff. 6.1 bzw. 6.2). Sie gilt – im Gegensatz zum *gelegentlichen* Homeoffice – auch für alle Arbeitsplätze, die Büroarbeitsplätze *permanent* ersetzen, also **Telearbeitsplätze**: Sie befinden sich im privaten Bereich der Beschäftigten (Bundesministerium der Justiz & Bundesamt für Justiz, 2040, § 2) und sind vom Arbeitgeber einzurichten, wobei die wöchentliche Arbeitszeit sowie die Dauer der Einrichtung festgelegt sind.[85]

> **Hybrides Arbeiten (Hybrid Work)** bezeichnet die Kombination aus *Office-Arbeit* und *Remote Work* – unabhängig davon, in welchem Mengenverhältnis. Es geht meist einher mit zeitlicher Flexibilisierung von Arbeit – und stellt auch insofern eine besondere Herausforderung an Management und Führung dar.

---

84 Zum Bildverständnis: Die Arbeitsform *Hybrid Work* umfasst also eine *teilweise Büroarbeit* (*Work from Office*) sowie das *Remote Work* (*Work from Anywhere* bzw. *Work from Home*), umgangssprachlich deutsch auch *Homeoffice*.

85 In der ArbStättV heißt es: „Ein Telearbeitsplatz ist vom Arbeitgeber erst dann eingerichtet, wenn Arbeitgeber und Beschäftigte die Bedingungen der Telearbeit arbeitsvertraglich oder im Rahmen einer Vereinbarung festgelegt haben und die benötigte Ausstattung des Telearbeitsplatzes mit Mobiliar, Arbeitsmitteln einschließlich der Kommunikationseinrichtungen durch den Arbeitgeber oder eine von ihm beauftragte Person im Privatbereich des Beschäftigten bereitgestellt und installiert ist" (Bundesministerium der Justiz & Bundesamt für Justiz, 2024, § 2 (2) Ziff. 7).

Die Flexibilisierung ist Gegenstand der politischen Diskussion. Erst die Zeit wird zeigen, ob und welche Flexibilität einziehen wird. Für Unternehmen und Führungskräfte geht es jedoch fortwährend um die **Arbeitsgestaltung**. Die Zahl der betroffenen Arbeitsplätze – die niemand genau kennt – ist jedenfalls groß. Knapp jeder zweite Arbeitsplatz (i. S. v. Berufstätigkeit) scheint nach Umfragen verschiedener Forschungsinstitute mehr oder weniger für Homeoffice geeignet zu sein (s. Abb. 42).[86]

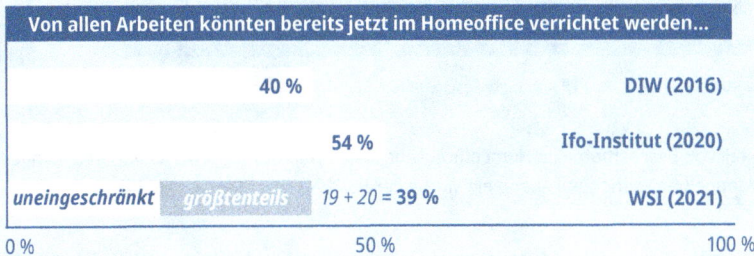

Von allen Arbeiten könnten bereits jetzt im Homeoffice verrichtet werden...		
40 %		DIW (2016)
	54 %	Ifo-Institut (2020)
uneingeschränkt *größtenteils* 19 + 20 = **39 %**		WSI (2021)
0 %	50 %	100 %

Abb. 42: Homeoffice bereits für ca. jeden 2. Beschäftigten möglich. Daten vor und während der Covid19-Pandemie mit Homeoffice-Potenzial für ca. 40–50 % aller Arbeitnehmer (verschiedene Untersuchungen nach HSB, 2023).

Vor der Covid19-Pandemie war es die *Digitalisierung*, die die Entwicklung von Arbeit im Homeoffice anschob. Doch nur 10 % der abhängig Beschäftigten arbeiteten 2019 – teilweise oder ganz – aus ihren Privaträumen. Seit der Pandemie hat sich diese Zahl mehr als verdoppelt: 2021/22 lag sie bei knapp einem Viertel der Beschäftigten (Destatis, 2024; s. Abb. 43).

Das Büro des *20. Jahrhunderts* war organisiert mit Blick auf Akten bzw. auf deren Verarbeitung und Verwahrung: mit Schreibtischen und Aktenschränken – plus Maschinen, Kommunikationsmitteln und -wegen zur Bearbeitung. Die Digitalisierung hat das seit Beginn der EDV (IT) verändert: Für das Büro entstanden neue Organisationskonzepte (Hübschen, 2018, S. 68–70).

Ab ca. 1900 und in den 1950/60er Jahren experimentierte man mit Großraumbüros, die Gruppen- bzw. Einzelbüros ablösten, jedoch für Individualität wenig Raum boten. Seit den 1970ern entstanden Kombibüros mit Cubicles (Einzelräumen) und Gemeinschaftsräumen. Nach der Dotcom-Blase um das Jahr 2000 herum entstanden Open Spaces, die zugleich der Konzentration, der Kommunikation und Transparenz

---

86 Das Potenzial lässt sich kaum beziffern: Die Einflüsse sind zu verschiedenartig, die Widerstände zu vielfältig und die Fragen zu unterschiedlich. Die Prognosen gehen seit Jahren in die gleiche Richtung, und – vielleicht noch wichtiger – sie wurden von politisch recht gegensätzlich positionierten Instituten ermittelt.

Anteil der Erwerbstätigen im Homeoffice
Anteil in %

Jahr		
2017	8	11
2018	9	12
2019	10	13
2020	19	21
2021	23	25
2022	23	24

Erwerbstätige insgesamt ■ Abhängig Beschäftigte

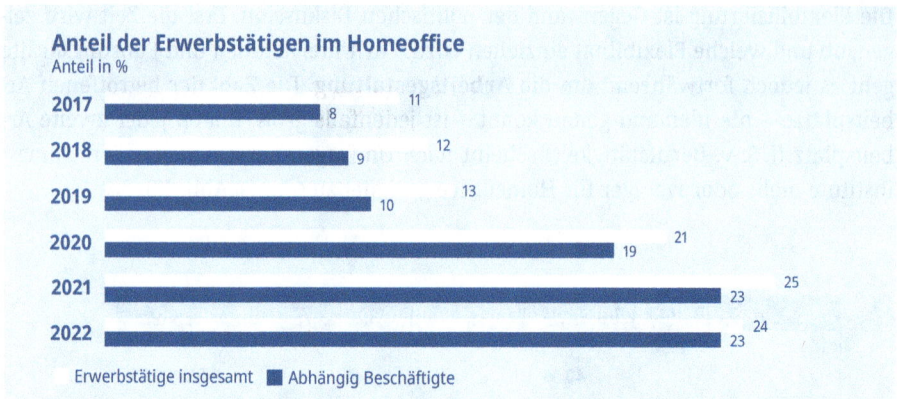

Abb. 43: Anteil von Beschäftigten im Homeoffice. Langsames Wachstum vor der Covid19-Pandemie, mehr als eine Verdoppelung seither: auf knapp ein Viertel der Beschäftigten (Destatis, 2024).

sowie der Individualität und Persönlichkeitsentfaltung dienen sollten (Kohlert, 2016, S. 121–123; C. Becker et al., 2019; s. a. Kap. 5.2).

> Zugleich entstand das Konzept des **Desk Sharing**: Der Begriff bezeichnet die *gemeinsame*, teilweise *sukzessive* Nutzung von Arbeitsplätzen und -räumen, die den Unternehmen Flächen und dadurch im Ergebnis Miete erspart (Klaffke, 2016, S. 5 f.).

Die Entstehung des Desk Sharing hängt besonders mit *Teilzeit*-Konzepten zusammen (s. Kap. 6) – und mit der Reduzierung und Flexibilisierung von Arbeitszeit. Statt fest zugewiesener (und oft mit Status verbundener) Arbeitsplätze buchen Beschäftigte sich beim Desk Sharing meist kurzfristig auf die gemeinsam zur Verfügung stehenden Arbeitsplätze ein (z. B. mit Apps).

> Bereits seit den 1990er Jahren erlauben Unternehmen zudem vermehrt Arbeit in **Third Places**: in Räumen abseits von Privatwohnung (*first* places) und Büro (*second places*) – im Wesentlichen ebenfalls ermöglicht durch die Digitalisierung (Klaffke, 2019, S. 8 f.).

Solche Third Places waren zunächst Internet-Cafés u. ä. und dann zunehmend Coffee Shops (wie Starbucks), Lounges in Flughäfen und Hotels, Bibliotheken sowie andere öffentliche Räume. Viele dieser Räume nivellierten soziale Vielfalt und schufen eine als inspirierend empfundene Atmosphäre für Arbeit, durchmischt mit Kommunikation und entgrenzenden, aber auch entschleunigenden Elementen von *Work-Life-Balance* (s. Kap. 11.2).

Die Vielzahl von Raum- und Nutzungsformen wächst seither rapide weiter. Ihre Abgrenzungen sind naturgemäß fließend. Eine Einführung bietet Abb. 44.

Unternehmen gestalten *Bürogebäude* heute, indem sie eine Vielzahl verschiedenartiger Räume und **Multivariabilität** herstellen. Die Gestaltungselemente entstammen dem

INTERNE ARBEITSRÄUME		EXTERNE ARBEITSRÄUME
ÖFFENTLICH		**THIRD PLACES**

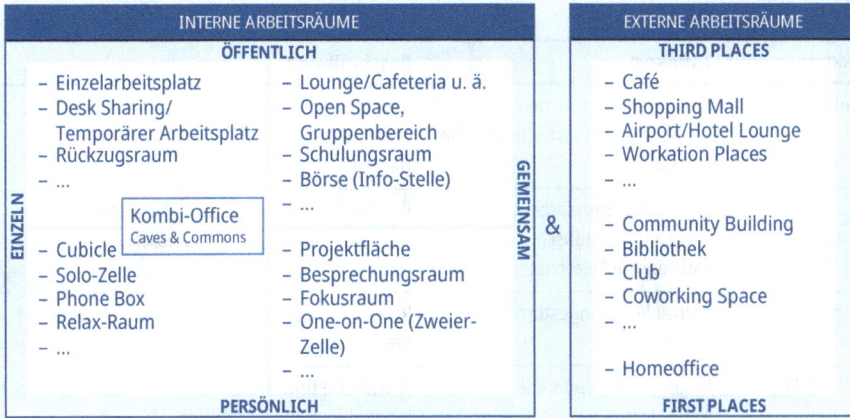

Abb. 44: Arbeitsmöglichkeiten innerhalb und außerhalb der Arbeitsstätte. Vielzahl und Vielfalt als Basis neuer Gestaltungsaufgaben und -möglichkeiten (eigene Darstellung nach Klaffke, 2022, S. 276; mit Inputs von Hauser et al., 2016, Cheng, 2018).

Wohn- und Freizeitleben; hinzu treten solche aus anderen Bereichen. So ist z. B. von *„Hotelification"* die Rede (Lehmann, 2023). Ein Beispiel einer Reihe multifunktionaler Module aus einem Projekt der Lufthansa Group (LH) von 2016–2022 gibt Tab. 15.

Tab. 15: Neue Funktionsmodule: Beispiel Lufthansa New Workspace (Lufthansa nach Klaffke, 2019, S. 44).

Funktionsmodul	Tätigkeit	Beschreibung
Standard-Arbeitsplatz	Einzelarbeit, telefonieren	Schreibtisch elektrisch höhenverstellbar, ergonomischer Bürodrehstuhl, Schrankelemente als Teamablage
Locker	Aufbewahrung, persönlicher Stauraum	Ein abschließbares Fach je Mitarbeitendem (ca. 60 x 60 x 50 cm), Briefschlitz, Lockertasche zur Mitnahme an Schreibtisch
Lounge	Informelle Gespräche, spontaner Austausch, Wartebereich, Treffpunkt	Modulare, gepolsterte Sitzelemente, Beistelltisch
Multifunktion	Formale und geplante Meetings, Projektarbeit	Geschlossener Raum, alternative Ausstattung für Sitz- oder Stehmeeting für 6–8 Personen
Meet & Talk	Temporäre Einzelarbeit, Telefonate, spontaner Austausch	Akustische, visuelle Abschirmung, für 1–2 (kleine Variante) bzw. bis 4 Personen, integrierter Tisch
Workbench	Temporäre Einzelarbeit, spontaner Austausch	Hochtische (Stehhöhe) für bis zu 8 Personen, höhenverstellbarer Arbeitsstuhl, Akustikpaneel

Tab. 15 (fortgesetzt)

Funktionsmodul	Tätigkeit	Beschreibung
Think Tank	Temporäre Einzelarbeit, spontaner Austausch, informelle Meetings	Geschlossener Raum für bis zu 4 Personen in verschiedenen Setups, Arbeitstisch, Besprechungssessel
Focus Box	Temporäre Einzelarbeit, spontaner Austausch, vertrauliche Telefonate	Raum-in-Raum-Modul für 1–2 Personen, Ablagetisch, Besprechungssessel
Phone Box	Vertrauliche, ungestörte Telefonate	Raum-in-Raum-Modul für 1 Person, Ablagetisch, Stehhilfe
Media Talk	Projektarbeit, spontaner Austausch	Akustische und visuelle halbhohe Abschirmung, für bis zu 4 Personen, Stehtisch, Stehhocker, Bildschirm
Quiet Area	Rückzug, vertrauliche und informelle Gespräche	Geschlossener Raum für 1–2 Personen, informelle Atmosphäre, Ohrensessel, Beistelltisch

Die Lufthansa Group sah sich einer Veränderung der Unternehmenskultur und kommunikativen Herausforderungen gegenüber. HR, IT und Real Estate Management (REM) der LH entwickelten einen ganzheitlichen Ansatz mit den prinzipiellen Ressourcen für mobiles und flexibles Arbeiten: Mensch, Technik und Raum. Deren Grundsätze für **Arbeitskultur** und **Arbeitsumgebung** zeigt Abb. 45; sie sind eingebettet in Betriebsvereinbarungen zum mobilen und zeitlich flexiblen Arbeiten (Klaffke, 2019, S. 39–43; Lufthansa Group, 2023, S. 121 f.).

Derartige Veränderungen sind Ergebnis eines Gesamtkonzepts. Das erfordert eine Basis (wie in Kap. 2–4 erörtert) und die Ausrichtung von Kultur, Management und Führung auf eine Umsetzung hin, die *Change Management*, *Lernen* und *Empathie*, *Feedback-* und *Moderations*-Kultur anvisieren – und damit eine Bereitschaft zu einem aktualisierten *New Work* (s. Kap. 6–10 u. bes. 11). Ein Raumkonzept wie dieses ist zugleich als Akt symbolischer Führung zu werten (s. Kap. 4.2).[87]

Inspiration dazu leisten **Coworking Spaces** (z. B. WeWork, Mindspace): mit zeitlich flexibel buchbaren Arbeitsräumen variabler Größe und kompletter Infrastruktur (Konferenzräume, Cateringzeilen, WLAN, Lounges etc.). Nutzer sind neben Freiberuflern und Selbständigen vermehrt Unternehmen mit nur zeitweiligem Office-Bedarf – heute mehr Etablierte als in den Anfangsjahren, in denen die sog. Digitalnomaden der

---

[87] In London verzichteten Anfang der 2020er Jahre sogar Topmanager in Banken auf eigene Büros. Vorstände der HSBC bezogen sichtbar *Hot Desks*, wie Coworking Spaces sie nennen (Schreibtische nach dem *Desk Sharing*-Prinzip zu verteilen, *Hot Desking*), nachdem ihre Büros zuvor die halbe Zeit leer gestanden hatten, „weil wir um die ganze Welt reisen", so HSBC-CEO Quinn (zit. nach Plickert et al., 2021) – auch das ein Akt symbolischer Führung.

Abb. 45: Lufthansa Group New Workspace Konzept. Ergebnis eines Gesamtkonzepts mit Arbeitskultur und Arbeitsumgebung im Fokus, "Change at work" als Claim (nach: Lufthansa Group, o. D., S. 7, Abb. 2; auch: Lufthansa nach Klaffke, 2019, S. 41).

Start-up-Bewegung die Hauptnutzer waren. Noch immer locken Coworkings ihre Nutzer, ob lokal oder globalisiert, mit wohnlicher Atmosphäre (Brübach-Schlickum, 2016; Reuschl & Bouncken, 2017; Thompson, 2019; Bouncken et al., 2023; s. a. Abb. 46).[88]

Abb. 46: Coworking Space und Admin Office: Loft-Atmosphäre mit Wohn-Elementen. Mindspace Hamburg (li.) in einem denkmalgeschützten Jugendstil-Gebäude, Verwaltungsbüro in Konstanz (re.) in einem Gewerbe-Wohn-Mischgebiet (Fotos: H. A. Richter).

---

88 Die Insolvenz des Coworking-Unternehmens WeWork 2023 in New York wird nicht Fehlern solcher Konzepte zugeschrieben, sondern einerseits den Geschäften des WeWork-Mitgründers und CEOs A. Neumann zwischen sich selbst und WeWork vor dessen geplantem IPO 2019, andererseits dem verringerten Bedarf an Büroflächen infolge der Covid19-Pandemie und der durch sie katalysierten, digitalen hybriden Arbeit: Der Druck auf dem Immobilienmarkt sank, Mieten gingen zurück (Mischke et al., 2023)

Nach dem Ende der Covid19-Pandemie wollten Beschäftigte verstärkt im Homeoffice arbeiten. Auch zahlreiche Unternehmen schienen dazu bereit. Doch dann riefen die ersten – in den USA zahlreiche – Unternehmen ihre Arbeitnehmer vermehrt zurück ins Büro. In dieser Situation wurde ab 2021/22 das *hybride Arbeiten* forciert. Die **Neukonzeption** von Arbeit und Büro erhielt einen neuen Schub.

Besonders seit 2022 gaben steigende Energiekosten infolge des Überfalls Russlands auf die Ukraine Unternehmen Anreiz zum Desk Sharing. Während das hybride Arbeiten noch nicht voll entwickelt war, gelangte es unter den Einfluss gegenläufiger Bewegungen. Auch im privaten Wohnen wurde an Heizkosten gespart. Es entstand die gegenwärtige, ambivalente Situation.[89]

Mehr und mehr Unternehmen konzipieren das Büro als **Corporate Hub**: als Sitz zur Identitätsstiftung und Pflege der Unternehmenskultur (Kap. 3.2), Zentrum der Netzwerk-Pflege (s. a. Kap. 7.2), Ort der Kommunikation und Interaktion mit bindender Wirkung und Pflege des Purpose (Reindl et al., 2022, S. 245; s. a. Kap. 3.3). Moderne Gestaltung umfasst Kinderbetreuung und Still-Räume, Nap Rooms, Massage und Hairdressing, Gym, Haustierpflege, alternative Nahrungsangebote und Barista (Wyatt, 2024, S. 64).

Variable und flexible Raum- und Arbeitskonzepte bewähren sich auch hinsichtlich dieser neuen Aspekte in der *VUCA-Welt*. Zu den Kriterien einer derartigen räumlichen Gestaltung s. Kap. 5.2.

5.2 Kriterien räumlicher Gestaltung

Räumliche Gestaltung dient letztlich dazu, Unternehmensziele zu erreichen, indem Arbeitskräften die Erfüllung ihrer Aufgaben ermöglicht wird: durch *gesundheitsfördernde* und *ergonomische* (optimal angepasste) Arbeitsmittel und eine ansprechende Arbeitsumgebung. Eine ganze Reihe von Faktoren haben darauf Einfluss, auch wenn sie im Detail anders angeordnet sind als im traditionellen Büro.

Zur Gestaltung der **Arbeitsplätze** gehören:
-   Freie Bewegungsfläche und Fläche pro Arbeitsplatz
-   Luftraum in Arbeitsräumen
-   Breite der Verkehrswege und Sichtverbindungen nach außen

---

89 Auch tiefer greifende gesellschaftliche Strömungen kamen in Gang. Zahlreiche Menschen neigten aufgrund von Energiekosten und Homeoffice-Möglichkeit zum Umzug in die Vorstadt: ein Trend zur *Suburbanisierung* (Dolls & Lay, 2023). Zugleich stieg die Erwerbstätigkeit von Frauen weiter an – aber auch die Zahl der Menschen in *Workation* (Kombination aus Erwerbstätigkeit und Urlaub). Immobilien auf dem Land wurden teurer. Die Möbelindustrie reagierte mit neuen Angeboten für *Homeoffice* und *Workation* (Schwarz, 2023).

– Kommunikations-/Konzentrationserfordernisse, Vermeidung von Lärm bzw. Störgeräuschen
– Reflexionen und Spiegelungen auf Bildschirmen u. a.
(G. Richter & Cernavin, 2016, S. 93).

Zur Gestaltung von **Arbeitsräumen** gehören:
– Raumtemperatur
– Luftfeuchte und -bewegung
– Sonneneinstrahlung/Blendung und Beleuchtung
– Vermeidung von Lärm bzw. störenden Geräuschen
(G. Richter & Cernavin, 2016, S. 95).

Hinzu kommen die Gestaltung von *Arbeitstischen* (Fläche, Beschaffenheit, Höhenverstellbarkeit, Beinraumbreite), *Arbeitsstühlen* (Verstellbarkeit von Arm- und Rückenlehnen, anatomische Formung, Rückenlehnen-Widerstand, Abstützpunkte/Rollen und deren Anpassung an den Bodenbelag), *Bildschirmgeräten* (Dreh- und Neigbarkeit, Höhe und Abstand zum Auge, Neigung und Beschaffenheit der Tastatur sowie deren Abstand von der Tischkante) u. v. a. m. (G. Richter & Cernavin, 2016, S. 95 f.).

Als Kernelemente fügen sie sich mit weiterem Mobiliar, Interior Design u. ä. in *Smart Work*-Konzepte ein, die ein Mehrfaches an Komponenten umfassen. Ursprünglich sollten sie Wettbewerbsfähigkeit erhöhen und Work-Life-Balance unterstützen. Inzwischen zeigt sich, dass sie u. U. auch mit negativen Konsequenzen wie sozialem Stress – möglicherweise aufgrund zu abrupter Einführung bzw. noch ungenügender Gewöhnung – assoziiert zu werden drohen (Falco et al., 2023).

> Mit **Smart Work (Smart Working)** werden Arbeitsformen bezeichnet, deren Gestaltung Beschäftigte weitgehend autonom und flexibel vornehmen hinsichtlich ihrer *zeitlichen* Anordnung, Phasen und Zyklen, sowie der *räumlichen* Bestimmung im Büro, im Homeoffice oder an Third Places – und unter Nutzung von Telekommunikations-Technologie (nach Falco et al, 2023; s. a. multidimensionale Flexibilität, Kap. 6.3).[90]

Für Management und Führung gilt es also, durch Smart Work die Ziele *Attraktivität* der Räume (zum Finden und Binden von Mitarbeitenden) sowie *Effektivität* (zur Unterstützung der Arbeit) zu fördern. Die Raumkonzepte sollen Motivation und Leistungsfähigkeit erhöhen, auch indem sie Informationswege verkürzen und Kommunikationsmöglichkeiten schaffen. Prinzipiell stellt das Unternehmen seinen Beschäftigten Räume zur Wahl, statt sie ihnen vorzuschreiben (s. Abb. 47).

---

[90] Im Gegensatz zum Begriff *Smart Work* hat sich *Smart Office* zu einem eher technologischen Begriff entwickelt, unter dem primär die intelligente Nutzung von Technologien z. B. zum Einsparen von Energie verstanden wird.

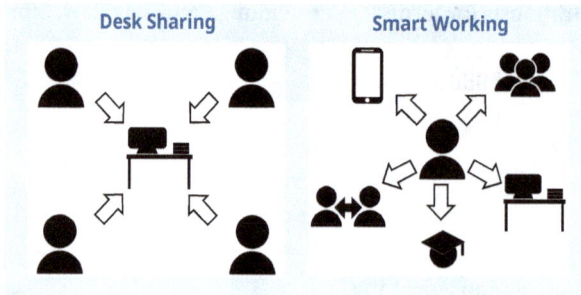

Abb. 47: Smart Working-Konzept vs. konventionelles Desk-Sharing. Der Mensch im Mittelpunkt mit dem Fokus auf der Wahl optimaler Räume je nach Tätigkeit – statt lediglich gemeinsamer Schreibtisch-Nutzung (eigene Darstellung nach Gleich, 2016, S. 219).

Der Verzicht auf den eigenen Schreibtisch (*Desk Sharing*, s. o.) stellt dabei für viele Arbeitskräfte eine der wesentlichen Herausforderungen dar. Beim Wechsel auf ein *Smart Work*-Konzept des weltweit zweitgrößten Rückversicherers Swiss Re anlässlich eines Umzugs in München ergaben sich daneben die Aufgaben:

– Hygiene am Arbeitsplatz (ohne eigene Tastatur und Maus sowie Telefon)
– Vertraulichkeit hinsichtlich Geschäftsunterlagen und -gesprächen
– Umgang mit Dokumenten und Papieren
– Gefühl der Zugehörigkeit zum eigenen Bereich vs. Heimatverlust
– Einhalten von Spielregeln
  (Kitterle, 2016, S. 195 f.).

Den Übergang vom traditionellen Bürokonzept zum Smart Working gestaltete die Swiss Re durch eine Arbeitsgruppe aus Führungskräften, speziell gewählten Botschaftern der Arbeitnehmer sowie der regulären Mitarbeitenden-Vertretung. Sie legte auch die *Regeln* für die Belegungsplanung der Räume sowie deren Nutzung und der Zusammenarbeit fest (Tab. 16).

Tab. 16: Smart Working-Regeln, Beispiel Swiss Re. Ziele: Arbeit effizient ermöglichen, Arbeitsumfeld hochwertig erhalten, gegenseitige Rücksichtnahme gewährleisten (Kitterle, 2016, S. 196 f.).

Regel	Beschreibung
„Free Choice"	Möglichkeit für jede/n, Arbeitsplatz gemäß geplanter Tätigkeit und individuellem Bedürfnis zu wählen
	Reservierung nur für Besprechungs- u. Konferenzräume möglich. Sie verfallen, wenn sie 10 Min. nach Reservierungsbeginn nicht in Anspruch genommen wurden. Nicht mehr benötigte Reservierungen werden storniert

Tab. 16 (fortgesetzt)

Regel	Beschreibung
„Clean Desk"	Ein Arbeitsplatz, der voraussichtlich 3 Std. nicht genutzt wird, wird anderen Kollegen zur Verfügung gestellt
	Arbeitsplätze werden sauber und frei von Gegenständen hinterlassen
	Außerhalb von Espressobar und Mitarbeitenden-Restaurant ist der Verzehr von Speisen auf kalte Snacks beschränkt
„Respect"	Längere Gespräche und Telefonate werden in Rückzugsräumen und Think Tanks geführt. Die Quiet Zones dienen der Arbeit, ungestört von Gesprächen und Telefonaten
	Regeln erleichtern das Zusammenleben nur dann, wenn jeder sie einhält und das Recht hat, sie einzufordern
	Wer sich gestört fühlt, bittet die betreffende Person direkt, zeitnah und in kollegialer Weise um Rücksichtnahme

Das Einhalten und Vorleben derartiger Regeln durch die Führungskräfte ist wiederum als ein Akt **symbolischer Führung** anzusehen (s. Kap. 4.2 bzw. 5.1) – wie auch andere artifizielle Symbole in den Räumen, z. B. der Verzicht auf heraushebende Raumarchitektur oder bestimmte Statussymbole. Ins Smart Working fügen sich ferner Vorstandsbesuche, Firmenfeiern oder das Onboarding (Einführung neuer Mitarbeitender) als *interaktionelle* Symbole ein (vgl. Lippold, 2021, S. 49 f.).

Besondere Bedeutung im Smart Working haben **Open Spaces** erlangt, deren Charakter Neubauten und Umbauten von Büros seit den 2000/10er Jahren zunehmend prägt.[91] Mit dem Fokus simultan auf Konzentration, Kommunikation, Transparenz, Individualität sowie Persönlichkeitsentfaltung (s. Kap. 5.1) leisten sie einen Spagat. Sie werden auch als *Open Plan Office* (OPO), *Open Office Concept*, *Multispace-Büro* oder *Activity-Based Workspace* (ABW) bezeichnet – bei jeweils nur geringen Bedeutungsunterschieden.

Mit **Open Space** werden durchgängige Arbeitslandschaften aus überwiegend nicht abgetrennten Räumen und verschiedenen Raumzonen bezeichnet. Sie bieten Platz für unterschiedliche Tätigkeiten und erstrecken sich manchmal mit offenen Galerien mit wenigen Wänden über mehrere Stockwerke. Mit einem derartigen *Multispace*-Ansatz verwirklichen sie den Smart Work-Gedanken im Büro in mehrerlei Hinsicht (vgl. C. Becker et al., 2019, S. 264 f.).

Derartige neue, offene Arbeitswelten sind bei Neu- und Umbauten von Gebäuden bei Adidas, Apple und Axel Springer, Google, KPMG und Lufthansa, Siemens und der DZ-

---

[91] In den USA waren es 2017 nach Angaben des kanadischen Business-Journalisten Borzykowski (2017) bereits 70 % aller Bürogebäude.

Bank realisiert worden. Sie dienen als Ausdruck einer neuen, offenen **Führungskultur**: partizipativer als zuvor, sichtbar mehr auf Augenhöhe mit dem Management und in größerer Transparenz als vormals. Zugleich sollen die baulichen Lösungen zur Steigerung der Zufriedenheit der Mitarbeitenden beitragen – ein Ziel, das möglicherweise schwerer zu erreichen ist als gedacht, und über das weiter geforscht werden muss.[92]

Positiv sind insofern auch die Erfahrungen mit *Coworking Spaces* (s. Kap. 5.1), die noch weniger Vorgaben machen als längerfristig gemietete Immobilien. Wie die Erfahrungen mit Open Spaces erscheinen sie jedoch auch ambivalent: insofern auch hinderlich für Interaktion, Zusammenarbeit und zum Wohlfühlen, als gelegentlich auch Störungen, Distraktion, Lärm u. ä. beklagt werden (Ayoko et al., 2020).

Unstreitig ist der Ansatz, den **Wohlfühl-Faktor** der Beschäftigten im Büro zu verbessern. Dabei geht es weniger um die schon sprichwörtlichen Tischkicker, Tischtennisplatten etc. als um attraktive Pausenräume und Kreativ-Workshops, Küchen zum gemeinsamen Kochen, Ausstellungen für Kunst und Fotos der Mitarbeitenden, Halls of Fame für Azubis, Innovations-Räume für ungewöhnliche Ideen, Platz für hierarchieübergreifende Integration u. v. a. m. (Hauser et al., 2016, S. 75–77).

Auch Problemlösen und Entscheiden lassen sich als **Kreativität** verstehen, die durch solche Konzepte unterstützt wird. Ihr scheinen Open Space-Konzepte zu nützen; und Mitarbeitenden wird eine neue Mobilität ermöglicht. Sie können die Räume verlassen und sich nach persönlichem Belieben in andere Umgebungen begeben (Pfister et al., 2019, S. 307).

Effizienz und **Kostenoptimierung** treten damit eher in den Hintergrund. Flächenoptimierung beruht eher auf Desk Sharing und weniger auf Gesamt-Reduzierung von Quadratmetern Bürofläche. Und wie immer lassen sich zwei Ziele kaum gleichzeitig verfolgen: Wirksame Voraussetzungen für Wissensarbeit zu schaffen ist kaum mit simultaner Kostenersparnis zu vereinbaren. Vielmehr greifen Effizienz und Effektivität ineinander (Klaffke & Oppitz, 2016, S. 171 f.; s. a. Abb. 48).

Viele derartige Raumkonzepte stammen von Medien- und Technologie-Unternehmen; dort hat die **Produktivität** der kreativen Arbeit eine Schlüsselfunktion. Auch sie basiert auf *Vertrauen* (s. Kap. 3). Open Space-Konzepte setzen für Mitarbeitende wie Führungskräfte zudem *Lernen* voraus. So etwas wie ein Besitz-Territorium (früher: Büro mit Inventar) besteht fast nur noch aus Laptop und wenigen Arbeitsunterlagen; andere Gegenstände und der persönliche Raum werden variabel (Petendra, 2015, S. 238). Ein Open Space, in dem Misstrauen auftaucht, würde sich schnell ins alte Großraumbüro zurück verwandeln (C. Becker et al., 2019, S. 280 f.).

---

92 Die Zufriedenheit mit der Arbeit scheint bei Einführung von Open Spaces nicht immer zu steigen, sondern im Gegenteil zunächst auch sinken zu können. Wieweit dies auf den Akt der Umstellung selbst, auf die erhöhte Sichtbarkeit der Mitarbeitenden oder auf andere Faktoren zurückzuführen ist, ist offen. Zudem ist zwischen Zufriedenheit mit *Arbeitsinhalten* und Zufriedenheit mit *Arbeitsbedingungen* zu unterscheiden (Otterbring et al., 2018).

EFFIZIENZ	EFFEKTIVITÄT	ZIELE

– **Arbeitsabläufe** optimal unterstützen (u. a. Wege verkürzen)
 – **Flächenbedarf** reduzieren bzw. skalierbar/flexibel gestalten
 – **Umbaukosten** optimieren
 – **Betriebskosten** von Gebäuden/Flächen senken
   – **Energie-Effizienz**
   – **Wartungsarmut**
 – ...
	– **Agilität, Kreativität** und **Innovation** fördern
	 – **Entscheidungsspielräume** bei der Wahl des **Arbeitsortes** eröffnen und **Beschäftigten-Engagement** erhöhen
	 – **Identität** schaffen und **Unternehmensphilosophie** kommunizieren
	 – **Arbeitgeber-Image** fördern
	 – **Wellbeing** und **Spaß** im Büro stärken
	 – ...
		Büro-Raum ...
		
		 ... als **Wertschöpfungsfaktor** nutzen
		
		 Workplace-Strategie ...
		
		 ... als wesentliches **Element** der **Personalstrategie** verstehen

X

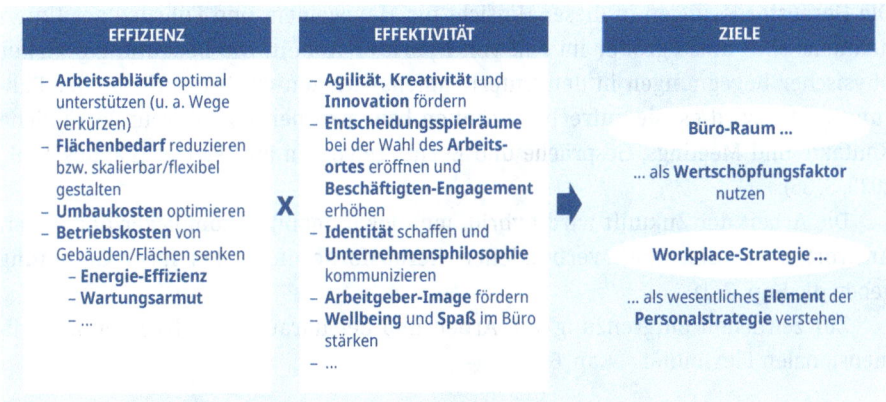

Abb. 48: Handlungsprinzipien und Ziele neuer Büro- und Arbeitswelten. Effizienz und Effektivität als ineinandergreifende Faktoren, um Personalstrategien umzusetzen und Wertschöpfung zu begünstigen (eigene Darstellung nach Klaffke, 2019, S. 8).

Zahlreiche Tätigkeiten erfordern neben einem passenden *physischen* damit einen adäquaten *sozialen* Raum (Pfister et al., 2019, S. 307). Für Management und Führung heißt das: Die Bedeutung der Arbeit als Führungskraft steigt im Smart Work mit der Komplexität ihrer Organisation. Der Führungsstil (s. Kap. 4) muss umso enger mit der räumlichen Gestaltung abgeglichen werden (Ayoko et al., 2020). Raumkonzepte sind demnach Ausdruck einer **Unternehmenskultur**; sie sind einzubetten in Arbeitsorganisation und Führungskonzepte sowie die IKT des gesamten Unternehmens (s. Abb. 49).

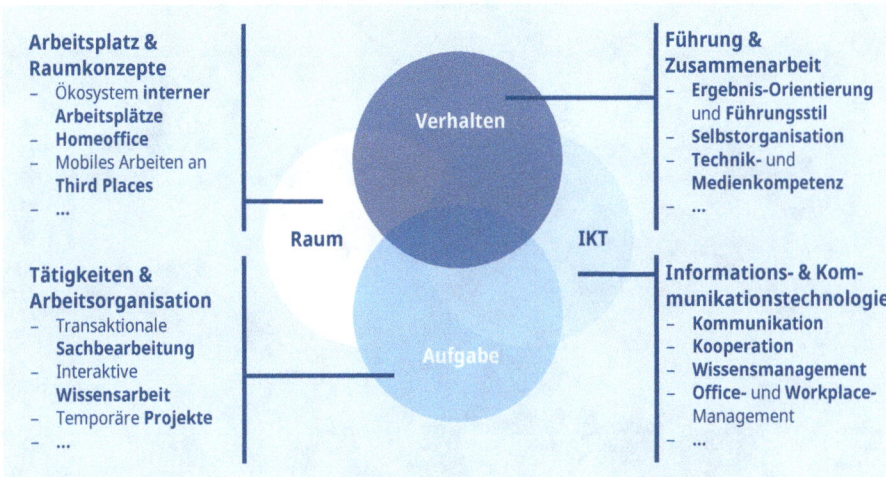

Arbeitsplatz & Raumkonzepte
- Ökosystem **interner Arbeitsplätze**
- **Homeoffice**
- Mobiles Arbeiten an **Third Places**
- ...

Tätigkeiten & Arbeitsorganisation
- Transaktionale **Sachbearbeitung**
- Interaktive **Wissensarbeit**
- Temporäre **Projekte**
- ...

Verhalten

Raum

IKT

Aufgabe

Führung & Zusammenarbeit
- **Ergebnis-Orientierung** und **Führungsstil**
- **Selbstorganisation**
- **Technik-** und **Medienkompetenz**
- ...

Informations- & Kommunikationstechnologie
- **Kommunikation**
- **Kooperation**
- **Wissensmanagement**
- **Office-** und **Workplace-** Management
- ...

Abb. 49: Gestaltungsparameter für den Arbeitsraum der Zukunft. Raumkonzept eingebettet in Führungskultur und Arbeitsorganisation sowie IKT des Unternehmens (eigene Darstellung nach Klaffke, 2016, S. 22).

Die Herausforderungen in dieser Hinsicht für Management und Führung des Unternehmens sind umso größer im Fall von **hybrider Arbeit**. Die Bedeutung gezielter physischer Begegnungen in den Unternehmens-Räumen wächst. Aufgabe der Führungskräfte wird es, sie aufrechtzuerhalten bzw. neu herbeizuführen: Persönliche Kontakte und Meetings, Gespräche und Events gewinnen an Gewicht (Landes et al., 2020, S. 36).

Die Arbeit der Zukunft wird hybrid, multilokal, mobiler, komplexer und agiler. Antworten auf die damit verbundenen Herausforderungen bei ihrer Gestaltung geben die Kap. 7–11.

Zur zeitlichen Entgrenzung von Arbeit und der daraus erwachsenden multidimensionalen Flexibilität s. Kap. 6.

6 Zeitliche Entgrenzung und multidimensionale Flexibilität

6.1 Aus für fixierte Arbeitszeiten

Mit den räumlichen Faktoren hängt die Gestaltung der **Arbeitszeit** eng zusammen. Gegenüber der Agrargesellschaft (die, klimatisch bedingt, variabel arbeiten musste) hatte die Industrialisierung die Arbeitszeit verfestigt. Ende des 20. Jh. setzte die Digitalisierung eine *Flexibilisierung* der Arbeitszeit in Gang. Sie nimmt weiter zu – und gerät ggf. in Konflikt mit der *Betriebszeit*. Das Management von Zeit jedoch trägt zum Unternehmenserfolg – zumal bei der Akquisition neuer Arbeitskräfte – maßgeblich bei.

> Mit **Arbeitszeit** wird die Zeit bezeichnet, die Beschäftigte zur Erbringung ihrer jeweiligen Leistungen ihrem Unternehmen entgeltlich zur Verfügung stellen, das dadurch seine betrieblichen Leistungen erbringen kann. Diese Arbeitszeit wird gemäß Arbeitszeitregelung z. B. auf Tage, Wochen, Monate oder Jahre verteilt (Hellert, 2022, S. 58).

> Mit **Betriebszeit** wird die Zeit bezeichnet, in der ein Unternehmen seine betrieblichen Leistungen erbringt, also z. B. Waren produziert oder Dienstleistungen anbietet. Seine Betriebszeitanalyse ergibt, zu welchen Zeiten das Unternehmen die individuellen Leistungen seiner Beschäftigten benötigt (Hellert, 2022, S. 58).

Dabei wird immer mehr **Entgrenzung** beobachtet: Arbeits- und andere Zeiten lassen sich nicht mehr klar abgrenzen. Mit den Grenzen zwischen der Zeit, die gewerblicher Arbeit gewidmet ist, und der Zeit für das Privatleben beschäftigt sich die *Work-Life-Boundary-Forschung*. Sie fragt nach der Durchlässigkeit bzw. nach Gemeinsamkeiten, Konditionen und Perspektiven. Dabei berücksichtigt sie private und soziale, kulturelle und gesundheitliche Aspekte (Kühl, 2016, S. 31 f.).

Bei der Gestaltung der **Zeitpolitik**, einer Gestaltungsgröße der Unternehmenspolitik, treffen Ziele des Unternehmens und Ziele der Beschäftigten aufeinander, die häufig einander entgegengesetzt sind. Dies bezieht sich sowohl auf die *Dauer* der Arbeitszeit als auch auf deren *Lage* und *Rhythmus*, *Verteilung* und *Flexibilität* bzw. *Planbarkeit* (s. Abb. 50).

Zur **Divergenz** derartiger Ziele (Ziel-*Konkurrenz*) bzw. deren **Harmonisierung** (Ziel-*Kongruenz*) s. a. Kap. 2: So ist z. B. die Erhaltung von Gesundheit nicht nur ein Ziel der Beschäftigten, sondern liegt ebenfalls im Interesse von Unternehmen, und deren Profitabilität ist nicht nur deren eigenes Ziel, sondern ebenfalls im Interesse der Beschäftigten. Zu den *Hauptzielen* von Unternehmen bzw. Beschäftigten s. Tab. 17 (und zu Aktualisierung und Spezifizierungen z. B. Lott & Windscheid, 2023).

https://doi.org/10.1515/9783111374420-006

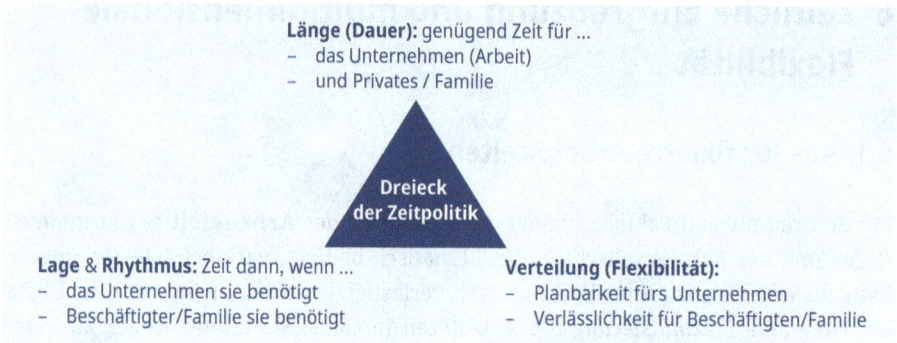

Länge (Dauer): genügend Zeit für …
– das Unternehmen (Arbeit)
– und Privates / Familie

**Dreieck
der Zeitpolitik**

Lage & **Rhythmus:** Zeit dann, wenn …
– das Unternehmen sie benötigt
– Beschäftigter/Familie sie benötigt

Verteilung (Flexibilität):
– Planbarkeit fürs Unternehmen
– Verlässlichkeit für Beschäftigten/Familie

Abb. 50: Dreieck der Zeitpolitik. Gestaltung mit potenziellen Zielkonflikten zwischen Unternehmen und Beschäftigten bei jedem Kriterium (ergänzt nach Kühl, 2016, S. 55).

Tab. 17: Ziele der Arbeitszeitgestaltung. Konflikt- und Harmonisierungspotenziale (nach Holtbrügge, 2022, S. 204).

Ziele der Unternehmensleitung	Ziele der Beschäftigten
Optimale Ausnutzung der Betriebsmittel; Vermeidung von Leerzeiten und Überstunden	Individuelle Abstimmung der Arbeitszeit mit persönlichen und familiären Interessen
Anpassung des Mitarbeiterpotenzials an schwankende Kapazitätserfordernisse	Auflockerung des Erwerbscharakters der Arbeit
Verringerung von Unfallhäufigkeit, Absentismus und Fluktuation	Reduzierung nicht vermeidbarer psychischer und physischer Belastungen

Im Detail geht es dabei um die Kompensation schwankenden Arbeitsanfalls, optimale Servicezeiten oder Reduktion von Lagerhaltung, um Beschäftigungssicherung, Gewinn und Bindung qualifizierten Personals, um Mitarbeitermotivation und Arbeitszufriedenheit, Reduktion von Fehlzeiten und Abbau von Überstunden u. a. m. (Hellert, 2022, S. 67). Eine Übersicht nach *Zeitraum* der **Flexibilisierung** bzw. *Spielraum* der **Entscheidung** gibt Abb. 51.

> **Flexible Arbeitszeit** hinsichtlich Lage und Verteilung war bei fixer Dauer im 20. Jh. verbreitet. Die im Tagesumfang flexible **Gleitzeit** *mit* fester Kernarbeitszeit (z. B. 09:00–15:00 h) der 1970er Jahre wurde in den 1980er Jahren tlw. ersetzt durch die **variable** oder **flexible Arbeitszeit** (auch: flexibler Tagdienst) *ohne* feste Kernarbeitszeit. Die **Vertrauensarbeitszeit** flexibilisierte in den 1990er Jahren erstmals (tlw.) auch die *Gesamt*-Arbeitszeit. Die **Arbeitszeitfreiheit** experimentiert seit den 2010er Jahren weiter mit einer freien Gesamt-Arbeitszeit (Hoff, 2021, S. 5 f.).[93]

---

93 Auch diese Begriffe werden in der Praxis also unscharf verwendet. – Die Arbeitszeitfreiheit bemisst Leistung allein nach der Erreichung von Zielen, also nach *Output* statt *Input*: s. Kap. 4.2, Management by Objectives.

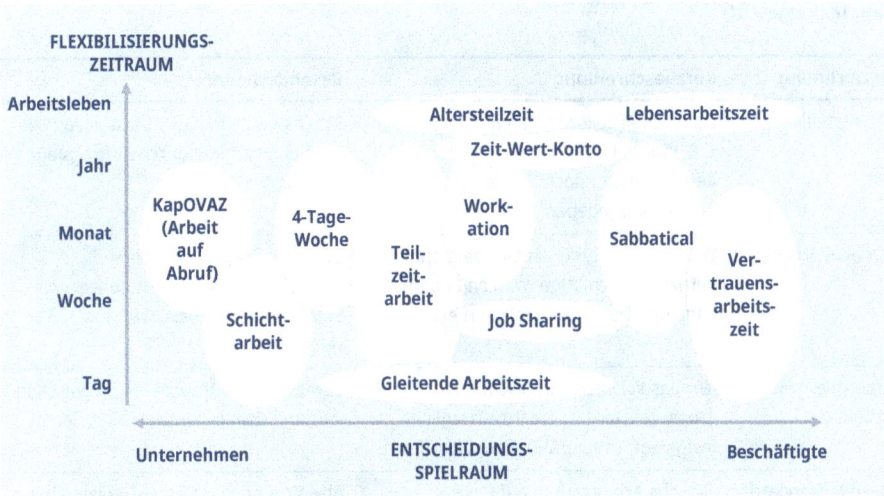

Abb. 51: Formen flexibler Arbeitszeitgestaltung. Dimensionen Zeitraum der Flexibilisierung und Spielraum der Entscheidung (ergänzt, nach Holtbrügge, 2022, S. 210).

Im Einzelnen unterscheiden und ergänzen sich **Arbeitszeitmodelle** teils erheblich. Naturgemäß sind sie nicht in jedem Unternehmen anwendbar und nur tlw. miteinander kombinierbar. Einen Überblick über die häufigsten und bisher wichtigsten Formen gibt Tab. 18.

Tab. 18: Kurzbeschreibung unterschiedlicher Arbeitszeitmodelle (gekürzt, nach Schlick et al., 2018, S. 616).

Bezeichnung	Kurzbeschreibung	Besonderheiten
Schichtarbeit	Gegenüber normaler Tagesarbeitszeit *versetzte* Arbeitszeit, um die Betriebszeit über 8 h hinaus zu erhöhen, tlw. auf 24 h/ Tag. Häufig als 8-h-Schicht, tlw. mit verlängerter Arbeitszeitdauer	Wird tlw. aufgrund technischer u. wirtschaftlicher Notwendigkeit praktiziert
Gleitzeit	Freie Wahl von Beginn und Ende der täglichen Arbeitszeit (z. B. Arbeitsbeginn zwischen 07:00 u. 09:00 h, Arbeitsende zwischen 15:00 u. 19:00 h). Option über Flexibilisierung beim Beschäftigten	Weit verbreitet in der Verwaltung
KapOVAZ (Kapazitäts-orientierte variable Arbeitszeit)	Gegenmodell zur Gleitzeit: Arbeitszeit pro Monat variabel je nach Arbeitsanfall. Kurzfristige Option i. d. R. durch das Unternehmen	Umstritten wegen des nicht vorab quantifizierten Umfangs der Stundenzahl

Tab. 18 (fortgesetzt)

Bezeichnung	Kurzbeschreibung	Besonderheiten
Arbeitszeitkorridor	Lediglich Arbeitszeit-*Rahmen* vorgegeben, z. B. täglich 07:00–19:00 h. Weder Kernarbeitszeit noch Mindestarbeitszeit pro Tag vorgegeben	Arbeitswoche in h nicht festgelegt; Arbeitszeitsumme durch Auftragslage bestimmt
Variable Arbeitszeit	Weiterentwicklung der Gleitzeit, ohne Kernzeit: Beschäftigte wählen Beginn, Ende und Dauer der täglichen Arbeitszeit	Betriebliche Anforderungen (Unternehmensziele) mit hoher Souveränität der beschäftigten verbunden
Amorphe Arbeitszeit	Nur das *Volumen* der geschuldeten Arbeitszeit wird (z. B. tarifvertraglich) festgelegt; Lage und Dauer sind offen	Bemessungszeiträume liegen zwischen 1 Jahr und dem gesamten Arbeitsleben
Flexible Standard-arbeitszeit	Tägliche Arbeitszeiten auf Basis betrieblicher Anforderungen zwischen Unternehmen und Beschäftigten festgelegt	Abweichungen treten auf, sollen aber Sonderfall bleiben
Jahresarbeitszeit	Flexible Standardarbeitszeit *pro Jahr* mit ggf. erheblicher Abweichung in einzelnen Zeiträumen, ermöglicht längere Freizeitblöcke	Schutz d. Sozialversicherung wird erhalten; pro Monat wird 1/12 d. Jahresgehalts gezahlt
Mehrjahresarbeits-zeit	Flexible Standardarbeitszeit bezogen auf *mehrere Jahre*, um an mehrjährigen Projekten teilzunehmen und Mehrarbeit danach ausgleichen zu können	
Baukastensystem	Arbeitswoche wird in *Module* unterteilt; z. B. 10 Module à 4 h = 40 h/Woche.	Besetzung durch Beschäftigte, am Kundenbedarf orientiert
Staffelarbeitszeit	Feststehende Arbeitszeiten gestaffelt nach Beginn optional durch Beschäftigte zu bestimmen	Am Kundenbedarf orientierte Besetzungsstärke
Ergebnisorientierte (Vertrauens-) Arbeitszeit	Keine Zeitkorridore oder Zeitkonten; Leistung der Beschäftigten ausschließlich gemessen an deren Ergebnis	

Die **Flexibilisierung** der *Zeit* hängt meist mit einer des *Ortes* zusammen; im Extremen ist dies der Fall bei *Workation*[94], wo Arbeit mit Urlaub kombiniert und (vor oder nach der Freizeit) von dem anderen Ort aus verrichtet wird.

---

94 Eine Wortschöpfung aus *Work* und *Vacation*

Das **Job Sharing** verteilt Arbeit auf mehrere Personen, so dass das Arbeitsvolumen sich pro Person zeitlich reduziert (und flexibilisiert): Es handelt sich insofern um eine *Arbeitsstellenteilung* (auch *Arbeitsplatzteilung* genannt).[95]

Das **Sabbatical** stellt eine Art per *Zeitkonto* angesparter Jahresarbeitszeit (-leistung) dar, die durch Freizeit en bloc entgolten wird: zumindest mehrere Wochen, meist einige Monate, selten mehr als ein Halbjahr.

Auf die **4-Tage-Woche** geht Abschnitt 6.2 näher ein.

Die durchschnittliche **Wochenarbeitszeit** sank, auch infolge der Beschäftigungspolitik als Reaktion auf die globale Finanzkrise nach 2008, in Deutschland wie in zahlreichen anderen Ländern (International Labour Organization, 2022). Seit 1991 (dem Jahr nach der Wiedervereinigung Deutschlands) bis 2018 verminderte sie sich:

– bei Männern von ca. 40 auf ca. 35 Wochenstunden
– bei Frauen von ca. 30 auf ca. 25 Wochenstunden (Oschmiansky, 2020).

Die durchschnittliche **Jahres-Arbeitszeit** bei Vollzeit-Erwerbstätigen sank zwischen 2001 und 2020 insgesamt spürbar. Bei Teilzeit-Erwerbstätigen stieg sie im selben Zeitraum deutlich an (s. Abb. 52).

Zwischen 1991 und 2019 hat sich bei einem *in Summe* gestiegenen **Arbeitsvolumen** (Zunahme um knapp 5 %) die *Zahl* der Erwerbstätigen in Deutschland um über 15 % erhöht. Pro *Erwerbstätigem* sank die Zahl der geleisteten *Arbeitsstunden* in diesem Zeitraum aber um ca. 10 % (Wingerter et al., 2021, S. 152). Arbeit verteilt sich auf mehr Menschen, und die rein zahlenmäßige Komplexität im Management ist insofern gestiegen (s. a. Abb. 53).

Die **Alterung** der Gesellschaft – eigentlich eine Steigerung der Lebenserwartung – ist zusammen zu sehen mit einem späteren Eintritt ins Berufsleben. Die verbesserte Gesundheit (und Arbeitsfähigkeit) ermöglicht zugleich einen späteren Eintritt ins Rentenalter. Insofern ist von einer Veränderung der *Altersteilzeit* und einer Verschiebung der *Lebensarbeitszeit* auszugehen (s. Abb. 54).

Die demografische Veränderung der Gesellschaft löst eine Verschiebung des **Rentenalters** aus – das seinerseits flexibler werden wird. Das ist ein gesellschaftlicher (und globaler) Megatrend, dessen Ausgang noch unabsehbar ist. Mehr und mehr werden jedoch seit 2023/24 die Frühverrentung in Frage gestellt und die Altersgrenze neu diskutiert.[96]

---

95 *Arbeitsplatz* hier also nicht physisch gemeint, sondern funktional als Stelle
96 So sprach sich 2023 die Leiterin der Bundesagentur für Arbeit, Andrea Nahles, ehemalige SPD-Vorsitzende und Bundesarbeitsministerin, gegen die Frühverrentung mit 63 Jahren aus (Beeger, 2023). Die Wirtschaft begrüßte diesen Vorstoß, die Gewerkschaften lehnten ihn ab. Auch der Sachverständigenrat (2023) sprach sich für eine Anhebung des Renteneintrittsalters über 67 Jahre hinaus aus. Der ehemalige SPD-Vorsitzende Sigmar Gabriel plädierte 2022 sogar für eine 42-Stunden-Woche, um den Arbeitskräftemangel zu entschärfen.

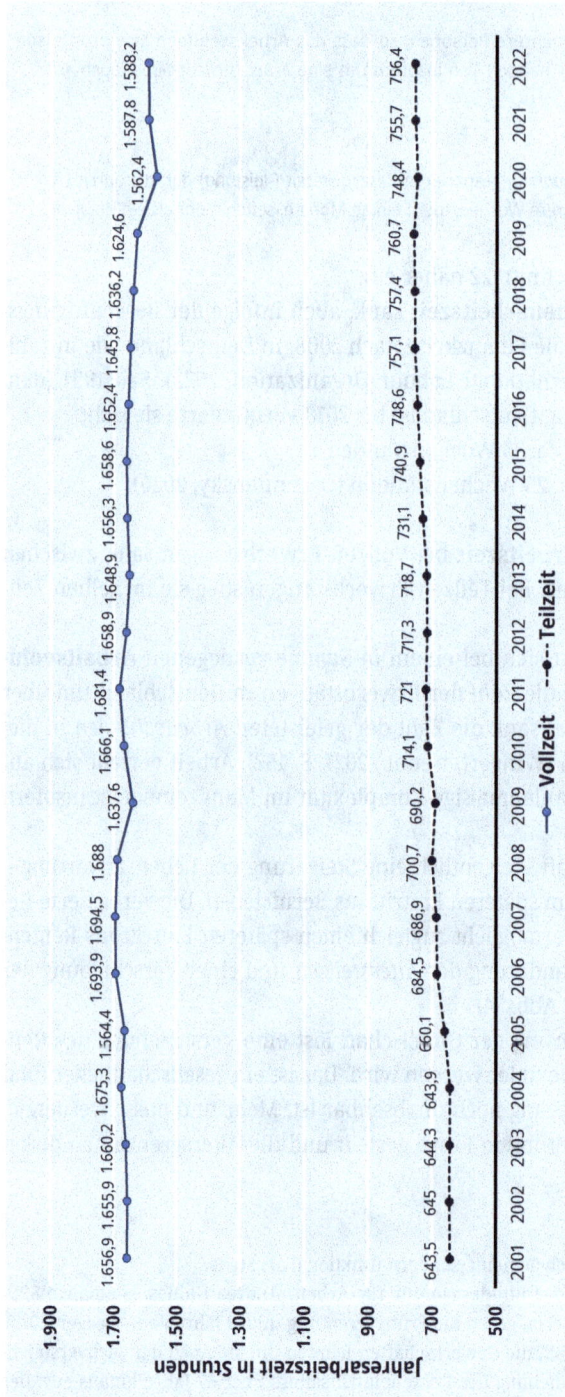

Abb. 52: Durchschnittliche jährliche Arbeitszeit pro Erwerbstätigen. Voll- und Teilzeitstellen in Deutschland, 2001–2022; Rückgänge 2009 und 2020 infolge der Finanz- bzw. der Covid19-Krise (IAB, 2023`.

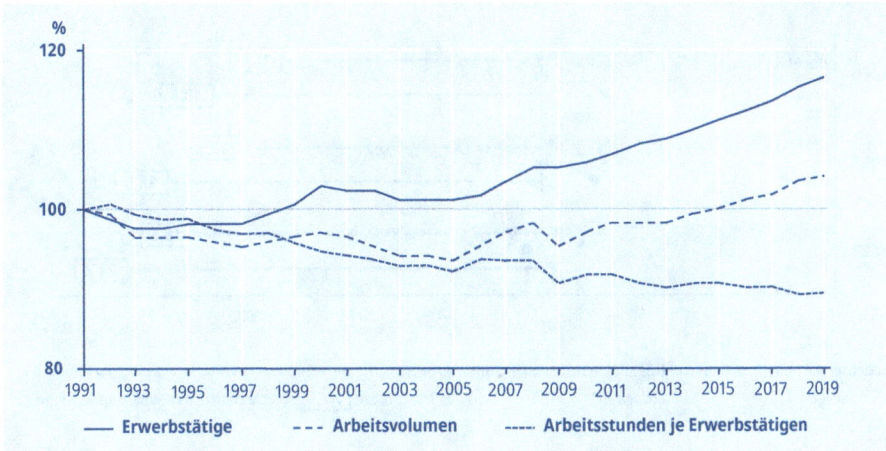

Abb. 53: Erwerbstätige, Arbeitsstunden insgesamt, Arbeitsstunden je Erwerbstätigen. Mehr Arbeit, verteilt auf insgesamt mehr Menschen, die jeweils kürzer arbeiten, in Deutschland (Wingerter et al., 2021, S. 152).

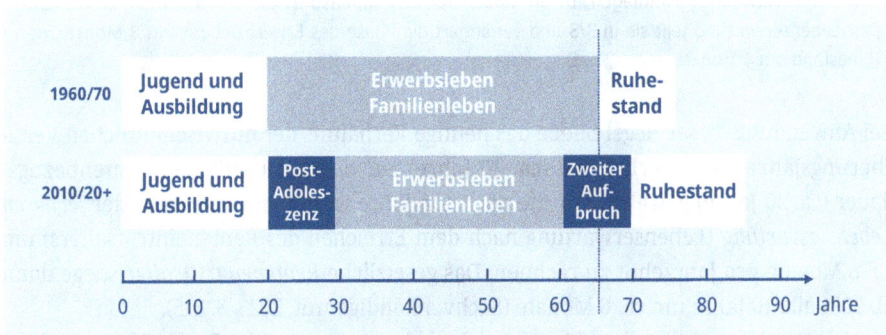

Abb. 54: Verschiebung, ggf. Erweiterung der Lebensarbeitszeit. Von der drei- zur fünfphasigen Biografie (nach Lippold, 2023, S. 74, auf Basis vom Zukunftsinstitut, ergänzt nach eigener Recherche).

Das **Renteneintrittsalter** wird in einigen Ländern Europas (z. B. Dänemark, Italien) *komplett* an die Entwicklung der Lebenserwartung angepasst, in anderen (z. B. Niederlande, Portugal) *teilweise*. Manche Länder (z. B. Estland, Finnland) erheben die Entwicklung jährlich, andere alle zwei Jahre. Auch an andere demografische und makroökonomische Parameter lässt sich das Rentensystem koppeln (Sachverständigenrat, 2023, S. 313 f.). Die durchschnittliche **Rentenbezugsdauer** nach Erreichen der früheren Altersgrenze (65 Jahre) ist seit Jahrzehnten erheblich gestiegen; s. Abb. 55.

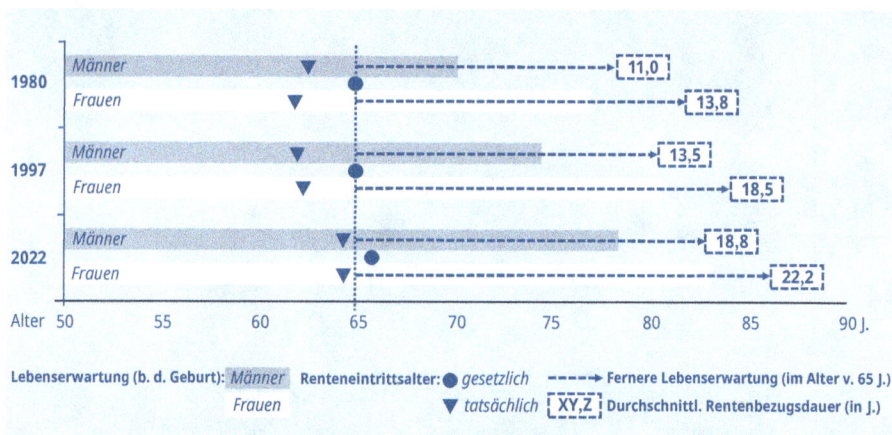

Abb. 55: Lebenserwartung und Renteneintrittsalter bei Altersrenten. Rentenbezugsdauer in 4 Jahrzehnten um mehr als die Hälfte verlängert: „Fernere Lebenserwartung" (Sachverständigenrat, 2023, S. 314).

Eine der Berechnungsgrundlagen für die Dauer der Rentenphase ist die **2:1-Regel**. Ein zusätzliches Jahr Lebenserwartung teilt sie in 3/3 und verlängert die Phase des Erwerbslebens um 8 Monate, den Ruhestand um 4 Monate.

Bei Anwendung dieser Regel bliebe das heutige Verhältnis der durchschnittlichen Versicherungsjahre im Erwerbsleben (ca. 40 Jahre) zur durchschnittlichen Rentenbezugsdauer (ca. 20 Jahre) gewahrt. Für die nächsten Jahre ist mit einem Anstieg der *ferneren Lebenserwartung* (Lebenserwartung nach dem Erreichen des Renteneintrittsalters) um ca. 8 Monate pro Jahrzehnt zu rechnen. Das gesetzliche *Renteneintrittsalter* stiege dann ab 2031 alle 10 Jahre um ca. 6 Monate (Sachverständigenrat, 2023, S. 315).

Jahr für Jahr schlägt dieser Anstieg sich nieder. Angesichts des Fachkräftemangels ist damit schon heute – und mittel- und langfristig ohnehin – geboten, dass Unternehmen **Altersdiversität** ins Visier nehmen und neu Wege finden, sie zu gestalten (s. Kap. 9.1). Dafür erforderlich sind lebenslanges und systemisches Lernen (s. Kap. 8.4) sowie Weiterbildungsinstrumente, die an das Altern und ggf. an das betreffende Alter angepasst sind und den Verbleib der Mitarbeitenden in ihrer Arbeit ermöglichen (Wilke, 2019, S. 47).

6.2 Kriterien zeitlicher Gestaltung

Eines der Themen, die im Zusammenhang mit Flexibilisierung von Arbeitszeit am häufigsten und zugleich am heftigsten diskutiert werden, ist die **4-Tage-Woche**. Dabei wird oft daran erinnert, dass die Gewerkschaften die Ablösung der *6-Tage-* (48-Stunden-) durch die *5-Tage-* (40-Stunden-) Woche ab Ende der 1950er und in den 1960er Jahren bewirkten: mit dem Slogan „Samstags gehört Vati mir", was sich aufgrund des Anstiegs der Produktivität bei „vollem Lohnausgleich"[97] realisieren ließ. (Zur Frage des Produktivitätszuwachses s. u. in diesem Abschnitt.)

Oft wird darauf hingewiesen, dass zahlreiche Länder und Unternehmen seit Jahren Erfahrungen mit der 4-Tage-Woche haben. Die politisch-rechtlichen, gesellschaftlichen und kulturellen – sowie die betriebswirtschaftlichen – Bedingungen sind allerdings verschieden; und auch die Auswertungen wurden auf so unterschiedliche Weise vorgenommen, dass sich bisher kaum eindeutige Aussagen ableiten lassen. So kam die Forschungsgemeinschaft *4 Day Week Global* in einer Mehr-Länder-Studie (und besonders über England) zu positiven Schlüssen, wogegen die Arbeitgeber-Organisation ifaa (naturgemäß) zunächst kritische Anmerkungen in die Diskussion wirft (s. Schor et al., 2022; bzw. ifaa, 2022).[98]

Unter den Ländern, die mit der *4-Tage-Woche* experimentieren, befinden sich u. a. die USA, Kanada, Australien, Neuseeland, England, Schottland, Irland, Spanien, Belgien und skandinavische Länder wie Island. Auch Microsoft hat sich mit einem Modellversuch in Japan beteiligt – besonders beachtet angesichts der hohen Suizidrate in dem Land (Gatlin-Keener & Lunsford, 2020; Chappell, 2019).[99]

Auch *Nacht*- und *Schichtarbeit* sowie *Sonntagsarbeit* sind in Europa nicht durch die EU geregelt, sondern den Mitgliedsländern anheimgestellt. Seit Jahren wachsen seitens der Wirtschaft – nicht nur in Deutschland – Bestrebungen, den Schutz arbeitsfreier *Wochenend-Tage* aufzuweichen. So stellt sie die Frage, ob eine Lockerung der *Wochen*-Arbeitstage zu einer vermehrten **Wochenend-Arbeit** führen würde – in zahlreichen Dienstleistungs-Branchen ohnehin schon weitgehend etabliert. Prinzipiell sind verschiedene Systeme denkbar:

– *Rotierendes* System: Beschäftigte arbeiten ggf. umschichtig an bestimmten (fixierten) Tagen
– *Flexibles* System: Beschäftigte arbeiten an freien, von ihnen gewählten Tagen

---

97 Die Formulierung „bei vollem Lohnausgleich", eher von Seiten der Gewerkschaften oder der Sozialdemokratie als von anderer Seite angeführt, bedeutet nichts Anderes als „bei konstantem Lohn" (bzw. Gehalt – „auszugleichen" ist da nichts) – also ohne dass das Gehalt entsprechend der Verkürzung der Arbeitszeit prozentual verringert würde: „bei konstanter Gehaltshöhe", ließe sich präzisieren.

98 Die Henley Business School (2022) kommt zur 4-Tage-Woche in England zu dezidiert positiven Ergebnissen: Kosteneinsparungen bei den Unternehmen, und zugleich signifikant höhere Arbeitszufriedenheit, weniger Stress und weniger Krankheitstage bei den Beschäftigten

99 In Deutschland regeln zahlreiche Gesetze und Verordnungen die Arbeitszeit, darunter:
– Arbeitszeitgesetz (ArbZG)
– Arbeitsschutzgesetz (ArbSchG)
– Teilzeit- und Befristungsgesetz (TzBfG)
– Sozialgesetzbuch (SGB III)
– Mutterschutzgesetz (MuSchG)
– Arbeitsstättenverordnung (ArbStättV)

Sie bilden einen rechtlichen Rahmen, der die Interessen von Arbeitgebern und Beschäftigten, Betriebsräten und Kunden zu berücksichtigen sucht (BAuA, 2019, S. 25).

Die Zuordnung zu den Wochentagen würde je nach Branche und Unternehmen vorgenommen und zahlreichen individuellen Kriterien unterliegen müssen.

Zugleich wird die **Arbeitszeit** pro **Tag** tangiert: Eine Arbeitszeitsumme von 40 Stunden/Woche, die bisher auf *5 Tage à 8 Stunden* verteilt war, ließe sich rechnerisch auf *4 Tage à 10 Stunden* verteilen. Nach Vorstellung von Gewerkschaften u. a. ginge die Einführung einer 4-Tage-Woche allerdings auch mit einer *Verkürzung* der **Gesamtarbeitszeit** einher – sie könnte also z. B. zu *4 Tagen à 8 Stunden* (oder *à 9 Stunden?*) führen – soweit rechtlich zulässig und im Interesse der Beteiligten (s. Abb. 56).

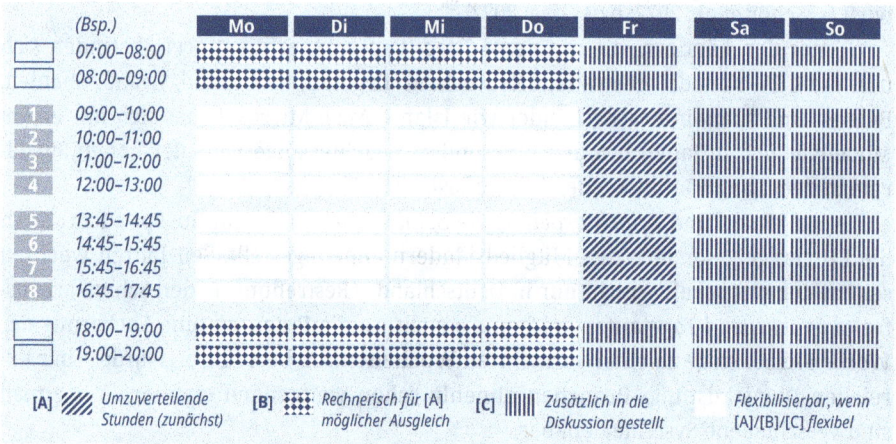

Abb. 56: Modelle zur 4-Tage-Woche. Unterschiedliche Verteilung bzw. Länge der Gesamtarbeitszeit, plus etwaige 7-Tage-Flexibilität (eigene Darstellung, erweitert und angelehnt an Beil, 2023; ifaa, 2022).

Grundsätzlich setzt Verkürzung von Arbeitszeit (d. h. eine Verringerung im Input) bei gleichzeitiger Konstanz im Output (Arbeitsergebnisse, auch Gehälter) eine Steigerung der **Produktivität** voraus: *Ceteris paribus* (bei ansonsten gleichbleibenden Bedingungen) ermöglicht höhere Produktivität pro Zeiteinheit, dass ein geringerer Zeiteinsatz ausreicht. Produktivität kann auch auf andere Faktoren bezogen werden, z. B. auf Material, Energie oder Kapital (Eisele et al., 2021). Ihre Entstehung ist schwer zu ermitteln und durchaus umstritten (vgl. z. B. Schneider, 2020, bes. S. 25, 36 f.; 43; OECD, 2023).[100]

Eine *Steigerung* von Produktivität liegt prinzipiell jeder Verkürzung von Arbeitszeit zugrunde, sofern diese ohne verringerten Lohn stattfindet. Das gilt auch für die oben angesprochene Verkürzung der Arbeitszeit von 48 auf 40 Wochenstunden in den

---

[100] Unterschiedliche *Typen* von Arbeit, *Branchen* und Unternehmen, auch unterschiedliche klimatische, gesellschaftliche u. a. *Bedingungen*, führen zu unterschiedlichen Ergebnissen über eine sinnvolle Grenze maximal pro Tag **zumutbarer Arbeitszeit** - ein Aspekt, der in der öffentlichen Diskussion lange vernachlässigt wurde (Pencavel, 2015).

1950er und 1960er Jahren – und für zahlreiche Verkürzungen der Arbeitszeit zuvor genauso: In den USA sank die Arbeitszeit zwischen 1880 und 2019 um *25 Stunden* pro Woche (Bick & Fuchs-Schündeln, 2023).[101]

Seit Anfang der 2020er Jahren wurde erneut die Arbeitszeitverkürzung *von 40 auf 35 Stunden* ohne eine entsprechende Verringerung des Gehalts diskutiert. Die Einführung einer 4-Tage-Woche ohne Verringerung von Gehalt erscheint vielen Beobachtern ohne Steigerung der Produktivität schwer denkbar. Es lässt sich allerdings zeigen, dass eine Verkürzung in kreativen Berufen leichter – auch bei Beibehaltung von 5-Tage-Wochen – möglich ist: Wissens- und Kreativ-Arbeit lässt sich 8 Stunden pro Tag kaum durchführen (Zander, 2023, bes. S. 101–103).

Dabei steht also primär die Produktivität *menschlicher Arbeitszeit* zur Diskussion; denn bezogen auf andere Faktoren scheint die Produktivität kaum gestiegen zu sein (s. a. Abb. 57).

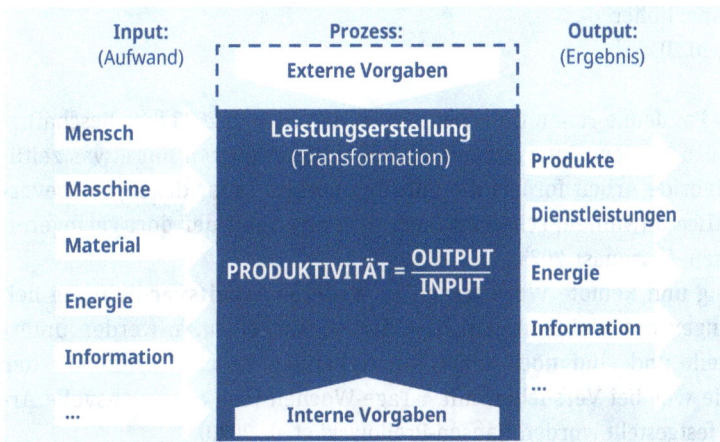

Abb. 57: Produktivität im Arbeitsprozess. Steigende Produktivität durch sinkenden menschlichen Input, z. B. verkürzte Arbeitszeit, bei konstantem Output (Eisele & Jeske, 2019, erweitert nach Eisele et al., 2021, S. 8).

Insbesondere die Produktivität von **Remote Work** wird unterschiedlich beurteilt. Vor der Covid19-Pandemie lagen wenig verwertbare Erfahrungen mit Remote Work vor. Einige Wissenschaftler ermittelten für die (anfängliche) Pandemie-Zeit eine größere Produktivität von Remote Work, als die Betroffenen selbst es zuvor vermutet hatten –

---

[101] Bick & Fuchs-Schündeln (2023) erwähnen, John M. Keynes, der Ökonom der antizyklischen Konjunkturpolitik, habe 1930 in einem Aufsatz prognostiziert, man werde hundert Jahre später (also 2030) nur noch 15 Stunden pro Woche arbeiten – und davon sei man nicht mehr weit entfernt: Die durchschnittlichen Arbeitsstunden pro Erwachsenen im Alter von über 16 Jahren und ohne Altersbeschränkung lägen in Deutschland schon nur noch bei 18 Stunden.

und mehr Wünsche und Pläne in Richtung Remote Work, als zuvor angenommen (Aksoy et al., 2022).[102]

Die Erfahrungen mit **hybrider Arbeit** nach der Covid19-Pandemie fasst ein Forscher-Team aus den USA und China wie folgt zusammen:

- Die Arbeitszufriedenheit stieg, die Fluktuation sank (sogar um 33 %)
- Die Arbeitsstunden im Homeoffice an Werktagen sanken, an Wochenend-Tagen stiegen sie dagegen an
- Elektronische Kommunikation durch Emails, Messenger Dienste und Video Calls nahm zu, sogar wenn alle Betreffenden im Büro präsent waren
- Die Beurteilung der Arbeitsproduktivität variierte stark: *Nicht-Führungskräfte* nahmen lieber an den Versuchen mit hybrider Arbeit teil, arbeiteten lieber remote, beurteilten die Produktivität hybrider Arbeit höher und ihre Ermüdung niedriger. *Führungskräfte* dagegen nahmen weniger gern an den Versuchen teil, arbeiteten weniger gern remote, beurteilten die Produktivität niedriger und ihre Ermüdung dabei höher

(Bloom et al., 2023).

Nach der Covid19-Pandemie riefen Unternehmen in den USA ab 2023 ihre Beschäftigten wieder ins Büro zurück. Unternehmen in Deutschland folgten mit etwas zeitlichem Abstand. Hybride Arbeit fordert die Führung heraus: Unter denen, die bevorzugt das Homeoffice anwählen, scheinen auch diejenigen mit der dort geringeren Produktivität zu sein (Varanasi, 2023).

Digitalisierung und Remote Work tragen zu weiterer **Arbeitsverdichtung** bei. Deren Auswirkungen auf Wohlbefinden bzw. Stress, Burnout u. ä. werden unterschiedlich beurteilt und sind noch nicht hinreichend erforscht. Schon vor der Covid19-Pandemie war bei Versuchen mit 4-Tage-Wochen eine anspruchsvolle Arbeitsverdichtung festgestellt worden (Jansen-Preilowski et al., 2020).[103]

Urteile zur *zeitlichen Arbeitsgestaltung* ergingen vom Europäischen Gerichtshof (EuGH) und vom Bundesarbeitsgericht (BAG) 2019 bzw. 2022, wonach **Arbeitszeiterfassung** (erneut) einzuführen ist. Sie stehen insofern konträr zur bisherigen Entwicklung, als zuvor Vertrauensarbeitszeit zunahm. Die Flexibilisierung von Arbeitszeit

---

102 "No other episode in modern history involves such a pronounced and widespread shift in working arrangements in such a compressed time frame", so Aksoy et al. (2022, S. 38) über die Realisierung von WFH, womit Arbeit mit flexibilisierter Zeit gemeint ist.

103 Eine weitere Veränderung brachte Remote Work: *Video-Calls* und *-Konferenzen* werden dichter terminiert. Schlossen Meetings in Präsenz nicht unmittelbar aneinander an, so begann man in der ersten Phase der Covid19-Pandemie, genau dies zu tun: z. B. 09:00–10:00 und direkt danach 10:00–11:00 h – was in Präsenz wegen physischer Entfernungen unmöglich ist. Auch online war diese Dichte nicht praktikabel. Jetzt werden Meetings meist mit Mini-Pausen terminiert: bis 09:55, ab 10:05 h – weiterhin eine hohe Arbeitsverdichtung.

und -ort dürfte sich aber fortsetzen: mit digitaler Erfassung mobil – und zum Arbeitsprozess kompatibel (Roth, 2020, S. 61; s. Abb. 58).

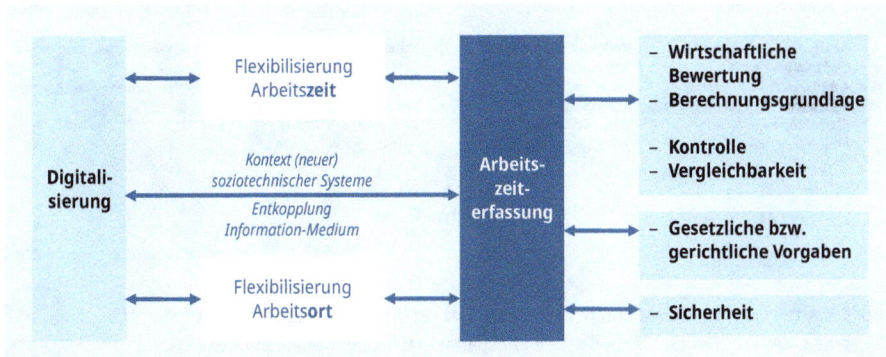

Abb. 58: Anforderungsspektrum für Zeiterfassungssysteme. Einflussfaktoren zunehmender Komplexität (eigene Darstellung auf Basis von Roth, 2020, S. 61).

Je mehr von Vertrauensarbeitszeit abgewichen und Arbeitszeit (wieder) erfasst werden soll, desto stärker rücken **Arbeitszeitkonten** erneut in den Fokus. Sie erfassen die von einer Sollarbeitszeit abweichende Mehrarbeit (oder Minderarbeit), um diese dann auszugleichen – meist innerhalb einer eigens dafür vereinbarten Frist (Jaeger et al., 2017, S. 32).

Arbeitszeitkonten unterteilen sich in Zeitkonten und Wertkonten. Ein **Zeitkonto** hat zum Ziel, die *Mehrarbeit* durch *Minderarbeit* auszugleichen – also eine über die Arbeitswochen hinweg mittlere Zeitbelastung sicherzustellen. Ein **Wertkonto** verfolgt den Zweck, durch ein Ansparen von Mehrarbeit über einen längeren Zeitraum hinweg eine völlige Freistellung (oder maßgebliche Reduktion) für eine bestimmte Dauer – z. B. in Form eines Sabbatical – zu ermöglichen, also Zeit anzusparen, die dann auszugleichen ist (seit 2009 in *Geld* geführt). Unternehmen müssen zwischen Zeit- und Wertkonten präzise unterscheiden (Jaeger et al., 2017; S. 32; Seifert, 2019, S. 98; s. a. Abb. 59).

Zunehmende Flexibilisierung von Arbeitszeit und -ort machen differenzierte Arbeitszeitkonten immer wichtiger. Beschäftigte treten aus ihren unterschiedlichen Lebenssituationen und Bereichen des Unternehmens mit heterogenen Wünschen an ihre Unternehmen heran. Das Zeit- (und Orts-) Management nimmt an Bedeutung zu, und die Ansprüche an Führung wachsen – zumal wenn es im selben Unternehmen ein Nebeneinander von Funktionszeit und Vertrauensarbeitszeit gibt.[104]

---

104 Arbeitszeitkonten werden oft als *Ampelkonto* geführt: Innerhalb eines *grünen* Bereichs (z. B. bis zu 25 Stunden) sind die Mitarbeitenden eigenständig flexibel; innerhalb eines *gelben* Bereichs (z. B. bis zu weiteren 20 Stunden) erörtert die Führungskraft die Entwicklung des Kontos ggf. mit ihnen; und

Arbeitszeitkonten			
Zeitkonto		Wertkonto	
Gleitzeitkonto	**Flexi**konto	**Langzeit**konto	**Lebensarbeitszeit**konto
– Flexible individuelle *tägliche/wöchentliche Arbeitszeit (z. B. Gleitzeit)* – Ausgleich betrieblicher Produktions- u. Arbeitszyklen (z. B. saisonal)	– Kollektiver Ausgleich betriebl. Produktions- u. Arbeitszyklen (z. B. konjunkturell) – Vermeidung von Kurzarbeit u. Personalabbau	– Lebenssituationsspezifische Gestaltung der Arbeitszeit (z. B. Sabbatical) – Alternsgerechte Personalstrategie (z. B. Phasen reduzierter Arbeitszeit)	– Gleitender Übergang in die Rente – Freistellung vor der Rente
geführt in Zeit		*geführt in Geld**	
kurz	**Ausgleichzeitraum**		*lang*

* vor dem 01.01.2009 Option: in Zeit

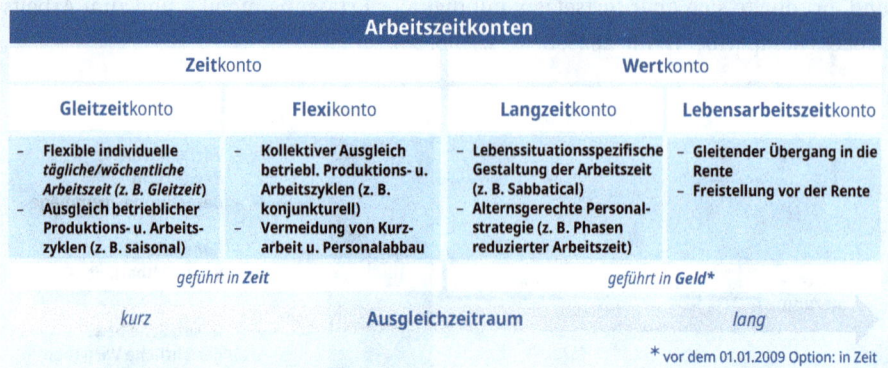

Abb. 59: Arten von Arbeitszeitkonten. Zeitkonten zum kurzfristigen Ausgleich von Minder- bzw. Mehrarbeit, Wertkonten zum längerfristigen Ansparen (nach Jaeger et al., 2017, S. 33).

Im Fall flexibler Arbeitszeit ist aus Sicht eines Unternehmens ist wichtig, dass seine Betriebszeit durch eine ausreichende **Funktionszeit** gesichert ist. Damit wird die für Produktion bzw. Dienstleistungen benötigte Arbeitszeit bezeichnet, für die eine definierte Personalstärke gewährleistet sein muss: Die Funktionszeit ist eine Weiterentwicklung der Gleitzeit, indem sie auf feste Kernzeiten verzichtet (Jaeger et al., 2017, S. 27 f.; s. Abb. 60).

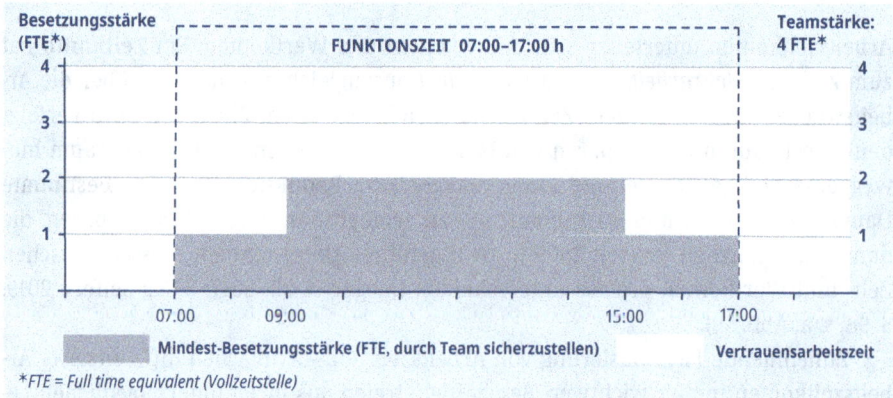

Abb. 60: Funktionsarbeitszeit. Bsp.: 07:00–17:00 h; schwankende Mindestzahl an Arbeitskräften definiert, Rest als Vertrauensarbeitszeit möglich (nach Jaeger et al., 2017, S. 27).

---

im *roten* Bereich (z. B. > 45 Stunden) werden Maßnahmen zum *Zeitausgleich* vereinbart (BAuA, 2019, S. 23).

In der Industrie sind Betriebszeiten – die sich also auf solche **Funktionszeiten** auswirken – häufig maschinell bedingt. Bei Dienstleistungen sind sie oft bedingt durch Kunden bzw. Kommunikation. Zu den Gründen der *Entkopplung* von Betriebs- und Arbeitszeiten werden gezählt (Tab. 19).

Tab. 19: Gründe für die Entkopplung von Betriebs- und Arbeitszeiten (in Anlehnung an Garhammer, 1994, nach Schlick et al., 2018, S. 606).

Gründe für die Entkopplung	Beispiele/Auswirkungen
Neue Technologien	Ausdehnung der Betriebsnutzungsdauer
Neue Produktions- und Logistikkonzepte	– Lean Production – Just-in-time
Flexibilisierung der Betriebsnutzungsdauer	– Anpassung an zeitlich schwankende Nachfrage – Individualisierung / kürzere Lebenszyklen der Produkte
Strukturwandel der Arbeit	Verschiebung auf Dienstleistungen
Forderung nach Verfügbarkeit	Freizeitdienstleistungen – … rund um die Uhr – … rund um die Woche
Neue Arbeitszeitwünsche nach …	– En-Bloc-Freizeit – Gleitzeit – Zeitsouveränität
Öffnungszeiten von …	– Kindergärten – Schulen – Etc.

> Prinzipiell erfordert das *eigenverantwortliche Zeitmanagement* durch die Beschäftigten eine ähnliche Selbständigkeit wie das **Job Sharing**. Beim Job Sharing wird meist eine Vollzeitstelle (full time equivalent, FTE) in zwei – oder, selten, mehr – Teilzeitstellen geteilt.

Generell lassen sich drei Varianten des Job Sharing unterscheiden:
- **Job Splitting**: Hierbei wird ein FTE in voneinander insoweit unabhängige Teilzeitstellen geteilt, als die jeweiligen Beschäftigten ihre Arbeitszeiten *nicht* selbst bestimmen und teilen können
- **Job Pairing**: Hierbei nehmen die jeweiligen Beschäftigten die Teilung und Erledigung der Arbeitsaufgaben und Arbeitszeit in gemeinsamer Verantwortung vor (meist zwei Beschäftigte = Tandemarbeit)
- **Split Level Sharing**: Hierbei wird die ursprüngliche Arbeitsstelle zusätzlich in funktionaler Hinsicht unterteilt
  (Linde, 2005, nach Gärtner et al., 2016, S. 222)

Über die i. e. S. quantitativ-zeitlichen Aspekte hinaus steigert das Job Sharing durch die Erhöhung der **Personenzahl** im Unternehmen die Komplexität von Management und zusätzlich die Anforderungen an Führung. Zum Job Sharing s. a. Kap. 10.2.

6.3 Multidimensionale Flexibilität

Das *Zeitmanagement*, ein Teil der Ressourcenplanung, verbindet die Planung variabler Einsatzzeiten mit dem *Personalmanagement*, das u. a. die Planung der Personalstärke zu bestimmten Zeitpunkten bzw. in verschiedenen Zeiträumen vornimmt. Ergänzt werden sie durch das *Ortsmanagement*, das die Vielfalt der lokalen Arbeitsplatzmöglichkeiten aufnimmt: vom *First Place* (Home) über variabel gewordene *Second Places* im Büro bis zu den zahlreicher werdenden *Third Places* (s. Kap. 5). Dies gilt in der Industrie teilweise (Administration) und bei Dienstleistungen zunehmend mehr.

> Orts-, Zeit- und Kapazitätsplanung im Unternehmen sind zunehmend gekennzeichnet von der Notwendigkeit zu **multidimensionaler Flexibilität**. Dabei gilt es, Aufgaben durch hybride multilokale Arbeit zu erledigen:
> - *örtlich* bürobasiert, halbmobil oder mobil
> - *zeitlich* fix, variabel oder flexibel
>
> (Bouncken & Gantert, 2021; s. a. Smart Working, Kap. 5.2).

Angesichts heute weit verbreiteter *remote meetings* (virtueller Besprechungen) und der ihnen zugrundeliegenden, immer zuverlässigeren Digitalisierung wird sinnvollerweise unterschieden nach *zentraler* bzw. *dezentraler* sowie nach *synchroner* (gleichzeitiger) bzw. *asynchroner* (nicht gleichzeitiger) Arbeit, s. Tab. 20.

Tab. 20: Raum- und Zeitdimensionen der Virtualisierung (ergänzt nach Holtbrügge, 2022, S. 202).

Zeit	synchron	asynchron
Raum		
zentral (bürobasiert)	Arbeitsplatz im Unternehmen mit festen Arbeitszeiten [*same time, same place*]	Arbeitsplatz im Unternehmen mit flexiblen Arbeitszeiten [*different time, same place*]
dezentral (nicht bürobasiert)	Homeoffice oder mobiles Arbeiten mit festen Arbeitszeiten [*same time, different place*]	Homeoffice oder mobiles Arbeiten ohne feste Arbeitszeiten [*different time, different place*]

Zudem hat Arbeitszeit die *langfristige* Verfügbarkeit des Menschen zu beachten. Sie unterscheidet sich in verschiedenen **Lebensphasen** hinsichtlich zahlreicher Kriterien und ist eingebettet in verschiedene Lebenszyklen:

- *biosozialer* Lebenszyklus
- *familiärer* Lebenszyklus
- *beruflicher* Lebenszyklus
- *betrieblicher* Lebenszyklus
   (Hellert, 2022, S. 16).

Die Lebensdimensionen und Lebenszyklen sowie die wachsende Zahl von Third Places, Job Sharing-Modellen und z. B. Interim-Arbeit, von konjunkturell und saisonal schwankender Arbeitszeit, sowie Herausforderungen wie die Vier-Tage-Woche sind zusammenzudenken, um die **Komplexität** künftigen Personalmanagements unter den Bedingungen hybrider multilokaler Arbeit zu erkennen. Die wichtigsten davon stellt Abb. 61 dar:

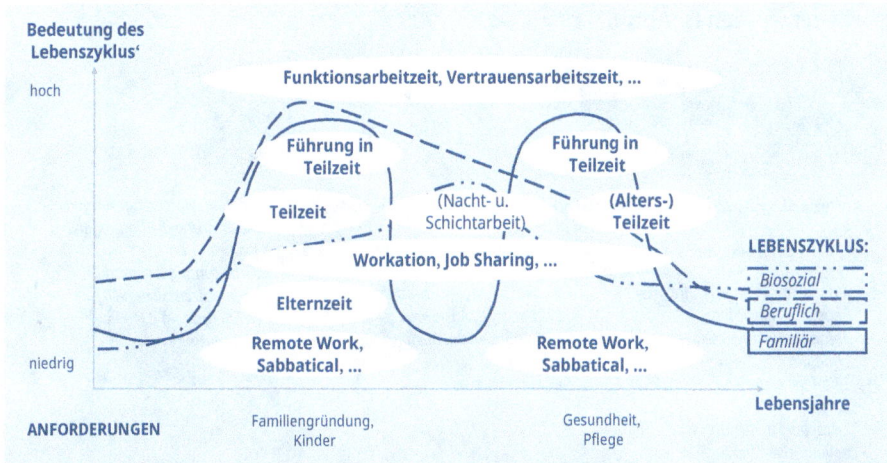

Abb. 61: Lebensphasenorientiertes Personalmanagement. Arbeitszeitmodelle nach Lebensphasen – Platzierung der Modelle tendenziell und tlw. symbolisch (eigene Darstellung angelehnt an Peters, 2014, nach Hellert, 2022, S. 193, erweitert).

Workation birgt in diesem Zusammenhang ein zusätzliches Potenzial an Koordinationsaufwand: Die zeitliche Planung von Kommunikation wie internen Meetings oder externen Kundenkontakten wird erschwert durch die teilweise Abwesenheit und Zeitverschiebung, bedingt durch Reisezeiten u. ä. (wie bei Dienstreisen), sowie durch etwaige Nichterreichbarkeit – von den Auswirkungen auf Teambindung u. ä. abgesehen (Wolfsberger, 2022, S. 25; s. dazu Kap. 7.2).

Gleichzeitig nimmt das Ausmaß von **Work-Life-Blending** zu: Darunter wird die Vermischung und Verzahnung von Arbeits- und Freizeit verstanden, überwiegend ermöglicht durch die Digitalisierung und die Bedingungen von Remote Work – mit noch unbekannten Folgen (Hammermann, 2019, S. 91 f.).

Einerseits ermöglichen diese Bedingungen die Verkürzung von Arbeitszeit bzw. deren Unterbrechung mit höherer *Flexibilität* als zuvor, auch entsprechend jeweils individuellen Beanspruchungen wie z. B. Ermüdung. Andererseits liegt das Work-Life-Blending der **Entgrenzung** von Arbeit zugrunde, die mangels ausgewogener Interessenabgrenzung privater und beruflicher Belange schädlich sein kann: ein Phänomen, das hohe Anforderungen an Unternehmens- und Führungskultur stellt und klare Kommunikation erfordert (Hammermann, 2019, S. 92).

Zudem ist zu bedenken, dass ein Teil von Arbeit zeitlich *überhaupt kaum planbar* ist: so z. B. ein erheblicher Teil von Wissens- und Informationsarbeit. Deren Herausforderungen liegen in ihrer Komplexität und damit **Unbekanntheit**: Ist ein Prozess nicht bekannt und nicht zerlegbar und sein Zeitbedarf daher durch Vergleich mit Ähnlichem nicht ermittelbar (reference class forecasting), muss *ohne* eine Zeitplanung gearbeitet werden (s. Abb. 62).[105]

Arbeitsprozess ist in Prozessbausteine …		
… zerlegbar		**… nicht zerlegbar**
Anforderungsähnliche Prozessbausteine mit bekanntem Zeitbedarf …		– *Durchlaufzeit, Verzögerungen u. Ausführungsbedingungen bei Ausführung erheben*
… liegen vor	**… liegen nicht vor**	– *Bearbeitungszeit ermitteln (Durchlaufzeit abzüglich Verzögerungen)*
– *Anforderungsähnliche Prozessbausteine auswählen*	– *Prozessbausteine ermitteln*	– *Dokumentation*
– *Anforderungsunterschiede ermitteln*	– *Zeitbedarf u. Ausführungsbedingungen bei Ausführung erheben*	
– *Zeitmehr-/ bzw. -minderbedarf schätzen*	– *Dokumentation*	
– *Zeitbedarf u. Ausführungsbedingungen bei Ausführung erheben*		
– *Vergleich Schätz-/Messwerte*		
– *Dokumentation*		
Zeitbedarfsermittlung vor der Erhebung **nicht sinnvoll,** da Inside View (verzerrter Blick) **nicht behebbar**		

Abb. 62: Reference class forecasting bei komplexer Wissens- und Innovationsarbeit. Eingeschränkte Planbarkeit: Zeitbedarf nur ermittelbar bei bekannten, zerlegbaren Prozessen (nach Pietryk et al., 2021, S. 107).

---

105 *Komplexität* kann verstanden werden als Zustand, der zu verorten ist zwischen Sicherheit und Unsicherheit bzw. zwischen Einverständnis und Unverständnis: Er liegt damit zwischen einem technisch-simplen und einem vielteilig-chaotischen Zustand (Kars-Ünlüoğlu et al., 2024, S. 172 f.).

Aus Unternehmenssicht steht das Personalmanagement künftig vor vielfältigen Herausforderungen. Zugleich sieht es sich mit Wünschen aus Beschäftigtensicht – bzw. denen potenzieller Bewerber – konfrontiert, die hinsichtlich der multidimensionalen Flexibilität in Konflikt geraten können. Dies ist anhand von fünf Zieldimensionen zu erfassen:

- **Zeitsouveränität**: der eigenverantwortliche und selbstbestimmte Umgang der Beschäftigten mit ihrer Arbeitszeit
- **Zeitsynchronisation**: die Abstimmung unterschiedlicher inner- und außerbetrieblicher Zeitstrukturen
- **Zeit(um)verteilung**: (a) Verteilung von Arbeitszeiten im Lebenslauf zwischen verschiedenen Generationen, (b) Transfer von Arbeitszeiten von einer Beschäftigtengruppe zu einer anderen bzw. von einzelnen Beschäftigten zu anderen, (c) Zeitraumbetrachtung: Verteilung zeitlicher Verfügbarkeit eines Beschäftigten über seine Lebensarbeitszeit
- **Zeitkompetenz**: Fähigkeit (Vermögen), mit Zeit als knapper Ressource umzugehen (eine der kardinalen Management-Kompetenzen)
- **Zeitqualität**: Einfluss der Arbeitszeit auf etwaige Reduktion potenzieller und tatsächlicher Belastung bzw. auf die Gesundheit erhaltende Entlastung (s. a. Kap. 7.1) (Rump, 2019, S. 26).

Unter **Zeitkompetenz** wird die Handlungsfähigkeit eines Menschen im selbstverantwortlichen Einsatz von Zeit verstanden, um Ziele zu erreichen, Aufgaben zu erfüllen oder Probleme zu lösen. Sie geht als personale Fähigkeit über das bloße *Zeitmanagement* hinaus, das Zeitverteilung und -nutzung eher technisch behandelt (Hellert, 2022, S. 146).[106]

Zeitkompetenz wird von einer Reihe interner und externer Faktoren beeinflusst, darunter solchen aus dem jeweiligen Unternehmen. Eine Übersicht gibt Tab. 21.

Tab. 21: Drei Faktoren der Zeitkompetenz (nach Hellert, 2022, S. 150).

Unternehmensbedingte Faktoren	Individuell *interne* Faktoren	Individuell *externe* Faktoren
Arbeits-(zeit-)Organisation	Zeitstrategien	Private Zeitverwendung
Kommunikationsstrukturen	Zeitempathie	
Führung	Eigenzeiten	
Unternehmenskultur		Kultureller Umgang mit der Zeit

---

106 Management-Autor Peter Drucker wird gelegentlich so zitiert: „Until we can manage time, we can manage nothing else" (ohne Quelle).

Zu den **Zeitstrategien**, dem zielgerichteten Vorgehen im Umgang mit Zeit, das Beschäftigte individuell anwenden, lassen sich zählen: Prioritätensetzung, Multitasking, Delegation, Zeitbeschränkung u. ä. Daneben lassen sich unterschiedliche Umgangsweisen mit Zeit beobachten, darunter auch emotional unterschiedliches *Zeiterleben* (Hellert, 2022, S. 150–153).

Anzahl und Ausmaß der Variablen, die die *Zeitpolitik* des Unternehmens und die *Zeitpräferenzen* der Beschäftigten bestimmen, geben Anlass, potenzielle Konflikte zu erkennen, und fordern dazu auf, Chancen und Risiken von Remote Work zu erkennen und etwaigen Bedrohungen entgegenzuwirken. Den Blick der Beschäftigten (sowie mögliche Folgen aus Arbeitsschutz-Sicht) benennt Tab. 22.

Tab. 22: Chancen und Risiken von Homeoffice bzw. Remote Work (Backhaus et al., 2021; Backhaus, 2022, S. 5).

Perspektive	Chancen	Risiken
Beschäftigte	– Pendelzeiten / Fahrtzeiten zur Arbeit werden reduziert – Mehr Zeit u. Zeitflexibilität – Höhere Autonomie und Handlungsspielraum bei den Aufgaben – Höhere Vereinbarkeit von Beruf und Privatleben – Weniger Störungen und Unterbrechungen, konzentrierteres Arbeiten	– Entgrenzung bzw. Vermischung von Privatleben und Beruf – Ausdehnung der Arbeitszeit in den Feierabend (Überstunden) – (Interessierte) Selbstgefährdung – Präsentismus – Hohe Arbeitsintensität u. -belastung – Risiko der Einschränkung der sozialen Unterstützung – Soziale Isolation und Schwierigkeit der Kommunikation mit Führungskräften und Kollegium, insbes. Fehlen informeller Kommunikation – Unsichtbarkeit bei Beförderung bzw. Karrierenachteile – Langes Sitzen – Geringer Einfluss auf die ergonomische Gestaltung des Arbeitsplatzes, insbesondere bei Mobilem Arbeiten – Unsichtbarkeit für Arbeitsschutz und betriebliche Maßnahmen der Gesundheitsförderung

Tab. 22 (fortgesetzt)

Perspektive	Chancen		Risiken
Mögliche *Folgen* für Beschäftigte	–	Höhere Produktivität, Arbeitsmotivation und Zufriedenheit mit der Arbeit	– Nicht-Abschalten-Können, weniger Zeit für Erholung
	–	Weniger Stress und psychische Belastung	– Höheres Stresserleben, schlechtere psychische Gesundheit
			– Muskel-Skelett-Erkrankungen

Die Flut der Studien dazu ist unerschöpflich. Klar ist, dass *unfreiwillige* flexible Arbeitszeiten mit mehr negativen Folgen einhergehen als *freiwillige*; zu diesen Folgen gehören Konflikte zwischen Arbeit und Familie, Stress, Burnout sowie geringere Arbeitszufriedenheit. Bei *freiwilliger mobiler Arbeit* zeigen sich dagegen weniger Stress und weniger Wunsch nach Fluktuation (Kaduk et al., 2019).[107]

Ebenfalls eindeutig scheint zu sein, dass **Zeitautonomie** (die Einflussmöglichkeit auf die Einteilung der eigenen Arbeitszeit) Belastungen senken kann. Doch auch steigende Zeitautonomie vermag nicht alle Belastungen auszugleichen, die durch Arbeitszeitflexibilisierung entstehen (Amlinger-Chatterjee & Wöhrmann, 2017).

Variable Arbeitszeit wie z. B. *Schichtarbeit* wird in einschlägigen Studien zu Remote Work oft außer Acht gelassen – vermutlich, weil sie häufig mit Präsenzpflicht verbunden ist. Derzeit wird jedoch mehr und mehr Schichtarbeit mobil, z. B. bei Dienstleistungen auf mobile Devices. Die Forschung zeigt jedoch auch, dass Schichtarbeit das Unfallrisiko steigert. Als Grund wird die *De-Synchronisierung* mit biologischen oder sozialen Rhythmen diskutiert (Nachreiner et al., 2019).

Zugleich ist der Beitrag flexibler Arbeitszeitgestaltung zur **Unternehmenskultur** zu beachten. So gilt Vertrauensarbeitszeit als starker Erweis positiv gestalteter Unternehmenskultur: eingebettet in moderne, attraktive Kulturkomponenten, die im *War for Talents* Beachtung finden (s. Abb. 63).[108]

Unternehmen demonstrieren **Vertrauen** z. B. durch Verzicht auf Zeiterfassung, und Führungskräfte können dies tun durch Verzicht auf Kontrolle: mehr als nur ein Akt symbolischer Führung (s. Kap. 4.2). Führungskräfte in Deutschland nutzten im vergangenen Jahrzehnt flexible Arbeitszeit jedoch vergleichsweise wenig – trotz

---

107 Eindeutig sind naturgemäß auch Ergebnisse von Arbeitszeitverkürzung ohne Gehaltskürzung (s. o.): Es verbessert die psychische Gesundheit, Erholung, Work-Life-Balance sowie gesundheitsförderndes Verhalten und reduziert Stress (Meta-Studie, Jansen-Preilowski et al., 2020, S. 339 f.).
108 So wurde in einer frühen Phase z. B. bei der Hella KGaA Hueck & Co. Vertrauensarbeitszeit ohne zentrale Zeiterfassung und ohne Zeitkontenführung sowie unter Beachtung von Funktionszeiten mit positiver Auswirkung in der Verwaltung und in indirekten Bereichen der Produktion eingeführt (Jaeger, 2014, S. 35).

Abb. 63: Rahmen der Vertrauensarbeitszeit. Beispiel eines Unternehmens der Getränke-Industrie (nach Jaeger, 2014, S. 35, ergänzt).

unternehmensseitiger Angebote. Als Gründe dafür galten Angst vor Karrierenachteilen und ein Mangel an Vorbildern (Gärtner, 2016).

Der Umgang mit Zeit spielt auch eine zentrale Rolle für die **Motivation** (s. a. Zwei-Faktoren-Theorie, Kap. 2.3 bzw. 11.2). Neben finanziellen und inhaltlichen Motiven – sowie dem beruflichen Aufstieg selbst – gehört er zum Kern der Anreize für die Arbeit. Er findet breiten Niederschlag im Umfeld von Interaktion und Stimulation. So wirkt er sich auf Führungskräfte, deren Mitarbeitende, Kollegen und auf das gesamte Unternehmen bis in den Kern der Motivations-Anreize aus (s. Abb. 64).

Kulturelle Faktoren wie Wertschätzung, Augenhöhe, Kommunikation oder Reflexion – sowie Kultur überhaupt – kosten **Zeit**. Wenn Führungskräfte Zeit dafür aufwenden, ist das als *Investition* ins Unternehmen, dessen Beschäftigte und deren Produktivität anzusehen (s. Kap. 6.2). Einschätzungen wie „Vorgesetzte haben keine Zeit" zeigen Probleme in der Unternehmenskultur an, die das Klima empfindlich schädigen können (Wache, 2022, S. 149).

Mehr und mehr Unternehmen sehen den Zusammenhang von Zeit, Arbeitskraft und Produktivität. Ihre **Investitionen** erstrecken sich nicht nur auf die räumliche Gestaltung mit Ruheräumen oder Duschen für Beschäftigte. Sie unterstützen auch neue Pausenkulturen: vom Powernap (Kurzpause von 15–30 Min.), ggf. mit Coachings und Trainingsprogrammen, von Krankenkassen propagiert, bis zu Sabbatical und Sonderurlaub, und von der Durchmischung von Arbeit und Pausen im Büro bis hin zu Workation, mit Teilzeit- und Vorruhestands-Regelungen oder Elternzeit (Hellert, 2022, S. 160 f., bzw. AOK, 2023).

Unternehmenskulturell ist es besonders bemerkenswert, wenn Unternehmen derartige Änderungen global umsetzen. So führte die Henkel AG & Co. KGaA 2024 eine voll-vergütete Elternzeit von acht Wochen Länge ein: für alle Mitarbeitenden weltweit. Das Unternehmen war damit Vorreiter im DAX (Henkel AG & Co. KGaA, 2024; Scheppe, 2024).

STIMULATIONS-UMFELD

Unternehmens-Erscheinungsbild & Moral

Gesunde
Verpflegung

INTERAKTONS-UMFELD

Zusammenarbeit & Kommunikation

Gesundheits-
förderung u.
Fitness

ANREIZ-KERN

Wertschätzung

Finanzielle Anreize

Arbeitsinhalt

Arbeitszeit-
Regelungen

Arbeits-
planung

Homeoffice

Ausstattung

Augenhöhe

Aufstieg

Weiter-
entwicklung

Kreativer
Freiraum

Karriere-Unterstützung

Kinder-
betreuung

Reflexionskultur

Qualifiziertes Arbeitsumfeld

Arbeitsstandort

Mobilitäts-
förderung

... = Zeit-Faktoren der Motivation

Abb. 64: Zeit-Faktoren der Mitarbeitermotivation und -bindung. Zeit als zentraler Anreiz der Arbeit mit Ausstrahlung auf andere Faktoren und ins Unternehmen (eigene Darstellung nach Sass, 2019, S. 129).

Virtualisierung und Flexibilisierung der eng miteinander verflochtenen Arbeitsorte und Arbeitszeiten sind in rapider Entwicklung. Hybride, multilokale Arbeit erfordert **multidimensionale Flexibilität**. Um sie zu gestalten, gibt es Optionen auf funktionaler, kultureller, gestalterischer und technischer Ebene, die zugleich etliche Einflussfaktoren beinhalten – mit Wechselwirkungen (s. Abb. 65).

Nicht nur hinsichtlich der Ziele von Unternehmen bzw. Beschäftigten ist also ein Stück **BWL** neu zu schreiben (s. Kap. 2); auch die Arbeitsformen und die *Unternehmensorganisation* mit Personal-, Orts- und Kapazitätsmanagement sowie die *Führungslehre* treten in eine neue Phase ein. Der Grund: Die traditionelle BWL samt ihren Unterdisziplinen und Gegenständen sowie die Führungslehre waren weitgehend an Arbeit in Präsenz orientiert. Unter den Bedingungen der Virtualität werden sie sich verändern.

Das Problem der *free riders* (Trittbrettfahrer), zumal in virtuellen Teams, war schon vor der Covid19-Pandemie bekannt. Seither wird immer klarer, dass trotz allem *Vertrauen* das Mittel der Wahl ist: **Virtuelle Teams** entziehen sich weitgehend der Kontrolle; Vertrauen in individuelles Engagement und Leistungsbereitschaft wird damit grundlegend. Integrität, Wertschätzung und Authentizität stellen damit neue Anforderungen an Führung; neue Rahmen der Selbstorganisation (s. a. Kap. 10.2) fordern das Management (Hellert et al., 2019, S. 150 f.).

Inwieweit **Gen Z** wieder auch den Wunsch nach festen Arbeitszeiten hat, wie mitunter gesagt wird, ist umstritten. Jedenfalls scheint es nicht der 8-Stunden-Job zu

FUNKTIONALE EBENE
- Dezentralisierung
- Partizipation
- Ergebnisorientierte Arbeitsleistung

KULTURELLE EBENE
- Änderung der Basis-Annahmen
- Aufbau von Fehlerkultur
- Gemeinsame digitale Identität

Hybride multilokale Arbeit		
First Place: *Homeoffice*	Flexibilisierungs**möglichkeit** eher *für Mitarbeiter*:	Flexibilisierungs**anforderung** eher *vom Unternehmen*:
Second Place: *Unternehmen* — Flexible Fläche / Klassische Fläche	– Teilzeit – Jobsharing – Gleitzeit – Funktionszeit – Vertrauensarbeitszeit – Wahlarbeitszeit – Jahresarbeitszeit	– Kurzarbeit – Mehrarbeit – Nacht- u. Schichtarbeit – Ruf-/Bereitschaftsdienst – ...
Third Place: *Beliebiger Ort* — Coworking Space / Café, Hotel, etc.	– Sabbatical – Workation – Altersteilzeit – 4-Tage-Wo. – ...	– Telearbeit – Lebensarbeitszeit

GESTALTERISCHE EBENE
- Raumkonzept
- Förderung der Kommunikation und sozialen Interaktion

TECHNISCHE EBENE
- Ausrüstung mit digitalen Endgeräten
- Ausbau ubiquitärer Datennetze
- Globalisierung

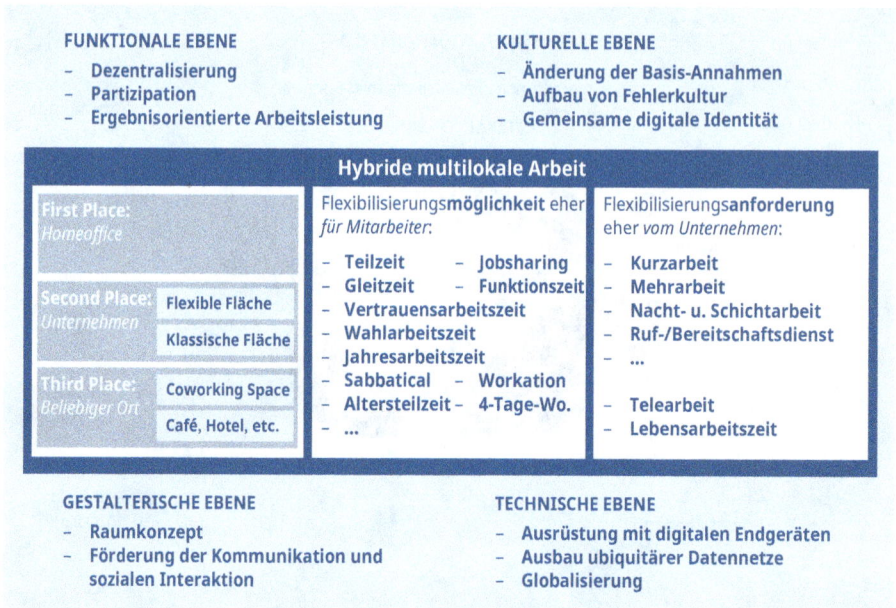

Abb. 65: Multidimensionale Flexibilität in der Gestaltung hybrider multilokaler Arbeit. Einflussfaktoren und Optionen verschiedener Ebenen (eigene Darstellung auf Basis von Bouncken & Gantert, 2021; BAuA, 2019).

sein – selbst wenn Sicherheit und Planbarkeit wieder einen höheren Stellenwert erhalten (Brademann & Piorr, 2019, S. 357 f.). Diese Ziele können auch für Gen Z mit Zielen wie Freiheit und Selbstbestimmung kollidieren. Deren Einschränkungen müssen dann bspw. durch ein positives Betriebsklima und soziales Miteinander unter den Mitarbeitenden kompensiert werden (Steckl et al., 2019).[109]

Zudem wird diskutiert, ob ein weiterer Wertewandel innerhalb von Gen Z bevorsteht. Wichtig ist das **Matching**, die Übereinstimmung (Harmonie) von Anforderungen und Werten (s. a. Kap. 2), wozu verschiedene Akteure beitragen (Parment, 2023, S. 240). Dazu gehört auch der Ausgleich zwischen *Erreichbarkeit* und *Verfügbarkeit*: mit Entfaltung und Individualität inmitten einer Welt verflochtenen Arbeits- und Privatlebens (Rump et al., 2019, S. 13–14).

Die Basis dafür bietet *Resilienz* (Kap. 7.1), eingebettet in funktionsfähige *Communities* (Kap. 7.2) und geprägt durch *Empathie* (Kap. 7.3). Es gibt viel zu tun.

---

109 *Betriebsklima* wird hier verstanden als eine Größe, die von einer Vielzahl von Faktoren abhängt, darunter etliche betriebliche Bedingungen, die das Unternehmen direkt steuern kann. Vom Betriebsklima unterscheidet sich die *Unternehmenskultur* insbesondere durch deren stärker langfristig wirksamen Faktoren, darunter z. B. Werte, Strategie und Umwelt des Unternehmens (Wache, 2022, bes. S. 63–65, 99–101; s. a. Kap. 3).

7 Resilienz, Community Building, Empathie: Promoter der Stärke

7.1 Resilienz: Widerstandskraft gegen Stress und Burn-out

Infolge räumlicher und zeitlicher Entgrenzung und Flexibilisierung von Arbeit gerät *Resilienz* immer mehr in den Blick – zumal für Angehörige der Gen Z. Denn diese leiden immer mehr unter der Multi-Optionalität und einem damit verbundenen inneren Druck zur Entscheidung, der psychische und somatische Probleme auslösen kann (Nordmann & Drewitz, 2023, S. 55 f.). Zunehmend teilen Arbeitgeber und Arbeitnehmer die Überzeugung, dass gesunde Beschäftigte dem Unternehmen langfristig mehr nützen als kurzfristig gesundheitlich über ihre Grenzen beanspruchte.[110]

> Mit **Resilienz** wird eine personale Kompetenz bezeichnet, die erlernbar ist – also nicht nur eine Eigenschaft, die jemand hat (oder nicht hat). Diese Kompetenz befähigt den Menschen, gegen die von seiner Umwelt ausgehenden Belastungen widerstandsfähig zu werden und dadurch besser in Einklang mit seiner Umwelt zu kommen (Brasser 2022, S. 125).

Extrapersonal erwächst Resilienz besonders aus stabilen Beziehungen: in Partnerschaft, Familie und Freundeskreis, aber auch im beruflichen Umfeld (weshalb Kap. 7.2 sich dem Community Building in Teams und Networks widmet). *Interpersonal* erwächst Resilienz aus Verhaltensweisen, die schon in der Kindheit geübt werden und auch später noch neu justiert werden können (z. B. durch Coaching, s. Kap. 8.1). Zu den grundlegenden **Resilienzfaktoren** werden die folgenden sechs gerechnet (die in diesem sowie in den nächsten Kapiteln vertieft betrachtet werden), s. Tab. 23.

Tab. 23: Sechs zentrale Resilienzfaktoren (nach Fröhlich-Gildhoff, 2022, S. 74–76).

Faktor	Erläuterung
Selbst- u. Fremdwahrnehmung	Ganzheitliche, adäquate Wahrnehmung *eigener* Emotionen u. Gedanken sowie Selbstreflexion: sich in Beziehung setzen können; Fähigkeit, sich in *andere* Personen u. deren Gefühlszustände sowie Sicht- u. Denkweise hineinversetzen zu können

---

[110] In diesem Sinn werden Betriebliche Gesundheitsförderung (BGF) und Betriebliches Gesundheitsmanagement (BGM) schon seit Jahren ausgeweitet und zunehmend auf die Stärkung positiver Kräfte fokussiert: Einzeln und in Gruppen geht es um Lebens- und Arbeitsqualität, Verantwortung für Gesundheit und gesunde Lebensweise, Hoffnung und Vertrauen in das eigene Handeln sowie Lebens- und Arbeitszufriedenheit und -freude (Uhle & Treier, 2019, S. 44 f).

https://doi.org/10.1515/9783111374420-007

Tab. 23 (fortgesetzt)

Faktor	Erläuterung
Selbstwirksamkeit	Bewertung eines Ereignisses als das Ergebnis eigenen Handelns; Fähigkeit, eigene Kompetenzen adäquat einschätzen zu können; Motivation, dementsprechend eigene Ziele zu verfolgen (s. a. Kap. 10.2)
Soziale Kompetenz	Fähigkeit, eine Unterstützung durch andere Personen einfordern, wahrnehmen und anerkennen zu können; Kommunikationskompetenzen sowie Gespür für soziale Verhaltensregeln
Selbststeuerung (Selbstregulation)	Fähigkeit, eigene Gefühle auszuhalten und mit Spannungszuständen umgehen zu können – inkl. der begleitenden physiologischen Prozesse; z. B. zur Beruhigung oder zur Suche nach Handlungsalternativen (s. a. Kap. 10.2)
Problemlösungs-Kompetenz	Fähigkeit, zielorientiert Pläne zu verfolgen und belastende Ereignisse in die dafür erforderlichen Strategien einzubeziehen; realistische Einschätzung der nötigen Ressourcen; diesbezügliche Entscheidungsfähigkeit
Allgemeine Bewältigungs-Kompetenzen	Umgang mit Stress: angemessene Einschätzung, Bewertung u. Reflexion diesbezüglicher Situationen sowie eigener Grenzen und Kompetenzen; Gestaltung diesbezüglicher Strategien u. ggf. sozialer Unterstützung

Diese Kompetenz gründet nicht nur in einem Zustand relativer Harmonie mit Ansprüchen aus der Umgebung, wie sie z. B. aus Beruf oder Familie stammen, sondern zielt zugleich auf den Erhalt solcher Harmonie. Sie ist deren Wandel und Wachstum stetig anzupassen und muss daher immer wieder neu trainiert oder gar erlernt werden. Damit wird sie zur Fähigkeit, persönliche **Krisen** zu meistern und auch in Krisen des Unternehmens handlungsfähig zu bleiben. Sie wird daher dem *Burn-out* entgegengesetzt, der sich immer weiter verbreitet.

Unter **Burn-out** wird ein Zustand tiefer emotionaler Erschöpfung und reduzierter Leistungsfähigkeit verstanden, dessen Ursachen in beruflicher oder anderweitiger Überlastung zu sehen sind und der sich in reduzierter Lern- oder Anpassungsfähigkeit in Bezug auf die *Belastung* und *Beanspruchung* in den betreffenden Situationen äußert (Schlick et al., 2018, S. 33).

Insofern ist Burn-out als Geschehen sowie als Ergebnis eines Prozesses zu verstehen, der sich meist langsam, oft schleichend entwickelt und oft mit psychosomatischen Beeinträchtigungen einhergeht: mit seelisch-körperlichen Reaktionen bis hin zu einer Art von *De-Personalisierung*: der verminderten Fähigkeit, sich selbst und sein Gegenüber wahrzunehmen und als Person zu behandeln. Dabei ist Burnout als Ergebnis derartiger Beanspruchungen meist durch Ausprägung neuer Gewohnheiten gekennzeichnet (Kernen et al., 2019, S. 182 f.).[111]

> Mit **Belastung** werden die *von außen* auf einen Menschen einwirkenden Faktoren bezeichnet (also *objektiv* messbare *Einwirkungen*). Mit **Beanspruchung** wird dagegen die vom Menschen *individuell* empfundene *Auswirkung* der Belastung bezeichnet (also das *subjektive Erleben* der Belastung). Daher kann dieselbe *Belastung* bei verschiedenen Menschen zu sehr unterschiedlichen *Beanspruchungen* führen (Kernen et al., 2019, S. 177).

Seit Jahrzehnten schon wird die Verknüpfung von **Stress** mit Burn-out und ähnlichen Phänomenen in zahlreichen Wissenschaften untersucht – mit recht unterschiedlichen Ergebnissen. Unbestritten ist, dass

- es ein Ausmaß an Stress gibt, das als *positiv* bzw. *unbedenklich* angesehen wird (*Eustress*),
- daneben jedoch ein *negativer* Stress (*Disstress* oder *Dysstress*) entstehen kann, der die Betroffenen in die Richtung der oben beschriebenen Burn-out-Phänomene führt.

> **Stress** wird in der Literatur höchst unterschiedlich verstanden und behandelt. Meist wird er als Folge erhöhter (Arbeits-)Beanspruchung interpretiert und zugleich als negative emotionale Befindlichkeit gesehen (in Anlehnung an De Jonge & Dormann, 2006, nach Stock-Homburg & Groß, 2019, S. 835).

Es geht hierbei nicht um Stressvermeidung allgemein. Vielmehr sind etliche körperliche **Reaktionen** auf Stressoren (Auslöser von Stress) als *kurzfristig* unschädlich, als positiv oder hilfreich und teilweise sogar als notwendig anzusehen:

- Aktivierung und Durchblutung des Gehirns
- Trockener Mund (reduzierter Speichelfluss)
- Erweiterung der Bronchen, Atembeschleunigung
- Erhöhte Muskelspannung, verbesserte Reflexe
- Erhöhter Blutdruck, schnellerer Herzschlag
- Schwitzen
- Energiebereitstellung
- Hemmung der Verdauungstätigkeit und der Energiespeicherung
- Kalte Hände und kalte Füße
- Erhöhte Gerinnungstätigkeit des Blutes
- Libido-Hemmung
- Kurzfristig erhöhte, langfristig verminderte Schmerztoleranz
- Kurzfristig erhöhte, langfristig verminderte Immunkompetenz

---

111 Wachsendes Ausmaß und steigende Dringlichkeit der damit verbundenen Probleme gelten als nicht mehr bestreitbar. So ist z. B. die Zahl der Krankheitstage im vergangenen Jahrzehnt um ca. 50 % gestiegen (und hat sich gegenüber den Jahren zuvor vervielfacht), und die Zahl der Krankheitstage pro Kopf und die der psychisch Erkrankten ist erheblich gewachsen. Näheres s. z. B. Lippold (2023), S. 467–474.

Kurzfristig fungiert Stress also oft konstruktiv-warnend: Den Säbelzahntiger als Stress zu empfinden, war schon immer meist hilfreich. *Langfristig* Stressoren ausgesetzt zu sein, die derartige Reaktionen hervorrufen, erhöht dagegen das Krankheitsrisiko erheblich (Struhs-Wehr, 2017, S. 34–43).

Singuläre Ursachen von *Burn-out* sind meist nicht (oder nicht eindeutig) zu identifizieren. Das hängt mit dessen Überschneidungen zu anderen, oft verwandten Phänomenen zusammen: z. B. Ängsten, schwankender mentaler und emotionaler Stabilität, körperlichen Beschwerden oder abnehmender Arbeitszufriedenheit. Umso ernster zu nehmen ist jedoch der Gesamtkomplex dieser Phänomene, die bis zu Krankheiten (z. B. Depressionen) reichen und vor dem Hintergrund von Stress entstehen oder wachsen können. (s. Abb. 66).

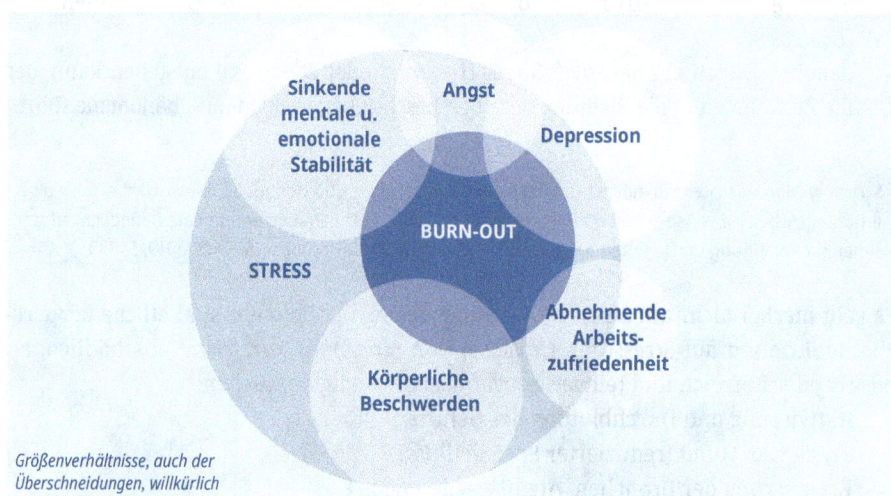

Abb. 66: Burn-out und benachbarte Symptome. Multikausale Zusammenhänge um Burn-out; sonstige Interdependenzen und Ursache-Wirkungs-Zusammenhänge nicht dargestellt (in Anlehnung an Jaggi, 2008, nach Meldau, 2022, S. 63).

Ebenso ernst zu nehmen ist der Anteil der **arbeitsbedingten Stressoren**. Selbst wenn Arbeit nicht die einzige Ursache für Phänomene wie Burn-out ist, deutet die große Bandbreite der Stressoren auf etliche etwaige Einflussmöglichkeiten des Unternehmens hin (s. Tab. 24).

Eine Work-Life-Disbalance kann Arbeitssucht begünstigen: **Workaholismus**. Dabei handelt es sich allerdings um ein Krankheitsphänomen, dessen Ursachen letztlich im Individuum und nicht in der Arbeit selbst zu suchen sind. Dies gilt als nur teilweise durch das Unternehmen beeinflussbar – wie überhaupt die Einflussmöglichkeiten seitens des Unternehmen unterschiedlich sind (s. Abb. 67).

Auch das Gegenteil von Stress durch Überforderung kommt vor: Stress durch *Unterforderung*. Statt Burn-out droht dabei **Bore-out**. Das Ziel ist daher, eine Ausgewo-

Tab. 24: Stressoren aus dem Arbeitsumfeld. Am häufigsten zu beobachtende Stressoren, exemplarisch (nach Kernen et al., 2019, S. 178 f.).

Kriterium	Benennung d. Stressoren	Beschreibung
Über- bzw. Unterforderung	Aufgabenbezogene Stressoren	Missverhältnis von Anforderungen und den zur Verfügung stehenden Kompetenzen oder Ressourcen: *quantitative* Unter- bzw. Überforderung (Arbeitsvolumen), *qualitative* Unter- bzw. Überforderung (inhaltlicher Art).
Arbeitsorganisation	Stressoren durch mangelnde Arbeitsorganisation	Inadäquate Werkzeuge; Mangel an Support, an Infrastruktur, an Handlungsspielraum; zu geringe Mitgestaltungs- und Entscheidungsmöglichkeiten
Arbeitszeit	Stressoren in der zeitlichen Dimension	Beeinträchtigter physiologischer Tag-Nacht-Rhythmus, oft in Schicht- u. Nachtarbeit; Arbeitszeit auf Abruf mit geringer Planbarkeit des eigenen Tagesablaufes
Umweltbelastung	Physikalisch-chemische Stressoren	Schädliche Umgebungsbedingungen wie ungenügende/falsche Beleuchtung; schlechte Luft, Hitze, Lärm, schädliche Arbeitsstoffe mangelnde Ergonomie, einseitige Körperhaltung
Arbeitsklima	Soziale Bedingungen als Stressor	Schlechtes Arbeitsklima; (Rollen-)Konflikte; unfaire Behandlung; Rollenambiguität; Mobbing
Störungen	Organisatorisch bedingte Stressoren	Häufige Unterbrechungen/Störungen des Arbeitsablaufes; verschärft bei Verursachung durch Kollegen und in Kombination mit Leistungsdruck
fehlende Anerkennung	Soziokulturelle Rahmenaspekte als Stressoren	Aus subjektiver Sicht ungerechtfertigt geringer Status; mangelnde Anerkennung; zu geringe oder einseitige Information; inadäquate Lohnpolitik
...	Antizipation von Arbeitslosigkeit und Arbeitsplatzunsicherheit	Belastende Zukunftsaussichten; Angst oder Antizipation von Arbeitslosigkeit und Arbeitsplatzunsicherheit
...	Stressoren in der Berufskarriere	Diverse Formen des „Realitätsschocks" beim Eintritt ins Berufsleben oder bei Umstellungsprozessen in der Arbeit

genheit zu finden – für sich selbst, bzw. bei Führungskräften auch für deren Mitarbeitende: den Bereich des **Flow** (s. Abb. 68).

Menschen empfinden und verarbeiten die Belastungen in (Arbeits-)Situationen unterschiedlich. Sie nehmen dabei Abgleiche zwischen Anforderungen, die auf sie zukommen, und ihren persönlichen Ressourcen zu deren Bewältigung vor. Diese Abgleiche können als **Bewertungen** bezeichnet werden:

Abb. 67: Psychische Beanspruchungsfolgen bei Führungskräften und Mitarbeitenden. Ausgewählte Ansätze zur Erklärung (nach Stock-Homburg & Groß, 2019, S. 835).

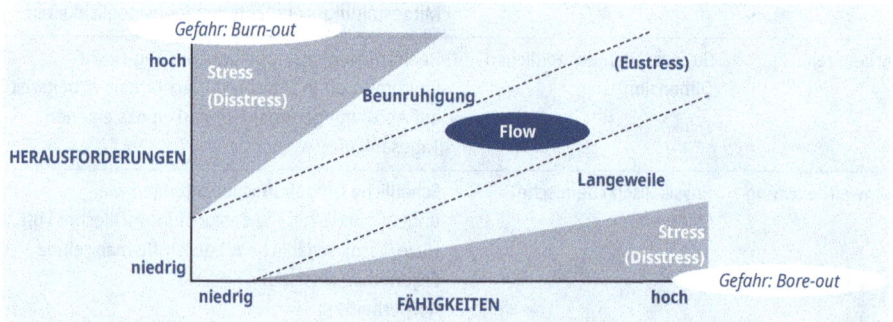

Abb. 68: Flow-Bereich: Herausforderungen und Fähigkeiten in der Balance. Disstress-Gefahren Burn-out bzw. Bore-out (Von Rosenstiel et al., 2005, nach Peters & Ghadiri, 2013, S. 125, mit eigenen Erweiterungen; s. a. Becker, 2019, S. 109–115).

– *Primäre* Bewertung: fragt unmittelbar, ob die Anforderung als *günstig* einzuschätzen ist (also *positiv* herausfordernd, *Eustress*) oder als *bedrohlich* (führt zu *negativem* Erleben, *Disstress*)
– *Sekundäre* Bewertung: fragt anschließend nach dem **Coping** (Bewältigungsmechanismus) und Ressourcen: Hier setzen *problembezogenes* und *emotionsbezogenes* (regulatives) Coping an
(Struhs-Wehr, 2017, S. 44 f., Kernen et al., 2019, S. 180 f.).

Dieses Verständnis der Verarbeitung von Belastungen erklärt die kurz- und langfristig u. U. höchst unterschiedlichen **Reaktionen** auf Stressoren: Sie führen günstigenfalls zum Zustand leistungsfähiger Balance, ungünstigenfalls zu chronischem Stress in der Disbalance. Diesen Zusammenhang drückt das transaktionale Stressmodell nach Richard Lazarus aus, hier ergänzt um Elemente des Ressourcen-Belastungs-Regulations-Modells von Kernen & Meier (Kernen et al., 2019, S. 180; s. Abb. 69).

Vor diesem Hintergrund gilt es, einen Zustand der Balance anzustreben. Dafür hat die Forschung eine Vielzahl von Begriffen geprägt, die an **Work-Life-Balance** erinnern, darunter *Work-Family-Balance* (WFB), *Work-Health-Balance* (WHB) sowie *Work-Life-*

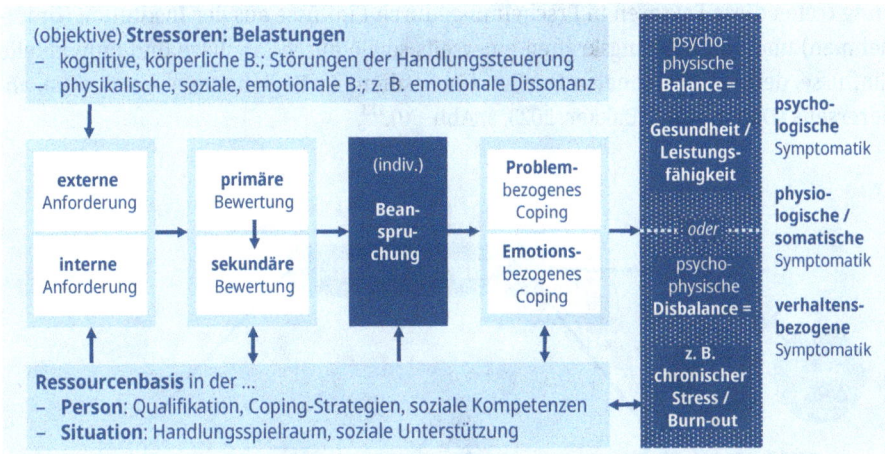

Abb. 69: Stressoren, Coping und Stress-Reaktionen. Objektive und subjektive Anforderungen, individuelle Bewertung, Beanspruchung und Bewältigung sowie deren Auswirkungen (eigene Darstellung auf Basis von R. Lazarus' transaktionalem Stressmodell in Anlehnung an A. Graf, 2012, nach Struhs-Wehr, 2017, S. 44; bzw. dem Ressourcen-Belastungs-Regulations-Modell von Kernen & Meier nach Kernen et al., 2019, S. 180).

Blending oder *Work-Life-Integration*. Letztere richten den Fokus auf die Verflechtung des Erwerbs- und Privatlebens. Als das Ergebnis einer gelungenen Work-Family-Balance kann man eine ausgeglichene Work-Health-Balance ansehen, und als deren Ergebnis ein gelingendes Work-Life-Blending oder eine gelingende Work-Life-Integration – pointiert also Balance als Basis von Gesundheit und Erfolg (Gragnano et al., 2020).[112]

Dazu bezieht die Job-Demands-Resources-Theorie das Gewicht von **Gesundheit/ Energie** – sowie das der Motivation – als Flankierung ein. Sie identifiziert sowohl auf Seite der *Demands* (Anforderungen) als auch der *Ressources* 4 Faktoren, die sie als eng miteinander verknüpft ansieht:

– Organization: die Institution und ihre Struktur, Prozesse und Kultur betreffend
– Job: auf Arbeitsaufgaben und Funktion bezogen
– Home: auf Privatleben/Familie bezogen
– Personal: weitere persönliche Faktoren

In ihrer Kombination wird diesen Faktoren das Potenzial zur **Sinnstiftung** zugemessen (s. Purpose, Kap. 3.3, sowie Kap. 11.3). Und auch zur krisenbewältigenden **Regulie-**

---

112 Der Begriff *Work-Life-Balance* setzt *Arbeit* dem *Leben* entgegen, als wäre Arbeit kein Leben. Dass Erwerbs- bzw. Privat-Leben gemeint sind, spielt bei deren Verzahnung eine Rolle. Der Begriff *New Work* stellt dagegen *Work* und *Life* nicht antipodisch gegenüber, sondern fragt nach *Arbeit*, die man „wirklich, wirklich will" (F. Bergmann, 2008, s. Kap 11.3). – Der Begriff *Arbeit* umfasst zwei Bedeutungen: einerseits das *Tätigsein* an sich bzw. die damit verbundene Mühsal (lat.: *labor*, engl.: *labour*, franz.: *travail*), andererseits deren *Ergebnis* (*Werk*, lat: *opus*, engl.: *work*, franz.: *oeuvre*); doch auch hier verschwimmen die Anwendungen der Begriffe (vgl. Schlick et al., 2018, S. 2 f.).

rung treten diese Faktoren in Erscheinung: durch Einflüsse aus der Institution (Unternehmen) und von Führungskräften einerseits sowie durch familiäre und individuelle Einflüsse, den extrapersonalen Quellen für Resilienz (s. Beginn dieses Abschnitts), andererseits (Demerouti & Bakker, 2023, s. Abb. 70).[113]

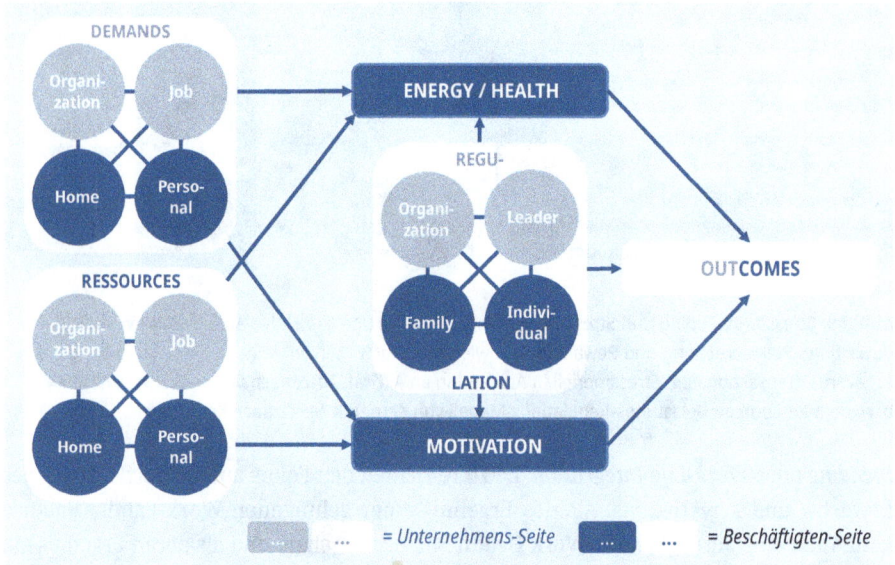

Abb. 70: Job-Demands-Resources-Theorie (Erweiterung). Zusammenspiel von Faktoren auf Unternehmens- und Beschäftigten-Seite, auch zur Regulierung in Krisensituationen (eigene Darstellung nach Demerouti & Bakker, 2023).

Ursprünglich als Modell zur Krisenbewältigung konzipiert, ist das überarbeitete Modell geeignet, die Bewältigung künftiger Schlüsselaufgaben im *War for Talents* zu erläutern. Es zeigt, inwiefern die Beschäftigten darin unterstützt werden können, **Resilienz** zu entwickeln: In erster Linie ist dies eine Frage der Persönlichkeitsentwicklung und -stärkung.

Diese Stärkung bemüht sich auch darum, einer etwaigen **Selbstgefährdung** entgegenzuwirken. Denn besonders bei flexiblen Arbeitsformen wie hybrider Arbeit drohen ambivalente Auswirkungen, die Wohlbefinden und Gesundheit der Beschäftigten zu reduzieren drohen. Eine Übersicht dazu gibt Tab. 25.

---

113 Sie wird hier in einer Überarbeitung vorgestellt, die Ergebnisse aus der Zeit der Covid19-Pandemie einbezieht.

Tab. 25: Facetten der Selbstgefährdung (nach Krause et al., 2014, S. 52 f.).

Art der Selbstgefährdung	Erläuterung
Ausdehnen der eigenen *Arbeitszeit*	Zeitliche und örtliche Entgrenzung der Arbeit: zugunsten der Arbeit wird Freizeit für Familie, Ausgleich und Erholung reduziert. Dazu gehört auch die Erreichbarkeit über Medien bzw. technische Geräte
Intensivieren der *Arbeitszeit*	Erhöhung der Intensität und Geschwindigkeit der Arbeit. Betroffene verzichten auf gegenseitigen Austausch bzw. Unterstützung
Einnahme von *Substanzen* zum *Erholen*	Strategien und Techniken zur Entspannung durch physischen Konsum von Hilfsmitteln mit Blick auf folgende Arbeitsleistung
Einnahme stimulierender Substanzen	Strategien und Techniken zur Leistungssteigerung durch physischen Konsum von Hilfsmitteln wie Aufputschmitteln
Präsentismus	Arbeiten trotz Krankheit, Verzicht auf Regeneration
Vortäuschen	Bewusstes Verschweigen oder Zurückhalten von Informationen bzw. Bereitstellen falscher Information, um (höhere) Leistungsfähigkeit zu suggerieren
Senken der *Qualität*	Reduzierung des Arbeitshandelns bzw. Verzicht auf Erledigung von Aufgaben (tlw. mit langfristiger Schadenswirkung)
Umgehen von *Sicherheits-* und *Schutzstandards*	Missachtung formeller oder informeller Regelungen zum Arbeits- und Gesundheitsschutz

Dabei hilft es, die aus der **Transaktionsanalyse** (s. Kap. 4.3) bekannten Ich-Zustände zu erkennen – und aktiv daran zu arbeiten, ihre aktuellen oder künftigen Transaktionen in eine produktive Richtung zu lenken. Um das *Erwachsenen-Ich* zu entwickeln, ohne das *Eltern-* und das *Kindheits-Ich* zu beeinträchtigen, empfehlen sich die folgenden Schritte:

- *Kindheits-Ich* analysieren, um Ängste, Nöte und verwundbare Stellen kennenzulernen
- *Eltern-Ich* analysieren, um Ge- und Verbote, Grundsätze und Potenziale zu deren Äußerung kennenzulernen
- *Kindheits-Ich* anderer Menschen sowie dessen Verlangen nach Kreativität zu beachten üben, um eigenen Gefühlsausdruck zu beherrschen
- Abstand von *momentanen* Geschehnissen verschaffen (zumal, wenn man die Beherrschung zu verlieren droht), um Erwachsenen-Ich Gelegenheit zu geben, zwischen Eltern- und Kindheits-Ich zu unterscheiden
- Eigenes Wertesystem schaffen, um Entscheidungen treffen zu können
  (nach H. Jung, 2017, S. 540 f.)

Das Ziel solcher Persönlichkeitsentwicklung ist, **Einklang** (Harmonie) mit anderen Menschen und den Beanspruchungen aus der Umgebung zu erzielen: eben das Erreichen von Resilienz, der gewachsenen Widerstandsfähigkeit. Dies soll zu einer positiven Grundhaltung führen und konstruktives Handeln ermöglichen nach dem vielzitierten Motto: „Ich bin o. k. – du bist o. k." (H. Jung, 2017, S. 538 f.)

Dies ist bei Führungskräften besonders deshalb wichtig, weil sie mit ihrem Verhalten auch auf das ihrer Mitarbeitenden einwirken. Solchen **Crossover-Effekt**, d. h. die Übertragung von Stimmungen oder Gesundheitszuständen von Führungskräften auf Beschäftigte, gilt es zu minimieren; er lässt sich jedoch nicht ganz ausschließen. Umso wichtiger sind die Reflexion des eigenen Verhaltens und das Registrieren von Überforderungs-Signalen bei den Mitarbeitenden sowie die gesundheitsförderliche *Selbstführung* (SelfCare) und die gesundheitsförderliche *Mitarbeiterführung* (StaffCare). Und das gilt noch mehr bei der Ausprägung vergleichsweise neuer Arbeitsstile wie der hybriden Arbeit (Krick et al, 2023, S. 665 f.; zur Selbstführung s. a. Kap. 10.2)

Das Erreichen von Balance dient zugleich der Ausprägung von **Toleranz**. Sie verzichtet auf Vergleiche oder Beurteilungen – das kann eine Haltung, die eine der beiden Seiten (oder beide) als *„nicht o. k."* ansieht, *nicht*. Daher soll es Führungskräften darum gehen, ihre Mitarbeitenden zur Stärkung der eigenen Persönlichkeit zu ermutigen. Gelingt dies nicht, droht *Disbalance* – und schlimmstenfalls ein Abgleiten in manipulative Rollen. Eine solche Disbalance geht z. B. von Menschen aus, die sich in den Rollen des *Retters*, *Verfolgers* oder *Opfers* sehen – oder in solche Rollen gedrängt werden (s. Abb. 71).

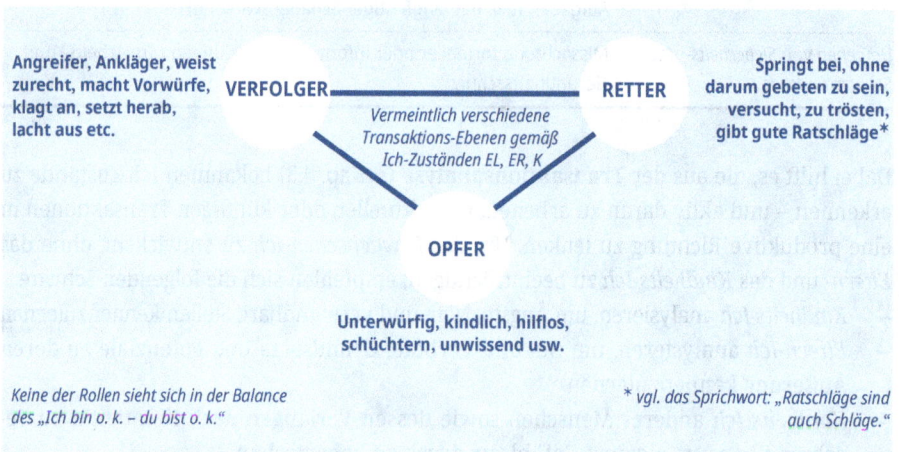

Abb. 71: Manipulative Rollen nach der Transaktionsanalyse. Verfolger, Retter und Opfer als Personen in Disbalance (ergänzte Darstellung nach H. Jung, 2017, S. 539).

Die Relevanz dieser Überlegungen zeigt ein Rückgriff auf die *7 D's der hybriden Führung* (Kap. 4.1). Sie erklären den Erfolg von Unternehmen durch das Zusammenwirken von Komponenten, zu denen u. a. Delegation gehört. **Delegationsfähigkeit** basiert auf Kommunikations- und Kooperationsvermögen der Beteiligten sowie auf uneitler Hierarchie: Kompetenzen von Persönlichkeiten in Balance, die abgeben und annehmen können – einem maßgeblichen Ziel von Persönlichkeitsentwicklung.

Als einer der Grundbausteine solcher Resilienz gilt die Fähigkeit, **Nein** zu sagen. Mehrheitlich ärgern Menschen sich darüber, (zu) oft *ja* zu sagen. Wer es jedoch unterlässt, seine Bedürfnisse adäquat anzumelden, droht darunter zu leiden, wenn nicht sogar daran zu erkranken – bspw. mit Burn-out. Übungsschritte zum Nein-Sagen können sein:

- *nicht sofort* ja zu sagen
- keine *Ausreden* zu verwenden (s. u. Anm. zum *„müssen"*)
- zu seinen *Schwächen* zu stehen
- auf die *Beziehungsebene* zwischen den Beteiligten zu achten
  (Franck, 2019, S. 153–158).

Weitverbreitet ist das Phänomen, in der Freizeit (abends oder am Wochenende) Emails zu schreiben: oft aus der Haltung heraus, dies tun zu *müssen* – eines der Hauptprobleme flexibilisierter Arbeitszeit. Solche Einstellung führt oft zu Workaholismus (s. o., Abb. 67) – engl. kurz **Workism** – oder in eine *Hustle Culture*, die (Un-)Kultur der *„Hektik"*: einer verdichteten, hastigen Arbeit, die zwar mehr oder weniger freiwillig, aber letztlich auf direkten oder indirekten Druck hin in einem Modus vollzogen wird, der krank zu machen droht: im *Disstress* (so z. B. Yuningsih et al., 2023).[114]

Das Problem solcher Überfrachtung hat das Management in der Wirtschaft wie in vielen anderen Institutionen. Dazu nachfolgend die Priorin eines Benediktinerinnen-Klosters: Sie bezeichnet ihre Informationsflut als Tsunami und identifiziert **Multitasking** als eine ihrer fehlerhaften Reaktionen (Kohlhaas, 2022; s. Abb. 72).

Belastungen werden nicht selten durch intrapersonale **Stressverstärker** aufgenommen, die sich in (über-)mächtige Beanspruchungen verwandeln können. Solche Stressverstärker bestehen oft aus kaum (oder nicht) bewussten, mehr oder weniger (un-)reflektierten Glaubenssätzen – mitunter aus Ängsten getrieben, oft auf der Suche nach Wertschätzung oder aus anderweitigen Bedürfnissen und Wünschen gespeist (Struhs-Wehr, 2017, S. 40 f.), s. Tab. 26.

Nach gängigen Stressmodellen wie denen von Lazarus oder Kernen & Meier (s. Abb. 69) beeinflussen die *internen* Anforderungen von Menschen bzw. deren Bewertung der *externen* Anforderungen deren Mechanismen zur Bewältigung (*Coping*). In diesem Sinn sind derartige Stressverstärker zu verstehen. Das führt dazu, dass Herausforderungen, die manche Menschen im *Flow* bzw. *Eustress* erledigen, bei anderen Beunruhigung hervorrufen, die in *Disstress* münden kann (s. Abb. 68).

Ein scheinbar harmloser *Stressverstärker* wie der in Tab. 26 genannte dritte (*„Sei stark!"*) kann – ggf. mit anderen – zudem zu Selbstgefährdungs-Phänomenen wie dem

---

[114] Im Coaching geht es dann oft darum, zu klären und trainieren, dass und wie Arbeit gehen kann, ohne etwas zu *„müssen"*. Dabei konfrontiere ich die Klienten mitunter mit der Provokation: *„Müssen musst du nichts; außer sterben und auf Klo"* – überspitzt, aber plastisch. Es lohnt sich, das *Müssen* in der Alltagssprache möglichst zu eliminieren („Ich *möchte* jetzt ..." statt „Ich *muss* noch ..."): „Ich *muss*" dient oft als Ausrede (s. o.: *Nein* sagen).

„Zunächst brach eine Flut von Informationen und Wahrnehmungen über mich herein. Ich habe diese Erfahrung ‚Tsunami' genannt und damit bei anderen Betroffenen ein verständnisvolles Nicken bewirkt oder von ihnen ein herzliches Lachen zur Antwort erhalten. [...] Es ist in sich schon ein Irrtum zu glauben, im Kloster sei nichts los. Selbst wenn es uns gelingt – wie es sein sollte –, Stille im Haus zu wahren, findet doch eine intensive Dauerkommunikation statt, sei dies nun verbal hinter verschlossenen Türen oder nonverbal, wo immer wir uns begegnen. Wenn mehr als dreißig Menschen unter einem Dach leben, bedeutet das eine hohe Ereignisdichte und auch viel Vitalität. [...] Vom Noviziat an habe ich immer mal wieder in allzu bewegten Zeiten gedacht: Könnte hier im Kloster auch einmal nichts los sein? Wahrscheinlich wäre ich enttäuscht gewesen, wenn dieser Wunsch in Erfüllung gegangen wäre. Alle Leitungsebenen, mit denen ich darüber gesprochen habe, haben mir bestätigt, dass sie von Zahl und Vielfalt der Themen überrascht waren, auf die es zu reagieren gilt bzw. die zu bearbeiten sind. Anfangs habe ich manchmal nachgezählt: Noch vor dem Frühstück auf dem Weg zwischen Kirche und Büro – das sind vielleicht 50 Meter – mindestens ein Dutzend Themen gehört und darauf geantwortet; an meinem Geburtstag, einem stillen und arbeitsfreien Tag, den wir alle etwa einmal im Monat haben, waren es diesmal nur rund zwanzig. [...] Multitasking wird dann zur Überlebensstrategie, und alle Ebenen kommen dabei ins Spiel. Das beginnt bei kleinen Alltagsinformationen und geht bis hin zu zukunftsrelevanten Entscheidungen, Strukturfragen, internationalen Kontakten oder Katastrophenmeldungen. [...] Der Zusammenprall von Themen ganz unterschiedlichen Gewichts hat manchmal etwas Surrealistisches. Dann muss ich mich zusammennehmen, um nicht abwehrend zu reagieren, wenn auf ein großes, existenzielles Thema eines folgt, das mir klein oder banal erscheint, für mein Gegenüber aber wichtig ist..."

(Kohlhaas, 2022)

Abb. 72: Alltag der Priorin eines Nonnen-Klosters. Management im Themen-Tsunami mit Multitasking als „Überlebensstrategie" (eigene Darstellung, zit. aus Kohlhaas, 2022).

Tab. 26: Glaubenssätze als Stressverstärker (in Anlehnung an Kahler, 2010, zit. nach Struhs-Wehr, 2017, S. 41).

Stressverstärker	Erläuterung
Sei *perfekt*!	Anerkennung und Selbstbestätigung finde ich nur durch absolut fehlerlose Leistung. Fehler sind peinlich.
Sei *beliebt*!	Bindung und Zugehörigkeit kann ich nur erlebten, wenn ich meine eigenen Interessen zurückstelle und mich nach den Bedürfnissen anderer richte.
Sei *stark*!	Unabhängigkeit und Selbstbestimmung sind wichtig. Nur mit ihnen habe ich alles unter Kontrolle.
Beeil dich!	Wenn ich die Dinge schaffen will, darf ich keine Zeit vergeuden. Aber wenn ich mich ausruhe, könnte ich eine Chance verpassen.
Streng dich *an*!	Nur harte Arbeit ist wirklich wertvolle Arbeit. Nur wenn ich mich anstrenge, kann das Ergebnis gut werden.

Präsentismus führen (s. Tab. 25). Darunter wird die Anwesenheit an der Arbeitsstelle verstanden, obwohl man sich wegen Krankheit krankschreiben lassen sollte. Das geschieht oft aus Angst vor dem Verlust des Arbeitsplatzes. Im Jahr 2019, unmittelbar vor der Covid19-Pandemie, ging fast jeder vierte Beschäftigte krank zur Arbeit; die

Dunkelziffer lag vermutlich deutlich höher (Waltersbacher et al., 2019, S. 96, s. a. Hagerbäumer, 2017, S. 79–114).

> Der Begriff **Präsentismus** bezeichnet die Anwesenheit eines Arbeitnehmers bei seiner Arbeitsstelle trotz eigener Krankheit – die er eigentlich auskurieren sollte. Dabei handelt es sich um ein weit verbreitetes, betriebswirtschaftlich relevantes Phänomen: Präsentismus verursachte schon wenige Jahre vor der Covid19-Pandemie *zwei Drittel aller Krankheitskosten*, die den Unternehmen in Deutschland entstanden (S. Becker, 2014, S. 4).

Wie Menschen individuell verortete Stressverstärker wie Workaholismus, Ängste, Süchte und andere Krankheits-Ursachen bearbeiten, ist nicht Sache des Unternehmens. Führungskräfte haben darauf aber hinzuweisen – und ebenso fachgerechtes Coaching (s. Kap. 8.1). Es ist dann ggf. Aufgabe einer **Therapie**, sich des betreffenden Phänomens anzunehmen. Das Unternehmen hat hier von jeder Einmischung abzusehen (s. Abb. 67) und – im eigenen Interesse und in dem seiner Beschäftigten – lediglich den Weg des Mitarbeitenden zum fachgerechten externen Weg zu unterstützen.

Es ist allerdings Sache des Unternehmens, unnötige **Monotonie** zu vermeiden: Den Beschäftigten droht sonst *Bore-out* (s. Abb. 68). Monotonie wird als eine der größten Probleme der psychischen Gefährdungen bei der Arbeit angesehen (Brandstätter et al., 2019, S. 73 f.). Sie ist zu unterscheiden von absichtlichem *Mono-Tasking* und gezielter, quasi pausierender Langeweile, die als hilfreich zum Aufbau neuer Kreativität und innerer Aufmerksamkeit angesehen werden können (De Clercq, 2018, S. 120 f.).

Aufgabe von Führung – und Management – ist es, **gesundheitlichen Gefahren** vorzubeugen und sie ggf. mit den Betroffenen zu erörtern. Pointiert lässt sich sagen: *Schlechte* Führung droht Beschäftigte *krank* zu machen, *gute* Führung dagegen *gesund* zu erhalten – mit allen Auswirkungen auf deren Arbeitsleistung (Pirker-Binder, 2016, S. 23). Neben die *physischen* pathogenen (krank machenden) bzw. salutogenen (gesund machenden) Faktoren treten mit immer mehr Gewicht die *psychischen* Faktoren (s. Kap. 2.3). Als Wirkungen positiver Emotionen gelten verbesserte soziale Beziehungen, vertiefte persönliche Ressourcen, stabilisierte Gesundheit und dadurch gestärkte Arbeitsleistung (Weibler, 2023, S. 577 f., s. a. Broaden-and-Build-Theorie, Abb. 73).

Auch **Teams** im eingeschwungenen Zustand variieren in ihrer Leistung erheblich: Sie steigern sich zu Höchstleistungen, verharren auf durchschnittlichem Niveau oder lassen in ihrer Leistungsfähigkeit nach. Erforderlich ist, dass sie ihren Zustand und ihre Leistung immer wieder einer Reflexion unterziehen. Dazu werden sie durch ihre Führung veranlasst oder sollen – idealerweise – selbständig zu reflektieren beginnen.

So kann ein Unternehmen seine Mitarbeitenden in der Entwicklung ihrer beruflichen Fähigkeiten und Fertigkeiten fördern (s. a. Kap. 10.3 zu Talent Management). Es vergrößert die Zufriedenheit und so die Resilienz der Beschäftigten, indem es deren Entfaltungsmöglichkeiten erweitert. Dabei werden deren **professionelle Ressourcen** betrachtet, die sich operationalisieren lassen, wie in Tab. 27 gezeigt.

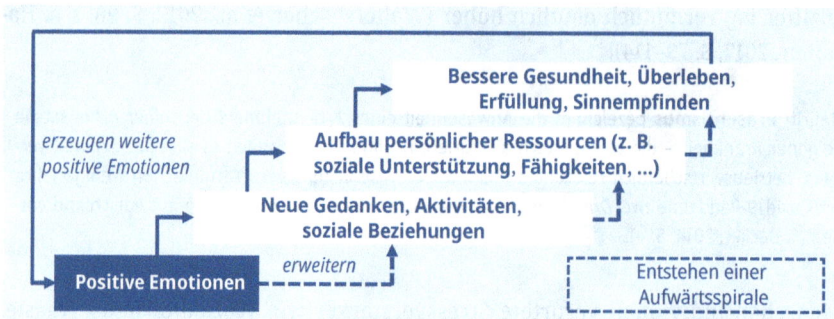

Abb. 73: Wirkung positiver Emotionen: die Broaden-and-Build-Theorie. Aufwärtsspirale aufgrund durch positive Emotionen erweiterter kognitiver Denkprozesse (angelehnt an Cohn & Frederickson, 2009, nach Weibler, 2023, S. 578).

Tab. 27: Professionelle Ressourcen und Operationalisierung (nach Kernen et al., 2019).

Professionelle Ressource	Erläuterung
Aufgabenvariabilität	Beschäftigte empfinden ihre Tätigkeit als abwechslungsreich (vs. monoton)
Transparenz der Arbeit	Beschäftigte haben Kenntnis darüber, was deren Tätigkeit bewirkt bzw. wie das von ihnen Erzeugte im Arbeitsprozess weiterverwendet wird
Ganzheitlichkeit	Beschäftigte erleben ihre Arbeit als vollständigen Arbeitsprozess, als abgerundet (vs. als Stückwerk)
Qualifikationspotenzial	Beschäftigte erleben ihre vorhandene Fähigkeiten als einsetzbar; sie erlernen Neues, Weiterentwicklung ist möglich (vs. Tätigkeit wird als Sackgasse empfunden)
Entscheidungs- und *Kontrollspielraum*	Beschäftigte teilen ihre Arbeit selbst ein; treffen selbst Entscheidungen (vs. Dinge werden vorgeschrieben)

(*Interne*) **personale Ressourcen** einerseits und **extra-personale Ressourcen** andererseits lassen sich als wechselseitig kommunizierende Quellen in offenen Systemen zum Aufbau und zur Regeneration von Resilienz verstehen. Deren Kenntnis dient Führungskräften im beruflichen Alltag dazu, für ihre Mitarbeitenden je nach deren Bedarf spezifisch und individuell aus diesen Quellen zu schöpfen (Kernen et al., 2019, S. 184; s. Abb. 74).

Die Listen empfohlener **Maßnahmen** und spezifischer Trainings zum Auf- und Ausbau von Resilienz nehmen kein Ende. Sie reichen von Meditation und Yoga über Schlaf-Hilfen und Ernährungskurse bis zu Musik als Medizin. Zentral werden dabei immer wieder *Werte* genannt, die für die Beschäftigten verlässlich sein müssten, *Ver-*

Physikalische / Infrastruktur-Ressourcen
Licht,
Temperatur,
Luft (Rauch, Geruch, Zugluft),
Geräuschpegel,
Non-Business-Infrastruktur,
Ergonomie,
Platzverhältnisse,
Arbeitszeitmodelle,
Pausenregelungen ...

Prozess- / technische Ressourcen
Instrumentell-technologische Hilfsmittel,
Führungsinstrumente (MbO, Strategie, Management-Informationssysteme),
Prozess-u. Kommunikations-abläufe,
Aufgabe/Verantwortung/ Kompetenzregelungen,
Entscheidungs-u. Kontroll-Spielraum,
Ganzheitlichkeit,
Aufgabenvariabilität,
Transparenz ...

Personale (interne) Ressourcen
Physische:
Körperliche Konstitution/ Leistungsfähigkeit, Immunsystem ...

Psychische:
Zuversicht/Optimismus,
(Selbst-)Vertrauen, Kohärenzgefühl,
Kontrollüberzeugungen ...

Wissens- u. Handlungsressourcen:
Fähigkeiten/Fertigkeiten,
Bewältigungsverhalten,
positive Herausforderung,
Qualifikationspotenzial der Arbeit ...

Soziokulturelle Ressourcen
Vision,
gelebte Werte, Normen, Regeln in der Organisation,
Stimmung/Atmosphäre/Klima,
Vertrauensbasis,
Sozialverhalten,
Vorgesetzte u. Arbeitskollegen,
Fairness,
Führungsklima ...

Ökonomische Ressourcen
Substanz/Reserven (Geld, Rohstoffe),
Liquidität ...

Psychosoziale Ressourcen
Anerkennung,
Wertschätzung,
Umgang mit Macht,
soziale Unterstützung ...

Biologische Ressourcen
Möglichkeiten u. Qualität zur Ernährung für die Belegschaft,
Bewegungsverhalten ...

Abb. 74: Ressourcen des Arbeitsfelds im betrieblichen Alltag. (Interne) personale Ressourcen im inneren Darstellungsfeld, extra-personale Ressourcen in den umgebenden Feldern (Auszug; nach Kernen et al., 2019, S. 185).

trauen, das das Unternehmen keinesfalls verspielen dürfe, sowie *Wertschätzung*, die es seinen Mitarbeitenden entgegenzubringen habe.

Zudem ist zu unterscheiden zwischen *reaktiven* Maßnahmen, die der Problemlösung dienen, und *präventiven* Maßnahmen, die der Unternehmensseite zur Vorbeugung empfohlen werden. Reaktiv kann z. B. ein Coaching arbeiten (s. Kap. 8.1). Präventiv geht es oft darum, die Notwendigkeit von Resilienz bewusst zu machen und deren Aufbau z. B. durch Empathie einzuleiten (s. Kap. 7.3). Dazu gehört zunächst oft, das Sprechen über Burn-out – und Krankheit überhaupt – aus der Tabu-Zone zu holen.

Ein Modell zum **Resilienz-Aufbau** kann in 5 konsekutiven Ebenen gedacht werden: Dabei beziehen sich 2 Schritte einer *Grundstufe* ...
- auf den Erwerb von Gesundheit plus Wohlergehen
- sowie auf das Erlernen von Problembewältigung.

Die folgenden 3 Schritte einer *Aufbaustufe* ...

– stärken das konstruktive Abwehrverhalten,
– fördern synergetisches Handeln (das Zusammenfügen resilienter Komponenten)
– bzw. unterstützen im Zielzustand das Entwickeln von Glücksgefühl, das Krisen als Chancen zu sehen gelernt hat und auch Rückschläge konstruktiv zu nutzen versteht

(Scharnhorst, 2019, S. 207 f., s. Abb. 75).

	Ebene		Ebenen aufsteigend Voraussetzung füreinander
Ziel-zustand	5	**„Serendipity"** *(Glückliches Erleben)*	– Aus Widrigkeiten gestärkt hervorgehen – Rückschläge zum Guten wenden – Aus Krisen lernen
Aufbau-stufe	4	**Synergetisches Handeln** *(Komponenten verknüpfen)*	– Fortgeschrittene Resilienzfähigkeiten – Lernfähigkeit u. -bereitschaft, Neugier – Breites Repertoire an Verhaltensweisen
	3	**„Innerer Torhüter"** *(konstruktive Abwehr)*	– Starkes Selbstvertrauen – Gesundes Selbstwertgefühl – Positives Selbstkonzept entwickeln
Grund-stufe	2	**Problembewältigung erlernen**	– Analytisches Problemlösen – Alternative Arten des Problemlösens – Auf Krisen vorbereiten
	1	**Optimale Gesundheit u. Wohlergehen fördern**	– Belastungen reduzieren – Vitalisierende Aktivitäten steigern – Soziales Netzwerk stärken

Abb. 75: Die 5 Schritte des Resilienz-Aufbaus zum „glücklichen Erleben". Ebenen der persönlichen Entwicklung, aufsteigend und aufeinander aufbauend (angelehnt an Siebert, 2010, nach Scharnhorst, 2019, S. 208).

Um **Verhaltensänderungen** zu bewirken, reicht nicht einfach eine kognitive *Entscheidung*. Denn ein Umprogrammieren, wie es ein Computer kann, ist nicht möglich. Sondern es sind i. d. R. Prozesse nötig, die mit (Um-) *Gewöhnung* zu tun haben und nicht selten etwas von Trial-and-Error an sich haben (s. Hilmer, 2023b, S. 178–182). Als Modell für den Aufbau neuer Gewohnheiten wird eine Entwicklung in 4 konsekutiven Stufen beschrieben, die ein bewusstes Eintauchen sowie Energie erfordert. Es handelt sich dabei um die Stufen:

– Unbewusste Inkompetenz
– Bewusste Inkompetenz
– Bewusste Kompetenz
– Unbewusste Kompetenz

Das Ziel der unbewussten Kompetenz auf der vierten Stufe ist erreicht, wenn ein Handeln gemäß der gewünschten Kompetenz nicht mehr bewusst, sondern automatisch – eben unbewusst – erfolgt (in Anlehnung an O'Conner & Seymour, 1990, nach Dölz &

Siems, 2018, S. 343–345). Ziel im vorliegenden Zusammenhang ist es, resilientes Verhalten in diesem Sinne aufzubauen und zu automatisieren.

Zur **Prävention** im Aufbau von Resilienz kann das Management zahlreiche Maßnahmen ergreifen. Der Erfolg hängt vom Zusammenwirken der Beteiligten und den Bedingungen ihrer Arbeitsumwelt ab. Die Führungskraft hat die Betroffenen dabei zu motivieren und die Mitwirkung der Beteiligten zu sichern. Zu Beispielen solcher Maßnahmen – und zugleich Kennzeichen resilienter Unternehmen – s. Tab. 28.

Tab. 28: Präventive Maßnahmen zum Resilienzaufbau (nach Meldau, 2022, S. 74–76; sowie Scharnhorst, 2019, S. 212).[115]

	Maßnahme	Erläuterung
1	*Kontaktqualität*	Intensive Kommunikation zu Beschäftigten ermöglicht es Führungskräften, bei ihren Mitarbeitenden Bedarf zu erkennen (s. Kap. 4)
2	Kultur der *Offenheit*	Beschäftigte verschweigen ihre Empfindungen meist aus Angst vor einem schwächlichen Eindruck. Demgegenüber gelingt durch Offenbaren von Gefühlen ein besserer Zugang zum Gegenüber. Das erlaubt Ängste, Befürchtungen und Überforderung zu thematisieren (s. a. Kap. 4)
3	Bedürfnis nach *Sinn*	Führungskraft und Mitarbeitende finden gemeinsam heraus, welche Aufgaben die Stärken des Mitarbeitenden fördern und seine Ziele verfolgen (s. Kap. 3)
4	*Werte*	Unternehmenswerte sind bekannt und werden tatsächlich gelebt; Purpose wird von Management und Führung geteilt (s. Kap. 3)
5	*Psychosoziale* Check-ups	Regelmäßige Befragungen zu Stress und Burn-out, die anonym ausgewertet und deren Ergebnisse kommuniziert werden, tragen zur Ent-Tabuisierung bei
6	*Job Selection*	Bereits bei Einstellungsbefragungen werden Stress und Burn-out thematisiert, um deren Bedeutung zu verankern und Mitarbeitende optimal zu platzieren
7	*Onboarding*	Besonderes Augenmerk wird gelegt auf die Einarbeitung von Berufsanfängern, Neueinsteigern und Mitarbeitenden, die ihre Position verändert haben
8	*Krisenpläne*	Für alle größeren Risiken, die das Unternehmen treffen könnten, existieren Krisenpläne, um Sofortmaßnahmen treffen zu können
9	*Krisenkommunikation*	Auch im Krisenfall wird offen und transparent – sowie direkt – kommuniziert. Das fördert Vertrauen und Commitment.

---

[115] Schon in der ersten Hälfte des 20. Jh. wurde ermittelt, dass Menschen, die die Bedrohung ihres Arbeitsplatzes eher wie ein Spiel nahmen, weniger damit zu kämpfen hatten (Siedenbiedel, 2015). Wie weit sich diese Haltung jedoch erlernen lässt, ist fraglich. Im Coaching stelle ich fest, dass zumindest deren Erörterung entlastend wirkt und das Lebensvertrauen offenbar stärkt. Andererseits ist diskutabel, warum nur ca. jede zweite Organisation in Deutschland Gefährdungsbeurteilungen psychischer Belastungen durchführen lässt (IFBG, 2023): Es könnte auch hier an Vertrauen – oder an Wissen – fehlen.

Tab. 28 (fortgesetzt)

Maßnahme	Erläuterung
10 *Krise* als *Chance*	Krisen werden nicht primär als Bedrohung, sondern als Entwicklungschance behandelt: mutig, kreativ und konstruktiv
11 *Stellvertreter-Schulung*	Vertretungen ermöglichen, um Entlastung zu schaffen und auf Krisenfälle (Krankheit, Ausfall etc.) vorbereitet zu sein
12 Geförderte *Zweite*	Einem besser geeigneten Konkurrenten den Vortritt zu lassen und an die zweite Stelle zu treten (was auf den ersten Blick als Schwäche gelten könnte) wird durch Vorgesetzten mit Anerkennung belohnt und positiv verfolgt
13 *Feedback*	Anerkennung und Feedback tragen entscheidend zur Motivation bei und wirken sich auf das Selbstwertgefühl aus. Annahme von Kritik schafft Vertrauen und eine gute Arbeitsatmosphäre (s. a. Kap. 8.3: Feedback)
14 *Fehlerkultur*	Problemlösefähigkeiten gezielt einüben, Beteiligte vollständig integrieren. Nicht Schuldige suchen, sondern Lösungen finden (s. Kap. 9.4: Systemisches Lernen)
15 *Arbeitszeitgestaltung*	Verhinderung exzessiver Überstunden sowie dienstfreie Zeiten, Teilzeitarbeit, Sabbaticals u. ä. beugen Burn-out vor
16 *Coaching/Beratung*	Problemfelder wie Gesundheit, Partnerschaft, Familie, Finanzen, Stress, Alkohol u. a. werden gezielt behandelt und durch Coaching- und Beratungsangebote ergänzt (s. Kap. 8.1: Coaching)
17 *Kollegiale Unterstützung*	Geleitete und strukturierte Gruppen, z. B. nach dem Beispiel kollegialer Fall-Beratung. Setzt Vertrauens- und Fehlerkultur voraus – und wirkt sich positiv auf sie aus. Leitung und Beziehungen in der Gruppe beachten
18 *Mentoring*	Interne, berufserfahrene Kräfte, die außerhalb der unmittelbaren Berichtslinie verortet sind und als Ratgeber in Anspruch genommen werden können (s. Kap. 8.2: Mentoring)
19 Externe *Troubleshooter*	Externe, unabhängige Instanzen, die in Anspruch genommen werden können – obwohl ggf. mit Honorar-Kosten verbunden
20 *Improvisationskultur*	Das Bewusstsein, dass neue Gegebenheiten neue Handlungsweisen erfordern können, steigert letztlich die Handlungsfähigkeit
21 *Workshops*	Effizient in Kleingruppen, die das Verhalten von Beteiligten und die Strukturen im Unternehmen analysieren und ggf. nach lustvollen Alternativen suchen
22 *Organisations-entwicklung*	Anforderungen, Kompetenzen u. Verantwortung der Beschäftigten präzise definieren, Aktivitäten, Prozesse u. Strukturen klar beschreiben; Teamgröße regelmäßig überdenken, Unterstützung durch Vorgesetzten sensibel einsetzen (s. Kap. 7.2: Community Building)
23 *Netzwerke*	Aufbau und Pflege formeller sowie informeller Communities fördern Toleranz (s. Kap. 9.1) und steigern die Handlungsfähigkeit
24 *Fitness- u. Wellness-angebote*	Subventionierte Angebote zur Förderung von Gesundheit und Wohlbefinden, meist für die Freizeit. Ähnlich mit Ernährungs- u. ä. Angeboten

Moderne **Arbeitszeitgestaltung** unter der Perspektive der Resilienz zu betrachten, heißt auch, die Reduzierung von Stellen auf weniger als 100 % FTE bzw. die Verkürzung von Arbeitszeit ins Visier zu nehmen (s. Kap. 6, auch zur Auswirkung auf Motivation). Der Anteil von Angehörigen von *Gen Y* und *Gen Z*, die keine 100 %-Stellen anstreben, scheint zuzunehmen (zumal unter Doppelverdienern), und die Stimmen derer scheinen sich zu mehren, die auch für gesamtgesellschaftliche Krisenphänomene (*kollektiven Burn-out*) Lösungen in der Verminderung von Arbeit insgesamt suchen (S. Weber, 2023).

Als Ziel kann die Ausprägung von Resilienz auf verschiedenen **Ebenen** angesehen werden: Fußend auf der Ebene des Mindsets mit den Grundhaltungen positives Denken und Lösungsorientierung werden als zentrale Fähigkeiten Stressbewältigungskompetenz, Ambiguitätstoleranz, Beziehungskompetenz und Verantwortungsübernahme ausgeprägt. Eingebettet ist deren Ausprägung in wichtige Merkmale wie Achtsamkeit, Selbstwertgefühl und Selbstwirksamkeit (s. Abb. 76).

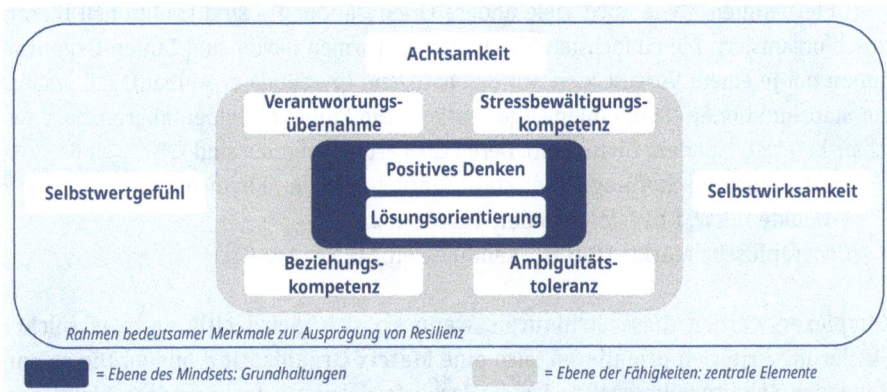

Abb. 76: Ebenen der Resilienzfähigkeit. Grundhaltungen u. zentrale Fähigkeiten eingebettet in wichtige Merkmale (eigene Darstellung angelehnt an Winkler et al., 2022, S. 26; dort nach Seitter & Bott, 2017, Greve et al., 2016).

Um Resilienz dem je individuellen Bedarf gemäß aufzubauen, müssen Führungskräfte Warnsignale zu beachten lernen, wofür **Empathie** eine Voraussetzung ist. Auch sie ist erlernbar; sie gehört zu den grundlegenden Soft Skills und modernen Führungsvoraussetzungen. Zur Vertiefung der Warnsignale und des Umgangs damit s. Kap. 7.3; auch hierzu ist geboten, Bewusstsein aufzubauen.

Besondere Aufmerksamkeit verdient zudem der Aufbau von Teams: Auch *Teams* und *Unternehmen* können Resilienz ausprägen. Solche **Team-Resilienz** setzt sich aus der Resilienz ihres Managements und der Resilienz seiner Mitarbeitenden zusammen (Winkler et al., 2022, S. 25 f.).[116]

Dazu mehr im nächsten Abschnitt.

7.2 Community Building: Kapital für Mensch und Unternehmen

Die Bedeutung von **Community Building** als zentraler Aufgabe im Management ist in den letzten Jahrzehnten gewachsen – ein Trend, der sich fortsetzt. Die Virtualisierung von Teams aufgrund von hybrider Arbeit stellt zusätzliche, neue Anforderungen an Unternehmen, deren Führungskräfte und Mitarbeitende – auch im Hinblick auf strukturelle (nicht nur inhaltliche) Arbeit. Netzwerke wie auch Social Media gewinnen an Bedeutung und nehmen einen immer höheren Grad von Organisiertheit an (Saxer, 2012). Aufbau und Gestaltung erfolgreicher Gruppen kosten Zeit, Kraft und Geschick – sie lassen sich geradezu als „works of art" (Kunstwerke) bezeichnen (Davison, 2004, S. 47).[117]

Unternehmen – wie auch viele andere Organisationen – sind traditionell hierarchisch organisiert. Die einfachsten idealtypischen Formen davon sind **Linien-Organisationen** mit je einem Vorgesetzten pro Beschäftigtem (pyramidaler Aufbau), ggf. ergänzt um Stabsfunktionen (Stab-Linien-Organisation). Die Einheiten bilden abgrenzbare Geschäftsbereiche (Sparten, Divisionen). Deren Gliederungskriterien sind z. B.:
– Funktionen (Beschaffung, Produktion, Marketing, Sales, Finance …)
– Produkte (PKW, LKW, Motorräder, Turbinen …)
– Geographische Märkte (DACH, Skandinavien, MENA, APAC …)

Komplexer werden diese Strukturen, wenn sie sich gleichzeitig an *zwei* solcher Gliederungskriterien orientieren, also eine **Matrix-Organisation** bilden. Die so entstehenden Schnittstellen stellen i. d. R. Herausforderungen insbesondere für hierarchische Entscheidungen dar. Noch schwieriger ist eine *mehrdimensionale* (multidivisionale) **Tensor-Organisation** zu handhaben (verbreitet bei globalen Unternehmen): darzustellen in einer mehrdimensionalen Matrix, deren Gliederungskriterien sich an mindestens *drei* Achsen – wie in einem Würfel – orientieren (s. Abb. 77).

---

116 Resilienz im Sinne *persönlicher* Widerstandsfähigkeit gegen negative Einflüsse oder Gleichgewichtsfähigkeit auch in Krisensituationen ist zu unterscheiden von *wirtschaftlicher* Resilienz von Unternehmen, die auch bei schwankenden ökonomischen Bedingungen, z. B. Inflation oder außenwirtschaftlichen Turbulenzen, konstante Leistungen zu erbringen vermögen. Dabei kann wirtschaftliche Resilienz letztlich auch als Folge persönlicher Resilienz des Managements und der Beschäftigten verstanden werden.

117 Und das lässt sich differenziert begründen: "Organisatorische Muster und Verhaltensregeln zu finden, die es großen wirtschaftlichen, administrativen und kulturellen Institutionen ermöglicht, die Bedürfnisse der Glieder einer Gesellschaft zu befriedigen und zudem gut miteinander zu harmonieren, erfordert oft eine Menge Versuch und Irrtum, individuelle Anstrengung und Opfer" (Davison, 2004, S. 47).

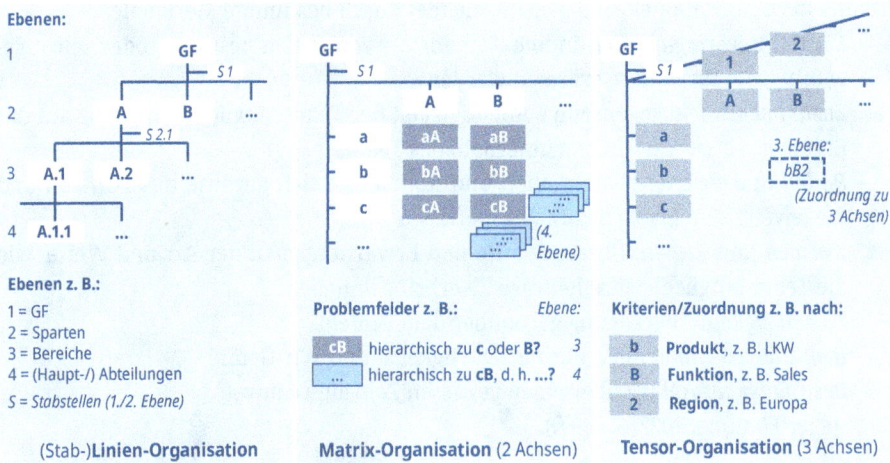

Ebenen:

1	GF
2	A B ...
3	A.1 A.2 ...
4	A.1.1 ...

Ebenen z. B.:

1 = GF
2 = Sparten
3 = Bereiche
4 = (Haupt-/) Abteilungen
S = Stabstellen (1./2. Ebene)

(Stab-)**Linien-Organisation**

Problemfelder z. B.:   Ebene:

| cB | hierarchisch zu **c** oder **B**? | 3 |
| ... | hierarchisch zu **cB**, d. h. ...? | 4 |

Matrix-Organisation (2 Achsen)

3. Ebene:
bB2
(Zuordnung zu 3 Achsen)

Kriterien/Zuordnung z. B. nach:

b	**Produkt**, z. B. LKW
B	**Funktion**, z. B. Sales
2	**Region**, z. B. Europa

Tensor-Organisation (3 Achsen)

Abb. 77: Grundformen der Unternehmensorganisation. Herausforderungen bei der Zuordnung in Matrix- u. Tensor-Organisation mit 2 bzw. 3 Achsen (eigene Darstellung; Linien- u. Matrix-Organisation angelehnt an G. Schreyögg & Geiger, 2016, bes. S. 69 f. bzw. 86–99; Tensor-Organisation angelehnt an Lippold, 2023, S. 362 f.).

Zentrale Services (z. B. *Finance, Recht, HR*) bilden auch in Linien-Organisationen zahlreiche Schnittstellen mit operativen Abteilungen – ähnlich wie Matrix- und Tensor-Organisationen. Solche Schnittstellen sind hinsichtlich der letzten Entscheidung sowie der Kommunikationsprozesse gründlich zu definieren. In der Praxis ergeben sich immer wieder Probleme der Abstimmung und Koordination, die oft nur durch Mischformen in der Organisation lösbar sind (Lippold, 2023, S. 362–365).

Dies gilt umso mehr für **Team-**, **Projekt-** und **Netzwerk-Strukturen**. Diese Organisationsformen nehmen in der jüngeren Zeit an Bedeutung zu, auch wenn sie selten unternehmensübergreifend dominieren. Innerhalb von etablierten Unternehmen entstehen sie oft zunächst als zusätzliche Strukturen – und in Start-ups, wenn diese sich bspw. diversifizieren oder internationalisieren.

Team-Organisation erfolgt, indem sämtliche Beschäftigten – herkömmlichen Strukturen ähnlich – in neu gebildeten Gruppen (den Teams) organisiert werden. Entscheidungen werden darin dann nicht unbedingt hierarchisch getroffen (s. a. Kap. 9.2 zu agilem Management).

Projekt-Organisationen zeichnen sich dadurch aus, dass sie ihre Mitglieder – aus unterschiedlichen organisationalen Einheiten und Hierarchie-Stufen stammend – i. d. R. für bestimmte Aufgaben und auf Zeit rekrutieren: oft neben deren regulären Aufgaben (s. Kap. 11.1 zu Projekten).

Teams in Organisationen sind gekennzeichnet durch bestimmte Merkmale:
- *Leistungserbringung*: bestimmte Aufgaben – von außen bestimmt oder selbst gewählt –, die für andere erbracht werden
- *Zusammenarbeit*: gegenseitige Abhängigkeit der Team-Mitglieder in Bezug auf das Ergebnis, sowie Vernetzung innerhalb des Teams
- *Rollen* und *Beiträge*: Funktionen und Rollen, die sich gegenseitig ergänzen und die jeweils zum Erfolg des Teams beitragen
- *Normen* und *Regeln*: Übereinkünfte und Erwartungen zu der Art und Weise, wie die Team-Mitglieder ihre Beiträge zu erbringen haben
- *Zugehörigkeit*: Abgrenzung gegenüber dem Umfeld
- *Identität*: Zusammenhalt mit Einzigartigkeits- und Wir-Gefühl
- *Beständigkeit*: Anlage über einen gewissen Zeitraum hinweg
  (Jäger Fontana, 2022, S. 339 f.).

> **Netzwerk-Organisationen** liegen vor, wenn klassische Hierarchien aufgegeben und Entscheidungen nicht-hierarchisch getroffen werden: häufig, aber nicht immer unter Beteiligung Unternehmensexterner Funktionen. *Multidivisionale* (Matrix-/Tensor-) Organisationen entwickeln sich seit einiger Zeit in eine solche *dezentralisierte Richtung*: u. a. wegen der beschleunigter Reaktionsfähigkeit von Netzwerken (Lippold, 2023, bes. S. 363).

Angesichts zunehmender Komplexität von Aufgaben wächst das Erfordernis intensiver *Kollaboration* (Zusammenarbeit) und damit auch von reibungsloser *Kommunikation* zwischen Teams und zwischen deren Mitgliedern (Hardwig & Weißmann, 2021). Eine reibungslose Führungsstruktur gewährleistet jedoch noch nicht eine ausreichende Kommunikation: Diese bleibt besondere Aufgabe der Verantwortlichen in Teams und Netzwerken (Beck, 2023, S. 67).

Auch Unternehmen richten mehr und mehr Augenmerk auf Strukturen, die den gemeinsamen Zielen und besonders dem Informationsbedarf ihrer Mitglieder dienen. Sie ähneln darin Social Media, die berufliche und karriereorientierte Ziele ihrer Mitglieder unterstützen (z. B. Xing, LinkedIn). Dabei zeichnen sich Unternehmen durch eine gewisse *Kollegialität* und *Konnektivität* ihrer Mitglieder aus (Saxer, 2012, S. 461 bzw. S. 473).

> **Konnektivität** (wörtlich eigentlich *Verbindbarkeit*) bezeichnet die *Verbindung* oder *Verbundenheit* von Menschen und Institutionen, sogar die globale Vernetzung von Produktion, Information und Menschen, die insgesamt weiterhin wächst. Unternehmen werden komplexer – wie die Systeme, bspw. die Märkte, in denen sie sich bewegen – und bauen ihr ganzheitlich-systemisches (Selbst-) Verständnis, ihre Netzwerkkompetenzen sowie ihre Vernetzungsdichte aus (Foelsing & Schmitz, 2021, S. 47 f.).

Komplexe Systeme neigen dazu, Grenzen durchlässiger zu machen (Gilbert, 2003, S. 12). So müssen Führungskräfte der Tendenz entgegenwirken, dass gleichzeitig mit der steigenden Anzahl sozialer Verknüpfungen in größeren Systemen der Grad ihrer

Kohärenz (ihres Zusammenhalts) *abnimmt,* wenn die Konnektivität nach außen *zunimmt* (Gomez & Lambertz, 2023, S. 84–86; s. a. Abb. 78).

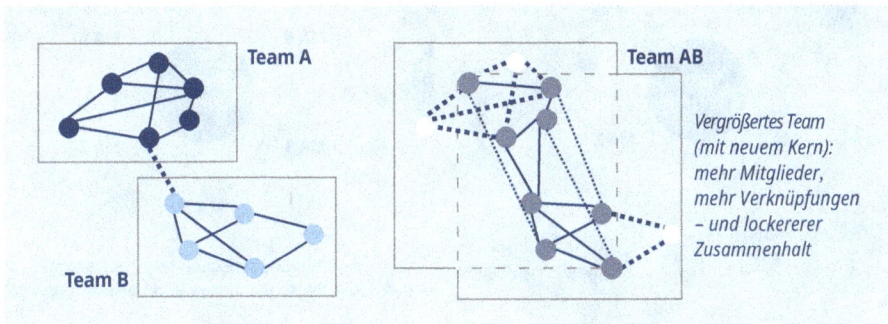

Abb. 78: Verknüpfung und Zusammenhalt von Systemen. Weniger Verknüpfung, engerer Zusammenhalt in kleineren Systemen – mehr Verknüpfung, lockererer Zusammenhalt in größeren (eigene Darstellung, angelehnt an Gomez & Lambert, 2023, S. 85).

Kollegialität bezeichnet eine Ausrichtung von Menschen im Hinblick auf *berufliche* Zielorientierung. Das unterscheidet sie von der *persönlichen* Verbundenheit von Menschen mit ihren Partnern, Familien und Freunden (*Intimität*) – und von der Verbundenheit *zufälliger* sozialer Ansammlungen. Gegenwärtig moderne Kollegialität zeichnet sich jedoch durch lockeren Umgang sowie *weak ties* zu Kollegen aus. Sie weist insofern Ähnlichkeiten zu Sozialbeziehungen auf Social Media auf (Saxer, 2012, S. 461 f.).

Diese Tendenzen wirken sich auch auf die Gestaltung von Führungsbeziehungen aus. Die Stärkung von Konnektivität und Kollegialität erfordert oft das Überdenken sowohl *formeller* Hierarchien als auch *informeller* Strukturen. So geht es oft um den Ersatz **dyadischer Beziehungen** bzw. Strukturen (enger und mitunter herausgehobener oder fast exklusiver Beziehungen) zwischen Führungskraft und Beschäftigten. Dabei sollen *inner* bzw. *outer circles* – ein traditionell verbreitetes Phänomen – abgebaut werden, um stattdessen Äquidistanz (gleich große Entfernungen) zu den Mitarbeitenden bzw. zwischen ihnen zu schaffen: Die Nähe der Kollegen zueinander und damit deren Kollegialität und Konnektivität steigen (Peters, 2015, S. 30 f.; s. Abb. 79).

Im Sinne optimierter Kollegialität ist auch die sogenannte *Zürcher Teampyramide* (eigentlich ein Mehr-Ebenen-Modell) zu verstehen, die auf jeder ihrer vier aufeinander aufbauenden Stufen Management- und Leadership-Komponenten bedenkt. Nach diesem Modell können Führungskraft wie Beschäftigte einen Prozess anstoßen, der die folgenden Elemente enthält:

– Zielorientierung und Zielcommitment formulieren bzw. sichern,
– Aufgabenbewältigung und Weiterentwicklung durch Strukturdefinition anstoßen,
– Kommunikation und Zusammenhalt gewährleisten,
– Verantwortungsübernahme und Engagement initiieren.

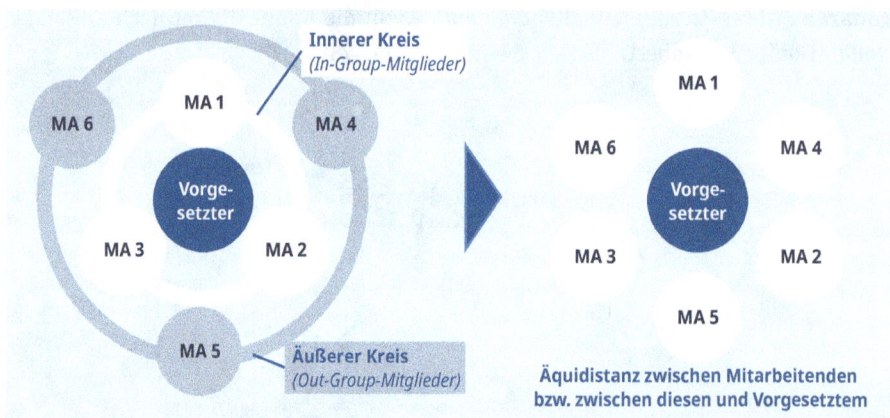

Abb. 79: Wandel dyadischer Beziehungen zwischen Vorgesetztem und Mitarbeitenden zur Äquidistanz. Abbau von Systemen aus *inner* und *outer circles*, Aufbau von Kollegialität und Konnektivität (eigene Darstellung, angelehnt an Peters, 2015, S. 31).

(Neumann, 2019a, S. 20 f.). Auf diese Weise wird Konnektivität gefördert, Kollegialität ausgebaut und letztlich *Gemeinschaft* geschaffen.

Die Funktion von Konnektivität und Kollegialität in *Netzwerken* ähnelt deren Funktion in *Matrix-* und *Tensor*-Organisationen. Die Frage der Zuordnung wird dort beantwortet durch Pflege des **Mindsets** – in den Worten eines Managers: „The challenge is not so much to build a matrix structure as it is to create a matrix in the minds of our managers" (Bartlett & Ghoshal, 1992, zit. nach G. Schreyögg & Geiger, 2016, S. 99).

> Mit **Community Building** wird hier einerseits der Aufbau klassischer organisationaler Einheiten in hierarchischen Strukturen mit *Team Building* einschließlich *Projektteams* bezeichnet. Andererseits wird darunter ein informelleres *Networking* verstanden, das sich auf Einheiten inner- wie außerhalb des Unternehmens und auf Kommunikation – auch mittels Social Media – beziehen kann und das Gemeinsamkeiten mit dem Team Building aufweist; so z. B. das Situationsmanagement (Saxer, 2012, S. 479).

Voraussetzungen für *internes* Community Building – auch von Unternehmens-Netzwerken – sind gemeinsame Zielvorstellungen und Werte einer positiven Unternehmenskultur. Dahinter steht Vertrauen in das Verantwortungsbewusstsein der Beschäftigten und in deren Kompetenzen, das Hierarchie durch Zielvereinbarungen ersetzt und ggf. durch Ergebniscontrolling ergänzt (Lippold, 2023, S. 364; s. a. Kap. 4 – sowie zur Bedeutung von Vertrauen für den Zusammenhalt auch von Netzwerken: Gilbert, 2003, S. 93 f.).

Die Kollaboration in Teams gestalten deren Führungskräfte durch Kompetenz und besonders durch das Vorleben von Werten, speziell von *Treue* (oder *Redlichkeit*, fidelity): In ihrer Funktion als Anführer (Leader) erarbeiten sie sich bzw. dem Unternehmen die *Loyalität* ihrer Teams. Das ist der Gegenstand des Idiosynkrasie-Kredit-

Modells,[118] demzufolge die Führungskräfte sogar in einem permanenten Prozess solcher Erarbeitung stehen (Weibler, 2023, S. 165–169, s. Abb. 80).

Abb. 80: Idiosynkrasie-Kredit-Modell der Führung nach Hollander. Leadership als Ergebnis eines Prozesses, fußend auf den Kompetenzen sowie auf Treue/Redlichkeit des Leaders (Stone/Cooper 2009, modifiziert, nach Weibler, 2023, S. 168).

Entsprechend verstehen sich immer weniger Beschäftigte als *Untergebene* (auch nicht auf niedrigen hierarchischen Stufen), sondern sehen sich als *Partner* beim Erreichen gemeinsamer organisationaler Ziele (Russell & Liggans, 2022, S. 18). Dieses Verständnis fördert den Aufbau von Teams – und das nicht nur kooperativ horizontal, sondern hierarchisch gesehen auch vertikal. Teams sehen sich damit als „**Verantwortungsgemeinschaft**" (Schmid, 2016, S. 149).

Solches Verständnis unterstützt Führungskräfte bei ihrer Auswahl von Motivatoren in der Leitung von Teams. **Motivation** wird als komplexer psychologischer Prozess gesehen, der u. a. Empathie erfordert (s. Kap. 7.3). Die Fokussierung auf *intrinsische* Motivatoren (die zudem als wirkungsvoller gelten) fördert eher einen partnerschaftlichen Charakter von Beziehungen, der Einsatz von *extrinsischen* Motivatoren eher einen hierarchischen Charakter (Russell & Liggans, 2022, S. 15; s. a. Tab. 29).

Das Verständnis von Partnerschaft mit Mitarbeitenden ermöglicht es Führungskräften, sich von diesen führen zu lassen. Führungskräfte, die zuvor unter Angst vor Macht- und Kontrollverlust litten, lassen dann zu, dass ihre Mitarbeitenden mehr wissen oder können als sie selbst. Das erleichtert es ihnen, Führung schrittweise abzugeben, und ermöglicht **Shared Leadership** (auch *Distributed* oder *Collective Leadership, geteilte* bzw. *gemeinsame Führung)*. Dabei führt, wer gerade die besten Voraussetzungen dafür hat – und gibt seine Führung anschließend wieder ab (Scholl, 2020, bes. S. 147 f.; s. a. Abb. 81 sowie Kap. 10.2).[119]

---

118 *Idiosynkrasie* = Eigenart
119 Die Bezeichnungen sind, wenn überhaupt, nur unscharf voneinander abgegrenzt. Begriffe, die teils synonym verwendet werden, sind *Collaborative* (zusammenarbeitende), *Emergent* (auftauchende, erwachsende) oder schlicht *Co-Leadership* (Bolden, 2011, S. 363).

Tab. 29: Typen von Motivatoren (Russell & Liggans, 2022, S. 15).

Motivation			
Intrinsisch		**Extrinsisch**	
Anerkennung	Bedeutung	Belohnung	Status
Zughörigkeit	Selbstbestimmung	Vergünstigungen	Job-Sicherheit
Lernen	Wachsen	Gehalt	Physische Umgebung
Können	Werte	Angst vor Strafe	
Wissbegier			

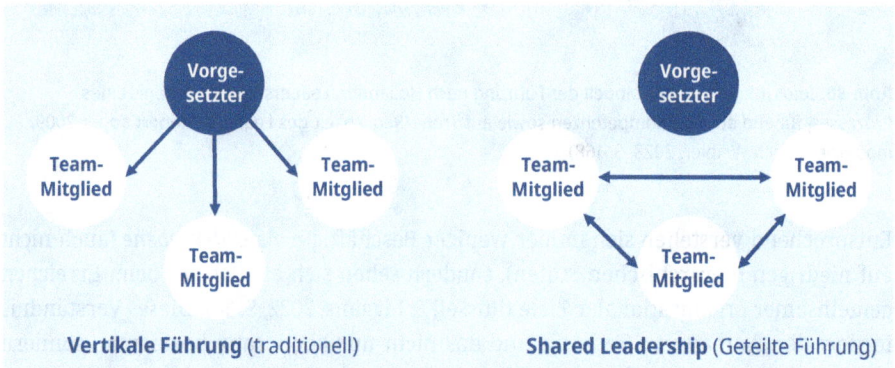

Vertikale Führung (traditionell)   **Shared Leadership** (Geteilte Führung)

Abb. 81: Vertikale und geteilte Führung. Team-Mitglieder im *Shared Leaderhip* mit zeitweiliger Führung für die Dauer ihrer jeweiligen Kompetenz-Führerschaft (Piecha et al., 2012, nach Ullmann & Jörg, 2019, S. 428).

Eine derartige Veränderung in der Führung setzt ein verändertes **Selbstverständnis** auf allen Seiten voraus. In der Covid19-Pandemie änderten Führungskräfte nicht nur ihr hierarchisches Verständnis von Führung; sie änderten auch ihre Kommunikation gegenüber anderen Stakeholdern. So bezogen sie vermehrt Kunden bzw. Klienten sowie weitere Partner in ihre Entscheidungen ein (s. Kap. 8.3). Zudem begannen sie, stärker gemeinsame Ziele und ihre Identität zu kommunizieren (McGuire & Germain, 2023).

Dass Führungskräfte auf solche Weise Vernetzung innerhalb und außerhalb von Teams schaffen, ist eine Voraussetzung für erfolgreiches **Remote Work**. Das gilt auch dann, wenn es auf den ersten Blick leichter erscheint, Kommunikation und Entscheidungswege der Teams in herkömmlichen Strukturen und Hierarchien zu organisieren. Ansatzpunkte für solche intensivierte soziale Vernetzung sind:
– Aufgaben überlappen lassen: sichert Austausch, fordert und fördert kollegiale Beziehungen selbst im Fall (milder) Konflikte

- Nicht-aufgabenbezogene Kommunikation fördern: stützt Kollegialität durch gegenseitiges Kennenlernen und Entdeckung persönlicher Übereinstimmungen
- Feedback-Kultur aufbauen: bis hin zu 360°-Feedback, auch durch eigenes Beispiel (s. a. Kap. 8.3)

(D. Herrmann et al., 2012, S. 40).

Voraussetzung für den Erfolg solcher Führungsstruktur sind eine empathische personale **Disposition** der betreffenden Führungskräfte sowie eine organisational behutsame **Einbettung** solcher Teams, ggf. in Form von Projekten. Das erste erfordert eine abgerundete Persönlichkeit der Beteiligten; das zweite eine umsichtige prozessuale und kommunikative Verankerung und ggf. systemisches Lernen, die Bereitschaft zum Wandel sowie Betreuung. Auf diese Weise wird es sogar möglich, hierarchische Führung und Shared Leadership simultan nebeneinander existieren zu lassen (Denis et al., 2012, bes. S. 225–228; zu systemischen Lernen s. Kap. 8.4, zu stetigem Wandel Kap. 9.3, zu Projekten Kap. 11.1).

Diese Ansätze werden umso wichtiger, je stärker Teams *crossfunktional* zusammengesetzt sind: mit der Folge, dass Kollegialität und Konnektivität nicht mehr so naheliegen. Die weiter wachsende **interkulturelle** und **interdisziplinäre Zusammenarbeit** schafft zunächst neue Herausforderungen; ihnen wirken diese Ansätze entgegen (s. a. Kap. 9.1 zu Diversität, Kap. 10.3 zu Talent Management). Dadurch werden Unternehmen sogar *krisenfester*: In den Jahren der Covid19-Pandemie erwiesen sich die Unternehmen als erfolgreicher, die solches effektives Teamwork gezielt aufgebaut hatten (Zeeshan, 2023, S. 24 f.).

Dabei geht es weniger um Schnittstellenmanagement: Das wäre, wie das Wort sagt, nur eine Art von *Management*. Der Aufbau von **Teamgeist** (oft „*Spirit*") ist dagegen eine Maßnahme zum Aufbau von *Unternehmenskultur*. Sie berührt die Motivation und die Entfaltung von Potenzial und Persönlichkeit. Dabei sollen Mitarbeitende neben ihrer Vernetzung:
- *authentisch* und *kontrovers* miteinander kommunizieren
- *experimentieren* (dürfen) und *reflektieren*
- aus *Fehlschlägen* lernen, sich entwickeln und wachsen (s. a. Kap. 9.4)
- eigene *Stärken* erkennen und einsetzen können
- somit *Selbstvertrauen* entwickeln und *anderen vertrauen* können
- *Unterschiede* und *Vielfalt* erkennen und nutzen (s. a. Kap. 9.1)
- eher *Kooperation* als Wettbewerb erleben
- sich einbringen und *Verantwortung* übernehmen können

(Pfister & Neumann, 2019, S. 66). Das schafft zugleich Voraussetzungen für *Communities of Practice* (COP), die das Lernen in den Kontext von Gemeinschaft stellen (s. Kap. 8.4).

Doch ähnlich wie Personen drohen auch **Teams** einem **Burn-out** zu unterliegen: einem Sinken ihrer Leistungsfähigkeit aufgrund von Übersteigern der einen oder anderen Komponente. Und wie bei Personen beginnt das mit schleichenden, nicht sofort spürbaren Prozessen, die in Abwärts-Spiralen führen. Die Indikatoren dafür sind vielfältig (Rolfe, 2019, S. 49 f.; s. Tab. 30).

Tab. 30: Indikatoren für organisationales Burn-out (nach Rolfe, 2019, S. 50, abgewandelt).

Indikator	Erläuterung
Festhalten an *bestehenden Lösungen*	Unternehmen nicht mehr offen für veränderte Bedürfnisse seiner Stakeholder; reagiert nach alten Mustern
Kraftlose Führung	Führung zeigt verminderte Präsenz; hat weniger Energie und Charisma; reagiert mit Aktionismus. 2./3. Ebene fordert Führung
Fehlende Energie für Kreativität	Energieverlust bei Führung/Mitarbeitenden wegen wiederholter Selbstorganisation unter Stress. Mangel an Kraft für Ideen und Innovationen
Komplexitätszunahme wegen Mangels an Vertrauen	Zunahme von Misstrauen, Regeln, Kontrollmechanismen; Abnahme von Selbstverantwortung. Informationen werden mit Misstrauen aufgenommen (was Ausbrennen wiederum fördert)
Managementwechsel	Signal zum Neubeginn verpufft; neues Management stößt auf ausgebrannte Kultur
Verlust von Know-how und *Engagement*	Leistungsträger wandern ab; verbleibende Mitarbeitende in die innere Kündigung. Sinkende Leistungsbereitschaft/-vermögen

Seit der Covid19-Pandemie – und schon kurz zuvor – häufen sich Untersuchungsergebnisse, denen zufolge Teams ihre Produktivität, Agilität und Innovationsfähigkeit auch im Verlauf von Krisen stärker aufrechterhalten, wenn sie schon vorher den Aufbau von *Team-Resilienz* gezielt forciert hatten. Das Interesse daran nimmt seit Jahren zu (Rolfe, 2019, S. 200).

> Mit **Team-Resilienz** wird ein psychosozialer Prozess bezeichnet, der eine Gruppe von Individuen vor der potenziell negativen Wirkung von Stressoren schützt, indem er sie darin unterstützt, sich trotz Druck und Stress aus Ihrem Umfeld positiv zu entwickeln (Morgan et al., 2013, bzw. Carmeli et al., 2013, nach Rolfe, 2019, S. 200)

Verschiedenen Modellen zur Team-Resilienz ist gemeinsam, dass sie Struktur und Kombination von *Teams* mit der Interaktion und Entwicklung ihrer *Mitglieder* in Beziehung setzen. Als eines der gängigsten Modelle wird das Modell von Sharma & Sharma angesehen (2016; s. Abb. 82).

Diese Erkenntnis ist deswegen so wichtig, weil Individuum und Organisation immer auch als Größen anzusehen sind, die in einem gewissen Widerspruch zueinander stehen: Ein Individuum strebt nach Autonomie (Selbstbestimmung) und Authentizität (Selbstgemäßheit), eine Organisation verlangt eine gewisse Einordnung und Uni-

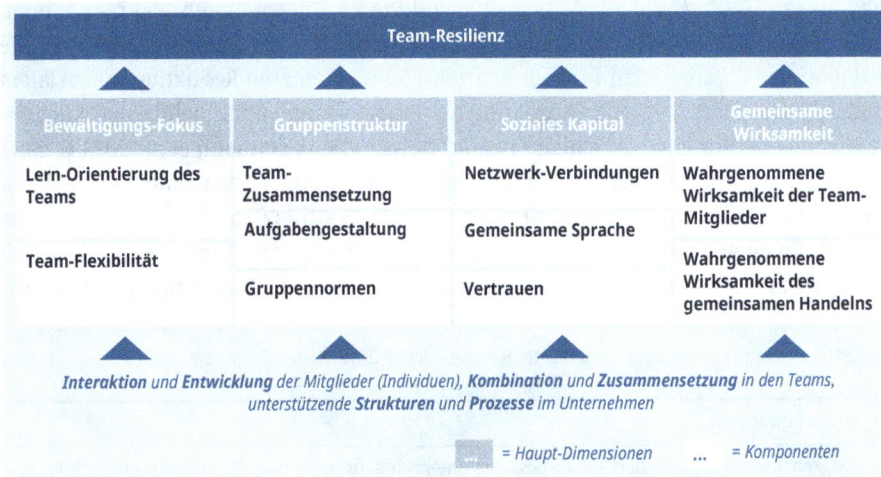

Abb. 82: Team-Resilienz-Modell. Team-Resilienz als dynamischer, psychosozialer Prozess in 4 Haupt-Dimensionen mit insgesamt 10 Komponenten (eigene Darstellung nach Sharma & Sharma, 2016, S. 46).

formität. Eigenständigkeit und Anpassung stehen einander gegenüber (Pietzcker, 2024, S. 81).[120]

Im Sinne des New Work-Konzepts (s. Kap. 11.3) geht es darum, eine funktionsfähige Zielharmonie zwischen Beschäftigten und Unternehmen herzustellen (s. Kap. 2.3). Sie beinhaltet das Erleben gemeinsamer *Wirksamkeit,* gemeinsames *Lernen* im Team, gemeinsame *Sprache* und das Gestalten von *Normen* und *Aufgaben* (s. Kap. 8.3 zu Feedback, Kap. 8.4 zu systemischem Lernen, Kap. 9.2 zu agilem Management, Kap. 9.3 zu Wandel). Auch hier taucht *Vertrauen* als Schlüsselelement auf. Es bildet die Basis zu einer der vier Hauptdimensionen des Team-Resilienz-Modells: dem *sozialen Kapital.*

> Mit **sozialem Kapital** wird der Goodwill bezeichnet, den Personen, Gruppen oder Organisationen genießen. Sie gewinnen ihn durch die Struktur und den Inhalt ihrer interpersonalen Beziehungen. Diese werden von deren Mitgliedern als positiv und stärkend empfunden (Rolfe, 2019, S. 43).

Spätestens seit der Erfahrung hybrider Arbeit in der Covid19-Pandemie gilt das soziale Kapital von Unternehmen als bedroht. Einerseits wird zwar *flexible Arbeitszeitgestal-*

---

120 „Die Sozialisation des Einzelnen zielt auf Eigenständigkeit, Fähigkeit zu eigenem Werturteil, Unabhängigkeit und Freiheit. Die Ansprüche einer Organisation hingegen zielen naturgemäß nach Ein- und Unterordnung, Anpassung und Disziplin" (Pietzcker, 2024, S. 81), der resümiert: „Dieser Grundkonflikt zwischen Unternehmen (Organisation) und Einzelnem kann zwar materiell kompensiert, aber niemals vollständig aufgelöst werden" (s. a. Kap. 10.2): Um eine solche effiziente Kompensation und eine effektive Kollaboration auf Basis harmonisch akzeptierter Ziele geht es den hier vorgestellten und in der Praxis erfolgreich angewendeten Konzepten.

tung als ein Hauptgrund für Mitarbeiterbindung an Unternehmen wahrgenommen (Eilers et al., 2023, S. 21 f.). Andererseits aber wird die *Wirkung* der Flexibilität auf die Sozialität der Beschäftigten kritisch beurteilt: So werden eine Reduktion an sozialem Kontakt konstatiert und eine Bedrohung für Teamzusammenhalt befürchtet; langfristig wird die Gefahr einer „sozialen Erosion" beschrieben (Hofmann et al., 2023, S. 29).

Zahlreiche Faktoren können Unternehmen dabei unterstützen, einem drohendem Team-Burn-out zu begegnen und **organisationale Resilienz** zu entwickeln. Dazu lassen sich Kompetenzen und Routinen identifizieren und in drei Dimensionen unterteilen: in *kognitive, verhaltensbezogene* und *kontextabhängige* Komponenten (s. Tab. 31).

Tab. 31: Dimensionen resilienter Organisationen (nach Rolfe, 2019, S. 42–43, abgewandelt).

Kognitive Dimension	
Positive, konstruktive *Haltung*	orientiert am *Purpose* des Unternehmens, gefördert durch *Werte* sowie ehrliche, überzeugende Vision; unterstützt durch bewussten Einsatz von Sprache
Verhaltensbezogene Dimension	
Erlernte *Ressourcennutzung*	Eigeninitiative, Einfallsreichtum, Improvisation; kombiniert mit Agilität; bes. auch um unkonventionelle Antworten auf unvorhergesehene Herausforderungen zu finden
Routinen	Nützliche Gewohnheiten, meist mit den Unternehmenswerten verbunden – auch als erste Mittel für unvorhergesehene Herausforderungen
Lernen	Erlernen *neuer Verhaltensweisen* – sowie, damit verbunden (oft übersehen) das Ablegen von *nutzlos* gewordenen Überzeugungen und Verhaltensweisen
Kontextuelle Dimension	
Psychologische Sicherheit	Sicherheit beim Eingehen interpersonaler Risiken, z. B. Fragen und Feedback. Quellen dafür: umfassendes soziales Kapital, verteilte Macht und Verantwortung, Ressourcennetzwerke

Als eine weitere Dimension kann die **technische Dimension** angesehen werden. Noch immer gibt es Unternehmen, die ihre Mitarbeitenden mit der nötigen *Hardware* ausstatten müssen. Daneben sind für den Aufbau von Team-Resilienz *Collaboration Tools* (*Software* zur Zusammenarbeit) bedeutsam, z. B. Slack oder MS Teams, mit denen Kommunikationsaufgaben-adäquat ausgeführt und Wissen effektiv gespeichert werden können. Wichtig ist dabei u. a. die Integrierbarkeit weiterer Tools wie z. B. Kanban-Boards (Bruhn, 2020, S. 33–34; s. a. Kap. 9.2 zu agilen Methoden).

Essenziell ist dies im **Hybrid Work** und in der Führung **virtueller Teams**. Darunter werden Teams verstanden, die von mehr als einem Ort aus zusammenarbeiten. Es sind 4 Typen solcher Teams zu unterscheiden:
- *Tele-Manager*: Einzelpersonen führen ein Team an einer anderen Location
- *Remote Teams*: Einzelpersonen führen ein Team an mehreren anderen Locations

- *Matrix-Tele-Manager*: Mehrere Personen führen ein Team an einer anderen Location
- *Matrix-Remote Teams*: Mehrere Personen führen ein Team an mehreren anderen Locations

(angelehnt an Russell & Liggans, 2022, S. 33).

Von besonderem Interesse ist der *Aufbau* virtueller Teams. Im herkömmlichen Team-Building geht man von vier **Phasen** aus („Forming – Storming – Norming – Performing"), die ggf. um eine fünfte Phase ergänzt werden. Letzteres ist i. d. R. „Adjourning" (die Trennung des Teams; Hennerfeind, 2020, S. 232); interessanter jedoch: „Reforming", die Re-Organisation des Teams (H. Meyer & Reher, 2020, S. 98). Das Modell von Tuckman deutet Phänomene, die im Prozess von Team-Gründungen entstehen – und bei Übernahme neuer Aufgaben durch existierende Teams auftreten (D. Herrmann et al., 2012, S. 93; Lippold, 2023, S. 233).

Das Modell stammt aus der Zeit ausschließlicher Präsenz-Arbeit. Es gibt jedoch solide Anhaltspunkte dafür, dass **hybride Teams** dieselben Phasen durchlaufen und darin ähnliche Charakteristika aufweisen. Allerdings gilt die Komplexität hybrider Teams als höher, und die Anforderungen an deren Führung ebenfalls (D. Herrmann et al., 2012, S. 96 f.). Für die 4 Haupt-Phasen stellen sich die folgenden Anforderungen, s. Tab. 32.

Im Vergleich zu Präsenz-Teams ist bei **virtuellen Teams** in einigen Phasen mit reduzierter Intensität und niedrigerem Tempo zu rechnen – mit der etwaigen Folge, dass diesbezügliche Konflikte zunächst verschoben und dann ggf. *gravierender* werden. Auch führt das nur virtuelle Beobachten durch die Führungskraft (statt des Beobachtens in Präsenz) evtl. dazu, dass Entwicklungen später als in Präsenz bzw. weniger detailliert oder weniger umfassend registriert werden. Das gilt auch für den Eintritt in jeweils nächste Entwicklungsphasen bzw. Rückschritte in vorherige – ein (Wieder-) Eintritt in die vorhergehende Phase ist nach dem Modell immer möglich (Ullmann & Jörg, 2019, S. 438 f.).

Zu jedem Zeitpunkt einer jeden Phase virtueller Teams ist es daher erforderlich, folgende **Fragen** zu stellen:
- Welche *Herausforderungen* müssen in nächster Zeit bewältigt werden?
  - … bzgl. der Aufgabe/Leistung?
  - … bzgl. der Qualität der Zusammenarbeit?
- Wie wirkt die Multi-Lokalität auf die Bearbeitung der *Aufgabe* und auf die Qualität der *Kooperation*?
- Was kann ich zur Entwicklung des Teams beitragen?
  - … als Team-*Mitglied*: Was kann ich verändern?
  - … als *Leader*: Wie kann ich meine Führung ändern?
- Wie können *Selbststeuerung* und *Mitverantwortung* der Mitglieder gesteigert werden?

(nach D. Herrmann et al., 2012, bes. S. 97–102)

Tab. 32: Teamphasen nach Tuckman, erweitert für virtuelle Teams (Lippold, 2023, S. 233, dort angelehnt an Bartscher, 2012, u. Stock-Homburg, 2013; sowie Hennerfeind, 2020, S. 232–235; Erweiterung nach D. Herrmann et al., 2012, S. 93–96).

Stichwort	Forming	Storming	Norming	Performing
Stichwort	Orientierung	Positions- u. Rollenkonflikte	Selbst-/Neu-Organisation	(Hoch-)Leistung
Merkmale	– höflich – unpersönlich – gespannt – vorsichtig – abtastend	– Konfrontation der Personen – Unterschwellige/ offene Konflikte – Cliquenbildung – mühsames Vorankommen – Positionierung u. Rangkämpfe	– Entwicklung von Umgangsformen – Entwicklung von Verhaltensweisen – Aufbau einer Feedback-Kultur – Konfrontation v. Standpunkten	– ideenreich – flexibel – offen – leistungsfähig – leistungsbereit – solidarisch und hilfsbereit
Bedeutung der Beziehungsebene	hoch	hoch	gering	hoch
Bedeutung der Sachebene	gering	gering	hoch	hoch
Führungsstil	kooperativ-beziehungsorientiert	kooperativ-autoritär	kooperativ-vermittelnd (u. administrativ)	kooperativ
Rolle der Führungskraft	Beziehungsmanager	Schlichter	Moderator (Koordinator)	Coach
Erweiterung für virtuelle Teams				
Erschwernisse durch Virtualität	Kennenlernen unpersönlicher	Komplikationen intransparenter	Verinnerlichung und Sicherheit nötiger, Harmonisierung diffiziler	Unerfahrenheit / Innovationen

Besondere Maßnahmen			
– persönliche Themen finden	– intensive Aufmerksamkeit	– Selbstorganisation zugestehen	– (stand by)
– zusätzliche Zeit für Austausch	– potenzielle Konflikte mutig ansprechen	– Sanktionen bei Regelverstößen zur Diskussion stellen	– (Etwaiges Eingreifen bei Druck zur Konformität oder Störungen von außen)
– Netzwerk-Kommunikation	– nichts ignorieren	– Team-Mitgliedern Querschnitts-Aufgaben stellen	
– gemeinsame Ziele definieren	– im Zweifelsfall professionelle Hilfe ordern	– Gemeinschafts-Aufgaben stellen (Kooperation)	
– vorläufigen Platz für jeden definieren		– äußerst sensible Wahrnehmung	

Derartige Reflexionen sind Tools für Führungskräfte, um Teams zu entwickeln. Sie sollten eigentlich Routine in der Teamführung sein; manche Ereignisse oder Situationen sollten aber als besondere **Auslöser** dafür fungieren, so z. B.:
– vermehrte Irrtümer und Fehler
– störende Differenzen und Konflikte (intern/extern)
– veränderte Team-Zusammensetzung
– zusätzliche Anforderungen
– Ressourcenengpässe
– neue Technologien
  (Ullmann & Jörg, 2019, S. 450)

Die *Leistung* virtueller Teams im eingeschwungenen Zustand (*Performing*) variiert naturgemäß erheblich: vom Wachstum zu Höchstleistungen über Zustände durchschnittlicher Leistungen bis zum Absinken der Leistungsfähigkeit. Nach dem *Team-Reflexivity-Model* empfiehlt sich die Betrachtung besonders entlang zweier Achsen: der *sozialen* sowie der *aufgabenbezogenen* **Reflexivität**. Demnach ergeben sich vier Team-Zustände (Ullmann & Jörg, 2019, S. 449 f.; s. Abb. 83).

Abb. 83: Team-Reflexivitäts-Modell nach West. Unterschiedliche Leistungsfähigkeit von Teams, soziale bzw. aufgabenbezogene Reflexivität (nach West, 2012, angelehnt an Ullmann & Jörg, 2019, S. 449).

Hybride und virtuelle Teams sind auch unter den Gesichtspunkten der Leistung und der Reflexivität besonders sensibel zu führen. Tools zur Erhebung des **Team-Zustands** sind – wie sonst auch – z. B. Mitarbeiterbefragung, Team-Workshops von Beschäftigten verschiedener Ebenen oder Kick-Offs zwischen Beschäftigten und Management (Hasselmann & Schauerte, 2023, S. 199).

Organisationale Resilienz wird nach verschiedenen **Perspektiven** zu entwickeln empfohlen. Dies sind: Person (Individuum), Team, Kultur, Struktur und Führung (Hasselmann & Schauerte, 2023, S. 199). Andere Modelle verzichten auf die Dimension der

Führung – die im Zusammenhang mit dem *War for Talents* jedoch bedeutsam ist. Hier wird daher ein Modell vorgestellt, das sie integriert (s. Abb. 84).

Abb. 84: Kompass zur organisationalen Resilienz. Komponenten zur Handlung und Gestaltung (angelehnt an Stork & Grund, 2021, nach Hasselmann & Schauerte, 2023, S. 199).

Beachtlich an dem Modell ist auch die Ganzheitlichkeit dieser Dimensionen und ihrer Komponenten – wie sie in den vorhergehenden Kapiteln erörtert wurden bzw. in den folgenden vertieft werden. Zur Bekämpfung organisationalen *Burn-outs* und zur Implementierung *positiven Engagements* werden die folgenden 3 konsekutiven **Schritte** zur Arbeitsumgebung, zu Arbeitsbedingungen und Kontrolle sowie zum Problemkern und der individuellen Situation empfohlen (Russell & Liggans, 2022, S. 60; s. Tab. 33).

Tab. 33: Schritte vom Burn-out zum Engagement (nach Russell & Liggans, 2022, bes. ab S. 60).

Arbeitsschritt	Beschreibung
Arbeitsumgebung beurteilen	spezifische Charakteristika bzgl. Burn-out und Engagement im Team einschätzen
Realitäten und *Kontrollspanne* würdigen	Übergeordnete interne und externe Arbeitsbedingungen erkennen; Aktivitäten, Funktionen, Beschäftigte und Ressourcen anerkennen, die einen direkten oder indirekten Einfluss haben bzw. beeinflusst werden
Burn-out entschärfen, *Engagement* vorantreiben	Strategie und Maßnahmenplan: Arbeitsumgebung auf organisationaler, arbeitsbezogener sowie persönlicher Ebene verändern; jede Ebene mit angemessener Balance aus Anforderungen und Ressourcen versorgen

In diesem Zusammenhang hat das BGF-Institut (Institut für Betriebliche Gesundheits-förderung) im Jahr 2023 Verantwortliche für Betriebliches Gesundheitsmanagement (BGM) in Unternehmen zum Status von *organisationaler* und *Team-Resilienz* befragt (Hasselmann & Schauerte, 2023). Die **Items**, nach denen gefragt wurde, zeigt – zur Inspiration für die Gestaltung von Unternehmenskultur und Führung – Abb. 85.

Indikatoren zur Organisationalen Resilienz (Beispiele)

„ Die Organisation / das Unternehmen hält die Mitarbeitenden über die aktuellen Entwicklungen am Markt auf dem Laufenden."

„ Wir haben eine klare Vorstellung von den internen Abläufen und Zuständigkeiten innerhalb der Organisation."

„ Die internen Prozesse der Organisation (z. B. Kommunikation und Produktion) können schnell und einfach an neue Gegebenheiten angepasst werden."

„ Die Mitarbeitenden werden über interne Entwicklungen in der Organisation auf dem Laufenden gehalten."

„ Wir haben eine gute ‚Landkarte' von den Kompetenzen und Ressourcen in der Organisation."

„ Im Bedarfsfall stellt die Organisation auch kurzfristig Ressourcen zur Verfügung, um schnell auf Veränderungen reagieren zu können."

Indikatoren zur Team-Resilienz (Beispiele)

„ Wir sind immer auf dem aktuellsten Stand, was Veränderungen betrifft, die für unser Team relevant sein könnten."

„ Wenn es in unserem Team zu Irrtümern und Fehlern kommt, dann nehmen wir dies zum Anlass, unsere Zusammenarbeit auf den Prüfstand zu stellen."

„ Wenn ein Problem aufgetreten ist, dann überprüfen wir, ob die Aufteilung der Aufgaben und Arbeitsabfolge im Team verbessert werden kann."

Abb. 85: Umfrage-Items zur Organisationalen Resilienz und zur Team-Resilienz. Zur Inspiration für die Gestaltung von Unternehmenskultur und Führung (eigene Darstellung, zit. nach Hasselmann & Schauerte, 2023, S. 201–203).

Insbesondere **Wissensarbeit** ist hybridisierbar – und wird in hybriden Teams noch komplexer als sie ohnehin schon ist (Bernardy et al., 2021). Einerseits ist das hybride Arbeiten zügig gelebter Alltag geworden. Andererseits ist es ambivalent aufgenommen worden: Zeitliche Entgrenzung führt bei höher Beanspruchten zu Informations-überflutung, häufigeren Unterbrechungen und in Summe zu höherem Zeitdruck (Latniak & Schäfer, 2021). Teams leiden darunter und bedürfen in besonderem Maß empathischer Führung.

Die Diskussion um Resilienz hat seit über einem Jahrzehnt den engen Zusammenhang zwischen Führung und Gesundheit aufgezeigt (Mourlane et al., 2013). Eine herausragende Rolle spielt dabei Empathie. Dazu mehr im folgenden Abschnitt.

7.3 Empathie: Soft Skill No. 1

Indigene Stämme Nordamerikas, heißt es, hätten für das, was wir Empathie nennen, eine Metapher: *in die Mokassins des anderen schlüpfen.* Sich in die Schuhe des anderen zu stellen (Zeeshan, 2023, S. 17) ist ein eindrückliches Bild – etwas, das auch das Psychodrama praktiziert: sich in die Rolle, in die Situation des anderen hineinzuversetzen, mit dessen Augen zu sehen, aus dessen Welt heraus die Welt zu erleben. Sich einzufühlen in dessen Gedanken, Gefühle, Perspektiven, Handlungen – und zu verstehen versuchen, was man selbst in ihnen auslösen würde. Es geht um ein *Mitfühlen, Mitwissen* – und letztlich sogar um das *Gewissen* (Migge, 2018, S. 86).

> Unter **Empathie** ist das Vermögen zu verstehen, in einer Situation, die für den anderen schwierig ist, die Perspektive zu wechseln, sich in die *Gedanken* und *Gefühle* des anderen hineinzuversetzen und die Situation insgesamt dabei eher als eine Herausforderung denn als ein Problem zu verstehen (Rolfe, 2019, S. 123).

Auf das Unternehmen übertragen heißt das, dass Führungskräfte daran arbeiten sollten, sich in die Situationen und die Welt ihrer Mitarbeitenden zu versetzen – und dass sie die **Beziehung** zu ihnen nicht nur auf der *Sachebene*, sondern auch auf der *Beziehungsebene* gestalten sollten. Denn das ist die Ebene, auf der Kommunikation eigentlich, im Tiefen, stattfindet: als Beziehung (s. Kap. 4.3). Anders gesagt: Die Beziehung ist mit Empathie als Verbindung zwischen Individuen zu gestalten, zwischen denen eine physiologisch (also nicht nur psychologisch) nachweisbare affektive (gefühlsmäßige) Kommunikation besteht (Weibler, 2023, S. 10 f.).

Dazu gehört, dass **Gefühle** geäußert und erlaubt werden – dass also auch die Führungskraft Gefühle äußert. Denn ihr Verhalten prägt (bewusst oder unbewusst) auch das Verhalten derer, die sie führt: Der Mensch neigt dazu, Verhalten zu kopieren (s. a. Crossover-Effekt, Kap. 7.1). Zu diesen Gefühlen gehören auch solche, die meist eher als unangenehm, unfreundlich oder negativ empfunden werden, wie z. B. Ärger, Trauer oder Wut (nicht gerade Hass, mit dem sehr spezifisch umzugehen ist) – und letztlich auch das Feld der *Ängste.*[121]

> Mit **Emotionen** werden in der Psychologie häufig körperliche Reaktionen auf reale oder gedachte Objekte bezeichnet, die den Organismus auf Handlungen vorbereiten. Mit **Gefühl** werden häufig das bewusste *Erleben* dieser Reaktion und das bewusste *Interpretieren* der Situation bezeichnet, in der diese Reaktion stattfindet (Garcia et al., 2019, S. 122).

---

[121] In *psychotherapeutischer* Arbeit geht es darum, mit Empathie bis in die Welt der inneren *Kämpfe* und *Traumata* einzusteigen und sie anzuerkennen: eine Haltung, die wir auch als Führungskräfte bzw. Coaches haben sollten (Migge, 2018, S. 51). Doch der Unterschied des *Coachings* zur Therapie bleibt bestehen: Der Coach arbeitet nicht an Krankheit, sondern in anderen, oft ebenfalls schmerzhaften oder leidvollen, aber nicht krankhaften Business-, Beziehungs- oder Konfliktbereichen (s. Kap. 8.1).

Die **Emotion** selbst – auch wenn es sich bei ihr um eine Reaktion auf ein *gedachtes* Objekt handelt – ist *real*. Häufig entspringt sie einem Geflecht aus physiologischer Erregung (z. B. Herzrasen), einem diese Erregung ausdrückenden Verhalten („Ausdrucksverhalten", z. B. beschleunigter Gang) sowie einer bewussten Erfahrung (z. B. Sorge) einschließlich dem *erlebten Gefühl* (z. B. Panik, genauso auf der angenehmen Seite z. B. Freude), ggf. auch einschließlich einer zusätzlichen Interpretation oder Bewertung (Myers & De Wall, 2023, S. 508).[122]

Zu den **Grund-Gefühlen** werden z. B. gerechnet – hier mit *benachbarten Gefühlen* aufgeführt, die voneinander zu unterscheiden sind, sich berühren oder auch überlappen können:
- *Angst* – sowie Furcht, Besorgtheit, Sorge, Misstrauen, Unsicherheit, Schüchternheit usw.
- *Wut* – sowie Zorn, Empörung, Ärger, Groll, Neid, Trotz, Missmut, Geringschätzung usw.
- *Trauer* – sowie Traurigkeit, Niedergeschlagenheit, Kummer, Leid, Klaghaftigkeit, Beklemmung usw.
- *Freude* – sowie Glück, Lust, Heiterkeit, Wohlwollen, Vertrauen, Optimismus, Zufriedenheit usw.
- *Interesse* – sowie Aufmerksamkeit, Zuversicht, Neugier, Hoffnung, Spannung, Erwartung usw.
- *Ekel* – sowie Abscheu, Wankelmut, Unausgeglichenheit, Zweifel usw.
(Ciompi, 2005, nach Kiel, 2019, S. 853).

Einige Autoren räumen der **Angst** eine Art Sonderstellung im Fächer der Gefühle – oder außerhalb dessen – ein. Sie kann als emotionale Reaktion verstanden werden, die mit Erregung, Beendigung oder Verzweiflung verbunden und *biologisch* basiert ist, aber auch als *erlernte* Angst (Becker-Carus & Wendt, 2017, S. 558).

Angst kann also *konditioniert* oder auch *imitiert* sein. Menschen können Ängste vor ungefähr allem entwickeln, was ihnen begegnet – ohne den ursprünglich damit verbundenen biologischen Nutzen (wie z. B. Angst vor dem Säbelzahntiger) aufrecht zu erhalten. Angst kann so zu einer andauernden Verhaltensbereitschaft oder zu einem situativen emotionalen Zustand werden (Becker-Carus & Wendt, 2017, S. 558).[123]

---

122 Dass die *bewusste* Erfahrung auch durch eine *unbewusste* ersetzt und insofern zu einer *Verdrängung* von Gefühlen werden kann, ist hier nicht zu erörtern: Das gehört prinzipiell in den Bereich *therapeutischer* Arbeit, nicht zu den Aufgaben von Führungskräften (s. Myers & De Wall, 2023, S. 384, 631) – und auch nicht zu denen des üblichen Coachings.

123 Den Phänomenen *Furcht* und *Angst* in Coaching und ggf. Therapie Aufmerksamkeit zu schenken, lohnt sich: Schon die Angst, zu spät zu einem Termin zu kommen, kann Menschen förmlich lähmen und ihre Sicherheit im Straßenverkehr beeinträchtigen (Hilmer, 2023a, S. 69). Angst und Furcht haben auch deshalb eine gewisse Sonderstellung, weil sie hinderlich und weit verbreitet sind, in der Berufs-

Es gilt also, sich der *eigenen* Gefühle sowie der Gefühle *anderer* bewusst zu werden: ein kognitiver, kein emotionaler Vorgang. Das ist wichtig, weil Gefühle mitunter verwechselt werden mit dem **Umgang** mit ihnen – und die *Äußerung* von Gefühlen sorgsam erlernt werden muss. So kann Wut *unzivilisiert* an anderen ausgelassen oder *domestiziert* durch Zerknüllen von Papier oder Drücken eines Kissens geäußert oder anderweitig abgeführt werden. Und auch der Impuls der Angst kann durch eine **Entscheidung** wie z. B. *fight or flight* beantwortet werden (im Beispiel des Säbelzahntigers ohne Bewaffnung besser durch *flight*) – eine Art *intelligenter Umgang* mit diesen Phänomenen.

> **Emotionale Intelligenz** bezeichnet nach Goleman das Verstehen eigener Emotionen (Selbstwahrnehmung), den Umgang damit (Selbstmanagement), das Erkennen der Emotionen von anderen (soziales Bewusstsein) sowie den Umgang damit (Beziehungsmanagement) – einerseits eine angeborene Begabung, andererseits eine Kompetenz, die erlernbar ist (P. Meyer & Gölzner, 2018, S. 25; s. a. Kap. 10.2. sowie Abb. 86).

Abb. 86: Die 4 Dimensionen emotionaler Intelligenz. Die beiden auf das „Ich" bezogenen Dimensionen basierend auf Reflexion, die beiden auf „Andere" bezogenen Dimensionen maßgeblich basierend auf Empathie (eigene Darstellung nach Rieder, 2018, S. 267, dort angelehnt an HayGroup, 2004).

Wissenschaftlich ist der Begriff der emotionalen Intelligenz nicht unumstritten; in der Praxis hat er sich jedoch als einleuchtend und griffig erwiesen und sich daher weitgehend durchgesetzt. Zudem ist kontrovers diskutiert worden, ob emotionale Intelligenz *erlernbar* sei. Es wird heute kaum bezweifelt, dass dies der Fall ist – wobei betont

---

welt durch Stress bedingt häufig, aber auch anderweitig bedingt breit gestreut vorkommen und sich zu längerfristigen Störungen entwickeln können, und dies mit Übertragung von Auslösern aus anderen Feldern als den gerade beruflich vorfindlichen (Seibold, 2022, S. 83–86).

wird, dass weitere Komponenten wie z. B. Mitarbeiterführung oder Kommunikationskompetenz gesondert ausgeprägt werden müssen (Pundt & Venz, 2023, S. 511). Eine
Basis dafür ist das Einfühlungsvermögen in andere – das trainierbar ist.

Empathie kann als Teil emotionaler Intelligenz verstanden werden – als eine Kompetenz und zugleich
als eine Handlungsbereitschaft, die aus zwei Komponenten besteht: einer *emotionalen*, die Gefühle
empfängt (und sendet), sowie einer *kognitiven*, die Wissen erzeugt, indem sie z. B. nach Handlungs-
mustern fragt. Insofern lässt sich Empathie als Kombination aus emotionalem Einfühlen und objektiv-
rationaler Beobachtung sowie Analyse bezeichnen (Köppen, 2015, S. 105 f.).[124]

Dabei sind grundsätzlich alle betroffenen Seiten zu hören – und es ist zu vermeiden,
dass man von sich auf andere schließt (ein naheliegender Fehler). Für die Kommunikation der Führungskraft mit ihren Mitarbeitenden werden fünf **Verständnishelfer**
genannt:

– *Aufmerksamkeit* zeigen: mit Blickkontakt, ggf. freundlich vorgeneigtem Oberkör-
   per und evtl. unterstützenden Äußerungen,[125]
– *Echo* geben (Spiegeln): Wiederholung der Aussagen des Gesprächspartners –
   nicht als Frage, sondern als Aussage,
– *Fragen* stellen:
   – *Informationsfragen* (z. B.: „Was … ?")
   – *Weiterführende* Fragen (z. B.: „Und dann … ?")
   – Fragen nach dem *Gefühl* (z. B.: „Wie hast du dich gefühlt … ?")
   – Fragen nach der *Erwartung* (z. B.: „Möchtest du …"?)
   – Fragen nach der *Vorgehensweise* (z. B.: „Wie wollen wir … ?")
   … und das unter Angabe des Grundes für das Fragen (z. B.: „habe nicht ganz ver-
   standen …")
– *Konflikte* deutlich machen: eigenes Verständnis klar benennen (z. B.: „Auf der
   einen Seite möchtest du …, auf der anderen Seite …")
– *Nichts sagen*: eine produktive Pause kann dem Gesprächspartner helfen, Gedan-
   ken zu entwickeln
   (Franck, 2019, S. 212 f.)

Aktives Zuhören (s. Kap. 4.3) gilt als einer der Erfolgsfaktoren der Kommunikation,
mit dem eine Führungskraft – authentisch – Interesse am Mitarbeitenden signalisie-
ren kann. Dies bezieht sich jedoch nicht nur auf Nachfragen oder Feedback; vielmehr
soll das aktive Zuhören bereits selbst ein Akt „einfühlenden Verstehens" (Wahren,

---

124 Damit lässt sich Empathie neben Kreativität und Emotionen zu den „urmenschlichen Dimension"
zählen (Seitz & Seitz, 2018, S. 364), die gerade in der digitalen Welt an Bedeutung gewinnen.
125 In der Video-Kommunikation ergibt sich die besondere Herausforderung des reduzierten Blick-
kontaktes und insofern eingeschränkten Wahrnehmung beim Gesprächspartner (s. Kap. 4.3).

1987, S. 136) sein. Es stellt Beziehung her, indem es echte Anteilnahme am Gegenüber ausdrückt, und kann den folgenden 10 Maximen folgen (Tab. 34).

Tab. 34: 10 Maximen guten Zuhörens (in Anlehnung an Davis bzw. Neuberger, 1971, variiert/adaptiert von Wahren, 1987, S. 136 f.).

	Maxime	Erläuterung
1	Nicht sprechen	Man kann nicht zuhören, wenn man spricht
2	Dein Gegenüber entspannen	Zeig ihm, dass es unbehelligt sprechen kann. Schaffe eine Atmosphäre, die ihm das vermittelt
3	Zeig, dass du zuhören willst	Zeig echtes Interesse: Das geschieht, um zu verstehen – nicht, um zu opponieren
4	Halte Ablenkung fern	Falls du mitschreibst (per Stift oder Tastatur), muss auch das wertschätzend sein: keine Kritzelei, keine Hektik ... Lieber eine zugewandte Nachfrage von dir – als ein defokussiertes Multi-Tasking
5	Stell' dich auf dein Gegenüber ein	Versuche, dich wirklich in seine Situation zu versetzen, um es zu verstehen
6	Hab' Geduld	Nicht unterbrechen. Zeit haben. Nicht auf dem Sprung sein – und wenn doch: dies frühzeitig, klar und wertschätzend kommunizieren
7	Beherrsche dich	Falls du dich ärgerst, miss-interpretierst du die Worte deines Gegenübers
8	Lass dich durch Vorwürfe und Kritik nicht aus dem Gleichgewicht bringen	Auch eine Rechtfertigung deinerseits würde dein Gegenüber unter Druck setzen. Und ein Streit erst recht: Gewönnest du, hättest du verloren. Vorwürfe und Kritik musst du zunächst aushalten
9	Frage dein Gegenüber	Das ermutigt es, das Gespräch zu vertiefen
10	Nicht sprechen	Die erste und letzte Maxime – denn alle anderen hängen davon ab

Als erstes Screening für den **Entwicklungsbedarf** von emotionaler Intelligenz bei Mitarbeitenden bieten sich schlichte Fragebögen zur Selbsteinschätzung an. Die ersten 8 Fragen des folgenden Beispiels betreffen die eigenen Emotionen, die weiteren 4 Fragen die Emotionen der Mitarbeitenden (Pundt & Venz, 2023, S. 514 f.; s. Abb. 87).

Bezogen auf den Aufbau von Resilienz gegen Stress und Burn-out (s. Kap. 7.1) gilt es, bei sich selbst und bei anderen neben inneren auch äußere Anzeichen empathisch wahrzunehmen – rechtzeitig. Die in der folgenden Tabelle aufgelisteten **Symptome** treten unspezifisch auch bei anderen Phänomenen auf, z. B. bei Depression, Angststö-

Bitte kreuzen Sie für jede der folgenden Aussagen an, inwiefern diese für Sie persönlich zutrifft.

Trifft überhaupt nicht zu ①----②----③----④----⑤----⑥----⑦ **Trifft vollkommen zu**

1	Ich habe meistens einen guten Sinn dafür, warum ich bestimmte Gefühle habe	① ② ③ ④ ⑤ ⑥ ⑦
2	Ich habe ein gutes Verständnis für meine eigenen Emotionen	① ② ③ ④ ⑤ ⑥ ⑦
3	Ich verstehe wirklich, was ich fühle	① ② ③ ④ ⑤ ⑥ ⑦
4	Ich weiß immer, ob ich glücklich bin oder nicht	① ② ③ ④ ⑤ ⑥ ⑦
5	Ich kann mein Temperament kontrollieren, so dass ich mit Schwierigkeiten vernünftig umgehen kann	① ② ③ ④ ⑤ ⑥ ⑦
6	Ich habe meine eigenen Emotionen ganz gut im Griff	① ② ③ ④ ⑤ ⑥ ⑦
7	Ich kann mich selbst immer schnell wieder beruhigen, wenn ich wütend oder verärgert bin	① ② ③ ④ ⑤ ⑥ ⑦
8	Ich kann meine eigenen Emotionen gut kontrollieren	① ② ③ ④ ⑤ ⑥ ⑦
9	Ich habe meistens einen guten Sinn dafür, warum ich bestimmte Gefühle habe	① ② ③ ④ ⑤ ⑥ ⑦
10	Ich bin ein guter Beobachter der Emotionen meiner Mitarbeiter	① ② ③ ④ ⑤ ⑥ ⑦
11	Ich erkenne die Emotionen meiner Mitarbeiter immer an ihrem Verhalten	① ② ③ ④ ⑤ ⑥ ⑦
12	Ich bin sensibel für die Gefühle und Emotionen meiner Mitarbeiter	① ② ③ ④ ⑤ ⑥ ⑦

Abb. 87: Fragebogen zur Selbsteinschätzung emotionaler Fähigkeiten. Fragen 1–8 zu eigenen Emotionen, Fragen 9–12 zu denen der Mitarbeitenden – nicht mehr als ein bescheidener Auftakt (eigene Darstellung nach Pundt & Venz, 2023, S. 325; dort gem. Originalversion von Wong & Law, 2002).

rung oder als sonstige Stress-Reaktionen. Idealerweise sind sie schon früh als übermäßige Hektik, drohende Erschöpfung oder Resignation zu identifizieren (Meldau, 2022, S. 70; s. Tab. 35).

Tab. 35: Burn-out-Symptomliste als Auftrag an Empathie (nach Meldau, 2022, S. 70, dort angelehnt an Schaufeli & Enzmann, 1998, Burisch, 2014).

SYMTOMBEREICH	MERKMALE – MÖGLICHE SYMPTOME
1 Leistungsfähigkeit	Konzentrations- und Merkschwierigkeiten sowie Vergesslichkeit
	Verminderte Belastbarkeit – Leistungsabfall, Fehlerzunahme
	Sich den Anforderungen nicht mehr gewachsen fühlen
	Nachlassende Motivation, Lustlosigkeit bis zu chronischer Antriebslosigkeit
	Schwindende Kreativität
	Sinkende Arbeitsmoral – innere Kündigung
	Eindruck der Sinnlosigkeit; Unfähigkeit zu arbeiten

Tab. 35 (fortgesetzt)

SYMTOMBEREICH	MERKMALE – MÖGLICHE SYMPTOME
2 Mentale u. emotionale Stabilität	Innere Unruhe, Nervosität
	Wiederkehrende, gleichförmige Gedanken
	Stimmungsschwankungen – wachsende Stimmungslabilität
	Emotionale Erschöpfung, Gefühle von Leere und Sinnlosigkeit
	Weinen
	Negative Gedanken und Gefühle vorherrschend
	Zunehmende Unsicherheit, Selbstzweifel
	Angst, Panikattacken, Hilflosigkeit, Verzweiflung sowie im letzten Stadium Suizidgedanken
3 Körperliche Beschwerden	Rasche Erschöpfbarkeit, Kraftlosigkeit, mangelnde Regenerationsfähigkeit
	Chronische, bleierne Müdigkeit
	Zunehmende Anfälligkeit für Infekte
	Schweißausbrüche
	Schlafstörungen bis hin zur Schlaflosigkeit
	Chronische Verspannungen
	Körperliche Vernachlässigung
	Gewichtszunahme oder -abnahme
	Körperliche Symptome an individuell unterschiedlichen „Schwachstellen": Rückenschmerzen, Bandscheibenprobleme, Kopfschmerzen, Migräne, Muskelschmerzen, Schwindel, Übelkeit, Magen-Darm-Probleme
4 Sozialkompetenz	Leicht reizbar, eher ungehaltene Reaktionen
	Leicht aggressiv und/oder leicht gekränkt
	Mangelnde Konzentrationsfähigkeit, mangelhaftes Zuhören
	Vorwurfsvoller Ton
	Abnehmendes Mitgefühl, Verständnis und Empathie anderen gegenüber
	Zunehmend negative Haltung
	Zunehmend eingeschränkte Kommunikations-, Team- und Konfliktfähigkeit
	Wachsende Beziehungsprobleme
	Vernachlässigung privater Beziehungen und des Freundeskreises, schließlich sozialer Rückzug

Im Bemühen um **Verständnis** für das Gegenüber (und sich selbst) ordnet Empathie sich damit ein in einen Akkord aus drei Dimensionen des Verstehens:
- *Sinn* der Worte, der nonverbalen (nicht-wortgebundenen) und paraverbalen (wortähnlichen) Signale[126]
- Innere *Beweggründe*, z. B. Emotionen/Gefühle
- Äußeres *Kräftefeld*, z. B. durch Situationsanalyse zugänglich zu machen (Franck, 2019, S. 213 f.)

Bei einem solchen Ansatz der Bemühung um ein Verstehen anderer arbeiten also analytischer Verstand, kognitiv wie emotional getriebene Empathie und weitere Komponenten ganzheitlich zusammen, darunter linguistisches Verstehen, fachspezifische Kenntnisse sowie Erfahrung und Allgemeinbildung. Eine Reihe von ihnen tragen dann zur Empathie bei bzw. werden im Gegenzug von ihr befördert, darunter z. B. Feedback-Fähigkeit (s. Kap. 8.3), Moderations-Vermögen (Kap. 10.1) sowie Selbstführungs-Kompetenz (Kap. 10.2).

> **Das Verstehen des Gegenübers betrifft dessen psycho-mentales Innenleben**: seine Seele. Als Bild für die Seele taugt eine Metapher des Philosophen Hans Blumenberg (1920–1996): „Bei der Herstellung des Schiffstaues nennt man jenes Seil, um welches andere Seile herumgewunden werden, ,Seele'. Sie ist das Durchlaufende, das von den anderen Seilen umschlossen wird; sie ist aber auch, indem sie den anderen Seilen ihre Festigkeit gibt, das Haltende. Löst sich der Zusammenhalt, verschwindet sie. Dafür, dass die Seele unauffindbar wird, wenn man sie aus dem Ganzen herauszulösen sucht, gibt es kein treffenderes Bild." (Blumenberg zit. nach Ritter, 2023 – Rechtschreibung angepasst)

Von keiner Führungskraft sollte eine psychologische Herangehensweise an das Zustandekommen von Bedürfnissen, Motiven, Zielen oder Handlungen ihrer Mitarbeitenden verlangt werden. (Und sowieso ist vom Spekulieren über das psycho-mentale Geschehen des Gegenübers abzuraten.) Doch es kann helfen, Einblicke in das Innenleben von Menschen mit dem Ansatz des neurowissenschaftlichen Konsistenzmodells von Klaus Grawe zu flankieren: Es sieht vier *Grund-Bedürfnisse* im Alltag als Auslöser konkreter motivationaler Ziele, die (nicht priorisiert, also anders als bei Maslow) durch zwei *Grund-Schemata* (*Annäherung* bzw. *Vermeidung*) in menschliches Handeln umgesetzt werden (Peters & Ghadiri, 2013, bes. S. 53–70; s. Abb. 88).

Auf der Basis des Einfühlens und Hineindenkens in den Anderen lässt sich Beziehung herstellen. Das erleichtert Führung. Empathie wird so zum Instrument – das nicht zur Manipulation missbraucht werden darf; zumal der Versuch schnell als un-authentisch entlarvt würde. Dagegen wird Sensibilität im eigenen Führungsverhalten mit *Ver-*

---

126 *Nonverbal sind z. B. Gestik, Mimik und Körpersprache; paraverbal Äußerungen wie z. B. „uiii", „tja", „hmmm", „pfff" oder „boaaah" (s. nonverbale bzw. paraverbale Kommunikation, Kap. 4.3).

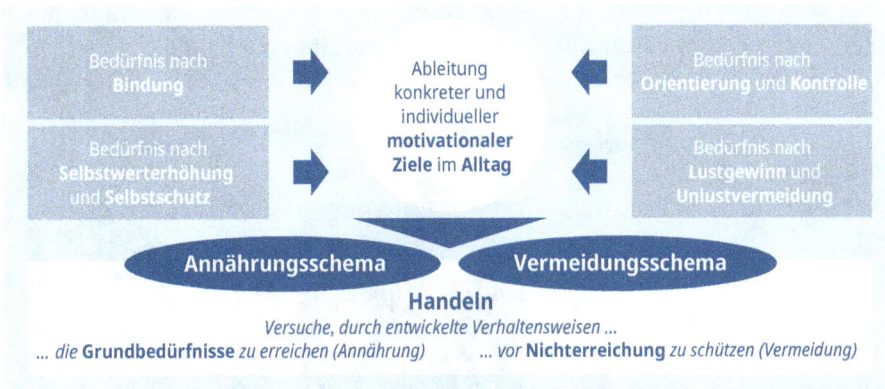

Abb. 88: Bestimmungsfaktoren menschlichen Handelns. Motivationale Grundschemata als Weichensteller für Instrumente und Mittel zur individuellen Zielverfolgung (eigene Darstellung, angelehnt auch an Klaus Grawe, nach Peters & Ghadiri, 2013, S. 64).

trauen beantwortet. Dies umso mehr, wenn eigene Fehler mit Transparenz und Mut eingestanden bzw. korrigiert werden (zu Fehlerkultur s. a. Kap. 8.3 u. 8.4).

Die Gestaltung von **Nähe** zwischen Kollegen der *gleichen* hierarchischen Ebene sowie zwischen Vorgesetzten und Mitarbeitenden *unterschiedlicher* Ebenen ist eine Daueraufgabe für Management und Führung. Hybride Arbeit lässt das Ausmaß dieser Aufgabe anschwellen: Wo Zeit und Raum flexibel werden, variiert Nähe. In mindestens vier Dimensionen lässt Nähe sich gestalten:

– *physische* vs. *psychische* Nähe: örtlich-stofflich (in Beruf und Freizeit mit großer Bandbreite) bzw. innerlich,
– *reale* vs. *künstliche* Nähe: nach Bekanntheit, z. B. in der Kommunikation (mit Bekannten oder faktisch Unbekannten, so über Social Media),
– *sinnliche* vs. *rationale* Nähe: gefühlsorientiert bzw. vernunftbasiert (Nähe kann auch durch Worte, Schweigen oder sogar z. B. Musik hergestellt werden),
– *gewollte* vs. *ungewollte* Nähe.
(Sulzberger, 2020, S. 105 f.)

Eine gewisse Paradoxie scheint in der Tatsache zu liegen, dass der Mensch einerseits Geborgenheit in Form von Nähe benötigt – und andererseits immer mehr vor großer Nähe gewarnt wird und offenbar werden muss, zumal in Form künstlicher (medialer) Nähe (Sulzberger, 2020, S. 105).

Hybride Arbeit mit ihrem räumlichen und zeitlichen Ineinanderfließen von Arbeits- und Privatleben schafft neue Formen von Nähe. Hybridisierung führt dazu, dass Beschäftigte die Grenze zwischen den beiden Lebensbereichen zusehends bewusster und aktiver selbst gestalten müssen (Waltersbacher et al., 2019, S. 81). Die damit verbundene neue *soziale* Durchmischung geht einher mit einer neuen *emotio-*

nalen Melange: hinsichtlich der Gesprächs- und Kontaktpartner sowie hinsichtlich eines neuen Erlebens von **Segmentation** bzw. **Integration** (s. Abb. 89).

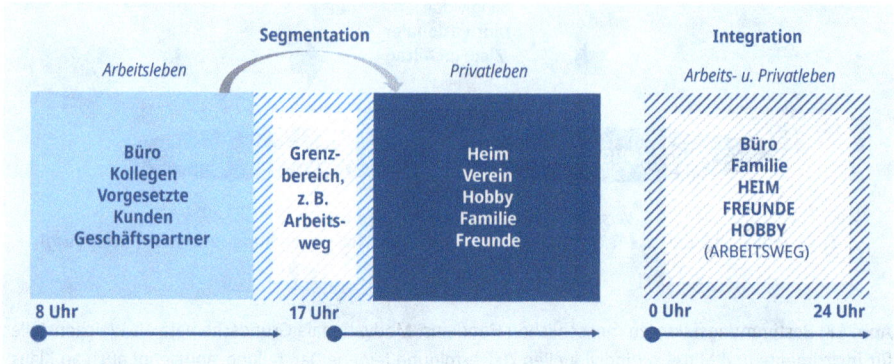

Abb. 89: Gesteigerte Durchlässigkeit zwischen den Lebensbereichen. Zeitlich wie sozial, Vermischung statt Grenze zwischen Arbeits- bzw. Privatleben (eigene Darstellung angelehnt an Schröder & Meyer, 2018, dort nach Menz et al., 2016).

Hybride Arbeit erfordert zudem eine neue Form von Einfühlung: **digitale** bzw. **virtuelle Empathie**. In digital übermittelter, audiovisueller Kommunikation kommt es zu Einschränkungen und Verzerrungen der Kommunikation, bedingt durch Kameraposition oder Bildausschnitt, Übertragungsqualität oder subjektiver Distanz-Empfindung, ggf. auch emotionale Beanspruchung, Asynchronität oder weitere Faktoren: zusätzliche Herausforderungen an die kommunikative Kompetenz der Gesprächsführer (Kanatouri, 2021, bes. S. 135–137; dort zudem auf digitales Coaching entfaltet).[127]

Die erhöhte Aufmerksamkeit eines *empathischen Umgangs im virtuellen Raum* lässt sich in folgende Elemente aufschlüsseln:

- *Andere* verstehen: in den anderen hineinversetzen
- *Gefühlsregungen* interpretieren: Emotionen und Stimmungen nachempfinden, fragliche Stimmungen registrieren, decodieren
- *Fehleinschätzungen* berücksichtigen: eigene Absichten nicht unterstellen; Wirkung situativer Bedingungen berücksichtigen, Hindernisse virtueller Kommunikation identifizieren
- *Wahrnehmung* schärfen: Mimik und Gestik werden unvollkommen übermittelt, die Stimme verzerrt, Intonation und Klang eingeschränkt, Ironie und Witz leicht missverstanden – und der Gesprächspartner befindet sich in einer anderen physischen Realität

---

[127] Dazu s. a. die besonderen Herausforderungen des eingeschränkten simultanen Blickkontakts in der Video-Kommunikation (Kap. 4.3).

- *Ähnlichkeit* verbindet: Virtuelle Empathie wird flankiert, indem sich die Beteiligten auch in Präsenz kennenlernen und Nähe aufbauen – und sie wird unterstützt durch gemeinsame Ziele, gemeinsame Arbeit sowie gemeinsame Erfolge und geteiltes, möglichst positives Erleben
- *Fallstricke* kennen: erlebte Empathie führt auch im virtuellen Raum zu mehr Hilfsbereitschaft und mehr Verzeihen von Fehlern anderer; empathische Menschen werden als sympathisch wahrgenommen – was Manipulation erleichtern kann (ebenfalls wie im Raum der realen Präsenz)
- *Situationen* nachempfinden: den anderen zu verstehen, also sich in seine Wünsche, Ziele und Gefühle hineinzuversetzen, stellt zudem die Frage nach Informationen, die noch unbekannt sind, nach etwaigen spontanen Reaktionen, nach technischen Störfaktoren der medialen Übermittlung, nach geänderten Rahmenbedingungen, nach zusätzlichen Unterschieden der momentanen Situation – kurz: nach einer permanenten Überprüfung des Perspektivwechsels und ggf. Neujustierung der empathischen Bemühung
(Erb, 2021).

Dabei steigert die Ähnlichkeit von Menschen, wie sie sich häufig in gleichen Branchen und Berufen findet, die **Homogenität** in Teams und deren virtuelle Konnektivität, Kooperation und Kollegialität. Allerdings stellt die erforderliche *Heterogenität* von Teams Anforderungen an das Management in Bezug auf deren Diversität (Erb, 2021; s. dazu Kap. 9.1).

Auch Empathie ist selbstverständlich kein Universalschlüssel zum Führungserfolg. Die eingangs gegebene Definition von Empathie stellt den *Perspektivwechsel* ins Zentrum empathischer Fähigkeit. Dazu lässt sich fragen, ob das *Hineinversetzen* in andere, das Hineindenken und die Einfühlung, ausreichen – oder ob nicht eine **Reaktion**, ein Beantworten, notwendig hinzutreten müsse, ob also der Empathie diese Komponente nicht fehle. Die folgende Grafik folgt diesem Gedanken, indem sie Empathie auf Einfühlung beschränkt und sie von *Compassion* absetzt: einem Mitfühlen, das eine Reaktion (*Responding*) einschließt (Papworth, 2023, bes. S. 9–29; s. a. Abb. 90).

Aus psychologischer sowie linguistischer und logischer Sicht lässt sich so argumentieren. Dennoch verstehen manche Autoren *Empathie* nicht nur auf der Erkenntnisebene als Einfühlungsvermögen, sondern auch auf der Handlungsebene als Reaktionskompetenz (z. B. Köppen, 2015, S. 105 f.).

Dem folge ich: In meiner Praxis als Coach sowie als Manager und Professor habe ich weit mehr Bedarf bei der *Entwicklung* und *Ausprägung* von Empathie als bei deren Umsetzung erlebt: Das *Einfühlen* ist oft zugleich das erforderliche *Mitfühlen*, die *Umsetzung* des Erlebten in Reaktion gelingt meist leichter – nötigenfalls unterstützt durch ein dann meist knappes, zügiges Coaching.

Dazu mehr im folgenden Kapitel.

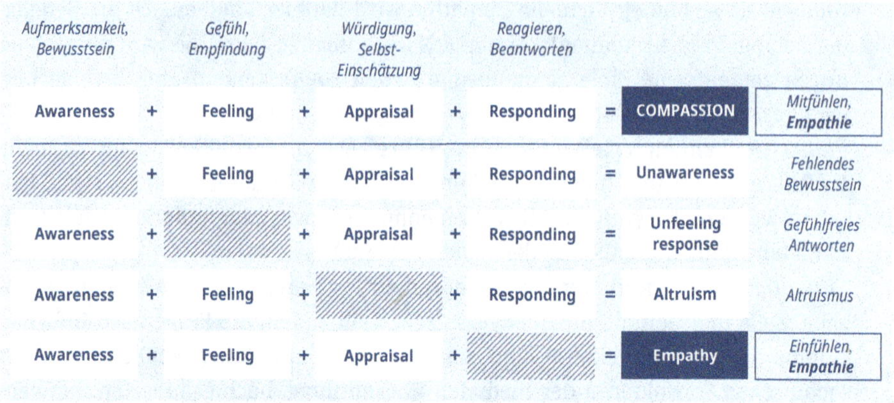

Aufmerksamkeit, Bewusstsein		Gefühl, Empfindung		Würdigung, Selbst-Einschätzung		Reagieren, Beantworten			
Awareness	+	Feeling	+	Appraisal	+	Responding	=	COMPASSION	Mitfühlen, *Empathie*
/////	+	Feeling	+	Appraisal	+	Responding	=	Unawareness	Fehlendes Bewusstsein
Awareness	+	/////	+	Appraisal	+	Responding	=	Unfeeling response	Gefühlfreies Antworten
Awareness	+	Feeling	+	/////	+	Responding	=	Altruism	Altruismus
Awareness	+	Feeling	+	Appraisal	+	/////	=	Empathy	Einfühlen, *Empathie*

Abb. 90: Empathie (Einfühlen) und Mitfühlen, engl. *Compassion*. Begriffe im Umfeld von Empathie sowie deutsche Übersetzungen zur Klärung und ggf. zum erweiterten Verständnis des Begriffs (eigene Darstellung, angelehnt an Papworth, 2023, S. 28).

8 Coaching, Mentoring, Feedback, Lernen: Ressourcennutzung optimieren

8.1 Coaching: Extern Erfolg sichern

Im Englischen wird der Fußball-Trainer als *Coach* bezeichnet; und *Coach* werden auch der Reisebus und der Bahn-Waggon genannt. Was beiden Wörtern gemeinsam ist? Sie stehen für eine Hilfe, um ein Ziel zu erreichen.

> Mit **Coaching** wird ein interaktiver, personzentrierter Begleitungsprozess bezeichnet, der vor allem berufliche Anliegen (Ziele) verfolgt, zwischen einem Begleiter (Coach) und seinem Klienten (Coachee) bzw. einer Klienten-Gruppe, ggf. auch im Rahmen eines Projekts (Rauen, 2021, S. 39, 41 f.).

Damit dient das Coaching der Persönlichkeits- bzw. Kompetenz-Entwicklung. Es unterscheidet sich damit vom **Training**, das stärker der Einübung von Tools dient (Braak & Elle, 2019, S. 82).

Ein **Coaching-Prozess** ist i. d. R. durch folgende Kriterien gekennzeichnet:
- individuelle Unterstützung ohne Lösungsvorschläge, d. h. als Hilfe zur Selbsthilfe
- zielfokussiert (ggf. auch an Zielen arbeitend) und freiwillig
- auf gegenseitiger Akzeptanz und Vertrauen basierend
- ausgerichtet auf Selbstreflexion, Bewusstsein und Verantwortung
- mit transparenten Interventionen des Coaches, d. h. ohne Manipulation, und konzeptionell
- zeitlich begrenzt und für definierte Adressaten (meist mit Führungsaufgaben)
- durch Coaches mit psychologischer und betriebswirtschaftlicher Kenntnis, Erfahrung und Qualifikation
- mit dem Ziel, die Selbstregulierungsfähigkeit des Klienten (wieder) herzustellen (Rauen, 2021, S. 39 f.)

> Mit **Business-Coaching** wird ein interaktiver Unterstützungsprozess von Personen mit Führungs- oder Steuerungsfunktionen in Organisationen bzw. von Selbständigen und Start-up-Gründern bezeichnet, der auf die Entfaltung mentaler oder sozialer Schlüsselkompetenzen oder Strategie-Entwicklung zur Erfolgssteigerung zielt (Migge, 2018, S. 30).

Coaching ist also i. d. R. ein Weg – in Begleitung – zu einem Ziel, ggf. zunächst auch die Arbeit am Ziel. Er ist oft mit einer *Verhaltensänderung* verbunden, bezogen auf bestimmte *Grundbedürfnisse* des (oder der) Klienten. Dabei ist normalerweise zwischen Handlungsalternativen abzuwägen. Auch eine solche Entscheidung kann Gegenstand des Coachings sein (Rubikon-Modell, J. Lange, 2019, S. 34 f.; s. a. Abb. 91).

https://doi.org/10.1515/9783111374420-008

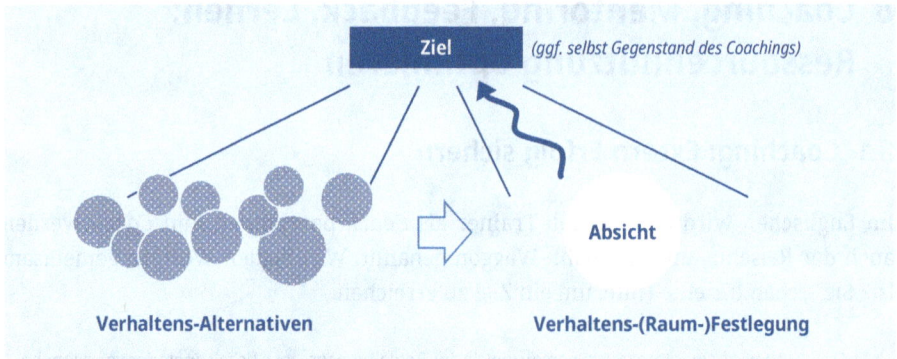

Abb. 91: Coaching als Auswahl und Festlegung einer Verhaltensalternative. Entscheidung und Erarbeitung bzw. Begleitung auf einem Weg zum Ziel (eigene Darstellung, angelehnt an das Rubikon-Modell, s. J. Lange, 2019, S. 34).

Coaching ist keine Beratung: Es liefert keine fertigen Handlungs- (Verhaltens-) Alternativen. Dagegen kann **Beratung** näher am Coaching angesiedelt sein, indem sie keine fertigen Konzepte liefert, sondern Alternativen anbietet. Jedoch verstehen sich manche Business Coachs eher als Berater, entwickeln konkrete Strategien oder erarbeiten Tools und Handlungsstränge (Braak & Elle, S. 82).

Und Coaching ist keine Psychotherapie: Es beschäftigt sich *nicht* mit der Therapie von Krankheit (oder Traumata). Auch eine **Therapie** kann jedoch, ähnlich wie eine Lebensberatung, nahe am Coaching angesiedelt sein, zumal wenn sie ihre Patienten (im Coaching: *Klienten, Coachees*; s. Def.) z. B. bei der Suche nach Sinn oder Zielen unterstützt. Eine Abgrenzung gibt zudem die staatliche Beschränkung der Lizenz zur Psychotherapie vor, die an eine spezifische Ausbildung gebunden ist (Migge, 2018, S. 33 f.; s. a. Abb. 92).

Abb. 92: Funktionsbereiche des Coachings und seine Nachbarfelder. Therapie und Beratung als verwandte, aber vom Coaching zu unterscheidende Funktionen (eigene Darstellung nach Migge, 2018, S. 48).

Teilweise überschneiden sich insofern die Aufgaben des Coaches und die des Therapeuten; und auch deren Tools ähneln sich. So lassen sich z. B. für die personzentrierte Therapie drei Basismerkmale identifizieren: einfühlendes Verstehen, bedingungsfreies Akzeptieren und Echtheit (Authentizität) des Begleiters. Aus diesen Merkmalen lassen sich Kommunikations- und Handlungsformen ableiten, wie sie auch in vielerlei Coachings angewendet werden können (s. dazu Butollo et al., 2017, S. 1168; Tab. 36).

Tab. 36: Basismerkmale und therapeutische Interventionsschritte (nach Teusch & Finke, 1995, gem. Butollo et al., 2017, S. 1168).

Personzentrierte Basisvariable	Zugehörige Interventionsschritte der Therapie bzw. des Coachings
Einfühlendes Verstehen (Empathie) (s. a. Kap. 7.3)	– Einfühlendes Wiederholen – Konkretisierendes Verstehen – Selbstbezogenes Verstehen – Organismusbezogenes Verstehen
Bedingungsfreies Akzeptieren (Wertschätzung)	– Anerkennen – Bestätigen – Solidarisieren
Echtheit (Authentizität)	– Konfrontieren – Beziehungsklären – Selbsteinbringen

Der *personzentrierte* (*klientenzentrierte*) Ansatz zielt auf konstruktive Problemlösung. Nach Carl Rogers (1902–1987) stellt sich beim Klienten eine Veränderung der Persönlichkeit (in der Therapie) ein, wenn eine der drei o. g. **Basisvariablen** der Beziehung (Empathie, Wertschätzung, Echtheit) zum Einsatz kommen: Der Klient gibt demnach sein (etwaiges) Abwehrverhalten auf und ist imstande, neue Erfahrungen in sein Selbstkonzept zu integrieren (Ryba, 2021, S. 386).

Das ist für das eingangs genannte Kriterium der **Freiwilligkeit** von Coaching insofern grundlegend, als ohne sie ein Coaching nicht stattfinden kann: Coaching basiert prinzipiell auf dem Willen des Klienten. Das schließt nicht aus, dass er an diesem Willen selbst im Coaching arbeitet (dass also z. B. ein Coaching-Ziel ist, solchen Willen zu stärken). Grundsätzlich ist im Coaching der Eindruck von *Kohärenz* jedoch Voraussetzung: Der Klient muss davon überzeugt sein, dass seine Arbeit Wirkung hat.

> Mit **Kohärenz** wird ein dauerhaftes und dynamisches Vertrauen einer Person darin bezeichnet, dass die Anforderungen, die sich ihr stellen, für sie erklärbar sind (*Verstehbarkeit*) und dass sie die dafür nötigen Ressourcen zur Verfügung hat, um diesen Anforderungen erfolgreich begegnen zu können (*Handhabbarkeit*) (Kernen et al., 2019, S. 188).

Bringt der Klient die Kohärenz-Überzeugung bzw. -Erfahrung nicht mit, kann das Coaching zwar auch daran arbeiten – vergleichbar etwa der Arbeit an einer Motivation. In dem Fall wird das Erreichen der Motivation bzw. der Erfahrung als Ziel definiert (vergleichbar der o. g. Arbeit an der Stärkung des Willens). Es ist jedoch stets darauf zu achten, dass der Klient selbst arbeitet – der Grenzbereich zum Therapeutischen kann hier bald erreicht sein.

> Ein möglicher grundlegender Gegenstand von Coaching – und eine Voraussetzung weiterer erfolgreicher Arbeit *im* Coaching – ist **Achtsamkeit** (Mindfulness). Darunter wird das bewusste und zielorientierte Beobachten innerer und äußerer Erfahrungen verstanden, bei Führungskräften nicht nur der eigenen Erfahrungen, sondern auch der der Mitarbeitenden (Furtner & Baldegger, 2023, S. 272).

Achtsamkeit wird zudem als Basis erfolgreichen Selbstmanagements gesehen (s. a. Kap. 10.2). In den vergangenen zwei Jahrzehnten sind Achtsamkeits-Trainings auf ihre Wirksamkeit hin untersucht worden. Zu den Ergebnissen zählen Nachweise positiven Einflusses von Achtsamkeit auf eine Reihe gesundheitsrelevanter Merkmale. Dies umfasst:
– Reduktion von Stress, Burn-out, Depression und Angst (s. a. Kap. 7.1)
– verbesserte kognitive Leistungsfähigkeit und Gedächtnisleistung
– gestärkte Immunabwehr
– erhöhte Lebensqualität
– verbesserte Regulation und Kontrolle von Emotionen
– Positive Veränderung in der Gehirnstruktur
   (Furtner & Baldegger, 2023, S. 273).

Achtsamkeit wird als eine zentrale Größe nicht nur im Coaching angesehen, sondern im modernen Management überhaupt. Die aufmerksame Wahrnehmung dessen, was sich mental, emotional und auch körperlich ereignet – ohne zu werten oder einzugreifen –, gilt heute als Voraussetzung für Führung. Im Sinne des Übertragens von Verhalten ist Achtsamkeit bei Führungskräften zudem als eine Basis für Achtsamkeit bei Beschäftigten zu verstehen: Achtsamkeit heißt, auf die eigene wie auf die andere Person zu achten (Dehner, 2021, S. 507 f.). Im Coaching lässt sich das üben.[128]
   Zwei weitere Basisfunktionen menschlichen Verhaltens können als Gegenstand von Coaching und als Grundlage für dessen Erfolg verstanden werden: *Assessment* (Beurteilung, Einschätzung) sowie *Locomotion* (Fortbewegung). Sie werden zugleich

---

128 So lässt sich kaum entscheiden, ob die Aufmerksamkeit auf das eigene Ich oder auf andere wichtiger ist; es könnte sich dabei sogar um zwei Seiten derselben Medaille handeln – stellt auch die Literatur fest: „Sie sagen, das Suchen nach dem Ich sei weniger wichtig als das Finden des rechten Verhältnisses zu den anderen. Aber dies ist gar nicht zweierlei." (Hermann Hesse, zit. nach Pietzonka, 2019, S. 477)

als grundlegend für Führungsmotivation und für deren Erfolg angesehen (Furtner & Baldegger, 2023, S. 68).

Assessment bezeichnet eine beobachtende und beurteilende Haltung der Selbstregulation. Dabei werden Ziele und Handlungsalternativen analysiert, eingeschätzt und über sie entschieden – auch, indem eigene Stärken und Schwächen sowie Motive dazu in Beziehung gesetzt und gefiltert werden (*„Doing just the right thing"*, Furtner & Baldegger, 2023, S. 69).

Im Coaching ist es selbstverständlich der Coachee selbst (und nicht der Coach), der für sich an der Kompetenz des Assessment arbeitet. Für den Coachee geht es dabei darum, die zum Erreichen seiner Ziele richtigen (zielführenden) Dinge zu tun – bei Führungskräften sogar im Hinblick auf Visionen, Ziele u. ä., mit denen Beschäftigte inspiriert werden sollen (Furtner & Baldegger, 2023, S. 69).

Locomotion bezeichnet die Fähigkeit einer Person zur Handlung und Bewegung. Bei Locomotion geht es also nicht um die kognitiven Prozesse, die dem Assessment innewohnen, also nicht um die Inhalte einer Entscheidung, sondern um den Aspekt der intrinsischen Motivation zur Aktion, Handlung oder Fortbewegung und ggf. zur Umsetzung einer Entscheidung (*„Just doing it"*, Furtner & Baldegger, 2023, S. 69–71).

Erfolgreiche Führungskräfte zeichnen sich sowohl durch Assessment als auch durch Locomotion aus. Fehlt die eine oder die andere Komponente, ist ein Coaching oft angebracht – nötigenfalls kann es auch eine Therapie sein. Eine Führungskraft mit wenig Assessment und viel Locomotion wird ggf. zu Aktionismus neigen, eine Führungskraft mit viel Assessment und wenig Locomotion wird als passiv auffallen (Furtner & Baldegger, 2023, S. 71).

Der Klient muss also in einem Zustand der Aktionsbereitschaft und -fähigkeit sein: Er ist es, der das Ziel der Arbeit vorgibt, die Wahl unter den jeweiligen Handlungsalternativen trifft und damit den Weg zum Ziel antritt. Diesen Weg will er sich – ggf. mithilfe des Coaches – erarbeiten; und dieser Zustand kommt bereits den Zuständen des *Engagements* bzw. der *Zufriedenheit* näher, die er in der Arbeit (zurück-) erlangen will und die idealerweise jeder Mitarbeitende überhaupt aufweist (Rolfe, 2019, S. 103).

Mit **Engagement** wird eine positive und erfüllende Einstellung gegenüber der Arbeit bezeichnet, die durch Energie, Resilienz und Durchhaltevermögen, ggf. auch durch einen gewissen Enthusiasmus sowie Konzentration und Kohärenz gekennzeichnet ist (Rolfe, 2019, S. 103).

Nach dem Circumplex-Modell von Russell lassen sich die zwei *positiven* Zustände eines subjektiven Wohlbefindens (Engagement und Zufriedenheit) bei der Arbeit unterscheiden von den zwei *negativen* (Workaholismus und Burn-out): ein Konstrukt von Mechanismen, die im positiven Fall ein aktiviertes Verhalten der Annäherung und im negativen Fall eines der ausweichenden Vermeidung bewirken: **Gefühle** beeinflussen **Verhalten** (Rolfe, 2019, S. 102–104, s. a. Abb. 93).

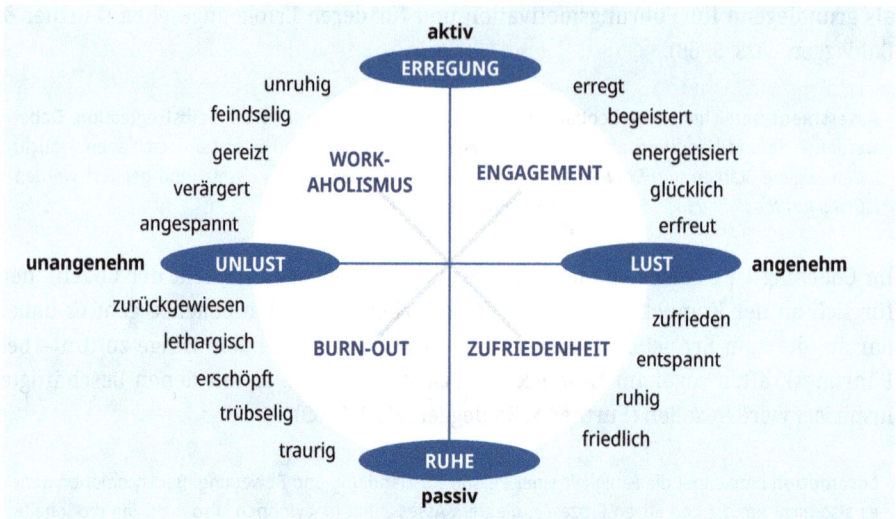

Abb. 93: Circumplex-Modell nach Russell. Engagement und Zufriedenheit als positiv erlebte Zustände nach den Dimensionen der Lust/Unlust (Valenz) bzw. Ruhe/Erregung (Aktiviertheit) (eigene Darstellung nach Rolfe, 2019. S. 104, dort nach Bakker & Oerlemanns, 2010).

Unterschiedlich wird die Frage beantwortet, inwieweit Coaching ein Unternehmens-*interner* Prozess, der Coach also *Angehöriger* des Unternehmens sein könne – oder ein *Externer* sein müsse, was mit der erforderlichen **Unabhängigkeit** der Coaches begründet wird. Goleman (2000) spricht von *coaching leaders*, die ihre Mitarbeitenden entwickeln. Es handelt sich dabei um eine coachende Funktion, in der ein Vorgesetzter zeitweise den Coachee eher begleitet (Helmold, 2022, S. 7).[129] Zu beachten ist dabei das unterschiedliche Ausmaß der Fokussierung auf den Coachee (Rauen, 2021, S. 40 f.; s. Abb. 94).

Fünf Voraussetzungen für erfolgreiches Coaching lassen sich in der **Haltung** des Coachees zu seinem Coaching ausmachen – unabhängig davon, ob das Coaching extern oder intern oder gar in einem *Peer-to-Peer* Modus erfolgt:

- *Veränderung* begrüßen: Wandel und Wachstum liegen in der Natur des Coachings; Lernen und Veränderung sind unabdingbar
- *Feedback* verlangen: Austausch und Feedback bilden den Kern von Coaching; es kann außer vom Coach auch von Vorgesetzten, Kollegen, Mitarbeitenden, Freunden, Familienmitgliedern u. a. kommen

---

[129] Das kann gelegentlich auch ein Kollege sein (*Peer Coaching*) – oder eine *Gruppe* gleichrangiger Kollegen, die ihre berufliche Arbeit gemeinsam reflektieren, also ohne externe Fachperson, in einer *Intervision*: ein Begriff für den Austausch in Gruppen von Coaches an Stelle von *Supervision*, einer draufschauenden Betreuung durch einen anderen Coach (Lippmann, 2019a, S. 474).

COACHING			
Extern		**Intern**	
Coaching durch Organisations-*externen* Coach		Coaching im Rahmen Organisations-*interner* Personalentwicklung	
(hauptberuflich; selbständig oder Mitarbeiter eines Coaching-Unternehmens)		Interner Coach (hauptberuflich)	Führungskraft als Coach (Teil der Führungsaufgabe)
		Stabs-Coach (evtl.)	*Linien*-Coach
Abnehmend personzentrierte Inhalte			

Abb. 94: Externes vs. internes Coaching. Abnehmende Fokussierung auf den Coachee, zunehmende auf Sach-Inhalte (nach Rauen, 2021, S. 41).

- *Herausforderung* begrüßen: Aufgaben und Reflexion außerhalb der Komfortzone stellen das Wesen von Entwicklung dar, ohne das Coaching nicht erfolgen kann
- *Unterstützung* suchen: innerhalb und außerhalb des Coachings sind Aufgaben zu bestehen, deren Erledigung zugleich eine Übung darin ist, Hilfe anzunehmen– auch schon für die Zeit nach dem Coaching
- *Zeit* und *Energie* investieren: Rendite erfordert Investment; im Coaching besteht es aus Meetings mit dem Coach und aus ehrlicher Arbeit in Trainingsprogrammen auch in der Zeit zwischen den Meetings
  (Bennett, 2024, S. 17).

Die Voraussetzung dafür, dass der Klient das Coaching als Beitrag zu einer sinnvollen Entwicklung ansieht, erstreckt sich im Fall des *internen* Coachings auch auf die betreffende Institution. Hier geht es um **Resonanz**, die Menschen auch in ihrer Organisation spüren möchten. Für internes Coaching sind eine Reihe von Stakeholdern einzubinden: Geschäftsführung, Vorgesetzte, HR-Abteilung, ggf. Veränderungsmanagement und weitere Kollegen sowie u. U. der Betriebsrat (Mayer-Tups, 2021, S. 594 f., 601).

Hinsichtlich der Anzahl der Beteiligten lassen sich eine Reihe von Varianten unterscheiden, die es im Hinblick auf Aktivierung und Entfaltung der Coachees sorgsam abzuwägen gilt (s. Tab. 37).

Einzel- und *Gruppen-*(Team-) Coachings dienen primär der Kompetenz-Entfaltung oder der Persönlichkeit des Coachees; im Fall von Gruppen-Coaching häufig durch **Interaktion** in der (meist eher zufällig zusammengesetzten) Gruppe. *Team-* (System-), *Projekt-* und *Organisations-*Coachings orientieren sich dagegen auch an Sach-Zielen, die die jeweiligen Gruppen als Ganzes betreffen – gerade auch in ihrer *Funktionalität* als Gruppe. Sie sind insofern auf ihre unternehmensbedingten Aufgaben, aber besonders auch auf *Kohäsion* (Zusammenhalt) fokussiert (Bolten, 2008, S. 84).

Tab. 37: Anzahl der Beteiligten im Coaching (nach Rauen, 2021, S. 40–42, modifiziert und erweitert).

Anzahl Coachees	Bezeichnung	Anmerkungen
1	*Einzel*-Coaching	Früher eher auf Executives beschränkt, heute auf allen Hierarchie-Ebenen und ebenfalls für Fachkräfte üblich
2 +	*Gruppen*-Coaching	Gruppe i. d. R. ohne funktionalen Zusammenhang (und meist besser mit Personen aus verschiedenen organisationalen Zusammenhängen)
2 +	*Team*-Coaching (auch *System*-Coaching)	Begleitung eines Teams (bzw. Systems) in ihrem funktionalen Zusammenhang, häufig gezielt als Begleitung in ihrem Handlungs-Umfeld
2 +	*Projekt*-Coaching	Begleitung eines Projekt-Teams in seinen Aktions-Zusammenhängen
2 + (1)	*Organisations*-Coaching	Orientiert an organisationalen Zusammenhängen und bes. Zielsetzungen: meist als Team-, gelegentlich auch als Einzel-(Executive-)Coaching

Naturgemäß ist die Abgrenzung der Aufgaben innerhalb dieser Varianten nicht immer trennscharf. Es lassen sich jedoch als **Schwerpunkte** im Coaching die folgenden Themen beschreiben:
-   Führung und Beziehung
-   Identität und Verantwortung
-   Entwicklung und Veränderung
-   Kompetenz und Lernen
-   Individualität, Team und Team-Building
-   Organisation, Kultur und Wandel
    (nach Schmid, 2021).

Das Kultur-Coaching gewinnt vor dem Hintergrund von **Internationalität** und **Interkulturalität** neue Bedeutung. Individuelle Erfahrungen aus der eigenen Vita mitzubringen hilft dem Coachee, ist jedoch angesichts der enormen Unterschiede der zunehmend relevanten Kulturbereiche – China, Japan, Indien, Russland, Iran, arabische Länder, Israel, Türkei, Sub-Sahara, Lateinamerika, Polen, Balkan, romanische Länder u. a. – vielfach nicht ausreichend. Kultur-Coaching findet oft neben dem üblichen **Coaching-Modus** *off the job* (außerhalb der tagesaktuellen Aufgaben) auch auf andere Weise statt: *near the job* oder *on the job*, also unter Berücksichtigung oder direkter Einbeziehung in die Aufgaben (Özdemir & Lagler Özdemir, 2021).

Coaching zu Führung und Beziehung ist für Führungskräfte, aber auch für Fachkräfte wichtig u. a. zur Verbesserung ihres Umgangs mit **Konflikten**. Angesichts der steigenden Bedeutung von Teamwork geht es oft auch um Konflikt-*Prophylaxe* (Vorbeugung). Spätestens beim Auftreten von Konflikten geht es – wichtig und dringlich – um deren unmittelbare *Eindämmung* und schnellstmögliches Ausräumen. Vorgesetzte betrifft dies auch hinsichtlich ihrer Rolle der Moderation (s. a. Kap. 10.1); die Beteiligten betrifft es u. a. in ihrem Selbst-, Macht-, und Organisations-Verständnis, bzw. in ihrem Umgang damit (A. Schreyögg, 2021, bes. S. 491–498).

Damit bringt Coaching den Coachee meist auf einer Meta-Ebene zur **Reflexion** seiner selbst bzw. der Einbindung in sein soziales (berufliches und nicht selten privates) Umfeld. Und es führt ihn zur Frage der **Verantwortung**: einerseits als Mit-Verantwortung für das System seines Umfelds, andererseits in Abgrenzung von der Verantwortung anderer – und letztlich als Verantwortung für sein eigenes Leben, auch für das Gelingen des Coaching-Prozesses. Daraus ergeben sich nicht selten Fragen nach Werten, Zielen und Purpose, Motivation, Kompetenz und Sozialität, die „zu be-antworten" sind (Schmid & Messmer, 2005, nach Schmid, 2021, S. 117–121; Zitat S. 119; s. a. Abb. 95).

Abb. 95: Dimensionen der Verantwortung. „Verantworten" als „zu be-antworten": Aufgabe für jede Person in allen ihren jeweiligen Verantwortungsfunktionen (eigene Darstellung nach Schmid, 2021, S. 119; erweitert um die Dimension „ … werden").

Die **Ansätze** des Coachings – seine Methoden, Begriffe und Regeln zur Grundorientierung – sind sehr unterschiedlich verortet. Zudem greifen Coaches bei der Wahl ihrer **Interventionen** (Maßnahmen, um die begleiteten Prozesse im Sinne ihrer Klienten und der Zielerreichung zu fördern) in der Praxis auf unterschiedliche Methoden zurück.[130] Eine einführende Auswahl zeigt Tab. 38.

---

130 Es wird daran erinnert, dass Coaching *keine Therapie* sein kann und will – auch wenn einige Bezeichnungen von Ansätzen (anlässlich ihrer Ursprünge sowie einiger Modellannahmen) daran erinnern.

Tab. 38: Ansätze im Coaching und wissenschaftliche Anknüpfung (nach Ryba, 2021, bes. S. 376–393).

Coaching-Ansatz	Erläuterung
Psychoanalytischer Ansatz	Anknüpfung am Unbewussten (*Sigmund Freud*): z. B. Arbeit mit der freien Assoziation. Widerstand: Erneuerung der Abwehrkräfte. Psychodynamik: innerpsychische Kräfte im Konflikt. Übertragung: Unbewusste Zuschreibung erlebter Muster auf andere Person/Zusammenhang. Anknüpfung an *Alfred Adler*: Individualpsychologie mit Lebensplan, Selbstwert- und Gemeinschaftsgefühl, Ganzheitlichkeit des Menschen (humanistische Psychologie)
Hypnotherapeutischer Ansatz	Anknüpfung an *Milton Erickson*: Bezugsrahmen („innere Landkarte") des Menschen abhängig von seinen individuellen Erfahrungen. Erlebens- und Verhaltensmuster aus Erfahrungseinheiten.
Lösungsfokussierter Ansatz	Anknüpfung an der systemischen Bewegung (*Steve de Shazer*): Individuelle, immanente Lösungs-Ressourcen, Wunderfrage („Angenommen, es würde ein Wunder geschehen …")
Verhaltenstherapeutische Ansätze	Anknüpfung am Behaviorismus (*John B. Watson*): intrapsychische Prozesse als Spekulation, Psyche als „Black Box"; Orientierung an der empirischen Psychologie; Unterscheidung von lerntheoretischen und kognitiven Modellen (s. folgende Ansätze)
Lerntheoretische Modelle	Anknüpfend an Konditionierung (*Iwan P. Pawlow*) bzw. Gesetz des Effektes (*Edward L. Thorndike, B F. Skinner*): positive / negative Verstärkung, Bestrafung, Löschung
Kognitive Verhaltensmodelle	Anknüpfend an Modelle der irrationalen Überzeugungen (*Albert Ellis*) bzw. automatischen Grundannahmen (*Aaron T. Beck*): Kognition statt Black Box: Wahrnehmen, Erkennen, Urteilen, Schlussfolgern, Denken
Humanistische Ansätze	Anknüpfend an personzentrierte Therapie (*Carl Rogers*), Gestalttherapie (*Fritz Perls*) u. v. a. m.; Orientierung an Ganzheitlichkeit, Sinnhaftigkeit, Selbstverwirklichung und Sozialität im Fokus (s. folgende Ansätze)
Personzentrierter Ansatz	Kongruenz bzw. Inkongruenz zwischen Selbst und Erfahrung; Leugnung und Verzerrung; Beziehungserfahrungen des Kindes; empathische Anerkennung durch kongruente Bezugsperson; Klientenzentrierung
Gestalttherapeutischer Ansatz	Wahrnehmung des Selbst, der Welt, der Phantasie; Mangel an Selbstunterstützung
Transaktionsanalyse	Anknüpfung an *Eric Berne*: Strukturanalyse (Eltern-, Erwachsenen-, Kind-Ich), Transaktionen und Rollen, Spiel- und Skriptanalyse (s. a. Kap. 4)
Körpertherapeutische Ansätze	Ansätze vor allem: affekt-, wahrnehmungs-, beziehungs- oder bewegungsorientiert,
Systemische Ansätze	Diverse Ansätze; z. B. mit Anknüpfungen an Kybernetik (Rückkopplungen in beobachteten Systemen, Beobachtung der Beobachter), Konstruktivismus (Wirklichkeitskonstruktion, auch sozialer Systeme), Autopoesie sowie Selbstreferenz (auch von sozialen Systemen: *Niklas Luhmann*), Synergetik (Selbstorganisation dynamischer Systeme), narrative Ansätze (Fokus auf Erzählungen) u. v. a. m.

Aus der Transaktionsanalyse, verbunden mit Achtsamkeitstechniken, entstanden zudem Ansätze der **Introvision**, basierend auf neurophysiologischen bzw. neuropsychologischen Erkenntnissen. Dabei wurde das Programm von *Mindful-Based Stress Reduction* (MBSR) weiterentwickelt: Bleibt der Erfolg durch Reflexion und übliche Verhaltens-Ansätze aus, bietet sich der Fokus auf Blockaden bzw. auf dysfunktionales Verhalten an, um Vermeidungs- o. a. hinderliche Bewältigungsstrategien zu identifizieren und ggf. zu verändern (Dehner, 2021, S. 502–505).

Auch **Ängste** können im Coaching Gegenstand der Betrachtung sein. Versteht man Angst nicht nur als Emotion, sondern auch als situativen Zustand und ggf. andauernde Verhaltensbereitschaft (s. a. Kap. 7.3), so lassen sich Entscheidungen über Beziehungs- und Prozess-Gestaltung treffen. Nach Fritz Riemann sind 4 Persönlichkeitstypen zu unterscheiden, die mit den 4 *Grundformen* (grundlegenden Erscheinungsformen) von Angst korrespondieren:

- Angst vor *Selbsthingabe*, Nähe, Preisgabe: empfunden als Ich-Verlust und Abhängigkeit
- Angst vor *Selbstwerdung*, Selbständigkeit: empfunden als Einsamkeit und Isolation
- Angst vor *Wandlung*, Veränderung: empfunden als Unsicherheit und Vergänglichkeit
- Angst vor *Ordnung*, *Notwendigkeit*: empfunden als Unfreiheit und Endgültigkeit

Die Persönlichkeitsstrukturen gelten als im Menschen angelegt und als individuell gestaltbar sowie veränderbar. Lediglich bei starker, einseitiger Ausprägung führen sie in der Endstufe zu einer der vier großen Formen von *Neurose*: Schizophrenie, Depression, Zwangsneurose oder Hysterie (H. Jung, 2017, S. 543 f.).

Das neuropsychologisch verankerte **ganzheitliche Coaching** sieht den Menschen als Einheit von Körperlichkeit, Emotionen und Gedanken (*theory of embodied mind*). *Somatische Marker* machen sich demzufolge im gesamten Körper bemerkbar. Dem entspringt eine Kommunikation, die sich nicht nur sprachlich, sondern körperlich-ganzheitlich äußert (*embodied communication*): Deren Signale gilt es empathisch zu registrieren – ob als Coach bzw. als Klient oder außerhalb eines Coachings z. B. als Führungskraft (Webers, 2020, S. 192; zu Empathie s. Kap. 7.3).

Systemisches Coaching versteht den Klienten als Teil eines **sozialen Ganzen** (beruflich bzw. privat), zu dem er in Beziehungen steht: Das Coaching widmet sich u. a. diesen Beziehungen sowie deren Gestaltung. Zahlreiche Methoden lassen sich auf eine solche systemische Basis zurückführen; der Fächer der Coaching-Methoden reicht jedoch von Skulpturenbildung über Person-Aufstellung und Psychodrama bis zu analytischen Gesprächen. Die Mehrheit der Coaches arbeitet gegenwärtig aber systemisch (Kriz, 2021, bes. S. 402–407).

Systemisches Coaching beschäftigt sich mit der Ordnung, in der sich Menschen organisieren (*Teams, Organisationen, Familien*), bzw. mit dem Umgang mit Veränderung in diesen Ordnungen, bei ihren Mitgliedern oder in ihrer Umwelt. Es arbeitet insofern am Übergang einer Ordnung von einem vorherigen in einen nachfolgenden Zustand (Kriz, 2021, S. 408).

Coaching setzt u. U. auch am **Coping** an: an den (bewussten oder unbewussten) Strategien von Personen zur Bewältigung ihrer Herausforderungen – was im Erfolgsfall zu Resilienz führt (s. Kap. 7.1). Es lassen sich mindestens vier adaptive (anpassungsfähige) Coping-Stile unterscheiden (Rolfe, 2019, S. 107 f.; s. Tab. 39).

Tab. 39: Die vier adaptiven Coping-Stile (nach Rolfe, 2019, S. 108, dort adaptiert von DGPP, Deutsche Gesellschaft für Positive Psychologie, 2015, erweitert v. Verf.).

Coping-Stil	Erläuterung
Problemfokussiert	Situation analysieren, Kompetenzsteigerung, Rückzug/Ruhe, Aufgabe u. Thema systematisch angehen; pragmatisches, tatkräftiges Vorgehen
Emotionsfokussiert	Sich selbst aufmuntern, beruhigen, Musik hören, Sport treiben, „power posing" (Raum einnehmende Körperhaltungen)
Bedeutungsfokussiert	Sinn herstellen, Herausforderungen positiv interpretieren (Reframing), Urvertrauen
Beziehungsfokussiert	Um Unterstützung bitten, sich mit anderen Menschen konstruktiv austauschen, Nähe suchen

Um Coaches in ihrer Arbeit zu beurteilen, wurden **Kompetenz-Klassen** gebildet: Gruppierungen von persönlichen Leistungs-Dispositionen, die ggf. die Wahl eines Coaches erleichtern. Darunter steht im Zentrum die Persönlichkeit (Selbstkompetenz), eingebettet in die sozial-kommunikative Kompetenz, und umgeben von Sach-, Methoden- sowie Feld- und Funktionskompetenz (Rauen & Steinke, 2021, S. 166; s. a. Tab. 40).

Der Erfolg von (beruflichem) Coaching ist neben der individuellen Ebene (Coachee) an bestimmte **Voraussetzungen im Unternehmen** gebunden: Ohne einen vertrauensvollen und geschützten Rahmen kann es kaum zu wirkungsvollen Entwicklungs- und Wachstumsschritten für den Klienten kommen. Zu diesen Voraussetzungen gehören:

– *Positive* Coaching-Kultur: Idealerweise ist Coaching bereits eingeführt, gilt als üblich
– Absolute *Verschwiegenheit*: Es dringen keinerlei Details über den Prozess oder aus ihm an Dritte; vom Klienten selbst wird dies ebenfalls nicht verlangt (auch nicht an GF oder HR)
– Coaching *ergebnisoffen* und *weisungsfrei*: keinerlei Aufträge, die nur eine gestimmte Lösung zulassen

Tab. 40: Kompetenzen nach dem Coach Competence Model (CCM) (um Detail-Kompetenzen verkürzt, nach Rauen & Steinke, 2021, S. 167–169).

Kompetenzklasse	Kompetenzcluster, ihrerseits mit Kompetenz-Details[131]
Persönlichkeit *(Selbstkompetenz)*	– Motivation – Wahrnehmungsfähigkeit – Urteilsfähigkeit – Lern- und Entwicklungsfähigkeit – Selbstregulation
Sozial-kommunikative *Kompetenz*	– Beziehungsfähigkeit – Kommunikationsfähigkeit – Selbstsicherheit – Reflexibilität (Reflexionsvermögen)
Sachkompetenz	– Allgemeinbildung – Philosophische Ressourcen – Soziologische Ressourcen – Pädagogische Ressourcen – Psychologische Ressourcen – Wirtschaftswissenschaftliche Ressourcen – Ressourcen der Coaching-Forschung – Juristische Ressourcen – Integration von Theorie und Praxis
Methodenkompetenz	– Dialogkompetenz – Planungskompetenz – Analytische Kompetenz – Didaktische Kompetenz – Kognitiv-emotionale Entwicklungskompetenz
Feld- und *Funktionskompetenz*	– Professionalität – Feld- und Funktionserfahrung – Berufliche Fortbildung und Entwicklung – Organisationale Kompetenz – Rollenbewusstsein – Mikropolitisches Geschick

---

131 Kompetenz-Details z. B.:
– im Cluster *kognitiv-emotionale Entwicklungskompetenz*: methodenplural agieren, Reflexion stimulieren, Bewusstsein schaffen, assoziieren, dissoziieren, Mustererkennung nutzen, Metaphern u. Analogien nutzen, Ressourcenankopplung, sich positionieren, Widersprüche handhaben, Veränderungsprozesse gestalten
– im Cluster *Feld- und Funktionserfahrung*: Inter-/kulturelle Kompetenz, persönliche Reife, Berufserfahrung, Coach-Erfahrung
(Rauen & Steinke, 2021, S. 168 f.)

- *Freiwilligkeit*: sowohl für Aufnahme wie für Beendigung des Coachings
- *Organisatorischer* Rahmen: angemessene Zeit, gebührender Abstand zum Alltag, ggf. Distanz durch ungewöhnliche/externe Räumlichkeiten
  (O. Müller & Mumm, 2021, S. 579 f.).

Das **Auswahlverfahren** des Coaches besteht üblicherweise aus den folgenden Schritten:
- *Kontaktaufnahme*
- persönliches *Kontakt-Gespräch* (kostenfrei)
- ggf. *Fallbeispiel/Real-Coaching*
- *Entscheidung*
- *Feedback*

Dabei können ein Coaching-Pool in Betracht gezogen und die erforderlichen Kompetenzen bedacht werden (s. Kompetenz-Cluster, Tab. 40). Im persönlichen Kontakt-Gespräch wird die individuelle Passung des Coaches im Hinblick die Anforderungen des/der Klienten und der Situation überprüft – idealerweise mithilfe vorbereiteter Fragen (O. Müller & Mumm, 2021, S. 583; so z. B. Abb. 96).

Was *qualifiziert* Sie dazu, Menschen zu coachen?	Welche *Werte* sind Ihnen wichtig, und woran kann ich das in einem Coaching bei Ihnen *erkennen*?
Was ist Ihre *Motivation*, den Beruf des Coaches auszuüben?	Wie sieht Ihr Coaching-*Verständnis* aus?
Was ist Ihr *Rollenverständnis* als Coach?	Was ist Ihre Coaching-*Ethik*?
Wie beschreiben Sie Ihren Coaching-*Stil*?	Wann *lehnen* Sie einen Coaching-Auftrag *ab*?
Was sind Ihre besonderen *Eigenschaften* und *Stärken* als Coach?	Wie messen Sie den *Erfolg* Ihres Coachings?
Wo sehen Sie umgekehrt Ihre persönlichen *Grenzen* als Coach?	Wo ziehen Sie die Grenze zwischen Coaching und *Psychotherapie*?
Wie sieht Ihr *Menschenbild* aus?	... ...

Abb. 96: Fragen für das Auswahlgespräch von Coaches. Beispiele als Gesprächsgrundlage auszuwählen und ggf. zu erweitern (eigene Darstellung, nach O. Müller & Mumm, 2021, S. 583).

Eine gute **Passung** zwischen Klient und Coach kann sich auch aus formalen Kriterien ergeben, so z. B. Berufstätigkeit, Branche, Alter oder Dauer der Berufsausübung, aber auch lokale Herkunft mit Sprache oder Mundart; zudem selbstverständlich räumliche und zeitliche Verfügbarkeit sowie Modus der Terminierungen – und nicht zuletzt Honorare und sonstige Kosten, Abbruchkriterien und weitere Bedingungen. Auch kann ggf. die verfügbare Anzahl an Coaches (im Pool) bzw. deren Schwerpunkt eine Rolle spielen (Steinke, 2021, S. 225–227).

In diesem Zusammenhang ist zu beachten, dass auch *Coaches* die Auswahl ihrer Klienten sorgsam vornehmen – und nicht jeden Klienten kritiklos übernehmen – sollten. Auch sie können für diese Wahl Fragen adressieren. Umgekehrt sind dies Fragen, die die potenziellen **Klienten** beantworten können sollten:

- Für wie *sinnvoll* erachten Sie das Instrument Coaching, um Ihre Ziele zu erreichen?
- Was wird sich – im Falle eines erfolgreichen Coachings – *verändert* haben?
- Was denken Sie in einem solchen Coaching *lernen* zu können?
- Was *motiviert* Sie, an solchem Coaching teilzunehmen?
- Was würden Sie selbst *beitragen*, damit es gelingt?
(nach Schermuly & Graßmann, 2023, S. 212).

Wirksamkeit von Coaching erwartet nicht nur der Klient, sondern auch sein Unternehmen: Dessen Ergebnisse sollten sich durch das Coaching verbessern (sofern nicht z. B. ein Ausstieg des Klienten zu den Ergebnissen gehört). Die Wirksamkeit von Coaching wird auf *vier Ebenen* untersucht (Kotte, 2021, S. 283–286; s. a. Tab. 41). Dabei ist zu beachten, dass nur die Wirksamkeit *realer* Fälle gemessen werden kann – nicht die von Coaching unter *Laborbedingungen* (Wegener & Ackermann, 2021, S. 309).

Tab. 41: Vier Wirksamkeitsebenen von Coaching (nach Kotte, 2021, S. 284 f.).

Wirksamkeitsebene	Erläuterung
Reaktionsebene	Subjektive Beurteilung des wahrgenommenen Erfolgs aus und Zufriedenheit mit dem Coaching
Lernebene	Wissenserwerb und Einstellungsänderung. Zu unterscheiden: *Kognitives* Lernen, d. h. Wissenserwerb u. Strategien (z. B. Selbstwahrnehmung, Perspektivenübernahme, Flexibilität) und *affektives* Lernen, d. h. Veränderungen in Einstellungen und Motivation (z. B. Selbstwirksamkeit, Arbeitszufriedenheit, Wohlbefinden)
Verhaltensebene	Grad des Transfers, d. h. wieweit das Gelernte im Berufsalltag und in Änderung des Verhaltens sichtbar wird (z. B. Führungs- und Kommunikationsverhalten)
Ergebnisebene	Bezogen auf Arbeitsleistung des Klienten und, darüber hinaus, auf Wirkungen im Zusammenhang mit Unternehmenszielen (wie Produktivität, Return on Investment (RoI), Mitarbeiterbindung oder Kundenzufriedenheit)

Unter den **Erfolgsfaktoren** des Coachings ist in einer internationalen Befragung die *Arbeitsbeziehung* zwischen Klient und Coach als der stärkste ermittelt worden (in der subjektiven Wahrnehmung des Klienten, nicht des Coaches). Zu den weiteren Erfolgsfaktoren zählen demnach *Vertrauen* und *Empathie*, *Wertschätzung* und *emotionale*

Unterstützung sowie *Ressourcenaktivierung*. Zudem wird empfohlen, dass Coaches ihre Arbeit regelmäßig re-evaluieren (Greif & Jonas, 2021, S. 366). Das sollten auch deren Klienten tun.

Coaching ist eines der vielseitigsten Instrumente, um Unternehmen, Führungs- und Fachkräfte fit für die Zukunft zu machen: weiter zu qualifizieren, attraktiv im *War for Talents* und funktionsfähig in einer komplexer werdenden Welt zu machen bzw. zu erhalten. An einer Coaching-freundlichen Unternehmenskultur wird hier und da noch gearbeitet; in den meisten Geschäftsführungen ist das Instrument heute jedoch fest verankert – auch weil viele von ihnen sich selbst eines erfolgreichen Coachings längst bedient haben.

Unter den Formen zeitgemäßer Unterstützung von Beschäftigten durch ihr Unternehmen wird neben dem Coaching immer wieder das *Mentoring* genannt. Dazu der nächste Abschnitt.

8.2 Mentoring: Internes Know-how nutzen

In Homers Odyssee der antiken griechischen Mythologie gab Odysseus, als er in den Trojanischen Krieg zog, seinen Sohn in die Obhut seines Freundes *Mentor*, der seinerseits durch Athene, die Göttin der Weisheit, unterstützt wurde. *Mentoring* steht heute für eine spezifische Form bedachter – und mitunter nahezu freundschaftlicher – beruflicher Begleitung im Unternehmen.

> Als **Mentoring** wird ein Instrument bezeichnet, womit ein erfahrener, meist älterer Kollege, der Mentor, einen unerfahreneren, meist jüngeren oder neu ins Unternehmen eingetretenen *Mentee* begleitet, um dessen persönliche und besonders berufliche Entwicklung – oft sein Onboarding oder sein Hineinwachsen in das Unternehmen bzw. seine neue Rolle – zu unterstützen (Helmold, 2022, S. 122).

Der Mentor gehört daher i. d. R. demselben Unternehmen an, steht aber meist außerhalb der Berichtslinie des Mentees, um die Unabhängigkeit der Begleitung zu gewährleisten. Gelegentlich ist ein Mentor aber auch außerhalb des Unternehmens verortet. Er ist für gewöhnlich nicht extra oder umfangreich für diese Tätigkeit ausgebildet. Er wird mitunter auch als Pate bezeichnet (Holtbrügge, 2022, S. 157).

Gegenstand des Mentorings sind i. d. R. Wissens- und Know-how-Transfer sowie die Vernetzung zur Förderung von Lern-, Einstiegs, Aufstiegs- und Entwicklungsprozessen – weniger die grundsätzliche Ausprägung und Entfaltung von Kompetenzen und Skills wie beim Coaching. Ziel des Mentorings ist aber wie beim Coaching die Hilfe zur Selbsthilfe, bezogen auf die spezifische Situation des Mentees (Helmold, 2022, S. 123).

Unterschiede bzw. **Gemeinsamkeiten** zwischen Coaching und Mentoring führt Tab. 42 auf:

Tab. 42: Coaching vs. Mentoring: Gemeinsamkeiten und Unterschiede (Zusammenstellung nach Rauen, 2014, S. 9 f.; N. Graf & Edelkraut, 2017, S. 8 f.).

UNTERSCHIEDE

KRITERIUM	COACHING	MENTORING
Zielgruppe	meist Personen mit Management-Funktion, i. d. R. Führungskräfte	meist junge bzw. neue Mitglieder der Organisation, Potenzialträger
Zugehörigkeit des Durchführenden	externe (ggf. auch interne) Coaches	(meist) internes, älteres, erfahrenes Mitglied der Organisation
Hierarchisches Gefälle	Beziehung hierarchiefrei (i. d. R. extern); wenn intern: HR-Abteilung (gelegentlich: Vorgesetzter)	deutlich (ca. 2 Hierarchie-Stufen entfernt)
Ausbildung, Methodik des Coaches/Mentors	Qualifikation als Prozessberater, Methodenvielfalt	Erfahrung in der Organisation (sowie Passung) ausschlaggebend
Positionierung des Coaches/Mentors	Extern: Neutralität des Coaches; intern: Stabs-Coach neutraler als Linien-Coach	Angehöriger der Organisation, nie ganz unabhängig
Rolle des Coaches/Mentors	Begleiter	Vorbild/Begleiter
Engagement	beruflich	beruflich/persönlich
Einbringung	Coach vermeidet i. d. R. persönliche Stellungnahmen	Mentor lässt an persönlichen Erfahrungen teilhaben
Ebenen	Persönliche, Fach- u. Prozessebene	Persönliche u. Prozessebene
Gegenstand	Anliegen des Klienten bis in seinen privaten Bereich hinein; persönliche Handlungs- u. Lösungskompetenzen	meist ausschließlich bezogen auf die Organisation; fachliche Hilfestellung in bestimmten Praxissituationen
Beziehungsqualität	bleibt beruflich-neutral	kann persönlich-freundschaftlich werden
Freiwilligkeit des Coachees/Mentees	Voraussetzung	nicht immer gewährleistet
Ziele	Verbesserung der Leistungsfähigkeit, Hilfe zur Selbsthilfe für Coachee (vorab festgelegt)	Verbesserte Integration und langfristige Bindung des Mentees (ergeben sich oft erst im Verlauf)
Konzeptionalität	oft anlassbezogen als gezielte PE-Maßnahme	meist eingebettet in umfassendes PE-Konzept

Tab. 42 (fortgesetzt)

UNTERSCHIEDE		
KRITERIUM	**COACHING**	**MENTORING**
Interessengebundenheit	Coach verfolgt vordergründig die Interessen des Coachees	Mentor verfolgt teilweise die Interessen des Unternehmens
Anzahl Coachees/ Mentees	Vielzahl von Coachees	meist nur 1–2 Mentees
Dauer	meist kurz-/mittelfristig	langfristig bzw. ohne festes Ende
Kosten/Honorar	extern: Honorarbasis; intern: nur Zeit für das Coaching	Zeit für das Mentoring

GEMEINSAMKEITEN

- Analyse der Wahrnehmung der Aufgaben und Gestaltung der jeweiligen Rolle
- Coach/Mentor primär in der Rolle des Zuhörers und Gesprächspartners
- Beziehungsaufnahme und -gestaltung als erstes Arbeitsziel
- Beschäftigung mit dem Praxisfeld des Klienten; ggf. als Karriere- u. Lebensberatung
- Hilfe bei Einführung in neue Organisation
- Fähigkeiten zum Selbstmanagement beim Klienten funktionsfähig
- Abgrenzung von der Psychotherapie; Tiefe der Anliegen endet vorher

Auch beim Mentoring ist die individuelle **Passung** zwischen Mentor und Mentee entscheidend für den Erfolg. Voraussetzungen sind auch hier Vertrauen, Empathie, Wohlwollen und Vertraulichkeit des Begleiters. Unterschiedlich wird beurteilt, wieweit das Mentoring nur *institutionell* verankert sein oder auch *informell* (auf Initiative des Mentors oder des Mentees) zustande kommen können sollte. Und auch die Frage, ob Mentoring Protektion einschließen können sollte, wird unterschiedlich beantwortet (so z. B. Helmold, 2022, S. 122, der den Mentee sogar als „Protegé" bezeichnet).

Der Umfang eines **Mentoring-Programms** wird oft über mehrere Jahre angelegt – und sehr viel seltener als gelegentliche, kürzere Begegnung unterschiedlich erfahrener Beschäftigter ohne mittelfristige Perspektive.[132] Zu einem Mentoring-Prozess gehören:

- *Initiierung* (6–12 Monate): Kennenlernen, Erkennen der verschiedenen Erfahrungshorizonte, besonders der Förderungswürdigkeit des einen und der diesbezüglichen Kompetenzen und Perspektiven des anderen

---

[132] Ein einmaliges und kurzes Mentoring gibt es z. B. in der Form des *Flash Mentorings*: Hier geht es um niedrigschwelligen Einstieg, zügigen Know-how-Transfer und ggf. Anregung und Inspiration – evtl. mit dem Ziel, umfangreichere Angebote nachzuschieben (N. Graf & Edelkraut, 2017, S. 34 f.).

- *Entwicklung* (2–5 Jahre): mit herausfordernden Tätigkeiten, Förderung, Unterstützung sowie Schutz – und der Vermittlung neuer Einstellungen, Haltungen und ggf. Verhaltensstile
- *Trennung*: Erfahrungen von Autonomie und Unabhängigkeit sollten die Furcht des Mentees vor den nächsten Schritten überwiegen
- *Neubestimmung*: Autarkie und Dankbarkeit des Mentees und ein gewisser Stolz des Mentors münden idealerweise in eine dauerhafte, dann eher kollegial- freundschaftliche Beziehung
  (s. a. H. Jung, 2017, S. 286, der den Begriff allerdings etwas formaler – teils fast wie ein Traineeship – interpretiert).

Der **Mentor** sollte in jedem Fall Management-Qualitäten besitzen: Er sollte delegationsfähig und mit Leistungsbeurteilung vertraut sein, Vorbild sein wollen sowie Entwicklungs- und Leistungsplanung vornehmen mögen. Voraussetzungen für die Wahl eines Managers zum Mentor sind:
- *Berufs-* und *Lebenserfahrung*: erfolgreiches Führungsverhalten, zielorientiertes Vorgehen
- Vertrautheit mit der *Unternehmenskultur*, gute *Vernetzung* sowie *Anerkennung* (Standing) in der Organisation
- *Empathie* und *Toleranz* gegenüber anderen Menschen bzw. Meinungen
- Bereitschaft zum *Teilen* von Wissen, Erfahrung und Kontakten sowie zu *Feedback* (s. Kap. 8.3), aktiv und passiv (Feedback geben und nehmen)
- Persönliche *Lernbereitschaft* und *Selbstreflexion*, Aufgeschlossenheit für Neues
- Verfügbare *Zeit*, Engagement und Freude an der Unterstützung anderer, vertrauensbildendes Verhalten

sowie ein beweglicher Umgang mit der Rollenvielfalt des Mentors als Ratgeber, Netzwerker, Helfer und Sparringspartner (N. Graf & Edelkraut, 2017, S. 59–62).

Der **Mentee** muss sich vor einer passiven (Konsumenten-) Rolle schützen: Er bleibt verantwortlich für seine eigene Entwicklung und seinen Karriere-Fortschritt. Seine Rolle ist insofern aktiv, treibend und reflektiert: mit eigenem Antrieb, klarem Selbstbild, offen für Feedback und Risiko, geduldig sowie begabt in Arbeitsorganisation und Selbstmanagement. Voraussetzungen für den Erfolg als Mentee sind:
- Zielklarheit und Ergebnisorientierung
- Kommunikationsfähigkeit
- Eigenverantwortung, Initiative und Disziplin
- Kritikfähigkeit und Umsetzungsstärke
- Offenheit und Experimentierfreude

Insofern geht es dem Mentee nicht darum, dass der Mentor ihm Türen öffnen würde. Vielmehr hat dieser eine lediglich unterstützende Funktion. (Daher die kritische Einstellung zur Protektion, s. o.) Der Erfolg des Mentees wird mit dem Erfolg im Sport oder in der Musik verglichen: Die eigene Arbeit am Erfolg ist unverzichtbar und stellt (wie beim Coaching) letztlich den Mentee (bzw. Coachee) selbst an die Messlatte (N. Graf & Edelkraut, 2017, S. 50–51).

Der Erfolg eines Mentoring-Programms hängt auch von seiner konzeptionellen Integration ab. Dazu wird empfohlen, Mentoring nicht als isolierte Maßnahme einzuführen, sondern in die Arbeit der HR-Abteilung bzw. als Programm der Personalentwicklung einzubetten. Im Einzelnen empfehlen sich dabei die folgenden Gesichtspunkte:

- *Modell* definieren: Methodik und Arbeitsstandard sowie Qualifikation und Auswahl des Mentors regeln
- In *Personal-* und *Organisationsentwicklung* einbetten: mit anderen Instrumenten der Unternehmensentwicklung verknüpfen, Konzepte aufeinander aufbauen
- Zur *Führungskräfteentwicklung* einsetzen: Zielvereinbarungen ggf. mit Mentoring und seinen Entwicklungsgesprächen kombinieren, ggf. Führungsstil beeinflussen
- Tandems auf *Augenhöhe* installieren: Mentoring zum Hierarchie-Abbau nutzen; ggf. Reverse-Mentoring (s. u.) integrieren, um Mentee emotional zu involvieren
- *Vorgesetze* des Mentees einbinden: Veränderung des Mentees und seiner Arbeit sowie Einbindung antizipieren und gestalten
- *Mentoren qualifizieren*: Workshops, Best-Practice-Beispiele, Erfahrungsaustausch sowie ggf. Trainings veranstalten; dadurch auch Networking (s. Kap. 7.2) fördern (N. Graf & Edelkraut, 2017, S. 74 f.).

Mentoring provoziert eine besondere Auseinandersetzung mit der eigenen und mit fremden *Rollen*: im komplexen Geflecht der vorfindlichen Organisation, zumal unter Berücksichtigung des Mentors als außerhalb der Berichtslinie des Mentees stehend, im Geflecht mit anderen Rollen, die jeder simultan innehat – und, dynamisch betrachtet, im Zeitverlauf durch Änderung der Position insbesondere des Mentees und der damit verbundenen neuen Rollen. Das soziologische Funktionskonzept der umgangssprachlich bekannten Rolle zu verstehen ist daher unverzichtbar.

> Die Teilung von Aufgaben und Macht in sozialen Systemen bringt es mit sich, dass Menschen Stellen innehaben, die mit bestimmten Handlungen verbunden sind: ihre **Rolle**. Daran knüpfen sie selbst und auch andere Menschen (Inhaber anderer Stellen und Rollen in sozialen Systemen) Erwartungen – die sich zudem gegenseitig beeinflussen. Als *Rollen-Sender* äußern Menschen sie, als *Rollen-Empfänger* versuchen sie, ihnen gerecht zu werden. Dabei gilt es, Anpassungsfähigkeit sowie Flexibilität im Umgang mit den Rollen auszuprägen (Lippmann & Steiger, 2019, S. 76–79; s. Abb. 97).

Oft ist das **Rollenverhalten** innerhalb des sozialen Systems und seiner Kultur erfolgsentscheidend. Für die Begleitung des Mentees in dessen neuem Unternehmen empfiehlt sich dem Mentor Umsicht, wenn nicht gar Vorsicht. Für die Begegnung mit neuen Kulturen und Verhaltensmustern erscheint *Nudging* mitunter als ein geeignetes Instrument (Dosik et al, 2022, S. 29 f): Seinen Mentee erreicht der Mentor damit

AUFGABE
(Verständnis d. Primary Task)

STRUKTUR
(Stellenbildung, Positionen, Macht)

KULTUR
(Werthaltungen)

Umwelt

Organisation
(Unternehmen)

ROLLEN-SENDER (die anderen)

Position   Erwartungen   Status

ROLLE

Neigungen   Verhalten   Fähigkeiten

Persönlichkeit   Werthaltungen   Wünsche

ROLLEN-EMPFÄNGER (-Träger)

ANDERE ...   FAMILIE

... ROLLEN

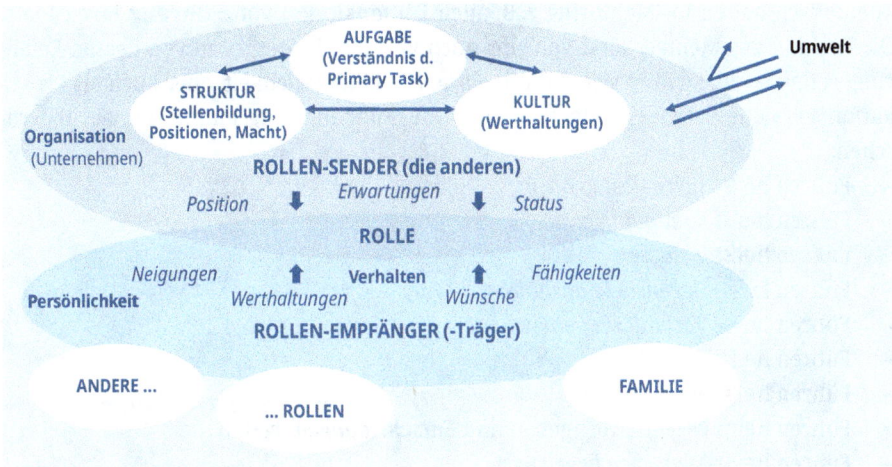

Abb. 97: Funktionskonzept der Rolle. Eigene Persönlichkeit und andere Rollen wie z. B. die in der Familie als Einflussfaktoren der Rolle, ihrerseits eine Schnittmenge mit Parametern wie z. B. Erwartungen aus dem Unternehmen (eigene Darstellung nach Lippmann & Steiger, 2019, S. 78).

sanft und wirkungsvoll (Nudging als „anstupsen", „sanft schubsen", Thaler & Sunstein, 2014, S. 13).

Diesem Ziel dienen genauso **Fragen**. Auch für sie gelten die *4 Seiten einer Botschaft* nach Schulz von Thun (s. Kap. 4) – man könnte sagen: die *4 Seiten des Fragens* (Wahren, 1987, S. 140 f.; s. Tab. 43).

Tab. 43: Die 4 Seiten des Fragens (angelehnt an Schulz von Thun, nach Wahren, 1987, S. 140 f.).

Seite	Gegenstand der Frage	Funktion
Sachinhalt	Was will der Fragende wissen? Wie steht die Frage im Zusammenhang zum Thema?	Tatsachen u. Details kennenlernen
Appell	Welche Ziele und Motive stecken hinter der Frage? Warum stellt der Fragende gerade diese Frage?	Antwort zu einem bestimmten Gegenstand erhalten
Beziehungshinweis	Wie steht der Fragende zum Befragten? Welche Regeln gelten? Was sagen Form und Zeitpunkt der Fragen darüber?	Sicht der Beziehung ausdrücken: auf Augenhöhe, aus Sicht eines im Rang Höheren oder Niedrigeren
Selbstkundgabe	Wie steht der Fragende zu seiner Frage? Was möchte er implizit wissen – oder ausschließen?	Bedeutung der Frage für Fragenden offenlegen – oder verbergen

Thematisch haben im Mentoring z. B. auch **Dimensionen** von **Führung** ihren Platz. Die Position des Mentees lässt Führung auch vor dem Hintergrund von dessen Erfahrung reflektieren. So lässt sich Führen als Selbstverständlichkeit, aber auch als Provokation verstehen. Der Facettenreichtum von Führung mag einen Mentee überraschen:

- Führen heißt *sich selbst kennen*
- Führen heißt *kommunizieren*
- Führen heißt *loslassen*
- Führen heißt *Gegensätze aushalten*
- Führen heißt *Veränderungen managen*
- Führen heißt *Sinn stiften*
- Führen heißt *Macht haben*
- Führen heißt *Orientierung* geben und *Entscheidungen* treffen
- Führen heißt *Menschen begeistern*
- Führen heißt *Menschen lieben*
  (Pinnow, 2012, nach Kapitel-Überschriften, S. 175–246).

Wie im Coaching und in der modernen Führung gelten Authentizität und Transparenz als Grundlagen erfolgreichen Mentorings. Sie mögen besonders gefordert werden, wenn der Mentee auf sensible Themen des konkreten Unternehmens oder auf generell schwierige Fragen der Führung zu sprechen kommt. Zu den größten Herausforderungen der gegenwärtigen Management-Diskussion gehören die **Paradoxien** der **Führung**. Darunter fallen z. B.:

- Management und Führung (s. Kap. 2)
- Individuelle und verteilte Führung (s. Kap. 4)
- Funktionale Spezialisierung und cross-funktionale, horizontale Organisation in der Matrix (s. Kap. 7)
- Purpose (s. Kap. 3.3), Hingabe und Leistung
- Mitarbeiter-Mobilität und Leistung (s. a. Kap. 10.3.)
- Hybrides Arbeiten (s. u. a. Kap. 6) mit virtueller und physischer Präsenz
- Differenzierung/Lokalisierung und Integration/Globalisierung (s. Kap. 9.1)
- Innovation outside-in und inside-out (s. Kap. 9.3)
- Der Mensch, Nachhaltigkeit, der Planet und der Profit (s. Kap. 3 bzw. 11 zu Sinn)

Dabei ist letztlich auch zu überlegen, ob Coaching, Mentoring und verwandte Instrumente geeignet sind und ob es gewollt(!) ist, diese Fragen zu beantworten – und ob die Coaches bzw. Mentoren selbst es sind: keine Selbstverständlichkeit (Nielsen et al., 2023, S. 9 bzw. 173–175).

Unter den Themen, die im Mentoring auftauchen, sind ferner die **Karriere** des Mentees und deren Entwicklung. Die folgende Darstellung zeigt ein Karriere-Verständnis (aus einem Coaching) für Top-Manager, das sich dezidiert primär an deren eigenen Zielen orientiert. Auch diese Manager suchen – nicht nur nach meiner eigenen Erfahrung –

Anregungen z. B. für ihre Kommunikation, Sparring für ihre Ideen oder Reflexion ihrer Visionen. Ihre Agenda entwickeln sie bereits zu Beginn ihrer Karriere, s. Abb. 98 (angelehnt an Assig & Echter, 2021, bes. S. 658 f., 672 f.).

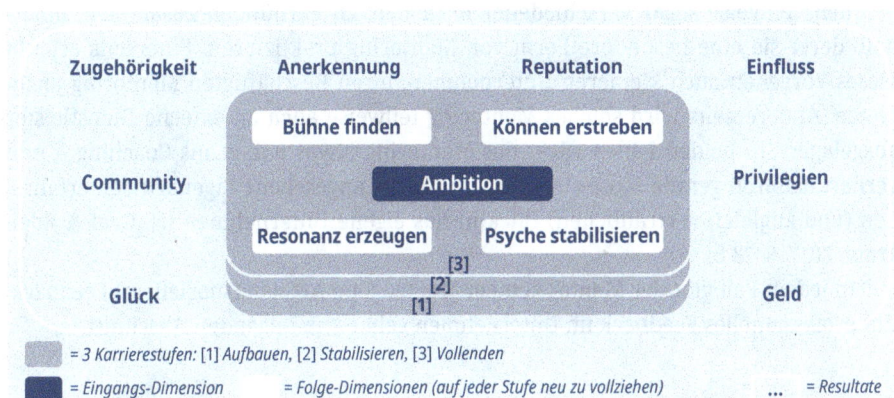

Abb. 98: Karriere-Agenda zum Top-Level. Eingangs-Dimension („Ambition") sowie die 4 Folge-Dimensionen („Bühne finden" etc.) auf jeder der 3 Karrierestufen neu zu vollziehen (eigene Darstellung, angelehnt an Assig & Echter, 2021, S. 659).

Wieweit ein Mentor dem allerdings folgen will, muss er mit sich selbst ausmachen – das Gebot des Abstands zwischen Mentor und Mentee (wie zwischen Coach und Coachee) gilt auch hier und in beide Richtungen. Der Mentor kann und darf sich distanzieren, wenn er will – und ggf. das Mentoring auch abbrechen.

Weitere Erscheinungsformen variieren das klassische Mentoring. Im **Peer-to-Peer Mentoring** stammen beide, Mentor und Mentee, aus derselben sozialen Gruppe (z. B. reflektieren beide ihren Übergang von einem Projekt in ein anderes oder von einer Hierarchiestufe auf die nächste).[133] Der eingangs beschriebene Unterschied an Erfahrung, Betriebszugehörigkeit und Alter ist hier also nicht oder kaum vorhanden. Dies kann dabei helfen, Einstiegshürden auf Seiten der Mentees zu senken und den Prozess zu beschleunigen, so z. B. auch beim Onboarding oder zwischen Auszubildenden verschiedener Jahrgänge (Pflaum & Wüst, 2019, S. 91 f.).

Im Zusammenhang mit der Aktivierung älterer bzw. mit der Reaktivierung bereits in den Ruhestand gewechselter ehemaliger Kollegen hat das **Reverse Mentoring** Bedeutung erhalten. So wird z. B. in *Lern-Tandems* (letztlich eine Art *Peer-to-Peer-Mentoring*, s. o.) die Zusammenarbeit von jüngeren und älteren Beschäftigten verbessert – und Know-how,

---

133 Der Unterschied zu Lerngruppen kann dabei verschwimmen oder auch verschwinden.

Vernetzung sowie die Gesamtleistung des Unternehmens gesteigert.[134] Erfahrung mit diesem Instrument hilft auch beim Wiedereinstieg von Beschäftigten nach längerer Abwesenheit, z. B. bei der Rückkehr aus einer Elternzeit (Rohrmeier, 2021, S. 10).[135]

Eine ähnliche Form findet sich im **Cross Mentoring**. Hier schließen sich Unternehmen, teilweise sogar verschiedener Branchen, zu Verbünden zusammen, innerhalb derer sie eine besondere Form von Mentoring praktizieren. Einerseits erlaubt dieses Vorgehen auch kleineren Unternehmen, ihren Beschäftigten Mentoring anzubieten. Andererseits wird solches Mentoring teilweise auch an externe Dienstleister ausgelagert. In beiden Fällen rückt das Mentoring etwas näher ans Coaching – und verliert dadurch gerade seine eigentlich als Stärke angesehene Eigenart: den erfahrenen (und zugleich vertraulichen) Blick in das eigene Unternehmen (N. Graf & Edelkraut, 2017, S. 23 f.).

In jedem Fall gibt der Mentor seinem Mentee eine Art von (speziellem) Feedback. Um professionelles Feedback im Unternehmen geht es im folgenden Abschnitt.

8.3 Feedback bis 360°: Kultur vertiefen

Feedback ist als Geschehen zu gestalten, mit dem Unternehmen attraktiv für Gen Y und Gen Z werden und zugleich ihre Unternehmenskultur verbessern. Dafür ist Kommunikation zwischen Sendern und Empfängern mit *Feedback* (Rückkopplung) zu versehen, wie in Kap. 4.3 darstellt. Das sollte zu den Selbstverständlichkeiten jeder Kommunikation gehören: Sie ist *Beziehung*, genau genommen also *immer* Zwei-Wege-Kommunikation (Alter et al., 2019, S. 614).

> Unter **Feedback** wird in der Psychologie und Soziologie die Rückmeldung zwischen Menschen bzw. System-Elementen verstanden, im vorliegenden Zusammenhang also besonders zwischen Unternehmens-Angehörigen, mit dem Ziel, die betreffende System-Einheit – und sich selbst – weiterzuentwickeln. Der Einsatz von Feedback gehört nach modernem Verständnis zu den unmittelbaren Führungsaufgaben (Jonassen et al., 2019, S. 376 f.).

Feedback zu einem Arbeitsergebnis oder Prozess wird nicht selten als Kritik (miss-)verstanden. Sie sollte jedoch im genannten Sinn als *Lern-* und *Entwicklungs-Chance* begriffen und entsprechend gestaltet werden (Franck, 2019, S. 75–77). Unternehmen befinden sich in *Transformationsprozessen* (s. Kap. 9.3). Dort ergibt sich Feedback aus

---

[134] Derartige Maßnahmen können systemisch installiert werden (s. Kap. 8.4 zum systemischen Lernen) und Teil der Personalentwicklung sein (s. Kap. 10.3).

[135] Als einer der Entwickler des *Reverse Mentoring* gilt Jack Welch (CEO von General Electric 1981–2001). Heute praktizieren es Großunternehmen wie Allianz, Bosch Rexroth, Lufthansa, IBM, Merck, Volkswagen UK, Procter & Gamble, PWC China oder Deutsche Telekom (Witte, 2023). – Andererseits gab jüngst noch die Hälfte der befragten Unternehmen in Deutschland an, überhaupt kein Mentoring-Programm anzubieten (Hays & Go1, 2022).

deren Output sowie aus dem Lösen der primären Aufgabe bzw. aus Veränderungen im Purpose, dem Existenzgrund des Unternehmens (Jörg & Steiger, 2019b, S. 35; s. Kap. 3.3; s. a. Abb. 99).

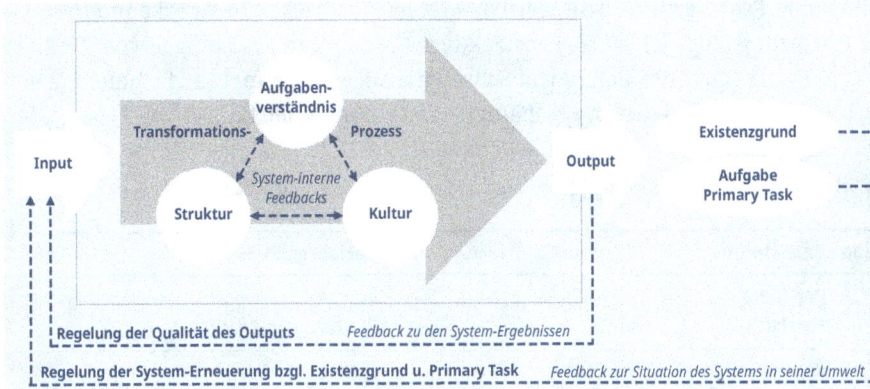

Abb. 99: Feedback zur Systemerneuerung. Feedback-Prozesse *intern* zwischen Aufgabe, Struktur, Kultur; *extern* zwischen Output und Input bzw. zwischen Auswirkungen auf Existenzgrund sowie auf Primary Task und Input (eigene Darstellung, nach Jörg & Steiger, 2019b, S. 35).

Analog zum hier gezeigten Transformationsprozess lässt sich der **Führungsprozess** verstehen: Dessen *Output (Outcome)* sind das Führungsverhalten bzw. die Führungs-leistung, dessen *Input (Income)* die Ressourcen der Führungskraft bzw. des Unterneh-mens. Die Selbstorganisation im Führungsprozess entspricht den internen Feedbacks des oben gezeigten Transformationsprozesses: zwischen Aufgabenverständnis, Struk-tur und Kultur (Lippmann & Steiger, 2019, S. 85).

Feedback kommt auf verschiedenen **Ebenen** vor. Dabei ist zu unterscheiden zwi-schen:
– formeller *Leistungs- (Regel-) Beurteilung*
– eigenschaftsbezogener *Potenzialbeurteilung*
– *Verhaltenssteuerung* im Sinne kurzfristigen Lernens (auch day-to-day)

Hierarchisch gesehen kann die *Leistungs-Beurteilung* top-down oder auch bottom-up erfolgen (Schuler & Görlich, 2018, S. 95 f.; s. Tab. 44).

Die **Nutzung** von Feedback für Führungskräfte und Mitarbeitende erfolgt auf dreierlei Weise:
– Als *Spiegel* von *Verhalten*: Beschäftigte können Selbstbild und Fremdbild abglei-chen, blinde Flecken aufspüren und Abweichungen in Wissen, Erfahrung oder Haltung von seinem Rollen-Verständnis erkennen
– Zur *Rückmeldung* zu einer *Leistung*: Die Mitarbeitenden, die Führungskraft oder das gesamte System lernen aus dem Feedback – oder erhalten eine Anerkennung ihrer Leistung

- Zur *Optimierung* von *Potenzial*: Die Entwicklung der personellen Ressourcen im Hinblick auf künftige Aufgaben wird verbessert – und die Beziehung der Beschäftigten untereinander ebenfalls (Beziehungshygiene)

Gelingende Feedback-Prozesse werden so zum Ausdruck von Anerkennung sowie Wertschätzung. Zugleich stützt konstruktives Feedback das Ausprägen von Resilienz (s. Kap. 7) und stärkt das Gefühl von Selbstwirksamkeit (s. Kap. 10.2). So unterstützt es das Unternehmen und dessen Beschäftigte (Rolfe, 2019, S. 190 f.).

Tab. 44: Drei Ebenen der Beurteilung (angelehnt an Schuler & Görlich, 2018, S. 96 f.).

Ebene	Bezeichnung	Funktion	Verfahrensweise
1	Day-to-Day Feedback	Verhaltenssteuerung, Lernen	Informelles Gespräch, Unterstützung (zwei Richtungen möglich)
2	Regelbeurteilung	Leistungseinschätzung, Zielsetzung	Systemische Beurteilung, Beurteilungsgespräch (u. Lernen), bottom-up oder top-down
3	Potenzialbeurteilung	Funktionseinschätzung, Prognose, Personalentwicklung	Eignungsdiagnose, Assessment Center

Feedback-*Geber* und Feedback-*Nehmer* (*-Empfänger*) lassen sich weiter differenzieren, nach den jeweiligen **Funktionen** und entsprechend nach involvierten *Personen* und *Gruppen*, auch außerhalb des Unternehmens (360°-Feedback, s. u.), die auf vielfältige Weise miteinander kombiniert werden. So entstehen zahlreiche Möglichkeiten, mit denen unterschiedliche Teams, Bereiche und ganze Unternehmen andere einschätzen bzw. sich selbst einschätzen lassen (Bungard, 2018, S. 16 f.; s. Abb. 100).

Das **Führungskräfte-Feedback** (bottom-up) kann als das maßgebliche Feedback im Unternehmen angesehen werden (Troger, 2021, S. 154). Es prägt die Führungs- und die Unternehmenskultur und entscheidet darüber, ob die Mitarbeitenden ihrer Führungskraft tatsächlich folgen. Es sollte i. d. R. mindestens einmal im Jahr stattfinden und als Einzelgespräch oder in Gruppen, ggf. als Workshop, abgehalten werden. In der Gruppe ist wichtig, dass sich ausnahmslos alle Mitarbeitenden einbringen: die größte Herausforderung beim Gruppen-Feedback. Die Offenheit im Feedback wächst dann mit den guten Erfahrungen (P. Berger, 2018, S. 200 f.)

Führungskräften dient es als Information über etwaig nötige Führungsveränderungen oder andere Anpassungen sowie über die Teamentwicklung (s. a. Kap. 7.2). Die Rückmeldung an Führungskräfte umfasst zudem zahlreiche weitere Funktionen (Nerdinger, 2018, S. 109; s. Tab. 45).

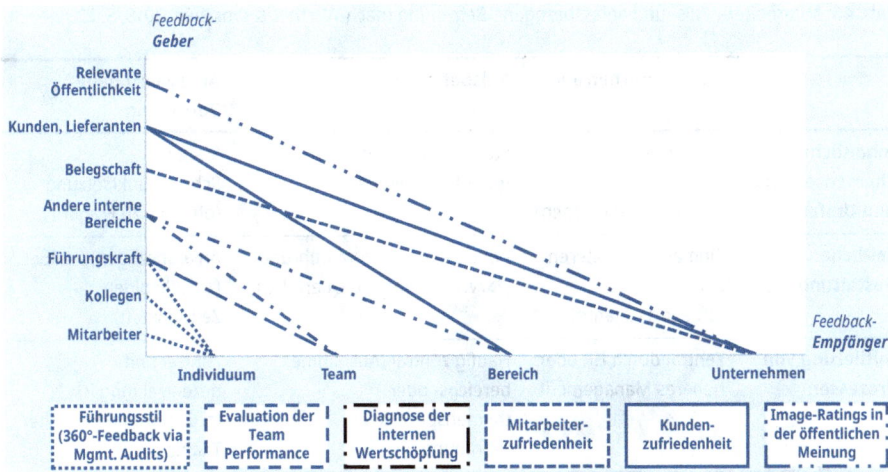

Abb. 100: Feedback-Prozesse im und um das Unternehmen herum. Feedback-Geber und -Empfänger in verschiedenen Kombinationen für unterschiedliche Tools (eigene Darstellung in Anlehnung an Sattelberger, 1996, nach Bungard, 2018, S. 17).

Tab. 45: Funktionen von Führungskräfte-Feedback (in Anlehnung an Nerdinger, 2018, S. 109, dort nach Steinhoff, 1995).

Führungskraft	Mitarbeitende/Team	Unternehmen
– Diagnose	– Motivation	– Partizipation
– Entwicklung	– Leistung	– Motivation/Leistung
– Kontrolle	– Dialog	– Personalentwicklung
	– Partizipation	– Kontrolle
	– Steuerung	– Selektion
	– Teamentwicklung	– Evaluation

Je nach Anlass und zeitlicher Taktung werden Feedbacks noch weiter unterschieden, z. B. in **Instant Feedbacks** und **Pulsbefragungen**. Solche Messungen dienen z. B. der Kundenzufriedenheit, indem sie die Reaktionsschnelligkeit erhöhen. Ähnlich wird *innerhalb* des Unternehmens verfahren. Dabei ist zwischen (meist selteneren) *Mitarbeiterbefragungen*, häufigeren (regelmäßigen) *Pulsbefragungen* und (ad hoc) *anlassbezogenen Befragungen* zu unterscheiden (Werther & Woschée, 2018, S. 231 f.; s. Tab. 46).

Mitunter wird Feedback als Einschränkung von Macht gesehen. Macht liegt zwar unbestreitbar im Kern von Hierarchie (Walther, 2020, S. 41 f.). Doch es geht beim Feedback nicht um Einschränkung von Macht und bei Kritik nicht um Teilhabe daran, sondern um die Beteiligung aller, die sinnvoll daran mitwirken können, um letztlich Konflikten schon im Vorfeld zu begegnen. Das erfordert bei Führungskräften **Kritikfähigkeit**. Sie basiert auf deren Persönlichkeit und auf Resilienz – und führt zugleich zur Stärkung ihrer Auto-

Tab. 46: Mitarbeiter-, Puls- und anlassbezogene Befragung (nach Werther & Woschée, 2018, S. 233).

	Mitarbeiterbefragung	Pulsbefragung	Anlassbezogene Befragung
Inhaltliche Themensetzung und Umfang	Umfangreiche Schwerpunkte (oft 40 bis 100 Fragen)	Starke Schwerpunktsetzung (oft 1 bis 20 Fragen)	Starke Schwerpunktsetzung (oft 1 bis 20 Fragen)
Zeitliche Gestaltung	Einmalig in größeren Zeitabständen (oft alle 1–3 Jahre)	Kontinuierliche Durchführung (1x/Woche, Monat, Quartal ...)	Anlassbezogen, flexibel (zu beliebigen Zeitpunkten)
Initiierung von Prozessen	Zentral durch HR oder höheres Management	Häufig zentral (Ausnahme: bereichs- oder themenspezifische Befragungen)	Zentral und dezentral möglich (z. B. einzelne Bereiche/ Teams)

rität, um möglichst in einer Feedback-Kultur zu münden. Diese lässt Feedback allseitig zu (D. Herrmann et al., 2012, S. 40).

Für ein derartig *hierarchiefreies* individuelles Feedback empfehlen sich **Kommunikations-Regeln**. Sie erleichtern das Empfangen und fördern insofern das Geben von Feedback. Dazu gehören Empathie und eine partnerschaftliche Einstellung, wie sie sich aus der positiven Psychologie ableitet und sich bspw. im folgenden Wortlaut abbildet (Rolfe, 2019, S. 216 f.; s. Abb. 101).

Ich weiß, dass ich Feedback geben kann, wenn ich...

– bereit bin, neben dir statt dir gegenüber zu sitzen,
– gewillt bin, das Problem gemeinsam mit dir anzuschauen, statt es zwischen uns zu stellen (oder es dir zuzuschieben),
– zuhören, Fragen stellen und akzeptieren kann, dass ich den Sachverhalt vielleicht nicht voll verstehe,
– anerkennen will, was du tust, statt deine Fehler auseinanderzupflücken,
– deine Stärken erkenne, und wie du sie einsetzen kannst, um deine Herausforderungen anzugehen,
– dich in die Pflicht nehmen kann, ohne dich zu beschämen oder zu beschuldigen,
– gewillt bin, für meinen Teil die Verantwortung zu übernehmen,
– dir aufrichtig für deine Bemühungen danken kann, statt dich für deine Fehler zu kritisieren,
– darüber sprechen kann, wie Lösung für diese Herausforderungen zu deinem Wachstum und zu deinen weiteren Möglichkeiten beiträgt
– ich die Verletzlichkeit und Offenheit vorleben kann, die ich mir von dir wünsche.

Abb. 101: Kommunikations-Regeln für hierarchiefreies individuelles Feedback. Dimensionen Beschämen und Beschuldigen angesprochen, Verletzlichkeit als Ressource gesehen (eigene Darstellung, angelehnt an Brown, 2017, zit. nach Rolfe, 2019, S. 216).

Der Empfänger nimmt vor allem dann positiv auf, wenn er es kognitiv als glaubwürdig einstuft, emotional davon betroffen ist und als bedeutsam erlebt: Die **Akzeptanz**
kann so vom Geber des Feedbacks beeinflusst werden. Als unerlässlich gelten Wertschätzung gegenüber dem Empfänger sowie Kongruenz (Echtheit) im Verhalten des
Gebers. Aus dem Bedürfnis nach Selbstwert wird eine Motivation zur Feedback-Suche
abgeleitet: Sie erleichtert beiden Seiten das Feedback, das nach einer Reihe von Kriterien zu gestalten ist (Jöns, 2018, S. 34 f., s. a. Tab. 47).

Tab. 47: Akzeptanzrelevante Variablen des interpersonellen Feedbacks (nach Jöns, 2018, S. 34).

Merkmale der Quelle/ Sender	Art des Feedbacks	Merkmale des Empfängers
(Urteils-)Kompetenz	positiv – negativ	Selbstwertgefühl
Macht (Position)	informativ (verhaltensbezogen) – bewertend (emotional)	Kontrollorientierung (locus of control)
Attraktivität	allgemein – spezifisch	Selbstschema (elaboriert)
Status, Prestige	direkt – indirekt öffentlich – anonym	
Merkmale des Prozesses		
Wertschätzung, Wärme	zeitlicher Abstand	situative Befindlichkeit
Empathie, Echtheit	Häufigkeit	
Beurteilung des Feedbacks		
Konsistenz des Fremdbilds	Glaubwürdigkeit, Betroffenheit, Bedeutsamkeit	Konsistenz Selbst-/Fremdbild

Dabei mag erstaunen, dass **Emotionen** ausdrücklich in die Gestaltung der Äußerungen einbezogen sind. Der Ansatz liegt bei den Ich-Botschaften der Kommunikation
(s. Kap. 4): Emotionen werden dann zur Belastung und insofern *destruktiv*, wenn sie
zu Angriff und Schuldzuweisung führen. Sie wirken dagegen *konstruktiv*, wenn sie als
Preisgabe von Ich-Zuständen verstanden werden; als Wertschätzung aufgefasst, werden sie sogar zum Beziehungs-Träger. So stellt eine Äußerung, die zunächst Energie
kostet, dann positive Energie zur Verfügung (Rolfe, 2019, S. 2019–221).

> Mit **Beziehungsenergie** wird die motivierende und vitalisierende Energie bezeichnet, die durch Inter-
> aktion freigesetzt wird – ob zwischen Führungskräften, zwischen Vorgesetzten und Mitarbeitenden
> oder zwischen Kollegen untereinander (Cameron & McNaughtan, 2014, nach Rolfe, 2019, S. 221).

Interpersonelles Feedback ist also mit Empathie entlang von Kriterien zu gestalten:
die Selbst-Sicht des Empfängers berücksichtigend, sensibel für Beziehung und Situa-

tion sowie umsichtig in der Art der Äußerung. Zudem empfehlen sich oft eher Fragen als Aussagen: Fragen *öffnen*, sofern sie nicht als suggestiv oder rhetorisch, sondern als authentisch empfunden werden (s. a. Kap. 8.2); Aussagen dagegen (bzw. Antworten) *schließen ab* (Varney, 2021, S. 89).

Günstig wirkt dann eine Kombination aus **Fragen** und **Wünschen**: So können Feedback-Geber ihre Ziele adressieren. Beim interpersonellen Feedback sind demzufolge zu beachten:

- *Situation*: nur Feedback geben, wenn der andere dazu in der Lage ist (es gerade annehmen kann und will)
- *Spezifik* und *Umfang*: so konkret wie möglich; ausdrücklich als Beginn eines evtl. längeren Dialogs mit Wahrnehmung ggf. auch von Emotionen
- *Präzision* von *Kategorien:* Wahrnehmungen als Wahrnehmungen äußern, Vermutungen als Vermutungen, Emotionen als Emotionen
- *Keine Analyse:* sich selbst als Quelle kennzeichnen (besonders bei Unbehagen); nicht über Motive des Empfängers spekulieren
- *Positives* hervorheben: positive Wahrnehmungen und Gefühle beflügeln
- *Reversibilität* beachten: Was A zu B sagt, muss auch B zu A sagen können – ehrlich, jedoch nicht verletzend
- *Kapazität* berücksichtigen: Feedback anzunehmen kostet Energie; diese ist begrenzt
- *Konkretes Verhalten* benennen: keine Eigenschaften ansprechen, kein Urteil über die ganze Person abgeben (keine Bewertung)
- *Unmittelbar* ansprechen: zeitliche Nähe zur Situation erleichtert das Lernen
- *Wunsch* nach Feedback berücksichtigen: Die Bitte um Feedback (wenn sie echt ist) sichert ein gleich hohes Interesse
- *Situation (II):* Feedback *nur annehmen*, wenn man dazu wirklich in der Lage ist (es gerade annehmen kann)
- *Zuhören:* Beim Empfang von Feedback zunächst nur zuhören, den Feedback-Geber ausreden lassen, Gegen-Antworten zunächst verschweigen; sich vergewissern, dass man alles korrekt verstanden hat – und sich nicht rechtfertigen
- *Verantwortung* übernehmen: die eigenen Reaktionen sind die eigenen – das Gegenüber ist höchstens Auslöser (Rechtfertigungen unterlassen)
- *Keine Schuld* zuweisen: Fehler und Irrtümer sind mit Ursache und Verantwortung verknüpft, aber nicht mit Schuld (Entschuldigungen nicht einfordern)
(nach Wahren, 1987, S. 138 f.; P. Berger, 2018, S. 200; Franck, 2019, S. 76–81, 119–123).

Negative Kritik muss in diesem Sinn sachlich vorgetragen werden. Gerade ein Mentor beherzigt dies (s. Kap. 8.2). *Unsachlich* vorgetragen, führt Kritik zu Sperre und Verschluss, so dass ein Zirkel droht. *Sachlich* vorgetragen, kann sie aufgenommen und in einer Korrektur verarbeitet werden: So führt sie zum Lernen (H. Jung, 2017, S. 461; s. a. Kap. 8.4 sowie Abb. 102).

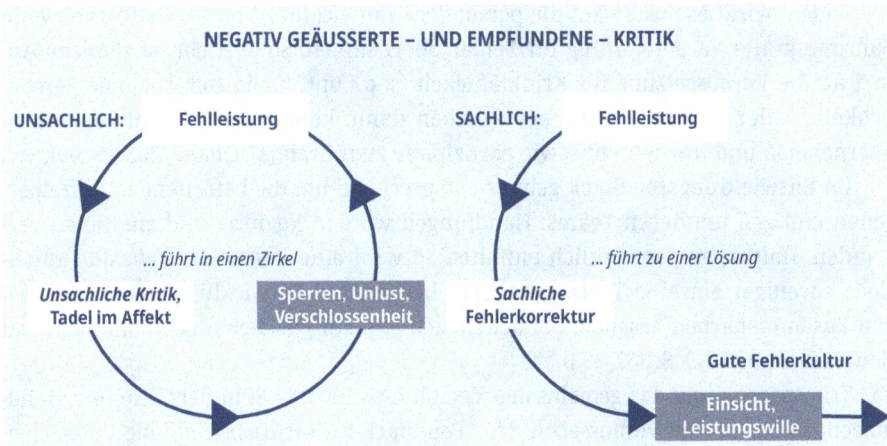

NEGATIV GEÄUSSERTE – UND EMPFUNDENE – KRITIK

UNSACHLICH: Fehlleistung

SACHLICH: Fehlleistung

... führt in einen Zirkel

... führt zu einer Lösung

Unsachliche Kritik, Tadel im Affekt

Sperren, Unlust, Verschlossenheit

Sachliche Fehlerkorrektur

Gute Fehlerkultur

Einsicht, Leistungswille

Abb. 102: Negativ geäußerte Kritik im Zirkel bzw. als Lern-Grundlage. Einsicht und Leistungswille basierend auf *sachlicher* Fehlerkorrektur anstelle *unsachlich* geäußerter emotionaler oder abwertender Kritik wie z. B. Tadel im Affekt (nach H. Jung, 2017, S. 461).

Eine derartige Frage- und Feedback-Kultur ermöglicht es Managern, sich offen mit dem Problem des **Burn-out** bzw. der **Resilienz** auseinanderzusetzen (s. Kap. 7.1). In seiner Rolle als *Beschäftigter* stellen sich dem Manager z. B. folgende Fragen:
– Wie sieht dein ideales Team- und Arbeitsumfeld aus?
– Wie würdest du dies gern erleben?
– Welche Umstände belasten dich?
– Was motiviert/inspiriert dich?

... und in seiner Rolle als *Führungskraft*:
– Was unternimmst du, um jeden in deinem Team tatsächlich kennenzulernen?
– Wie kannst du hinsichtlich Vertrauen, Respekt und Fairness dein Team noch besser unterstützen?
– Welche Gelegenheiten für Wachstum und neue Herausforderung sind für dein Team verfügbar – oder fehlen ihm?
– Welche Bedenken wurden unter deinen Team-Mitgliedern geäußert?
  (nach Russell & Liggans, 2022, S. 129 f.)

Zur Implementierung einer positiven **Fehlerkultur** führen manche Unternehmen *FuckUp-Nights* durch: Hier berichten Beschäftigte auf lockere Weise von Fehlern, die sie gemacht haben. Das soll einer Fehler-Vermeidungs-Kultur (*Perfektionismus*), wie sie viele Unternehmen noch immer prägen, entgegenwirken: Fehler sind zum Lernen da, nur soll man daraus lernen (P. Berger, 2018, S. 141; s. a. Kap. 8.4). Dann wirken sie sich positiv aus – so auch das Konzept des Enriched Transformational Leadership (s. Kap. 4.2).

Zudem wirkt es positiv auf die persönliche Entwicklung von Beschäftigten, wenn Führungskräfte Verantwortung für Fehler übernehmen. So entsteht persönliche **Autorität**: die Voraussetzung für Kritikfähigkeit (s. o.) und für in sich ruhende Persönlichkeit. Reflexion und Lernen ermöglichen dann, komplexere Verantwortung zu übernehmen und transparent sowie partizipativ zu führen (McQuade, 2022, S. 99).

Im **Entwicklungsfeedback** geht es entsprechend um die betreffenden Einzelpersonen und ggf. um deren Teams: Handlungen werden kognitiv und emotional verstanden, Haltungen ganzheitlich entfaltet. So wird eine *Kultur der Reflexion* entwickelt – weniger einzelne Tools. Derartiges Lernen und Entwicklung werden als Teil von Zusammenarbeit gesehen, bei denen sich alle auf gleicher Augenhöhe befinden (Jonassen et al., 2019, S. 381–383).[136]

Transparenz und das gemeinsame Verständnis für den Sinn der Ziele und Handlungen (s. Kap. 3) sind Voraussetzung für **Feedback-Kultur**. Dabei hilft die Unterscheidung von Beurteilung und Feedback *(Rückmeldung)*: Gemeinsame Entwicklung kann nur gelingen, wo Fehler als Versuche verstanden werden, nicht als abzuqualifizierende Leistungen. Der Feedback-Geber stellt sich insofern *an die Seite* des Feedback-Nehmers: eher wie ein Seismograph als wie ein Urteilgeber. Entsprechend muss die Kommunikation beidseitig offen sein: Sie bleibt Beziehung (Jonassen et al., 2019, S. 284–286).

Auch das *360°-Feedback* fußt auf solchem Verständnis. In seinem Zentrum stehen das individuelle Führungsverhalten und die Führungskompetenzen der Fokusperson. Zudem wirkt der Rundum-Charakter des Tools etwaigen Verzerrungen entgegen: eine effektive Methode, viel über die Einbettung eines Beschäftigten zu erfahren. Das gilt auch, wenn er, gemessen an seinen individuellen Zielen, (noch) gute Leistungen erbringt, aber evtl. keine gute Führung zeigt (Suckale, 2023, S. 83).

> Mit **360°-Feedback** wird die Rückmeldung durch alle relevanten Personengruppen (*Feedback-Geber*) verstanden, die mit einer Fokusperson (*Feedback-Nehmer*) in kontinuierlicher Beziehung stehen und diese daher relativ zuverlässig beurteilen können (Scherm & Sarges, 2019, S. 2).

Zu den Feedback-Gebern im 360°-Feedback gehören:
Vorgesetzte: hierarchisch (vertikal) übergeordnet
- *Kollegen*: hierarchisch (horizontal) gleichgestellt

---

136 So hat die RWE AG ein *Performance-Management-Konzept* entwickelt, das nicht mehr individuelle, sondern gemeinsame Zielerreichung in den Fokus stellt und das wesentlich auf einer *Feedback-Kultur* aufbaut (Schäffer, 2019). Die Etablierung einer Feedback-Kultur zählten Top-Manager 2017 zu den vorrangigsten Aufgaben, angeführt von der Notwendigkeit zum offenen Umgang mit kritischen Themen (Eilers et al., 2017). – In diesem Zusammenhang sind auch Aspekte *symbolischer Führung* von Bedeutung, die die Arbeit in räumlicher und zeitlicher Weise mitprägen (s. Kap. 5 bzw. 6): Der Wegfall artifizieller Statussymbole in der Raumarchitektur, die Befreiung von Zeiterfassung und die Teilhabe an deren Flexibilisierung sowie die Anwendung interaktioneller Symbole wie Besuche durch Führungskräfte oder gemeinsame Feiern fördern das Verständnis gleicher Augenhöhe im Unternehmen (Lippold, 2021, S. 49).

- *Mitarbeitende*: hierarchisch (vertikal) untergeordnet
- *Kooperations-* oder *Projektpartner*, intern: hierarchische Beziehung nicht festgelegt
- *Kunden* und/oder *Lieferanten* (u. ggf. weitere Externe)

sowie, nach überwiegendem Verständnis, die Fokus-Person selbst. Dabei ist darauf zu achten, dass jede der beteiligten Seiten ein etwa gleiches Gewicht erhält – in der Praxis *Vorgesetzte*, *Kollegen* und *Mitarbeitende* meist mit je ca. einem Viertel und *Kooperations- und Projektpartner* bzw. *Kunden und Lieferanten* zusammen mit dem verbleibenden Viertel (Scherm & Sarges, 2019, S. 2, s. Abb. 103).

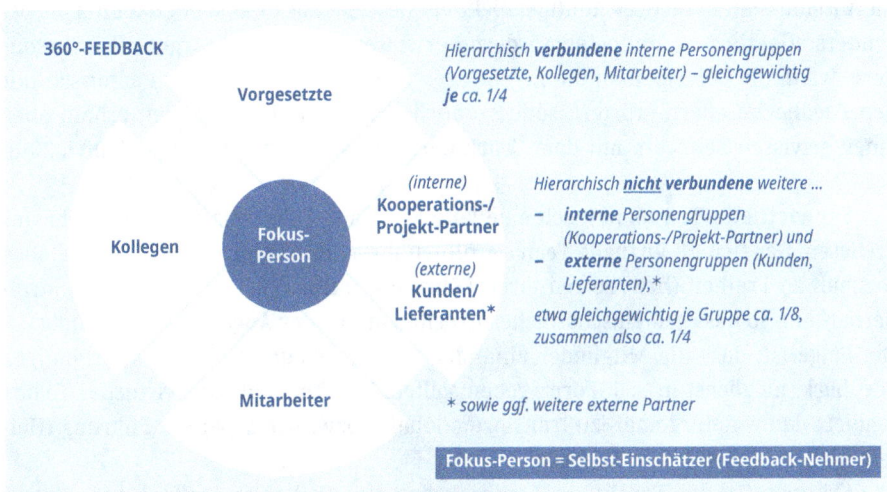

Abb. 103: Winkelgeometrie im 360°-Feedback. Multiperspektivischer Ansatz mit je ca. gleichem Gewicht (1/4) für Vorgesetzte, Kollegen, Mitarbeitende sowie interne/externe Andere (eigene Darstellung nach Scherm & Sarges, 2019, S. 2).

Ziele auch des 360°-Feedbacks sind die Potenzialanalyse, die Entwicklungsperspektive sowie die Reflexionsgrundlage; Feedback-Nehmer sind etwa doppelt so oft Manager und Führungskräfte wie deren Mitarbeitende. Zudem wird 360°-Feedback zu Personalentscheidungen herangezogen – sowie zur quantitativen Messung im Personal-Controlling (Scherm & Sarges, 2019, S. 6–9; Jonassen et al., 2019, S. 378 f.).[137]

Bei der (Selbst-) Reflexion hängt die Höhe der **Abweichung** zwischen Selbst- und Fremdeinschätzung von mehreren Kriterien ab, die in deren Auswertung einzubezie-

---

[137] Aus den USA wird seit weit mehr als einem Jahrzehnt über eine hohe Verbreitung von 360°-Feedback berichtet, und sogar aus über 90 % der Fortune 500-Unternehmen (Klanke et al., 2018, S. 362).

hen sich lohnt (und die die Relevanz des 360°-Feedbacks dokumentieren). Dazu gehören:

- *Funktionsdauer*: je länger die Dauer der Fokus-Person als Führungskraft, desto stärker ist die Abweichung
- *Alter*: je älter die Fokus-Person, desto mehr überschätzt sie das Selbstbild
- *Intelligenz* und *Bildung*: je intelligenter und gebildeter die Fokus-Person, desto kongruenter sind Selbst- und Fremdbild
- *Bekanntschaftsgrad*: je höher der Grad der Bekanntschaft zwischen Fokus-Person und Fremd-Einschätzer, desto kongruenter sind die Bilder
 (Scherm & Kaufel, 2018, S. 133).[138]

Im Anschluss an derartiges multiperspektivisches Feedback hat sich **Coaching** als besonders effektiv und kompetenzfördernd erwiesen. Dies gilt naturgemäß insbesondere, wenn die Fokusperson die Ergebnisse des Feedbacks nicht nur kursorisch mit den Feedback-Gebern erörtert, sondern auch die Zeit und Gelegenheit erhält, über einen gewissen Zeitraum mit dem Coach daran zu arbeiten (Scherm & Kaufel, 2018, S. 137).

Für **virtuelle Teams** hat sich eine gute Feedback-Kultur als besonders relevant erwiesen. Der Grund: Virtuelle Teams eröffnen ihren Mitgliedern zwingend ein hohes Ausmaß an Freiheit (bzw. setzen ihren Führungskräften hohe Grenzen der Kontrollierbarkeit), so dass gemeinschaftliches Arbeiten auf echter Augenhöhe notwendig ist. Die Folge ist, dass die Mitglieder einander und ihrer Führungskraft vollständiges Feedback, möglichst in 360°-Form, geben sollten. Effektive Führung virtueller Teams tendiert damit naturgemäß zu transformationaler bzw. partizipativer Führung (Hellert et al., 2019, S. 154; s. a. Kap. 4.2).

Kriterien für den **Erfolg** von Feedback sind eine Reihe von Maßnahmen, die ein Unternehmen idealerweise vor der Gestaltung einer Feedback-Kultur trifft:

- **Kompetenzmodell**: Es sollte kommuniziert – und akzeptiert – sein, auf welche Kompetenzen es in der Zukunft im Unternehmen ankommt: So wird Feedback zielgerichtet abgefragt und gegeben, und die Beschäftigten entsprechend gefördert
- **Verbindlichkeit** der Funktion: Besonders die Unterscheidung zwischen *Leistungsbeurteilung* und *Kompetenz-Entwicklung* ist dabei von Bedeutung – und dass keine *hidden agenda* (z. B. seitens der Unternehmensführung) weitere Ziele verfolgt, was das Vertrauen ins Verfahren und dessen Akzeptanz untergraben würde
- **Einbettung** ins Personalmanagement: Fokuspersonen profitieren nachweislich *individuell* von der Verzahnung der Feedback-Systeme mit entwicklungsfördern-

---

138 Auch Coaching-Ergebnisse lassen sich über solche Feedback-Tools messen – und auch hier spielt die Beziehung zwischen Coach (Fokus-Person) und den Beteiligten (Feedback-Gebern) eine Rolle (Comelli, 2018, S. 61–63).

den Maßnahmen wie Trainings und Coachings – und davon profitiert das Unternehmen *insgesamt*. Da Feedback ein spezifisches, passgenaues Vorgehen erlaubt (anders als manche Angebote an viele oder alle Beschäftigte), erweist es sich schnell als kosteneffizient

– **Workshops**: Im Fall gemeinsamer Workshops geben Feedback-Geber ihre Anonymität auf; Voraussetzung ist daher eine etablierte Feedback-Kultur. Im Fall von negativ erwartetem Feedback wird *externe* Moderation meist empfohlen. So sind Workshops auch in *Change*-Prozessen einsetzbar (s. a. Kap. 9.3). *Interne* Moderation (direkt zwischen Führungskraft und Feedback-gebenden Mitarbeitenden) kann sogar noch wirkungsvoller werden, setzt aber oft Training oder Coaching der Führungskraft voraus

– **Follow-ups**: Je verbindlicher die Vereinbarungen getroffen werden, die aus den Feedbacks folgen, desto zuverlässiger treten die gewünschten Veränderungen ein. Dabei fungieren Unternehmensleitung und Führungskräfte als Vorbilder. *Follow-ups* steigern die Qualität der Feedbacks und vertiefen so die Feedback-Kultur im Unternehmen

(Scherm & Sarges, 2019, S. 137–140).

So trägt Feedback zur Unternehmenskultur bei und dient der Attraktivität des Unternehmens im *War for Talents*. Daneben gehört *systemisches Lernen* zu den Erfolgs-Tools moderner Unternehmen. Dazu der nächste Abschnitt.

8.4 Systemisches Lernen: New Learning und Führung

Heute bietet das **Lernen** eine früher ungeahnte Attraktivität: *Gen Y* und *Gen Z* wissen, dass es in den Jahrzehnten ihrer Berufstätigkeit nicht nur nützlich, sondern unverzichtbar sein wird. Dauerte es zur Kaiserzeit noch ein Jahrhundert, um das menschliche Wissen zu verdoppeln, so schrumpfte dieser Zeitraum nach dem zweiten Weltkrieg auf 25 Jahre – und in unserem Jahrhundert auf nicht mehr viele Monate: *Lifelong Learning* ist die Basis fast aller Tätigkeiten geworden.[139]

Im Kontext von Unternehmen umfasst Lernen mehrere **Komponenten**:
– eine *atmosphärische*, die sich besonders in Unternehmenskultur niederschlägt,
– eine *formale*, die sich eher in Zusammenhängen äußert,
– eine *inhaltliche*, die sich auf Qualität bezieht.

---

[139] Die umstrittenen, sicherlich bezweifelbaren Fristen der Wissenserweiterung hier zitiert nach Wyatt, 2024, S. 154: Selbst wenn die faktische Dauer länger sein sollte, kann man davon ausgehen, dass Wissensarbeit in den kommenden Jahr(zehnt)en zu einem wesentlichen Teil aus Lernen bestehen und dass dessen Anteil an ihr in den nächsten Jahren erheblich zunehmen wird.

Dabei geht es um Verbesserung – nicht in Zensuren und schon gar nicht auf Moral gemünzt, sondern Veränderung von Leistung, ggf. mehrdimensional, die dann idealerweise als Gemeinschaftsleistung empfunden wird.

Diese kann sich auf Gegenstände aller Art beziehen: von der Senkung verschiedener Input-Größen über die Gestaltung von Strukturen oder Prozessen bis zur Steigerung etlicher Output-Größen – wichtig ist zunächst, dass es sich dabei um **Optimierung** handelt. Um in der VUCA-Welt Führung ausüben zu können, wird Führungskräften empfohlen, echte Bereitschaft zum *Lifelong Learning* zu entwickeln und unter ihren Mitarbeitenden zu fördern.

Ein **Lernen des Unternehmens** kann als Kreislauf angesehen werden, mit den Elementen:
- Bemerken (Feststellen)
- Interpretieren (Verstehen)
- Reagieren (Ändern) –

ein „*complexity learning cycle*", der dann wieder von vorne beginnt (Varney, 2021, S. 73).[140]

Viele Modelle mit vergleichbaren Zyklus-Elementen versuchen, den Prozess des Lernens darzustellen. Das Prinzip dahinter lässt sich als *Modell der Lernmodelle* in der Wissensarbeit ausdrücken:
- Information wird empfangen
- sie wird verarbeitet (interpretiert)
- und in Form einer Handlung an die Umwelt abgegeben –

deren Reaktion in Form einer neuen Information wiederum aufgenommen wird und dadurch einen Kreislauf bildet, der mit diesem Schritt von Neuem beginnt (Alter et al., 2019, S. 642 f.).

Lernen ist als zielorientierte, lösungsorientierte Aktivität zu verstehen, die konstruktivem Nutzen wie Informationsverarbeitung und Handlungsorientierung dient. Es geht dabei um die Haltung gegenüber einer Aufgabenstellung bzw. einem Problem. Diese Sichtweise zeigt der *Lösungszyklus*, dessen zweiter und dritter Schritt die eigenen Ressourcen und Visionen bzw. Ziele und Lösungen in den Fokus nehmen (Pfister et al., 2019, S. 275–280; s. Abb. 104).

Die **Leitung** derartiger Lern-Prozesse sollte sich auf *moderierende* Fragen beschränken, und die *Arbeit* auf jeder Stufe des Lösungszyklus sollte möglichst *delegiert* werden, wie es Abb. 104 beispielhaft darstellt.

---

140 Dabei wird die Messung der Qualität von Produkten i. d. R. die Wünsche und Forderungen von *Kunden bzw. Klienten* berücksichtigen; doch im Einzelfall weicht sie durchaus davon ab. So hatte Apples 2010 in Deutschland eingeführtes iPad keine USB-Schnittstelle mehr, nachdem das *Management* von Apple dagegen votiert hatte. Qualität kann demnach als realisierte *Beschaffenheit* verstanden werden, deren Anforderung letztlich das Management einer Organisation festlegt (Zollondz, 2011, S. 192 f.).

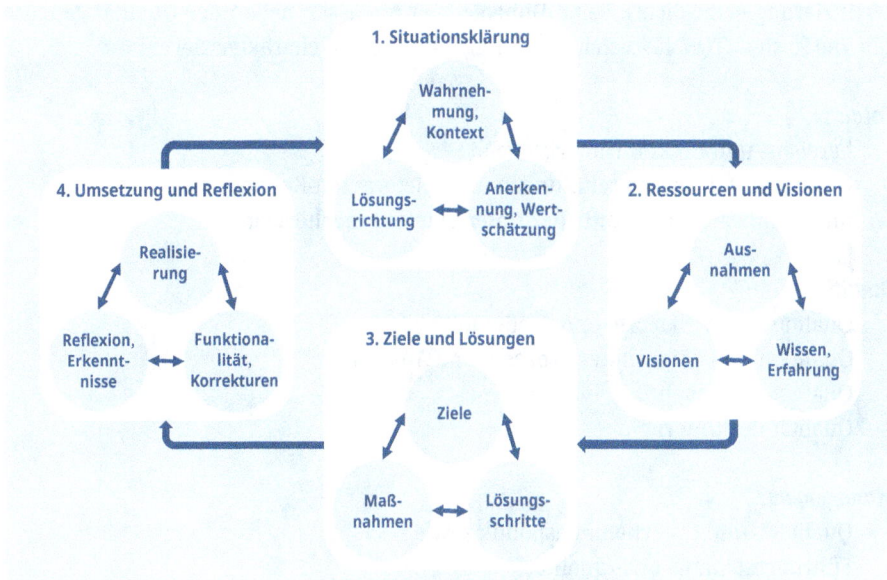

Abb. 104: Lösungszyklus: zirkuläre Darstellung. Leitung und Unterstützung weitgehend auf moderierende Fragen zu beschränken, Arbeit an der Lösung selbst an die Beteiligten zu delegieren (eigene Darstellung nach Pfister et al., 2019, S. 276).

Der Lösungszyklus legt einen Schwerpunkt auf den Abgleich von internen Vorstellungen, Zielen und Möglichkeiten. Er erinnert an den noch immer aktuellen **PDCA-Zyklus** (Plan-Do-Check-Act) des Physikers W. E. Deming[141] (auch *Deming-Rad*), dessen 4 Teile einen ähnlichen Kreislauf beschreiben:

– *Plan*: Beschreiben der Prozesse und Verantwortlichkeiten
– *Do*: Beschreiben des Ist-Zustands bzw. der Prozess-Umsetzung
– *Check*: Beschreiben der regelmäßigen Überprüfung und Bewertung der Zielerreichung
– *Act*: Beschreiben der aus dem Check abgeleiteten Verbesserungsmaßnahmen – und dann ggf. Übernahme in eine erneute Plan-Stufe, die den iterativen Zyklus wiederum eröffnet
(Zollondz, 2011, S. 392).

Der PDCA-Zyklus gilt als Grundlage für **Total Quality Management** (TQM), das eine Ausrichtung an allen Stakeholdern – also auch den externen – fordert (und sogar ISO-

---

141 William Edwards Deming (1900–1993), Professor an der New York University sowie der dortigen Columbia University, unterstützte in den Jahrzehnten nach dem 2. Weltkrieg den Aufbau der japanischen Industrie und verhalf ihr zu weltweit anerkannter Qualitäts-Orientierung.

Zertifizierung ermöglicht). Seine Dimensionen umfassen neben der Qualität genauso Zeit wie Kosten. TQM lässt sich durch folgende Aspekte charakterisieren:

Total:
- bereichs- und funktionsübergreifend
- bezogen auf die gesamten Kunden- und Lieferanten-Ketten
- unter Einbeziehung sämtlicher Unternehmensangehöriger

Quality:
- Qualität der Werkstoffe und Produkte
- Qualität und Fähigkeit der Prozesse und Anlagen
- Qualität der Arbeit
- Qualität des Unternehmens

Management:
- Qualitäts- und Unternehmenspolitik sowie -ziele
- Führungsstruktur und -qualität
- Team- und Lernfähigkeit
- Verantwortlichkeit

TQM mag nicht sofort auf jedes Unternehmen passen – muss aber auch nicht streng formalisiert sein (außer für die Zertifizierung). Wichtig ist, dass es stetiges Lernbewusstsein aufrechterhält. Dazu misst es die *Anforderungen* von Kunden und anderen relevanten Parteien, die *Zufriedenheit* der Kunden sowie das *Ergebnis* bei der Erstellung von Gütern und Dienstleistungen – und nimmt die Führung des Unternehmens durch Zielvereinbarungen in die Verantwortung (Brüggemann & Bremer, 2020, bes. S. 127 f., 182 f.). Damit verwirklicht es grundsätzlich den Ansatz des *360°-Feedbacks* (s. Kap. 8.3).

Die **Kosten** im TQM werden üblicherweise in drei Arten unterschieden:
- vorbeugende Fehlerverhütungskosten
- Prüfkosten
- Fehlerkosten (intern/extern)
  (Brüggemann & Bremer, 2020, S. 206 f., s. Tab. 48)

Moderne Qualitätsmanagementsysteme, die Null-Fehler-Strategien verfolgen, orientieren sich am Kriterium der **Kundenzufriedenheit** und unterscheiden lediglich zwischen zwei Kostenarten: den *Konformitätskosten* (Kosten der *Übereinstimmung*) bzw. den *Non-Konformitäts-Kosten* (Kosten der *Abweichung*). Erstere nehmen die vormaligen Präventionskosten auf, Letztere die vormaligen Fehlerkosten – und die vormaligen Prüfkosten sind auf beide neuen Kostenarten verteilt (Brüggemann & Bremer, 2020, S. 206–214, s. Tab. 49).

Mit steigender Kundenzufriedenheit sinken die **Gesamtkosten** den modernen TQM-Modellen zufolge kontinuierlich – zumal unter Berücksichtigung von Opportu-

Tab. 48: Qualitätskosten nach dem traditionellen TQM (nach Brüggemann & Bremer, 2020, S. 206).

Fehlerverhütungskosten	Prüfkosten	Fehlerkosten	
		intern	extern
– Qualitätsplanung	– Wareneingangs-, Fertigungs- u. Endprüfung	– Ausschuss	– Gewährleistung
– Lieferantenbewertung	– Abnahmeprüfung	– Mehr- und Nacharbeit	– Kulanz
– Qualitätsfähigkeits-Untersuchungen	– Laboruntersuchung	– Sortierprüfung	– Ausschuss und Nacharbeit
– Leitung des Qualitätswesens	– Prüfdokumentation	– Wiederholungsprüfung	– Produkthaftung
– Prüfplanung	– Prüfmittel	– Wertminderung	
– Qualitätslenkung	– Instandhaltung und Überwachung der Prüfmittel	– Mengenabweichung	
– Qualitätsaudit	– Qualitätsgutachten	– Qualitätsbedingte Ausfallzeiten	
– Qualitätsförderung			
– Mitarbeiterschulung in Qualitätsmanagement			
– Qualitätsvergleiche mit Produkten der Wettbewerber			

Tab. 49: Qualitätsbezogene Kosten nach dem zweigeteilten Modell (nach Brüggemann & Bremer, 2020, S. 213).

Konformitätskosten (Kosten der *Übereinstimmung*)	Non-Konformitäts-Kosten (Kosten der *Abweichung*)
– Beitrag zum Unternehmenserfolg – Bekannt, planbar und nicht vermeidbar – Gemeinkostencharakter, gehören zu den Fertigungskosten – Investitionen in die Zukunftssicherung und Wettbewerbsfähigkeit	– Verschwendung von Ressourcen – Vermeidbar, nicht bekannt und nicht abschätzbar – Einzelkostencharakter, sind vom Deckungsbeitrag abzuziehen – Abweichungen des Unternehmens von seinen Qualitätszielen
Vormalige Kostenarten:	
Präventionskosten	Fehlerkosten
Prüfkosten (auf Konformitäts- u. Non-Konformitäts-Kosten zu verteilen)	

nitätskosten, den in der Zukunft aufgrund mangelnder Qualität entgangenen Erlösen (Brüggemann & Bremer, 2020, S. 206–216).

Einem solchen Bemühen um ständige Verbesserung ist auch **Kaizen** gewidmet, der Qualitäts-Ansatz (nach W. E. Deming), der seit den 1990er Jahren aus Japan über die USA nach Deutschland kam. Das Wort (aus *Kai* = Ersatz und *Zen* = Gutes) bedeutet übersetzt: Ersatz des Guten durch das Bessere. Der Ansatz wurde als *Continuous Improvement Process* (CIP) in der US-Automobil-Industrie und als *kontinuierlicher Verbesserungsprozess* (KVP) in Deutschland bekannt, z. B. bei VW (Zollondz, 2011, S. 290 f.).

Mit **Kaizen** wird eine Grundhaltung bezeichnet, die kontinuierliche Verbesserung in allen Bereichen anstrebt, darunter die Produkte und Prozesse des Arbeitslebens, doch letztlich ebenfalls die Elemente des Sozial- und Privatlebens (Zollondz, 2011, S. 289; Brüggemann & Bremer, 2020, S. 188).

Kaizen zielt letztlich auf dauerhafte Kundenbindung durch Kundenzufriedenheit und Kundenloyalität. Dabei lassen sich als seine vier **Grundaxiome** nennen:
– Problemorientierung
– Kundenorientierung
– Prozessorientierung
– Mitarbeiterorientierung

die dem Zustand der Selbstzufriedenheit entgegenwirken und von sich aus bereits Verbesserung anstoßen (Zollondz, 2011, S. 294).

Ziel dabei ist, den Nutzen von **Innovation** dauerhaft aufrecht zu erhalten. Das folgt der Erkenntnis, dass der Nutzeneffekt einer Innovation sich im Zeitverlauf verringert, ihr Nutzen also nach Erreichen eines anfänglichen höchsten Niveaus wieder sinkt. Dem wirkt ständige Qualitätsarbeit von Kaizen entgegen (Brüggemann & Bremer, 2020, S. 188 f.; s. Abb. 105).

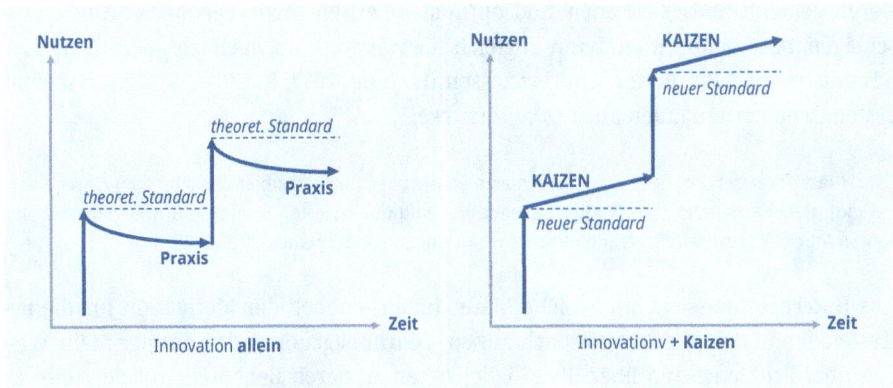

Abb. 105: Kaizen und Innovation. In der Praxis ohne Kaizen: durch Innovation erhöhter Nutzen-Standard im Zeitverlauf einem Nutzenverlust unterliegend; mit Kaizen: auf erhöhtem Standard verbleibend bzw. ihn weiter erhöhend (nach Brüggemann & Bremer, 2020, S. 189).

Die **Komponenten** des Kaizen werden sehr unterschiedlich wiedergegeben. In die von Masaaki Imai im Westen publizierte Darstellung von Kaizen sind Elemente eingeflossen (z. B. *Just-in-Time* und *Kanban*, s. Kap. 9.2), die aus Toyotas Produktionssystem neben die ursprünglichen Komponenten getreten sind. Sie sind in der folgenden Abbildung mit dargestellt, weil sie mittlerweile meist als homogenes Ganzes angesehen werden (Brüggemann & Bremer, S. 188, s. Abb. 106).

Abb. 106: Kaizen mit den derzeit damit assoziierten Elementen. Darunter Just-in-time und Kanban (s. Kap. 9.2), aus dem Toyota-Produktionssystem später hinzugefügt und heute üblicherweise zu Kaizen gezählt (M. Imai, 1992, nach Brüggemann & Bremer, 2020, S. 188).

Auch betriebliches Vorschlagswesen gehört in den Bereich unternehmerischer Lernsysteme. Es fasst heute unter dem Namen **Ideenmanagement** einen Fächer von Aufgaben zusammen, der operative Einheiten und Human Resources zusammenführt. Deren gemeinsames Bestreben sind optimales Lernen sowie Feedback zu den Vorschlägen. Das Feedback motiviert zugleich für weitere Vorschläge zu operativen oder administrativen Produkten und Prozessen (H. Jung, 2017, S. 620–624). Unter solches systemische Lernen fallen auch *Qualitätszirkel.*

> **Qualitätszirkel** gehören zu den fundamentalen Formen der Qualitätsarbeit und sind dem Kaizen verwandt. Dabei arbeiten ca. 5–12 Mitarbeitende in institutionalisierten (Projekt-) Gruppen an den in ihren Arbeitsbereichen auftretenden Problemen (Brüggemann & Bremer, 2020, S. 191).

Aus Unternehmenssicht sind solche Maßnahmen – neben der Motivation für die Betroffenen und der Attraktivität nach außen – darin begründet, dass immer mehr **Wissen** über Probleme und über die Möglichkeiten zu deren Behebung auf den *unteren* hierarchischen Ebenen zu finden ist. Denn es liegt in der Natur heutiger Wissensarbeit, dass Details aus allen Ebenen zu beachten sind. Tendenziell sind daher alle Beschäftigten in derartige Prozesse einzubeziehen (H. Jung, 2017, S. 616 f.; s. a. Abb. 107).

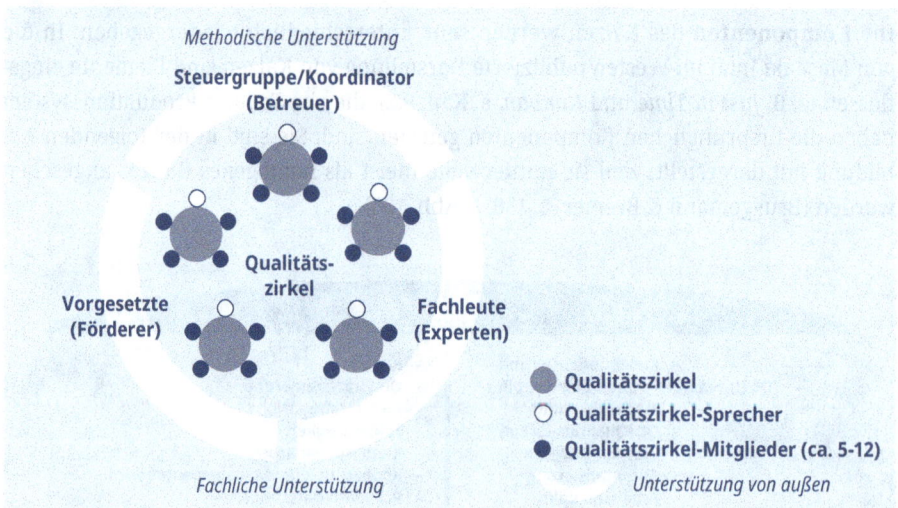

Abb. 107: Organisatorische Elemente von Qualitätszirkeln. Mitglieder mit Tool-Kenntnis auszustatten, z. B. ABC-Analyse (Planung), Ishikawa-(Ursache-Wirkungs-) Diagramm, Brainstorming etc. (eigene Darstellung nach Brüggemann & Bremer, 2020, S. 191).

Die Mitarbeit an solchen Projekten erfolgt – wie beim *individuellen* Lernen – freiwillig; und auch die Bedingung der Stressfreiheit für alle Beteiligten gilt hier: Andernfalls kann *systemisches* Lernen nicht gelingen. Es bezieht sich zudem auf Change und Innovation (s. Kap. 9.3): den Wandel, auf den heute kein Unternehmen verzichten kann.

Naturgemäß erfordert diese Art von Lernen ferner den Verzicht auf eine Null-Fehler-Strategie, d. h. die Bereitschaft zu einer *Fehlerkultur*.

> **Fehlerkultur** bedeutet das Erlauben von Fehlern. Sie basiert auf psychologischer Sicherheit und einer positiven Grundhaltung, zu der das Ausprobieren ebenso gehört wie das Eingehen von Risiken und das kritikfreie Lernen aus Fehlern. Gute Fehlerkultur erwächst aus Wertschätzung und (Schuld-) Freiheit. Sie sichert den Nährboden für Innovation, Kreativität und Veränderung (Rolfe, 2019, S. 72 f.; s. a. Kap. 8.3).

Systemisches Lernen wurzelt im Gefühl von Sicherheit, Zugehörigkeit und Vertrauen. Es fußt auf **Belonging** und **Becoming**, zwei Grundbedürfnissen des Menschen, die sich in ihren Komponenten ergänzen und einander bedingen (Breidenbach & Rollow, 2019, S. 31–33; s. a. Tab. 50).

Tab. 50: Grundbedürfnisse der Zugehörigkeit und des Wachstums (nach Breidenbach & Rollow, 2019, S. 31).

Grundbedürfnis	Komponenten
belonging, affiliation (Zugehörigkeit)	security (Sicherheit), love (Liebe, Zuwendung), predictability (Berechenbarkeit, Vorhersehbarkeit)
becoming, self expression (Werden, Selbstdarstellung)	change (Wandel), growth (Wachstum), innovation (Innovation, Neuerung)

Die Bereitschaft von Beschäftigten, ihre *Komfortzone* der Sicherheit zu verlassen, erwächst aus dem Vertrauen, dabei nicht in eine *Panik-Zone* zu geraten, sondern angstfrei in einer **Inspirations-Zone** lernen und *Pain Points* erörtern zu können: Das muss das Unternehmen ermöglichen. Solche Zone wird begrenzt durch den *Rand des Lernens*: Diesseits des Randes ist dem Individuum (und seiner Organisation) das Lernen möglich, jenseits drohen Überforderung, Gesundheits-Beeinträchtigung sowie die Minderung der Unternehmenskultur. Ein Team hat daher die Grenzen der Lernfähigkeit transparent zu erörtern (Breidenbach & Rollow, 2019, S. 31 f.; s. a. Abb. 108).

Versteht man Lernen als **Wandel**, lassen sich neurowissenschaftliche Erkenntnisse aus dem *Change Management* (s. Kap. 9.3) auf den Kreislauf des Lernens übertragen (Neurochange Management). Dem liegt zugrunde, dass das Gehirn Gewohntes mit weniger Energieaufwand bewältigt als Neues oder emotional als kritisch Empfundenes. Es neigt daher zur Routine und muss an den Verzicht auf Gewohnheit zugunsten des Umgangs mit Neuem herangeführt werden (Peters & Ghadiri, 2013, S. 105–107). Das kann schrittweise geschehen, wie bspw. in Tab. 51 dargestellt.

Es handelt sich hier um eine Installation von **Change-Bewusstsein**, die beim einzelnen Mitarbeitenden ansetzt und auf die gesamte Unternehmenskultur einwirkt. Wie bei der Grundlage für *Resilienz* ist es Aufgabe der Führungskräfte, auf die Betrof-

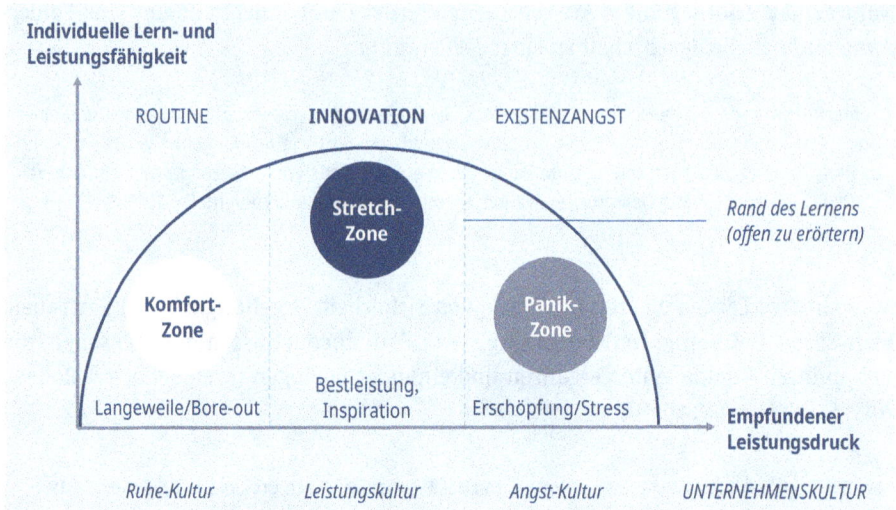

Abb. 108: Lernfähigkeit in Abhängigkeit vom empfundenen Leistungsdruck. Optimaler Leistungsbereich im Flow zwischen Komfort- und Panikzone – resultierend verschiedene Unternehmenskulturen (angelehnt an Rolfe, 2019, S. 145; sowie Breidenbach & Rollow, 2019, S. 132; bzw. Alter et al., 2019, S. 639; s. a. Kap. 7.1).

Tab. 51: Neurochange Management (angelehnt an Schwarz et al., 2011, nach Peters & Ghadiri, 2013, S. 106–107).

Schritt	Beschreibung u. Erfordernisse
1 Änderungsbedarf erkennen	Führungskraft zeigt authentisches, mit der Änderung kongruentes Verhalten: Mitarbeitende sollen ihrem Vorbild zu folgen motiviert werden. Emotionen werden besonders beachtet, Gedanken reflektiert
2 Reaktionsweisen umbewerten	Reaktions- und Verhaltensweisen, die erreicht werden sollen, wird ihr Bedrohungs-Charakter genommen. So werden die Identifikation mit dem Change erhöht und Emotionen gemildert
3 Erwartungen u. Werte reflektieren	Alte Erwartungen sollen durch neue, positiv konditionierte ergänzt oder möglichst ersetzt werden. Schon die Beschäftigung mit Neuem schwächt die Abwehr und stärkt die Aufnahmebereitschaft
4 Verhalten neu ausrichten	Die beabsichtigten Ziele des Change und die dafür erforderlichen neuen Verhaltensweisen werden in Einklang gebracht. Die kognitive Leistung dabei ist hoch
5 Neue Verhaltensweisen festigen	Mehrfaches Abrufen und Durchführen eines neuen Verhaltens stärkt dessen Verankerung: Führungskräfte fordern das ein, fungieren als Vorbild – und zeigen reflektiertes Ich-Bewusstsein
6 Entscheidungen selbständig hinterfragen	Es soll das Bewusstsein dafür vertieft werden, dass Entscheidungen und Reaktionsweisen hinterfragt werden dürfen und achtsam Neues angegangen werden kann: Energie wird nicht mehr der Blockade gewidmet, sondern dem Change

fenen in ihrer Individualität und mit Empathie einzugehen. Das erfordert Erfahrung und Kenntnis – sowie Geduld.[142]

Eines der Mittel, Mitarbeitende in ihrer jeweils eigenen Situation abzuholen und individuelle Zugänge zum erforderlichen Neuen passend zu schaffen, ist die **Themenzentrierte Interaktion** (TZI). Der von Ruth Cohn entwickelte, ursprünglich aus Gruppentherapie und Kommunikationstheorie abgeleitete Ansatz soll zur Balance zwischen drei Polen bewegen: dem eigenen *Ich*, der *Gruppe* und der *Aufgabe* (dem Ziel). Zu den Grundregeln der TZI gehören:

- Sende Ich-Botschaften (1. Ps. Sg.; s. Kap. 4.3)
- Sei dein eigener Chairman: authentisch, autonom – und selbst sowie allein verantwortlich
- Störungen haben Vorrang: Unterbrich das Gespräch, wenn du nicht konzentriert bist, und bei anderen ebenso – das verbesserte Arbeiten holt die investierte Zeit wieder auf

TZI eignet sich als Trainingsmethode und zur Führung für Führungskräfte sowie Beschäftigte. Weitere Regeln spezifizieren ihre Anwendung (H. Jung, 2017, bes. S. 541–543; s. Abb. 109).

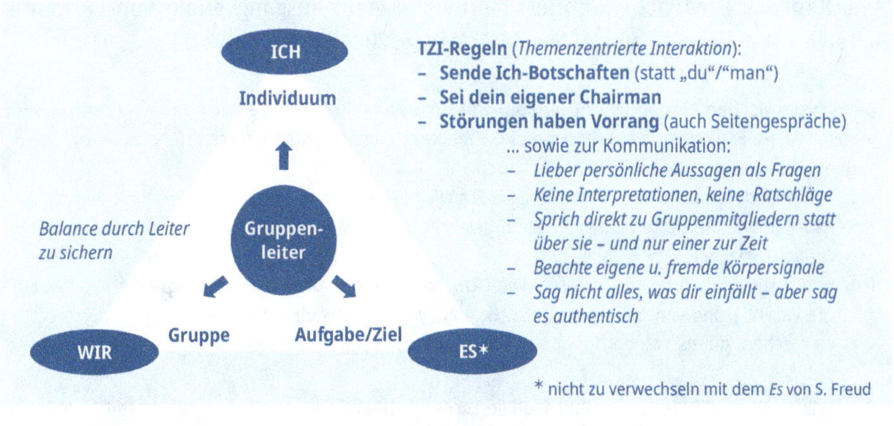

Abb. 109: TZI-Strukturelemente und -Regeln nach Ruth Cohn. Zu den Regeln s. a. (in Kap. 4.3) ganzheitliche Kommunikation, Schulz von Thuns Kommunikationsquadrat, Bernes Transaktionsanalyse (TZI nach H. Jung, 2017, S. 541–543).

---

142 Zugleich geht es bei einer solchen sensiblen und empathischen Vorgehensweise darum, einem potenziell massiven Widerstand gegen das erfolgreiche Etablieren einer *Fehlerkultur* entgegenzuwirken: Sie soll etwaige Innovationstraumata identifizieren. Unter einem derartigen Trauma versteht man die Unfähigkeit, sich auf Innovationen einzulassen: aufgrund von herben Rückschlägen bei früheren Innovationen (Rolfe, 2019, S. 71–75).

Die hier genannte TZI-Kommunikations-Regel *„Lieber persönliche Aussagen als Fragen"* betont die hilfreiche Funktion von Aussagen für Kommunikation; sie richtet sich jedoch nicht gegen das Fragen an sich. Denn das Fragen – genauer: das **Lern-Fragen** – ist und bleibt eine Basis des Lernens (s. a. Kap. 7.3, Fragen als Verständnishelfer).

Im Zusammenhang von Unternehmen lässt sich fast immer auf erfolgreich Bestehendem aufbauen (sofern es sich nicht um Neugründungen handelt). Daher geht es i. d. R. primär um Neuerungen und um Wandel (s. Kap. 9.3). Dazu lautet die **Grundfrage** des Lernens: *„Was wandelt sich?"* Diese Frage lässt sich zu den folgenden 5 Lern-Fragen spezifizieren:

– Was ist *neu*?
– Was ist *anders*?
– Was ist *verwirrend*?
– Was ist *überraschend*?
– Was ist *unerwartet*?

Solches Fragen provoziert **dynamisches Denken**: Es fordert zum Entdecken bekannter Muster vs. Gewandeltem oder Neuem heraus: Damit bereitet es das Lernen vor. Lernen in komplexen Systemen geschieht allerdings nicht nur theoretisch, sondern bedarf des Handelns: Lernen geschieht wesentlich durch Auswertung eigener Aktion (s. a. Kap. 8.3: Feedback). Pointiert lässt sich sagen, Ausgangspunkt von Lernen ist Handeln: „Wir handeln, um zu lernen" (Varney, 2021, bes. S. 89–93; Zitat S. 92).[143]

> Beim **systemischen Lernen** (New Learning) von Unternehmen handelt es sich um den Erwerb *informellen Wissens*. Es umfasst Verständnisse und Fähigkeiten, die Menschen durch Erfahrung sowie Interaktion mit anderen erworben haben. Das geschieht
>
> – zunächst durch *Single-Loop-Learning* („*Ein-Schleifen-Lernen*"), das primär auf Effektivität zielt, indem es fragt, wie die bestehenden *Ziele* am besten erreicht werden können – also darauf, die *Dinge richtig* zu machen,
> – und vertieft durch *Double-Loop-Learning* ("*Doppel-Schleifen-*" oder „*Veränderungs-Lernen*"), das auf die Veränderung von Bedingungen, nicht von Symptomen zielt – also darauf, *die richtigen Dinge* zu machen; dieses Lernen bringt noch mehr als das Single-Loop-Learning z. B. Wertewandel mit sich
>
> (Rolfe, 2019, S. 65–67). Dieses organisationale Lernen verknüpft die einzelnen Akteure stets mit ihren jeweiligen organisationalen Einheiten. Der dabei stattfindende Erwerb *informellen Wissens* ist nur begrenzt kommunizierbar: Er findet weitgehend implizit statt (Rolfe, 2019, S. 66–68).

Neben dem individuellen Lernen der Mitarbeitenden erfordert das systemische Lernen eines Unternehmens ein Lernen in dessen organisationalen Einheiten: Das Unter-

---

143 Auch im Kontext von Coaching wird die Dominanz des Lernens in und aus der Praxis vor anderen (Lern-) Situationen konstatiert. So zeigt die *70:20:10-Regel* an, dass ca. 70 % des Lernens im Berufsalltag (*on the job*) stattfinden sollten, 20 % in Coaching und Networking und lediglich 10 % in Präsenz-(Lern-) Veranstaltungen (so z. B. Mayer-Tups, 2021, S. 593).

nehmen deckt seine Lernstrukturen auf und lernt, wie, wann und warum es seine Strukturen und Prozesse bzw. seine grundlegende Ausrichtung (Ziele, Strategien, Werte, Normen ...) ändert oder nicht ändert – eine Art von *Meta*-Lernen (oder „*Deutero* Learning", Rolfe, 2019, S. 66).

Solches organisationale Lernen ist also als ein **Mehr-Ebenen-Prozess** zu verstehen. Er geht über das einfache individuelle Lernen seiner Mitglieder hinaus und verläuft in *Feedforward*- bzw. *Feedback-Schleifen*. Diese erstrecken sich über die Ebenen von Individuen, Teams und Gesamt-Organisation. Der Prozess kann in 4 Stufen dargestellt werden:

–   *Intuition*: auf individueller Ebene, bezogen auf innovative Ideen zur Lösung von Problemen bzw. zum Bestehen von Herausforderungen
–   *Interpretation*: durch Diskussion auf Team-Ebene, zwecks Ermittlung einer gemeinsamen kognitiven Landkarte aller Organisationsmitglieder
–   *Integration*: durch gemeinsame Interpretation der Team-Ebene übertragen auf koordiniertes Verhalten aller Organisationsmitglieder
–   *Institutionalisierung*: als Lernergebnis in organisationale Routinen gewandelter Bestandteil des organisationalen Wissensspeichers (s. o.: informelles Wissen), der durch Feedback zurückwirkt – auch um etwaig verbleibende individuelle Widerstände zu überwinden

(Kaudela-Baum, 2022, S. 445 f.; s. Abb. 110).

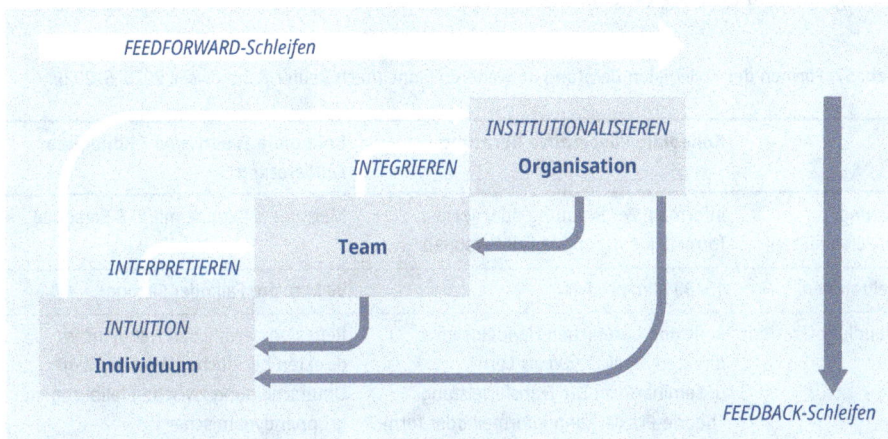

Abb. 110: Lernen als Mehr-Ebenen-Prozess: Das 4-I-Modell nach Crossan et al. Start durch Intuition beim Individuum, Zwischenstufe Interpretation beim Team, finale Integration und Institutionalisierung in der Organisation (eigene Darstellung nach Kaudela-Baum, 2022, S. 446, dort angelehnt an Crossan et al., 1999).

Insofern sind *lernende Teams* nicht im klassischen Sinn als Gruppen, bestehend aus Teamleiter und einer Anzahl von Team-Mitgliedern, überwiegend kooperativ horizontal und lediglich *intern* besetzt, zu verstehen. Sie können vielmehr auch mit Mitgliedern von außerhalb der Hierarchie sowie mit *externen* Mitgliedern besetzt sein.

> **Lernende Teams** sind als Verantwortungsgemeinschaft zu verstehen. Sie können – ähnlich wie Projekte – auch hierarchisch vertikal und diagonal besetzt sein, also mit Vorgesetzten und mit Mitarbeitenden bereichsfremder Abteilungen oder Bereiche; ferner mit externen Stakeholdern (Schmid, 2016, S. 149; zu Projekten s. a. Kap. 11.1).

Das gilt ebenfalls für die Zusammensetzung von *Qualitätszirkeln* (s. o.). Sie erfordert Integration von Führungskräften unterschiedlicher Ebenen mit allen Mitarbeitenden der Gruppe – wenn auch meist in verschiedenen Funktionen bzw. Zirkeln sowie in der Steuerungsgruppe, als Unterstützer oder als Moderatoren (Schlick et al., 2018, S. 713 f.).

Ein schlichteres Beispiel lernender Teams ist die **Kollegiale Beratung**. Hier treten Mitarbeitende als Ratsuchende und Beratende miteinander in Kontakt, um einander bei der Beantwortung von Fragen oder der Bewältigung von Herausforderungen zu unterstützen (Reuter & Sukowski, 2020, S. 290 f.). Mit einer gewissen Ähnlichkeit der Grundform dieser Beratung zur Selbsthilfegruppe lassen sich v. a. zwei Fälle unterscheiden, die Kollegiale *kooperative* Beratung und die Kollegiale *Supervision*, auch Kollegiale *Fallberatung* (s. Tab. 52).

Tab. 52: Formen der Kollegialen Beratung im weiteren Sinne (nach Reuter & Sukowski, 2020, S. 292).

	Kollegiale *kooperative* Beratung	Kollegiale *Supervision* / Kollegiale *Fallberatung*
Setting u. Personenzahl	informell: 2er Beratung oder Triade; formell: Kleingruppe bis 5 Personen	Meist feste Gruppe mit 5–8 Personen
Zeitrahmen	15–30 Min. pro Fall	90 Min. pro Fall oder Sitzung
Handlungskonzept	Reflexion beruflichen Handelns im direkten *Arbeitsbezug* als Lern- u. Seminarform zur Transferleistung Theorie-Praxis; kann informell oder formell ausgeprägt sein	Reflexion beruflichen Handelns im direkten beruflichen *Arbeitssystem*. Unterscheidung zwischen fallbezogener, gruppendynamischer u. institutionenbezogener Reflexion
Theoretische Bezüge/Konzepte	Humanistische Psychologie, Menschenbild nach Rogers, Psychoanalyse, Forschungsprogramm „subjektive Theorien"	Sozial-kognitive Lerntheorie, Systemtheorie, Supervisionskonzepte, Forschungsprogramm subjektive Theorien"

Auch diese Formen systemischen Lernens sind selbstorganisiert und selbstverantwortet. Das ist ein Wesenskern dieses Lernens und zugleich eine Voraussetzung zur Entwicklung von **Kompetenzen**. Sie geschieht auf verschiedenen Ebenen:

- *Personale* Kompetenzen: Interaktion, Verständigung auf gemeinsame Werte und Verhalten
- *Kommunikative* Kompetenzen: aktives Zuhören, Teamfähigkeit durch Empathie
- *Beratungs*kompetenz: Beobachtungs- und Analysefähigkeit, Fragekompetenz,
- *Methoden*kompetenz: Rollenwechsel mit Problembeschreibung, Moderation, Strukturierung, Lösungsfindung, Handlung

(Reuter & Sukowski, 2020, S. 330 f.). Beispiele für das Lernen und die Entwicklung von Kompetenzen durch Kollegiale Beratung gibt nachfolgend Tab. 53.

Tab. 53: Lernen und Kompetenzentwicklung in der Kollegialen Beratung (nach Reuter & Sukowski, 2020, S. 331).

Phase der Kollegialen Beratung	Kompetenzentwicklung Ratsuchender	Kompetenzentwicklung Berater	Kompetenzentwicklung Moderator
Anliegen schildern	Offenheit, Vertrauen, Sprache, Zielorientierung	Empathie, aktives Zuhören, Zielorientierung	Moderation, Zeitmanagement, Projektsteuerung
Nachfragen	Systemisch denken, Lernbereitschaft	Gesprächsführung, systemisches Fragen, aktives Zuhören	Moderation, Zeitmanagement, Projektsteuerung
Lösung erarbeiten	Zielorientierung, Eigenverantwortung, Erfahrung einer Unterstützungskultur	Kommunikationsfähigkeit, Teamfähigkeit, Teambewusstsein	Visualisierung, Moderation, Zeitmanagement, Projektsteuerung
Entscheiden	Entscheidungsfreude, Selbstmanagement, Zielorientierung, Eigenverantwortung	Selbstbewusstsein, Selbstwirksamkeit	Selbstwirksamkeit, Moderation, Zeitmanagement, Projektsteuerung
Austausch	Kommunikationsfähigkeit, Feedbackbereitschaft, Lernbereitschaft, Kooperationsbereitschaft	Kommunikationsfähigkeit, Selbstwirksamkeit, Feedbackbereitschaft, Lernbereitschaft, Kooperationsbereitschaft	Kommunikationsfähigkeit, Gesprächsführung, Selbstwirksamkeit, Feedbackbereitschaft, Lernbereitschaft, Moderation, Zeitmanagement, Projektsteuerung

Auch beim systemischen Lernen gilt es immer wieder, **Widerstände**, die aus negativen Emotionen erwachsen können, zu identifizieren – und sie ggf. mit Nüchternheit oder positiver Emotionalität zu beantworten. Ein zügiges Tool dafür kann zum Start der Dreiklang *Mad-Sad-Glad* sein. Er ist dem *Design Thinking* entliehen und dient der Team-Retrospektive in Bezug auf Kommunikation und Respekt mit den 3 Kurz-Fragen:
- *Mad*: Was hat mich wütend, sauer, böse (o. ä.) gestimmt?
- *Sad*: Was hat mich traurig oder betrübt gestimmt?
- *Glad*: Was hat mich freudig gestimmt?
  (Berg, 2019, S. 134 f.).

Derartige Lern-Prozesse können selbständig in Teams organisiert, aber auch durch Coaching begleitet werden. Wichtig dabei sind eine gründliche Analyse der emotionalen Situation, ggf. mit Aufarbeitung, sowie ein Durchdenken, das bei den Beteiligten zu einer **Einsicht** führt. Lernen durch Einsicht wird zu den effektivsten Lernprinzipien gerechnet und geschieht, indem ein Problem umstrukturiert, neu organisiert und so eine Strategie zu seiner Lösung erarbeitet wird (Handeln). So mündet der Prozess in modifiziertes oder neues Verhalten (Pfister & Müller, 2019, S. 35 f.)

Das organisationale systemische Lernen im Unternehmen ermöglicht ein *Führungslernen* mehrerer Personen unterschiedlicher hierarchischer Ebenen, die in Führungsbeziehungen zueinander stehen. Diese bringen naturgemäß zunächst Fragen aus ihrer beruflichen Alltagswelt in die Lernsituation ein, die zum *organisationalen Lernen* führt. Zugleich erweitern die Personen durch *individuelles Lernen* ihr Wissen und ihre Erfahrungen (Schmid, 2016, S. 149 f.).

> Modernes **systemisches Führungslernen** geschieht in hierarchisch verbundenen, realen Gruppen an Beispielen aus deren beruflichem Alltag. Es umfasst Führungskompetenz sowie Beziehungsgestaltung und beeinflusst insofern Lern- und Führungskultur des Unternehmens (Schmid, 2016, S. 149).

Das systemische Lernen beeinflusst damit die Führungs- und Unternehmenskultur. Die Ansätze von *New Leadership* – auch des hier so genannten *Enriched Transformational Leadership* (s. Kap. 4.2) – gehen davon aus, dass Entscheidungsprozesse weitgehend selbstorganisiert und so gestaltet sind, dass Führungskräfte fast nur noch steuernd eingreifen. Die daraus abgeleitete *systemische Führung* sieht sich als eingebettet in direkte und indirekte Beziehungen (Komplexität), die unterschiedliche Zustände annehmen und zu sehr unterschiedlichen Reaktionen führen können (Lippold, 2021, S. 65).

> **Systemische Führung** versteht ihre Situation und ihr Unternehmen als Komplexität, in der es einer Leitung im Sinne eingreifender Lenkung kaum bedarf. Die Führungskraft agiert stattdessen primär als Impulsgeber und ggf. Moderator (s. a. Kap. 10.1), der auf die Mitarbeitenden sowie auf die anderen Stakeholder einwirkt, bei denen die Umsetzung der Impulse erwartet wird (Lippold, 2021, S. 65).

In diesem Zusammenhang ist erneut auf **symbolische** – oder hier: *symbolisierende* – **Führung** hinzuweisen: Sie stellt einen aktiven Prozess dar, der Sinn stiftet. Dies tun Führungskräfte außer durch Motivation und Inspiration, indem sie ihrem Team eine echte Beteiligung an Entscheidung und Umsetzung ermöglichen: ein nahezu eigenständiger Führungsansatz mit einem tiefgreifenden Impuls in Richtung Entwicklung durch Partizipation (Lippold, 2021, S. 50).[144]

Systemische Führung fußt wiederum maßgeblich auf erfolgreicher *Kommunikation* (s. Kap. 4.3) – und auf *Fragen* (s. o.), darunter schlichte Skalen- oder Klassifizierungsfragen wie z. B.: „Wie wichtig ist auf einer Skala von 1 bis 10 die Zufriedenheit unserer Mitarbeitenden?" oder „Welche unserer neuen Produkte werden den meisten wirtschaftlichen Erfolg bringen?" (nach Lippold, 2021, S. 65)

Auch auf vertiefende **Reflexion** können Führungskräfte in der systemischen Führung nicht verzichten. Dies umso weniger, als derartige Führung – zumal in Form *geteilter* Führung (*Shared* oder *Distributed Leadership*, s. Kap. 7.2) – sich geradezu als eine Art *institutionalisierter Diskurs* verstehen lässt (Denis et al., 2012, S. 252). Solche Reflexion kann sich auf Werte, Ziele, Strategie, Organisation, Führung, persönliche Vision u. ä. beziehen. Kern-Fragen der Reflexion können sein:

– Gibt es grundlegende *Muster* in meinem Unternehmen oder meiner Branche, die selten beachtet werden?
– Welche *Intuitionen* oder *Ahnungen* hinsichtlich potenzieller Quellen für neue Wertschöpfung habe ich?
– Welche neuen *Geschäftsmodelle* von außerhalb meiner Branche faszinieren mich?
– Was ist für mich die ideale *Kultur* meines Unternehmens, wenn ich neu starten würde – und wie sieht im Vergleich dazu die reale Unternehmenskultur aus?
– Welches *Erfolgskonzept* und welchen *Führungsstil* möchte ich übermitteln?
– Welches sind die ungenannten oder wenig entwickelten *Ziele* und *Träume* – beruflich und persönlich –, die ich noch erreichen möchte?

Solche Reflexion gehört zu den *Soft Skills*, die den Führungskräften selbst sowie ihren Unternehmen nützen: Die Fragen erschließen potenziell neue Einsichten und Perspektiven (Torres et al., 2022, S. 58–60).

Sogar im Fall von **Krisen** erweisen sich Organisationen, die in diesem Sinn lernfähig sind und eine Fehlerkultur ausgeprägt haben, als robuster; das haben Studien nach der Covid19-Pandemie gezeigt. Die Innovationsfähigkeit solcher Organisationen ermöglicht es ihnen offenbar, sich schneller den veränderten Bedingungen anzupassen. Das Management sollte auch deshalb das Lernen aus Fehlern forcieren und in

---

144 Auf Eindeutigkeit ist dabei allerdings sorgsam zu achten: Missverständnisse gerade bei der Beteiligung an Entscheidungen laden zu Fehlschlüssen erheblicher Tragweite ein, wovor das Erläutern der Symbolik wie z. B. der Partizipation bei Entscheidungen schützt (Stock-Homburg & Groß, 2019, S. 572).

normaler Zeit eine Unternehmenskultur zum Aufbau von Flexibilität und Kreativität fördern (McGuire & Germain, 2023, S. 8).

Auch wo systemische *Führung* nicht das Ziel ist, wird systemisches *Lernen* für Unternehmen wichtig. Denn es umfasst zahlreiche Komponenten, die die Unternehmensstrategie und -zukunft unmittelbar betreffen. Sie lassen sich im **Ökosystem des Lernens** darstellen *(New Learning)*, das die Akteure und Elemente des Lernens auf verschiedenen Ebenen zeigt. Sie alle haben Unternehmen künftig zu berücksichtigen:

- *Mikro-Ebene*: die lernenden Individuen mit ihren Wünschen und Bedürfnissen, Skills und Restriktionen
- *Meso-Ebene*: Arbeitsaufgaben, Arbeits- und Lern-Tools, Lerninhalte und -formate sowie das soziale Umfeld
- *Makro-Ebene*: die betriebswirtschaftlichen, organisatorisch-strukturellen und prozessualen, kulturellen sowie technologischen Vorgaben des Unternehmens und seiner Stakeholder

Dabei folgt das Unternehmen den Prioritäten der Gestaltung, wie in Kap. 3 erörtert: Purpose, Vision, Werte, Ziele und Strategie. Zu den Zielen, auf die das Management verpflichtet ist, gehört das Lernen, das damit Teil der Unternehmenskultur wird. Im Mittelpunkt des Lern-Ökosystems steht der Mensch, dessen Individualität ganzheitlich zu respektieren ist. Ein *Ecosystem Governance* klärt Rollen und Verantwortlichkeiten, Richtlinien und Services, Budget und Investitionen (Foelsing & Schmitz, 2021, S. 168–172; s. Abb. 111).

Dabei lassen sich sieben Dimensionen identifizieren, die die **Lernatmosphäre** im Unternehmen aktiv fördern. Sie wirken sich auf den in Abb. 111 gezeigten *Mikro-*, *Meso-* und *Makro*-Ebenen aus, indem sie die Offenheit für das Lernen erhöhen (*Mikro*), die Installation von Lernprozessen erleichtern (*Meso*) bzw. die Einbettung in die Strategie vertiefen und die Vernetzung der Lern-Einheiten der Organisation mit der Umwelt intensivieren (*Makro*). So leisten sie einen Beitrag zum Lernen sowohl des Unternehmens als auch seiner Mitglieder (Foelsing & Schmitz, 2021, S. 191–193, s. Tab. 54).

Systemisches Lernen (New Learning) wird für Individuen wie für Unternehmen immer wichtiger. Promotoren des Lernens sind als Vorbilder die Führungskräfte; sie werden von Aufgabenstellern zu Lern-Coaches. Das Lernen wird Bestandteil täglicher Routine, eingebettet in den normalen Workflow. Unternehmen wie Beschäftigte verstehen ihren Arbeitsvertrag als Lern-Vertrag. Ihr Lernen umfasst Wissens- und Verhaltens- (Soft Skill-) Entwicklung (Dyer et al., 2022, S. 63, 67–68).

Moderne Unternehmen sehen sich selbst und ihre Mitarbeitenden also im Lifelong Learning. Naturgemäß lernen sie im und über den dauerhaften Wandel (*Permanent Change*) sowie über die anwachsende *Diversität* und *Agilität*: wichtige und dringliche Themen, um in Zukunft bestehen zu können.

Dazu mehr im folgenden Kapitel.

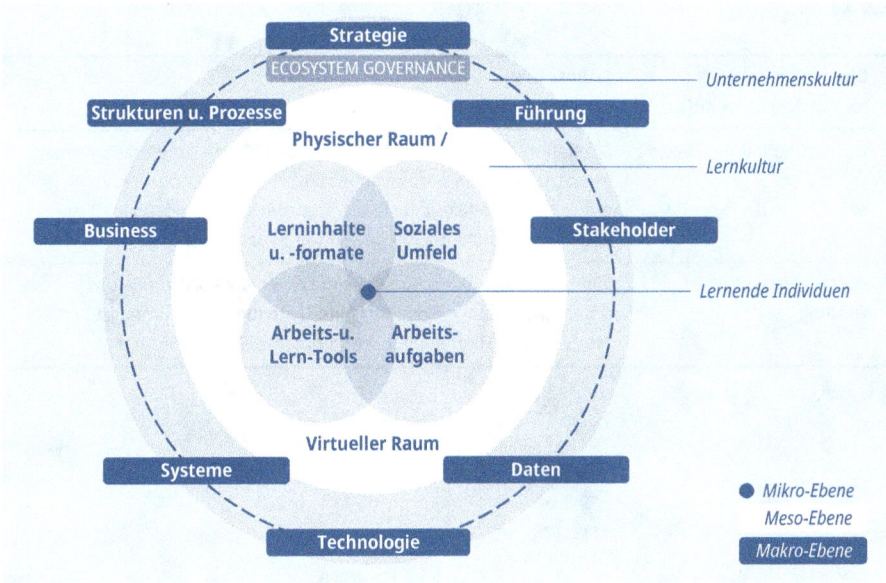

Abb. 111: Gestaltungsebenen von Lern-Ökosystemen. Lernen als Bestandteil der Unternehmensstrategie, Lernkultur im physischen und virtuellen Raum als Bestandteil der Unternehmenskultur (eigene Darstellung nach Foelsing & Schmitz, 2021, S. 170).

Tab. 54: Dimensionen lernförderlicher Organisationskultur (nach Foelsing & Schmitz, 2021, S. 192).

Dimension der lernförderlichen Kultur	Erläuterung
1 Arbeitsintegriertes Lernen	Lernen in die Arbeit integriert; Zeit und Möglichkeiten auch zur persönlichen Weiterentwicklung werden zur Verfügung gestellt
2 Nachfragen und Austausch	Aktives Nachfragen, Feedback und Experimentieren werden wertgeschätzt, Ansichten anderer werden beachtet
3 Kollaboration und Teamlernen	Teams werden darin unterstützt, verschiedene Ansätze aufzugreifen; sie arbeiten und lernen zusammen. Kollaboration wird durch die Organisationskultur belohnt
4 Systeme	Lernen kann mithilfe (ggf. analoger und) digitaler Systeme erfasst sowie geteilt werden; sie sind in den Arbeitsprozess integriert, bieten also relevante Inhalte
5 Empowerment zur Vision	Mitarbeitende sind an Entwicklung und Umsetzung der gemeinsamen Vision beteiligt; sie sind befähigt, Entscheidungen zu treffen bzw. sich ggf. nötige Kompetenzen anzueignen

Tab. 54 (fortgesetzt)

Dimension der lernförderlichen Kultur	Erläuterung
6 Vernetzung mit der Umwelt	Die Reflexion über den Nutzen der Arbeit für die Organisation sowie vernetztes Denken werden unterstützt; Mitarbeitende werden ermuntert, die Weiterentwicklung ihrer Arbeit zu bedenken. Die Organisation steht mit der Außenwelt in Verbindung
7 operative/strategische Führung	Führungskräfte übernehmen beim Lernen die Vorbildrolle und unterstützen das Lernen ihrer Mitarbeitenden. Das Lernen ist in die Strategie eingebettet, um Unternehmensziele zu erreichen

9 Management im Wandel: Diversity, Agile, Change

9.1 Diversity als Unternehmensziel

Als eines der zugleich dringlichsten und wichtigsten Themen der nächsten Jahre zeigt sich mehr und mehr die Vertiefung von **Diversity**: meist mit *Verschiedenartigkeit*, *Vielfalt* oder *Heterogenität* übersetzt oder einfach als **Diversität** wiedergegeben. Als ein Mainstream sozialpolitischer Diskussion nahm das Thema in den USA in der zweiten Hälfte des 20. Jahrhunderts seinen Anfang (Bolten, 2008, S. 71). Schon die hier genannten Übersetzungen deuten die Schwierigkeit an, dem Begriff gerecht zu werden: ein Mega-Trend mit etlichen Facetten. Einige Autoren sehen die Debatte anfangs unter anderen Stichwörtern geführt – bis sich das heutige Problemverständnis bildete (Beavers, 2018, S. 4, s. Tab. 55).

Tab. 55: Herausbildung des Diversity-Begriffs im 20. Jahrhundert (nach Beavers, 2018, S. 4).

Stichwort	Definierender Grundsatz	Hauptargumente
Toleranz *(1960er-Mitte 1970er)*	Tolerierung bzw. verhaltene Akzeptanz der Integration von *People of Color* in Arbeit, Erziehungswesen und Ansiedlung	– Moralische Argumentation der *Gleichheit* – Politische Argumentation der Milderung disruptiven Risikos aufgrund vorheriger Trennung von Bevölkerungsgruppen („*Rassen*")
Multikulturalität und Bewusstsein *(Mitte 1970er-1990er)*	Anerkennung, mitunter Respekt oder Ehrung von *Minderheiten* und deren Leistungen; Umfunktionierung der amerikanischen Metaphorik vom „melting pot" (Schmelztiegel)	Multikulturalität bereitet das Land auf *Bevölkerungswachstum* vor und wirkt etwaiger *demographischer Disruption* aufgrund von Veränderungen von Strukturen entgegen
Diversity *(1990er-Gegenwart)*	*Inklusion* und *Gleichheit* als Konzepte ausgeprägt, aber abgegrenzt.	Diversität stärkt *Entscheidungen, Effizienz* und ganze *Unternehmen*. Stichwort „Business Case for Diversity"

Zu den Einflussfaktoren gegenwärtiger **gesellschaftlicher Vielfalt** zählen Herausforderungen, die für Unternehmen und deren HR-Management noch an Gewicht zulegen – darunter der demografische Wandel mit der Alterung und dem Fachkräftemangel. Mehrere der maßgeblichen Entwicklungen im Zusammenhang mit Diversität verstärken sich gegenseitig, einige sind neutral zueinander, andere sind gegenläufig (Franken, 2015, bes. S. 3–6; Krisor et al., 2015, S. 231 f.; s. Abb. 112).

Diversität beschäftigt sich mit einem oder mehreren **personenbezogenen Merkmalen** innerhalb einer Gruppe von Personen (Werner, 2023, S. 12). Eine erweiterte Definition beinhaltet zudem deren Wahrnehmung:

https://doi.org/10.1515/9783111374420-009

Abb. 112: Einflussfaktoren auf die gesellschaftliche Vielfalt (Diversität). Mehrere Faktoren gegenwärtig zunehmend und teilweise sich gegenseitig verstärkend, andere gegenläufig (eigene Darstellung nach Franken, 2015, S. 4).

> **Diversität (Diversity)** bezeichnet eine (tatsächliche oder wahrgenommene) Unterschiedlichkeit von Mitgliedern einer sozialen Einheit (z. B. Team, Organisation, Unternehmen) in Bezug auf *mindestens ein* personenbezogenes Merkmal – unabhängig davon, ob diese Mitglieder sich tatsächlicher Unterschiede bewusst sind bzw. ob wahrgenommene Unterschiede in deutlichem Zusammenhang zu tatsächlichen Unterschieden stehen (Werner, 2023, S. 12).

Diese personenbezogenen Merkmale lassen sich nach verschiedenen Kriterien kategorisieren. Sie unterscheiden sich z. B. in Bezug auf
– *(relative) Dauerhaftigkeit*: z. B. Geschlecht (Gender), Alter (Generation), Ethnie (kulturelle Herkunft), Hautfarbe, sexuelle Orientierung, physische/psychische Beeinträchtigung (sog. Behinderung)
– *Sozialisation*: z. B. Ausbildung, Berufserfahrung, Wohn- und Arbeitsort, Einkommen, Gewohnheiten, Freizeitverhalten, Religion/Weltanschauung, Familienstand, Elternschaft
– *Organisationale Einbindung*: Funktion und Hierarchiestufe, Führungsposition, Arbeitsinhalt, Team/Gruppe/Abteilung, Arbeitsgruppe, Seniorität, Gewerkschafts-/ Parteizugehörigkeit, Einbindung in Netzwerke
(Franken, 2015, S. 23–25; Eberhardt, 2019, S. 888 f.; s. a. Abb. 113).

Schon diese Unterscheidung von Dimensionen und Kriterien deutet an, welche Herausforderung die Beschäftigung mit Diversity für Unternehmen (und Wissenschaft) darstellt. Daneben wird z. B. unterschieden nach:
– personenimmanenten vs. verhaltensimmanenten Kriterien
– wahrnehmbaren vs. kaum wahrnehmbaren Eigenschaften
(Hanappi-Egger, 2012, S. 179).[145]

---

145 Ein weiterer interessanter Ansatz differenziert zunächst nach *wahrnehmbaren* vs. *kaum wahrnehmbaren* Eigenschaften (*Surface Level* vs. *Deep Level*), um darunter auf mehreren Ebenen nach *demo-*

Organisationale Dimensionen:

Funktion /
Einstufung

Arbeitsinhalt/
-feld

Externe Dimensionen:

Management-
status

Wohnort

Einkommen

org. Gruppe,
z. B. Team

Interne Dimensionen:

Familien-
stand

Alter

Geschlecht

Soziale
Schicht

Hautfarbe

Persönlichkeit

Sexuelle
Orientierung

Elternschaft

Ethnizität

Phys./psych.
Fähigkeiten

Gewohn-
heiten

Sprache /
Dialekt

Religion/Welt-
anschauung

Freizeit-
Verhalten

Gewerkschaft
/ Partei

Aussehen

Berufs-
erfahrung

Ausbildung

Arbeitsort

Netzwerke

Seniorität

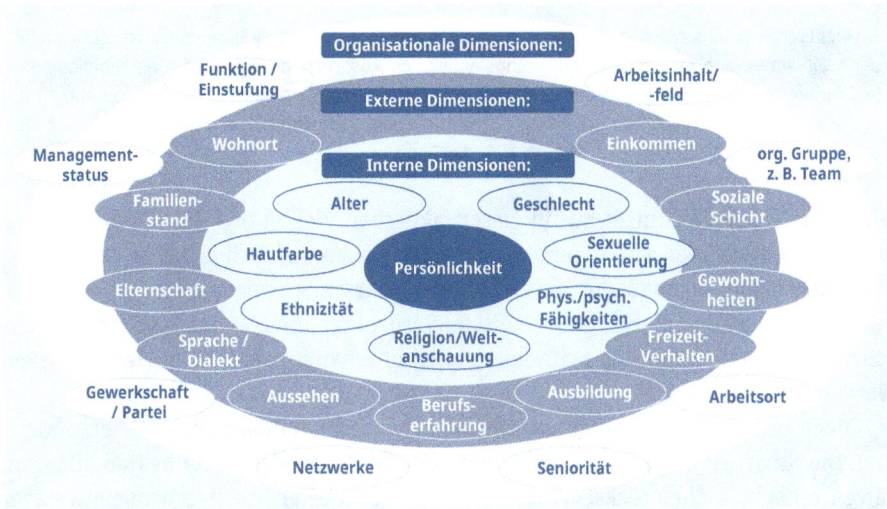

Abb. 113: Dimensionen von Diversity. Unterschieden nach (relativer) Dauerhaftigkeit, Sozialisation (privater / persönlicher Einordnung), organisationaler Einbindung (eigene Darstellung in Anlehnung an Gardenswartz & Rowe, 2008, nach Eberhardt, 2019, S. 888).

Im Englischen wird auch vom Dreiklang **Diversity Equity Inclusion (DEI)** gesprochen: *Diversität*, *Gerechtigkeit* und *Beteiligung* bzw. *„Inklusion"* (Dixon-Fyle et al., 2023). Der Begriff schließt verschiedene Bevölkerungs- bzw. Stakeholder-Gruppen ein, die nicht nur aus ethischen, sondern aus praktischen und erfolgsorientierten Gründen mitwirken sollen: Es geht darum, Talente aus allen Gruppen und Communities einzubinden (Wyatt, 2024, S. 61).

Ein solcher Ansatz baut auf die Ausrichtung eines Unternehmens an einem *Purpose* (s. Kap. 3.3) auf und geht von einer Unternehmens-Strategie aus, die DEI unternehmensweit ausrollt (und ggf. lokal anpasst). Auf dieser Basis erweisen sich das Zugehörigkeitsgefühl zum Unternehmen (s. a. Kap. 3.2 zur Unternehmenskultur) sowie Diversitäts- und Inklusions-Aktivitäten als Schlüssel zum Erbringen von Leistung – was von kritischem Feedback (s. Kap. 8.3) zu begleiten ist (Dixon-Fyle et al., 2023, S. 46).

---

graphischen vs. non-demographischen Kriterien zu unterscheiden, erstere dann wiederum in *biologisch-demographisch* vs. *relational-biographisch* (beziehungsgebunden), letztere in *funktional* vs. *kognitiv* – und die funktionalen in *bildungsspezifisch* vs. *professionell* (Werner, 2023, S. 20–21) – das illustriert die Komplexität des Themas. Es konfrontiert die Manager in Unternehmen, die damit adäquat umgehen wollen, mit erheblichen Hürden im Verstehen, im Umgang und in der Vermittlung von Verständnis für Diversität.

Ein weiterer Begriff, der sich in diesem Zusammenhang entwickelt hat, ist **Superdiversität**. Er verleiht der Multidimensionalität von Diversifizierungs-Aktivitäten Ausdruck: bezogen auf soziale, biologische und kulturelle sowie andere Faktoren, die zusammen eine hohe Komplexität bilden (s. o., Abb. 113). Dieser Begriff umfasst nicht nur die *faktische* Verschiedenartigkeit, sondern auch die *Vorstellungen*, die Menschen sich dazu machen (Vertovec, 2024, S. 15–19).[146]

Die **Komplexität** liegt nicht nur in dieser faktischen Vielfalt und darin, dass es keine einheitliche Definition von Diversity gibt. Vielmehr lässt sich auch keine einheitliche Messbarkeit für Diversität finden. Dabei ist die Messung einiger Kriterien recht einfach (z. B. Alter, Geschlecht, geographische Verortung), die Messung anderer weitaus schwieriger: Für die meisten Kriterien müssen überhaupt zunächst Indizes entwickelt werden (Werner, 2023, S. 39–40).

Doch Unternehmen wollen und müssen mit dem Phänomen bereits jetzt umgehen. Die **Strategien**, die sie dazu wählen, unterscheiden sich in ihren Handlungsansätzen erheblich. Eher rückschrittliche, *reaktive* Strategien, die gegenwärtig weniger werden, meiden das Thema eher. Eher fortschrittliche, *proaktive* Strategien öffnen sich ihm dagegen und sehen Diversität als *Business Case* an (Franken, 2015, S. 56–58); s. dazu Tab. 56.

Naturgemäß verortet der **Fairness**-Ansatz die Arbeit an und mit Diversität eher bei *Human Resources*. Der **Marktzugangs-Legitimitäts**-Ansatz weitet diese Arbeit auf die operativen Unternehmensbereiche aus. Der **Innovation-and-Learning**-Ansatz bettet diese Arbeit in die Unternehmensstrategie ein und bezieht sie auf das gesamte Unternehmen.

Diversity Management bezeichnet alle Maßnahmen eines Unternehmens, die eine – *diverse* – Unterschiedlichkeit seiner Angehörigen als Wert erkennen und sie als Potenzial für den Erfolg des Unternehmens produktiv zu nutzen versuchen. Das äußert sich u. a. in einer proaktiven Politik der Unternehmensleitung dem Phänomen gegenüber und bezieht sich besonders auf ihre Haltung zur Innovationsfähigkeit des Unternehmens aufgrund von Diversität (Krisor, Flasche et al., S. 2015, S. 232 f.)

In Unternehmen wie in der Gesellschaft hat sich der Fokus also vom Moralischen zum Rationalen verschoben (zu Moral und Rationalität s. a. Kap. 3.1). Die Verschiedenheit von Menschen wird nicht nur anerkannt, sondern als Wert an sich gesehen. Das schreibt der Politik Aufgaben zu wie z. B. die Entwicklung von Grundlagen des Zusammenlebens wie dem Allgemeinen Gleichbehandlungsgesetz (AGG). Der **betriebswirt-**

---

146 Die Entwicklung dieser Begriffe scheint noch in vollem Gange zu sein. Das vorliegende Buch bedient sich vor allem des Begriffs *Diversität* (bzw. *Diversity*) als Oberbegriff; und wo sinnvoll, wird *Inklusion* mit spezifischerer Bedeutung für Menschen mit einem Handicap verwendet (s. u. in diesem Kap. 9.1).

Tab. 56: Strategien in Bezug auf Diversität im Unternehmen (nach Franken, 2015, S. 57–58; Ely & Thomas, 2001, nach Krisor et al., 2015, S. 233 f.).

Handlungsansatz	Typ	Erläuterung
Reaktive (vermeidende) Strategien	*Resistance*-Strategie	Unternehmen streben eher nach *Homogenität* und sehen die Auseinandersetzung mit Anderem oder Fremden eher als Bedrohung oder Kostenfaktor; kein Diversity Management implementiert
	Color-blind-Strategie	Diversität und kulturelle Unterschiede werden tendenziell nivelliert und Menschen als gleich angesehen; fokussiert wird auf Kompetenzen und Qualifikationen; Diversität wird weder anerkannt noch verleugnet
Proaktive (wertschätzende) Strategien	*Fairness*-Strategie	Es soll Diskriminierung vermieden und Chancengleichheit hergestellt werden, ggf. mithilfe spezifischer Maßnahmen; Diversität wird (ggf. aufgrund der Gesetzeslage) umgesetzt, aber ohne spezifische Vorteile davon zu erwarten – macht Diversity ggf. zum Selbstzweck (auch: *Discrimination and Fairness*-Ansatz)
	*Marktzugangs-Legitimitäts-*Strategie	Hier wird Diversität als wertvolle Ressource angesehen, die mithilfe heterogener Belegschaft neue Zielgruppen und Marktsegmente sowie potenzielle Partner erreichen und Kundenbedarf erkennen soll – macht Diversity eher zum operativen Ziel (auch: *Access and Legitimacy*-Ansatz)
	*Lern-Effektivitäts-*Strategie	Diversität wird als strategische Ressource angesehen, die das Lernen im Unternehmen unterstützt und Innovationen sowie Mitarbeiterbindung steigert; Diversität wird als Beitrag zur Wertschöpfung gesehen und durch Maßnahmen und Tools gezielt gefördert – macht Diversity zu einem eigenständigen (strategischen) Unternehmensziel (auch: *Innovation and Learning*-Ansatz)

schaftliche Wert von Diversity wird zunehmend in Strategie und operatives Management übersetzt (Franken, 2015, S. 40–45; s. a. Werner, 2023, bes. S. 384–397).[147]

Das wird im Folgenden anhand einiger Beispiele zu *interkultureller* Diversität (bzw. Internationalität), *Altersdiversität*, *Geschlechtergerechtigkeit* und zu *Inklusion* von Menschen mit Handicap verdeutlicht.

---

[147] Die Arbeit an und mit Diversität weist Gemeinsamkeiten mit CSR (Corporate Social Responsibility) auf. Auch wenn bei CSR der Fokus eher auf externen Maßnahmen und die Motivation eher in sozialer Verantwortung gesehen wird, setzen die Perspektiven von Nachhaltigkeit und Wettbewerbsfähigkeit gemeinsame Akzente. Daneben ist zu beobachten, dass Unternehmens-Aktivitäten das gesellschaftliche Umfeld hinsichtlich Diversität beeinflussen – und umgekehrt (Hanappi-Egger, 2012, S. 184; Feuser, 2019, S. 81).

Im Unternehmen lassen sich **kulturell durchmischte Teams** finden, deren Kulturen – wie die aller Organisationen – sich hinsichtlich dreier Ebenen unterscheiden lassen:
- Beobachtbares Verhalten und Artefakte (Ausdrucksformen)
- Werte
- Unbewusste Grundannahmen über Wechselwirkungen mit der Umwelt und Natur
  (Genkova, 2022a, S. 28)

Für die Arbeit in derartigen multikulturellen Teams – und zumal für deren Führung – lassen sich folgende **interkulturelle Kompetenzen** identifizieren, die sich empirisch als erfolgreich erwiesen haben:
- Sensibilität gegenüber der eigenen und fremden Kulturen
- Kulturelle Bewusstheit und Neugier
- Kulturelle Empathie
- Mehrsprachigkeit
- Kontextuelle Intelligenz und Sensibilität
- Semantisches Bewusstsein
- Fähigkeit, zwischen kulturellen Bezugsrahmen bzw. Kommunikationsweisen zu wechseln, ggf. zu ergänzen durch
- den Mut zum Testen – und ggf. zur Revision – innovativer Kommunikations- und Kooperationsweisen
- die Freude an Beziehung und Interaktion mit Menschen der eigenen sowie fremder Kulturen
  (Clutterbuck, 2017, S. 345; ergänzt durch Eberhardt et al., 2019, S. 902–905; Genkova, 2022a, S. 33 f.).

Hinter der erfolgreichen interkulturellen Begegnung scheint die Bereitschaft zu stehen, sich auf das Andere bzw. den Anderen mit Bereitschaft zu Empathie und Symmetrie einzulassen: Aus Toleranz lassen sich so das Bewusstsein einer *Hybridität* (eines Sowohl-Als auch) und schließlich ein offener, konstruktiver *Kosmopolitismus* entwickeln (Scherle, 2016, bes. S. 43). Ziel **interkulturellen Lernens** ist es schließlich, aus Handlungs-Potenzialen Sicherheit und Flexibilität zu gewinnen, die in Kreativität und Kompetenz sowie möglichst Stabilität münden (A. Thomas, 2014, S. 171 f.)

Damit wird **interkulturelle Kommunikation** zu einer anspruchsvollen Führungsaufgabe. Schon die von Deutschen mitunter als oberflächlich missverstandene Freundlichkeit der US-Amerikaner (und vice versa die mitunter von diesen als schroff empfundene Direktheit der Deutschen) birgt die Gefahr von Missverständnissen. Stärker ist dies der Fall, wenn z. B. Mimik (sonst oft als intuitiv angesehen) kulturell beeinflusst ist, z. B. in Form von unbewegtem Gesicht (als guter Ton ostasiatischer Kulturen) oder in Form von Schamhaftigkeit, die sich auch in defensiver Körperhaltung oder Sprechweise äußert. Hierbei ist umso mehr zu beachten, wie Kommunikation zu verstehen ist: Es geht nicht nur um ein formales oder inhaltliches Sich-Verständigen, sondern letztlich um eine Beziehung, die aus diesem erwächst (s. a. Kap. 4.3; Beispiele s. Pastoors & Ebert, 2019, S. 303).

Auch auf Basis solcher Kompetenzen sind Zusammenarbeit und besonders Führung von Menschen Land für Land, Unternehmen für Unternehmen und Mensch für Mensch zu erarbeiten. So gilt in Deutschland eine Führungskraft meist als kompetent, die ihren Mitarbeitenden eigenständiges Arbeiten und eigenverantwortliches Handeln ermöglicht; in bestimmten anderen Kulturen kann die **Erwartung** an sie jedoch anders geartet sein (z. B.: klare Arbeitsaufträge, wirksame Kontrolle), so dass ein Freiraum als Desinteresse, Mangel an Engagement oder gar an Wertschätzung missverstanden wird: Er kann zu Leistungsminderung führen (Genkova, 2022a, S. 36). Eine Verortung von Führungsstil-Präferenzen liefert Abb. 114.

Autoritäre Führung		Partizipative Führung
- Delegationsgrad sehr gering - Entscheidungszentralisierung hoch - Statussymbole und Privilegien für Führungskräfte sehr legitim - Akzeptanz von Autorität - Informationsaustausch zwischen Mitarbeitern unterschiedlicher Hierarchieebenen gering	- Mitarbeitermeinungen wichtig - Delegationsgrad mittel - Entscheidungsautonomie von Mitarbeitern nicht erwartet	- Entscheidungen werden gemeinsam vorbereitet - Formelle Normen verhindern Machtmissbrauch weitgehend - Sicherheitsbedürfnisse bei den Mitarbeitern gering
- GRC, TUR, südamerikanische Länder - Indien, Pakistan - Malaysia, Indonesien, Thailand - Arabische Länder	- FRA, BEL, ITA, SPA - GER, DEN, NOR, AUS, JAP	- NL, SWE - GBR

Abb. 114: Führungsstilpräferenzen in verschiedenen Kulturen. Deutschland eher im Mittelfeld zwischen autoritärem und echtem partizipativem Führungsstil (eigene Darstellung nach Stock-Homburg & Groß, 2017, S. 723).

Im Rahmen der internationalen *GLOBE-Studie (Global Leadership and Organizational Behavior Effectiveness Program)* wurden weltweit 6 sog. **Führungsdimensionen** untersucht. Die Zuordnung von Ländern zu den Stilen gibt einen spannenden Überblick (F. C. Brodbeck, 2016, S. 136 f.) – zu den Dimensionen s. Tab. 57, zu den Ergebnissen der Länderzuordnungen s. Tab. 58.

Den 6 *globalen* Führungsdimensionen wurden dabei 21 *primäre* (Unter-) Führungsdimensionen zugeordnet (mit Ausnahme der „Autonomieorientierung", wo die zugeordnete Dimension identisch bezeichnet ist – s. Tab. 57, rechte Spalte). Diese werden – je nach Kultur – als *förderlich* für Führung oder *hinderlich* angesehen. Deren Ergebnisse (Zuordnungen von Ländern) geben Aufschluss über empfehlenswerte Füh-

Tab. 57: Globale und primäre Führungsdimensionen im Überblick (nach F. C. Brodbeck, 2016, S. 136).

Globale Dimension	Definition	Primäre Dimensionen
Charismatisch	Ausmaß, in dem Mitarbeitende auf Basis positiver Werte und mit hohen Leistungserwartungen inspiriert und motiviert werden	– leistungsorientiert – visionär – inspirierend – integer – selbstaufopfernd – bestimmt
Teamorientiert	Ausmaß, in dem gemeinsame Ziele implementiert und Arbeitseinheiten (Teams) entwickelt werden	– teamintegrierend – kollaborativ – administrativ kompetent – diplomatisch – böswillig (recodiert) (Anm.: umcodiert)
Partizipativ	Ausmaß, in dem andere bei Entscheidungen beteiligt werden	– autokratisch (recodiert) – non-partizipativ (recodiert)
Humanorientiert	Ausmaß, in dem zwischenmenschlich unterstützend, fair, höflich und umsichtig agiert wird	– humanorientiert – bescheiden
Autonomieorientiert	Ausmaß, in dem unabhängig von anderen und in individueller Art und Weise agiert wird	– autonomieorientiert (Anm.: Es ließe sich sagen: liberal)
Defensiv	Ausmaß, in dem selbstschützend und statusbewahrend agiert wird	– selbstbezogen – statusorientiert – konfliktorientiert – gesichtswahrend – bürokratisch

rungsstile bzw. drohende Hürden, die bei **interkultureller Arbeit** in diesen Ländern und bei der Arbeit mit **multikulturellen Teams** (also mit Mitarbeitenden aus diesen Ländern) zu beachten sind (F. C. Brodbeck, 2016, S. 136 f.).

An Führungskräfte werden daher höchst unterschiedliche Rollenerwartungen (s. Kap. 8.2) gerichtet; damit verbundene Missverständnisse können immens sein. Für Führungskräfte empfiehlt es sich, die **Individualisierung** ihrer Führung zu verfolgen: Mitarbeitende aus verschiedenen Kulturen zu führen heißt, sich mit deren individuell unterschiedlichen Sozialisationen, Rollenerwartungen, Werten, Einstellungen, Bedürfnissen und Verhaltensweisen auseinanderzusetzen. Schemata und Standards werden multikultureller Führung nicht gerecht (Lippold, 2021, S. 43).

Tab. 58: Zuordnung von Länderclustern zu Führungsdimensionen (Lippold, 2021, S. 45).

	Hohe Bedeutung ++	Mittlere Bedeutung +/-	Wenig Bedeutung –
Charismatisch	Anglo Latin America Southern Asia Germanic Europe Nordic Europe	Sub Sahara Latin Europe Eastern Europe Confucian Asia	Middle East
Teamorientiert	Latin America	Europe Southern Asia Anglo Sub-Sahara Confucian Asia	Middle East
Partizipativ	Germanic Europe Nordic Europe Anglo	Latin America Latin Europe Sub Sahara	Eastern Europe Southern Asia Confucian Asia Middle East
Humanorientiert	Southern Asia Sub-Sahara Anglo	Confucian Asia Latin America Middle East Eastern Europe Germanic Europe	Eastern Europe Southern Asia Confucian Asia Middle East
Autonomie-orientiert	Eastern Europe Germanic Europe	Nordic Europe Anglo Southern Asia Confucian Asia	Latin America Latin Europe Middle East Sub Sahara
Defensiv	Southern Asia Middle East Confucian Asia Eastern Europe	Latin America Sub Sahara Latin Europe	Anglo Germanic Europe Nordic Europe

Ein international einheitliches Verständnis guter Führung existiert demnach nicht; allerdings gibt es einen Kanon von 5 global *akzeptierten* und daher *wirkungsvollen* und 3 global *nicht akzeptierten* und daher *nicht wirkungsvollen* **Führungsattributen**. Zu den *weltweit förderlichen* Verhaltensweisen und Merkmalen zählen:
- *Integrität*: ehrliches, vertrauenswürdiges, zuverlässiges und gerechtes Verhalten
- *visionäres Verhalten*: mit Voraussicht und Planung
- *Inspiration*: ermutigend, motivierend, anspornend, durch positive und dynamische Haltung Vertrauen schaffend

- *Team-Building*: mit Informiertheit und koordinativer sowie administrativer Kompetenz
- *Diplomatie*: mit Bestimmtheit, Entscheidungsfreude sowie Orientierung an exzellenter Leistung

Zu den *weltweit hinderlichen* Verhaltensweisen und Merkmalen zählen dagegen:
- *Reizbarkeit* und *Rücksichtslosigkeit*
- *diktatorisches, egozentrisches, ungeselliges* und *einzelgängerisches* Verhalten
- *Zweideutigkeit* und *Non-Kooperativität*
  (Lippold, 2023, S. 52 f.).

Umso wichtiger ist dies für die Arbeit in **virtuellen** interkulturellen **Teams** bzw. für deren Führung – und dies umso mehr, wenn räumliche Distanz und Zeitunterschiede die direkte Zusammenarbeit und das Feedback erschweren. Noch stärker als sonst ist mit Empathie für Flexibilität und individuelle Lösungen – Person für Person, Team für Team – zu sorgen (D. Herrmann et al., 2012, S. 198 f.).

Mangelnde **Sprachkompetenz** ist ebenfalls durch besondere Brücken zu beantworten. In der Führung von internationalen – bzw. interkulturellen – Teams kann das heißen,
- medienvermittelte Meetings kurz zu halten (simultane Arbeit an Sache, Sprache und Medien)
- möglichst Sprachnachrichten und Videos in den Medien-Mix einzubeziehen,
- für Emails und andere Texte nicht-sprachliche Symbole zu definieren (z. B. für „bin unsicher – korrekter Terminus fehlt mir")
- professionelle Übersetzungshilfen einzusetzen
- in brisanten Situationen sprachbegabte Kollegen besonders einzubeziehen
- im Konfliktfall unbedingt zuerst den direkten Dialog zu suchen
  (D. Herrmann et al, 2012, S. 222 f.).

Der Kriterienkatalog für die **Rekrutierung** von Mitarbeitenden für internationale – bzw. interkulturelle – Teams geht über den für monokulturelle hinaus. Neben persönlichen Kompetenzen sind bestimmte fachliche Kompetenzen unverzichtbar, z. B. technologische Kommunikationskompetenz, s. Tab. 59.

Zur Ausprägung interkultureller Kommunikation und weiterer interkultureller Kompetenzen nehmen Unternehmen **Coaching** und **Mentoring** in Anspruch. Es geht dabei um das Verständnis für kulturelle Unterschiede, um kulturelle Neugier und interkulturelle Empathie und um ein Verstehen kulturell bedingter Denkweisen und Sub-Texte (Clutterbuck, 2017, S. 346 f.). Interkulturelles Coaching kann sich so zu einem *Coaching Consulting* entwickeln und im persönlichen one-on-one z. B. zur Beratung und Einübung von Rollenverhalten des Coachees werden (Özdemir & Lagler Özdemir, 2021, S. 471).

Tab. 59: Zentrale Kompetenzen für Mitglieder internationaler Teams (nach Stock-Homburg & Groß, 2019, S. 727 f.).

Kompetenzen	Zentrale Merkmale: Fähigkeiten, Kenntnisse über ...
Fachliche Kompetenzen	
Technologische Kommunikationskompetenz	– Geeignete Technologien für Kommunikation, Koordination und Kooperation mit anderen Team-Mitgliedern – Vorbereitung und Durchführung virtueller Teammeetings
Projektmanagement	– Planung und Koordination der eigenen Arbeit sowie deren Abstimmung mit Team-Aktivitäten – Methoden zur Berichterstattung von Fortschritten bzw. Problemen in Projekten
Netzwerkbildung	– Netzwerke im Unternehmen – Perspektiven und Interessen verschiedener Gruppen im Unternehmen
Selbstmanagement	– Strukturierung und Priorisierung eigener Ziele und Aufgaben – Maßnahmen zur persönlichen bzw. fachlichen Entwicklung
Schnittstellenmanagement	– Toleranz gegenüber verschiedenen kulturellen Hintergründen im Rahmen der Kooperation und Kommunikation im Team – Toleranz gegenüber (typischen) Arbeitsstilen von Team-Mitgliedern verschiedener Funktionsbereiche im Unternehmen
Persönliche Kompetenzen	
Global Mindset	– Sensibilität für andere Kulturen – Umfassende persönliche Erfahrungen in anderen Kulturen
Interpersonale Aufmerksamkeit	– Sensibilität für verschiedene Kommunikationsstile im Team, Bewusstsein über deren Einfluss auf Team-Mitglieder – Perspektiven anderer Team-Mitglieder

Zu **Altersdiversität** – also zu einer Diversität in der Zusammenarbeit der Generationen – führen der Wandel der Demographie (Alterung der Bevölkerung) sowie die Flexibilisierung bzw. Verlängerung der Lebensarbeitszeit (s. Kap. 2 bzw. Kap. 6). Die *Digital Natives* der Gen Y und Gen Z stoßen auf *Digital Immigrants*: auf Baby Boomer (die gegenwärtig in den Ruhestand treten) und auf Gen X.[148]

Generationengerechte Unternehmensführung wird zu einem *Wettbewerbsfaktor* mit Einfluss auf Unternehmenserfolg: Sie erstreckt sich von der Gesamt-Strategie über

---

148 Die Anforderungen an das Management von Altersdiversität dürften weiter steigen, wenn – was zu erwarten ist – die Flexibilisierung der Lebensarbeitszeit zu deren durchschnittlicher Verlängerung führt (s. a. Kap. 6.1).

Führungs- und Unternehmenskultur bis in die operativen Bereiche sowie Human Resources (Lippold, 2023, S. 431 f.; s. a. Abb. 115).

Abb. 115: Handlungsfelder zur Altersdiversität. Strategische Einbettung und operative Bereiche – dabei Gesundheitsförderung nicht divers per se, sondern zum Erhalt der Leistungsfähigkeit generell einbezogen (Stock-Homburg & Groß, 2019, S. 754).

Auch hier setzen **Mentoring**-Programme gezielt an: Know-how und Erfahrung älterer Mitarbeitender sollen jüngeren zugänglich gemacht werden; in *Tandems* findet gegenseitiger Austausch statt; im *Reverse Mentoring* wird die Informationsrichtung umgedreht (Jüngere unterstützen Ältere); und in altersgemischten Teams findet Lernen auf verschiedenen Wegen und Ebenen statt (Gutting, 2016, S. 197; Stock-Homburg & Groß, 2019, S. 759–761; s. a. Kap. 8.2 bzw. Kap. 8.4).

Spezielle **Kommunikationsforen** zum Austausch von Wissen und Erfahrung werden als Präsenz-Veranstaltungen (mit intensiverem Sozialkontakt) oder über unternehmensinterne Social Media (mit stärkerem Akzent auf Schnelligkeit, Speicherbarkeit, Sortier- und Abrufbarkeit) organisiert. Dazu gehören *Experten-*, *Alumni-* (Ehemaligen-) und andere *Austausch-Foren*, teils mit Stakeholdern aus dem nahen Umfeld (Eigentümer), teils innerhalb von Lieferketten (Lieferanten, Kunden) oder aus den betreffenden Branchen für Feedback und zum Lernen (Stock-Homburg & Groß, 2019, S. 762–763; s. a. Kap. 8.3 bzw. 8.4 sowie Abb. 116).

Solches Lernen und Feedback hat zugleich einen positiv verstärkenden Nebeneffekt: Jüngere wie ältere Mitarbeitende erleben in solchem zielgerichteten, produktiven Austausch, der ihre Erfahrung bzw. ihr Wissen nutzbar macht, ihren (Arbeits-) Wert und damit authentische *Wertschätzung*. Dies, in Kombination mit der Ausrichtung der Maßnahmen auf den *Purpose* des Unternehmens, wirkt sich wiederum positiv auf Arbeitsklima und Unternehmenskultur aus, stärkt die Motivation der Jüngeren und festigt so den Zusammenhalt der Beschäftigten sowie ihre Identifikation mit dem Unternehmen (Jungmann & Wegge, 2023, S. 329 f.; De Smet et al., 2023, S. 9–10).

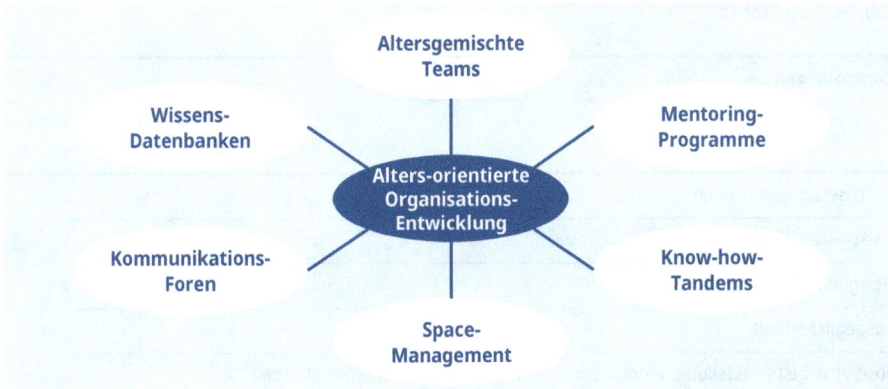

Abb. 116: Alters-orientierte Organisations-Entwicklung. Gezielte Team-, Lern- und Kommunikationsformen sowie räumliche Gestaltung, zu kombinieren mit neuen Arbeitszeitmodellen (Stock-Homburg & Groß, 2019, S. 754).

Dabei sind Unterschiede in der **Leistungsfähigkeit** zu beachten: Mit zunehmendem Alter sind Menschen innerhalb *derselben* Alterskategorie zunehmend *unterschiedlich* leistungsfähig – aber im *Durchschnitt* gelten soziale bzw. fachliche Kompetenzen als in verschiedenem Maße zunehmend, gleichbleibend bzw. abnehmend (s. Tab. 60). Daneben sind veränderte Bedürfnisse sowie Gesundheits-Faktoren zu beachten; und die genannten Maßnahmen sind mit arbeitszeitlicher Flexibilisierung zu kombinieren (s. Kap. 6).

Tab. 60: Altersbedingte Veränderungen von Leistung und Kompetenzen (nach Stock-Homburg & Groß, 2019, S. 748).

Kompetenzen			
	nehmen zu	*bleiben gleich*	*nehmen ab*
Soziale Fähigkeiten			
Lebens- u. Berufserfahrung	x		
Urteilsvermögen	x		
Selbstbewusstsein	x		
Besonnenheit	x		
Kreativität		x	
Kooperationsfähigkeit		x	
Kommunikationsfähigkeit	x		
Konfliktfähigkeit	x		

Tab. 60 (fortgesetzt)

Kompetenzen	nehmen zu	bleiben gleich	nehmen ab
Durchsetzungsverhalten		x	
Risikobereitschaft			x
Delegationsbereitschaft			x
Ausgeglichenheit	x		
positive Arbeitseinstellung, emotionale Bindung an Unternehmen und Arbeit	x		
Fachliche Fähigkeiten			
körperliche Leistungsfähigkeit und Belastbarkeit			x
geistige Beweglichkeit			x
Geschwindigkeit der Informationsaufnahme u. -verarbeitung			x
Reaktionsgeschwindigkeit			x
Leistungsfähigkeit des Kurzzeitgedächtnisses			x
Leistungsfähigkeit des Langzeitgedächtnisses		x	
Aufmerksamkeit		x	
Konzentrationsfähigkeit		x	
psychisches Leistungsvermögen		x	
Kenntnisse gängiger Lösungsstrategien	x		
Lern- u. Weiterbildungsbereitschaft			x
Leistungs- u. Zielorientierung		x	
Systemdenken		x	
Informationsverhalten		x	
berufs- u. unternehmensspezifisches Wissen	x		
Zuverlässigkeit	x		
Genauigkeit	x		
Qualitätsbewusstsein	x		
Pflicht- u. Verantwortungsbewusstsein	x		
Entscheidungsfähigkeit		x	
Markt- u. Kundenorientierung	x		
Problembewältigungskompetenz	x		

Zur **Altersdiversität** in **Teams** ist zu beachten: *Altersgemischte* Teams sind *altersho-mogenen* Teams in ihrer Leistung i. d. R. *unterlegen*, wenn es sich um relativ *einfache* Arbeiten handelt; jedoch sind sie ihnen *überlegen*, wenn es sich um *komplexere* Auf-gaben handelt (Jungmann & Wegge, 2023, S. 330; Werner, 2023, S. 107).[149]

Für den Erfolg von Altersdiversität ist **Vorurteilsfreiheit** wichtig. Darauf können Führungskräfte hinwirken, indem sie ungewöhnliche Konstellationen wie die hier darge-stellten und deren Beitrag zur Unternehmenskultur transparent thematisieren. Vertrauen und Wertschätzung sind hier in hohem Maße förderlich, um eigene Fehler (Verbesse-rungspotenziale) angstfrei zu kommunizieren. Das fördert Empathie (s. Kap. 7.3), Sozial-kompetenzen und kommunikative Fähigkeiten des gesamten Teams (Bilinska & Wegge, 2023, S. 353–356).[150]

Mit dem Problem von Vorurteilen hat auch das Management *geschlechterge-rechter* Diversität in hohem Maße zu tun.

> **Geschlechtergerechte Diversität** ist offenbar noch immer bei weitem nicht überall hergestellt – ob-wohl Dringlichkeit und Wichtigkeit dieser Aufgabe schon vor Jahrzehnten identifiziert wurden. Zu den Hürden tragen der biologische Umstand der Schwangerschaft der Frau sowie Geburt, Stillzeit und frühe Kindererziehung bei. Andere Aspekte scheinen weiterhin in patriarchalem Erbe wie z. B. in der unterschiedlichen Sozialisation von Mädchen und Jungen zu liegen.

Die offenbar noch immer unterschiedlichen **Erwartungen** von Frauen und Männern an sich selbst scheinen zudem zu unterschiedlicher Zufriedenheit zu führen: zuun-gunsten von Frauen. Andererseits scheinen Männer sich noch immer erklären zu müssen, wenn sie Erziehungszeit nehmen wollen: ein „Janusgesicht" (Ambivalenz) der mit Geschlechtergerechtigkeit verbundenen Herausforderungen (Eberhardt et al., 2019, S. 896).

Frauen in **Führungspositionen** werden zwar in der Gesellschaft zunehmend als selbstverständlich angesehen; statistisch und faktisch ist das jedoch in der *Wirtschaft* auch weiterhin keineswegs überall der Fall. Noch immer scheinen Frauen in der Pra-xis mancher Unternehmen eine Art Nachweis erbringen zu müssen, dass sie den dor-tigen Führungsaufgaben gewachsen sind; für Männer gelten dagegen Führungsposi-tionen nach wie vor als „Normalität" (Eberhardt et al., 2019, S. 895). Und feste Quoten für Frauen in Führungspositionen befürworten nur ca. 1/3 der Männer (Stepstone, 2021, S. 9; s. a. Abb. 117).

---

[149] Voraussetzung dafür ist, dass die altersgemischten Teams ohne großen Zeitdruck arbeiten und ein positives Arbeitsklima aufweisen (Jungmann & Wegge, 2023, S. 330 f.) – was durch die hier erörter-ten Maßnahmen gestützt wird.

[150] Bestandteil dessen ist selbstverständlich, mit Beschäftigten im Alter von 60 + Jahren perspektiv-bildende Personalgespräche zu führen - eine Personalpolitik, die bis vor kurzem offenbar keine gän-gige Praxis war (Bury et al., 2019, S. 454).

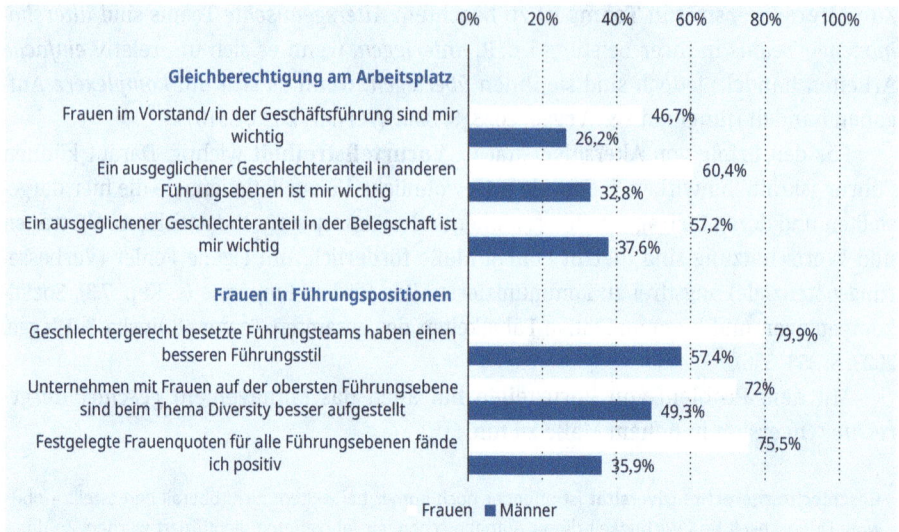

Abb. 117: Meinungen zu Frauen in Führungspositionen. Festgelegte Quote für Frauen in Führungspositionen von 3/4 der Frauen befürwortet, jedoch nur von ca. 1/3 der Männer (Stepstone, 2021, S. 9).

Auch hinsichtlich der Geschlechtergerechtigkeit treffen die Konzepte von **Einheitlichkeit** (bzw. *Gleichheit*) und **Verschiedenheit** (*Heterogenität*) aufeinander (s. o. zur kulturellen Diversität). Hierzu ist einerseits die Erörterung geschlechtsuntypischer Verhaltensweisen aufschlussreich – denen ggf. durch Sichtbarmachung sowie durch quantitative Maßnahmen (Quoten) entgegengewirkt werden kann. Andererseits stehen weiblicher Führung offenbar noch immer (oder wieder neu) bestimmte Rollenerwartungen entgegen – die, auf verschiedene Geschlechter angewendet, zu ambivalentem Denken und geradezu anachronistischen Stereotypen führen können, wie z. B.: „*Er* ‚kann sich durchsetzen', *sie* ‚hängt die Chefin raus'" (Blumenfeld, 2014, zit. nach Eberhardt et al., 2019, S. 895; Hervorhebung v. Verf.).

Möglicherweise ist aber ein vernachlässigter Ansatz dafür auch im Dreiklang von Führen *dürfen*, Führen *können* und Führen *wollen* zu finden: Die **Rahmenbedingungen**, **Kompetenz** und **Motivation** zur Führung gehören zweifellos zu deren Entstehungsfaktoren. Die Unterscheidung zwischen diesen drei Faktoren versucht in der noch immer oft emotionalen Diskussion Sachlichkeit herzustellen (Hernandez Bark & Pundt, 2023, S. 312 f.; s. Tab. 61)

Solange Frauen allerdings statistisch gesehen sowohl von anderen als auch von sich selbst weniger in der Führung gesehen werden, dürften geschlechtsspezifische Hürden wirkungsvoll bestehen bleiben (Hernandez Bark & Pundt, 2023, S. 315).

Ein Ansatz ist, weniger auf geschlechterspezifisches Verhalten zu schauen und stattdessen stärker die Gestaltung von **Rahmenbedingungen** in den Blick zu nehmen.

Tab. 61: Geschlechterspezifik und Führungsfaktoren (nach Hernandez Bark & Pundt, 2023, S. 313–315).

Faktor	Erläuterung
Rahmenbedingungen (*„Führen dürfen")*	– liegen in der Hand der Eigentümer – realisierbar durch Normen, Strukturen sowie Aufträge an das Management
	– gesellschaftlicher (bzw. politischer) Druck kann Veränderungen bewirken – doch eher ist wirtschaftlicher Druck zu erwarten, wenn aus Gen Y und Gen Z Nachwuchskräfte ausbleiben
Kompetenz (*„Führen können")*	– dürfte als unbestritten gelten – unabhängig von der Frage, ob es weiblichen Führungsstil gibt.
	– Geht man davon aus, ergeben sich Vorteile für Frauen: Kommunikations- und Sozialkompetenzen, Flexibilität und Empathie gelten eher als weiblich
	– Geht man *nicht* davon aus – oder fehlen Komponenten im Skill Set – so bleibt Führung z. B. durch Coaching erlernbar
Motivation (*„Führen wollen")*	– diskutabel mit Pros und Cons auf beiden Seiten
	– Führungskräfte gelten als u. a. durch Macht motiviert: ein Motiv, das sich – zumindest bisher – bei Frauen seltener findet als bei Männern
	– Andererseits gilt Freude an der Arbeit als erfolgsträchtig: Das könnte Frauen favorisieren – und traditionelle Motive könnten Männern im Weg stehen

Dazu gehören die Flexibilisierung und familienfreundliche Gestaltung von Arbeitsraum und -zeit (s. Kap. 5 u. 6), das integrierte Lernen von Männern und Frauen, oder spezifische Fortbildungen für Teilzeitkräfte (die überproportional Frauen sind) – zumal angesichts der Tatsache, dass diese familienbedingt weniger ortsflexibel sind und oft Übernachtungen schwerer wahrnehmen können (Lippold, 2023, S. 322 f.).

Auf andere, aber vergleichbare Weise komplex ist die *Inklusion von Menschen mit Handicap* im Unternehmen. Sie wird mal mehr, mal weniger direkt unter den Begriff der Diversität gefasst – bzw. wie unter DEI explizit genannt (s. o. Beginn des Kap. 9.1). Der Handlungsbedarf in dieser Sache ist groß: wie das betriebswirtschaftliche Potenzial für Unternehmen.

Die **Inklusion** von Menschen mit einem Handicap wird nicht immer im Fächer der Phänomene von Diversity berücksichtigt. Man kann es geradezu als Aufgabe von Diversity Management ansehen, eine Unternehmenskultur und deren Rahmenbedingungen zu fördern, in denen „stereotypische sowie atypische Rolleninhaber die Möglichkeit haben, ihr volles Leistungs- und Lernpotenzial einzubringen und umzusetzen" (Krisor & Köster, 2016, S. 91).

Zu einer solchen Unternehmenskultur und deren Rahmenbedingungen gehören:
- Schaffen einer unterstützenden *Unternehmenskultur*: Sensibilisierung der Führungskräfte, vorurteilsfreie Personalauswahl, Festlegung von HR-Verantwortlichkeiten
- Passgenaue *Maßnahmen* und *Angebote*: Berücksichtigung individueller Lebenssituationen, Anpassung der Managementsysteme, Fortbildungen

–   *Ziele* und *Controlling*: Integration von Diversity-/Inklusions-Zielen und Feedback-
    Schleifen in kontinuierliche Verbesserungsprozesse (s. a. Kap. 8.3 u. 8.4)
–   *Interne* und *externe* Kommunikation: Erreichen aller hierarchischen Ebenen und
    Stakeholder sowie Employer Branding
    (Krisor & Köster, 2016, S. 97–100).

Die Gruppen von Menschen mit Handicap, um die es geht, werden unterschiedlich abgegrenzt. Die dafür verwendeten, scheinbar gleichen – oder ähnlichen – **Kriterien** un-
terscheiden sich z. B. nach Datenlage oder Anerkennungsstand. Die Gruppen sind:
–   Menschen mit dauerhaften körperlichen *Schädigungen* – ohne oder mit Beein-
    trächtigung ihrer Leistungsfähigkeit (die erste Gruppe umfasst alle weiteren)
–   Menschen mit *Beeinträchtigungen*: Hier sind Menschen durch Schädigungen kör-
    perlicher (oder psychischer) Strukturen oder Funktionen in ihren Aktivitäten
    dauerhaft beeinträchtigt (und tlw. in ihrem Alltagsleben eingeschränkt)
–   Menschen mit *Behinderungen*: Hier können Menschen aufgrund ihrer Behinde-
    rungen nicht in gleichberechtigter Weise am Leben teilhaben – nach ICF[151]

Weitere Teilgruppen von Menschen mit *Behinderungen* nach deutschem Sozialrecht
bzw. amtlich anerkannte Schwerbehinderungen (BMAS, 2021, S. 23–26; s. Abb. 118).

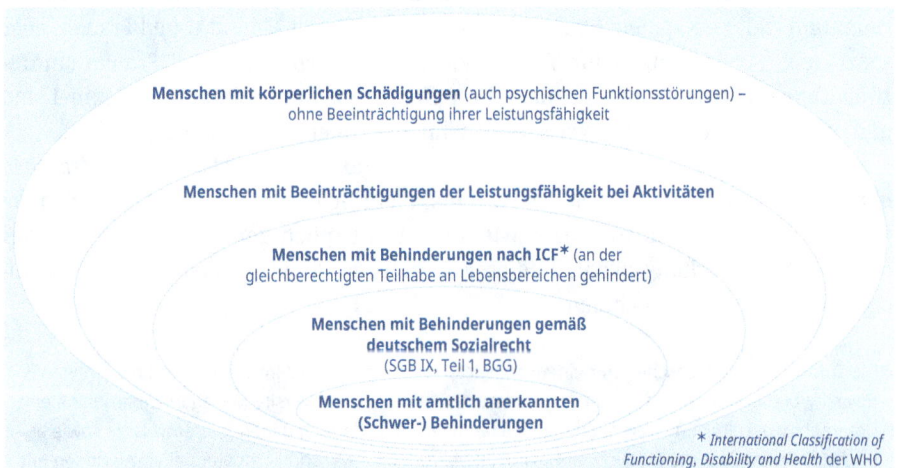

Abb. 118: Beeinträchtigungen und Behinderungen. Abgrenzungskriterien für Gruppen von Menschen mit Handicap laut ICF und deutschem Sozialrecht; kleinere Gruppen jeweils Teilmengen der größeren (eigene Darstellung nach BMAS, 2021, S. 24).

---

[151] ICF = International Classification of Functioning, Disability and Health, die Internationale Klassifikation der Funktionsfähigkeit, Behinderung und Gesundheit der Weltgesundheitsorganisation (WHO)

Unter Menschen mit Beeinträchtigungen finden sich mitunter gerade auch aufgrund bestimmter Einschränkungen besonders ausgeprägte **Befähigungen**: so z. B. bei *blinden* Menschen zur Arbeit in telefonischer Beratung, wenn sie besonders aufmerksam zuhören können, oder bei *autistischen* Menschen in der IT, wenn sie mit besonderer Detailgenauigkeit zu arbeiten vermögen (Gutting, 2016, S. 178).

> Das **Disability Management** (wörtlich: „Behinderungsmanagement") hat das proaktive Vermeiden von Nachteilen für Menschen mit Behinderungen und deren nahtlose Integration zum Ziel: ein Teilbereich des Diversity Managements, der zugleich die betriebliche Nutzung der Leistungsfähigkeit der Betreffenden für das Unternehmen anstrebt (M. Becker, 2015, S. 285 f.)

Die **Aufgaben** des Disability Managements im HR umfassen u. a.:
- Gesundheitsförderung
- Ergonomieberatung
- Wahrnehmung von Integrationsaufgaben
- Schnittstelle zu Therapiemöglichkeiten
- Arbeitsplatzbewertung
- Implementierung von Frühwarnsystemen
- Organisation von Weiterbildungen
- Arbeitsvermittlung

Dazu gehören z. B. die Beseitigung von Mobilitätshemmnissen, die Unterstützung der Sinnesorgane und technische Unterstützung im Handling von Geräten und Maschinen, ergonomisch angepasstes Mobiliar, spezifisches Zeitmanagement, Spracherkennungssysteme sowie angepasste Formen der Kommunikation und andere Optimierungen der Arbeitsumgebung (M. Becker, 2015, S. 287 f.).[152]

Das Disability Management bearbeitet einerseits Aufgaben wie jede gewöhnliche HR-Abteilung: Rekrutierung, Arbeitsplatzgestaltung/-anpassung, Arbeitszeitmodelle, Weiterbildung und Karrieremanagement, Gesundheitsmanagement sowie Führung und Kultur (Böhm et al., 2013). Andererseits zielt es auf den Abbau von **Barrieren**: physische, mentale oder soziale Hindernisse, die einen davon abhalten, „das zu tun, was man tun will, oder das zu tun, was zu tun wäre" (M. Becker, 2015, S. 288; s. a. Tab. 62).

Die derzeitige rapide Entwicklung der **Technologie** lässt erwarten, dass die Inklusion neue Impulse erhält (McCarthy et al., 2023, S. 104). Deren Erfolg hängt weder von der Branche noch von der Unternehmensgröße ab; mehr als 3/4 der KMU geben jedoch an, unter Menschen mit Schwerbehinderungen keine geeigneten Bewerber finden zu können (Decker et al., 2022, S. 3).

---

152 So sind Unternehmen seit 2004 (nach § 84 SGB IX) z. B. verpflichtet, Mitarbeitenden, die länger als sechs Wochen arbeitsunfähig waren, ein betriebliches Eingliederungsmanagement zu bieten: Ziel des Disability Managements ist die Wiederherstellung der Leistungsfähigkeit oder die möglichst weitgehend gleichgestellte Beschäftigung beeinträchtigter Mitarbeitender (M. Becker, 2015, S. 286)

Tab. 62: Abbau mentaler, physischer und sozialer Barrieren (M. Becker, 2015, bes. S. 288–290).[153]

Barriere	Beschreibung	Maßnahmen
mental	Gedachte Hindernisse: Vorurteile, stereotype Zuschreibungen, Nicht-Wahrnehmen von Realitäten, was nachgewiesenermaßen zu geringerer Akzeptanz und damit schlechterer Integration und selteneren Maßnahmen zur Personalentwicklung sowie Beförderungen zur Führungskraft führt. Als intellektuelle Blockaden führen solche Barrieren zum gegenseitigen Nicht-Verstehen	– Offensives Bekenntnis des Managements zur Gleichstellung – Dialogveranstaltungen zur Begegnung ohne Vorurteile – Einstellung von Behinderten – Schulung von Führungskräften zwecks Sensibilisierung für den Umgang mit Behinderten – Abbau der Helfermentalität (Mitleid) und Empowerment für Behinderte
physisch	Bauliche Hindernisse, physische Distanz, Transport im ÖPNV/PKW, Homeoffice bzw. hybride Führung	– Barrierefreier Zugang zum Arbeitsplatz, zu Sozialräumen sowie allen betrieblichen Veranstaltungen – Technische Ausstattung der Arbeitsplätze (z. B. Braille-Schrift-Drucker, Sprach-Synthesizer)
sozial	Toleranzsperren, die Behinderte bewusst oder unbewusst aus bestimmten Gruppen ausschließen	– Übertragung von Führungsaufgaben an Behinderte – Wahl Behinderter in Personalrats- und Betriebsgremien – Gemeinsame Zeitgestaltung – Buddy-Konzepte, Mentoring

Unternehmen, die Diversity und Inklusion ernst nehmen, zeichnen sich im **Ergebnis** durch höhere Mitarbeiterzufriedenheit und durch geringere *Fluktuation* aus: Ihre Personalarbeit gilt als fortschrittlicher und ihre *Attraktivität* im War for Talents für junge Beschäftigte als höher. Diese Faktoren führen zu tieferem *Kundenverständnis* und besserer *Problemlösungskompetenz*. Unternehmen, die in der Führung divers besetzt sind, zeigen eine erfolgreichere Geschäftstätigkeit (PwC, 2019; Dixon-Fyle et al., 2020, S. 24).

So wird auch *Resilienz* im Unternehmen durch erfahrungsbezogene Diversität gestärkt. Es zeigt sich, dass Teams mit entsprechenden Generalisten Abweichungen und Veränderungen in ihrem Umfeld besser erkennen und leichter Coping-Strategien entwickeln können. In diesem Kontext wird auch von **kognitiver Diversität** gesprochen:

---

153 Die Einführung festgelegter Quoten ließe – wie meistens – ambivalente Wirkung erwarten: Einerseits würde das Bewusstsein für Integration (bzw. Inklusion) gestärkt; andererseits eine Verschiedenartigkeit wiederholt dokumentiert, diskutiert und damit u. U. tendenziell verfestigt (M. Becker, 2015, S. 290 f.). Eine Lösung des Problems wird in der prozessualen Betrachtung (Vorläufigkeit) gesehen – und in der Identifikation betriebswirtschaftlicher Stärken und Vorteile von Integration und Inklusion.

eine Verteilung unterschiedlicher Denkweisen im Team, die dessen Arbeitsqualität erhöhen (Rolfe, 2019, S. 208 f.).

Sensibilisierte Führungskräfte achten auf eine besondere **Diversity-Team-Entwicklung**. Die Diversity-Kompetenz befähigt Führungskräfte, das Potenzial ihrer Mitarbeitenden zu erkennen und zu steuern: fachlich, methodisch, persönlichkeitsbezogen und sozial (Manchen Spörri & Gisin, 2022, S. 218 f.; s. a. Tab. 63).

Auch Boards – Vorstände, Geschäftsführungen – sind noch immer eher homogen besetzt (männlich, Finanz-Hintergrund, führungserfahren), mit negativer Auswirkung auf deren Unternehmenserfolg. Leitungsgremien mit **Multi-Diversität** (in Geschlecht, Ethnizität, Alter, Branchen- oder Bildungs-Hintergrund sowie internationaler Erfahrung) sind dagegen erfolgreicher, bewirken ein höheres gemeinschaftliches Engagement – und besonders: Sie generieren ein höheres *Innovationspotenzial*. Das Geschlecht ist dabei das Kriterium, für das die meisten Untersuchungen vorliegen (Reeves, Tollman, et al., 2022, S. 11 f.; Reeves, Moose, et al., 2022, S. 22 f.; Straubhaar, 2016; s. a. Werner, 2023, S. 372–374).

Führungskräfte können zum Thema Diversity in besonderer Weise auf ihre Mitarbeitenden einwirken – aber diese **Einwirkung** muss vollständig authentisch und punktgenau sein. Das heißt, sie müssen zuerst selbst vollständig überzeugt sein – und dann präzise auftreten, ggf. interkulturelles Coaching bzw. Training initiieren, und auch dieses muss punktgenau sein. Dann entsteht interkulturelle Sensibilität (Empathie) in Einstellungen, Denkweisen und Wahrnehmungen, die den Teamerfolg insgesamt beflügelt (Buengeler & Homann, 2016; Krings & Kaufmann, 2016; Genkova, 2022b, S. 9).[154]

Dabei geht es auch um die Überwindung von **Vorbehalten** und **Ängsten** gegenüber dem Fremden oder den Fremden – in vielerlei Hinsicht und auf individueller Ebene (s. a. Kap. 7.1, 7.3, 8.1). Für die Gesellschaft hat der ehemalige Bundespräsident Joachim Gauck formuliert, was Unternehmen in ihrem eigenen Interesse ebenso betrifft (s. Abb. 119).

Die Kombination von *Homogenität* (hinsichtlich Werten und Zielen zu Leistung und Zusammenarbeit) sowie *Heterogenität* (hinsichtlich der Diversität) bewirkt eine Fähigkeit zur Metakommunikation über Stärken und Schwächen Einzelner, wie sie bei nicht-diversen Teams nur in geringerem Ausmaß beobachtet wird – was für **virtuelle Teams** noch wichtiger ist als für andere (D. Herrmann et al., 2012, S. 91 f.). Eine derartige Leistungsfähigkeit durch Diversität zu verfolgen, ist eine unverzichtbare Aufgabe des Managements. Dabei geht es nicht einfach um „Einheit in der Vielfalt", sondern um Gemeinsamkeit, die Diversität unter „Wahrung der Vielfalt" (Bolten, 2008, S. 80) als **Unternehmensziel** und als Management-Aufgabe verwirklicht: Jeder

---

154 So auch der Industrielle Robert Bosch (1861–1942), der 1908 die Kirche verließ und in *religiöser* Toleranz formulierte: „Ich erlaube dem Juden, Türken, Christen und Buddhisten seinem Gott anzuhaften. So lange sie gute Menschen sind, liebe ich sie" (Bosch zit. nach Jones, 2023, S. 81 f.).

Tab. 63: Diversity-Kompetenz von Führungskräften (Manchen Spörri & Gisin, 2022, S. 219).

Fachkompetenz	Methodenkompetenz	Persönlichkeitskompetenz	Sozialkompetenz
Wissen über – Diversity-Dimensionen und damit verbundene Situationen in Arbeitswelt und Gesellschaft – Ansätze des Diversity-Managements und der Inklusion – Sozialbeziehungen und Konstruktion von Kategorien – Aktuelle statistische Zahlen	Anwenden von Instrumenten des Diversity-Managements wie – Formulieren von Diversity-Zielen – Implementieren von Diversity-Controlling – Diversitätsgerechte Arbeitsorganisation und -verteilung – Teamprozesse erkennen und steuern – Konflikte lösen	– Reflexionsfähigkeit – Sicherheit im Umgang mit sich selbst – Umgang mit Wahrnehmungen – Ambiguitätstoleranz – Kann verschiedene Perspektiven einnehmen	– Bewusstes Einordnen von Wahrnehmungen anderer Personen – Empathische Kommunikation – Fähigkeit zur Zusammenarbeit im Team und mit anderen Teams – Konfliktfähigkeit

| Unsicherheit, Verunsicherungen, Ängste – und wie deren Überwindung beginnt | „Fremde müssen keineswegs immer aus einem anderen Land oder einer anderen Kultur stammen. Es reicht, dass sie Unbekanntes verkörpern und dadurch Verunsicherung auslösen. [...] Um uns gemeinsam auf eine Zukunft in diesem Land zu verständigen, brauchen wir vor allem eines: mehr Wissen übereinander. Mehr Dialog. Mehr Bereitschaft, im jeweils Anderen unsere eigenen Ängste zu überwinden." |
| | JOACHIM GAUCK |

Abb. 119: Im Anderen Ängste überwinden. Der ehemalige Bundespräsident Joachim Gauck zum Problem von Verunsicherung durch Fremde und Fremdes, und wie ein Beginn gelingt, darin gründende Abgrenzung zu überwinden (zit. nach Rahnfeld, 2019, S. 79).

und jede Einzelne wirkt am Aufbau von Diversität, Kommunikation und interpersonalem Vertrauen mit.

Und dies geschieht zusehends schneller: Das Tempo von Arbeit hat sich – wo es möglich ist – weiter erhöht. Kapitel 9.2 handelt von agilem Management: eine Frage von Tempo und darüber hinaus eine Frage der Methodik.

9.2 Agile Management Tools

Kaum ein Begriff, den dieses Buch thematisiert, ist so tief in der Alltagssprache verankert wie **agil** (wobei man von *Agilität* seltener spricht). Das lateinische Wort bedeutet „beweglich, regsam, wendig, aber auch eifrig, geschäftig" (Kiel, 2019, S. 816). Agilität für Organisationen strebt nach Handlungsfähigkeit, obwohl Ziele oft noch unklar sind – und kombiniert das mit dem, was die Psychologie „Umstellungsfähigkeit" nennt: Handlungen während ihres Vollzugs an sich ändernde Bedingungen anzupassen (Kiel, 2019, S. 816 f.).[155]

In Organisationen werden Methoden des Projektmanagements als **agil** bezeichnet, die als besonders geeignet gelten, den digitalen Wandel und dessen Anforderungen (z. B. hohes Änderungstempo) zu gestalten. Sie sind flexibler als traditionelle Organisationsformen (s. Kap. 7.2), schneller vor allem in ihren Entscheidungen, und sie organisieren sich weitgehend selbst (Lippold, 2023, S. 384).

---

[155] Das englische *agile* (sprich: „ädschail") unterscheidet sich vom deutschen *agil* nicht wesentlich und ist hier mitgemeint: Die Überschrift von Kap. 9.2 kann man, sofern man *Management* und *Tool* als eingedeutschte Wörter ansieht, deutsch oder englisch lesen. Kritik an „denglischer" Sprache teile ich nur bedingt: Lehnwörter aus dem Griechischen, Lateinischen, Französischen u. v. a. m. gab es schon immer, und man kann sie (je nach Anlass) unterschiedlich verstehen: als Früchte von Okkupation (z. B. nach Niederlagen im Krieg), gelegentlich aber auch als Früchte gelungener interkultureller Begegnung. Im Folgenden wird das Wort *agil* also deutsch wie englisch verwendet – quasi als Praxis sprachlicher Diversität.

Die Gegenwart bringt Herausforderungen mit sich, auf die die herkömmlichen pyramidenförmigen Hierarchien und definierten Strukturen in Unternehmen tlw. keine Antwort mehr bieten können. Aus der Software-Entwicklung der 1990er Jahre stammend, bietet *Agilität* schnellere Innovationszyklen, höhere Kundenorientierung und intelligentere Prozesse – und damit das neue Leitbild der **agilen Organisation**, das sich vor allem durch immer rigideres Projektmanagement und zunehmende Prozessorientierung auszeichnet (Boes & Kämpf, 2019, S. 194).

Agilität fokussiert auf 3 Ebenen der Betrachtung:
- *Werte* und *Prinzipien* (die z. B. dem Agilen Manifest entstammen; s. u.)
- *Methoden* (z. B. Scrum, Kanban, Design Thinking; s. u.)
- *Praktiken*, *Techniken* und *Tools* (z. B. Product Owner, Sprint, Backlog; s. u.)

(Lippold, 2021, S. 63). Dabei steht am Anfang nicht eine Idee, sondern ein Problem: Es wird gefragt, welches Problem hinter einer Idee steckt, und dann nach möglichst vielen Szenarien zu dessen Lösung gesucht (Rolfe, 2019, S. 234).

Die agile **Innovation** durchläuft andere Phasen, als dies klassischerweise der Fall ist. Klassisch besteht ein Innovationsprozess aus Stadien, wie sie z. B. der *Stage-Gate-Verlauf* beschreibt: Eine Idee gibt den Impuls, wird dann in sukzessiven Schritten auf Machbarkeit und dann betriebswirtschaftlich als Geschäftsmodell geprüft, wird danach in Tests bzw. Validierungen zum Projekt, bevor Produktion bzw. schließlich ein Markteintritt erfolgen. Ein derartiger Verlauf kann zum Ausgang einer jeden Phase gestoppt werden (Alter et al., 2019, S. 636; s. a. Abb. 120).

Abb. 120: Klassischer Innovationsverlauf am Beispiel des Stage-Gate-Prinzips nach Cooper. Gates (Tore) nach Abschluss jeder Stufe zur Entscheidung über Fortführung oder Abbruch des Projekts (nach Cooper, 2002, hier angelehnt an Alter et al., 2019, S. 637).

Dagegen erarbeitet das Agile Vorgehen in jedem seiner Zyklen funktionsfähige Lösungen für das Gesamtproblem. Für jede **Iteration** (Wiederholung) werden vor ihrem Beginn Ziele bestimmt, die sich an Veränderungen anpassen können (z. B. Kundenbedürfnisse, Ressourcen, Marktpotenziale). So entsteht *lernende Agilität*, in Abb. 121 dargestellt, z. B. nach der Scrum-Methode (nach Alter, 2019, S. 637 f.).

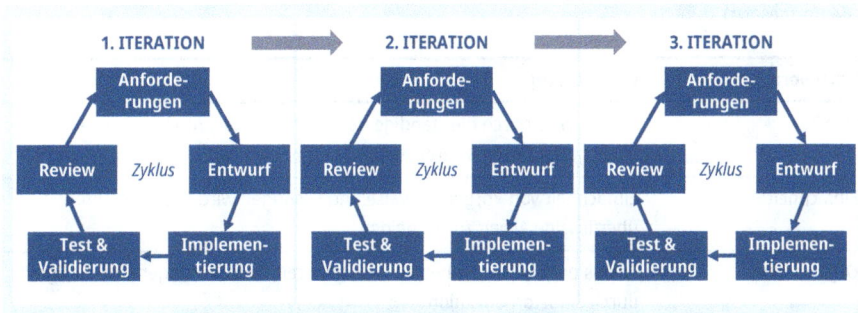

Abb. 121: Agiles, iteratives Vorgehen zur Innovation. Ziele (Anforderungen) pro Iteration im Voraus festzulegen und von Iteration zu Iteration nach aktualisiertem Bedarf neu zu bestimmen (nach Alter et al., 2019, S. 637).

Schon das **Agile Manifest** kalifornischer Software-Entwickler von 2001 hatte mit deren Ideen zur *Scrum-Methode* Effizienz und Tempo erhöht und Kommunikation sowie Organisation verändert: Es ersetzte die hierarchische durch *hierarchiefreie Kommunikation* und fixe Gruppen-Strukturiertheit durch *Selbstorganisation* kleiner, flexiblerer Teams. Dazu legte es 12 Prinzipien fest: die Basis für die Scrum-Methode (s. Tab. 64).

Tab. 64: Die 12 Prinzipien des Scrum-Manifests (nach Rolfe, 2019, S. 235; Thommen et al., 2023, S. 580).

	Stichwort	Erläuterung
1	Kundenzufriedenheit	Höchstes Ziel ist, den Kunden durch rechtzeitige und kontinuierliche Lieferung wertvoller Software zufriedenzustellen
2	Änderungen	Anforderungsänderungen werden auch zu späterer Zeit positiv gesehen. Agile Prozesse nutzen den Wandel als Wettbewerbsvorteil für den Kunden
3	Liefer-Intervalle	Funktionierende Software wird in kurzen Intervallen (alle paar Wochen/ Monate) ausgeliefert; dabei sind kürzere Zeiträume zu bevorzugen
4	Kooperation	Manager und Entwickler arbeiten täglich zusammen
5	Motivation	Es müssen motivierte Personen eingesetzt werden; entsprechende Arbeitsumgebung und Unterstützung sind bereitzustellen und das nötige Vertrauen ist aufzubringen
6	Kommunikation	Face-to-face-Kommunikation ist die effizienteste und effektivste Art der Informationsweitergabe an ein und in einem Entwicklungsteam
7	Fortschritt	Funktionierende Software ist das grundlegende Maß für Fortschritt
8	Nachhaltigkeit u. Geschwindigkeit	Agile Prinzipien fördern nachhaltige Entwicklung. Sponsoren, Entwickler und Benutzer sollten ein gleichbleibendes Tempo ohne Unterbrechung einhalten

Tab. 64 (fortgesetzt)

	Stichwort	Erläuterung
9	Qualität	Agilität wird durch die ständige Beachtung der technischen Exzellenz und eines guten Designs verbessert
10	Einfachheit	Einfachheit von Vorgehensweise und Lösungen wird beachtet, um überflüssige Arbeit zu vermeiden
11	Organisation	Teams entwickeln die besten Architekturen, Anforderungen und Designs durch Selbstorganisation
12	Selbstreflexion	Das Team reflektiert in regelmäßigen Abständen sein Vorgehen, überlegt, wie es effektiver werden kann, und passt sein Verhalten entsprechend an

Für seine Teams legt **Scrum** (engl. eigentlich für „Gedränge") die folgenden 3 Typen von Rollen fest:

- *Product Owner*: verantwortlich für den Gesamterfolg des Projekts; entscheidet über Ziele sowie Anforderungen und priorisiert sie
- *Scrum Master*: beseitigt Hindernisse, vermittelt Scrum-Prinzipien und führt durch Meetings, ähnlich einem Moderator, einem Coach oder Trainer
- *Scrum Team*: typischerweise funktionsübergreifend zusammengesetzt, verantwortlich dafür, sich selbst zu organisieren und zu bestimmten Zeitpunkten Ergebnisse zu liefern (für die Anzahl der Mitglieder gelten 7 als ideal und 5–9 als Rahmen, zusätzlich zum Product Owner und Scrum Master)
  (Rolfe, 2019, S. 235 f.; Hillberg, 2020, bes. S. 167–172; Dechange, 2024, bes. S. 272–274).

Dazu gliedert Scrum ein Projekt in möglichst viele kleine **Sprints**: Teilprojekte, die ihrerseits durch Ziele und Anforderungen definiert und deren **Increments** (Erträge, Ergebnisse) ausgeliefert werden können. Die Sprints werden wiederum in einzelne Tage untergliedert. Scrum bestimmt dafür 3 Formate von Meetings:

- *Sprint Planning*: Klammer des Modells, umfasst eine Iteration mit immer gleicher Time Box (Zeitspanne): Ein Sprint dauert 1–4 (meist 2) Wochen
- *Daily Stand-up*: tägliches, 15-minütiges Meeting eines Scrum-Teams, in dem jedes Mitglied zu drei Fragen berichtet:
  - Ergebnis der letzten 24 Stunden?
  - Ziel der nächsten 24 Stunden?
  - Erforderliche Unterstützung?
- *Sprint Review*: Jedes Team bringt seine Ergebnisse ein, der Kunde äußert Anforderungen für Änderungen; die Team-Mitglieder teilen Lernergebnisse und beseitigen Erfolgshemmnisse

(Pfister & Müller, 2019, bes. S. 42–45; Hillberg, 2020, bes. S. 173–177; Dechange, 2024, bes. S. 282–283).

Als **Medien** sieht Scrum u. a. vor:

– *Product Backlog*: sammelt die – sich ändernden – Anforderungen des Kunden, wird durch den Product Owner verantwortet
– *User Story*: erklärt den Wert von Produkten (z. B. Software) für den Kunden
– *Sprint Backlogs*: bildet die User Stories eines Sprints ab
– *Task Board*: stellt Aufgaben dar, die der Erfüllung von User Stories dienen (je nach Stand der betr. Aufgabe untergliedert in *open, in progress* bzw. *done*)
– *Burn-down Chart*: stellt die geplante und die bereits erledigte Arbeit im Verhältnis dar, z. B. in Form von *story points*
(Dechange, 2024, bes. S. 296 f.)

Die Flexibilität von Scrum besteht allerdings nicht nur in der dargestellten Methodik (s. a. Abb. 122), sondern auch in ihrer inneren **Variabilität**: Die Elemente sind veränderbar und das System dadurch in sich lernfähig und an sich ändernde Anforderungen oder Bedingungen anpassbar. Das *Impediment Backlog* dient sogar ausdrücklich dazu, Hindernisse während eines Sprints zu identifizieren, um sie in der Zukunft zu vermeiden (Pfister & Müller, 2019, S. 44; Dechange, 2024, S. 281).

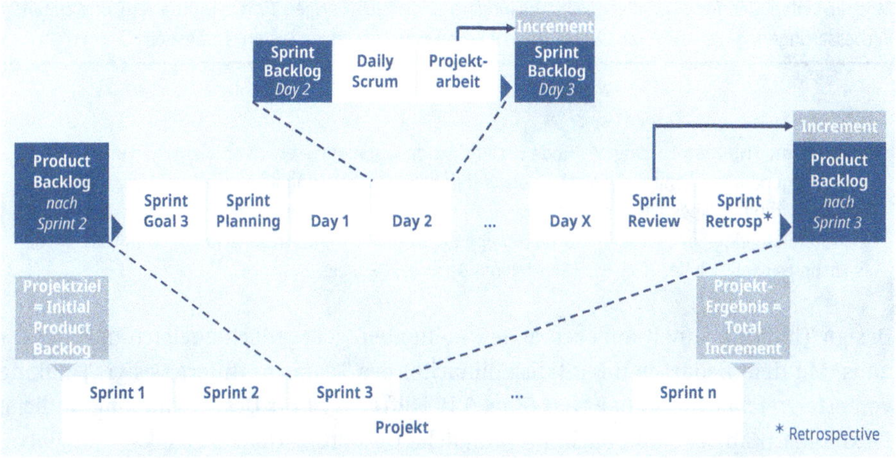

Abb. 122: Scrum-Prozess vom Initial Backlog bis zum Total Increment (Projekt-Ergebnis). Darin (als Beispiel) Sprint 3 aufgeschlüsselt, darin (als Beispiel) Tag 2 aufgeschlüsselt (nach Brüggemann & Bremer, 2020, S. 175).

Unterstützung für mancherlei Projektmanagement-Arbeit liefert **Kanban** – eigentlich keine Methode, sondern eine Art der Visualisierung und Steuerung bestimmter Arbeitsweisen. Dies geschieht mithilfe des Kanban-Boards, das einen Prozess graphisch abbildet und Teilaufgaben kategorisiert, priorisiert und *work items* (parallele Aufgaben) limitiert (darauf liegt ein Akzent). Zudem orientiert das Kanban-Board die Teilnehmenden, die ihre Teilaufgaben von ihren Vorgängern erhalten, sobald sie bereit sind (*Pull-Prinzip*) – eine Art elaborierte Team-To-Do-Liste (Pfister & Müller, 2019, S. 41 f.; Dechange, 2024, S. 296 f.).

Dies geschieht durch die in Tab. 65 dargestellten Grundsätze.

Tab. 65: Die 5 Kanban-Grundsätze (nach Dechange, 2024, S. 296–301).

Kanban-Grundsatz	Erläuterung
Workflow visualisieren	Das Kanban-Board stellt Projektphasen und *work items* dar: ähnlich dem Scrum durch Backlog und Aufgaben-Status (*in progress/done*) sowie in Arbeitspaketen, User Stories, Change Requests, Fehlerbehebungen etc.
Work in progress begrenzen	Die Anzahl gleichzeitig zu bearbeitender *work items* wird begrenzt, um deren Durchlauf zu optimieren. Der Engpass bei deren Erledigung ist das Personal, dessen Bedarf dadurch bestmöglich identifiziert werden soll
Fluss messen, kontrollieren	Grundlage dazu sind Messungen an allen Stellen des Systems
Regeln explizit machen	Alle Regeln werden vollständig transparent gemacht: zu Zeit, Umgang mit dem Board, Kommunikation, Priorisierung oder der Definition von *done*
Modelle verwenden für Verbesserungen	Feedbacks, besonders zu den schwierigen Tickets (Aufträgen), und Daten aus Messungen werden zum Lernen ins System eingespeist

Auch **Design Thinking** ist eine Methode für Projektmanagement – etwas spielerischer und kreativer als die vorgenannten – mit definierten Tools und Regeln, Orientierung an Nutzerbedarf sowie Kundenwünschen, multiperspektivisch und iterativ lernend. Es ist insofern ebenso ein Denkansatz, definiert bestimmte Meeting-Formate – und arbeitet, ebenfalls ähnlich dem Scrum, schon früh mit Prototypen als Lösungsansatz. (Rolfe, 2019, S. 238; Schallmo & Lang, 2020, bes. S. 18–24).[156]

Design Thinking ähnelt anderen agilen Methoden, geht jedoch zugleich darüber hinaus. Mit dem Bedarf von Multidisziplinarität des Teams profitiert Design Thinking von erfolgreicher *Diversity*-Praxis (Kap. 9.1). Hilfreich ist für Design Thinking zeitliche Flexibilität (Kap. 6.3); und auch die räumliche Gestaltung (Kap. 5.2), lokal und global, unterstützt die kreativen Prozesse (Gehm, 2022, bes. S. 62–64; Menning et al., 2020).

Design Thinking setzt auf einer *Makro*-Ebene an, die die Aufgabe und die Kundenbedürfnisse sowie die Wissenstiefe der Team-Mitglieder sowie deren kreatives Poten-

---

156 Der Begriff Design Thinking mag im Deutschen nach *äußerlich* formgebenden, evtl. künstlerisch gestalterischen oder primär ästhetischen Prozessen klingen; das ist jedoch nicht gemeint: Im Englischen umfasst er genauso intellektuell-konzeptionelle und technische Gestaltung von Objekten und Systemen, tlw. geradezu von Ingenieuren für Ingenieure (Uebernickel et al., 2015, S. 16).

zial berücksichtigt. Auf einer *Mikro*-Ebene lässt sich Design Thinking dann in *6 Schritte* gliedern, die – auch hier anderen iterativen Verfahren ähnlich – ggf. mehrfach durchlaufen werden (Gehm, 2022, S. 66 f., s. Tab. 66).

Tab. 66: Die 6 Design Thinking-Schritte (nach Rolfe, 2019, S. 238 f.; Gehm, 2022, bes. S. 67–80).

Design Thinking Schritt	Beschreibung
1 Verstehen	Mithilfe z. B. der 6 W-Fragen (Wer? Was? Wann? Wo? Warum? Wie?) tauchen die Teilnehmer in die Herausforderung ein: offen, ganzheitlich, nutzer- und multiperspektivisch
2 Beobachten	Empathische Interviews (Leitfaden, Körpersprache) vertiefen das Verständnis für Motive, Bedürfnisse und Handlungen des potenziellen Nutzers („Laufe in den Schuhen des Nutzers") sowie die Positionen von Experten
3 Gesamtbild definieren	Deren Synthese kann durch diverse Tools und Methoden erfolgen; meist unter Einschluss einer Customer Journey. Zugleich Startpunkt zur zweiten Hälfte ...
4 Ideen entwickeln	Regelbasiertes Brainstorming, Ideen Clustering und Detaillierung u. ä. Kreativitätstechniken
5 Prototypen entwickeln	Minimum Viable Products (MVP) werden möglichst bald erstellt, um sich mit potenziellen Nutzern darüber austauschen zu können
6 Texten	Erprobung in der Praxis, Kritik der Tester bzw. Zielgruppen, Dokumentation, Offenheit („Never fall in love with your first prototype"

Sogar für ganze **Organisationen** gibt es Modelle von **Agilität**. Der Mechanismus ist hierbei, Impulse aus der Umwelt bzw. von Kunden aufzunehmen: durch flexible Teams an der Peripherie des Unternehmens, die möglichst selbst darauf reagieren. Das Unternehmen wird insofern weniger hierarchisch gesteuert; es unterscheidet eher zwischen Außenbereichen und innerem Kern (Stock-Homburg & Groß, 2019, S. 914 f.; s. a. Kap. 10.2 zu Selbstbestimmung des Managements, Holokratie).

Eine Übersicht zu den **Elementen** agiler Methoden, gegliedert nach Prozess- und Strukturgestaltung sowie Aspekten der Koordination, gibt Tab. 67. Die Autoren dieser Übersicht betonen zu Recht, dass nicht Kundenorientierung an sich das Charakteristikum agiler Methoden sei, sondern das hohe – und konsequente – Ausmaß, mit dem diese Orientierung verfolgt wird (Petry & Konz, 2022, S. 397).

Zum **Team-Building** in der Agilität lassen sich folgende Aspekte identifizieren:
- *Arbeitsgegenstand*: der Blick auf die Herausforderung, die Aufgabe, den (kundenseitigen) Bedarf
- *Arbeitspraxis*: die Anwendung von Theorie und Wissen, Festlegung von Rollen, Formaten, Aufgaben etc.

- *Personen*: die Zusammensetzung des Teams, die beruflichen und sonstigen Hintergründe (s. a. Diversity, Kap. 9.1) sowie inhaltlichen Interessen und Entwicklungsperspektiven seiner Mitglieder, ggf. auch Bedarf an zusätzlicher Workforce
- *Offene Fragen*: z. B. die Frage nach gerechter Arbeitsverteilung (eine Herausforderung, die bei Selbstorganisation leicht in Selbstausbeutung abzudriften droht; s. Resilienz-Aufbau, Kap. 7.1) oder der Umgang mit betriebswirtschaftlich-kaufmännischen Erfordernissen

Tab. 67: Elemente agiler Managementmethoden (nach Petry & Konz, 2022, S. 398).

Prozessgestaltung	Strukturgestaltung	Koordination
– Kundenzentrierung – Iterativ-inkrementelles Vorgehen – Integrierte Feedback- und Lernschleifen – Fokussierung – Pull-Prinzip	– Cross-funktionale Teams – Modularisierung – Lose Kopplung – Rollen – Flexible Ressourcen-Allokation	– Selbstorganisation – Spannungsgetriebene Konfliktbearbeitung – Definierte Abstimmungs- und Entscheidungsprozesse – Transparenz – Orientierung am Purpose

Agile Teamentwicklung findet auf Basis von Selbstorganisation sowie Kommunikation, Kooperation und Koordination statt. Methodik und Vertrauen, Perspektivwechsel und Autonomie münden in eine neue organisationale Einbettung und damit in eine neue **Teamkultur** – wie sie in Zukunft zunehmend wichtig wird (Neumer & Nicklich, 2021, S. 47 f.).

Trotz oder gerade wegen der hohen Kunden- und Serviceorientierung zeigt sich auch hier die große Bedeutung von Veränderungsoffenheit, *Fehler-* und *Vertrauenskultur*. Das andauernde, systemische *Lernen* wird auch hier flankiert von agiler Schulung, Coaching, Mentoring, spezifischen Belohnungs- und Rotationssystemen sowie *Lifelong Learning* als Unternehmenswert (Stock-Homburg & Groß, 2019, S. 910 f., Thiemann et al., 2020, S. 344; Pfister & Müller, 2019, S. 48 f.; s. a. Kap. 8.4 sowie 10.3).

Agiles Führen wird gelegentlich als rollenbasiert und als starker regelbasiert bezeichnet (Hofert, 2018, S. 58 f.) als Führungsstile, die weniger partizipativ gestaltet sind (s. Kap. 4) und bereits früher angewendet wurden. Das ist vielfach der Fall; bestimmte Situationen erfordern jedoch nach wie vor klare, auch nicht-partizipative Führungsprozesse und Entscheidungen – nicht nur in Krisen- und Notfallsituationen. Und auch non-partizipative Führung kann sehr regelbasiert (und rollenbasiert) geschehen. Doch richtig ist, dass Agilität insgesamt einen anderen Führungsstil erfordert als andere Szenarien; s. Tab. 68.

Ein Führungsstil wie das *Enriched Transformational Leadership* (s. Kap 4.2) ist hilfreich, um die Gegebenheiten der agilen Management- und Unternehmenszukunft zum vollen Erfolg zu nutzen: wertebasiert, sinnstiftend und auf innere Überzeugungskraft statt auf Hierarchie vertrauend. Dabei ist selbstverständlich, dass Führung wei-

Tab. 68: Führungsstile, Entstehungssituationen und Theorien (Zusammenstellung in Anlehnung an Mollet & Kaudela-Baum, 2022, S. 199).

Bezeichnung	Bevorzugter Stil	Entstehungssituation	Theorien
Management by Objectives	transaktional	Industriegesellschaften d. 20. Jh.	Scientific Management, später Taylorismus
Situatives Führen	Übergang transaktional / transformational	Flexibilisierung der Märkte	Neoliberalismus
Agiles Führen	transformational, lateral, von unten, coachend / moderierend (s. dazu auch Kap. 10.1)	Veränderungen in der Wirtschaftswelt, VUCA, Komplexität im Wissenszeitalter, Informationsgesellschaft, Digitalisierung	Kybernetik, Systemtheorie (Soziologie nach Luhmann), Konstruktivismus

terhin geteilt werden (Shared Leadership, s. Kap. 7.2 u. 10.2) oder auch dienenden Charakter annehmen kann (Servant Leadership, s. Kap 4.2).

Naturgemäß kommen agile Methoden in dringlichen, innovativen sowie fehlertoleranten Projekten und Fragestellungen eher zur **Anwendung** als in Projekten, die gegenteilig charakterisiert sind, und in geringfügig normierten und teilbaren Projekten eher als in stärker regulierten oder monolithischen. Insbesondere eignen sie sich in komplexen Umweltsituationen – die künftig an Bedeutung gewinnen werden –, wogegen in einfachen oder mäßig komplizierten Situationen andere Verfahren sich eher anbieten (Berg, 2019, S. 123 f.; Duméril, 2019, bes. S. 56–60; Stock-Homburg & Groß, 2019, S. 293 f.; Lippold, 2023, S. 388–390; s. a. Abb. 123).

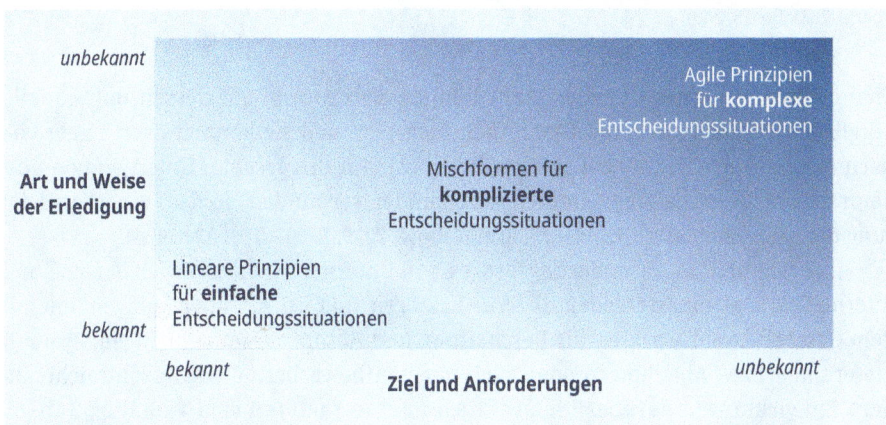

Abb. 123: Niveaus von Agilitätsbedarf in Projekten. Agile Methoden für komplexe Entscheidungen, lineare Formen und Mischformen für einfachere Situationen (eigene Darstellung, angelehnt an Stacey, 2011, nach Stock-Homburg & Groß, 2019, S. 894).

Die Anwendung agiler Methoden bedeutet tägliche Erfahrung mit systemischem Lernen (s. Kap. 8.4). Davon profitieren die Verbreitung von Diversität (Kap. 9.1) und der Ausbau von *Talent Management* (s. Kap. 10.3). Der Hintergrund agilen Arbeitens ist nicht das schulterzuckende Anerkennen, dass es anders eben nicht geht, sondern ein Verstehen von Komplexität und der Möglichkeiten, sich mit ihr produktiv zu beschäftigen. Dahinter stehen ein Verständnis für die Unsicherheit von Entwicklungen sowie proaktive Lösungsansätze dafür: eine Brücke zum *Permanent Change*. Kap. 9.3 bietet dazu mehr.

9.3 Permanent Change: The New Normal

Im Gegensatz zum *agilen* Projektmanagement mit seinem immanenten systemischen Lernen sieht das *klassische* Projektmanagement, sofern es zu einer **Änderung** führen soll, ein *Change Request* vor, das den Prozess auslöst. Vor Beginn des Prozesses kann dann entschieden werden, ob er in agiler oder klassischer Form – oder in einer Mischform – ablaufen soll (Hillberg, 2020, S. 712).

> Klassisches **Change Management** bezeichnet die Planung, Durchführung und Auswertung einer Veränderung (in einer Organisation), die als separate Aktivität durchgeführt wird. Ein solcher Veränderungsprozess kann sich beziehen auf
> - die *Aufbau*organisation (Veränderung von Strukturen, Hierarchie, auch bei Fusionen)
> - die *Ablauf*organisation (Prozesse, Rollen und Zuständigkeiten, Aufgaben)
> - die *Zusammenarbeit* und das *Arbeitsverhalten* (Arbeitsmethoden, Führungsinstrumente, Werte, auch Kultur)
>
> in der Organisation. Er erfordert besonders dann ein gesondertes Management, wenn sowohl die Anzahl der betroffenen Personen als auch das Ausmaß der Veränderungen hoch sind (Stolzenberg & Heberle, 2021, bes. S. 2–9).

Change-Prozesse eines Unternehmens können sich sowohl auf dessen individuelle Mitglieder als auch auf seine Gesamtheit beziehen, und sie können nach innen wie nach außen abstrahlen. Letztlich wirken sie sich auf das gesamte Unternehmen aus; denn dessen Bereiche sind sämtlich miteinander verbunden, so dass eine Veränderung die nächste auslöst (Breidenbach & Rollow, 2019, S. 19–21; s. Abb. 124).

Als **Ursachen** für Veränderungsprozesse in Unternehmen lassen sich externe und interne Faktoren unterscheiden. *Externe* Faktoren sind i. d. R. Entwicklungen, die mit dem Geschehen auf Märkten für Beschaffung und Absatz zusammenhängen, also mit Lieferanten bzw. Abnehmern oder auch mit Wettbewerbern – sowie zahlreiche andere Entwicklungen darüber hinaus. Auch *interne* Faktoren sind vielfältig; Tab. 69 gibt eine Einführung (Lippold, 2023, S. 397 f.).

Bei der Betrachtung der vergangenen drei Jahrzehnte wird **Corporate Change** – der Wandel von Unternehmen als Ganzen – durch höchst unterschiedliche Treiber,

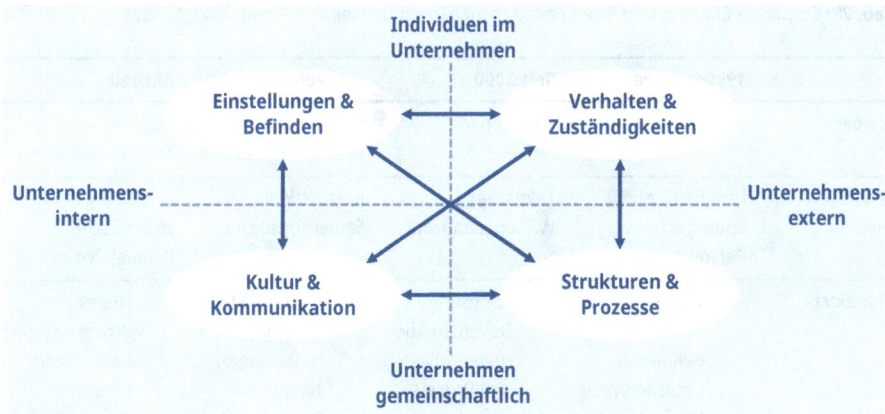

Abb. 124: Wirkungsbereiche von Change-Prozessen im Unternehmen. Alle Wirkungsbereiche miteinander verbunden (nach Breidenbach & Rollow, 2019, S. 19).

Tab. 69: Ursachen und Auswirkungen von Change (Zusammenstellung nach Lippold, 2023, S. 398).

Ursachen für Change		Auswirkungen von Change (Beispiele)
extern	**intern**	
– politische	– Fehlentscheidungen der Vergangenheit	– Sanierung
– rechtliche		– Personalabbau/-ausbau
– makroökonomische	– Adoption digitaler Transformation	– Kostensenkungsprogramme
– ökologische/klimatische		– Einführung von ERP-Systemen
– technologische	– Verlust eines wichtigen Kunden	– Unternehmenskauf/verkauf
– soziokulturelle	– Geänderte Strategie	– Neuer Vertriebswege, neue Partner
	– Wachstumsinitiativen	– Neue Strukturorganisation
	– Kostendruck	
	– Merger/Demerger	

Zeithorizonte und Kriterien charakterisiert. So schoben sich zwischen Megatrends wie den demografischen Wandel und die Digitalisierung welt- und wirtschaftsgeschichtliche Disruptionen wie das Ende des Kalten Krieges mit der Auflösung der damaligen politischen Blöcke (1989–91) oder die Finanzkrise (2008–09) – teilweise auch mit kurzfristigeren Folgen (Deekeling & Arndt, 2021, S. 251 f.; s. Tab. 70).

Zu den externen Einflüssen wird häufig auch die *BANI-* oder *VUCA-Welt* gerechnet: Die Akronyme für brittle, anxious, non-linear, incomprehensible (brüchig, ängstlich, nicht-linear, unbegreiflich) bzw. volatile, uncertain, complex, ambiguous (unberechenbar, unsicher, komplex, mehrdeutig) stehen für Charakterisierungen des Lebens in der gegenwärtigen Welt. Es wird als immer schwerer zu bestehen bezeichnet (Hasselmann & Schauerte, 2023, S. 194 f.; Varney, 2021, S. 35).

Tab. 70: Corporate Changes und ihre Charakteristika (nach Deekeling & Arndt, 2021, S. 552).

	1990er Jahre	Seit 2000	Seit 2008/09	Aktuell
Treiber	Lokalmarkt	Kapitalmarkt	Krise u. Restrukturierung	Digitale Transformation
Zeitlicher Horizont	Langfristige, strategische Perspektive	Taktischer Wirkungshorizont	Kurzfristiger Sanierungsdruck	Langfristige, strategische Perspektive
Charakter	– Wandel innerhalb definierter Unternehmens-Strukturen – Singuläre / synchronisierte Initiativen – Führungs-Kontinuität	– Auflösung / Dekonstruktion – Hohe Projekt- und Prozess-Komplexität – Schnelle CEO-Wechsel	– Existenzielle Heraus-forderungen – Hauptmotiv Rettung – Zusammenspiel Unternehmens-Führung und Mitbes-timmung	– Neues Prozessmuster; tiefgreifender, ergebnis-orientierter Wandel – Iterativer Such- und Lernprozess – CEO als Treiber / Vorreiter
Funktion der Kommunikation	Information	Einordnung und Mobilisierung	Stabilisierung	Inszenierung und Aktivierung

Man kann **Komplexität** allerdings auch genereller – und positiver – verstehen: Sie ergibt sich, sobald Menschen involviert sind, verläuft eher in Schleifen als linear; und jeder ist eingebunden in ein Geflecht von Ursachen und Wirkungen. Mehrdeutigkeit ist dann von Dauer, sogenannte Sonderfälle sind häufig, Muster flüchtig – bzw. trügerisch. Das Unerwartete sollte dann erwartet und interne Komplexität gezielt entwickelt werden (Varney, 2021, S. 49).[157]

Change Management wird dann typischerweise in mehrstufigen **Prozessen** abgebildet, wovon z. B. die Modelle von Elisabeth Kübler-Ross (in 5 Stufen; aus der Sterbeforschung der schweizerisch-amerikanischen Psychotherapeutin abgeleitet) oder John P. Kotter (Harvard Business School; in 8 Stufen) bekannt wurden. Sie sind letztlich Differenzierungen des lediglich 3-stufigen Change-Modells von Kurt Lewin (polnisch-amerikanischer Gestalt- und Sozialpsychologe, 1947). Sein Modell sieht Change als

---

157 Selbst *Chaos* sollte uns nicht beängstigen: H. Jung (2016, S. 298 f.) weist darauf hin, dass Chaos nur scheinbar „chaotisch", tatsächlich aber oft ein geregelter Zustand ist, dessen Regeln auch in sozialen Systemen Gültigkeit haben. Diese Regeln sind allerdings nicht leicht zu erkennen, weil viele Faktoren zusammenhängen, die sich gegenseitig beeinflussen. Chaos ist dann der Raum, in dem Kreativität möglich ist – entsprechend gibt es sogar ein *Chaos-Management*, das mit hierarchischer Beschränkung, kreativen Freiräumen, minimalen Kontrollen und Bürokratie sowie geringem Einfluss von HR einhergeht (H. Jung, 2016, S. 300).

einen Prozess, der einen *Ausgangszustand* zunächst in eine Bewegung (*Transformation*) und abschließend in einen *Zielzustand* überführt. Diese Transformation verläuft – ebenfalls nach unterschiedlichen Modellen – oftmals gegen Widerstände (Helmold, 2022, bes. S. 176–191; s. a. Hackl et al., 2017, S. 129–132; s. Abb. 125 – meist erheblich schlichter dargestellt und damit simplifiziert).

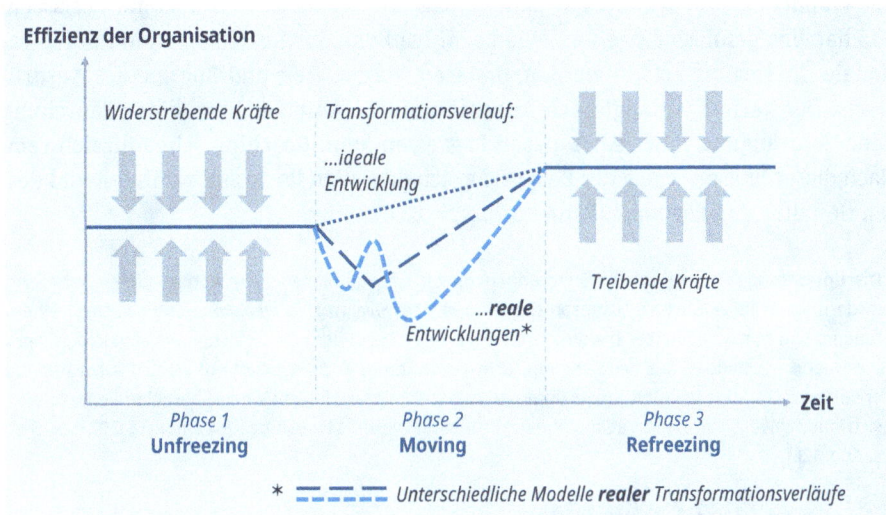

Abb. 125: 3-Phasen-Modell zum Change Management nach K. Lewin. Modelle realer Entwicklungen mit unterschiedlichen Widerständen und Transformationsaufwand (eigene Darstellung, angelehnt an Hackl et al., 2017, S. 132; Deekeling & Arndt, 2021, S. 547).

Mitunter entwickeln einzelne Beschäftigte, Gruppen oder ganze Belegschaften **Widerstand** gegen Maßnahmen, die seitens des Unternehmens als sinnvoll, dringlich oder erforderlich begründet werden. Aus manchmal diffusen, manchmal konkreten Gründen rufen sie bei den Betroffenen jedoch Bedenken hervor und werden teils durch Passivität unterlaufen (Kiel, 2019, S. 856).

Die Gründe für Widerstand mögen darin liegen, dass die Betroffenen etwas nicht ...
- *können*: Sie haben Motive, Ziele oder Hintergründe nicht verstanden (Mangel an Intellekt)
- *glauben*: Sie haben die Begründungen verstanden, aber misstrauen ihnen (Mangel an Vertrauen)
- *wollen*: Sie haben die Zusammenhänge verstanden, aber erwarten keinen Nutzen davon (Mangel an Beteiligung)

Häufig äußert sich solcher Widerstand nicht explizit, sondern in verschlüsselten Botschaften – die dechiffriert werden müssen, um sie zu verstehen und zu beantworten (Doppler & Lauterburg, 2019, S. 355).

Nicht selten verbergen sich dahinter **Ängste** bei den Betroffenen – die Stress auslösen können und nach Resilienz verlangen (s. Kap. 7.1), einfaches Lernen also zu behin-
dern vermögen (s. Kap. 8.4) und bei Führungskräften daher Empathie erfordern
(s. Kap. 7.3). Dabei Veränderung als Chance statt als Bedrohung zu verstehen, setzt positive Erfahrung mit Veränderung voraus – seinerseits Ergebnis eines Lernprozesses.[158]

Dabei hilft es i. d. R., sich die **Emotionen** klarzumachen und zu durchleben, die
der Wandel auslöst. Wandel hat naturgemäß mit Verlust zu tun, also mit Loslassen.
Das hat eine gefühlsmäßige und eine kognitive Komponente; letztere kann durch rationale Überlegung erfasst werden, erstere erfordert Zeit und Energie des Ausdrü-
ckens. Der Verlust verlangt nach Anerkennung, damit er nicht zu einer Täuschung
oder Verdrängung führt – bei diesen Prozessen kann Coaching sehr hilfreich sein.
Nach dieser Phase vermag der Betroffene sich dem Wandel positiv zu öffnen und dessen Gestaltung zu beginnen (Bennett, 2024, S. 65 f.).

> **Disruptionen** gehören zu den Veränderungen, die ein Change Management in besonderer Weise er-
> fordern. Denn sie werden als ausgesprochen *incomprehensible*, *volatile*, *ambiguous* und *non-linear* emp-
> funden; und ihnen gegenüber manifestieren Ängste sich besonders. Dies gilt z. B. bei technologischer
> Innovation – zumindest aus der Sicht von Nicht-Technikern. Der mangelhafte Umgang mit Disruption
> erklärt, warum Start-ups und junge Unternehmen mächtigere Unternehmen überholen können, die
> sich nur schwerer an neue Technologien anzupassen vermögen (Gomez & Lambertz, 2023, S. 96;
> s. Abb. 126).

Gegen ein drohendes Übergewicht miteinander verflochtener, teils verborgener, teils
tiefsitzender Widerstände werden **Change Agents** eingesetzt. Deren Spanne reicht
von bunten, divers besetzten *Change Teams*, die Diversity als Tool verstehen, bis zum
CTO, einem *Chief Transformation Officer* (Höfler et al., 2018, S. 51; Bhatia et al., 2022).
Dazu finden sich neben *Transformation Managers* auch *Transformation Analysts*,
Transformation Consultants und *Transformation Architects* (Bensberg & Buscher,
2018, bes. S. 152–158). *Ambassadors* wirken auf die Kultur ein (Ell, 2016, S. 244–246),
und *Transformation Workshops* werden zwecks Breitenwirkung abgehalten (Klaffke
& Oppitz, 2016, S. 184–186). An Ansätzen, Beteiligungs-Initiativen, Ideen und Titeln
fehlt es kaum; deren funktionale Unterschiede sind jedoch nicht immer substanziell
(Bensberg & Buscher, 2018, S. 160 f.).

---

[158] Die „Bereitschaft, sich auf Veränderungen einzulassen" war demgemäß noch vor wenigen Jahren
bei deutschen Führungskräften mit knapp 80% die Kompetenz, bei denen der höchste Handlungsbedarf gesehen wurde – gefolgt von Fähigkeiten „zum Umgang mit Komplexität" bzw. „mit Unsicherhei-
ten/Risiken umzugehen" sowie „in Zusammenhängen zu denken" mit je ca. 60%, vor Skills wie Priori-
sierungskompetenz, Kommunikationsfähigkeit, Lern- oder Verantwortungsbereitschaft im Bereich
von 50 +% (Eilers et al., 2017, S. 16)

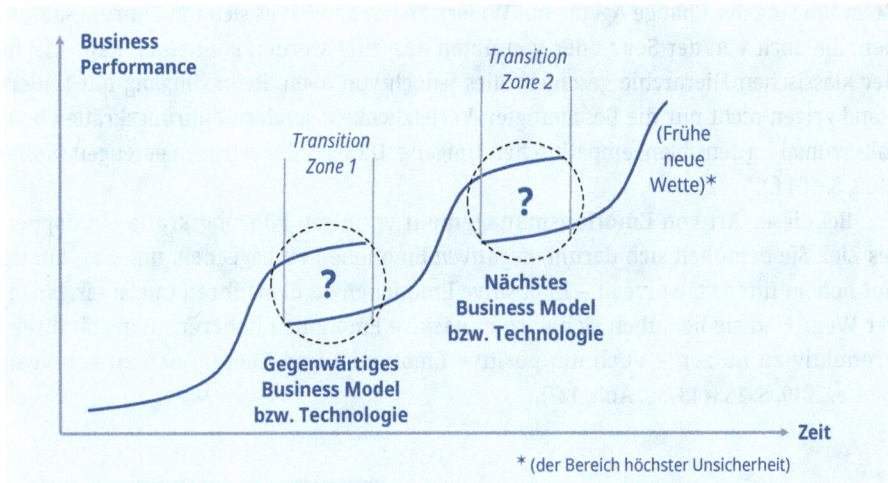

Abb. 126: S-Kurven zum Verständnis von Disruption. Folge von S-Kurven zur Illustration wiederholter Disruptionen bei etablierten Geschäftsmodellen bzw. Technologien in Unternehmen (nach Gomez & Lambertz, 2023, S. 96).

Widerstände lassen sich als Signale verstehen – hinter ihnen steckt Energie. Für den Umgang mit ihnen gilt es, verborgene Blockaden zu identifizieren und deren Energie nutzbar zu machen. Die folgenden 4 *Grundsätze* regen zum Perspektivwechsel und zur empathischen Begegnung mit Widerständen an (s. Tab. 71).

Tab. 71: Grundsätze zum Umgang mit Widerständen (Zusammenstellung nach Doppler & Lauterburg, 2019, S. 363–364).

	Grundsatz	Erläuterung
1	Es gibt keine Veränderung ohne Widerstand	Widerstand ist normal und alltäglich. Taucht bei einer Veränderung kein Widerstand auf, kann es sein, dass niemand an deren Realisierung glaubt
2	Widerstand enthält immer eine verschlüsselte Botschaft	Sträuben Menschen sich gegen Sinnvolles oder sogar Notwendiges, haben sie Ängste, Befürchtungen oder andere Bedenken; diese wurzeln im emotionalen Bereich
3	Nichtbeachtung von Widerstand führt zu Blockaden	Widerstand zeigt an, dass die Bedingungen für Veränderung nicht – oder noch nicht – gegeben sind: Druck würde dann Gegendruck erzeugen; eine Pause ist nötig
4	*Mit* dem Widerstand, *nicht gegen* ihn gehen	Unterschwellige emotionale Energie ist ernst zu nehmen und dann zu kanalisieren: auf der Basis gemeinsamer Absprachen

Beim Umgang der Change Agents mit Widerständen handelt es sich um Führungsaufgaben, die auch von der Seite oder von unten ausgeübt werden können (s. Kap. 4.1); in der klassischen Hierarchie geschieht dies jedoch von oben. Beim Umgang mit Widerstand zeigen nicht nur die Beschäftigten Verletzlichkeit, sondern Führungskräfte ebenfalls: zumal im sensiblen, empathischen Umgang. Dieser soll *Vertrauen* erzeugen (Rolfe, 2019, S. 184 f.).

Bei dieser Art von **Emotionsmanagement** verfolgen Führungskräfte ein doppeltes Ziel: Sie bemühen sich darum, *negativen* Emotionen zu begegnen, um sie – zumal auf hohem Intensitätsniveau – in *positive* Emotionen zu überführen (meist ein längerer Weg). Und sie bemühen sich darum, *positive* Emotionen höherer Intensität direkt produktiv zu nutzen – auch um positive Emotionen und Energie neu zu erzeugen (Rolfe, 2019, S. 183–187; s. Abb. 127).

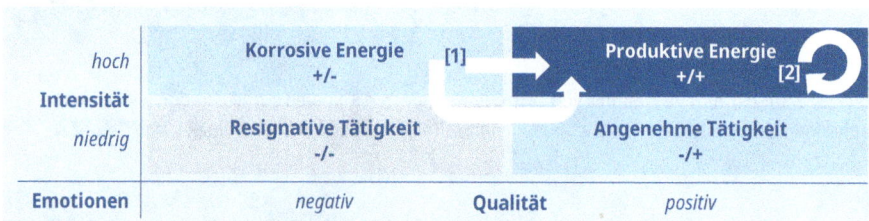

Abb. 127: Emotionsmanagement zu Förderung und Erhalt von Energie. [1] negative Emotionen in positive wandeln (zwei Wege); [2] produktive Energie (im Schnittfeld von positiven Emotionen und hoher Intensität) nutzen und erhalten (eigene Darstellung nach Rolfe, 2019, S. 184 f.).

Genau genommen reagieren Menschen nicht auf Veränderungen per se, sondern auf die Bilder, die sie davon haben, also auf Wahrnehmungen – und ihre **Vorstellungen**, die dahinterstehen. Diese Vorstellungen wurzeln in Erinnerungen oder Phantasie, sind oft unscharf und unvollständig – und meist in der Vergangenheit entstanden. Das macht sie nicht grundsätzlich falsch: als Erfahrung mögen sie einen Wert aufweisen. Sie erfordern jedoch ein kritisches, gründliches und möglichst objektives Durchdenken: eine Reflexion der Vorstellungen und ein Abwägen der Impulse, die aus dem Abgleich der Vorstellungen mit der wahrgenommenen Veränderung entstehen (Kiel, 2019, S. 824 f.).

Das **Führungsverständnis** in der **VUCA-Welt** unterscheidet sich insofern in mehrfacher Hinsicht von traditionellem Führungsverständnis. Erforderlich für das systemische Führen sind das Denken in Netzwerken statt in fixierten Strukturen (Kap. 7.2), ein transparentes, systemisches Lernen (Kap. 8.4), zunehmend agiles Projektmanagement (Kap. 9.2) und das nicht-lineare, permanente oder gar zyklische Verständnis von Change Management (Lenz, 2019, bes. S. 57–59; s. Tab. 72).

Tab. 72: Führungsverständnis traditionell vs. in der VUCA-Welt (nach Lenz, 2019, S. 58).

Kriterium	Traditionelles Führungsverständnis	Führung in der VUCA-Welt
Haltung bzgl. eigener Rolle	– Führung = bezogen auf eigene Person – Leitfrage: Wie löse ich neue Herausforderungen? – Position = Status	– Führung = personenunabhängig u. kontextbezogen – Leitfrage: Welche Person ist zur Führung neuer Herausforderungen geeignet? – Position = zeitliche Rollenzuweisung
Selbstwirksamkeits-Überzeugung	Erfahrungen u. vormalige Erfolge; Know-how; Vertrauen auf eigene Kompetenzen zur Problemlösung	Nutzung des eigenen u. kollektiven Noch-nicht-Wissens zur dialogischen Gestaltung offener, ergebnisorientierter Suchprozesse
Haltung bzgl. Kommunikation	– Intern: Perspektiven ermitteln, Entscheidungen treffen und sie kommunizieren – Extern: für Entscheidungen bei Stakeholdern um Verständnis werben	– Kommunikationsprozesse koordinieren zwischen Strukturen, Netzwerken u. Unternehmens-Umwelt – dialogische Lösungsentwicklung
Volatilität	Strategische u. operative Planung	Entwicklung von Achtsamkeit für schwache Veränderungssignale
Unsicherheit	Risikobewertung u. -management	Risikominimierung u. Chancennutzung durch agiles Projektmanagement
Komplexität	Komplexität vereinfachen	Komplexität adäquat bearbeiten, u. a. durch Entwickeln der Ressourcen autonom handelnder Teams
Ambiguität	(Bauch-)Entscheidungen treffen, Richtung vorgeben	– Reflexionsprozesse, um agiles Lernen zu etablieren – Fördern vorurteilsfreier Lösungsoffenheit (z. B. durch iteratives Experimentieren)

Die Einführung derartiger moderner Führungsprinzipien bedeutet heute für viele Unternehmen noch einen **Kulturwandel**. Ein solcher Wandel lässt sich nicht abrupt, nur selten direkt und keinesfalls nur top-down gestalten (s. Kap. 3.2). Er erfordert vielmehr die Beteiligung aller: mit Rücksicht auch auf deren Vorstellungen, Wünsche, Werte und Ängste (s. o.). So lässt sich daraus ein transparenter Prozess entwickeln: Schritt für Schritt, behutsam – und auf diese Weise erfolgreich (Berthel & Becker, 2022, S. 653).

Ein Kulturwandel ist insofern **evolutionär** zu verstehen: Kultur ist gezielt beeinflussbar, jedoch meist nur indirekt. Sie entsteht in permanenter Kommunikation zwischen Führung und Beschäftigten bzw. zwischen den Beschäftigten untereinander. Das Entstehen einer Kultur lässt sich durch folgende 6 Phasen charakterisieren:

– *Versagen* bisheriger Handlungsmuster, Krise
– *Verunsicherung*: Symbole und Riten werden unglaubwürdig
– *Neue Organisationsmuster* treten auf; Schattenkulturen entstehen
– *Konflikt* zwischen alten und neuen Kulturen bzw. deren Elementen
– *Akzeptanz* erfolgreicher Verhaltensmuster; Ablehnung anderer Muster
– *Neue Kultur* entsteht: Symbole, Normen und Standards entwickeln und etablieren
  sich
  (Steinmann et al., 2013, nach Stoi & Dillerup, 2022, S. 141).

Ein Beispiel dafür liefert der Beginn von *Shared Leadership*: ein Konzept, das bei seiner Einführung im politischen Raum auf breite Zustimmung, aber auch tiefe Skepsis
sowie Ablehnung stieß: Menschen mussten sich im Umgang mit **Rollen** neu üben
bzw. neue Rollen für sich finden (s. a. Kap. 8). Ist ein solcher – großer – Veränderungs-
schritt jedoch geschafft, setzt er Kraft und Initiative frei und strahlt auf andere Bereiche und Phänomene aus, deren Veränderung dann leichter angegangen werden kann
(Werther, 2016, S. 180–182).

Der Auftrag an das Change Management, ob traditionell oder nach derzeitigem
Verständnis in der VUCA-Welt, erstreckt sich daher auf zwei **Ebenen**: eine *sachlogische* und eine *psychosoziale*. Er ist einerseits rational und teils als gestaltbar, teils als
vorgegeben anzusehen; andererseits erfordert er ein kognitiv-emotionales Verarbeiten. Sein Ziel ist nicht, bei den Mitarbeitenden Begeisterung zu entfachen, sondern
ein gemeinsames, akzeptiertes Wachstum – eben die Veränderung – zu begleiten
(Kiel, 2019, S. 864–874; s. Abb. 128).

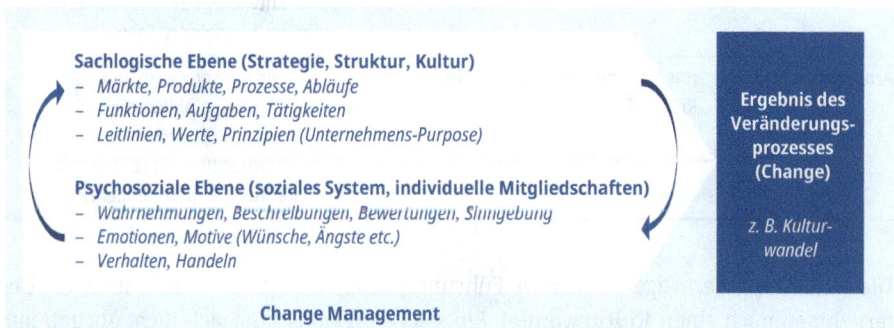

Sachlogische Ebene (Strategie, Struktur, Kultur)
– *Märkte, Produkte, Prozesse, Abläufe*
– *Funktionen, Aufgaben, Tätigkeiten*
– *Leitlinien, Werte, Prinzipien (Unternehmens-Purpose)*

Psychosoziale Ebene (soziales System, individuelle Mitgliedschaften)
– *Wahrnehmungen, Beschreibungen, Bewertungen, Sinngebung*
– *Emotionen, Motive (Wünsche, Ängste etc.)*
– *Verhalten, Handeln*

Change Management

Ergebnis des
Veränderungs-
prozesses
(Change)

*z. B. Kultur-
wandel*

Abb. 128: Sachlogische und psychosoziale Ebene im Change Management. Gegenseitige Abhängigkeit
beider Felder; erfolgreiche Veränderung nur unter Berücksichtigung sämtlicher Faktoren (eigene
Darstellung, angelehnt an Kiel, 2019, S. 864).

Die damit verbundenen **Vorstellungen** (s. o.), die Assoziationen, Zweifel, Befürchtun-
gen, Ängste und Emotionen, lassen sich durch Fragen ertasten und möglichst erschließen. Dazu gehören Fragen zur Reflexion und zum Selbstmanagement wie z. B.:

- Wie nehme ich die Veränderung wahr?
- Mit welchen Begriffen beschreibe und bewerte ich sie? Welche Geschichte erzähle ich, welche Rolle nehme ich ein (Opfer, Retter, Täter ...)?
- Welche Vorstellungen, welche inneren Bilder erzeuge ich hinsichtlich der Veränderung?
- Auf welche Aspekte fokussiere ich? (Veränderbares oder Nicht-Veränderbares? Positive oder negative? Probleme oder Lösungen?) Welche Aspekte übersehe ich?
- Suche und er-finde ich das Gute im Schlechten, oder das Schlechte im Guten?
- Arbeite ich mit dem, was vorhanden ist, oder suche ich nach dem, was fehlt?
- Leitet mich ein Müssen oder ein Dürfen?
- Welche inneren Bilder und welcher innere Satz begleiten mich auf dem Weg zur Organisation bzw. auf dem Weg zur Veränderung?
- Wie gehe ich mit Fehlschlägen oder Restriktionen um?
- Wie gehe ich mit meiner derzeitigen Befindlichkeit bzw. mit meiner Grundstimmung um?
- Wie würde eine veränderte (Körper-)Haltung meine Wahrnehmung / Bewertung verändern?
- Welche anderen positiven Bedeutungen oder Bewertungen könnte ich der Situation zuschreiben? Mit welchen Auswirkungen?
- Wo kann ich Einfluss nehmen und mitgestalten? Und wo nicht?

(Kiel, 2019, bes. S. 835 f.). Solche Fragen stellen Führungskräfte ebenfalls aus der Perspektive der *Beschäftigten* („Wie würde ich aus Sicht der Beschäftigten ...?"). Die Fragen dienen als Grundlage empathischer Kommunikation der Führungskräfte mit ihren Mitarbeitenden über Notwendigkeit, Bedeutung und Sinn der Veränderung, was für den **Erfolg** des Change Management entscheidend sein kann (Kiel, 2019, S. 834–842, 864–870).

Denn auf solche Weise lässt sich Innovation zu einem **Kulturbestandteil** machen. Das kann in kleinen Schritten geschehen, die fast eher Optimierungen als echte Innovationen darstellen – oder als ein stufenweiser, mitunter gar als abrupt wahrgenommener und insofern innovativer Prozess, häufig bedingt durch technische Neuerungen. Dazu kommen als dritte Ebene die persönlichen Elemente des Lebens- und Arbeitsstils: Innovation gelingt nur multiperspektivisch, d. h. auch nur mitarbeiter-, team- sowie organisationsbezogen. Dazu lässt sich ein Bündel von Kompetenzen identifizieren, die als **Innovationstreiber** fungieren und die eine echte Innovation erst möglich machen (Spisak, 2018, S. 38–43; s. a. Tab. 73).

Führung in einer sich multidimensional wandelnden, psychologisch sensiblen VUCA-Welt erfordert Offenheit, präzisen Intellekt, breitgefächerte Bildung sowie Empathie – die durch Coaching vertieft werden kann. Grundlage für diese Führung ist die Einsicht in die **Vorläufigkeit** des eigenen Wissens: „das Eingeständnis eines individuellen und kollektiven Noch-nicht-Wissens" (Lenz, 2019, S. 56). Zugleich stellt dies einen Auftrag an systemisches Hinterfragen und Lernen (Kap. 8.4).

Tab. 73: Kompetenzen von Beschäftigten als Innovationstreiber (nach Spisak, 2018, S. 42 f.).

Innovationstreiber	Kompetenzen
1 Information u. Einsicht	Intellektuell-kreatives Wahrnehmen und Denken, organisatorische und kommunikative Umsetzung
2 Überzeugung	Selbstwirksamkeit als verinnerlichte Haltung
3 Mitgestaltungsoption	Funktionierendes Vorschlagswesen, agiles Führungssystem mit Bottom-up-Kultur (s. Kap. 3.2)
4 Abweichung von Regeln	Transparenz und Toleranz im Umgang mit Fehlern; Abweichung von Routinen
5 Persistenz u. Durchsetzungskraft	Unerschrockenheit, Ausdauervermögen, Energie, Festigkeit im Umgang mit Neuem und Ungewohntem
6 Neugier u. Offenheit	...
7 Umsetzungsvermögen	Realistischer Blick fürs Mögliche, Umsetzungserfahrung; Kultur mit experimentellen Freiräumen

Allerdings kann eine Organisation sich nicht permanent selbst in Frage stellen, also nicht pausenlos lernen; sie muss auch sich selbst stabilisieren. Sie muss also auch fragen, wann sie *nicht* lernen will – was nicht heißt, dass sie stets vor der Alternative zwischen Lernen und Stabilisieren stünde. Vielmehr kann sie Stabilisierung als eingebettet in ihr Lernen betrachten. Organisationen sind insofern stetig im **Wandel** und befinden sich in einem *dauerhaften Entstehungsprozess*: „Wandel ist so gesehen der Normalfall, Stabilität die erklärungsbedürftige Ausnahme" (G. Schreyögg & Geiger, 2016, S. 428 u. ab S. 424).[159]

---

159 Die philosophische Grundlage dafür lieferte bereits der Grieche Heraklit (um 500 v. Chr.) aus Ephesos (heutige Türkei) mit seinem Denken über Werden, Wandel und Vergehen, das er in der Kurzfassung „panta rhei" zusammenfasste: „Alles fließt"; oder auch: Man kann nicht zweimal in denselben Fluss steigen. – Die Thora bzw. das Alte Testament deutet permanenten Wandel bzw. Zyklen in ihrem ersten Buch (Bereschit bzw. Genesis/1. Buch Mose) mit den Worten an: „Niemals, so lange die Erde besteht, werden Aussaat und Ernte, Kälte und Hitze, Sommer und Winter, Tag und Nacht aufhören" (Einheitsübersetzung, 2016, 1. Mose 8, 22). Demgegenüber heißt es im Tanach im Buch Kohelet, auch des AT (bzw. Prediger): *„Es gibt nichts Neues unter der Sonne"* (Koh 1, 9b), was zwar nicht zu technischen Fragen geäußert ist, aber Zweifel an echter Neuerung (Innovation) auszudrücken scheint, und explizit: „Zwar gibt es bisweilen ein Ding, von dem es heißt: Sieh dir das an, das ist etwas Neues – aber auch das gab es schon in den Zeiten, die vor uns gewesen sind" (Koh 1, 10). Zwei Verse zuvor scheinen ebenfalls Regelkreise angesprochen zu werden: „Alle Flüsse fließen ins Meer, das Meer wird nicht voll. Zu dem Ort, wo die Flüsse entspringen, kehren sie zurück, um wieder zu entspringen" (Koh 1, 7).

Diese Sichtweise mündet darin, die Mutation einer gegenwärtigen Kultur nicht als Aufgabe an ein Change Management mit dem Wandel eines Zustands A in einen Zustand B zu begreifen, sondern als Teil eines *permanenten Wandlungsmanagements*: vom **Change** zum **Permanent Change** (oder *Changing*). Wandel wird darin als Konstante betrachtet: als andauernder Prozess, den es zu managen gilt. Führung und Wandel bleiben dabei persönlich und interpersonell, werden durchlebt und sogar vertieft: „Unsere eigene Subjektivität wird zum Kapital, indem wir unsere fünf Sinne benutzen, um aufzugreifen, was vor sich geht, und um inmitten von Wandel Führung auszuüben" (Varney, 2021, S. 12; s. a. Tab. 74).

Tab. 74: Der beständige Wandel: vom Change zum Permanent Change (nach Varney, 2021, S. 12; dort nach Weick & Quinn, 1999, Tsoukas & Chia, 2002, Stacey, 2010, Weick, 2011).

Vom Change ...	**... zum Permanent Change (Changing)**
Veränderung ...	*Wandel ...*
... ist episodisch (mit Anfang und Ende)	... ist kontinuierlich und permanent
... ist ein erreichtes Ereignis	... wird ausgeübt (ist eingebettet in Handlung)
... ist abstrakt (kaum aufzuzeigen)	... wird erfahren (von Menschen)
... wird generalisiert (in einem Plan)	... wird durchgeführt (in einem spezifischen Kontext und von spezifischen Menschen
... wird objektiv verstanden durch Abstraktion (d. h. durch ein Hervortreten) und konzeptionelle Einfälle zum Geschehen	... wird subjektiv verstanden durch Eintauchen (Immersion, d. h. durch ein Hereintreten) und Erleben von Ereignissen inmitten des Stroms der eigenen Erfahrung

Beim *permanenten Wandel* handelt es sich fast um ein Paradoxon: die „Koexistenz von Kontinuität und Veränderung" (Ell, 2016, S. 250) – angelehnt an das stetige Streben nach Verbesserung in kleinen Schritten des *Kaizen* (s. Kap. 8.4). Paradox wirkt fast auch die Position des Managers: inmitten der Komplexität der Veränderungen, und zugleich ihr aktiver Mitgestalter. Aber es ist die einzig mögliche Position für ihn, um zu führen (Varney, 2021, S. 51).[160]

Auch die *Aufgaben*, mit denen Management sich beschäftigt, variieren. Sie sind so vielgestaltig wie die Gesellschaft und das Leben selbst. Die *Tätigkeit* des Managers, das Managen, ändert sich dagegen kaum. Auch die Sachgebiete des Managements lassen sich als *Variablen* verstehen, das Management selbst aber als *Konstante*, so dass sich sagen lässt: „Management bleibt immer gleich" (Malik, 2006, S. 377).

---

[160] Das Paradoxon erinnert an das Bild unternehmerischen Handelns als „schöpferische Zerstörung", wie es der österreichisch-amerikanische Volkswirt Joseph Schumpeter (1883–1950) bezeichnete.

Im klassischen Change Management kann als **Voraussetzung** für erfolgreiche Change-Prozesse das Zusammentreffen von 3 Faktoren angesehen werden:

- Veränderungs*bedarf*: die Überzeugung, Veränderung werde eine Verbesserung schaffen
- Veränderungs*fähigkeit*: das Potenzial der Beteiligten, den Change umzusetzen
- Veränderungs*bereitschaft*: der Wille der Beteiligten zur Umsetzung

Treffen diese drei nicht zusammen, so gefährden Hürden den Change. Es ist davon auszugehen, dass die Kombination dieser drei auch den *permanenten Change* erst ermöglicht (Lippold, 2023, S. 407–409; s. a. Abb. 129).

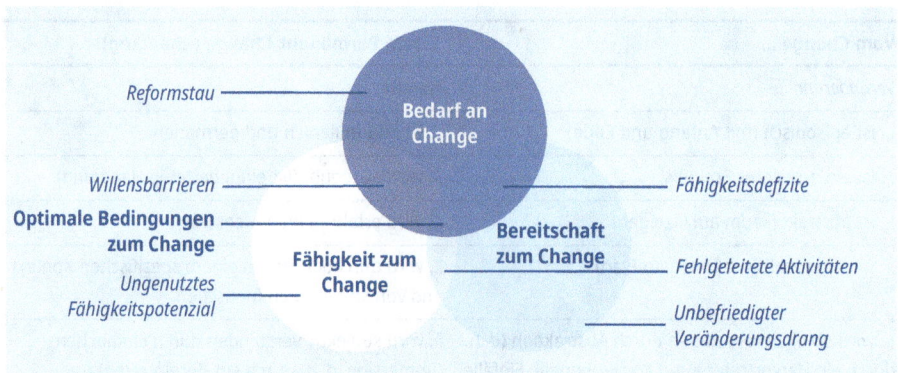

Abb. 129: Zusammenhang von Bedarf, Fähigkeit und Bereitschaft zum Change. Optimale Bedingungen für Change in der Schnittmenge der drei Kreise (Reger, 2009, nach Lippold 2023, S. 407).

Auf die Unternehmen kommen dann Aufgaben der Gestaltung zu, um Lernen und Wandel erfolgreich umsetzen zu können. Zu diesen **Gestaltungsaufgaben** gehören:

- Kultur der *Offenheit*: eine Unternehmenskultur, die Neuem gegenüber positiv eingestellt ist, d. h. mit Risikobereitschaft, Feedback- und Fehlerkultur (s. Kap. 8.3, 8.4), Transparenz sowie Teamfähigkeit und Kooperationsbereitschaft (s. Kap. 7.2)
- *Dezentralisierung* und *Autonomie* (s. Kap. 10.2 zu Selbstbestimmung)
- *Toleranz* und *Diversität* (s. Kap. 9.1)

Dies geht einher mit moderner Praxis von Motivation, Führung und Kommunikation (s. Kap. 4) sowie einem permanenten Lernen und Talent Management (s. Kap. 10.3) – eine Grundvoraussetzung für Wandel, um mit dem bestehenden Personal fortfahren zu können (Lauer, 2021, S. 174 f. bzw. 228 f.).

Gegenwärtig gilt als Treiber des Wandels die Digitalisierung. Dabei wird von einer **digitalen Empathie** in einem neuen Sinn gesprochen, dass nämlich gelernt werden müsse, aus der Fülle von Daten *schwache Signale* (*weak signals*) in Form kleiner Mengen aufzunehmen, um Komplexität meistern zu können – eine nächste Management- und Führungskompetenz. Auch sie ist eingebettet in agiles Denken: Methoden werden nicht vollständig ausgearbeitet, sondern die Arbeit aufgenommen, sobald ein Anfang installiert und deren Richtung geklärt ist (Gomez, 2023, S. 201 f.).

Und sogar das **digitale Lernen** gestaltet sich ambivalent: Einerseits geschieht es, weil digital, immer schneller und immer billiger. Andererseits erfordert es die aufwendige, mühsame Ergänzung durch informelles Lernen im Vollzug täglicher – auch analoger – Arbeit vor Ort (Gubbins et al., 2023). Digitalisierung selbst löst jedoch kein Komplexitätsproblem. Vielmehr lockt Digitalisierung einerseits mit der Illusion scheinbar einheitlicher Standards in großen Netzen (s. Kap. 7.2) – und droht andererseits durch diese Standards neue Fehler z. B. in Sachen Diversität einzugehen (Reeves & Torres, 2022, S. 119 f.).

Provokant, aber pointiert lässt sich die Dichotomie von Change und Entwicklung folgendermaßen zusammenfassen:
- *Alles ist stets in Bewegung.* Was wir als stabil ansehen, sind Zustände, deren Veränderung wir nicht wahrnehmen. Wer sich dem anschließen kann, wird den Status quo leichter aufzugeben bereit sein.
- *Veränderungen sind Auswirkungen von Kraftfeldern.* Wandel ist Folge von Krafteinwirkung. Stabilität, die Ausnahme, ist Ergebnis sich gegenseitig aufhebender Kräfte. Energieströme zu erkennen ermöglicht, steuernd in ein Geschehen einzugreifen.[161]
- *Veränderungen resultieren aus divergierenden Bedürfnissen.* Dahinter stehen Emotionen. Sie ernst zu nehmen, ermöglicht Einfluss. *Notwendige Veränderungen kommen zustande – die Frage ist lediglich, wie:* Entwicklungen, die fällig sind, sind unaufhaltsam. Sie zu verzögern, verschwendet Energie.
- *Sinnvolle Einflussnahme gestaltet notwendige Entwicklungen.* Das ist die Funktion der Change Agents: So halten sie ein Unternehmen am Leben.
(Doppler & Lauterburg, 2019, S. 75–76)

Es gilt also, das Spiel von Kräften und Bewegungen unter den gegenwärtigen Bedingungen zu verstehen. Drei der zentralsten Herausforderungen in diesem Zusammenhang sind die *Moderation* entgegengesetzter Interessen und von Konflikten, die *Selbstbestimmung* im Unternehmen sowie *Talent Management* und *Personalentwicklung*. Von ihnen handelt das nächste Kapitel.

---

161 Antoine de Saint-Exupéry wird zur Frage nach Lösungen (Bewegung) und Energie so zitiert: "Dans la vie, il n'y a pas de solutions. Il n'y a que des forces en marche: il fout les créer, et les solutions suivent." (Im Leben gibt es keine Lösungen. Es gibt nur Kräfte, die in Bewegung sind: Man muss sie erzeugen – und die Lösungen werden folgen.) Doch mächtige Unternehmen sind oft vergleichsweise starr organisiert. Dagegen steht der Grundsatz: „Structure follows function" (Doppler & Lauterburg, 2019, S. 118) – der Flexibilität und Projektorganisation nahelegt (s. Kap. 11.1)

10 Manager 4.0: Moderation, Selbstbestimmung, Development

10.1 Management als Moderation

Je größer die Freiheiten von Beschäftigten werden, desto näher rücken naturgemäß Konflikte. In der Hierarchie eines Unternehmens ist das zwischen Beschäftigten und Führungskräften unweigerlich der Fall: „Wo immer es menschliches Leben gibt, gibt es auch Konflikt" (der deutsch-britische Soziologe Ralf Dahrendorf, 1975, zit. nach Lippold, 2021, S. 11). Wie in Kap. 4 erörtert, kann es im Berufsalltag nicht darum gehen, Abweichungen von Interessen, von Einschätzungen oder Meinungen durch *Macht* zu entscheiden (außer in Ausnahmesituationen wie Notfällen). Stattdessen werden andere, modernere Wege gesucht. Zu finden sind sie in Richtung von Moderation.

> **Soziale Konflikte** sind zu verstehen als – zumindest scheinbare – Unvereinbarkeiten im Denken, Wahrnehmen oder Fühlen bzw. als Unvereinbarkeiten bzgl. Interessen, Absichten oder Zielen zwischen mindestens zwei Parteien, die in der Interaktion bei mindestens einer der Parteien zu einer Beeinträchtigung führen (Rolfe, 2019, S. 225; Lippmann, 2019c, S. 765).

Konflikte tauchen in **Spannungsfeldern** verschiedenster Art auf. Aus Sicht einer Führungskraft sind dies zunächst die hierarchischen Berichtslinien nach oben bzw. nach unten sowie zu ihren Peers auf derselben hierarchischen Stufe; zudem zu Vorgesetzten der Vorgesetzten bzw. zu Mitarbeitenden der Mitarbeitenden (also eine Stufe entfernt) sowie lateral (diagonal) zu weiteren Mitgliedern des Unternehmens – und zur Außenwelt (s. Abb. 130).

Konflikte können nach vielen **Kriterien** unterschieden werden, u. a. in *kognitive* und *emotionale* Konflikte, also Konflikte auf einer Sachebene bzw. auf einer Gefühls- oder meist Beziehungsebene. Letztere gelten als leistungsmindernd, erstere können Leistung sogar fördern. Konflikte in *Teams* lassen sich grob in 3 Kategorien unterscheiden:
- Sachebene
- Beziehungsebene
- Machtebene
  (Rolfe, 2019, S. 226). Die wichtigsten Arten von Konflikten zeigt Tab. 75.

Sofern die Ursachen, die den Konflikten zugrunde liegen, auf einer *Sachebene* liegen, stellen sie sich meist als relativ leicht sachlich beizulegen heraus. Schwieriger verhält es sich mit Konflikten, die in einem *zwischenmenschlichen* Bereich wurzeln und bspw. zu tun haben mit
- Intoleranz
- Vorurteilen

https://doi.org/10.1515/9783111374420-010

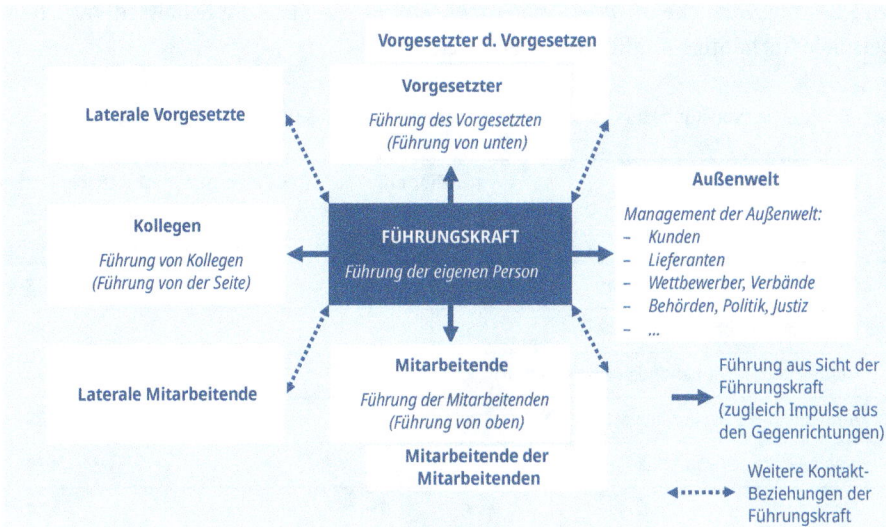

Abb. 130: Spannungsfelder der Führungskraft. Führungsimpulse nach unten, oben, zur Seite (alles intern) sowie in die Außenwelt; weitere Kontaktbeziehungen lateral (eigene Darstellung angelehnt an Malik, 2006, nach Pfister et al., 2019, S. 287; sowie nach Yukl, 2013, S. 25).

Tab. 75: Arten von Konflikten (Rolfe, 2019, S. 226; Struhs-Wehr, 2017, S. 131).

Art des Konflikts	Erläuterung
Sachkonflikt	Konkrete Streitgegenstände: Fakten, Regelungen, Situationen, z. B. Terminierung von Urlaub
Beziehungskonflikt	Verletzungen, Demütigungen, Missachtung – faktisch oder scheinbar
Methodenkonflikt	Unterschiedliche Verfahrensweisen, Wege zum Ziel als Streitgegenstand
Rollenkonflikt	Unklare Rollen, unterschiedliche Erwartungen an Rollen, Rollenüberlastungen
Wertekonflikt	Unterschiedliche Vorstellungen identitätsstiftender Werte (Werte, die nicht nur für den Betreffenden, sondern nach seiner Meinung allgemein gelten sollten)
Zielkonflikt	Prioritätensetzung, Zieldefinition, Wege zum Ziel
Verteilungskonflikt	Streitgegenstand ist i. d. R. die Verteilung von Ressourcen: Personal, Budget, Gehalt; Macht, Anerkennung, Wertschätzung; ggf. auch Standort (Büro, Fläche …)

– mangelnder Höflichkeit
– Machtstreben oder Heuchelei

(Reuter & Sukowski, 2020, S. 380). Dahinter kann eine Vielzahl unterschiedlicher Ursachen stecken; die sich zunächst auf den *interpersonalen* Bereich beziehen, also stärker auf die **Beziehung** zwischen Menschen als auf sachliche Differenzen. Entsprechend sind Lösungsversuche *allein* auf der *sachlichen* Ebene fast zum Scheitern verurteilt. Beispiele für häufige Konfliktursachen zeigt Tab. 76.

Tab. 76: Relevanz von Konfliktursachen (Reuter & Sukowski, 2020, S. 381; Ebenen-Zuordnung v. Verf.).

	Ursache des Konflikts	... eher auf der Beziehungsebene	... eher auf der Sachebene	Durchschnitt/ Mittelwert
1	unzureichende Kommunikation	x		5,18
2	gegenseitige Abhängigkeit	x		4,58
3	Gefühl, ungerecht behandelt zu werden	x		4,43
4	Ambiguität wegen Verantwortung	x		4,38
5	wenig Gebrauch von Kritik	x		4,29
6	Misstrauen	x		4,24
7	unvereinbare Persönlichkeiten und Einstellungen	x		4,07
8	Kämpfe um Macht und Einfluss	x		4,03
9	Groll, Ärger, Befindlichkeit	x		3,99
10	Gruppenmitgliedschaften	x		3,91
11	Auseinandersetzungen über Zuständigkeiten	x		3,88
12	Belohnungssysteme		x	3,47
13	Gesichtsverlust	x		3,42
14	Wettbewerb um knappe Ressourcen		x	3,29

Vor Bearbeitung eines Konflikts ist es daher notwendig, sich in der **Analyse** über dessen relevanten Aspekte klarzuwerden. Dazu gehören z. B. die Fragen:
– Wer sind die beteiligten Personen? / Sind es zwei oder mehrere Team-Mitglieder?
– Sind die Beteiligten eher konfliktscheu, konfliktfähig oder gar streitlustig? Und: Wie ist deren Einstellung zum Konflikt – und deren Beziehung zueinander?
– Um welche Art von Konflikt handelt es sich? Ist es ein heißer oder kalter Konflikt?
– Wie hat der Konflikt sich entwickelt? Und: Auf welcher Eskalationsstufe befindet er sich?
– Welche organisationalen Ursachen (kulturell, sozial, technisch) kommen in Frage? Und: Welche emotionalen Faktoren (und evtl. verletzte Bedürfnisse) wirken auf die Sach- und dann ggf. auf die Beziehungsebene ein?
(Struhs-Wehr, 2017, S. 132; A. Schreyögg, 2021, S. 493 f.)

Konflikten wohnt eine Tendenz zur **Eskalation** inne: eine Gefahr, der Beteiligte und Führungskräfte (bzw. HR) nach aller Möglichkeit entgegenzuwirken versuchen sollten. Denn von Stufe zu Stufe wird der Konflikt schwerer lösbar. Dabei ist wichtig, im Gespräch zu klären, auf welcher Stufe der Konflikt in der Entwicklung der Eskalation sich befindet, um adäquate Maßnahmen zur Lösung zu ergreifen (Struhs-Wehr 2017, S. 124 f.; s. Abb. 131).[162]

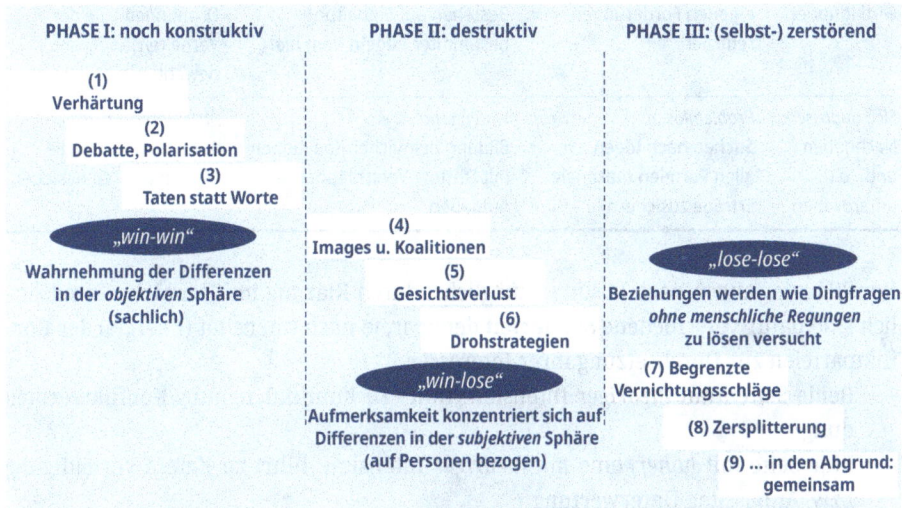

PHASE I: noch konstruktiv	PHASE II: destruktiv	PHASE III: (selbst-) zerstörend
(1) Verhärtung		
(2) Debatte, Polarisation		
(3) Taten statt Worte		
„win-win"	(4) Images u. Koalitionen	
Wahrnehmung der Differenzen in der *objektiven* Sphäre (sachlich)	(5) Gesichtsverlust	„lose-lose"
	(6) Drohstrategien	Beziehungen werden wie Dingfragen *ohne menschliche Regungen* zu lösen versucht
	„win-lose"	(7) Begrenzte Vernichtungsschläge
	Aufmerksamkeit konzentriert sich auf Differenzen in der *subjektiven* Sphäre (auf Personen bezogen)	(8) Zersplitterung
		(9) ... in den Abgrund: gemeinsam

Abb. 131: Konflikt-Eskalationsstufen nach Glasl. Gesprächsweise Klärung der Phase, möglichst der Stufe, stets essenziell, um adäquate Maßnahmen einleiten zu können (eigene Darstellung, angelehnt an Glasl, 2012/2013, nach Struhs-Wehr, 2017, S. 125; bzw. nach Lippmann, 2019 c, S. 781).

Konflikte müssen jedoch nicht notwendig eskalieren. Sie können auch zu Kooperation führen – und Wettbewerb und Zusammenarbeit können einander abwechseln oder auch ineinander übergehen. Somit lässt sich Konfliktverhalten nach *kooperativen* bzw. *kompetitiven* **Formen** unterscheiden, die unterschiedliche Formen von Zusammenarbeit bzw. Wettbewerb beinhalten (s. Tab. 77).

---

[162] Der Begriff Eskalation (hier: Verschärfung) bezeichnet eine Steigerung (franz. *escalier* = Treppe), die bildlich meist nach *oben* dargestellt wird; doch *oben* zeigt sonst oft eine Lösung an. Deshalb hier: nach *unten*, Richtung Abgrund.

Tab. 77: Formen des Konfliktverhaltens (Schuler, 2006, nach Lippold, 2023, S. 277).

Kooperativ (Zusammenarbeit)		Kompetitiv (Wettbewerb)	
Nicht-Konfrontation	**Verhandeln**	**Indirektes Kämpfen**	**Direktes Kämpfen**
Vermeiden: Das Problem wird ignoriert	*Kompromiss:* Schrittweise werden die eigenen Forderungen reduziert	*Prozesskontrolle:* Gegenpartei wird durch Bestehen auf Einhaltung bestimmter Regeln dominiert	*Konfrontieren:* Gegenpartei wird mit Drohungen zu einer Verhaltensänderung bewegt
Sich anpassen: Nachgeben und unterordnen	*Problemlösen:* Suchen nach Ideen, die allen Parteien maximale Erträge zusichern	*Widerstand:* Bildung heimlicher Koalitionen mit Dritten, Verschleppen von Aufgaben	*Attackieren* Alle Taktiken, um die Gegenpartei zu besiegen

Konflikte verlangen nach Lösung – möglichst durch Klärung im Gespräch. Grundsätzlich sind dafür verschiedene **Szenarien** denkbar, je nach Intensität (Energie) der Konfliktparteien zur Durchsetzung ihrer Interessen:

- Beide Seiten mit *niedriger* Intensität: führt zu Konfliktleugnung/Konfliktvermeidung
- Eine Seite mit *hoher,* eine mit *niedriger* Intensität: führt zu Kampf/Verteidigung bzw. Anpassung/Unterwerfung
- Beide Seiten mit *mittlerer* Intensität: führt zu Kompromissen
- Beide Seiten mit *hoher* Intensität: kann zu Verhandlung und sogar zu einer Zusammenarbeit führen (*Dual-Concern-Modell,* hier nach Lippold, 2021, S. 13; s. a. *Konfliktlösungsmatrix* von Doppler & Lautenburg, 2002, nach D. Herrmann et al., 2012, S. 173 f.).[163]

Zur Konfliktlösung können Interventionen von **Drittparteien** zum Einsatz kommen. Dazu bieten sich Interventionen an, deren Erfolg an deren Neutralität hängt (kein eigenes Interesse, keine Loyalität zu einer Konfliktpartei). Orientiert an den 9 Konflikt-Eskalationsstufen (nach Glasl, s. o. Abb. 124) lassen sich die folgenden Interventionsmethoden beschreiben (Lippmann, 2019c, S. 785 f.; s. a. Tab. 78).

---

163 Dahinter stehen Überlegungen, wie sie der *Leader-Member Exchange Theorie* (*LMX-Theorie*) zugrunde liegen: Der Erfolg einer Führung wird demnach bestimmt durch die Qualität der Beziehungen; und gute Beziehungen bewirken i. d. R. gute Erfolge. Da nicht alle Führungsbeziehungen die gleiche (gute) Qualität aufweisen können, entwickeln die Autoren der Theorie (Graen & Uhl-Bien, 1995, nach Lippold, 2021, S. 48) ein Modell, wie deren Qualität zu beeinflussen sein könnte. Die Plausibilität dafür kann als hoch angesehen werden, die empirischen Belege sind allerdings noch eher dünn (Lippold, 2021, S. 48 f.).

Tab. 78: Interventionen entlang der 9 Konflikt-Eskalationsstufen (Lippmann, 2019c, S. 786).[164]

ESKALATIONSSTUFE	INTERVENTIONSMETHODE		
1 *Verhärtung*	**Moderation:** Interner/externer Moderator für inhaltliche u. prozedurale Selbstheilungs-Eingriffe		
2 *Debatte, Polarisation*			
3 *Taten statt Worte*		**Prozessbegleitung:** Gefestigte Rollen u. Beziehungen werden durch Gesprächsleiter aufgetaut, Fixierungen gelockert	
4 *Images, Koalitionen*			**Vermittlung:** Ein von beiden Seiten anerkannter Mediator bemüht sich um eine Einigung, die alle Interessen berücksichtigt
5 *Gesichtsverlust*			
6 *Drohstrategien*	**Schiedsverfahren:** Schiedsrichter löst das Problem nach eigener Lage-Einschätzung		
7 *Begrenzte Vernichtungsschläge*		**Machteingriff:** Eine befugte Autorität führt Maßnahmen (auch gegen den Willen der Parteien) ein	
8 *Zersplitterung*			
9 *Gemeinsam in den Abgrund*			

Die hier genannten Interventionen durch Externe – Mediatoren, Schiedsrichter o. a. Autoritäten – können nicht ohne Weiteres durch Führungskräfte ersetzt werden. Deren Interesse am Gegenstand – und evtl. deren persönliches Involvement – sind dafür häufig zu groß. Auch die **Moderatorenrolle** setzt eine gewisse emotionale Distanz und eine leicht permissive Haltung voraus: Facetten von Großzügigkeit, wie sie mit der Übertragung von Verantwortung und mit Vertrauen einhergehen – was den Empfehlungen an heutige Führung entspricht (A. Schreyögg, 2021, S. 496 f.).

> **Moderation** ist ein „Verfahren, um Beteiligung zu erreichen und Veränderung zu ermöglichen" (Franck, 2019, S. 138). Sie ist nicht geeignet, um unerfreuliche Entscheidungen zu kommunizieren oder um Wissen zu vermitteln. Vielmehr beugt sie etwaigen Schwächen in der Entscheidungsfindung vor, zumal bei gegensätzlichen Interessen oder unterschiedlichen Kommunikationskulturen der beteiligten Parteien (Franck, 2019, S. 139 f.).

Bei den o. g. Interventionsmethoden können Moderation und Prozessbegleitung zwar grundsätzlich durch geeignete und geschulte Führungskräfte wahrgenommen – bzw. durch Coaching unterstützt – werden. Doch im Fall von Gruppen (und in Workshops) empfiehlt sich häufig eine Moderation *von außen*, um das Potenzial der Gruppe voll

---

164 Dort Mediation (Vermittlung) lediglich für Stufen 5–7, im Text für Stufen 4–6 (Lippmann, 2019c, S. 804)

auszuschöpfen: „Leitung bedeutet *führen*, Moderation *vermitteln*" (Franck, 2019, S. 139, Hervorhebungen dort; s. Tab. 79).

Tab. 79: Unterschiede zwischen Moderation und Leitung (Franck, 2019, S. 140).

Leitung	Moderation
– oft höhergestellt	– Hierarchie spielt keine Rolle
– bewertet Aussagen, verstärkt Beiträge	– alle Aussagen werden gleichrangig behandelt
– gibt Ziele vor	– unterstützt die Gruppe bei der Zielformulierung
– will häufig eigenen Willen durchsetzen	– fördert den Willensbildungsprozess in der Gruppe
– konzentriert sich auf den Inhalt	
– arbeitet mit ungeschriebenen Regeln	– ist prozessorientiert
– delegiert die Protokollierung	– Regeln werden mit der Gruppe vereinbart
	– offenes Protokoll simultan zum Workshop

Immer stärker nehmen **Führungskräfte** in ihrem Berufsalltag Facilitator-Rollen ein: die Rolle von Vermittlern oder Begleitern. Ihre Aufgabe ist es, ihr Team arbeitsfähig und in einem ausgewogenen Zustand zu halten: hinsichtlich Interessen und Meinungen, Bedingungen, Beteiligungen und bis zu einem gewissen Grad sogar Belohnungen. (Workshop-) Moderation ist kein Führungsprinzip per se; aber Führungskräfte übernehmen Elemente der Moderation und teilen diese mit ihrem Team (s. a. Abb. 132).

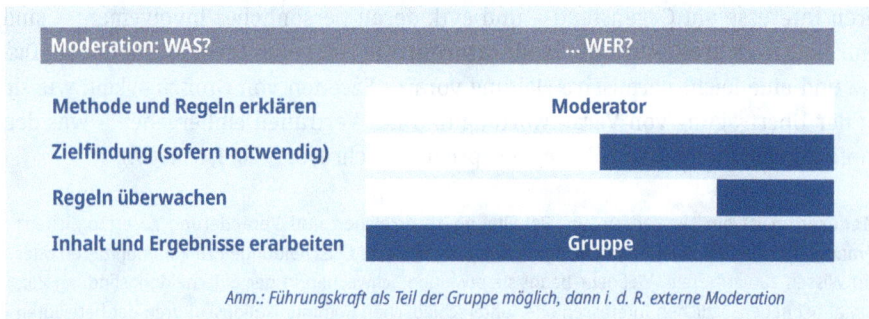

Anm.: Führungskraft als Teil der Gruppe möglich, dann i. d. R. externe Moderation

Abb. 132: Aufgabenteilung zwischen Moderator und Gruppe. Ziele i. d. R. vorgegeben; Führungskraft als Moderator fungierend – oder als Teil der Gruppe: dann meist mit externer Moderation (nach Franck, 2019, S. 146, für Kommunikation im Workshop).

Dazu lohnt es sich wiederum, die unterschiedlichen **Rollen** einer Führungskraft zu betrachten, die im Rahmen ihrer Tätigkeit anfallen können. Immer gehören dazu Management und Führung (s. Kap. 4) – sowie ggf. internes Coaching (Ullmann & Jörg, 2019, S. 147 f.; s. Kap. 8.1). Die Haupt-Funktionen und wichtigsten Aufgaben sowie die dafür erforderlichen Fähigkeiten zeigt Tab. 80.

Tab. 80: Rollen, Aufgaben und Kompetenzen der Teamleitung (Ullmann & Jörg, 2019, S. 418).

Rolle	Aufgaben	Kompetenzen
Koordinator	Ziele vereinbaren, Arbeitsteilung u. Prozesse organisieren, auf Zeiten achten, Abstimmen mit anderen	Verbindlichkeit, Hartnäckigkeit, Verzicht auf Dominanz
Moderator	Jeden zu Wort kommen lassen, Probleme in der Kommunikation erkennen u. lösen, Zwischenergebnisse festhalten	Visualisieren, neutral bleiben, den roten Faden behalten, zusammenfassen
Berater	Klären von Beziehungsproblemen, Fach- u. Methodenfragen	Techniken der Gesprächsführung (z. B. aktives Zuhören), Alternativen aufzeigen
Konfliktmanager	Rollenkonflikte lösen	Kommunikationsprobleme analysieren, Grundverständnis d. Mediationstechnik
Darsteller	Ergebnisse u. Erfolge des Teams nach außen darstellen	Visualisieren, sprechen, überzeugen
Repräsentant	Teaminteressen gegenüber Organisation u. anderen Teams vertreten	Selbstbewusstsein
Verhandlungsführer	Über Ressourcen wie Geld, Ausstattung, Zeit mit der Organisation verhandeln	Verhandlungsstrategien, Realismus

Konflikte tragen also ein positives **Potenzial** in sich: Sie können auf Probleme aufmerksam machen, Stagnation verhindern und zu Änderungen anregen. So führen sie günstigenfalls zu Reflexion und zur Festigung von Identität – sie können aber auch Schmerz, Frustration, Verletzungen, Stress sowie Angst verursachen und Widerstände hervorrufen (Lippmann 2019c, S. 767).

Als **Ziel** einer Konfliktlösung kann eine Einigung angesehen werden, die sich als Abschluss eines (ggf. erneuerten) psychologischen Vertrags verstehen lässt. Das Konzept des psychologischen Vertrags verfolgt vor allem die Ziele der Mitarbeitersteuerung und Mitarbeiterbindung. Ein solcher Kontrakt geht über den *transaktionalen* Arbeitsvertrag hinaus und ist *nicht* ein Vertrag im *rechtlichen* Sinn, sondern eine Art innerer Übereinkunft der Beziehung: ein *relationaler* Vertrag (Rolfe, 2019, S. 56).

> Als **psychologischer Vertrag** wird ein Fächer gegenseitigen Gebens und Nehmens bezeichnet, den – aus der individuellen Perspektive eines Beschäftigten – ein Unternehmen (bzw. als dessen Vertreter: ein Vorgesetzter) und der Beschäftigte miteinander vereinbaren. Das Konzept (bereits aus den 1970er Jahren) berücksichtigt zudem die Qualität der Beziehung der beiden Parteien zueinander (Solga, 2023, S. 545–547).

Zum gegenseitigen Geben und Nehmen des psychologischen Vertrags gehören u. a. die folgenden Aspekte und wechselseitigen Erwartungen, zwischen denen ein Abgleich zwischen Unternehmen und Beschäftigtem herzustellen ist (Tab. 81).

Tab. 81: Geben und Nehmen im psychologischen Vertrag (nach Solga, 2023, S. 551).

... seitens der Führungskraft / des Unternehmens	... seitens des Beschäftigten
GEBEN	**NEHMEN**
– Arbeitsplatzsicherheit	– Arbeitsplatzsicherheit
– Karriereunterstützung	– Karriereunterstützung
– Ausreichende Ressourcen	– Ausreichende Ressourcen
– Respekt u. Wertschätzung	– Respekt u. Wertschätzung
– ...	– ...
NEHMEN	**GEBEN**
– Zusatzaufgaben	– Zusatzaufgaben übernehmen
– Überstunden	– Überstunden machen
– Kundenbegeisterung	– Kunden begeistern
– Kollegiale Unterstützung	– Kollegen unterstützen
– ...	– ...

Die persönlichen Bedürfnisse, Wünsche, Interessen und Motive der Beteiligten bilden bei Konflikten die **emotionale Basis** (s. o.: Konfliktursachen und Eskalationsstufen). Der Prozess der Konfliktlösung gleicht daher einem emotionalen Weg, auf dem umsichtig zu navigieren – bzw. für den Moderator auch zu intervenieren – ist. Dieser Weg kann als U-förmiger Abstieg mit anschließendem Aufstieg empfunden werden, dessen Stationen achtsam zu durchlaufen sind: Auf diese Weise trägt er das Potenzial in sich, dass die Parteien konstruktiv – und letztlich gestärkt – die Konfliktlösung erreichen (Struhs-Wehr, 2017, S. 133; s. Abb. 133).

Der Hintergrund für diesbezügliche Probleme ist, dass fast alle der genannten Konfliktursachen bzw. die in Tab. 75 genannten Konfliktarten nicht ausschließlich auf der Sachebene liegen, sondern auch die Beziehung zwischen den Parteien betreffen. Dementsprechend sind die **Gespräche** zur Klärung unterschiedlich zu führen – sie alle haben jedoch die emotionalen Komponenten zu berücksichtigen, die tief in die Persönlichkeit der Beteiligten reichen können (Allhoff & Allhoff, 2021, S. 147).

Moderation findet jedoch weitestgehend auf einer Sachebene statt – wenn auch in möglichst guter emotionaler Beziehung. Moderations-Regeln für Workshops besagen zudem, dass der Moderator sich in der **Vorbereitung** u. a. fragen sollte:
– Soll die Moderation die Reihenfolge der Wortmeldungen einhalten?
– Darf die Moderation einen Diskussionsteilnehmer unterbrechen?
– Kann die Moderation die Redezeit begrenzen?
   (Allhoff & Allhoff, 2021, S. 153 f.)

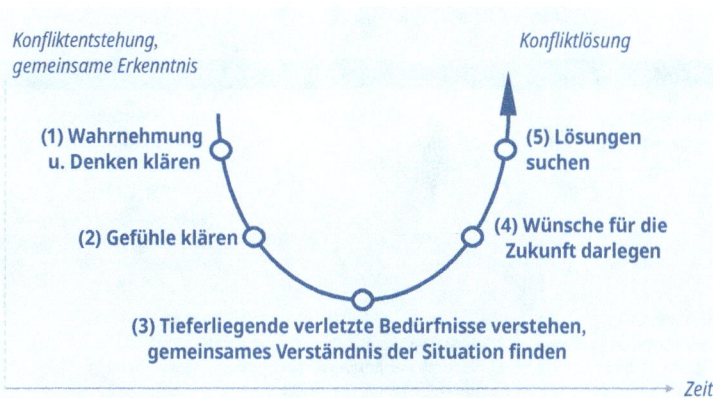

Abb. 133: Konfliktklärung als U-Kurve. Führungskraft und Mitarbeitende im gemeinsamen Prozess achtsamer Kommunikation auf eine Konfliktlösung hin (angelehnt an Glasl, 2011; eigene Darstellung nach Struhs-Wehr, 2017, S. 133).

Zur Frage, ob Moderatoren ihre eigene **Meinung** einbringen oder sie lediglich als Frage formulieren dürften, gehen die Meinungen weit auseinander. Eine Moderations-Regel nicht nur für Workshops lautet: „Meinung formuliere man als Meinung, Frage als Frage, Vermutung als Vermutung, Gefühl als Gefühl. Das gilt grundsätzlich, auch für Gesprächsleitende" (Allhoff & Allhoff, 2021, S. 154).

Moderation nimmt ein Problem ins Visier, das das **Argumentieren** oft mit sich bringt: Argumentieren trägt einen Aspekt von Angriff (bzw. Verteidigung) in sich, also eher von Konfrontation als von Kooperation (oder zumindest deren Assoziation) – zuungunsten eines Klimas von Gemeinsamkeit und Harmonie. Das macht es für das Gegenüber emotional schwerer, sich Argumenten zu öffnen, als es deren Substanz nach nötig wäre. Das kann mit Erfahrungen oder Schmerz zusammenhängen – *ausgelöst* wird solche Assoziation oft durch eine Formulierung, in der die Argumentation eingebettet ist. Insofern ist Argumentation ambivalent: kooperativ und strategisch (Allhoff & Allhoff, 2021, S. 142 f.; s. Abb. 134).

Für die kooperative Argumentation ist erneut **Transparenz** ein Schlüsselbegriff: Handlungen werden durchschaubar und nachvollziehbar gemacht, Ziele und Wünsche offengelegt, Gründe und Absichten erkennbar (Allhoff & Allhoff, 2021, S. 142). Und Transparenz wiederum entfaltet eine eigene Kraft zugunsten von Arbeit auf Augenhöhe im Team: Transparenz verringert durch *peer pressure* ggf. egoistisches Verhalten zugunsten sozialer, teamorientierter Interaktion (Mohnen et al., 2008, S. 693 f.).

Zur **Kommunikation** in der Moderation empfehlen sich die Regeln der TZI (Themenzentrierte Interaktion, s. Kap. 8.4) sowie weitere Regeln z. B. des Kommunikationsquadrats von Schulz von Thun (s. Kap. 4.3). Als hilfreich erweist sich oft eine kurze Eröffnungsbotschaft über ein Gefühl als Starter, sofern es sich in die Situation einpasst (H. Jung, 2017, S. 527).

Argumentation		
Kooperative Argumentation	**Strategische** Argumentation	
Begründung	**Angriff**	**Verteidigung**
– **Verdeutlichung von Zielen** – **Erkennen von Gründen und Absichten**	– **Drohung** – **Einschüchterung**	– **Ausweichen** – **Problemorientierte Verteidigung** *„Das ist eine lange Geschichte …",* *„Die Sache ist nicht so einfach, wie wir uns das vorstellen …"*
Wille zur Einigung	**Durchsetzung der eigenen Position**	
– **Einbeziehen** von Gegenargumenten – **Achtung** der gegnerischen Meinung – *Überzeugung* des Gegenübers	– **Widerlegung** von Gegenargumenten – **Versuch der Entwertung** der gegnerischen Meinung – *Überredung* des Gegenübers	

Abb. 134: Formen der Argumentation. Ambivalenz durch deren einerseits kooperative und andererseits strategische Ausrichtung (eigene Darstellung, angelehnt an Allhoff & Allhoff, 2021, S. 143).

Auch hierbei ist auf Klang und Atmosphäre zu achten (so das Sprichwort: *Der Ton macht die Musik.*) Es kommt auf die **Art und Weise** an, in der etwas gesagt wird. Denn der Empfänger einer Botschaft setzt deren Form unmittelbar mit deren Inhalt in engste Beziehung:

– das *Wie* einer Botschaft erhält hohe Aufmerksamkeit
– das *Was* der Botschaft kann nur teilweise behalten werden

Das Urteil über die Qualität einer Kommunikation fällt in den ersten Momenten (Allhoff & Allhoff, 2021, S. 79 – dort bezogen auf Präsentationen; die Erkenntnis hinsichtlich des Gewichts des Emotionalen kann jedoch auf andere Formen von Kommunikation übertragen werden).

Der Verzicht auf Angriff bzw. Verteidigung ermöglicht zudem den Einsatz von *Nudging* (Anstupsen, s. Kap. 8.2). Auch das lässt sich üben – und technisch unterstützen, z. B. in Form App-gestützter Erinnerungen, Mini-Feedback-Schleifen u. ä. (Dosik et al., 2022, S. 28 f.).

Ein Weg zur Lösung – oder gar Vorbeugung – von Konflikten bzw. zum Ausgleich von Interessen ist das **Verhandeln**. Für Führungskräfte gehört das Verhandeln mit ihren Stakeholdern zum Alltag: über entgegengesetzte Bedürfnisse, Interessen und Motive (Helmold, 2022, S. 235 f.).[165]

---

[165] Einer meiner Kollegen fragt: Ist nicht alles im Leben Verhandlung? Auch Helmold (2022, S. 236) zählt Verhandlungserfahrungen aus dem familiären Alltag auf: vom Einkauf von Süßigkeiten im Supermarkt über Restaurant-Besuch mit der Familie bis zur Wahl des Urlaubsziels.

> Mit **Verhandlung** wird die Interaktion – meist Gespräch – zwischen zwei oder mehr Parteien über einen konkreten Sachverhalt bezeichnet: mit dem Ziel einer Einigung über kontroverse Interessen bzw. einer Beilegung eines bereits manifesten Konflikts (Helmold, 2022, S. 236 f.).

Verhandlungen lassen sich durch folgende **Kriterien** charakterisieren:
- zwei (oder mehr) Parteien involviert
- Ziel der Beteiligten: einvernehmliche Einigung
- Bereitschaft zum Geben und Nehmen vorhanden
- Initiative zum Finden einer Lösung möglichst von beiden (allen) Seiten
  (nach Helmold, 2022, S. 237)

Die beiden hauptsächlichen **Komponenten** eines Konflikts bzw. einer konträren Interessen-Situation, die eine Verhandlung erfordert, können
- in den beteiligten Kontrahenten
- im zugrundeliegenden Sachverhalt, dem potenziellen Streitobjekt

gesehen werden. Die *Emotionalität* des Menschen erschwert auch in der Verhandlung eine Einigung oft dadurch, dass sie die konträre Positionierung der Parteien zusätzlich auflädt und dadurch deren Beziehung belastet: Emotionen sind in Konflikt- und Verhandlungssituationen leicht entflammbar – und sie sind die primäre Reaktion auf unfaires Verhalten (Rolff, 2021., S. 102 f.; Rofcanin et al., 2022, S. 126).[166]

Auf dieser Erkenntnis basiert die **Harvard-Methode** (auch: Harvard-Konzept), ein Verhandlungs-Verfahren, das auf ein Forschungsprojekt der Harvard Law School aus den 1980er Jahren zurückgeht und für die Beteiligten nach *Win-Win*-Lösungen strebt. Es weist vier Grundsätze auf, die um die Win-Win-Lösung kreisen. Dabei sucht es *harte* Verhandlungen zu vermeiden und stattdessen gegenüber den Beteiligten mit Verständnis und insofern einem *sanften* Auftreten zu agieren: „Hart in der Sache, sanft zu den Menschen" (Lippmann, 2019c, S. 792; 2. Grundsatz, s. Abb. 135).

Zu beachten ist, dass eine **Win-Win-Lösung** etwas anderes darstellt als ein Kompromiss: Ein Win-Win beschreibt ein Szenario, in dem beide Seiten einen echten Vorteil sehen (also i. d. R. einen Teil ihrer Ziele erreichen, oder ersatzweise Gleichwertiges). Ein Kompromiss dagegen beschreibt meist etwas wie eine numerische Mitte, die sich z. B. im Feilschen um Geld über bezifferte Beträge schrittweise finden lässt – al-

---

166 Bei externen und ggf. auch bei internen, z. B. arbeitsrechtlich relevanten Verhandlungen empfiehlt sich, um die Emotionalität der Parteien einzuhegen, das Engagieren eines professionellen *Verhandlungsberaters* als Vermittler. Als solche werden häufig auch *Rechtsanwälte* betrachtet, was praktikabel sein kann – wenn auch spezifische Verhandlungs-Berater mitunter vom Engagieren von Rechtsanwälten abraten, weil deren Interesse nicht immer in der *zügigen* Beilegung eines Streits liege (so z. B. Nasher, 2015, S. 280).

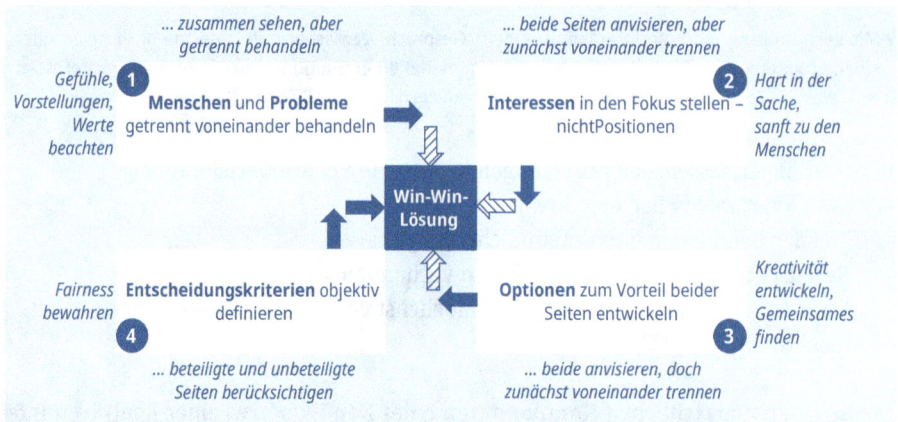

Abb. 135: Die vier Prinzipien der Harvard-Verhandlungsmethode. Win-Win-Lösung nicht als Kompromiss, sondern als kreative Gestaltungsleistung (eigene Darstellung, angelehnt an Lippmann, 2019c, S. 792 f.; Rolff, 2021, S. 103–112).

lerdings mitunter am eigentlichen Ziel völlig vorbeigeht, weil das Ergebnis den Kern der Interessen nicht berücksichtigt (Nasher, 2015, S. 147 f.).[167]

Zur **Einschätzung** der Situation und der Interessen (Harvard-Methode, Schritt 2 – aber auch für andere Konfliktbearbeitungen) wird empfohlen, eine Analyse nach den folgenden Schritten vorzunehmen (Tab. 82).

Tab. 82: Vorbereitende Fragen in der Konfliktbearbeitung (nach Lippmann, 2019c, S. 798).

KRITERIUM	FRAGEN
Parteien	– Wer ist mein Gegenüber? Was für eine Person ist er/sie?
	– Herrscht wechselseitiges Vertrauen/Akzeptanz?
	– Gibt es Kommunikationsprobleme? Welche?
	– Gibt es bereits Erfahrungen mit dem Partner? Welche?
Gegenstand	– Wie sehe ich den Konflikt?
	– Wie sieht mein Gegenüber die Situation?
	– Gibt es Gemeinsamkeiten in den Sichtweisen?
	– Habe ich bereits Position bezogen? Sehe ich bereits eine Lösung? Welche?
	– Welche Argumente/Fakten habe ich für meine Position/Lösung?
	– Hat die Gegenpartei bereits Position bezogen? Welche?
	– Welche Argumente/Fakten hat die Gegenpartei?

167 So das beliebte (aber überspitzte) Beispiel des Streits eines Ehepaares über ihr Urlaubsziel: Nachdem der eine Ehepartner Dubai und der andere Indien favorisierte, findet der Kompromiss auf km-Basis in Form von Kabul (Afghanistan) zwar zu einer Mitte, aber ohne Berücksichtigung der eigentlichen Urlaubs-Interessen der beiden Parteien (Nasher, 2015, S. 147).

Tab. 82 (fortgesetzt)

Interessen	–	Welche Interessen habe ich/stehen hinter meiner Position?
	–	Welche Interessen hat die Gegenpartei/stehen hinter ihrer Position?
	–	Welche gemeinsamen Interessen haben wir?
	–	Sehe ich Ausgleichsmöglichkeiten, wenn es keine gemeinsamen Interessen gibt? Welche?
Potenzielle Lösungen	–	Was ist mein Wunschziel?
	–	Habe ich einen Verhandlungsspielraum? Welchen?
	–	Welche Alternativen habe ich, falls keine Einigung zustande kommt? Was mache ich, wenn die Verhandlung scheitert?
	–	Hat auch die Gegenpartei Alternativen? Welche?
	–	Welche Alternativen können am ehesten die Interessen beider Parteien befriedigen?
	–	Welche Randbedingungen beeinflussen die Lösungen (Zwänge/Vorgaben)?
	–	Mit welchen Kompetenzen steige ich in die Verhandlung? Welche Kompetenzen hat die Gegenpartei?
Kriterien	–	Welche Normen/Merkmale/Werte können bei der Wahl der Konfliktlösung als Entscheidungsgrundlagen dienen? Woran soll die Güte der Lösung gemessen werden?
	–	Welche dieser Kriterien werden vermutlich von beiden Seiten akzeptiert?
Wahl der Methode	–	Ist eine Partei in einer Position der Stärke/Schwäche?
	–	Bin ich an einer längerfristigen Zusammenarbeit interessiert?
	–	Was dürfte die Verhandlungstaktik der Gegenseite sein?
	–	Welche Aspekte muss ich noch klären, um die Verhandlung gut vorbereitet zu führen?

Wie hier im Kriterium „Potenzielle Lösungen" angedeutet, ist auch das Szenario zu bedenken, dass eine Verhandlung zu *keiner* Einigung führt. Dafür ist die *Best Alternative to a Negotiated Agreement* (BATNA) zu bedenken: die beste Alternative zu einem etwaigen **Scheitern** einer Verhandlung – bzw. zur Nicht-Einigung in einem Konflikt (auch Unternehmens-intern). Die Frage dabei ist: Wenn es zu keiner einvernehmlichen Lösung kommt – was ist die beste alternative Option? Ein solches Denken öffnet einen „Optionsraum, in dem kreative Lösungen erkundet werden können" (Fisher et al., 2013, nach Rolff, 2021, S. 113).

Harte Verhandlungen schließen das Feilschen um numerische Größen wie Geldbeträge keineswegs aus; und auch im Alltag von Führungskräften kommt es vor (seltener bei Gehalts- als bei Abfindungs-Verhandlungen). Doch auch hier geht es i. d. R. zunächst um das Klären anderer Einflussfaktoren und das Identifizieren von Interessen, bevor ggf. über Zahlen verhandelt wird – und wiederum wird möglichst die Mitte vermieden: *Never split the difference,* so der Titel des Bestsellers eines FBI-Verhandlers und Verhandlungs-Coaches (Voss, 2016).

Entsprechend lesen sich Empfehlungen des ebenfalls als hart geltenden Verhandlers M. Schranner:

- Vorsichtig verhandeln, um das Gespräch nicht zu gefährden
- Verhandlungsspielraum identifizieren
- Zugeständnisse nur bei Gegenleistungen machen
- Nie nachgeben, insbesondere nicht bei Taktiken
- Ablehnung und Verneinung vermeiden
- Eigene Forderungen ggf. erhöhen
- Erhöhte Forderungen der Gegenseite als Informationsmaßnahme betrachten
- Vorsicht mit Drohungen
- Gesichtswahrung beachten
- Bei Abbruch durch die Gegenseite Angebot zurücknehmen
  (Schranner nach Helmold et al., 2019, S. 51)

Verhandlungen tragen also das Potenzial des Scheiterns und der emotionalen Eskalation in sich. In festgefahrenen Situationen kann **Mediation** helfen: Einigungsverfahren unter Beteiligung Dritter (s. Abb. 131; Tab. 78). Wie das Harvard-Konzept ist Mediation auf Konsens und Zukunft gerichtet und berücksichtigt Ziele und Interessen der beteiligten Parteien. Eine Führungstechnik im eigentlichen Sinn stellt Mediation jedoch nicht dar: Sie wird – anders als die durch viele Faktoren gut begründete externe Moderation – nötig, wenn die Parteien anders nicht vorankommen, bevor Schiedsverfahren oder hierarchischer Machteingriff erforderlich werden (Lippmann, 2019, S. 804 f.).[168]

In der **virtuellen Führung** gilt es, mit Konflikten – und Moderation oder Verhandlung – noch sensibler und vorsichtiger umzugehen als in Präsenz. Virtuell können nur in wenigen Situationen Probleme wie nebenbei angesprochen werden. Virtuell erfordert das eine explizite Ansprache, die Wahl separater Räume, Zeiten und ggf. Medien sowie ein eingeübtes Sprechen auf einer Meta-Ebene – und präzises, gründliches Feedback. Das Instrumentarium zur Konfliktlösung ist im Vergleich zur Präsenz reduziert, die Transparenz ist *größer* hinsichtlich der Arbeit mit Gruppen-Tools und *geringer* im Reporting über die Distanz. Konflikte in der virtuellen Arbeit verlangen im Zweifel das Verzögern anderer Tätigkeiten (D. Herrmann et al., 2012, S. 186–192).

Resilienz (s. Kap. 7.1) stärkt mit der Belastbarkeit die Konfliktfähigkeit. Wenn objektive Belastungen oder konfliktträchtige Situationen über einen bestimmten Zeitraum nicht geändert werden können, hilft den Beschäftigten Resilienz. Gestärkte Resilienz kann andererseits Konflikte abbauen, indem die Betroffenen weniger emotional reagieren (Rolfe, 2019, S. 230).

Insofern macht Resilienz zugleich konflikt- wie auch einigungsfähiger. Letztlich ist es das verletzte **Selbstwertgefühl**, das Konflikte eskalieren bzw. Verhandlungen

---

168 Auch Mediation folgt einem formalen Verfahren, so z. B. aus (1) Kontakt und Kontrakt, (2) Herausarbeiten der Konfliktthemen, (3) Bearbeitung der Sichtweisen und Positionen, (4) Herausarbeiten von Lösungsoptionen, (5) der Vereinbarung und (6) der Umsetzung (Lippmann, 2019c, S. 804 f.).

scheitern lässt. Mit Anerkennung sollte daher selten gespart werden – und ein Meinungswechsel dann ohne Gesichtsverlust möglich sein (Allhoff & Allhoff, 2021, S. 195 f.). Oder, um es noch drastischer zu sagen: „Nehmen Sie einem anderen niemals seine Würde. Sie bedeutet ihm alles und Ihnen nichts" (der US-Psychologe Frank Barron, zit. in Nasher, 2015, S. 275).

Vor diesem Hintergrund wird umso verständlicher, welche Bedeutung **Empathie** (s. Kap. 7.3) als Basis von Führungstätigkeit hat – und für Konfliktfähigkeit, Moderation und Verhandlung. Die emotionale Grundlage, das Verstehen des Anderen sowie der eigenen Gefühle und Vorstellungen, zusammen mit einer ganzheitlichen Einschätzung eigener Ressourcen, ermöglicht einfühlsames Handeln durch das Ergreifen geeigneter Maßnahmen (Papworth, 2023, S. 71 f., s. Abb. 136). Und sie erleichtert Einigung.

Abb. 136: Mitfühl-Modell und Konfliktlösung. Unabhängig von Verhandlungshärte, einfühlsames Verstehen des Anderen und ganzheitliche Berücksichtigung der eigenen Person als Basis zur Einigung in Konflikten bzw. Verhandlungen (in Anlehnung an Papworth, 2023, S. 77).

Solches Erkennen des eigenen Befindens sowie eigener Ressourcen und Grenzen ist zugleich eine Basis für erfolgreiches Selbstmanagement – und damit für erfolgreiche Selbstbestimmung. Dazu in Kap. 10.2 mehr.

10.2 Selbstbestimmung als Start und Ziel

Selbstbestimmung ist nach wie vor ein Zauberwort für Gen Y und Gen Z. Die Beschäftigung damit führt wiederum zur Frage der **persönlichen Kompetenzen**, die als Basis für *Selbstorganisation* und *Selbstmanagement* unerlässlich sind. Dazu gehören:
– *Toleranz* und *Offenheit*: gegenüber Andersartigem und Andersartigen, gegenüber Situationen und Anschauungen (s. Kap. 9.1 zu Diversity)
– *Genügsamkeit* und *Grenzerkennung*: Kraft und Klugheit zum Nein-Sagen bzw. Einschlagen neuer Wege und Verfolgen anderer Prioritäten

– Anerkennen von *Machbarkeit*: Respekt gegenüber abweichenden Wünschen anderer; Bescheidenheit; Fokussierung auf Wirksamkeit

Diese Grundkompetenzen wurzeln in Erfahrungen der *Selbstverantwortung* und Entwicklung, gepaart mit Erkenntnis – und explizit *nicht* in Ergebnissen (schneller) Schulungen und Kurse (Sulzberger, 2020, S. 120 f.).

Neben solchen Kernkompetenzen gewinnen **unternehmerische Kompetenzen** für Management und Führungskräfte an Gewicht. Zu diesen zählen Eigeninitiative, Selbstführung (*self leadership*) sowie Genauigkeit, aber auch interpersonale Wahrnehmung und soziales Anpassungsvermögen. Zudem bleiben ausgezeichnetes Wissen sowie dessen kreative Verknüpfung zum Bestehenden erforderlich (Pfister & Müller, 2019, S. 40).

Erfolgreiche Selbstorganisation gründet auf Kompetenzen im **Selbstmanagement**. Darunter wird die Entwicklung eines (Berufs-) Lebens auf einen (Berufs-) Erfolg hin verstanden, die auf fachlichen, methodischen und sozialen Kompetenzen basiert: eigenverantwortlich, gezielt und selbstgesteuert (Kernen et al., 2019, S. 198).

Sowohl für Führungs- wie für Fachkräfte lassen sich darunter Komponenten fassen, die den Erfolg von Projekten und letztlich von Selbstbestimmung ausmachen (s. Tab. 83).

Tab. 83: Komponenten von Selbstmanagement (nach Dechange, 2024, S. 379–401).

Komponente	Frage	Erläuterung
Selbstwahrnehmung und *Selbsterkenntnis*	Wo stehe ich?	– Körperbewusstsein: somatische Phänomene wahrnehmen – Emotionale Kompetenz: Gefühle wahrnehmen – Mentale Ebene: Wertesystem reflektieren – Verhaltensebene: Handlungspotenzial erweitern ... zumal in Konfliktsituationen
Zielmanagement und *Selbstentwicklung*	Wohin möchte ich? Wie komme ich dahin?	– Persönliche Zielsetzung zur Handlungsregulierung – Formulierung nach SMART-Kriterien – Selbstentwicklung in Selbstwahrnehmung (s. o.) ... – ... und als Selbstverantwortung
Motivation	Was treibt mich an?	– Intrinsische Bereitschaft zu bestimmtem Verhalten ... – ... der extrinsischen Motivation überlegen
Organisations- und *Zeitmanagement*	Welche Methoden u. Tools unterstützen mich dabei?	– z. B. Eisenhower-Matrix (s. u.), ABC-Analyse (s. u.), ALPEN-Methode (s. u.) – Kommunikationskompetenzen (s. Kap. 4.3) – Community Building u. Networking (s. Kap. 7.2)

Tab. 83 (fortgesetzt)

Komponente	Frage	Erläuterung
Gesundheits- und *Stressmanagement*	Was hilft mir? Und: Wie kann ich Risiken vermeiden?	– Berücksichtigung menschlicher Bedürfnisse inkl. Reduzierung von Pathogenese zugunsten des Ausbaus von Salutogenese (s. Kap. 2.3) – Stress-Vermeidung u. Resilienz-Aufbau (s. Kap. 7.1)

Zu den in Tab. 83 genannten Methoden gehört die *Eisenhower-Matrix*. Sie unterteilt Aufgaben nach (inhaltlicher) Wichtigkeit und (zeitlicher) Dringlichkeit. Das ermöglicht eine Priorisierung in:
– A-Aufgaben, die selbst und unmittelbar zu erledigen sind
– B-Aufgaben, die selbst und rechtzeitig zu erledigen sind
– C-Aufgaben, die zu delegieren und nachrangig zu erledigen sind
– D-Aufgaben, die zu streichen sind
   (Dechange, 2024, S. 391 f.; s. a. Abb. 137).[169]

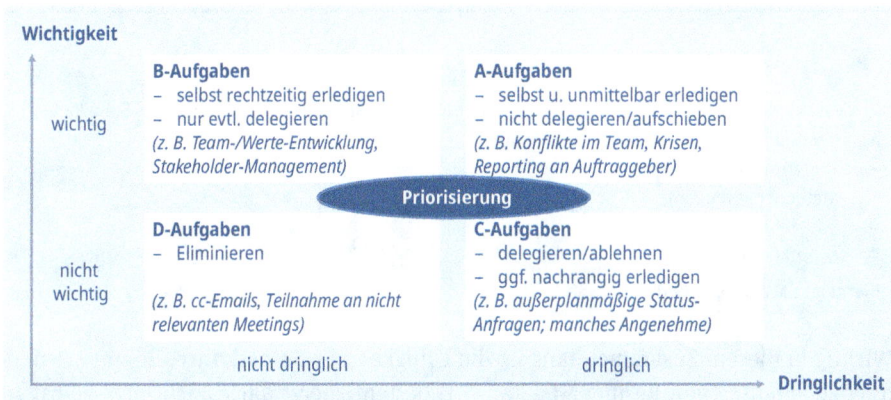

Abb. 137: Die Eisenhower-Matrix: dringlich vs. wichtig. Priorisierung von Aufgaben im Management mit Delegations-Möglichkeit (eigene Darstellung, angelehnt an A. Graf, 2012, S. 203 f.; Kernen, 2019, S. 205; Dechange, 2024, S. 392).

---

169 Die Methode geht auf den ehemaligen US-General und späteren Präsidenten der USA, Dwight D. Eisenhower (1890–1969), zurück. Eine noch einfachere Version davon ist die ABC-Analyse: A-Aufgaben sind die wichtigen, sofort zu erledigen; B-Aufgaben die von mittlerer Wichtigkeit, zu verschieben oder zu delegieren; C-Aufgaben die unwichtigen, zu delegieren oder zu unterlassen (Dechange, 2024, S. 391 f.).

Eine ähnlich schlichte Vorgehensweise stellt die *ALPEN-Methode* dar (s. Tab. 84). Sie ist wie die Eisenhower-Matrix kein Verfahren, das auch nur im Ansatz mit Team-Management-Methoden zu vergleichen wäre. Doch im Alltag ist auch sie – so zeigt die eigene Coaching-Erfahrung – immer wieder hilfreich; vielleicht gerade, weil die Durchführung so simpel ist.[170]

Tab. 84: Die 5 Schritte der ALPEN-Methode (nach Dechange, 2024, S. 392 f.).

	Schritt	Erläuterung
A	Aktivitäten festlegen	Anstehende Termine, Aufgaben, Unerledigtes u. ä. für die nächsten Tage auflisten
L	Länge der Aktivitäten bestimmen	Dauer der einzelnen Aktivitäten – auf der Basis von Erfahrungen – schätzen
P	Pufferzeiten für Unvorhergesehenes reservieren	Zeitliche Auslastung eines Tages auf 60 % begrenzen; den Rest für Unvorhergesehenes reservieren (*60:40-Regel*)
E	Entscheidungen treffen	Aktivitäten priorisieren – hierbei z. B. die *Eisenhower-Matrix* einsetzen
N	Nachkontrolle durchführen	Am Ende des Tages reflektieren. Unerledigte Aktivitäten klären

In diesem Sinne ist auch das Konzept persönlicher **Handlungskompetenz** zu verstehen. Sie bildet sich als Schnittmenge durch die Überlappung von:
– Fachkompetenz
– Methodenkompetenz
– Sozialkompetenz
– Selbstkompetenz
(Kernen et al., 2019, S. 199)

Wichtig in diesem Zusammenhang ist die Fähigkeit zur **Selbstkontrolle**. Ihre Bedeutung zur Bildung von Resilienz (s. Kap. 7.1) besteht zuerst darin, sich nicht selbst zu erschöpfen. Im Zusammenhang von Selbstmanagement von Führungskräften dient sie dem optimalen Einsatz der persönlichen Ressourcen.

---

170 Eine ähnlich simple Methode zur Priorisierung stellt die Pareto-Regel dar: Mit 20% des Aufwands werden demnach 80% eines Ergebnisses erzielt, und mit 80% des Aufwands die restlichen 20%. Dabei geht es darum, den Input zu optimieren und nicht 100% des Aufwands zu leisten, sondern ihn z. B. nach den ersten 20% zu beenden (also auf die letzten 20% des Ergebnisses zu verzichten), um sich etwas anderem zuzuwenden (Kernen et al., 2019, S. 204). – Der Name geht auf den italienischen Volkswirt Vilfredo Pareto (1848–1923) zurück; die Regel stammt aus anderem Zusammenhang. In diesem Kontext ist sie bestreitbar; ein Nutzen im Kontext von Sensibilisierung für Zeitmanagement wird allerdings immer wieder konstatiert.

Der Begriff **Selbstkontrolle** bezeichnet den Vorgang, sich bewusst und auch gegen die Einwirkung innerer und äußerer Widerstände an den selbst und eigenverantwortlich gewählten Standards zu orientieren – zumal im Zusammenhang beruflicher bzw. moralischer Zusammenhänge, die von bewussten Anreizen sowie ggf. von Stress und Zeitdruck gekennzeichnet sind (Holzmann, 2019, S. 125 f).[171]

Dabei geht es ausdrücklich *nicht* darum, **Emotionen** (Gefühle) an sich zu kontrollieren (oder gar zu verdrängen). Vielmehr geht es darum, sich nicht unreflektiert von Impulsen (Auslösern von Gefühlen) und Emotionen oder Stimmungslagen bestimmen zu lassen. Selbstkontrolliertes Handeln äußert sich z. B. darin, dass keine vorschnellen Urteile gefällt, sondern dass Urteile sowie die aus ihnen resultierenden Handlungen wohlüberlegt und kontrolliert werden (Peters, 2015, S. 48).

In diesem Sinne ist auch der Begriff **emotionale Intelligenz** (s. Kap. 7.3) zu verstehen, deren 5 intra- und interpersonelle Dimensionen sich bezeichnen lassen wie in Tab. 85 dargestellt.

Tab. 85: Dimensionen emotionaler Intelligenz (Goleman et al., 2003, nach Peters, 2015, S. 47 f.).

Intrapersonelle Kompetenzen (*im* Menschen)	Interpersonelle Kompetenzen (*zwischen* Menschen)
– Selbstreflexionsfähigkeit – Selbstkontrolle – Motivation (s. bes. Kap. 2.3, 4.2, 11.2, 11.3)	– Empathie (s. Kap. 7.3) – Sozialkompetenz (s. bes. Kap. 4 sowie 7.2)

Etwas weiter gefasst sind die Bezeichnungen *Selbstregulation* und *Selbstführung*, die den Aspekt der eigenverantwortlichen Zielfindung und Zielverfolgung sowie ggf. der Zielanpassung – noch stärker als gelegentlich die Begriffe *Selbstmanagement* und *Selbstkontrolle* – einbeziehen (Keller & Knafla, 2019, S. 139).

Das Grundprinzip der **Selbstregulation** ist mit dem Claim „*Cool the now, heat the later*" populär geworden. Es beschreibt die Fähigkeit, *kurzfristige* Ablenkung und Bedürfnisbefriedigung aussetzen zu können zugunsten einer *längerfristigen*, übergeordneten Zielerreichung (Keller & Knafla, 2019, S. 140 f.).

---

171 Ein Prozess in Selbstverantwortung in diesem Sinne ist ein Prozess, der zugleich Energie kostet wie auch Energie gibt: Zunächst stellt die Entscheidung zur Verantwortungsübernahme für das eigene Leben einen Energieverbrauch dar; in der Folge liefert der Erfolg solcher Entscheidung jedoch i. d. R. die nötige Energie, um erfolgreich Ziele zu definieren und die erforderlichen Veränderungen zu initiieren (A. Graf, 2012, S. 80 f.) – eine Erkenntnis, die aus der Erfahrung des Coachings unbedingt zu untermauern ist.

Dazu gehört naturgemäß auch Arbeit, die notwendigerweise getan werden muss, aber nicht von sich aus motivierend wirkt. Dabei haben sich 4 Strategien als besonders hilfreich erwiesen:

- Prospektion (Erkundung) und Planung zielförderlicher Aktivitäten
- Umdeutung von nicht zielförderlichen Ereignissen
- Automatisieren von zielförderlichen Aktivitäten
- Entscheidung gegen nicht-zielförderliche Aktivitäten
  (Keller & Knafla, 2019, S. 141).[172]

Zur Selbstregulation gehören Aspekte, die sich auch unter dem Stichwort **Disziplin** zusammenfassen lassen (s. a. die 7 D's der Führung, Kap. 4.2). Dazu gehören Gesichtspunkte, wie Tab. 86 sie darstellt.

Tab. 86: Aspekte der Selbstregulation (nach F. Becker, 2019, S. 159).

Aspekt	Erläuterung
Frustrationstoleranz	Fähigkeit, augenblicklich unangenehme Situationen zu ertragen, um langfristige Ziele zu erreichen
Durchhaltevermögen	Fähigkeit, auch bei Widerstand und Herausforderungen gegenüber eigenen Aufgaben nicht aufzugeben
Fokus	Fähigkeit, auch bei Ablenkungen fokussiert an der eigenen Aufgabe weiterzuarbeiten
Umgang mit Misserfolg	Fähigkeit, sich rasch von Misserfolgen zu erholen und weiterarbeiten zu können
Generelle Disziplin	Diszipliniertes Verhalten auch abseits der Arbeit (z. B. bei Kauf und Konsum, Sport, Ernährung, Umgang mit Alkohol und Nikotin)[173]

Weiter gefasst ist meist der Begriff der **Selbstführung** (*self leadership*). Darunter wird die Kompetenz verstanden, sich selbst motivieren und tatsächlich steuern zu können: die Voraussetzung für echte, erfolgreiche Autonomie – und für *Team-Building* (s. a. Kap. 7.2). Die Basis dafür bilden individuelles Vertrauen, Selbstwirksamkeit (s. u.) sowie Einsatzbereitschaft (Denis et al., 2012, S. 225).

---

172 Das *cool the now, heat the later* war das Prinzip des *Marshmallow-Tests* des amerikanischen Psychologen Walter Mischel (1930–2018). Seine Versuche mit Kindern zur Ablehnung *eines* Marshmallows in der Gegenwart zugunsten *zweier* Marshmallows in der Zukunft ließen sich in dieser Form zwar nicht wiederholen, prägten aber diesbezügliche Erkenntnisse (Keller & Knafla, 2019, S. 140 f.).

173 Der Umgang mit Suchtmitteln wie Alkohol, Nikotin u. ä. (zumal nach der Teil-Legalisierung von Cannabis) wird bei F. Becker, 2019, S. 159 nicht problematisiert. Er wäre ggf. näher unter dem Gesichtspunkt von Suchtmitteln als Verursachern bzw. Veranlassern von Krankheit zu bedenken – was in der Praxis von Führungskräften jedoch zunächst kaum Bedeutung erlangen dürfte.

Zur Förderung der Selbstführung sowie der o. g. Disziplin lassen sich drei grundsätzliche **Strategien** nennen:
- *Verhaltensbezogene Strategien*: z. B. eigene Zielsetzung, Selbstbelohnung; oder, in Grenzen, ggf. deren Gegenteil: die – vorsichtige – Selbstbestrafung
- *Natürliche Belohnungsstrategien*: z. B. positive, situationsadäquate Eigenschaften in Handeln umzusetzen, so dass es als Belohnung wahrgenommen wird
- *Konstruktive Gedankenmusterstrategien*: z. B. ein positiver Einfluss gewöhnlicher Gedanken (-muster), die Visualisierung erfolgreicher Leistungen
  (Genkova, 2022a, S. 27; Bracht et al., 2023, S. 115; Furtner & Baldegger, 2023, S. 113–119).

Von der Selbstführung zu unterscheiden ist das **Selbstmanagement**:
- *Selbstmanagement* fragt mehr danach, *was* getan werden sollte (und ist eher extrinsisch motiviert)
- *Selbstführung* fragt mehr danach, *wie* und *warum* es getan werden sollte (und ist stärker auch intrinsisch motiviert)
  (Furtner & Baldegger, 2023, S. 101).

> Auf Selbstführung und derartige Persönlichkeitsbildung baut **Shared Leadership** auf (s. a. Kap. 4.2. sowie 7.2): die *geteilte* oder *gemeinsame Führung* (auch *Distributed Leadership, Collective Leadership*). Der Begriff bezeichnet die mindestens zeitweilige, dynamische und meist fortwährend wechselnde Beeinflussung und Führung. In deren Zentrum steht *sozialisierte Macht*. (Furtner, 2017, S. 22).

Egoistische Interessen treten dabei zugunsten gemeinschaftlicher Ziele in den Hintergrund. Führung geschieht dann durch diejenigen Beschäftigten, die die besten Voraussetzungen für die gerade zu erledigenden (Führungs-) Aufgaben besitzen (Bischof, 2019, S. 68). Im Vergleich zur traditionellen – hierarchischen – Führung erweist sich *Shared Leadership* mehr und mehr als überlegen, zumal bei dynamischen Aufgabenstellungen mit stark interaktiven Gruppenprozessen. Der Grund: Für hierarchisch vertikale, auf sich gestellte Führungskräfte wird es immer schwerer, komplexe und sich schnell entwickelnde Prozesse zu überschauen und zu lenken (Ullmann & Jörg, 2019, S. 425–427).

Die **Voraussetzungen** für eine erfolgreiche Installation von Shared Leadership im Unternehmen fasst Tab. 87 zusammen.

Tab. 87: Voraussetzungen für Shared Leadership-Einführung in Teams (Furtner, 2017, S. 23).

BEDINGUNGEN	FÖRDERUNG VON SHARED LEADERSHIP IN TEAMS
Eigenschaften der Gruppe	
Fähigkeiten	Ausgeprägte kognitive, fachliche oder soziale Fähigkeiten der Gruppenmitglieder
Motive	Hohes sozialisiertes Machtmotiv oder Anschlussmotiv

Tab. 87 (fortgesetzt)

BEDINGUNGEN	FÖRDERUNG VON SHARED LEADERSHIP IN TEAMS
Nähe, Reife u. Vertrautheit	Hohe Nähe, Reife u. Vertrautheit der Gruppenmitglieder untereinander
Vielfältigkeit	Diversität (z. B. unterschiedliche Qualifikationen) unter den Team-Mitgliedern unterstützt in Entscheidungsprozessen
Führungsverhalten	Empowering Leadership (s. u.)
Gruppengröße	5–10 Personen
Eigenschaften der Aufgabe	
Ganzheitlichkeit u. Bedeutsamkeit der Aufgabe	Einzelaufgaben der Gruppenmitglieder stehen in starker und sinnhafter Abhängigkeit zueinander
Kreativität u. Komplexität	Kreative Gruppenaufgaben zur Förderung von Innovation mit hoher Aufgabenkomplexität
Dringlichkeit	Höhere Dringlichkeit der Aufgabenbearbeitung
Eigenschaften der Umwelt	
Unterstützung durch die organisationale Umwelt	Implementierung eines Koordinations- und Informationssystems
Belohnungssystem	Gruppenleistungen werden belohnt
Kultur	Teamförderliche Selbstführungs-Kultur

Führungskräfte zu solcher Selbständigkeit hin zu entwickeln, wird als *Super Leadership* bezeichnet (s. Kap. 4.2): eine Form delegierender und entwickelnder Führung wie *Empowering Leadership*, auch **Empowerment** (s. a. Kap. 4.2). Es bezeichnet die Ausstattung mit Entscheidungsbefugnis durch den Verzicht auf Führung bzw. die (partielle) Abgabe zuvor ausgeübter Führung (Bischof, 2019, S. 68; Ullmann & Jörg, 2019, bes. S. 430 f.; Weibler, 2023, S. 387 f.).[174]

Die Konzepte weisen eine große Nähe zum hier so genannten *Enriched Transformational Leadership* auf (s. Kap. 4.2). Die Praxis zeigt: Selbstführung und Selbstbestimmung gewinnen seit geraumer Zeit an Gewicht (Furtner & Baldegger, 2023, S. 3–5). Dahinter steht das Konzept von *Psychologisches Kapital*.

---

[174] Dabei ist auf den Unterschied zwischen *Delegation* und *Empowerment* hinzuweisen: Bei der *Delegation* bleibt die Entscheidung über die Parameter der betreffenden Aufgabe bei der Führungskraft; beim *Empowerment* ist es der Mitarbeitende bzw. das Team selbst, das die Entscheidung über die Parameter trifft (Wyatt, 2024, S. 145).

Mit **psychologischem Empowerment** wird die positive Wirkung bezeichnet, die Empowering Leadership bei Beschäftigten aufweist: der Eindruck von Bedeutung, Sinn, Autonomie und Einfluss. Das **strukturelle Empowerment** bezeichnet dagegen das Führungsverhalten, das Verantwortung und Entscheidungsmacht auf Mitarbeitende (einzeln oder in Teams) überträgt, um diese Wirkung zu erzielen. So bilden Partizipation, Autonomie und Entwicklung der Mitarbeitenden den Kern des **Empowering Leadership** (Furtner & Baldegger, 2023, S. 241 f.; s. Abb. 138).

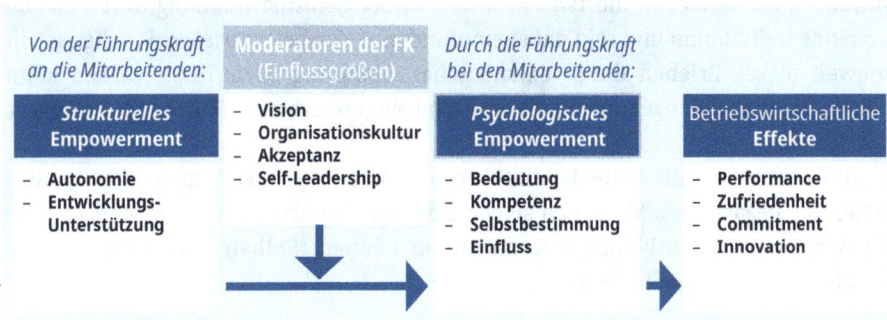

Von der Führungskraft an die Mitarbeitenden:	Moderatoren der FK (Einflussgrößen)	Durch die Führungskraft bei den Mitarbeitenden:	
Strukturelles Empowerment	– Vision – Organisationskultur – Akzeptanz – Self-Leadership	**Psychologisches Empowerment**	Betriebswirtschaftliche Effekte
– Autonomie – Entwicklungs-Unterstützung		– Bedeutung – Kompetenz – Selbstbestimmung – Einfluss	– Performance – Zufriedenheit – Commitment – Innovation

Abb. 138: Strukturelles und psychologisches Empowerment. Empowering Leadership mit soziologischen und psychologischen Stellschrauben sowie betrieblichen Werkzeugen und Effekten (angelehnt an Furtner & Baldegger, 2023, S. 241).

Der psychologische Aspekt von Empowerment ist zu unterscheiden nach *Selbstwirksamkeit* und *Selbstbestimmung*. Selbstwirksamkeit gilt als einer der wichtigsten Bestandteile von personaler Resilienz (s. Kap. 7.1), der durch Coaching entwickelt und durch Feedback gestärkt werden kann (s. Kap. 8.1 bzw. 8.3).

Mit **Selbstwirksamkeit** wird das Vertrauen von Beschäftigten in ihre eigenen Kompetenzen zur Problemlösung bezeichnet. Sie umfasst die Überzeugung, das eigene Leben gestalten und dessen Umstände den eigenen Wünschen gemäß verändern zu können (Rolfe, 2019, S. 104).[175]

Selbstbestimmung (Autonomie) bezeichnet die Berechtigung der Beschäftigten, selbst über die Art und Weise ihrer Arbeit zu entscheiden und insofern eine gewisse Wahlfreiheit zu besitzen (K. W. Thomas & Velthouse, 1990, bes. S. 673) – eine Arbeitsweise, die *Selbstwirksamkeit* voraussetzt und zusätzlich *Sinn* erfordert, den die Beschäftigten in ihrer Arbeit sehen (Scholl, 2020, S. 146 f.; s. zu *Purpose* Kap. 3.3).

---

[175] Dabei ist zu beachten, dass nicht nur ein *Mangel* an Selbstwirksamkeit die Fähigkeit zur Resilienz (s. Kap. 7.1) und Selbstbestimmung reduzieren kann. Es kann auch ein *Zuviel* an Selbstwirksamkeit und Engagement, z. B. bei Selbständigen, zum Burn-out (und der Reduktion von Resilienz) führen (Rolfe, 2019, S. 105).

Autonome Arbeit in traditionellen Zusammenhängen setzt daher ein hohes Maß an Vertrauen von Führungskräften in ihre Mitarbeitenden voraus – und an Bereitschaft, Entscheidungsfreiheit (also Führung) tatsächlich an diese abzugeben. Dafür muss die Überzeugung reifen, Führung zu delegieren; denn Führungskräfte verzichten damit, wie zu *Shared Leadership* beschrieben, auf ihre Führung: Sie „lassen führen" (Scholl, 2020, S. 151).[176]

Zugleich gilt Selbstbestimmung als einflussreichster Faktor für intrinsische **Motivation**. Dahinter stehen die *Wahrnehmung* dieser Selbstbestimmung durch das betreffende Individuum und sein dabei empfundenes *Kompetenzerleben*. Fraglich ist, inwieweit dieses Erleben durch extrinsische Belohnung beeinflusst werden kann, z. B. durch soziale Eingebundenheit oder Umgebungsverhalten (Furtner & Baldegger, 2023, S. 105 f.).

Dies betrachtet die **Selbstbestimmungstheorie** (*Self-Determination Theory*, SDT) näher. Sie besagt, dass Menschen solche externen Impulse aufnehmen und zu ihrer eigenen Leistungsmotivation internalisieren können (**Selbstregulation**). Dies geschieht auf unterschiedliche Weise, s. Tab. 88.

Tab. 88: Externalisierte, intrinsische und Mischformen der Regulation (nach Furtner & Baldegger, 2023, S. 106–108).

Art der Selbstregulation	Erläuterung
externalisiert	Verhalten wird kontrolliert durch äußere Bedingungen wie *Belohnung* u. *Bestrafung*; führt zu rein extrinsischer Motivation; wird als entfremdend empfunden
introjiziert	Regulation wird tlw. akzeptiert, aber nicht vollständig ins Selbst integriert; Leistung wird durch *Stolz* motiviert (*Ego Involvement*); hier werden auch Selbstbelohnung und Selbstbestrafung verortet
identifiziert	Sinn und Wert eines Vorhabens werden anerkannt, womit sich die betreffende Person identifiziert – jedoch nur für *auf Zeit* und für ein *bestimmtes Ziel*
integriert	Identifizierte Regulation wird vollständig ins Selbst integriert; wahrgenommen wird eine (relativ) *autonome* Selbstregulation
intrinsisch	Kompetenz und Selbstbestimmung werden als vollständig wahrgenommen; Resultate sind Interesse, Spaß, Freude und Zufriedenheit bei der Arbeit (s. a. Abb. 138) – eine vollständig intrinsische Motivation

---

176 Der Zunahme von Delegation liegt die Zunahme von Wissensarbeit zugrunde, wodurch Knowhow in immer höherem Maß auf niedrigeren Hierarchie-Ebenen zu finden ist. Hier geht es um Resonanzaufbau, intern wie extern (Künkel & Grün, 2020, S. 153 f.). Der *Change* von traditioneller Führung zum Shared Leadership stellt eine Veränderung der Vertrauens- und Machtprozesse dar (Ullmann & Jörg, 2019, S. 425–427), die geprägt ist von Respekt und Verpflichtung der Führenden gegenüber den Beschäftigten (Schermuly, 2023, bes. S. 25 f.). Die Basis ist wiederum Vertrauen: „Vertrauen reduziert Komplexität" (Luhmann, zit. nach Kiel, 2019, S. 843).

Die *vollständig intrinsische* Motivation führt zu positiven Verhaltenskonsequenzen mit den besten Arbeitsergebnissen:
- höheres Engagement
- bessere Leistungen
- gesteigerte Lernqualität
- mehr Energie und erhöhtes Arbeitslevel

(Furtner & Baldegger, 2023, S. 108). Diese Zusammenhänge sind wichtig für das hier so genannte *Enriched Transformational Leadership* (s. Kap. 4.2). Erfolgreiche Führungskräfte bedenken, dass ihr eigenes Verhalten von ihren Mitarbeitenden auf so unterschiedliche Weise aufgenommen werden kann.

Nach der Theorie der Selbstbestimmung verarbeiten Mitarbeitende sowie die Führungskräfte selbst diese Erkenntnisse in drei Schritten, die ein *selbstregulatorisches System* bilden: Sie beobachten sich selbst, beurteilen sich selbst und reagieren darauf eigenständig (s. Tab. 89).

Tab. 89: Selbstbeobachtung, Selbstbeurteilung und Selbstreaktion (nach Furtner & Baldegger, 2023, S. 108–113).

Funktion	Erläuterung
Selbstbeobachtung	– Voraussetzung für wirksame Selbstbeeinflussung – Reflexion von Gedanken u. Gewohnheiten in Bezug auf die soziale Umwelt
Selbstbeurteilung	– Motivation durch eigene Zielsetzung – Selbstbeurteilung und Feedback zur eigenen Leistung und deren Fortschritten – Vergleich mit Peers, Kollegen etc.
Selbstreaktion	– Grundlage sind Fähigkeiten und Fertigkeiten (z. B. fachliche Kompetenz) – mit deren Zunahme entwickelt sich intrinsische Motivation – Fokussierung auf so erzielte Erfolge vertieft Interesse an einer Tätigkeit, dadurch erzielte Erfolge sowie Zufriedenheit u. Motivation

Auf diese Weise legt intrinsische Motivation die Basis für ein *sich selbst verstärkendes System*. Das steigert das Kompetenzerleben der Betreffenden und vertieft zugleich ihre Selbstwirksamkeit (Furtner & Baldegger, 2023, S. 112 f.). Führungskräfte arbeiten daran, derartige Mechanismen in ihren Teams, Abteilungen und ganzen Unternehmen zu installieren: im Zusammenhang mit Personalentwicklung und Community Building (s. 10.3 bzw. Kap. 7.2), Feedback und systemischem Lernen (Kap. 8.3 bzw. 8.4) sowie Diversity, Agilität und Wandel (Kap. 9.1 bis 9.3).

Selbstregulation und *Ordnung* haben bereits die Psychologie und Soziologie des 20. Jahrhunderts erforscht. Deren Modell der **Synergetik** (des Zusammenwirkens) umfasst die folgenden Elemente und Mechanismen:

- *Mikroskopische Ebene*: Hier bewegen sich die *Elemente* eines Systems mit ihren zahlreichen Wechselwirkungen
- *Makroskopischer Ebene*: Hier bildet sich die Ordnung des Systems heraus
- *Ordner*: Impulse der Elemente auf der Mikro-Ebene in Richtung Ordnung
- *Attraktor*: Anziehungskraft dieser Ordnung für die Systemelemente, ihr Verhalten nach der Ordnung zu richten
- *Kreiskausalität*: Kreislauf zwischen den beiden Ebenen, bottom-up (Emergenz) und top-down (Dominanz)
- *Kontrollparameter*: stabilisieren soziale Systeme durch Verhaltensmuster, Rituale, Regeln, Normen etc., und psychische Systeme durch Sichtweisen, Annahmen, Vorstellungen oder Sichtweisen

Einerseits erzeugen Systeme damit eine gewisse *Stabilität,* andererseits können schon Änderungen im Verhalten auf der Mikro-Ebene *Veränderungen* der Ordnung bzw. der Parameter bewirken (Kiel, 2019, bes. S. 843–854; s. Abb. 139).

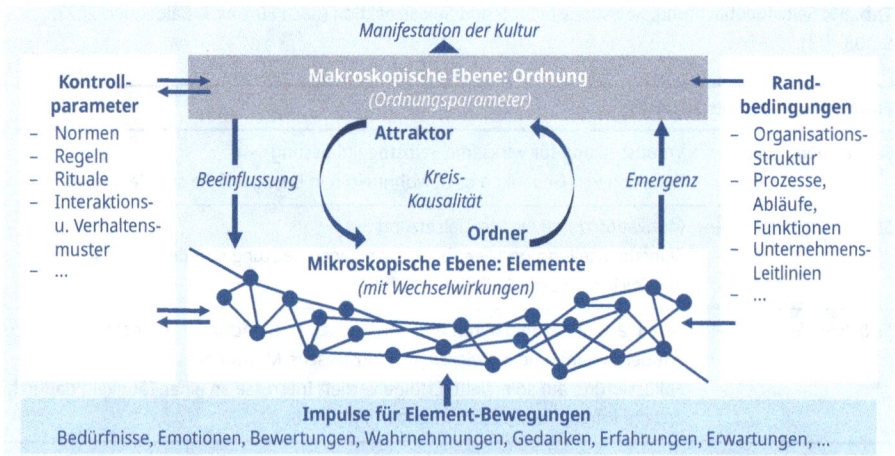

Abb. 139: Elemente und Prinzipien der Selbstorganisation sozialer Systeme. Wechselwirkung zwischen Elementen auf der Mikro-Ebene und ihrer Ordnung auf der Makro-Ebene (eigene Darstellung, angelehnt an Kiel, 2019, bes. S. 846–848).

Das Zusammenwirken von Elementen und Mechanismen erklärt die **Kultur** eines Systems, in der Wirtschaft also die Unternehmenskultur. Diese lässt sich nur bedingt durch die Führungskräfte beeinflussen, besonders allerdings durch deren vorbildhaftes Verhalten – und auch, indem sie andere einflussreiche Kräfte für ihre Ideen gewinnen (Kiel, 2019, S. 850; s. a. Kap. 4).

Selbstorganisierende Systeme lassen sich somit durch folgende Kriterien kennzeichnen:
- Verteilte Kontrolle (keine Zentralisierung)
- Kontinuierliche Anpassung (an eine sich verändernde Umwelt)
- Emergente (sich entwickelnde) Strukturen
- Feedback (positiv wie negativ; s. a. Kap. 8.3)
- Resilienz des Systems (s. Kap. 7.2, organisationale Resilienz)

Darüber hinaus müssen die Strukturen und Prozesse im Umfeld der Systeme flexibel genug sein, die Veränderungen aus deren Selbstorganisation mitzutragen: in Information und Kommunikation, Aus- und Weiterbildung sowie Entlohnung (Rolfe, 2019, S. 232 f.).

Es ist damit Sache von Unternehmens-Eignern und -Management, den **Freiraum** zu bestimmen, der Führungskräften und Mitarbeitenden gegeben werden soll. Als Bestimmungsgründe für Freiräume werden neben dem *Purpose* (s. Kap. 3.3) sowie dem Menschenbild der Entscheider (s. u., Kap. 10.2) die Bedürfnisse des Marktes und die Langfrist-Orientierung der Entscheider genannt (s. a. Kap. 2): Offenbar kann egoistischeres Verhalten *kurzfristig* erfolgreicher sein, während sich die Verteilung von Macht *mittel-* und *langfristig* – zumindest bei Wissensarbeit – als erfolgreicher erweist (Arnold Basler et al., 2021, S. 69 f.).

In diesem Zusammenhang wird – über die transformationale Führung hinaus (s. Kap. 4.2) – mit der Bezeichnung **Unleadership** eine Unternehmenskultur formuliert, die traditionelle Denkweisen insgesamt in Frage stellt. Sie fordert zu flexiblem und spontanem Agieren ins Unbekannte hinein auf: mutig, demütig, unvollkommen, auf soziale Elemente fokussiert und mit einem Selbstverständnis als Diskurs anstelle von Führung (Kars-Ünlüoğlu et al., 2024, bes. S. 110 f.).[177] Darin finden sich z. B. auch Gedanken zur Bottom-up-Kultur (s. Kap. 3.2), zu Feedback und systemischem Lernen (s. Kap. 8.3 bzw. 8.4).

Die Beziehung zwischen Individuum und Unternehmen kann hinsichtlich der Frage von Autonomie als prinzipieller **Gegensatz** gesehen werden: „Die Sozialisation des Einzelnen zielt auf Eigenständigkeit, Fähigkeit zu eigenem Werturteil, Unabhängigkeit und Freiheit. Die Ansprüche einer Organisation hingegen zielen naturgemäß nach Ein- und Unterordnung, Anpassung und Disziplin. Kurzum, eine Organisation fordert in hohem Maße funktionale Uniformität, der Einzelne jedoch beansprucht für sich innere Autonomie und Selbstgemäßheit. Dieser Grundkonflikt zwischen Unternehmen (Organisation) und Einzelnem kann zwar materiell kompensiert, aber niemals vollständig aufgelöst werden" (Pietzcker, 2024, S. 81).

Konsequent verfolgt, führt das Prinzip der Selbstbestimmung letztlich zu einem **Paradox**: Einerseits streben Menschen nach individueller Autonomie, andererseits verfolgt ihr Unternehmen jedoch gemeinsame Ziele, deren Festlegung die Freiheit des Einzelnen zu beschneiden droht. Die Freiheit, die ein Unternehmen also zuzulassen sucht, droht gerade durch die zielgerichteten Aktivitäten dieses Unternehmens ver-

---

177 Ergänzend zum *Unleadership* s. a. die Betonung von Demut im Konzept des *Humble Leadership* (Kap. 11.3).

mindert zu werden: „Zwang versus Freiheit ist ein Grundwiderspruch in der Gestaltung sozialer Systeme" (Kaudela-Baum & Altherr, 2020, S. 132).[178]

Seit dem Aufkommen von *Lean Management* in den 1960er Jahren hatte Verschlankung bereits Hierarchie reduziert; das *Empowerment* hat diesen Trend erneut verstärkt. Vor dem Hintergrund steigender Dynamik (Tempo) und wachsender Komplexität (mit der Tendenz zu Hierarchie-Reduktion z. B. in der Agilität, s. Kap. 9.2) sehen Autoren die Gegenwart als geprägt von **Dynaxity** (Dynamik + Komplexität), die Strukturen weiter auflöst und Hierarchien weiter abbaut. *Empowering Leadership* lässt sich dabei nach 4 Kriterien charakterisieren (s. Tab. 90). Es wird so zugleich zu Bedingung und Wirkung von Lean Management (A. Müller & Müller, 2019, S. 461–465).

Tab. 90: Kriterien von Empowerment (nach A. Müller & Müller, 2019, S. 466–469).

Kriterien	Erläuterung
soziokulturell	Machtdistanz u. Unsicherheitsvermeidung; Tabuisierung von sozialen Vergleichen; Bedeutung von Statussymbolen
arbeitspsychologisch	Vollständigkeit der Tätigkeiten (inklusive Planung, Kontrolle); Ermächtigung der ausführenden Einheiten; reziprokes Vertrauen u. prosoziale Arbeitssituationen
organisational	Ausmaß von Leitungstiefe u. Leitungsspanne, Dynamik u. Komplexität; Größe, Alter u. Rechtsform des Unternehmens
führungsrelevant	Kooperation und Partizipation; Eindeutigkeit der Unternehmenskultur, Ausmaß der Mitarbeiterbindung (Werte, Normen, Purpose); Ausprägung der Führungsstile und Kontrollinstanzen

Zwischen vollständiger *Selbstbestimmung* und vollständiger *Fremdbestimmung* wird in der Realität des Unternehmens der Freiraum gelegentlich als **Zone of Responsible Action** bezeichnet: Einerseits bestehen im Unternehmen geltende Normen, Grundwerte u. ä., die diesen Freiraum begrenzen; andererseits ist dieser Raum von Fremdeinflüssen freizuhalten (Pfister et al., 2019, S. 287 f.; s. a. Abb. 140).

Allerdings kommt es auch in einer im Konsens definierten *Zone of Responsible Action* zu Verletzungen von Einzelinteressen. In diesem Fall werden **Kompensationshandlungen** nötig. Diese herbeizuführen, d. h. sie in möglichst großem Einklang mit den Betroffenen ggf. auszuhandeln und zu moderieren (s. Kap. 10.1), ist wiederum Aufgabe empathischer und zugleich entschlossener Führung (Pfister et al., 2019, S. 288 f.).

Dies gelingt den Führungskräften umso leichter, je stärker das **Kohärenzgefühl** der Beschäftigten ist: das Vertrauen darin, die gestellten Aufgaben und Herausforde-

---

178 Ein vergleichbares Paradox ergibt sich im Hinblick auf Arbeitskraft und den menschlichen Körper: Er lässt sich zwar ausbeuten, aber nur bis zu einer Grenze; ihn zeichnet eine gewisse Unverfügbarkeit aus. Dennoch wird über ihn verfügt und seine Arbeitskraft im Tausch gegen Lohn – nach Karl Marx Ausbeutung – verdinglicht: Dem eigentlich Unverfügbaren droht Entwürdigung (Bierhoff, 2019, S. 238 f.).

Abb. 140: Zone of Responsible Action. Eigenverantwortliches Handeln zwischen völliger Fremdbestimmung durch das Unternehmen und völliger Selbstbestimmung des Mitarbeitenden (angelehnt an Pfister et al., 2019, S. 288).

rungen mit den eigenen Mitteln erfolgreich bewältigen zu können (s. Kap. 8.1). Dies wird durch 3 Faktoren positiv beeinflusst:

- Verstehbarkeit: Betriebliche Abläufe und Aufträge sowie deren Umfeld sind nachvollziehbar, begründet und erklärt – und bieten Entwicklungsmöglichkeiten (z. B. durch *Job Enrichment, Job Enlargement* oder *Job Rotation*, s. Kap. 10.3)
- Handhabbarkeit: Die Erfahrung, dass Beschäftigte positiv herausgefordert (also weder unter- noch überfordert) sind und ihre Aufgaben und Herausforderungen zu bewältigen sind (der Kern von Kohärenz)
- Sinnhaftigkeit: Aufgaben und Tätigkeit werden als sinnvoll, bedeutungsvoll und nützlich angesehen und für deren erfolgreiche Bewältigung werden Anerkennung und Wertschätzung ausgedrückt

Eine solche positive Herausforderung hilft den Beschäftigen, Ressourcen zur Aufgabenbewältigung aufzubauen. In der Selbstorganisation kommt es umso mehr darauf an, dass Führungskräfte die *Zone of Responsible Action* und damit die Aufgaben der Beschäftigten auf deren persönliche Ressourcen sensibel abstimmen (Kernen et al., 2019, S. 191 f.).

Als **Führen in Teilzeit** basiert auch das Job Sharing in Führungspositionen in besonderem Maß auf Selbstorganisation. Job Sharing in der Führung stellt eine Art von *Shared Leadership* dar – nur meist weniger situativ, sondern stärker formal organisiert: als strukturierte Aufteilung einer (Führungs-) Position unter die Teilzeit-Stellen. Es setzt zudem ein maximales Vertrauen zwischen den beteiligten Personen voraus (Werther, 2016, S. 183 f.).

Als weitere **Voraussetzungen**, um ein *Job Sharing* auf Führungsebene einzuführen, werden genannt:

- administrative und operative Prozesse auf mehrere Führungskräfte auszurichten
- Personal- und Organisationsentwicklung zu flexibilisieren
- Wertschätzung und Vertrauen als Basis für Shared Leadership und als zentrale Werte der Organisationskultur zu propagieren

– Diskussions-Offenheit auch im Fall von Stereotypen charismatischer oder heroischer Führung.

Der letzte Punkt betont den Diskurs, um die Stärken partizipativer gegenüber personenorientierter Führung erarbeiten zu können. Dies betrifft die Kultur eines Unternehmens insgesamt: Führung durch Einzelpersonen wie im Team; zumal im Zusammenhang von interkulturellen und Diversity-Aufgaben (Werther, 2016, S. 184; s. a. Kap. 9.1).

In den letzten Jahren sind umfangreiche Erfahrungen mit *Führung in Teilzeit* gesammelt und **Modelle** dazu entwickelt worden. Die interessantesten davon zeigt Abb. 141.

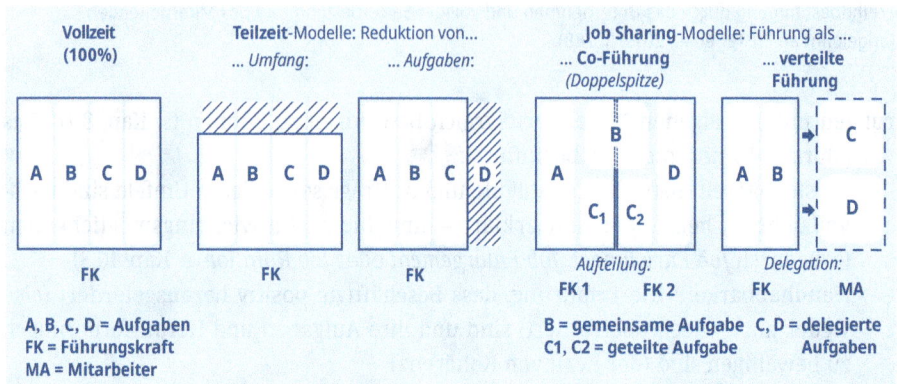

Abb. 141: Teilzeit und Job Sharing in der Führung. *Reduktion* von Aufgaben, *Teilung* von Aufgaben (nach verschiedenen Kriterien), *Delegation* von Aufgaben (Darstellung nach Ellwart et al., 2023, S. 387).

Im *War for Talents* schafft derartiges Job Sharing Arbeitgeberattraktivität und trägt in hohem Maße zum Employer Branding bei. Es stellt eine Win-Win-Situation für beide Seiten dar: für Arbeitgeber wie für Arbeitnehmer (s. Tab. 91).

Tab. 91: Anlässe, Bedürfnisse und Unternehmensnutzen im Job Sharing (nach Ellwart et al., 2023, S. 399).

Anlass / Anwendungsbereich	Bedürfnis der Führungskraft	Nutzen des Unternehmens
Elternschaft; Pflege in der Familie	Vereinbarkeit von Familie und Beruf	– Lebensphasenorientierte Personalentwicklung – Gendergerechte Personalpolitik – Stabilität der betroffenen Abteilungen bzw. Bereiche – Personalbindung – insbesondere der High Potentials

Tab. 91 (fortgesetzt)

Anlass / Anwendungsbereich	Bedürfnis der Führungskraft	Nutzen des Unternehmens
Hospitation in einer verantwortlichen Position	Karrieremotivation bzw. -perspektiven	– Qualifikation *on the job* – Passgenaue Personalentwicklung und Nachfolgeplanung – Führungskräftenachwuchs-Förderung, Fachkräfte-Sicherung
Einstieg in neue Führungsaufgabe	Qualifikation und Einarbeitung für die Führungsaufgabe	– Wissensmanagement – Stabilität der betroffenen Abteilungen bzw. Bereiche
Ausstieg aus Führungsaufgabe (Ruhestand, Erkrankung, Downshifting)	Graduelle bedarfsorientierte Reduktion der Verantwortung	– Lebensphasenorientierte Personalentwicklung – Wissens- u. Erfahrungstransfer an jüngere FK – Fachkräftesicherung bei älteren Mitarbeitenden – Fachkräftesicherung bei Burn-out oder Langzeit-Erkrankung – Stabilität der betroffenen Abteilungen bzw. Bereiche
Komplexe Führungsaufgaben	Entlastung im Management	– Betriebliche Gesundheitsförderung der Führungsebene (durch soziale Unterstützung, fachliche Stärkung) – Breitere Qualifikation in der betreffenden Führungsaufgabe – Sicherung der Abteilungen oder Bereiche durch Vertretungsgarantie und Diversifizierung der Leitungsaufgabe

Selbstorganisation und Selbstführung gelten auch als besonders erfolgsrelevant im Remote Work für die **Führung virtueller Teams**. Dafür müssen Zeitkompetenz, Selbstführung und Selbstwirksamkeit voll entwickelt sein, das Vertrauen in die Mitarbeitenden hoch und das Kontrollbedürfnis gering. Zudem müssen der Führungsstil partizipativ sein und die kommunikativen, medialen und technischen Kompetenzen umfassend – und schließlich die Motivationskraft stark und die Empathie für die Mitarbeitenden groß.

Und unabhängig davon, ob ein transformationaler Führungsstil angestrebt wird oder nicht, ist das Bewusstsein dafür wichtig, dass Mitarbeitende sich in ihrem Verhalten immer wieder auch nach ihren Führungskräften richten (*Crossover-Effekt*). Das ist im Hinblick auf Arbeitsweise und Lebensführung einschließlich Gesundheitsfürsorge für sich selbst und für andere (*SelfCare* bzw. *StaffCare*) bedeutsam (Hellert et al., 2019, S. 151 f.; Landes et al., 2020, S. 33 f.; Krick et al., 2023, bes. S. 664 f.). Die Kriterien für die *Eignung von Beschäftigten* zum *Remote Work* nennt Tab. 92.

Tab. 92: Kriterien der Eignung zum Remote Work (nach Landes et al., 2020, S. 34).

Kriterium	Erläuterung
Freiwilligkeit	Bereitschaft zur Arbeit im Homeoffice
Motivationsstruktur	Intrinsische Leistungsmotivation – herausragende Stellung in der Organisation – Möglichkeit zur Gestaltung
Gewissenhaftigkeit	Aufgabenerledigung selbstständig, vollständig
Soziale Verträglichkeit	Zwischenmenschliches Vertrauen, Kooperativität, Nachgiebigkeit
Ehrlichkeit	Ehrliches Verhalten
Selbstführung	Kompetenzen zur Selbstführung bereits vorhanden – oder ggf. Potenzial zu deren Aufbau vorhanden
Zeitmanagement	Kompetenzen im Zeitmanagement bereits vorhanden – oder ggf. Potenzial zu dessen Aufbau vorhanden
Feedback-Bereitschaft	Offenheit zur Annahme von Feedback
Fachliche Kompetenz	Fachliche Kompetenzen vorhanden, um Aufgaben selbständig und ohne Anleitung (bzw. lediglich remote) zu erledigen
Akzeptieren eigener Grenzen	Fähigkeit, eigene Grenzen zu akzeptieren – auch: sich nicht zu überfordern (s. Kap. 7.1, Resilienz)

Ziel von Selbstführung ist i. d. R. die Verbreitung dieser Kompetenz im gesamten Unternehmen. So kann sie ihre Kraft entfalten und konfliktfrei in der Breite wirken. Die Entwicklung von Selbstführung unter Mitarbeitenden zeigt ein Modell in 7 Stufen:
(1) Selbstführung bei Führungskräften entwickeln
(2) Selbstführung vorleben
(3) Ermutigung zur Selbst-Zielsetzung
(4) Ermutigung zum positiven Denken
(5) Selbstführung durch Belohnung und Feedback fördern (s. a. Kap. 8.3)
(6) Selbstführung in Teams fördern
(7) Selbstführungs-Kultur fördern

(Furtner & Baldegger, 2023, S. 141–144).[179] Den Start- und Zielpunkt solcher Selbstführung hat der Hamburger Unternehmer Bodo Liesenfeld kurz und knapp formuliert

---

179 Die Spirale, die sich daraus ergibt, gleicht fast einem Paradox: Selbstführung ist nötig, um Selbstführung zu erreichen. Die Initialzündung geht von Freiheit, Motivation und Vertrauen aus – und dem Bewusstsein, aus kleinen Erfolgen größere zu erzielen: eine schrittweise Entwicklung (Stewart et al., 2019, S. 60).

und dabei das christliche Gebot der Nächstenliebe[180] auf die Personalführung übertragen: „Führe deinen Nächsten wie dich selbst" (Liesenfeld, 2007, S. 24).[181]

Daraus erwächst nicht nur intrinsische Motivation, sondern auch persönliches
Wachstum, das ins Talent Management des Unternehmens einfließen kann (s. Kap. 10.3).
Den Ausgangspunkt dafür bildet das natürliche menschliche Bestreben, dazuzulernen
und sich zu entwickeln (Wyatt, 2024, S. 141 f.). In diesem Zusammenhang ist in den vergangenen Jahren das Konzept des *Job Crafting* populär geworden.

> Mit **Job Crafting** wird die Gestaltung der eigenen Arbeitsaufgaben bzw. die Änderung von deren Gren-
> zen bezeichnet (*Intervention*), die ein Arbeitnehmer vornimmt, um deren Passung zu seinen eigenen
> Potenzialen zu optimieren (Bakker & Demerouti, 2014, S. 15; s. Abb. 142).

Interventions-Ebene		
Individuum	**Stärken-basierte Intervention** *individuelle Stärken/Schwächen, an denen der Beschäftigte arbeiten will**	**Job Crafting** *physische/kognitive Änderungen bzgl. Aufgaben/-Begrenzung, die der Beschäftigte anvisiert*
Organisation	**Training** *Schulungen, Fortbildungen, Lehrgänge, Lernen (ggf. auch Coaching, Mentoring)*	**Job Redesign** *Änderungen in Struktur/Inhalt, um Basis des Wohlfühlens zu stärken*
	Persönliche Ressourcen	Job-Anforderungen/Ressourcen · **Interventions-Gegenstand**

* *Ansatz für selbstorganisiertes Lernen*

Abb. 142: Job Crafting im Vergleich zu anderen Interventionen im Job. Individuum bzw. Unternehmen
(Organisation) als Aktions-Ebenen, auf denen Beschäftigte die Anforderungen ihrer Arbeit bzw. ihre
Ressourcen zu deren Bewältigung gestalten (angelehnt an Bakker & Demerouti, 2014, S. 18).

Job Crafting geschieht also, indem Mitarbeitende ihren Arbeitsaufgaben zusätzliche hin-
zufügen, neue verhandeln – oder ihren Aufgaben neuen Sinn beifügen. Sie tun dies, um
- Entwicklungen wie Entfremdung von ihrer Arbeit entgegenzuwirken,
- sich selbst stärker auszudrücken oder mehr Bestätigung von anderen zu erhalten,
- intensivere Verbindung zu anderen Beschäftigten herzustellen

(Bakker & Demerouti, 2014, S. 16–19). Job Crafting lässt sich als *sinnfokussierte Selbstbestimmung* in der Arbeit verstehen. Es ist zu unterscheiden vom *Job Redesign*, bei

---

180 In der christlichen Bibel zitiert Paulus von Tharsus Jesus von Nazareth: „Denn das ganze Gesetz ist in
dem einen Wort erfüllt: »Liebe deinen Nächsten wie dich selbst!«" (Einheitsübersetzung, 2016, Gal 5, 14).
181 Die aus solcher Spirale entspringende Kraft formuliert schon Laotse so: „Wer andere bezwingt,
ist kraftvoll. Wer sich selbst bezwingt, ist unbezwingbar" (zit. nach Gamma, 2016, S. 44).

dem es das Unternehmen ist, das die Aufgabenstruktur und -inhalte ändert (s. a. Kap. 11.2 zu Feelgood Management).

Auch **selbstorganisiertes Lernen** ist als *Selbststeuerung* und letztlich *Selbstbestimmung* zu verstehen: Die Lernenden entscheiden selbst über Ziel und Inhalt, Form und Weg, Zeit, Ort und Ergebnis ihres Lernens (Rolfe, 2019, S. 70; s. a. Abb. 134).

Selbstorganisiertes Lernen stellt einen wichtigen Baustein des *Lifelong Learning* dar. Es handelt sich um ein interessengesteuertes Lernen, das die Lernenden selbst initiieren. Es dient ihrer Karriere und findet auf individueller Ebene statt – eng verknüpft mit dem organisationalen Lernen (Rolfe, 2019, S. 70 f.; s. a. Kap. 8.4).

Eine der prominentesten Methoden, die Entscheidungs-Teilhabe sowie Selbstorganisation realisiert, ist *Holokratie*. Diese Methode hat Ähnlichkeiten mit Scrum und wird von manchen Autoren daher auch den agilen Methoden zugerechnet.

Holokratie (auch *Holakratie*, engl. *Holacracy*) bezeichnet eine dezentrale Arbeitsmethode, die den Beschäftigten in definierten Rollen und Arbeitszirkeln sowie zeitlich begrenzt und auf der Basis von Regeln (*Verfassungen*) Entscheidungsfreiheit zubilligt, ohne dass Kollegen zustimmen müssten. Holokratie stellt insofern eine Form der Machtverteilung dar: ohne Vorbehalt in der Hierarchie, beschränkt auf die definierten Institutionen (Marrold, 2018, S. 86).

Autorität wird in der Holokratie nicht auf Personen, sondern auf *Rollen* verteilt: zeitweise und in definiertem Umfang. Verschiedene Rollen arbeiten gemeinsam in *Kreisen* – bzw. *in Sub-Kreisen*. Den maximalen Umfang einer Aufgabe bildet der *Anker-Kreis* (*Super-Kreis*). Alle Beteiligten erörtern Notwendigkeiten zur Veränderung (*Spannungen*) und zur Zielerreichung in *operativen Meetings*, bzw. bzgl. Rollen und Strukturen in *Governance-Meetings*. In ihnen wachen *Facilitators* über Diskussion und Regeln. *Links* stellen die Verbindung zwischen den verschiedenen Kreisen her (Marrold, 2018, S. 86–89; s. Abb. 143).

Holokratische Systeme stellen insofern keine demokratischen Unternehmensverfassungen dar, als sie keine Entscheidungen per Votum ermitteln. Vielmehr wird Macht lediglich auf Zeit sowie für bestimmte Funktionen delegiert und in der Verfassung festgeschrieben: Nur darüber entscheiden die betreffenden Rollen bzw. Kreise. Eine Person kann mehrere Rollen ausüben.

Auch das *Working Out Loud* kann als eine Art von Selbstorganisation und Selbstführung verstanden werden: Die Beschäftigten übernehmen Selbstverantwortung und einen Teil von Kontrolle über ihre Arbeit und deren Ergebnisse.

Working Out Loud (WOL) bezeichnet eine Zusammenarbeit in Netzwerken und Social Media, bei der die Beschäftigten ihre Arbeit und sich selbst *sichtbar* machen. Das Netzwerk kann darauf reagieren, was Mehrwert erzeugt. Die Methode setzt eine Bereitschaft zum Teilen, also eine Offenheit voraus – und damit ein Bestreben, auch anderen zum Erfolg zu verhelfen (Rolfe, 2019, S. 91).

Super-Kreis
(Anker-Kreis)

Sub-Kreise

Rollen

1 Person = mehrere Rollen möglich

Spannungen, die
auftreten können:
zwischen
– Kreisen
– Sub-Kreis u.
  Super-Kreis

Lead Link: zur
Kommunikation in
die Sub-Kreise

Rep Link: zur
Kommunikation in
den Super-Kreis

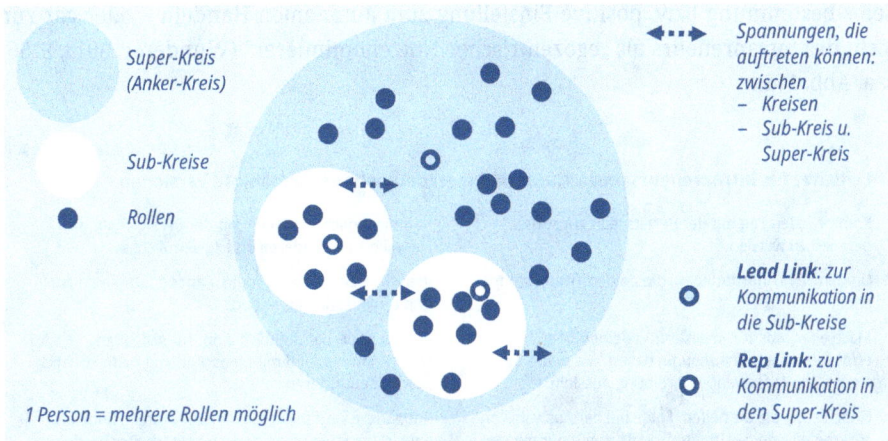

Abb. 143: Holokratie: Grundlegende Kreisstruktur und Funktionen. *Spannungen* zu erörtern in Meetings: *Operative* Meetings zur Erreichung der Arbeitsziele, *Governance* Meetings zur (Re-)Definition von Rollen und Strukturen (eigene Darstellung angelehnt an Robertson, 2016, nach Marrold, 2018, S. 87).

Working Out Loud ist damit fast eine Lebenseinstellung: ein soziales Arbeitsverhalten, für das eine Person sich selbst gut einschätzen können muss und die eigene Arbeit mit Themen anreichert, die den eigenen Talenten entsprechen. Solche Netzwerkarbeit (s. Kap. 7.2) funktioniert, wenn man anderen Mehrwert und Sinn bietet, und fördert den Aufbau stabiler virtueller Beziehungen. Working Out Loud wird zumal wertvoll bei *Diversität* (s. Kap. 9.1), wo Teilnehmer mit unterschiedlichen Aufgaben und Zielen zusammenarbeiten und sich gegenseitig unterstützen (Rolfe, 2019, S. 91 f.).

In einem gewissen Widerspruch dazu steht das **Intrapreneurship**, das in den letzten Jahren neu diskutiert wird. Sein Wortgebrauch zeichnet sich durch hohe Unschärfe aus;[182] jedenfalls steht der Begriff aber eher für eine tendenziell egozentrische als für eine dezidiert soziale Haltung.

Intrapreneurship bezeichnet eine Haltung innerhalb eines Unternehmens, die dessen Beschäftigte als Unternehmer im Unternehmen ansieht. Damit sind einerseits Führungsfähigkeiten anvisiert wie z. B. Motivationskraft oder Veränderungsbereitschaft, andererseits Kompetenzen wie eigenständiges Arbeiten und Eigenverantwortung für die Ergebnisse der Arbeit (Sass, 2019, S. 142; Holtbrügge, 2022, S. 69 f.).

Verallgemeinert wird der Begriff manchmal auch für eine unternehmensinterne *Erfolgsorientierung* verwendet – ggf. auch um den Preis einer gelockerten Bindung an das Unternehmen. Das führt zu einem Verständnis des Begriffs als weitgehende

---

182 Die wortspielerische Zusammenziehung *Intrapreneurship* setzt sich aus *Entrepreneurship* (franz. und engl. für Unternehmertum) und *intra* (lat. für innerhalb) zusammen.

Selbstbestimmung bzw. positive Einstellung zum autonomen Handeln – oder gar zur Sicht des Intrapreneurs als „egozentrischer Nutzenoptimierer" (Wunderer, 2018, S. 56; s. a. Abb. 144).

Leitsätze für Intrapreneurs und Mitunternehmer: deutliche vs. gemäßigte Versionen	
Komme jeden Tag mit der Bereitschaft zur Arbeit, gefeuert zu werden.	Komme täglich zur Arbeit mit der Bereitschaft, dich freiwillig zu engagieren und zu verpflichten.
Umgehe alle Anordnungen, die deinen Traum stoppen könnten.	Realisiere Ziele eigenständig – aber strategie-, team- und organisationsorientiert.
Mach alles, was zur Realisierung deines Ziels erforderlich ist – unabhängig davon, wie deine eigentliche Aufgabenbeschreibung aussieht.	Arbeite dauerhaft möglichst nur für Aufgaben, Organisationen und mit Menschen, mit denen du dich (noch) identifizieren kannst.
Finde Leute, die dir helfen. Folge bei der Auswahl von Mitarbeitern deiner Intuition und arbeite nur mit den Besten zusammen.	Kooperiere verlässlich mit deinem Umfeld, finde und entwickle mitunternehmerische Mitarbeiter für dein Team und Netzwerk.
Bleibe deinen Zielen treu, aber sei realistisch in Bezug auf die Möglichkeiten, diese zu erreichen.	Verstehe Ziele und Probleme als Herausforderung und Chance statt als Bedrohung.
Wette nie in einem Rennen, in dem du nicht selbst mitläufst.	Konzentriere dich auf Ergebnisse für deine Bezugsgruppen statt auf taktische Inputs.
Denk daran, es ist leichter, um Verzeihung zu bitten als um Erlaubnis.	Verhalte dich so, wie du selbst gerne behandelt werden möchtest. („Goldene Regel")
Pinchot (1988)	**Wunderer (2011)**

Abb. 144: Leitsätze für Intrapreneurs und Mitunternehmer. Intrapreneurship als organisationsinternes Unternehmertum; Leitsätze von Pinchot (1988) expliziter, von Wunderer (2011) gemäßigter formuliert (Wunderer, 2018, S. 160).

Einerseits richten Unternehmen sich also – auch im *War for Talents* – am Ideal der Selbstbestimmung in Freiheit aus, um deren Kraftentfaltung betriebswirtschaftlich zu nutzen. Andererseits orientieren sie sich am Prinzip der Sozialität, die das Verschwinden starker Führungspersönlichkeiten zugunsten gemeinschaftlicher, wenngleich regelbasierter geteilter Führung zu einer „Unternehmenskultur der Selbstführung" (Dietz, 2016, S. 119) werden lasst.[183] Diese Ambivalenz müssen Unternehmen und ihre Führungskräfte bewältigen.

Darauf richten sie ihre Mitarbeitenden auch durch eine *individualisierte Personalentwicklung* aus (Bischof, 2019, S. 68). Davon mehr im nächsten Abschnitt.

---

[183] In diesem Zusammenhang wird zunehmend von einem Überkommen des *heroic leadership* und von einer Phase der *post-heroischen Führung* gesprochen (Denis et al., 2012, S. 212; Holtbrügge, 2022, S. 272; Furtner & Baledegger, 2023, S. 5, 158; Wyatt, 2024, S. 59).

10.3 Talent Management als Lifelong Development

Personalentwicklung (PE)[184] erlebte seit den 1990er Jahren einen großen Aufschwung, als Manager und Ökonomen begannen, Personal als knappe und wichtigste Ressource zu erkennen: Der Begriff *Humankapital* erlebte eine Renaissance. Seither geht es in der PE darum, Wettbewerbsfähigkeit zu sichern. Unter der Bezeichnung *Talent Management* konzentriert Personalentwicklung sich dabei zunehmend auf Soft Skills, Sozialkompetenz und emotionale Intelligenz: ein Trend, der sich fortsetzt und dessen Ende noch nicht absehbar ist (Krisor, Rowold et al., 2015, S. 173 f.; Troger, 2021, S. 175).

> **Talent Management** umfasst strategiebasierte personalpolitische Maßnahmen, die auf Recruiting, Einsatz, Entwicklung und Bindung talentierter Beschäftigter zielen – und häufig auf Nachwuchs-Fach- und Führungskräfte ausgerichtet sind. Es kann interne, externe sowie gelegentlich ehemalige Mitarbeitende anvisieren. Seine Bedeutung steigt auch deshalb, weil die Bindung von Beschäftigten an ihr Unternehmen ab- und die Fluktuation von Personal zunimmt (Vollrath, 2018, S. 171 f.).

Eine positive Korrelation von Talent Management und Unternehmenserfolg wird seit langem erörtert und lässt sich naturgemäß nicht nachweisen, schon aufgrund seiner Multikausalität. Meta-Analysen sowie direkte Managementbefragungen weltweit (BCG, 4.300 Personalverantwortliche) weisen auf positive Zusammenhänge, auch hinsichtlich mehrerer bereits erörterter Kriterien:

– Aufwand für Personalbeschaffung
– leistungsfördernde Arbeitsgestaltung
– Höhe des Aufwands für Weiterbildung
– Anteil variabler Vergütung
– Fürsorge des Unternehmens für seine Beschäftigten

(Holtbrügge, 2022, S. 5 f.). Dahinter steht der Einfluss von allgemeinen sowie von fachspezifischen Kompetenzen sowie von Motivation – und die Persönlichkeit und Motive des Eigentümers (Furtner & Baldegger, 2023, S. 46 f.). Insofern gewinnt das **Human Centered Workforce Management** (*menschenzentriertes Personalmanagement*) im Unternehmen zunehmend an Gewicht (Wyatt, 2024, S. 92)

Die Trennung von *Personalmanagement* und *Talent Management,* wie sie traditionell vorgenommen wurde, wird für die Wissensgesellschaft zunehmend redundant. Vielmehr wird Talent Management ein selbstverständlicher Teil des Personalmanagements. Und auch die Stellung von Human Resources insgesamt gewinnt im Unternehmen eine zunehmend strategische Bedeutung.

Die Digitalisierung hat den Arbeitsmarkt transparenter gemacht, HR-Abteilungen haben *Talent Pools* aufgebaut. Deren Mitglieder werden *variabel* auf unterschiedlichen Positionen eingesetzt und so entwickelt (ein Spezialfall von *Job Rotation*). Daneben wer-

---

184 In den USA auch: *Staff Development* oder *Human Resources Development*

den Aufgaben-Umfänge horizontal oder vertikal erweitert (*Job Enlargement bzw. Job Enrichment*), was die Verantwortung der Stelleninhaber und zugleich ihre Qualifikation (sowie ihre Identifikation mit dem Unternehmen) erhöht. Bewerber informieren sich in Bewertungsportalen über potenzielle Arbeitgeber. Deren HR- Abteilungen haben damit eine neue Rolle erhalten (Vollrath, 2018, S. 172–185; Wyatt, 2024, bes. S. 128 f.).

Die **Positionierung** von Human Resources samt Talent Management ist in die Gesamtstrategie des Unternehmens eingebettet, d. h. in

- Unternehmensentwicklung,
- Organisationsentwicklung,
- Gruppenentwicklung (ggf. auch in Selbstorganisation)

Personalentwicklung befasst sich nicht nur mit der systematischen Entwicklung von Führungskräften und zunehmend von Fachkräften, sondern auch mit der Entwicklung von operativen Teams sowie Beschäftigten in den unterstützenden Funktionen (Schlick et al., 2018, S. 716–720; Vollrath, 2018, S. 174 f.).

Re-Organisationen, Akquisitionen und ähnliche Investitionen sind damit kaum denkbar, ohne nicht das erforderliche Talent Management gleich mitzudenken. Wachstum ohne Personalentwicklung ist unter den Bedingungen des *War for Talents* kaum möglich. Die neue Rolle der Personalentwicklung ist somit zugleich operational (individuell) wie auch strategisch (organisational) ausgerichtet, sowohl auf Menschen als auch auf Aufgaben fokussiert (s. Abb. 145).

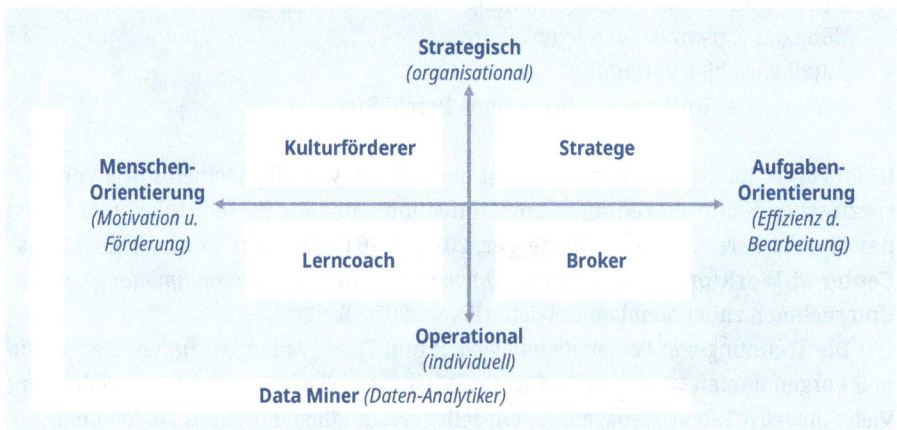

Abb. 145: Rollen der Personalentwicklung. Lerncoaching als Ausgangsfunktion, zusätzliche Funktionen in unterschiedliche Richtungen gewachsen, Data Mining als unterstützende Funktion (eigene Darstellung, angelehnt an N. Graf & Edelkraut, 2021, S. 237).

Dabei wird die ursprünglich primäre **Funktion** der Personalentwicklung als Lerncoach erweitert um weitere Funktionen – darunter die des Strategen. Die Funktion der Datengewinnung (Data Mining) bleibt als Support meist im Hintergrund. Details zu Aufgaben, Zielen und Kompetenzen nennt Tab. 93.

Tab. 93: Aufgaben und Kompetenzen der Personalentwicklung (eigene Kompilation nach N. Graf & Edelkraut, 2021, S. 234–242).

Funktion	Aufgaben u. Ziele	Kompetenzen
1 Lerncoach	Bei Rollenveränderung durch Lernen begleiten; Lernkompetenz fördern	– Coaching individuell/Gruppe (s. a. Kap. 8.1) – Lernbots – Coach-Suche u. -Passung – Verbindlichkeit u. Vertraulichkeit – Geduld
2 Kulturförderer	Lernkultur etablieren; Lernen als Unternehmenswert verankern	– (Lern-) Kulturanalyse – Systemisches Denken – Empathie (s. a. Kap. 7.3) – Design von Kulturmaßnahmen – Zielgruppenspezifische Kommunikation
3 Broker	Wissensmanagement u. Vernetzung der Know-how-Träger innerhalb u. außerhalb des Unternehmens	– Erkennen sozialer u. technologischer Trends – Moderation (s. a. Kap. 10.1) – Content kuratieren, Inhalte aufbereiten – Netzwerkmanagement (s. a. Kap. 7.2) – Methoden- u. Formatkompetenz, Beratung der Mitarbeitenden hinsichtlich neuer Tools u. Formate
4 Stratege	Mitwirkung bei strategischen Unternehmensentscheidungen; Top-down - u. Bottom-up-Strömungen (s. a. Kap. 3.2) aufnehmen	– Beraterkompetenzen: Analyse, Übersetzung in operatives Handeln, Kommunikation (s. a. Kap. 4.3) – Gesellschaftl. u. technische Entwicklungen einschätzen; Entscheiden bei komplexer u. unzulänglicher Informationslage – Projektmanagement; Agilität (s. a. Kap. 9.2) – Vernetzung (s. a. Kap. 7.2)
5 Data Mining (Support)	Daten u. Wissen für Funktionen 1–4 bereitstellen (digital/analog)	– Digitalkompetenzen – Marktforschung – Auswertung u. Analyse – Präsentation

Als **Grundsätze** des Talent Management lassen sich formulieren:
- *Hire for Character, Train for Mastery*: Recruiting nach Passung, trainieren für die Meisterschaft.
- *Follow the Growth Mindset*: Folge einem dynamischen Selbstbild (Grundeinstellung)
(nach Rolfe, 2019, S. 144; bzw. Dosik et al., 2022, S. 30).

Talent Management wird so zu einem Katalysator des *Lifelong Learning* und damit eines **Lifelong Development**. Es ist einem statischen Mindset entgegengesetzt und entsteht durch ein enges Zusammenwirken von Talent Management und Führungskräften in den betreffenden operativen Funktionen sowie der strategischen Unternehmensentwicklung (Blum & Gabathuler, 2019, S. 87 f.). Auch hier sind deren Selbstverantwortung und Selbstführung allerdings unerlässlich (s. Kap. 10.2).

> **Lifelong Learning** spiegelt das Bewusstsein schon seit der zweiten Hälfte des 20. Jahrhunderts wider, dass Lernen lebenslang stattfinden muss (s. Kap. 8.4). Dabei geht es um die Überwindung eines kognitiv fixierten Status quo: um die Lösung von der „Macht des Noch" (*power of yet*, Dweck, 2014, zit. nach Rolfe, 2019, S. 145).

Dieses Lernen wird begünstigt durch die Fähigkeit des Menschen, bis ins Alter hinzuzulernen. Wenngleich manche Lernfelder sich im Laufe der Jahre offenbar schwieriger (bzw. langsamer) erschließen lassen (so gilt z. B. das Sprachenlernen als erschwert), haben die Neurowissenschaften bestätigt, dass das Gehirn weiterhin neue *Synapsen* (Verschaltungen) bilden und somit neues Wissen generieren kann: *Lifelong Learning* ist möglich (Peters, 2015, S. 62).

Der Erfolg liegt dabei in der Verbesserung und im Lernen selbst, nicht nur in der objektiven Leistung. Die Vorstellung (auch noch des 20. Jahrhunderts), dass *Schul-* und *Berufs-(Aus-) Bildung* ausreichen, um den immer stärker wechselnden beruflichen Anforderungen gewachsen zu sein, ist spätestens im 21. Jahrhundert unhaltbar geworden (Schäfer, 2017, S. 25 f.)

Vielmehr gilt **Wissen** fortan als flüchtig: Es droht zu veralten. In diesem Zusammenhang wird – nicht unstrittig – von einer *Halbwertzeit des Wissens* gesprochen. Demnach veraltet Wissen auf die Hälfte seines Wertes binnen bestimmter Zeitspannen:
- Schulwissen: 20 Jahre
- Hochschulwissen: 10 Jahre
- Berufliches Fachwissen: 5 Jahre
- Technologiewissen: 3 Jahre
- IT-Wissen: 1 Jahr

(Stock-Homburg & Groß, 2019, S. 247)[185]

Talent Management operiert insofern mit zwei herausfordernden **Grundfragen**:
- Wie können die Beschäftigten auf qualifiziertere Aufgaben vorbereitet werden?
- Wie können die Fähigkeiten und Kenntnisse den veränderten Anforderungen angepasst werden?

(H. Jung, 2017, S. 6).

Die analytische Aufgabe der Personalentwicklung erstreckt sich damit also auch auf die Differenz zwischen dem *Soll* der Arbeits-(Platz-) Anforderungen und dem *Ist* der Fähigkeiten des aktuellen Stelleninhabers – sowie dem daraus abgeleiteten Schulungs- und Entwicklungsbedarf; und das in Abstimmung mit dessen operativer Führungskraft (H. Jung, 2017, S. 5). Neben der akuten Entwicklung auf die Stellen-Anforderungen ergibt sich daraus das **personenbezogene Karrieremanagement** im Unternehmen.

Der *innerbetriebliche Karriereweg* eines Beschäftigten lässt sich in vier Phasen unterteilen. Auf jede von ihnen erstrecken sich die Aktivitäten des *Talent Management*: vom Eintritt des Beschäftigten ins Unternehmen bis zu seinem Ausscheiden (s. Abb. 146).

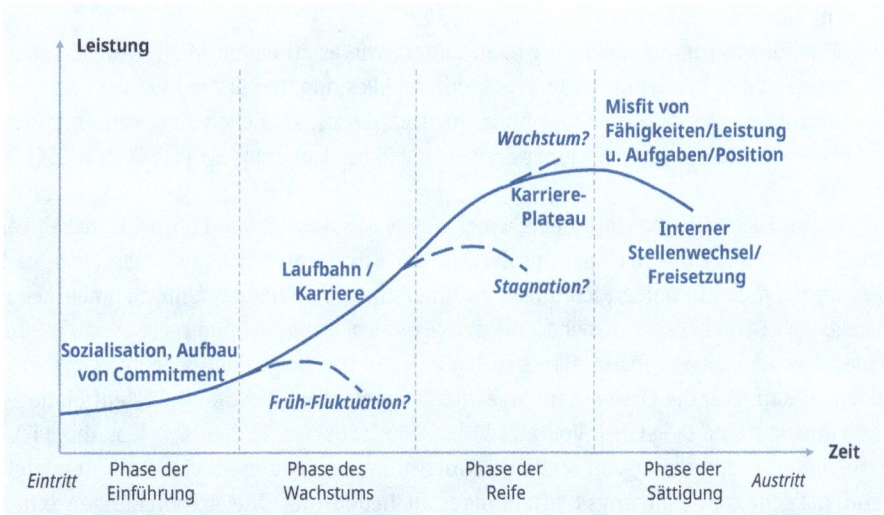

Abb. 146: Phasen des beruflichen Lebenszyklus. Unterstützung vom Talent Management, um Früh-Fluktuation und Stagnation zu vermeiden und Wachstum möglichst zu fördern (in Anlehnung an Graf, 2002, nach Stock-Homburg & Groß, 2019, S. 253).

---

185 Derartige Darstellungen sind pointiert. Dagegen wird argumentiert, Wissen selbst bleibe bestehen (anders als z. B. Zustände der Physik, wie Radioaktivität, wo Messwerte sich halbieren), es werde nur nicht nachgefragt (so Helmrich & Leppelmeier, 2020, S. 13 f.). Dem wiederum mag ein Missverständnis zugrunde liegen: Der Begriff „Halbwertzeit" bezieht sich hier auf eine Art Marktwert, auf die Nachfrage nach Wissen, die zurückgeht, z. B. weil Technologien ersetzt werden. Genau dies aber begründet *Lifelong Learning*: Innovation bringt Umstände hervor, die neues Wissen erfordern (s. a. Kap. 9.3 zum Permanent Change).

Die hier beschriebenen *vier Phasen* zeichnen sich durch höchst unterschiedliche Charakteristika und Anforderungen an die Personalentwicklung aus:

- Phase der **Einführung**: Die *Candidate Experience* (Erfahrung des Bewerbers) beginnt ggf. schon lange vor dem Eintritt ins Unternehmen (Verhoeven, 2020, S. 54); die *Candidate Journey* mit dem Tag des Eintritts und dem Start des *Onboardings* (Begrüßung, Ankommen, Einarbeitung). Wo vorhanden, bieten *Trainee-Programme* (meist 6–24 Monate) Rundum-Einblicke ins Unternehmen, dessen Aufbau und Arbeitsweise (Stock-Homburg & Groß, 2019, S. 266 f.).[186]
- Phase des **Wachstums**: das klassische Feld der Personalentwicklung, mit individueller *Förderung* und *Weiterbildung*, u. a. durch Feedback (s. Kap. 8.3), Qualitätszirkel sowie durch individuelles Lernen, das in das systemische Lernen des Unternehmens (Kap. 8.4) eingebettet ist. Individualisierte und transparente Personalentwicklung trägt dabei erheblich zur Bindung der Mitarbeitenden bei (Eilers et al., 2023, S. 16 f.).
- Phase der **Reife**: Immer kann sich die Frage der Stagnation (und Fluktuation) stellen; es kann ein *Leistungs-* und *Karriere-Plateau* erreicht und gegen fortdauerndes Wachstum abgewogen werden: Aufwärts-, Abwärts- und Seitwärtsbewegungen gehören zum modernen Karriere-Verständnis; auch hier liefern Coaching und Mentoring sinnvolle Unterstützungen (Bremi, 2019, S. 561 f.)
- Phase der **Sättigung**: Hier ist ggf. zu klären, wie es zu einem Misfit (Abweichung) zwischen den Erwartungen an eine bestimmte Position und der individuell gezeigten Leistung kommt – und welche Konsequenzen daraus zu ziehen sind, evtl. inklusive *Downward Movement* oder einer Freisetzung (Stock-Homburg & Groß, 2019, S. 254).

Neben dem Fachkräftemangel ist eine abnehmende Attraktivität von Führungstätigkeit bei Gen Y und Gen Z zu beobachten. Insofern ist der **Karrierewechsel** zwischen *Fach-* und *Führungslaufbahn* in beide Richtungen zu unterstützen, sofern das Unternehmen keine zwingenden Gründe dagegen sieht: Eine gute *Expertenkarriere* ist ihm mehr wert als eine schlechtere Führungslaufbahn. Daneben hat sich mit der steigenden Bedeutung von Projekten (s. Kap. 11.1) die Option der *Projektlaufbahn* etabliert, für die das Talent Management unterstützend tätig wird (Vollrath, 2018, S. 180 f.; Suckale, 2023, S. 82 f.; s. a. Abb. 147).

Schon die Besetzung von Stellen auf den unteren Ebenen gewinnt mit dem steigenden Fach- und Führungskräftemangel an Bedeutung. Die Auswirkungen einer **Fehlbesetzung** werden jedoch manchmal unterschätzt. Sie sind umso größer, je höher die Hierarchiestufe ist. Daher arbeiten HR-Abteilung und operative Führungskräfte eng zusammen, wenn es um talentierte Nachwuchskräfte aller Laufbahnen und deren innerbetriebliches Karrieremanagement geht (Walther, 2020, S. 234 f.).

---

186 Schon vor dem Eintritt ins Unternehmen prüfen Kandidaten heute sinnvollerweise, ob sie ins Unternehmen passen. Weniger Gewicht als früher hat dann die Frage des Unternehmens, wieweit der Bewerber zu *ihm* passt; mehr Gewicht erhält dagegen die Frage des Bewerbers, ob *er* das Unternehmen als passend ansieht. Oder, als Ergebnis eines *Self Assessments*, die Frage, ob beide zusammenpassen: auf Augenhöhe (Jansen et al., 2023, S. 216).

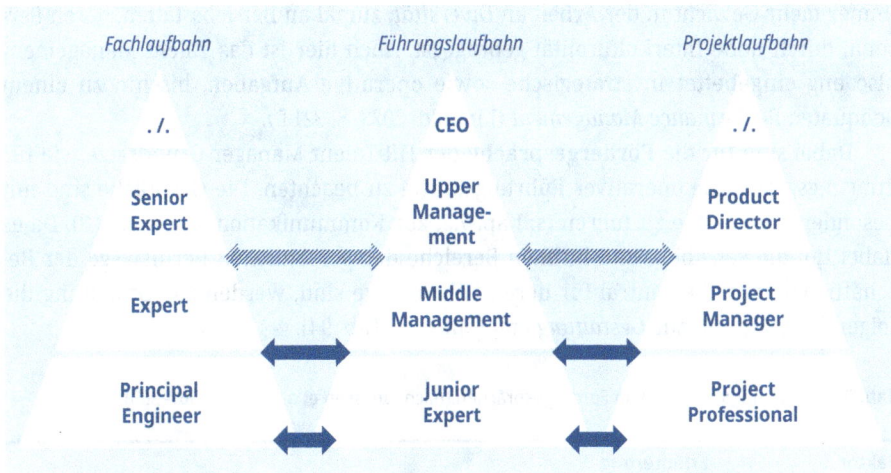

Fachlaufbahn	Führungslaufbahn	Projektlaufbahn
./.	CEO	./.
Senior Expert	Upper Management	Product Director
Expert	Middle Management	Project Manager
Principal Engineer	Junior Expert	Project Professional

Abb. 147: Fach- und Projektlaufbahnen als Parallelhierarchien. Laufbahn-Wechsel auf fast allen Hierarchie-Ebenen möglich und vom Talent Management zu unterstützen, bei abnehmender Durchlässigkeit auf den oberen Stufen (eigene Darstellung nach Vollrath, 2018, S. 182).

Dabei kommt es angesichts flacher gewordener Hierarchien, agiler Arbeit, veränderter Werte und einer zunehmenden Flexibilisierung von Arbeitsverhältnissen sowie Outsourcing-Möglichkeiten zugleich darauf an, Beschäftigten wie potenziellen Bewerbern verlockende Perspektiven aufzuzeigen. Dies gilt ebenso für das Konzept der **Fluid Company**, bei dem neben einer geringeren Anzahl fester Beschäftigter größere Kreise von Projektmitarbeitern in variablen Konstellationen zusammenarbeiten (Vollrath, 2018, S. 173; zu Projekt-Arbeit s. Kap. 11.1).

> **Transparenz** heißt in Prozessen des *Talent Management*, dass die Betreffenden verstehen, warum ihnen welche Personalentwicklungs-Maßnahme angeboten wird. Die Maßnahme selbst findet dann für gewöhnlich im geschützten Raum der Abgeschlossenheit, ggf. einer Privatsphäre, statt. Insgesamt geschieht Personalentwicklung jedoch in einer Kultur *organisationaler Transparenz* (Ciesielski & Schutz, 2016, S. 124–127) – wie das systemische Lernen im Unternehmen generell (s. Kap. 8.4).

In der Personalentwicklung orientieren sich Management und Führungskräfte traditionell primär an den **Stärken** der Beschäftigten, nicht an deren Schwächen. *Stärken stärken* heißt ein beliebtes Motto. Demnach werden Menschen in ihren Stärken entwickelt und gemäß ihren Stärken eingesetzt – zumal dort, wo ihre Schwächen nicht so ins Gewicht fallen, und nicht dort, wo sie sich auswirken würden (Malik, 2005, nach Pfister & Neumann, 2019, S. 65). Unternehmen, die dies beachten, zeichnen sich durch höhere Mitarbeiterloyalität, bessere Produktivität sowie stärkere Kundenzufriedenheit aus (Rolfe, 2019, S. 175–177).

Dies gilt besonders für die **interkulturelle Personalentwicklung**. Sie wurzelt in der Vorbereitung auf *Auslandseinsätze* in ihren verschiedenen Formen; sie hat jedoch immer mehr Gewicht in der Arbeit an *Diversität,* zumal an Betriebsstätten, deren Personal durch hohe Interkulturalität geprägt ist. Auch hier ist das Talent Management also eng eingebettet in strategische sowie operative Aufgaben, bis hin zu einem adäquaten *Performance Management* (Lippold, 2023, S. 321 f.).

Dabei sind für die **Fördergespräche** der HR-Talent Manager Grundsätze wie für Führungsgespräche operativer Führungskräfte zu beachten. Die Gespräche sind mit besonderer Empathie zu führen (s. Kap. 7.3; zur Kommunikation s. a. Kap. 4.3). Da es dabei um die sensiblen und intimen Bereiche der persönlichen Berufswege der Beschäftigten geht, die zentral für deren Lebenswege sind, werden zur Gestaltung die folgenden Faktoren zur *Gestaltung* empfohlen (s. Tab. 94).

Tab. 94: Gestaltungsfaktoren von Fördergesprächen (nach Jonassen et al., 2019, S. 361–363).

Faktor	Erläuterung
Grundelemente beachten	Dreiklang aus Mitteilen-Zuhören-Verstehen beherzigen: Nur ein Zuhören mit vollständigem Verstehen sichert die Verständlichkeit einer Mitteilung
Einfachheit	Verben (Tätigkeitswörter) verwenden, im Präsens (Gegenwart) sprechen, kurze Sätze mit bekannten Wörtern bilden, Fachausdrücke erklären
Gliederung u. Ordnung	Äußere Gliederung transparent machen („Der nächste Punkt …"); innere Gliederung durch Betonungen, Pausen u. ä. verdeutlichen; Fakten u. Meinung trennen; Zusammenfassungen geben
Kürze u. Prägnanz	Auf das Wesentliche konzentrieren; kurz u. knapp formulieren
Anschaulichkeit	Konkret u. anschaulich sprechen (mit Beispielen, Bildern, Zitaten); persönlich sprechen („Sie/Du", Ich-Botschaften; s. Kap. 4.3); Emotionen ansprechen und den Gesprächspartner einbeziehen; Sachverhalte visualisieren; Sprechtechnik beachten (Lautstärke, Tempo, Stimmlage)

Zum Aufbau eines Fördergesprächs werden die folgenden *Themen* zu Einsatz und Entwicklung der Beschäftigten sowie zur Sichtweise seiner Führungskraft angeregt (Tab. 95).

Tab. 95: Aufbau und Themen von Fördergesprächen (nach Bremi et al., 2019, S. 557 f.).

Thema	Erläuterung/Fragen
Passung	Welche Aufgaben u. Tätigkeiten haben den Interessen des Mitarbeitenden am meisten entsprochen?
Auslastung	Sieht er sich richtig eingesetzt, oder fühlt er sich über-/unterfordert?
Andere Aufgaben	Hat der Mitarbeitende das Bedürfnis bzw. konkrete Vorstellungen, andere Aufgaben als bisher zu übernehmen?

Tab. 95 (fortgesetzt)

Thema	Erläuterung/Fragen
Karriereweg	Wie sieht der Mitarbeitende seine weitere Entwicklung in der betreffenden Position bzw. darüber hinaus? Welche Maßnahmen würden ihn dabei unterstützen?
Betriebliche Möglichkeiten	Wie können die Erwartungen, Interessen u. Wünsche mit den Möglichkeiten des Unternehmens in Einklang gebracht werden?
Vereinbarungen	Ergebnisse des Gesprächs sorgsam festhalten (wie immer SMART: spezifisch, messbar, zugewiesen, realistisch, terminiert)

Die *Ergebnisse* des Fördergesprächs werden sodann sorgsam analysiert. Dies dient der Optimierung der vereinbarten Maßnahmen und deren Begleitung sowie der Vorbereitung künftiger Gespräche. Die Analyse wird in zwei Ebenen empfohlen (persönlich-gesprächspsychologisch sowie sachlich-organisatorisch), s. Tab. 96.

Tab. 96: Ebenen und Auswertung von Fördergesprächen (nach Jonassen et al., 2019, S. 362).

Ebene	Frage/Erläuterung
persönlich-gesprächspsychologisch	Wurden die Gesprächsziele erreicht (ganz/teilweise/nicht)?
	Gab es neue Aspekte, Wege, Lösungen, Einsichten, Maßnahmen?
	Wie beurteilt der Gesprächspartner das Gespräch? Weicht seine Beurteilung von meiner ab?
	Wie habe ich mich im Gespräch geäußert? Habe ich Wertschätzung geäußert? / ... Widerstand erzeugt? (Wie hätte ich mich stattdessen ausdrücken sollen?)
	Was habe ich falsch gemacht (nicht ausreden lassen, zu wenig Zeit gegeben?)
	Wie war das Gesprächsklima? Was habe ich dazu beigetragen?
	Welches Bild hat das Gegenüber von mir?
	Welchen Eindruck habe ich von ihm?
	Haben wir die wichtigen Punkte und Ergebnisse auf die gleiche Weise verstanden?
	Habe ich etwas versprochen, was ich evtl. nicht halten kann?
	Wie wären meine Reaktionen gewesen, wenn ich als Gesprächspartner auf der anderen Seite gesessen hätte?
	Was muss ich bei einem weiteren Gespräch mit diesem Gesprächspartner beachten?
sachlich-organisatorisch	Gesprächsnotizen auswerten (für weitere Gespräche), Protokoll erstellen
	Folgehandlungen ausführen, Maßnahmen veranlassen, Unterstützung geben

Solche Art der Gesprächsführung und des Umgangs mit den Mitarbeitenden trägt zum Aufbau von partizipativer, wertschätzender *Unternehmenskultur* und speziell *Fehlerkultur* bei (s. Kap. 3.2 bzw. 8.4). Sie ermöglicht angstfreie Leistungsmotivation als Basis einer gezielten Personalentwicklung, die sie in die strategischen Maßnahmen der Unternehmensführung und in die Maßnahmen zum Kulturaufbau einbettet (C. Hoffmann & Pfister, 2019, S. 684 f.). Damit werden Personalentwicklung und Talent Management zu *Change Agents* und *Change Facilitators*: Prozessbegleiter des Wandels zu einer erfolgreichen Team-Kultur (Blum & Gabathuler, 2019, S. 83–85; s. a. Kap. 9.3).

Personalmanagement und Personalentwicklung arbeiten mit einer Vielzahl von Maßnahmen und Werkzeugen, die schon vor dem eigentlichen Antreten einer Stelle einsetzen, sich auf der Stelle sowie neben der Arbeit fortsetzen, auch außerhalb und unabhängig davon geschehen können und tlw. bis ins Ausscheiden hinein angewendet werden (s. Abb. 148).

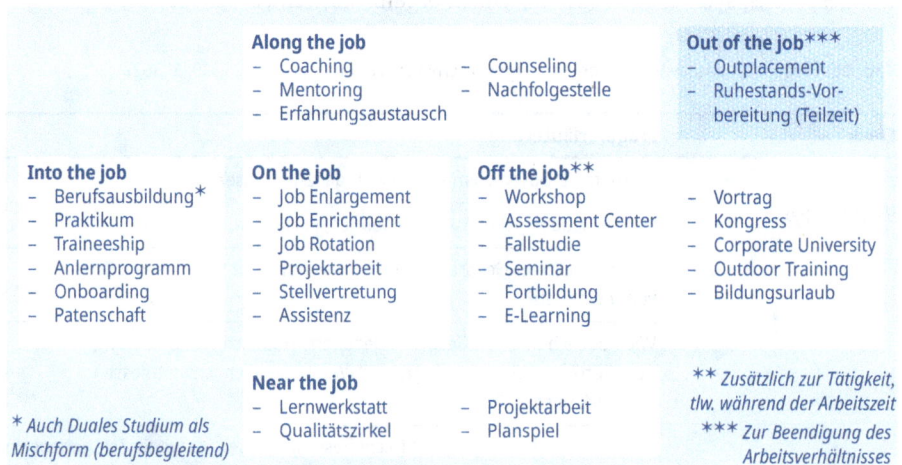

Along the job		Out of the job***
– Coaching	– Counseling	– Outplacement
– Mentoring	– Nachfolgestelle	– Ruhestands-Vorbereitung (Teilzeit)
– Erfahrungsaustausch		

Into the job	On the job	Off the job**	
– Berufsausbildung*	– Job Enlargement	– Workshop	– Vortrag
– Praktikum	– Job Enrichment	– Assessment Center	– Kongress
– Traineeship	– Job Rotation	– Fallstudie	– Corporate University
– Anlernprogramm	– Projektarbeit	– Seminar	– Outdoor Training
– Onboarding	– Stellvertretung	– Fortbildung	– Bildungsurlaub
– Patenschaft	– Assistenz	– E-Learning	

Auch Duales Studium als Mischform (berufsbegleitend)

Near the job		*** Zusätzlich zur Tätigkeit, tlw. während der Arbeitszeit*
– Lernwerkstatt	– Projektarbeit	
– Qualitätszirkel	– Planspiel	*** Zur Beendigung des Arbeitsverhältnisses*

Abb. 148: Werkzeuge und Verortung von Aus- und Weiterbildung der Personalentwicklung. Gezieltes Talent Management durch passgenaue individuelle Maßnahmen (eigene Darstellung, angelehnt an Helmold, 2022, bes. S. 120; Holtbrügge, 2022, bes. S. 157; Lippold, 2023, bes. S. 312).

Das Talent Management wird damit zu einer Tätigkeit, die die Beschäftigten dabei unterstützt, ihre jeweiligen **Identitäten** zu finden und zu entwickeln (s. Kap. 11.3). Personalentwickler übernehmen damit die Funktion von Identitäts-Managern oder Spezial-Coaches (Jánszky, 2018, S. 22).

Den Beschäftigten helfen sie, deren beruflichen Lebensphasen sinnvoll und zielführend zu gestalten. Talent Management und Personalentwicklung werden so zu Werkzeugen auf dem Weg zur *Work-Life-Balance* und *Work-Life-Integration* (s. Kap. 11.2, 11.3). Bezogen auf die **Lebensphasen** der Beschäftigten lassen sich folgende Schwerpunkte der Gestaltung identifizieren (Tab. 97).

Tab. 97: Lebensphasen, Situationen und Personalentwicklung (nach Kühl, 2016, S. 303).

Lebensalter u. Hauptthema	Lebenssituation	Agenda/Schwerpunkte
18–23 Jahre: *Erkunden*	– Schule – Berufsausbildung – Studium – Reise	*Förder*-Agenda: – Interessen-, talent-, berufsbezogen – Patenmodell – Projektspiele – ...
24–29 Jahre: *Konsolidieren*	– Studium – Suche – Berufsbeginn – Aufbau	*Wachstums*-Agenda: – Talent-Scouting – Aufbau-Unterstützung – Persönlichkeitsförderung – Familien-Workshop – Case study-like – ...
30–39 Jahre: *Aufbauen*	– Berufsbeginn – Karriere – Young Professional – Junge Familie	*Präventions*-Agenda: – Gesundheit – Auszeit – Zielkonflikte – Kompetenzanalyse – Laufbahnplanung – Academy-like – ...
40–49 Jahre: *Stabilisieren*	– Familienverbund – DINK (Double income, no kids), POK (Partner ohne Kinder) – Trennung – Single	*Balance*-Agenda: – Eigene Work-Life-Balance (s. Kap. 11.2, 11.3) – Work-Life Integration (s. Kap. 11.3) – Selbstführung/-Training (s. Kap. 10.2) – Persönlichkeits-Weiterentwicklung – Führungskompetenz-Analyse/-Förderung – Development – ...
50–59 Jahre: *Etablieren*	– Familienverbund – DINK/POK – Trennung – Single	*Nachhaltigkeits*-Agenda: – Persönliches Zukunfts-Management – Zwischenbilanz – Neue Aufgabenfelder, Kurswechsel – My Leadership – ...

Tab. 97 (fortgesetzt)

Lebensalter u. Hauptthema	Lebenssituation	Agenda/Schwerpunkte
60–69+ Jahre: *Behalten*	– POK – Junges Alter – Seniorship – Rente	*Ehren*-Agenda: – Lebensfreiheit – Ehrenämter – Mentoring – Diversity – …

Ein Talent Management, das die Beschäftigten in dieser Entwicklung versteht und ihr persönliches Wachstum situationsgemäß unterstützt, leistet einen erheblichen Beitrag für sein Unternehmen in dessen Bestehen im *War for Talents*. So wird das Talent Management zum essenziellen Faktor der **Wertschöpfung** eines Unternehmens und simultan für die Mitarbeitenden zum Treiber ihres *Lifelong Development*: Die Berufstätigkeit passt sich besser in das Leben der Beschäftigten ein – und das Unternehmen unterstützt deren Sinnsuche (Hemel, 2022, S. 180 f.; s. a. Kap. 11.2 bzw. 11.3).

Als **Treiber** in diesem Wertschöpfungsprozess lassen sich identifizieren – und durch die folgenden Tools bzw. KPI analysieren:

– *Wahrgenommenes Talent Management*: positive Bewertung durch die Mitarbeitenden – PE-Systeme untersuchen
– *Umsetzungsquote der PE-Maßnahmen*: für Führungskräfte/Spezialisten – Weiterbildungen pro Jahr
– *Bindungsquote der Leistungs-/Potenzialträger*: Verbleib (Dauer) im Unternehmen – Motivation und Commitment untersuchen
– *Verweildauer von Führungskräften*: min. 3 Jahre, oft max. 8 Jahre – optimale Lernkurve erstellen
– *Führungsnachwuchsförderung:* High Potentials für die jeweils nächste Hierarchiestufe – im Anwendungsfall prüfen
– Interne Besetzungsquote: eigene Mitarbeitende, Effektivität der PE-Maßnahmen – im Anwendungsfall prüfen
(Lippold, 2023, S. 326 f.).

Zugleich zeigt sich hier eine *Ziel-Kongruenz* zwischen dem Unternehmen und seinen Mitarbeitenden (s. Kap. 2.3). Eine derartige Ausrichtung auf und von Talent Management wird als Ausdruck einer **New Learning Culture** gesehen (s. Kap. 8.4 zum Lernen). Deren Maßnahmen greifen im Verbund mit der Unternehmensstrategie, wenn operative Führungskräfte und Management sie einbinden und im Gegenzug von ihnen profitieren – zumal hinsichtlich neuer Projekte und Innovationen (Foelsing & Schmitz, 2021, S. 216–226).

Dazu im Kap. 11 mehr.

11 Unternehmenssteuerung 4.0: Projektmanagement, Feelgood, New Work

11.1 Projekt schlägt Struktur

Die Bedeutung von Projekten in der gegenwärtigen Wirtschaft steigt – und immer mehr Beschäftigte arbeiten in Projekten. Sie werden erforderlich, wenn die vorhandenen Prozesse und Strukturen in Unternehmen zusätzliche Aufgaben nicht bewältigen. Für junge Beschäftigte wie für Angehörige von Gen Y und Gen Z stellen Projekte günstige Gelegenheiten dar, Unternehmen und deren Arbeitswelten kennenzulernen.

> **Projekte** sind Vorhaben, die durch hohe Komplexität, eine gewisse Singularität (Einzigartigkeit) oder zumindest Neuartigkeit für das Unternehmen und daher eine hohe Relevanz gekennzeichnet sind. In Projekten kommt es häufig zu Ziel-Konkurrenz zwischen Qualitätsanforderungen, Terminierungen (Fristen) sowie Kosten- (Aufwands-) Grenzen (H. Meyer & Reher, 2020, S. 2 f.; Madauss, 2020, S. 45 f.).

Die Neuartigkeit eines Projekts für ein Unternehmen bedingt i. d. R. eine gewisse *Interdisziplinarität*, weil neues und nicht selten externes Expertenwissen benötigt wird. Je neuartiger die Aufgabe, desto mehr solcher externen Expertise ist meist nötig (H. Meyer & Reher, 2020, S. 3; Wöhe et al., 2023, S. 116).[187]

Infolgedessen dessen findet das Management von Projekten unter **Unsicherheit** statt; und zwar unter mehr Ungewissheit, Risiko und Unwissenheit[188], als übliche Aufgaben mit sich bringen: Rendite ist meist als Dividende für die erfolgreiche Übernahme von Risiko zu verstehen. Zur Unsicherheit von Projekten ist aus Unternehmens-Sicht daher zu fragen:

– Was würde größeren *Nutzen* für das Projekt bringen: Wenn das Projekt ...
  – ... *früher* als geplant fertig wird?
  – ... *weniger Aufwand* als geplant erfordert (z. B. weniger kostet)?
  – ... *mehr Leistung* als geplant erbringt?
– Was würde größeren *Schaden* für das Projekt bringen: Wenn das Projekt ...
  – ... *später* als geplant fertig wird?
  – ... *mehr Aufwand* als geplant erfordert (z. B. mehr kostet)?
  – ... *weniger Leistung* als geplant erbringt?
  (H. Meyer & Reher, 2020, S. 13; s. a. Abb. 149).

---

187 Umso wichtiger wird auch gutes Management von Diversity (Kap. 9.1), wo es um neue Interkulturalität geht.

188 Unsicherheit wird in der Praxis oft als Gemisch von Ungewissheit, Risiko und Unwissenheit verstanden, auch wenn die Ökonomie vor allem auf den Umgang mit Risiko fokussiert (Frambach, 2019, S. 219–224)

https://doi.org/10.1515/9783111374420-011

Abb. 149: Das Zieldreieck des Projektmanagements. Unsicherheit (Ungewissheit, Risiko, Unwissenheit) als originärer Einflussfaktor auf den Erfolg von Projekten (eigene Darstellung, angelehnt an H. Meyer & Reher, 2020, S. 12).

Die **Installation** von Projekten vollzieht sich in bestimmten *Schritten*, wovon die wichtigsten die folgenden sind:

- *Phasen* definieren: z. B. Prozess-Definition, -Planung, -Ausführung, -Beendigung
- *Meilensteine* festlegen: Ziele, die zu bestimmten Zeitpunkten erreicht werden sollen (Business Case, Auftrag, Plan, Abnahme, Abschluss)
- *Loops* und *Iterationen* definieren: Kernprozesse bestimmen, die – teilweise simultan – zu erledigen sind u. ggf. wiederholt werden müssen
- *Interaktionen* bestimmen: z. B. Top-down- bzw. Bottom-up-Prozesse festlegen, die im Verlauf als Kommunikationswege zwischen Kernprozessen bzw. Ebenen fungieren
- *Reaktionsmechanismen* installieren: Foren und ggf. Prozesse sowie Grenzwerte festlegen, innerhalb derer auf Abweichungen reagiert wird
  (H. Meyer & Reher, 2020, S. 14–28).

Das hier dargestellte Projektmanagement ist zunächst *nicht-agil*; es folgt also der klassischen Projekt-Modellierung (H. Meyer & Reher, 2020, S. 36 f.). Abweichend von der diesbezüglichen DIN[189] wird hier der Verlauf eines Projekts nicht in 5, sondern lediglich in **4 Phasen** dargestellt (s. Abb. 150).

Das Projektmanagement fokussiert hierbei besonders auf die Einhaltung der Zielvorgaben (s. o.: Zieldreieck), auf die Kommunikation zwischen den Kernprozessen, etwaig auftauchende Konflikte (s. a. Kap. 10.1: Moderation) sowie auf Planabweichungen und damit zusammenhängende Reaktionen.

---

[189] Die DIN 69901-2 (2009, S. 11) benennt diese 5 Projektphasen: Initiieren, Definieren, Planen, Ausführen, Beenden.

Phasen:	Definition	Planung	Ausführung	Beendigung
top-down:	*Zoom-out: das Ganze im Blick*			
Kernprozesse*	**Loops & Iterationen**			
bottom-up:	*Zoom-in: das Detail im Blick*			

Meilen-steine:	Auswahl (Business Case)	Auftrag (Charter/Charta)	Projektplan / Baseline	Abnahme	Abschluss-bericht
	Freigabe				*Ende*

* Kernprozesse			
Während des gesamten Projekts schrittweise zu bearbeiten und abzustimmen:	– Risiko- u. Chancenmgmt. – Stakeholdermgmt. – Qualitätsmgmt. – Teambuilding	– Projektstrukturplanung – Anforderungsdefinition u. -management – Alternativenbewertung, Entscheidungsfindung – Konfigurations- u. Änderungsmgmt.	– Kosten-/Budget-Schätzung u. -Kontrolle – Terminplanung u. Kontrolle – Reviews, Berichte, Kommunikation – Lessons Learned

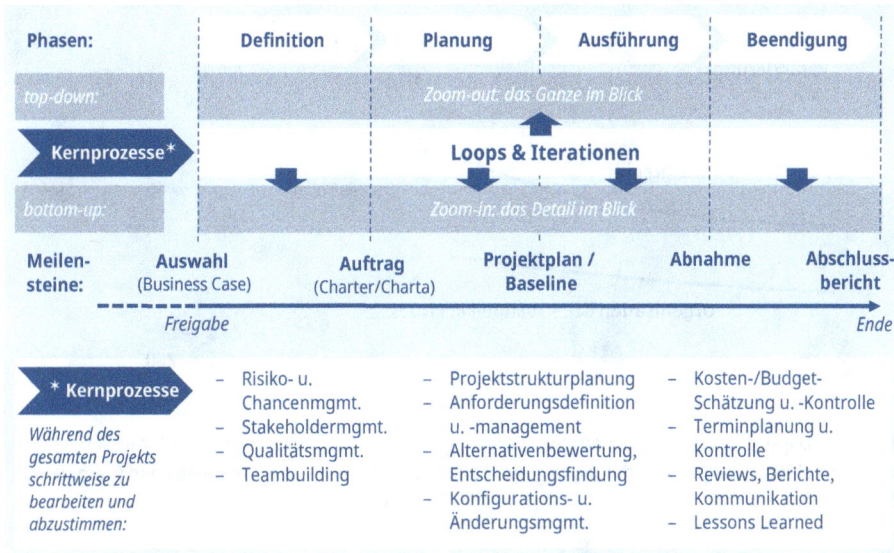

Abb. 150: Kernprozesse (Loops und Iterationen) im Projektmanagement. 4 Phasen (abweichend von der DIN) mit zahlreichen Detailprozessen, aufeinander abzustimmen und zu optimieren (eigene Darstellung nach H. Meyer & Reher, 2020, S. 25).

Projekte werden häufig zu **Programmen** zusammengefügt (Gruppen von Projekten mit gemeinsamer Zielsetzung) – und diese wiederum zu **Portfolios**: Bündel von Projekten bzw. Programmen innerhalb eines Unternehmens oder einer Organisations-Einheit (Dechange, 2024, S. 19 f.; Madauss, 2020, S. 56 f.).

Gründe für neue Aufgaben erwachsen aus gesellschaftlichen Entwicklungen, neuen Technologien, veränderten politischen und rechtlichen Rahmenbedingungen u. v. a. m.[190] – in der VUCA-Welt sind sie zahlreich und erfordern Wandel (s. Kap. 9.3). Ein Unternehmen kann sie durch die Änderung seiner *Strategie* relativ schnell aufnehmen; diese lässt sich jedoch weniger leicht in der Organisation der *Strukturen* und *Prozesse* abbilden: Eine strategisch-organisatorische *Lücke* droht zu entstehen (Vahs, 2023, S. 238 f.; s. Abb. 151).

In ihrer Eigenart, zumal ihrer Interdisziplinarität, stellen Projekte *Kooperationen auf Zeit* dar. Sie haben einen Zielpunkt, mit dessen Erreichen sie naturgemäß enden, sofern sie nicht modifiziert und verlängert werden. Insofern binden sie ihre Aktivitä-

---

190 Zu den Gründen s. a. diejenigen für Change Management (s. Kap. 9.3) – darunter soziokulturelle, ökologische oder global-ökonomische Ursachen, aber auch unternehmensinterne wie der Verlust strategisch wichtiger Kunden, Kostendruck aufgrund von Wettbewerbseffekten, Merger, De-Merger oder Fehlentscheidungen der Unternehmensleitung (Lippold, 2023, S. 398).

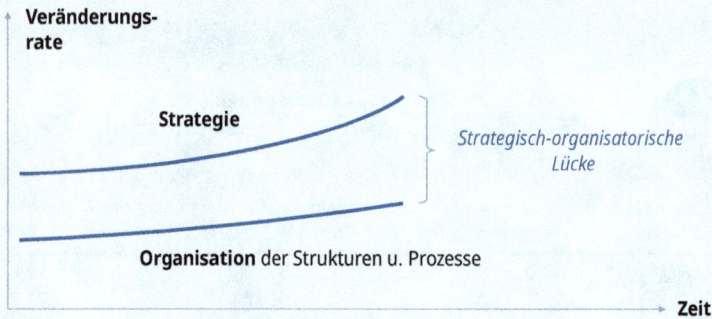

Abb. 151: Die strategisch-organisatorische Lücke. Re-Organisation von Strukturen und Prozessen zeitlich verzögert einer Strategie-Veränderung folgend – und u. U. mit größer werdendem Abstand (nach Vahs, 2023, S. 239).

ten und Akteure nur zeitweise, die ihrerseits ggf. verschiedene Ziele verfolgen oder die Gesamtheit des Projekts aus unterschiedlichen Perspektiven sehen (H. Meyer & Reher, 2020, S. 28 f.; s. Tab. 98).

Tab. 98: Kooperations-Perspektiven in Projekten (nach H. Meyer & Reher, 2020, S. 29).

Perspektive der Kooperationspartner	Perspektive des Projekt-Ganzen
Nutzen-Orientierung	*Transparenz über die Rollen der Beteiligten*
Partner erwarten Nutzen für sich selbst, und dass dieser nur durch die Kooperation entstehen kann	Wer gehört dazu und wer nicht? Wie können Akteure in das System ein- u. aussteigen? Wer leistet welchen Beitrag?
Transaktionskosten	*Stärken-Orientierung*
Der Aufwand für die Kooperation (eine Investition) wird sich über deren Ergebnisse rentieren	Die Partner orientieren sich an den vorhandenen gemeinsamen Stärken
Synergie-Regel	*Balance zwischen Kooperation u. Konflikt*
Die Partner erwarten, dass sich ihre individuellen Stärken jeweils gegenseitig ergänzen	Konflikte werden genutzt, indem die Interessen diskutiert u. bearbeitet werden
Fairness- u. Gleichgewichtsregel	*Balance zwischen viel u. wenig Macht*
Die Beteiligten vergleichen ihren Aufwand, ihren Nutzen und ihre Risiken mit denen der anderen und reagieren sensibel auf Ungleichgewichte	Unterschiede in den Einflussmöglichkeiten (Macht) der Akteure werden offengelegt. Bei Bedarf werden Konflikte in geschützten Räumen geklärt

Die Linien-Einbindung seiner Mitglieder ist für die Dauer eines Projekts i. d. R. gelockert. Ihre Stärke beziehen unternehmensinterne Projektgruppen aus der Vielfalt der fachlichen Kompetenzen ihrer Mitglieder sowie aus der Vielfalt ihrer hierarchisch-funktionalen Positionierung – womit die Projekt-Mitglieder zugleich Diversität erleben (s. Kap. 9.1). Die Einbettung unternehmensinterner Projektgruppen liegt gewissermaßen quer zur hierarchischen Struktur des Unternehmens, das jedoch seinerseits als permanente Ressource für den Projekterfolg dient (Sprenger, 2018, S. 56; s. Abb. 152).

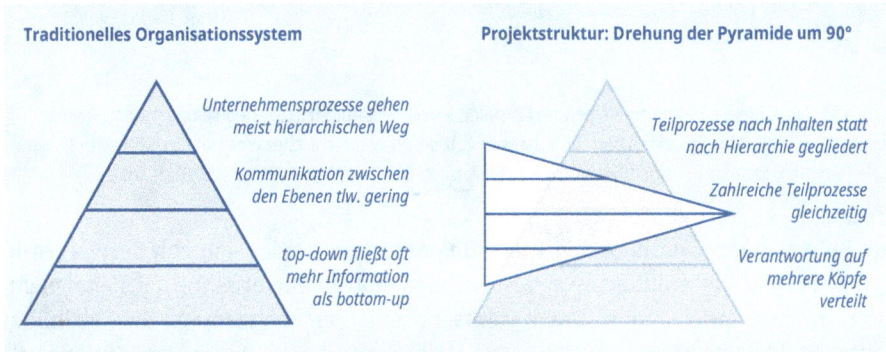

Traditionelles Organisationssystem

Unternehmensprozesse gehen meist hierarchischen Weg

Kommunikation zwischen den Ebenen tlw. gering

top-down fließt oft mehr Information als bottom-up

Projektstruktur: Drehung der Pyramide um 90°

Teilprozesse nach Inhalten statt nach Hierarchie gegliedert

Zahlreiche Teilprozesse gleichzeitig

Verantwortung auf mehrere Köpfe verteilt

Abb. 152: Traditionelle Hierarchie-Struktur vs. Projekt-Struktur. Unternehmens-Hierarchie als Ressourcen-Lieferant für Projekte im Hintergrund (eigene Darstellung nach Sprenger, 2018, S. 56).

Die Einbindung in ein Projekt stellt für dessen Mitglieder i. d. R. ein *Job Enlargement* bzw. *Job Enrichment* (s. Kap. 10.3) dar. Es bietet bei meist flexibleren Regeln als in der hierarchischen Funktion zugleich eine neue Identifikation mit dem Unternehmen durch Zugehörigkeit zu einer besonderen Gruppe: Aus Betroffenen eines Vorhabens werden Beteiligte an seiner Gestaltung (Reichert, 2019, S. 92 f.; s. a. Kap. 10.3 zum Talent Management).

Sofern ein Projekt als Neben-Aufgabe der Mitglieder (zusätzlich zu deren Haupt-Aufgaben in der Linie) aufgesetzt ist – sog. **laterale Projektarbeit** –, arbeiten diese darin ohne Berücksichtigung ihrer sonstigen Position zusammen: Im Projekt haben sie Positionen inne, die sich nach ihrem Beitrag zu dessen Erfolg und ihrer Expertise dafür richten (G. Schreyögg & Geiger, 2016, S. 160; s. Abb. 153).

Der **Aufbau** von Projekten – und ihre Kommunikationsstruktur intern wie projekt-extern – wird je nach ihrer Intention *top-down* bzw. *bottom-up* konzipiert. Entsprechend variieren ihre Einbettung im Unternehmen und ggf. ihre Binnen-Struktur. Auch traditionelle Prozesse sind teils eher *vertikal*, teils eher *horizontal* organisiert. Letztere sind nicht deswegen bottom-up, aber meist offen für horizontale Impulse. Denn auch bei diesen Prozessen besteht der Zweck in verbesserter Wettbewerbsfähigkeit durch Erhöhung der Effizienz, des Tempos und ggf. der Flexibilität (Lippold, 2023, S. 367).

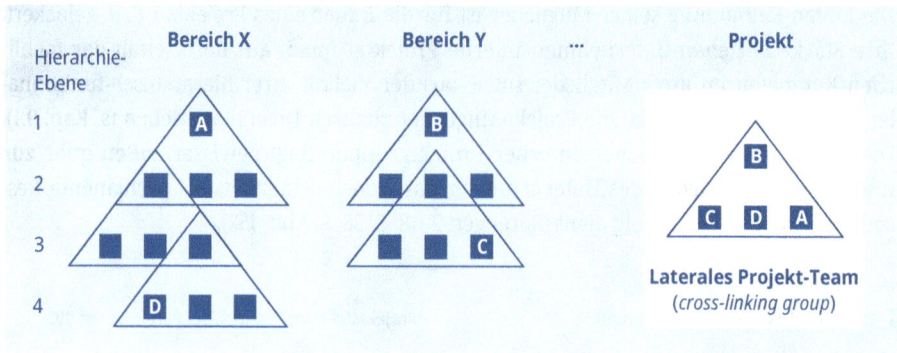

Abb. 153: Funktionale Zusammenarbeit im lateralen Projekt-Team. Struktur des Teams gemäß Beitrag seiner Mitglieder zum Projekt-Erfolg, unabhängig von deren hierarchischer Normal-Positionierung in der Linie (eigene Darstellung angelehnt an Likert, 1967, nach G. Schreyögg & Geiger, 2016, S. 161).

Die **Lebensdauer** von lateralen Projektteams unterscheidet sich von derjenigen in *agilen* Teams. Ein etabliertes agiles Projektmanagement arbeitet i. d. R. in nicht-lateralen, also *festen* Teams. Das vereinfacht seine Personalplanung; die Flexibilität der agilen Management-Methoden selbst bleibt davon jedoch unberührt (Kuster et al., 2022, S. 54; s. a. Kap. 9.2).

> **Traditionelles** und **agiles Projektmanagement** arbeiten grundsätzlich mit denselben Elementen. Sie unterscheiden sich einerseits nur graduell hinsichtlich der Art der im Voraus festzulegenden Größen. Andererseits unterscheiden sie sich meist grundsätzlich hinsichtlich ihrer Vorgehensweise, ihres Aufbaus, ihrer Einbettung und ihrer Dauer (Dechange, 2024, S. 269; s. a. Kap. 9.2).

Das *traditionelle* Projektmanagement legt sich im Prinzip im Voraus stärker auf ein Lieferobjekt (Leistungsumfang) fest und arbeitet dann variabler mit Schätzungen von Zeit und Kosten. Das *agile* Projektmanagement legt Zeit und Kosten vorab (iterativ) stärker fest und arbeitet dann mit dem variabler geschätzten Lieferobjekt. Deshalb ist die Einbeziehung des Kunden so wesentlich für den Erfolg des Projekts (Dechange, 2024, S. 269 f.; s. a. Tab. 99).

Tab. 99: Festlegungen im traditionellen und agilen Projektmanagement (nach Dechange, 2024, S. 269; Drews et al., 2021, S. 43 f., 58).

Festlegung	*Traditionelles* Projektmanagement	*Agiles* Projektmanagement
Lieferobjekt (Leistungsumfang)	(stärker) fixiert	geschätzt
Zeit	geschätzt	(stärker) fixiert
Kosten	geschätzt	(stärker) fixiert

Die Wahl der **Organisationsform** eines Projekts richtet sich nach dessen Ziel und Zweck, nach der Gesamtkonstellation im Unternehmen – und nach dem etwaigen Kunden. Als wichtigste Kriterien, angelehnt an die Wahl einer Unternehmensorganisation als ganzer, lassen sich nennen:
– Strukturierungs- und Formalisierungsgrad
– Steuerungs- und Qualitätssicherungsfunktion
– Zentralisierungsgrad und Projekt-/Aufgaben/-Unternehmensgröße
– Arbeits- und Projektumgebung
– Teamstrukturen
– Wissensmanagement
– Support-Funktionen
– Eigentümer-/Governance bzw. Auftraggeber-Struktur
  (nach Lippold, 2023, S. 365).

Die **Unterscheidung** zwischen traditionellem und agilem Projektmanagement lässt sich nach den folgenden Kriterien treffen (Tab. 100).

Tab. 100: Unterschiede traditionelles vs. agiles Projektmanagement (nach Dechange, 2024, S. 270 f.).

Merkmal	*Traditionelles* Projektmanagement	*Agiles* Projektmanagement
Projektart	Einfach bis kompliziert hinsichtlich Anforderungen und Vorgehensweise	– Komplex hinsichtlich Anforderungen und Vorgehensweise – Alle Projekte, bei denen das Lieferobjekt leicht verändert werden kann
Ziele / Lieferobjekt	– Zu Beginn des Projekts definiert – SMART formuliert und über Zielhierarchie zerlegt – Im Projektverlauf konstant	– Als Vision formuliert, eher unscharf – Änderung von Anforderungen erwünscht
Auftraggeber	– Fokus auf das Lieferobjekt – Einbindung über Lenkungskreis (Reporting)	– Project Owner vertritt Kundensicht oder ist der Kunde – Starke Einbindung
Projektleitung	Beauftragter Projektleiter mit Projekt-Kern-Team	– Kein fixer Projektleiter – Projektleitung durch Entwicklungsteam
Team	– Braucht Führung – Meist räumlich verteilt (ggf. virtuell) – Meist zusätzlich durch Linienaufgaben gebunden	– Arbeitet eigenständig – Organisiert sich selbst – Interdisziplinär – Eher < 10 Personen – Meist nicht in Linienaufgaben o. a. Projekten eingebunden

Tab. 100 (fortgesetzt)

Merkmal	*Traditionelles* Projektmanagement	*Agiles* Projektmanagement
Planung	Intensiv; mit Fokus auf Zeit, Kosten, Ressourcen, Risiken, Organisation; dem Lieferobjekt u. der Aufgabe angepasst	Auf Minimum beschränkt hinsichtlich Aufgabenverteilung u. Umsetzung; Elemente wie Zeit, Kosten, Organisation vorgegeben
Change Request	– Nach Möglichkeit zu vermeiden – Definierter Prozess liegt vor	– Akzeptiert u. erwünscht – Fest im Entwicklungsprozess eingeplant
Dokumentation	Umfassend; über Auftrag; Planung u. Teilpläne, Statusberichte, Änderungsanträge, Abschlussbericht etc.	Auf ein Minimum reduziert (Anforderungslisten wie z. B. Backlogs, Controlling Board, z. B. Kanban Board u. ä.)

Einen **Qualitätsunterschied** zwischen *traditionellem* und *agilem* Projektmanagement per se gibt es nicht. Die Entscheidung zwischen der einen oder der anderen Organisationsform fällt also gemäß dem Ziel eines aufzusetzenden Projekts bzw. nach der Zweckmäßigkeit der Methoden, gemäß der Kultur des Unternehmens und gemäß den Bedingungen, die das Projekt umgeben (Harlacher et al., 2021, S. 68).

> Beim **Aufbau** eines Projekts ist grundsätzlich zu berücksichtigen, wie seine Konstruktion *nach innen* und seine Einbettung *nach außen* gedacht sind:
> – hinsichtlich seiner Festlegung bzw. Spezialisierung *funktionalistisch* vs. *organisch*
> – hinsichtlich seiner Planbarkeit bzw. Steuerbarkeit *mechanistisch* vs. *evolvierend*
> (Jörg & Steiger, 2019b, S. 25 f.).

Strenger festgelegte Aufträge legen häufig eine *traditionelle* Form des Projektmanagements nahe; dagegen wird ein *agiles* Management meist bei organischen Szenarien und evolvierenden Aufträgen als angemessenere Form angesehen. Die Chance zur persönlichen Weiterentwicklung und zu mehr Außen-Kontakt sowie die Transparenz und Intensität des Informationsaustauschs und des Lernens machen oft die Attraktivität agilen Managements aus (Lippold, 2023, S. 388),[191] besonders für Gen Y und Gen Z.

Eine Mischform besteht im **hybriden Projektmanagement**, bei dem traditionelle und agile Formen sich ergänzen oder einander ablösen. Dabei ist zu beachten, dass traditionelle Formen immer die agilen ersetzen können – aber nicht umgekehrt: Insbesondere z. B. bei Immobilien ist die Planung von vornherein an deren Gegebenhei-

---

[191] Auch in Form einer Matrix (s. Kap. 7.2) sind Projekte organisierbar, d. h. dass deren Mitglieder entweder an ihre Linien-Vorgesetzten und an die Projektleitung berichten (*Matrix-Projektorganisation*) oder aus ihrer vorherigen Linien-Funktion herausgenommen und vollständig in das Projekt eingebunden sind, das in sich als Matrix organisiert ist (*Auftrags-Projektorganisation*; Schlick, 2018, S. 648).

ten gebunden und insofern kaum agil. Gegenteilig verhält es sich bei Software-Komponenten von Projekten: Diese können meist ohne Problem agil erarbeitet werden (Dechange, 2024, S. 316–318).

Auch im **Business Process Reengineering** (BPR) ist traditionelles Projektmanagement unverzichtbar. BPR bezeichnet die Neugestaltung der Geschäftsprozesse, die strategisch wichtige Kennzahlen zu Kosten, Qualität, Service, Durchlaufzeiten oder zu Kundenbedürfnissen und Wettbewerbsstärke liefern. Unter BPR fällt z. B. die Einführung von lernenden Management-Ansätzen wie *Total Quality Management* (TQM), Six Sigma oder Kaizen (s. Kap. 8.4) und solchen zur Effizienzsteigerung wie *Objectives and Key Results* (OKR) oder *Lean Management* (Lippold, 2023, S. 369–371).[192] Die Vorbereitung und Einführung von Verfahren wie OKR bleibt naturgemäß aber weitgehend an traditionelles Projektmanagement gebunden.

Bei den Analysen und Überlegungen, die es vor Beginn eines Projektes anzustellen gilt, sind u. a. die folgenden Fragen und Themen zu klären (Tab. 101).

Tab. 101: Themen und Kriterien für Projekt-Leitfragen (nach Doppler & Lauterburg, 2019, S. 339–346).

	Themen	Kriterien für Leitfragen (Beispiele)
1	Anlass u. Problemstellung	Nachvollziehbarkeit, Plausibilität, Transparenz; Ernsthaftigkeit, Erstmaligkeit, Ergebnisoffenheit
2	Auftraggeber	Zuständigkeit, persönliche/sachliche Betroffenheit, Involviertheit in die Projekt-Thematik, Beitrag zur Problemlösung
3	Betroffene u. Interessierte	Direkt/indirekt Betroffene; Möglichkeit, Betroffene/Interessierte in die Projektarbeit einzubeziehen
4	Einbeziehung d. Personalvertretung	Prüfung von gesetzlicher Mitbestimmung bzw. von Aspekten, über den gesetzlichen Rahmen hinauszugehen
5	Zielsetzung u. Leistungserwartungen	Offene/verdeckte Erwartungen des Auftraggebers; Änderungswünsche nach einer bestimmten Frist; Kompatibilität aller geäußerten Erwartungen
6	Restriktionen u. Tabus	No-Go's und Umgang damit; Tabus und Umgang damit
7	Geplante Vorgehensweise	Vorgaben zum Vorgehen, Passung der Methodik zu Problemstellung u. Zielsetzung
8	Zeitperspektive	Fristen, Realitätsgrad
9	Erfolgskriterien	Quantitative und qualitative Messung

---

192 OKR liefert ein interessantes Beispiel für einen Prozess, der mit zyklischen Elementen arbeitet und dabei auch in Zwischenzyklen Neustarts erfahren kann, in sich jedoch streng organisiert bleibt (Doerr, 2018, S. 117).

Tab. 101 (fortgesetzt)

Themen	Kriterien für Leitfragen (Beispiele)
10 Gründe für den Status quo	*Reasons why* für den Status quo, Nutznießer; Einigkeit bzw. Meinungsunterschiede auf Auftraggeber-Seite
11 Projekt-Hypotheken	Vorarbeiten, etwaige Ergebnisse u. Hinterlassenschaften, Belastungen, Image, Konsequenzen
12 Abhängigkeiten u. Vernetzungen	Ähnliche Projekte, etwaige Erfahrungen, vernetzte Themen
13 Projektkultur u. Unternehmenskultur	Hierarchie, Arbeitsteilung, Erfahrungen u. Kompetenzen im Umgang mit Komplexität, Teamarbeit
14 Projektleitung	Sachkompetenz (für Sachfragen), Methodenkompetenz (zu Vorgehen u. Tools), Sozialkompetenz (zu Kommunikation u. Konfliktmanagement), zeitliche Verfügbarkeit u. persönliches Engagement, Reserven für etwaige Turbulenzen
15 Projektteam	Sachliche Qualifikationen, Teamfähigkeit, Methodenkompetenz u. ggf. Lernfähigkeit, Sozialkompetenz (Gruppendynamik, Konfliktfähigkeit), Selbst-Reflexion u. Entwicklungswille, angemessenes Verhältnis von Energie, Engagement u. verfügbarer Zeit
16 Ressourcen	Sachmittel, Raum, Geld, etwaige Interviewpartner, Workshops, externe Unterstützung, realistische Einschätzung des Gesamt-Pakets
17 Ungereimtheiten u. kritische Punkte	Widersprüchlichkeiten, Restriktionen, Engpässe, Erfolgsaussichten

Projekte sind i. d. R. eingebunden in Aufgabengeflechte, für die *Kompliziertheit* (Vielfalt der Struktur, Vielzahl) und *Komplexität* (Veränderungsdynamik) typisch sind. Einige Kombinationen bereiten dabei Probleme (s. Pfister et al., 2019, S. 250–266). Beim Screening der Aufgaben für Projekte hat das Management seinen Blick von einfachen Phänomenen hin zu einer mehrdimensionalen Komplexität zu weiten:

- von Stabilität zu Dynamik
- von Unabhängigkeit zu Verwobenheit
- von Sicherheit zu Unsicherheit
- von Kontrollierbarkeit zum Muster
- von Vorhersehbarkeit zur Emergenz
- von innerer Individualität zum äußeren Zusammenhang
- von Gegensätzlichkeit zum Paradoxon
  (Varney, 2021, S. 79).

Die **Projekt-Komplexität** ist im Dreieck von Ansatzpunkten aus *Organisation*, *Personen* und *Technologie* verortet. Dadurch bleiben Projekte i. d. R. komplex: egal, ob traditionell, agil oder hybrid organisiert. Dabei haben Unternehmen daran zu arbeiten, die *Widersprüchlichkeit* aus Zielen, Anforderungen und sonstigen Regularien zu reduzieren – oder diese zu priorisieren (Harlacher et al., 2021, S. 67 f.).

Zu den **Maßnahmen** in diesem Zusammenhang gehören frühzeitige Verhandlungen, die die Planung vereinfachen, sowie eben die Priorisierung von Projektzielen, was Komplexität mindert. Auch bei traditionellem Projektmanagement ist es sinnvoll, eine Steigerung von Tempo und Flexibilität im Sinne des agilen Manifests sowie weitest mögliche Selbstorganisation anzustreben. Zudem ist Fluktuation entgegen-zuwirken: Personalwechsel gehören zu den stärksten Treibern von Komplexität (Harlacher et al., 2021, S. 68 f.).

Virtuelle Projektteams erfordern eine besondere Aufmerksamkeit ihrer Leiter bzw. Installations- und Leitungsgremien. Stärker als in Präsenz sind die *Teamkognitio-nen* (Wissensbestände) und die *Teamemotionen* (Gefühlszustände) zu erheben: idea-lerweise von Beginn an. Ebenfalls sind die Individualität und die Kompetenzen der Team-Mitglieder präzise zu beachten und zu entwickeln, die Rahmenbedingungen teamdienlich zu gestalten und die sozialen Beziehungen gründlich auf- und auszu-bauen (Zorn et al., 2021, S. 173 f.).

Die **Führung** solcher virtuellen Projektteams hat darauf zu achten, dass die Teams nicht nur als Ressource genutzt werden, sondern dass die Mitglieder ihre Potenziale entfalten können (Neumann, 2019b, S. 753). Umso mehr gilt hier, dass der Output von Gruppen nicht nur in ihrer Leistung und Effizienz liegt, sondern auch in der Team-Lebendigkeit und Zufriedenheit sowie dem Wohlbefinden ihrer Mitglieder gesehen werden muss (Ullmann & Jörg, 2019, S. 413 f.; s. a. Feelgood Management, Kap. 11.2). Die Zusammensetzung virtueller Projektteams ist auch von daher in ausgewogenem Ver-hältnis von *Unity and Diversity* (Einheit und Vielfalt) zu gestalten (Werner, 2023, S. 398).

Hinsichtlich der Leitung kann traditionelles Projektmanagement auf das Konzept transformationaler Führung bauen – bzw. auf das hier so genannte *Enriched Trans-formational Leadership* (s. Kap. 4.2). Dynamische Gruppen mit festen Führungskräften bestätigen zudem nicht selten die Ergebnisse der **Leader-Member Exchange Theory** (LMX-Theorie), der zufolge Führungskräfte ihren Mitarbeitenden gegenüber nicht das gleiche Verhalten zeigen (Weibler, 2023, S. 173 f.). In Projekten ist das bedeutsam ange-sichts der hohen Interaktivität ihrer Mitglieder, die i. d. R. belastbare Beziehungen er-fordert.

Denn gerade Projektteams praktizieren *Shared Leadership* (s. Kap. 7.2, 10.2), oder die Integration von vertikaler und geteilter Führung: Sie sind Grundlagen für ihren Erfolg. Das ist besonders für Hochleistungsteams wichtig, denen es um hohe Wirk-samkeit gehen muss: mit Anforderungen an Sozialkompetenz und Kommunikation, die hier von vornherein höher sind als in gewöhnlichen Teams (Werner, 2023, S. 71).

Hybrides Projektmanagement, die Kombination von traditionellem und agilem Projektmanagement (s. o.), ermöglicht **Integrated Leadership**, die Integration von *geteilter* und *vertikaler* Führung: je nach Situation, Qualifikation und Kompetenz entweder durch eines der Team-Mitglieder oder andernfalls durch eine Standard-Führungskraft (Werner, 2023, S. 70 f.; s. Abb. 154).

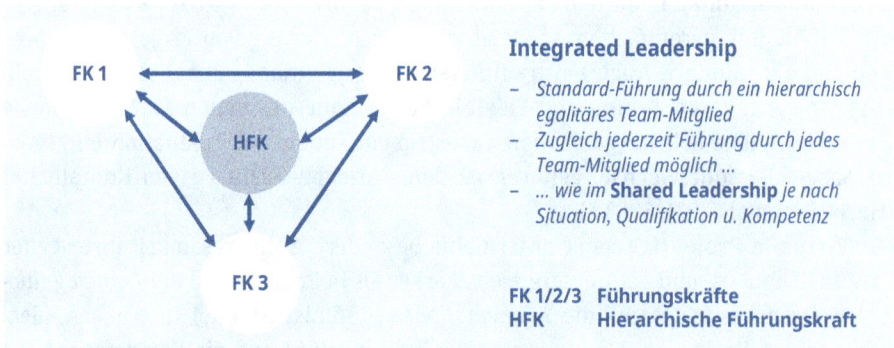

Integrated Leadership

– *Standard-Führung durch ein hierarchisch egalitäres Team-Mitglied*
– *Zugleich jederzeit Führung durch jedes Team-Mitglied möglich ...*
– *... wie im* **Shared Leadership** *je nach Situation, Qualifikation u. Kompetenz*

FK 1/2/3 **Führungskräfte**
HFK **Hierarchische Führungskraft**

Abb. 154: Integration vertikaler und geteilter Führung im Team. Positive Effekte von Shared Leadership auch im Umfeld traditioneller vertikaler Führung, besonders bei Hochleistungs-Projektteams (eigene Darstellung nach Werner, 2023, S. 71).

Auch im Projektmanagement geht es mehr und mehr um lernendes Handeln (s. Kap. 8.4) und ein lernendes Management. Auch dafür sind Interaktion, Shared Leadership bzw. Integrated Leadership wichtig. **Lifelong Learning** steht so auch über dem Projektmanagement der Zukunft. Es ist darüber hinaus methodisch von Bedeutung: Die Wege und die im Projektmanagement unerlässlichen Regeln müssen ständig neu angepasst werden (Madauss, 2020, S. 938)[193] – eine Praxis des *Permanent Change* (s. Kap. 9.3).

Projektmanagement boomt in gewinnorientierten Unternehmen wie in NPOs, und traditionell wie agil. Die Gründe dafür liegen im raschen Wandel der technologischen, gesellschaftlichen und ökonomischen globalen Wettbewerbsbedingungen, in deren Komplexität sowie der Notwendigkeit, sich effizient anzupassen. Projekte bereiten die passenden Strategien vor: Aus der erfolgreichen Führung wandlungsfähiger Unternehmen sind sie nicht wegzudenken (H. Meyer & Reher, 2020, S. 32 f.).

Grenzen für das Management von Projekten finden sich insofern, als Probleme sich naturgemäß schwerer aufgliedern lassen. Mitunter löst eine Aufsplittung von Problemen diese nur scheinbar. In dem Fall richtet sich der Blick eher auf gemeinschaftliches, soziales oder gar ganzheitliches Handeln (Reeves & Torres, 2022, S. 114). In anderer Hinsicht tut das Kap. 11.2: zu Feelgood Management.

---

193 Beim Lernen gilt es auch hier, Fehler durch gute Fehlerkultur aufzufangen (s. Kap. 8.4) – wie die NASA in „Rule 100" ihrer 100 Projektmanagement-Regeln formuliert: „Never make excuses; instead, present plans of actions to be taken" (zit. nach Madauss, 2020, S. 946).

11.2 Feelgood Management: Strategisches Well-Being

Feelgood Management entwickelte sich zusammen mit der Start-up-Bewegung des 21. Jahrhunderts und beschreibt nicht etwa – wie man dem Namen irrtümlich entnehmen könnte – nur die Arbeit für eine Wohlfühl-Kultur im Unternehmen. Vielmehr basiert es auf einem ganzheitlichen Ansatz, der über subjektives Wohlfühlen weit hinausgeht, sich an der Persönlichkeit der Mitarbeitenden sowie deren Wünschen, Vorlieben und Bedürfnissen orientiert und dadurch objektive, messbare Ergebnisse erbringt, die z. B. in der Erhöhung der Arbeitsleistung oder Minderung von Fehltagen bestehen (U. Weber & Gesing, 2019, S. 9–11).

> Mit **Feelgood Management** (FGM) wird die Planung, Organisation, Durchführung und Kontrolle aller derjenigen Maßnahmen bezeichnet, die eine Erhöhung des Wohlergehens der Mitarbeitenden bezwecken – mit dem gleichzeitigen Ziel, den Output des Unternehmens zu steigern (J. Lange, 2019, S. 6).

Organisatorisch ist Feelgood Management als Stabstelle nahe an der Unternehmensleitung oder im Personalwesen angesiedelt, i. d. R. verknüpft mit Unternehmensstrategie und Personalmanagement bis ins Office Management hinein. Seine **Aufgaben** umfassen u. a.:
- Verbesserung des Betriebsklimas
- Stärkung des Teamgeists (Gemeinschaftsgefühls)
- Intensivierung der Identifikation mit dem Unternehmen
- Reduzierung interner Konflikte
- Re-Organisation von Strukturen und Prozessen

z. B. durch Gemeinschaftsevents, Mitarbeit an der internen Kommunikation, Trainings, Schulungen und Workshops u. v. a. m. (Fraunhofer IAO, 2013, S. 6).

Ein Grundgedanke dabei: Das Konzept der Wahrnehmung über alle fünf **Sinne** umfasst die Gestaltung von Räumen und Mobiliar sowie das Angebot von Speisen und Getränken für die Mitarbeitenden bis hin zur Akustik (Geräusche, Wasser, Musik) und zu Gerüchen. „Mitarbeiter müssen die Gelegenheit haben, das Unternehmen zu spüren und sich als Teil des Ganzen zu fühlen" (Benedikt Kisner, GF des IT-Unternehmens netgo, zit. nach Kraus-Wildegger, 2021, S. 86; s. a. Kap. 5 zur räumlichen Gestaltung).[194]

---

[194] Dazu gehören der sprichwörtliche Obstkorb in der Teeküche oder ein empathisches Onboarding ebenso wie die Fitnessgruppe und phantasievolle Webinare für die Belegschaft sowie die Gestaltung von Arbeitsplätzen und Arbeitsräumen: Die Schnittstellen zum Betrieblichen Gesundheitsmanagement (BGM) sind zahlreich. Üblicherweise unterstützt ein digitalisiertes BGM seinerseits die Integration und Vernetzung, Individualisierung, Flexibilisierung und Professionalisierung von Mitarbeitenden (Matusiewicz, 2019, bes. S. 292–295).

Das gilt auch für Interessenten und Neuankömmlinge. Betrachtet man den Weg von Neueinsteigern im Unternehmen (*Employee Journey*) vom Onboarding an, so zeigt sich, dass die Weichen für deren Integration und Zufriedenheit bereits in den frühesten Begegnungen wie dem Job-Interviews gestellt werden, gefolgt vom Ausbau der sozialen Beziehungen, der Einarbeitung im Unternehmen oder dem Mentoring. Dabei erzielt die **betriebliche Sozialisation** kurzfristigere und längerfristige Ergebnisse (Wiese & Stertz, 2019, S. 56 f.; s. Tab. 102); besonders letztere bilden die Ziele des Feelgood Managements.

Tab. 102: Kurz- und längerfristige Sozialisation im Unternehmen (nach Wiese & Stertz, 2019, S. 56).

Kurzfristige Sozialisationsergebnisse	*Längerfristige* Sozialisationsergebnisse
– Rollenklarheit	– Arbeitszufriedenheit
– Korrekte Aufgabenbearbeitung	– Organisationales Commitment
– Kenntnisse organisationsspezifischer Regeln	– Vermeidung von Fluktuation
– Soziale Integration	

Die psychologische Komplexität von **Zufriedenheit** in der Berufstätigkeit durchleuchtet die *Zwei-Faktoren-Theorie* von Frederick Herzberg (s. a. Kap. 2.3). Demnach lässt sich Zufriedenheit in zwei Stufen erzeugen: Zunächst mit dem Verhindern von Unzufriedenheit durch *Hygienefaktoren*, die wie Mindestanforderungen wirken, die Mitarbeitenden an ihre Tätigkeit stellen, und zweitens durch *Motivatoren*, die darüber hinausgehen und eigene Impulse setzen (Stock-Homburg & Groß, 2019, S. 98).

Hygienefaktoren und Motivatoren lassen sich nach der Zwei-Faktoren-Theorie den gleichen Tätigkeitsbereichen im Unternehmen zuordnen. Ihr Unterschied besteht in den Inhalten; deren Auflistung stellt einen Aufgabenkatalog an Human Resources und Feelgood-Management dar (s. Tab. 103).

Tab. 103: Hygienefaktoren und Motivatoren im Personalmanagement. Ausgewählte Beispiele (nach Stock-Homburg & Groß, 2019, S. 100).

Bereich des Personalmanagements	Hygienefaktoren	Motivatoren
Ausgewählte Systeme im Mitarbeiter-Fluss		
Personalgewinnung	Bereitstellen realistischer Informationen über die zu besetzende Stelle	Aufzeigen der Potenziale zur Selbstverwirklichung auf der betr. Stelle
Personalentwicklung	Verankern regelmäßiger Weiterbildung der Beschäftigten in der Unternehmensstrategie	Bereitstellen von bedarfsorientierten Personalentwicklungsmaßnahmen

Tab. 103 (fortgesetzt)

Bereich des Personalmanagements	Hygienefaktoren	Motivatoren
Personalfreisetzung	Frühzeitiges Informieren über geplante Freisetzungsmaßnahmen	Unterstützen der freizusetzenden Beschäftigten bei der Suche nach neuer Beschäftigung
Belohnungssysteme		
Personalbeurteilung	Sicherstellen der Objektivität bei der Beurteilung der Beschäftigten	Persönliches Besprechen der Beurteilungsergebnisse und möglicher Konsequenzen mit den Beschäftigten
Personalvergütung	Garantieren der Transparenz der Zusammensetzung der individuellen Vergütung	Gewähren von Zusatzleistungen
Führung von Mitarbeitenden und Teams		
Mitarbeiterführung	Sicherstellen einer fairen Behandlung aller Beschäftigten	Begeistern der Mitarbeitenden für ihre Aufgaben
Teamführung	Gleichmäßiges Verteilen der Arbeitslast im Team	Durchführen gemeinsamer Teamevents

Zu den längerfristigen Zielen von Feelgood Management gehört **Commitment** (Engagement, Einsatz, Bindung) der Beschäftigten. Es ist eng verbunden mit deren **Identifikation** mit dem Unternehmen: Die meisten Komponenten von Commitment korrelieren stark mit denen von Identifikation. Die Abweichungen liegen vor allem im *normativen* Bereich, wo Divergenzen zwischen Arbeitgeber und Beschäftigten sich relativ leicht argumentativ klären lassen (Felfe, 2020, S. 92 f.). Bedeutsamer sind für uns die *affektiven* (gefühlsmäßigen) Komponenten. Sie visiert das Feelgood Management an: mit dem Ziel längerfristiger Wirkung.

Ähnlich ist der Zusammenhang zwischen **Arbeitszufriedenheit** und affektiver **Mitarbeiterbindung** (Gansser & Godbersen, 2023). Die Fluktuationsbereitschaft, also die Bereitschaft zum Wechsel des Arbeitsplatzes, ist in Deutschland in den vergangenen Jahren deutlich gestiegen. Die Einflüsse von Corona sind noch nicht eindeutig geklärt, die Einstellungen von Gen Y und Gen Z hierzu sind jedoch hinlänglich diskutiert (s. Kap. 2.1). Feelgood Management hat mit seinen Maßnahmen einen der stärksten Hebel zur Einflussnahme auf Gen Y und Gen Z in der Hand – neben der Führung durch deren direkte Vorgesetzte (Franken, 2022, S. 306–310).

Feelgood Management arbeitet also zusammen mit operativer Führung und allgemeinem HR an der *langfristigen* Verankerung der Beschäftigten im Unternehmen. Die **Anreize** dazu lassen sich nach verschiedenen Kriterien gruppieren; dabei lassen sich die Einflussfaktoren unterscheiden in:

– Anreiz-Kern: Anreize, die sich *unmittelbar* auf die Mitarbeitenden und deren Motivation auswirken
– Interaktions-Umfeld: *soziale* Anreize, die eine positive oder negative Wirkung annehmen können und weitgehend die Unternehmenskultur ausmachen, mit deren gelebten Werten und Normen
– Stimulations-Umfeld: *weitere* Einflussfaktoren, die stimulierende Wirkung entfalten und wichtige Rahmenbedingungen darstellen können – darunter die Arbeitgeberattraktivität
   (Sass, 2019, S. 128–133; s. Abb. 155).

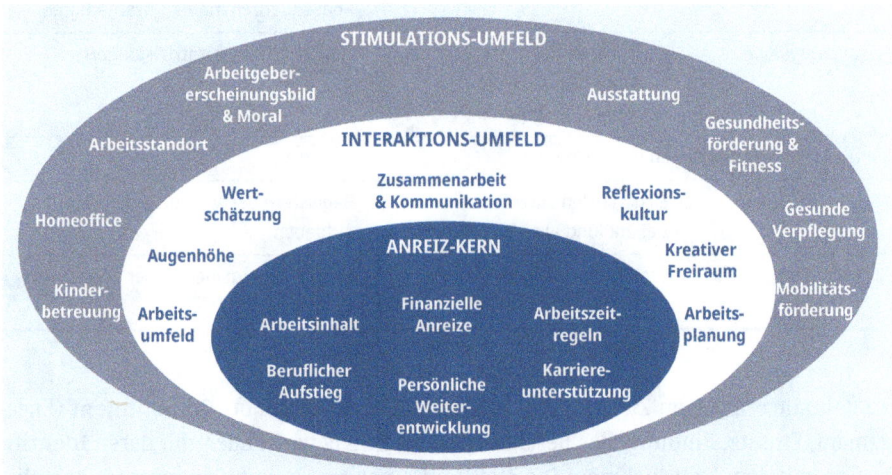

Abb. 155: Anreize zur Mitarbeitermotivation und Mitarbeiterbindung. Im Kern unmittelbare Anreize, in den Umfeldern soziale sowie eher individuelle Einflussfaktoren (eigene Darstellung nach Sass, 2019, S. 129).

Neben dem Verhindern von Fluktuation geht es maßgeblich auch darum, eine innere Kündigung des *psychologischen Vertrags* (s. Kap. 10.1) seitens der Mitarbeitenden zu verhindern. Deren emotionale Bindung an ihr Unternehmen unterstützen ihre Führungskräfte durch ein Gleichgewicht zwischen *Sachorientierung* (Aufgaben) und *Menschenorientierung* (Team-Building, Coaching). Die Bezeichnung dafür, *beidhändige Führung* oder *Ambidextrie* (s. Kap. 4.2), verdeutlicht die doppelte Funktion dieser Führungskräfte:

– als *Manager*: indem sie Struktur vorgeben, Effizienz steigern und ihre Mitarbeitenden wie sich selbst auf das Unternehmen ausrichten,
– als *Leader*: indem sie die Befähigung und die Selbstverantwortung ihrer Beschäftigten unterstützen und an deren Lernen sowie Entwicklung mitwirken,

und diese beiden Seiten fair verbinden. Noch mehr als bei Arbeit in Präsenz gewinnt diese Doppelfunktion in der hybriden Arbeit an Bedeutung (Winkler et al., 2022, S. 44 f.).[195]

Entsprechend strebt Feelgood Management für die Mitarbeitenden eine innere **Ausgewogenheit** an, die sich auf den latent drohenden Konflikt zwischen beruflichen und privaten Ansprüchen bezieht: auf das, was schon zu Ende des 20. Jahrhunderts als *work-to-family conflict* bezeichnet wurde. Dabei ist für die beruflichen wie familiären Rollen eine Balance herzustellen im Hinblick auf

- Zeit
- Einbindung (Involvement)
- Zufriedenheit

Es zeigte sich bereits damals, dass diejenigen Beschäftigten, die die beruflichen von den familiären Ansprüchen fernzuhalten verstanden, den geringsten Konflikt zwischen Arbeit und Familie empfanden: Sie sicherten sich die beste Basis gegen Stress (personale Resilienz, s. Kap. 7.1) und für beruflichen Erfolg (sowie als Grundlage für ihre Selbstbestimmung, s. Kap. 10.2; Greenhaus et al., 2003, bes. S. 513–526).

Die Komponenten solchen Gleichgewichts und die Modelle dafür sind vielfältig. Das **Lebens-Balance-Modell** nach Peseschkian/Seiwert bezieht neben den Komponenten im Beruflichen und im Privat-Persönlichen die körperliche und die geistige Sphäre ein. Das Modell betrachtet alle diese Bereiche weniger als *externe* auf den Betreffenden einwirkenden Ansprüche, sondern sieht auch den Beruf als eine Größe, mit der sich *interne* Ansprüche verbinden. Es ist Work-Life-Balance die Grundlage für die ebenfalls schon seit dem Ende des 20. Jahrhunderts erörterte (s. a. Kap. 7):

- *Beruf*: Leistung, Erfolg, Karriere, Wohlstand, Vermögen
- *Kontakt*: Anerkennung, Zuwendung, Familie, Freunde
- *Körper*: Gesundheit, Ernährung, Erholung, Entspannung, Lebenserwartung
- *Sinn*: Selbstverwirklichung, Zukunft, Philosophie, Religion
  (nach Hennerfeind et al., 2020, S. 48 f.).

Ein ähnliches Modell schlägt Hellert (2022) vor, der den Begriff *Work-Life-Kohärenz* (Verbindung, Zusammenhang) verwendet:

> Mit **Work-Life-Kohärenz** wird das kontinuierliche Zusammenwirken von Arbeitsphasen und anderen Lebensphasen auf der Basis von Selbstvertrauen bezeichnet. Der Begriff verweist auf den Zusammenhang von *Anspannung* und *Entspannung* als Voraussetzung für das Bewahren persönlicher Leistungsfähigkeit (Hellert, 2022, S. 2).

---

195 Dieser Blick auf Führung ist zu unterscheiden vom gleichnamigen Konzept (Ambidextrie), das sich mit der Entwicklung von Unternehmen durch gleichzeitig radikal-disruptive und evolutionär-inkrementelle Innovation beschäftigt (s. Duwe, 2020, S. 24).

Meist wird dieser Zusammenhang auf gleiche oder ähnliche Weise jedoch als **Work-Life-Balance** bezeichnet. Darin bedeuten die Komponenten:

- *Work*: Person-externe berufliche Ansprüche
- *Life*: Einsatz einer Person im persönlichen Umfeld und deren Zufriedenheit
- *Balance*: Ausgewogenheit zwischen den beiden vorgenannten

Dem Verständnis dieses Begriffs kommen die folgenden vier Perspektiven näher (Stock-Homburg & Groß, 2019, S. 840 f.; s. Tab. 104).

Tab. 104: Perspektiven des Begriffs Work-Life-Balance (nach Stock-Homburg & Groß, 2019, S. 841).

Perspektive	Verständnis von Work-Life-Balance (WLB)	Work-Life-Balance ist umso höher, …
Konfliktperspektive	Abwesenheit von Konflikten oder negativen Ausstrahlungseffekten zwischen verschiedenen Lebensbereichen	… je weniger Konflikte oder negative Ausstrahlungseffekte zwischen verschiedenen Lebensbereichen herrschen
Bereicherungsperspektive	Betrachtet (oft zusätzlich zu möglichen Konflikten), inwieweit sich verschiedene Lebensbereiche wechselseitig positiv beeinflussen und begünstigen	… je mehr wechselseitig positive Einflüsse zwischen verschiedenen Lebensbereichen wirken
Rollenzentrierte Perspektive	Misst WLB daran, inwieweit eine Person ihre verschiedenen Rollen und die mit diesen Rollen verknüpften Anforderungen erfüllt	… je besser eine Person den Rollenanforderungen nachkommt, mit denen sie in verschiedenen Lebensbereichen konfrontiert ist
Subjektive Perspektive	Betont den subjektiven Charakter	… je positiver sie von der jeweiligen Person eingeschätzt wird

Im angelsächsischen Pendant zum *Feelgood Management*, dem **Well-Being Management**,[196] findet sich ein Fächer von Konzepten und Maßnahmen seitens des Unternehmens, der die Berufstätigkeit der Beschäftigten ganzheitlich komplettieren soll. Als Ziele des Well-Being Management werden – statt eines kurzfristigen Mehrwerts – die Zufriedenheit und Entfaltung der Mitarbeitenden sowie die langfristige Erhöhung ihrer Resilienz, Innovationsfähigkeit und damit ihrer Produktivität genannt (U. Weber & Gesing, 2019, S. 15).

---

196 Trotz seines englischen Klangs ist der Begriff *Feelgood Management* in angelsächsischen (englischsprachigen) Ländern kaum bekannt. Stattdessen wird dort eher von *Well-Being* (auch: *Wellbeing*) *Management* gesprochen (U. Weber & Gesing, 2019, S. 15).

Im Einzelnen lassen sich die folgenden **Aufgabenbereiche** im Well-Being Management identifizieren:

- Betriebliches Gesundheitsmanagement (physisch und psychisch)
- Gestaltung des räumlichen Arbeitsumfelds
- Arbeitszeit-Flexibilität
- Positive Gestaltung der Sozialbeziehungen
- Entfaltung des persönlichen Potenzials
- Gute Führung und gutes Verhältnis zum Management

So wird das Well-Being Management als eine Schlüsselfunktion im Personalwesen identifiziert und als ganzheitliche, unternehmensgestaltende Aufgabe verstanden: die Entsprechung zu unserem Feelgood Management (U. Weber & Gesing, 2019, S. 16).

In diesem Zusammenhang ist es spannend, einer *mangelnden* Work-Life-Balance nachzugehen. Dafür werden die folgenden Indikatoren aufgeführt (Tab. 105).

Tab. 105: Indikatoren mangelnder Work-Life-Balance (nach Stock-Homburg & Groß, 2019, S. 843).

Facette der Work-Life-Balance	Die Mangel-Situation der betreffenden Person ist dadurch gekennzeichnet, dass ...
Ausgewählte Aussagen zur Dimension *Work*	... auch in der Freizeit ständige elektronische Erreichbarkeit gegeben ist. ... häufig zu Hause am Abend und am Wochenende gearbeitet wird. ... berufliche Sorgen nicht besprochen, sondern verdrängt werden. ... die meisten Interessen im beruflichen Bereich liegen. ... die eigene Tätigkeit als die des *Hamsters im Laufrad* empfunden wird. ... sich fast alle Dinge im Leben um die Arbeit drehen. ... die Gedanken an die Arbeit immer präsent sind. ... ein innerer Drang zum Arbeiten verspürt wird.
Ausgewählte Aussagen zur Dimension *Life*	... private Ereignisse oft die Gedanken während der Arbeitstätigkeit dominieren. ... die Arbeitsleistung häufig unter privaten Verpflichtungen leidet. ... Arbeitsaufgaben aufgrund familiärer Verpflichtungen meist unter Zeitdruck erledigt werden. ... Freunde die geringe Präsenz der Person häufig monieren.
Ausgewählte Aussagen zur Dimension *Balance*	... häufig Unsicherheit im Umgang mit der Schnittstelle zwischen Beruf und Privatleben besteht. ... Unzufriedenheit mit der Vereinbarkeit von Beruf und Privatleben besteht. ... die beruflichen und die privaten Verpflichtungen häufig nicht miteinander vereinbar sind. ... der Partner / die Partnerin unzufrieden mit der beruflichen Belastung ist.

Vor diesem Hintergrund entsteht das Gewicht, das dem Aufbau von *Selbstführungskompetenz* (s. Kap. 10.2) beigemessen wird. Ein ähnliches Gewicht haben die Funktionen von Coaching, Mentoring, Feedback und Lernen (s. Kap. 8.1–8.4) sowie Moderation (s. Kap. 10.1). Als Schlüsselkompetenz zum Erreichen von Work-Life-Balance ist ebenso die Regulation von Belastung anzusehen (s. Kap. 7.1 zu personaler Resilienz). So entsteht der Vierklang aus Fach-, Methoden-, Sozial- und Selbstkompetenz, in deren Schnittmenge sich Handlungskompetenz bildet (Kernen et al., 2019, S. 177–199; s. Kap. 10.2).

Für **Führungskräfte** liegt es unter dem Einfluss von Feelgood Management nahe, nicht nur das eigene Team, sondern auch sich selbst mit einem Set von Regeln zum Erreichen der Balance auszurüsten. Dazu gehören z. B.:

– Beurteile dich selbst: Gib dir selbst die Hinweise, die du anderen geben würdest, wenn du sie in deiner Situation sähest.
– Sorge für dein Selbst: Beachte deine physischen und psychischen Bedürfnisse und erhole dich nicht nur durch *Vermeiden*, sondern auch durch *Erreichen* bestimmten Dinge.
– Priorisiere deine Arbeit und setze Grenzen: deiner Arbeit, deinen Verpflichtungen und deiner Zeit – und anderen und deren Ansprüchen.
– Verfolge Entwicklungsmöglichkeiten: suche sie innerhalb und außerhalb des Unternehmens – auch in der Freizeit.
– Kontrolliere deine Arbeitsweisen: Fokussiere dich auf die Bedeutung deiner Arbeit; wehre ab, was nur vermeintlich getan werden muss; mache Work-Life-Balance zur Richtschnur deines Handelns.
(Russell & Liggans, 2022, S. 86 f.)[197]

Feelgood Management legt daher eine Führungskultur nahe, die Freiräume schafft bzw. sich auf Ergebnisse fokussiert und inspiriert – im Einklang mit einem angereicherten transformationalen Führungsstil (s. Kap. 4.2). In diesem Kontext lohnt der Rückblick auf die **inspirierend-multimodale Führung**. Sie distanziert sich einerseits von einem Stil, der zu stark auf Freiraum fokussiert (*laisser-faire*, franz. für „machen lassen"), und andererseits von einem Stil, der zu sehr auf Anweisung und Kontrolle setzt und stattdessen die Kraft der Inspiration nutzt (s. Abb. 156).

Die *inspirierend-multimodale Führung* steht damit der transformationalen Führung (s. Kap. 4.2) nahe. Diesen situativen und inspirierenden Führungsstil zu trainieren lohnt sich, sobald die Kultur des Unternehmens es zulässt. Feelgood Management

---

[197] Dort gibt es zudem handfeste Tipps, z. B.: achtsam sein, bewusst atmen, dankbar sein, sich gesund ernähren, Siesta machen, Dinge teilen, Freunde treffen oder ein Ehrenamt ausüben (Russell & Liggans, 2022, S. 87 f.)

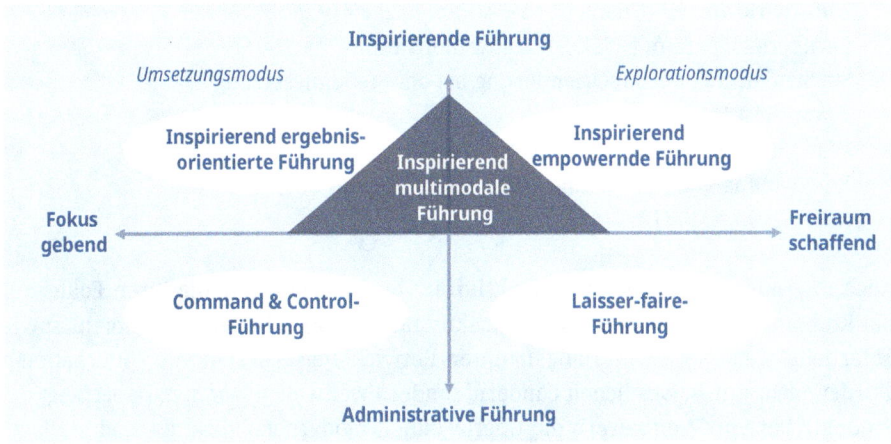

Abb. 156: Inspirierend-multimodale Führung. Im Umsetzungsmodus auf Ergebnisse zielend, im Explorationsmodus auf Empowerment fokussiert (in Anlehnung an Bruch et al., 2022, S. 380).

bzw. das HR-Department haben dann die Aufgabe, Führungskräften Zugang zur notwendigen Entwicklung zu verschaffen, z. B. in Form von Coaching.[198]

Die positive **Wirkung** von HR-Instrumenten wie dem Talent Management (Kap. 10.3) ist durch umfangreiche Meta-Analysen bestätigt worden (Holtbrügge, 2022, S. 3–7). Positive Arbeitsleistung, Arbeitszufriedenheit, organisationales Commitment und Engagement basieren auf Kompetenzen wie personaler Resilienz (s. Kap. 7.1) und Selbstwirksamkeit (s. Kap. 10.2) – dem *„psychologischen Kapital"* (Weibler, 2023, S. 579). Vertrauen, persönliches Wachstum und Entwicklung gelten als *„virtues of modern work"*: Werte oder „Tugenden" moderner Arbeit (Zheng et al., 2023, S. 76). An deren Entwicklung wirkt Feelgood Management mit.

Neben den klassischen betriebswirtschaftlichen **Erfolgskennzahlen** (wie Umsatz, Profitabilität, Marktanteil bzw. deren Wachstumsraten) haben sich neue KPI etabliert. Dazu gehören vermehrt Resilienz- und Entwicklungs-orientierte Kriterien wie:

–   Emotions- und Energiemanagement
–   Wohlbefinden und Krankheitsstand/-abwesenheit

---

198 Inspiration lässt sich gut auch durch *Storytelling* erzielen, das im Coaching erlernt werden kann. Das Erzählen von Geschichten setzt Kraft frei, wirkt gemeinschaftsbildend und unterstützt Führungskräfte dabei,

–   Vertrauen aufzubauen und die Beziehung zu Mitarbeitenden auszubauen
–   zu führen und Freiräume zu gewähren
–   zu orientieren und zu inspirieren (durch Emotionen, Metaphern, Bilder u. ä.)
–   Wissen und Erfahrungen weiterzugeben sowie Lernen zu fördern

Storytelling vermag vielerlei Informationen und Botschaften zu vermitteln: von Zahlen, Daten und Fakten über emotionale Ideen bis zur Handlungsaufforderung, die intensiver und tiefer wirkt als der Appell (Rolfe, 2019, S. 188–190).

– Selbstwirksamkeit (Überzeugung, s. Kap. 10.2)
– Lernbereitschaft und Weiterbildungsmotivation
– Stärken- und Potenzial-Orientierung bei der Stellenbesetzung
– Team- statt Individual-Fokus
– Werte, Normen und Unternehmenskultur
– Entwicklung von Anreiz- und Steuerungssystemen
   (Rolfe, 2019, S. 106 f.).

Auch international wächst die **Attraktivität** von Unternehmen, die ihren Fokus auf die Kombination von Arbeitgeber-Attraktivität und Mitarbeiter-Engagement sowie Mitarbeiter-Leistung legen. Die genannten Entwicklungskriterien von Unternehmen wurden nicht nur in westlichen Ländern, sondern weltweit gewonnen. Dabei zeigt die Produktivität von Wettbewerb die Überlegenheit moderner Führungs- und Management-Methoden gegenüber *„office zombies"* alter Prägung (Nguyen & Nguyen, 2022, o. S.).

Dahinter steht die Erkenntnis, dass der Erfolg moderner Teams – wie ihn auch das agile Management ermöglicht (s. Kap. 9.2) – die Summe der Einzelleistungen von Individuen übersteigt. Das schließt persönliche Verantwortung keineswegs aus, betont aber die Bedeutung sozialer **Zusammenarbeit** gegenüber individuellem Wettbewerb (Zinkin & Bennett, 2021, S. 273 f.; s. a. Tab. 106).

Tab. 106: Individuum vs. Gemeinschaft (nach Zinkin & Bennett, 2021, S. 274).

Individuum	Gemeinschaft (Team)
Zugrundeliegende Annahmen	
1 Personen auf der Suche nach Sinn sind allein verantwortlich für Entscheidungen und Überzeugungen, die in kreativen, forschenden oder investigativen Prozessen entstehen	1 Die Gesellschaft nährt, erzieht und übernimmt Verantwortung für den Geist, der zwischen ihren Mitgliedern im Diskurs entsteht
2 Individuen sind selbstverantwortlich und binnenbestimmt, basierend auf – Eigenständigkeit – Eigeninteresse – Erreichen persönlichen Wachstums	2 Das soziale System schafft persönlichen, außenbestimmten Erfolg, basierend auf – gesellschaftlichen Anliegen – Altruismus – Gemeinschaftsdienst und gesellschaftlichen Gepflogenheiten
3 Die Basis von Erfolg ist Wettbewerb	3 Die Basis von Erfolg ist Zusammenarbeit
4 Priorität haben *Shareholder* Value und Profitabilität	4 Priorität haben *Stakeholder* Value und Marktanteil
5 Regierungen agieren als Schiedsrichter	5 Regierungen agieren als Coach

Tab. 106 (fortgesetzt)

Individuum	Gemeinschaft (Team)
Resultierendes Verhalten	
1 Wettbewerb gegen Rivalen	1 Zusammenarbeit als Mentor bzw. Mentee
2 Einzelleistung und individuelle Ergebniszurechnung	2 Gemeinschaftsleistung und kollektive Ergebniszurechnung
3 Entscheiden ad hoc und als Repräsentanten der Organisation	3 Entscheiden durch die Organisation und Handlung als deren Delegierte
4 Entscheiden durch Abstimmung	4 Entscheiden durch Konsens
5 Fokus auf Erledigen von Aufgaben	5 Fokus auf Aufbau von Beziehungen
6 Denken als „Ich"	6 Denken als „Wir"
Menschen managen	
1 Freiheit zu persönlichen Entscheidungen geben	1 Übergeordnete gemeinsame Ziele verfolgen
2 Bedürfnisse des Individuums möglichst an die der Organisation anpassen	2 Persönlichkeit mit Autorität möglichst in die Gruppe integrieren
3 Individuelle Incentivierung (MbO, leistungsabhängige Tantiemen etc.)	3 Betonung von Zusammenhalt, Gruppengeist und Teamleistung
4 Erwartung hoher Fluktuation und Mobilität	4 Erwartung geringerer Fluktuation und Mobilität
5 Leistungsträger in den Vordergrund stellen	5 Favorisierung vermeiden, Teamleistung loben

Der Fokus auf Individualität ermöglicht Leistungs- und Wettbewerbsfähigkeit, doch der Fokus auf dem Team und dessen **Gemeinschaftsleistung** eröffnet das Potenzial zu einem längerfristigen Erfolg mit den Komponenten der Flexibilität, Diversität, Agilität, Werteorientierung und der Netzwerke. Daran mitzuwirken ist eine Aufgabe von Feelgood Management.

Es leistet zugleich einen erheblichen Beitrag zum *Employer Branding*. Das Employer Branding basiert auf Erkenntnissen der Markenforschung, insbesondere der Brand-Equity-Theorie. Demnach werden Handlungen von Menschen gegenüber Marken (z. B. der Kauf von Produkten) davon beeinflusst, welche Assoziationen die Marken im Entscheidungsprozess der Menschen auslösen.

Employer Branding versteht Unternehmen als Marken, die auf dem Arbeitsmarkt agieren. Der Begriff umfasst alle Maßnahmen, die durch Assoziationen bei potenziellen Bewerbern die Bereitschaft zur Bewerbung bei einem potenziellen Arbeitgeber (employer) bzw. bei den aktuell Mitarbeitenden deren Bereitschaft zum Verbleib bei ihrem Arbeitgeber erhöhen. Die Arbeitgebermarke wird dabei als Teil der Unternehmensmarke verstanden und nutzt ebenso deren Inhalte für ihre Ziele (Rowold, 2015, S. 136–143; Kremmel & von Walter, 2021, S. 504 f.).

Im Hintergrund der Werbewirkungsforschung stehen Marken-Modelle, in deren Kern die **Identität** steht: ein gleichbleibendes Selbst. Davon gehen Unternehmen aus, um sich im *War for Talents* zu positionieren und Maßnahmen zu kommunizieren. So sollen das Image des Unternehmens bzw. die Marke in der Vorstellung ihrer Rezipienten beeinflusst werden. Nach Jean-Noel Kapferer trifft die Marke Aussagen, die das Image im Kopf der Rezipienten mittelbar – psychologisch – erreicht (und mit Rückwirkung): ein fragiles Geschehen (Kapferer nach Esch & Langner, 2019, S. 179 f.; s. Abb. 157).

INTERN (Im Unternehmen)						EXTERN (gegenüber **Anspruchsgruppen**)

Wettbewerbsposition u. -maßnahmen

Maßnahmen:
– *nach innen:* Behavioral Branding
– *nach außen:* Kommunikation, …

Marken-Identität	Ziel-vorgabe	Marken-Positionierung	Umsetzung		Beitrag	Marken-Image

Feedback · *beeinflusst*

Markt-u. Kommunikationsbedingungen

Strategie: *Wer und was man sein möchte*   **Umsetzung:** *Was man intern u. extern kommuniziert*   **Ergebnis:** *Was wahrgenommen wird*

Abb. 157: Das Marken-Image beim Rezipienten als fragiles Ziel des Employer Branding. Komplexes Ergebnis von Identität, Zielvorgabe, Positionierung und Kommunikationsmaßnahmen (nach Esch & Langner, 2019, S. 180).

Herkömmlich wurde die Wirkung einer Arbeitgeber-Marke über diesen Vierklang beschrieben:
– Arbeitgeber-Bekanntheit
– Arbeitgeber-Image
– Arbeitgeber-Attraktivität (also drei psychografische Merkmale) sowie
– Quantität und Qualität der Bewerbungen

(Kremmel & von Walter, 2021, S. 505 f.).[199] Die Umsetzung der Marken-Positionierung und die Maßnahmen des Brandings nach innen bzw. der Kommunikation nach außen zahlen demnach auf das **Marken-Image** ein: Menschen haben begonnen, Assoziatio-

---

[199] Der Vierklang ähnelt der 100 + Jahre alten *AIDA-Formel* der Vermarktung (*Attention-Interest-Desire-Action*), der zufolge Werbung zunächst Aufmerksamkeit für eine Sache erzielen, danach spezifischeres Interesse für sie erzeugen und dann einen konkreten Wunsch auslösen muss, bevor die intendierte Aktion – z. B. ein Kauf – erfolgt. Dieses Modell ist durch andere, detailliertere ergänzt bzw. ersetzt worden; ein allgemeingültiges gibt es aber nicht.

nen nicht nur zu Konsumgüter-Marken zu bilden, sondern auch zur Marke des Unternehmens als Wettbewerber auf dem Arbeitsmarkt, als Arbeitgeber.

Auf solche Markenbildung richtet das Unternehmen sein Erscheinungsbild aus: in der Corporate Identity (CI). Eingeschlossen sind alle Inhalte, die es kommuniziert, deren Wortlaut, die visuellen Elemente (Logo, Farben, Typographie, Bildwelten etc.) und die kommunizierenden Personen. Die Konzepte für Corporate Behavior CB), Corporate Design (CD) und Corporate Communications (CC) greifen dafür ineinander; die betr. Abteilungen bzw. Stäbe arbeiten gemeinsam an der Gestaltung der Marke sowie an deren Auftritt (Esch & Langner, 2019, S. 184 f.; s. a. Abb. 158).

Abb. 158: Modifiziertes Markensteuerrad: Markenidentität als Grundlage für Erfolg im Employer Branding. Elemente der linken Seite eher sachlich-rational, Elemente der rechten eher visuell-emotional (in Anlehnung an Esch & Langner, 2019, S. 185).

Die eher sachlich-rationalen, analytisch-sequenziellen Komponenten (auf der linken Abbildungsseite dargestellt) dienen der Marke und ihrem Unternehmen dazu, die gewünschte Wirkung zu entfalten; die bildlich-emotionalen sowie essenziellen Elemente (auf der rechten Seite dargestellt) verhelfen der Marke zur *Ganzheitlichkeit*. Die Darstellung knüpfte ursprünglich an die mittlerweile überholte Annahme zweier entsprechender Hemisphären im menschlichen Gehirn an; für den Kontext der Komposition von Marken-Arbeit ist sie gleichwohl weiterhin hilfreich (Esch & Langner, 2019, S. 184).

Aus ihrem umfangreichen Wirkungskreis liefern Talent Management und Feelgood Management zahlreiche Details, die zum erfolgreichen Employer Branding beitragen. Sie bilden damit eine Basis für den **Rekrutierungserfolg** auf dem Arbeitsmarkt: *Employer Branding*, als Schnittstelle zwischen der Kommunikation des Unternehmens und seinem HR-Management (Pietzcker, 2024, S. 77 f.), wirkt als Teil des strategischen

Human Capital Management (HCM), *Ressourcenmanagement* wirkt als Teil der Unternehmensentwicklung, die die Strukturen und Prozesse im Unternehmen anpasst und dessen Kultur mit entwickelt (Nelke & Steffen, 2019, S. 521; Kernen et al., 2019, S. 193 f.; s. a. Kap. 11.3).

Auf dem Arbeitsmarkt nehmen Menschen das Verhalten von Unternehmen sensibel wahr. Dort sind die Imagebildungsprozesse noch fragiler, als dies bei Marken auf Konsumgüter-Märkten der Fall ist. Auch an diesen Prozessen hat Feelgood Management empathisch mitzuwirken.

Das Unternehmen tut dies u. a., indem es Work-Life-Balance proaktiv ermöglicht. Es tut dies durch proaktives Work-Life-Management und realisiert dadurch New Work. Mehr dazu in Kap. 11.3.

11.3 New Work 4.0: Work-Life-Management

Einer der Begriffe im Zentrum von Work-Life-Balance und New Work ist **Identität**. Die Identität des Menschen, sein Selbst als eine individuelle Einheit, entwickelt sich im Verlauf seines Lebens. In einer Zeit, die von Dynamik, Mobilität, Liberalisierung und Globalisierung geprägt ist, zeigt sich die Suche nach Identität vielfach als Suche nach etwas *Kontinuierlichem*. Paradoxerweise ist Identität allerdings zugleich etwas *Dynamisches* und unterliegt damit der Veränderung, dem Wandel (Lippmann, 2019b, bes. S. 102–106). Modellhaft lässt sich sagen, dass der Mensch seine Identität in fünf Bereichen („Säulen") findet; s. Tab. 107.

Tab. 107: Die 5 Säulen der Identität (Lippmann, 2013, nach Garcia et al., 2019, S. 148–153).

Bereich	Erläuterung
Soziales Netz/ Beziehungen	Herkunftsfamilie, Partnerschaften, Hinkunftsfamilie, Heimat, Freunde, virtuelle Beziehungen, innere Familie etc.
Arbeit u. Beruf	Aus- und Weiterbildungen, Beruf, Karriere, Anerkennung in der Arbeit etc.
Körper u. Leiblichkeit	Leib-Seele-Thematik, Gesundheit, Geschlechteridentität, Sexualität etc.
Besitz u. Materielles	Besitz, geliebte Objekte, Eigentum, finanzielle/materielle Sicherheiten etc.
Glaube, Werte u. Sinn	Religion und Glaube, narrative Identität, Werte, Normen, Sinn des Lebens, Umgang mit Widersprüchen, Spirituelles, Außergewöhnliches etc.

Was Identität stiftet, ist subjektiv verschieden. Identität wird als Authentizität für Außenstehende erlebbar; sie bleibt jedoch individuell. Was Identität im Wesen tatsächlich ist, lässt sich daher nur relativ feststellen und aus der Perspektive des Betrachters definieren:

Die eigene **Identität** lässt sich für ein Individuum definieren als „das, was es gerade von sich annimmt"; und die Identität des Anderen lässt sich für Menschen definieren als „die, die sie in der konkreten Situation [von dem Anderen] annehmen" (Abels, 2017, S. 419).[200]

Ein radikales Modell der Identitätsfindung bietet C. G. Jung mit seiner Idee der Selbstfindung und **Persönlichkeitsentwicklung** an. Ihm geht es um die Entwicklung des inneren Selbst, die sich für ihn in 4 Stufen vollzieht:

- Entwickeln der *Persona*: Das Selbstbild, das Bild von der Umwelt sowie die persönlichen Voraussetzungen sind in Einklang zu bringen; das kann – zumal unter Einfluss beruflichen Wettbewerbs – Spannung erzeugen
- Einfügen der *Schatten*: Erst das Anerkennen der persönlichen Schattenseiten ermöglicht gute Selbst- und Fremd-Führung; berufliche Konflikte könnten andernfalls kaum produktiv ausgetragen werden
- Entfalten von *Animus* bzw. *Anima*: Es gilt, die innere Gegengeschlechtlichkeit zu akzeptieren; die so gewonnene Freiheit ermächtigt zu sensibler Empathie bzw. zu harten Entscheidungen, wo nötig (ein heute umstrittenes Konzept)
- Erfahren der inneren *Mitte*: Die Begegnung mit seelischen Urkräften, den Archetypen, führt zu Kraft und Weisheit; so befreit das Vermögen zur Selbstführung davon, Rollen spielen zu müssen, und ermöglicht Geführt-Werden

(C. G. Jung nach Gamma, 2016, bes. S. 45–49). Ausdrücklich lassen sich diese Stufen auf berufliche Kontexte beziehen. Diese Persönlichkeitsentwicklung lässt sich sowohl im Hinblick auf familiäre wie auf andere Zusammenhänge beobachten.

Doch auch weniger radikale Vorstellungen von Identität bilden einen Ausgangspunkt für New Work. Identität bleibt naturgemäß für jeden etwas Anderes; es lassen sich jedoch Merkmale beschreiben, an denen sich **authentisches Leben** erkennen lässt – diskutabel und auf den ersten Blick vielleicht wenig glanzvoll:

- *Unabhängig* von anderen Menschen und Meinungen bleiben: eigene Meinungen auch dann vertreten, wenn sie unpopulär sind.
- *Ohne Vergleiche* mit anderen leben: den Zwang vermeiden, sich mit anderen vergleichen zu müssen.
- *Unsicherheit* aushalten können: gelassen bleiben und sich wertvoll fühlen, auch wenn man angegriffen wird oder Ambivalenz erlebt.

---

200 Zur Frage der Identität bei der Arbeit formuliert Stroh (2021, S. 41): „Nur ich selbst kann bestimmen, was ich vom (Arbeits-) Leben will! Und danach sollte ich meine Berufung ausleben." Dazu stellt sie die folgenden Fragen: „Welche Fähigkeiten und Fertigkeiten mag ich besonders an mir? Welche möchte ich im Beruf ausleben können? Was brauche ich für ein Arbeitsumfeld? Wie will ich leben und arbeiten? Wo lebe ich mich aus?" Sie mögen simpel erscheinen, sind aber schlüssig: Sie eignen sich zur Auseinandersetzung mit einem Lebensthema.

– *Eigene Gefühle* erkennen und ihnen Raum geben: ohne konformistisch zu werden.
– *Entscheidungen* bewusst im Sinn der eigenen *Werte* treffen
– *Optimistisch* und *offen* für Neues sein
– *Verantwortung* übernehmen und eigene *Grenzen* kennen: Unterstützung annehmen
– Größen wie Besitz und Status *wenig Gewicht* beimessen
– *Mut* zeigen, *Stärken* ausleben
  (nach Garcia et al., 2019, S. 152, dort angelehnt an Lippmann, 2013)

Bei einigen Menschen gruppieren sich derartige **Lebensmotive** um ein Grundmotiv herum. Gelingt es solchen Menschen, diese Antriebskräfte zu identifizieren, können sie dadurch hohe *Potenziale* ausschöpfen (Spall & Schmidt, 2019, S. 64). Identität vermittelt Sinn; und aus dem Wissen um Sinn beziehen Menschen – und ganze Organisationen – ihre Energie (Seliger, 2016, S. 62). Auch daher ist es so wichtig, *Purpose* (s. Kap. 3.3) zu vermitteln: Die Erfahrung von Sinn bringt nicht nur Erfolg, sondern auch Zufriedenheit und das Erlebnis von Glück (Hackl et al., 2017, S. 44).

Die Kommunikation von Purpose durch das Unternehmen war und ist unmittelbar verknüpft mit Sinn und **Sinnfindung** für den einzelnen. Dessen Erleben kann auch dann erfreulich sein, wenn Sinn zwar nicht direkt gesucht, aber (vielleicht sogar überraschend) gefunden wurde. Solche Sinnerfüllung lässt sich empfinden durch
– *Kohärenz*: Stimmigkeit der Lebens- (und Arbeits-) Bereiche des Menschen und deren Passung untereinander (s. a. Kap. 8.1)
– *Bedeutsamkeit*: Wirksamkeit des eigenen Handelns und Resonanz, die es findet
– *Orientierung*: Ausrichtung des eigenen Lebens- (und Arbeits-) Wegs
– *Zugehörigkeit: Soziale Eingebundenheit und Selbstwahrnehmung als Teil eines Ganzen*
  (T. Schnell, 2018, S. 12; zu Sinnhaftigkeit s. a. Kap. 10.2).[201]

Vor dem Hintergrund solcher Erfahrungen entstand das Projekt des österreichisch-amerikanischen Sozialphilosophen Frithjof Bergmann, das mit einer Beratung für General Motors in Flint (Michigan) unter dem Namen *Center for New Work* in den 1980er Jahren begann. Bergmann, der in Princeton über die Philosophie Hegels promoviert und sich in den 1970er Jahren nach Reisen in den damaligen Ostblock vom Sozialismus abgewendet hatte, erprobte dabei neue Ideen der Entwicklung von Mensch und Unter-

---

201 In der eigenständigen Sinnfindung, die in individueller Bewertung wurzelt, liegt zugleich die Identität des Menschen gegenüber der Maschine begründet. Die Maschine hat eine zielgerichtete Programmierung, aber keine Persönlichkeit, keine Empathie und keinen Charakter: Diese bleiben vorerst „das Privileg des Menschen" (Spall & Schmidt, 2019, S. 273).

nehmen in Richtung **Ganzheitlichkeit**. Sein vielzitiertes Stichwort dazu: „Arbeit, die wir wirklich, wirklich wollen" (F. Bergmann, 2008, S. 121, 323 u. a).[202]

> Arbeit, die der Mensch *wirklich, wirklich* will, bildet das Zentrum des Konzepts **New Work**. Der Begriff wird heute auch als generelle Bezeichnung für Arbeitsbedingungen der Gegenwart verwendet, was ihm jedoch nicht gerecht wird. Vielmehr fragt er dezidiert nach *Sinnhaftigkeit* von Arbeit und nach der *Identifikation* des Menschen mit ihr. Für Frithjof Bergmann verband sich damit zudem ein ganzheitlicher Lebensstil, der sich zugleich um Ernährung, Gesundheit u. ä. sorgte (Hackl et al., 2017. S. 3 f.).

Eine der Zusammenfassungen von New Work überträgt das Konzept in die Anspruchswelt von Gen Y und Gen Z gegenüber ihrer Berufstätigkeit unter dem Namen „4 S-Modell" (Hackl et al., 2017, bes. S. 38, 44–45; s. a. Tab. 108). Es versteht das ursprüngliche Konzept des New Work als Zusammenwirken besonders der folgenden Perspektiven:

Tab. 108: Die „4 S-Perspektiven" der Arbeit im New Work (nach Hackl et al., 2017, bes. S. 38–45).

Perspektive	Erläuterung
Selbstentwicklung	Selbstverwirklichung der eigenen Persönlichkeit, zumal durch Lernen (s. a. Kap. 8.3, 8.4, 9.1–9.3, 10.1, 10.2)
Sicherheit	Menschliches Grundbedürfnis, in der Berufstätigkeit zu gewährleisten durch das Unternehmen bzw. dessen Betriebliche Gesundheitsförderung (BGF), durch Betriebliches Gesundheitsmanagement (BGM) sowie Talent Management (s. Kap. 7.1, 9.1, 10.1, 10.3)
Sinn	Erleben von gesellschaftlich bzw. individuell als wichtig erachteten Aspekten (s. o.; s. a. Kap. 2.3, 3.3, 10.2, 10.3)
Sozialleben	Integration in Führungsbeziehungen, Gruppen und Netzwerke (s. Kap. 4.1–4.2, 7.2, 7.3, 8.1, 8.2, 9.1, 9.2, 10.2, 11.2)

Dadurch stellt das New Work-Konzept an das Unternehmen insbesondere folgende **Anforderungen**:

- *Örtlich* und *zeitlich* flexible Organisation der Arbeit (s. bes. Kap 5 bzw. 6)
- Zunehmend *agile* und *projektbasierte* Organisation der Arbeit (s. bes. Kap. 9.2 bzw. 11.1)

---

202 F. Bergmanns Arbeit lässt sich als Bestreben sehen, Amerikas Bereitschaft zur Innovation mit den Ideen und der Philosophie Europas vom Idealismus bis zum Existenzialismus (Hegel, Nietzsche, Sartre u. a.) zu kombinieren. Mitunter als sozialistisch missverstanden, kritisierte Bergmann nicht die Marktwirtschaft oder den Kapitalismus per se, sondern arbeitete vielmehr an einer neuen Stufe in deren Entwicklung. Deren Wandlungsfähigkeit suchte er nutzbar zu machen zugunsten freien, selbstbestimmten und sinnorientierten Lebens: produktiv im Sinne menschlicher Würde, Wünsche und Ziele (Müller-Friemauth & Kühn, 2019, S. 393 f.).

- *Werteorientierung* und *Sinnhaftigkeit* mit praktischer Relevanz der Arbeit (s. bes. Kap. 2.3, 3.1 bzw. 3.2, 3.3)
- Flachere Hierarchien, veränderte Führungskulturen, partizipative Entscheidungen sowie Selbstorganisation (s. Kap. 2.2; 4.2; 3.2; 10.2)

Empirisch zeigt sich, dass Unternehmen, die dieses Konzept verfolgen und dessen Anforderungen umzusetzen versuchen, damit *Erfolg* haben. Dies gilt sowohl im Sinne betriebswirtschaftlicher Kategorien und deren herkömmlicher Erfolgskriterien (KPI) als auch im Sinne psychologischer bzw. arbeitswissenschaftlicher Kategorien und deren Verständnis von individueller Entwicklung und Selbstverwirklichung; so eine Studie des Fraunhofer Instituts für Arbeitswirtschaft und Organisation IAO (Hofmann, 2019, bes. S. 10 f.).

Eine der Ableitungen, die im Sinne des New Work entstanden, ist das Konzept der **evolutionären Organisation**. Es betrachtet Unternehmen nicht wie zielgerichtet arbeitende Maschinen, sondern wie lebendige Organismen oder Systeme. Diese verhalten und entwickeln sich eher wie Ökosysteme, die ohne zentrale Steuerung auskommen und daher oft besser in der Lage sind, flexibel und multilokal auf Veränderungen zu reagieren (Laloux, 2017, S. 54).

Solche *evolutionären Organisationen* sind v. a. durch 3 Merkmale charakterisiert; s. Tab. 109.

Tab. 109: Merkmale evolutionärer Unternehmen (nach Laloux, 2017, S. 55).

Merkmal	Erläuterung
Selbstführung	Hierarchische Pyramiden-Strukturen weitestgehend ersetzt durch wirkungsvolle, fluide Systeme mit kollektiver Intelligenz und verteilter Autorität
Ganzheit	Menschliche Rollenmuster des professionellen Selbst weitestgehend ersetzt durch unmaskiertes, ganzheitliches Einbringen der Person in die Arbeit
Evolutionärer Sinn	Planung und Vorhersage der Zukunft durch einige Beteiligte weitestgehend ersetzt durch Sensibilität und Empathie aller Beteiligten für Entwicklungen, Veränderungen und diesbezügliche Notwendigkeiten innerhalb und außerhalb des Systems

An den Rändern derartiger Konzepte entstehen neue Formen von **Arbeitsorganisation**, die einerseits an Liberalismus erinnern, andererseits an neue soziale Verteilungsgerechtigkeit – ohne dies aus den herkömmlich-ideologischen Mustern der gleichnamigen Bewegungen abzuleiten. Dazu gehören z. B. Konzepte wie sie Tab. 110 zeigt.

Tab. 110: Neuere Konzepte von Arbeitsorganisation (eigene Zusammenstellung).

Konzept	Erläuterung
Arbeitskraftunternehmer	Wandel vom arbeitsvertraglich angestellten Mitarbeitenden zum freiberuflichen Anbieter von Arbeitskraft (Unternehmer), der selbstkontrolliert, -ökonomisiert und -rationalisiert auf einem Arbeitsmarkt agiert (Job-Nomade, Ich-AG; s. a. Konzept des Intrapreneurship, Kap. 10.2) (angelehnt an Pongratz & Voss, 2003, nach Lippmann, 2019b, bes. S. 98 f.)
Proteische Karriere	Karriereweg abweichend vom traditionellen Muster; als Unternehmer der eigenen Karriere fokussiert auf Freiheit und persönliches Wachstum, hohe Mobilität, Flow, Arbeitszufriedenheit und Stolz auf eigene Ergebnisse sowie Commitment zur eigenen Profession – vs. externer Motivation wie Gehalt und Hierarchie oder Commitment zur Organisation (Hesse et al., 2019, S: 95 f.)
Individualisierte Lohnfindung	Wandel von standardisierten Lohnfindungsprozessen (über- u. innerbetriebliche Tarifverträge; Leistungs- u. Bonuskataloge etc.) zu individualisierter Verhandlung und Einzelfallregelung sowie Festlegung der Leistungserbringung der Arbeit (zeitlich, örtlich, sachlich) (Straubhaar, 2016, bes. S. 304)
Sharing Economy	Verteilung eigenen Eigentums an andere bzw. Freigabe fremden Eigentums an sich selbst (mit oder ohne Eigentumsrecht); und dies unter dem Einfluss von Digitalisierung, Versorgungs-Wohlstand bei gleichzeitiger Knappheit, Abkehr von sozialem Status, Nachhaltigkeit und Ökologie sowie politischer Liberalisierung bzw. Lückenhaftigkeit (angelehnt an Belk, 2007, sowie andere, nach Schreiner & Kenning, 2018, bes. S. 359–363)

In diesem Zusammenhang ist das **Organizational Citizenship Behavior** (OCB) zu sehen, das sich – wie eine ökologische Reaktion – positiv auf das Unternehmen auswirkt: ein freiwilliges Commitment von *Beschäftigten*, das nicht aus dem formalen Anreiz- und Belohnungssystem des Unternehmens heraus motiviert ist, sondern darüber hinaus und ohne Erwartung direkter Vergütung erfolgt (Felfe, 2020, S. 112 f.).

Die heute neu erlebte Aktualität und Verbreitung von New Work als Form einer Weiterentwicklung des liberalen marktwirtschaftlichen Systems mit seiner kapitalistischen Eigentümerstruktur ist nicht ohne die ethische Krise der Wirtschaft in den Jahren um die Jahrtausendwende zu verstehen. In deren Folge entstand das Gelöbnis *MBA Oath* durch Absolventen der Harvard Business School (HBS) zu deren 100-jährigem Bestehen im Jahr 2008. Es drückt die Bindung an **Werte** aus, die zu stärkerer Verantwortung für die Gesellschaft und deren Zukunft führen sollen (s. Abb. 159).

Um solche ethische Gesinnung und die mit Purpose-Erfahrung verbundene Energie in konstruktives Handeln umsetzen zu können, empfehlen sich für das **Führungsverhalten** fünf grundsätzliche *Handlungsrichtlinien*. Deren Zweck ist, dass sie sich

The Harvard Business School MBA Oath

As a business leader I recognize my role in society.

My purpose is to lead people and manage resources to create value that no single individual can create alone.

My decisions affect the well-being of individuals inside and outside my enterprise, today and tomorrow. Therefore, I promise that:
- I will manage my enterprise with loyalty and care, and will not advance my personal interests at the expense of my enterprise or society.
- I will understand and uphold, in letter and spirit, the laws and contracts governing my conduct and that of my enterprise.
- I will refrain from corruption, unfair competition, or business practices harmful to society.
- I will protect the human rights and dignity of all people affected by my enterprise, and I will oppose discrimination and exploitation.
- I will protect the right of future generations to advance their standard of living and enjoy a healthy planet.
- I will report the performance and risks of my enterprise accurately and honestly.
- I will invest in developing myself and others, helping the management profession continue to advance and create sustainable and inclusive prosperity

In exercising my professional duties according to these principles, I recognize that my behavior must set an example of integrity, eliciting trust and esteem from those I serve. I will remain accountable to my peers and to society for my actions and for upholding these standards. This oath I make freely, and upon my honor.

Abb. 159: The Harvard Business School MBA Oath. Das Gelöbnis zum 100-jährigen Jubiläum der HBS 2008, seither übernommen von tausenden Elite-Absolventen an über 100 Management-Hochschulen weltweit (Harvard Business School Admissions Staff, 2020).

auf die Mitarbeitenden der Führungskräfte übertragen (*trickle-down-effect*; transformationale Führung, s. Kap. 4.2). Es handelt sich um folgende Grundsätze:
- Auf *Chancen* und *Visionen* fokussieren: sich auf Möglichkeiten der Zukunft konzentrieren – statt auf Probleme der Gegenwart oder Vergangenheit
- *Sinn* geben: Mitarbeitende ihre (auch konträre) Meinung äußern lassen und sie ihre Arbeit als wertvollen Beitrag zum Ganzen erleben lassen
- *Aufmerksamkeit* schenken: Mitarbeitenden und Kollegen wirklich zuhören, deren Wünsche und Bedürfnisse erkennen und respektieren
- *Fortschritt* anstreben: ein klares Ziel flexibel verfolgen und auf beeinflussbare Möglichkeiten fokussieren – statt Unvermeidbares überzubetonen
- *Hoffnung* geben: Mitarbeitende vom Ziel und dessen Erreichbarkeit überzeugen und Chancen genießen – statt Hindernisse zu suchen

Das Ergebnis dieses Führungsverhaltens soll eine kollektive Wirksamkeit herstellen. Voraussetzung dafür ist, dass Führungskräfte ihre eigenen **Emotionen** äußern und die anderer Menschen beachten: die Basis jeder erfolgreichen Kommunikation (Rolfe, 2019, S. 177 f., dort z. T. nach Bono & Illies, 2006; s. a. Kap. 4.3).

Das **transformationale Führungverhalten** ist vor allem in jenen Konstellationen und Situationen wirksam, in denen

- das Entwicklungspotenzial der Mitarbeitenden als hoch erkannt wird
- die Dringlichkeit der Aufgabe sowie das Risiko des Unternehmens groß sind
- der Mangel an Strukturiertheit in der Umwelt der Aufgabe (Komplexität) als erheblich identifiziert wird

(Furtner & Baldegger, 2023, S. 276) – ein Zustand, der auf viele Unternehmen im *War for Talents* in der gegenwärtigen VUCA-Welt und ihrer Disruptionen zutrifft.

Die Welt des New Work hebt jedoch die Notwendigkeit von Führung nicht auf. Ein Modell, das die *transformationale* Führung als Ergänzung der *transaktionalen* Führung (s. Kap. 4.2) unter den Gesichtspunkten von Effektivität bzw. Aktivität/Passivität ansieht, ist das **Full Range Leadership Model**.[203] Es nimmt für sich in Anspruch, die heute in der Praxis relevanten Führungsstile in sich zu vereinigen (Weibler, 2023, S. 366–368; s. Abb. 160).

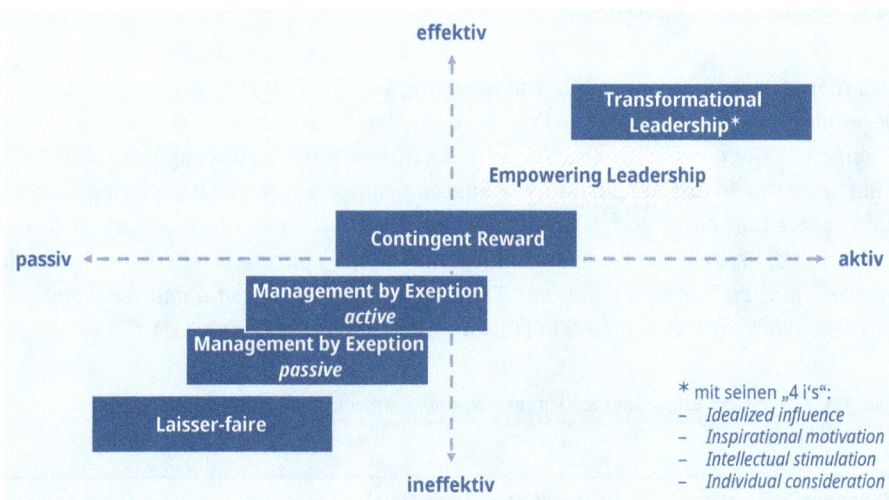

Abb. 160: Full Range Leadership Model nach Bass & Avolio, ergänzt um Empowerment. Führungserfolg im New Leadership unter Unsicherheit und Komplexität durch Kombination der verschiedenen Elemente (eigene Darstellung nach Furtner & Baldegger, 2023, S. 160 f.; bzw. Weibler, 2023, S. 367; Ergänzung v. Verf.).

Dabei stellen die Führungsstile der unteren Quadranten Führung tendenziell nach *transaktionalem* Muster dar (eher Geschäft auf Gegenseitigkeit, s. Kap. 4.2). Im Einzelnen bedeuten die Führungsstile:

---

203 Auch als Full Range of Leadership Theory (FRLT) bezeichnet (Weibler, 2023, S. 368).

- **Laisser-faire**: weitgehende Abwesenheit von Führung (nicht als Empowerment, sondern als Passivität und Distanz)
- **Management by Exception (MbE)**: Eingreifen nicht als Regelfall, sondern als Ausnahme – mit der Unterscheidung nach *passive* (größere Distanz, Eingreifen u. U. erst bei Eintreten des Ernstfalls) bzw. *active* (größere Nähe, u. U. mehr Kontrolle, früheres Eingreifen)
- **Contingent Reward**: bedingte Belohnungen nach festgelegten Zielen und Erwartungen, purer Austausch von Leistung und Gegenleistung
(Weibler, 2023, S. 366 f.).

> Als **New Leadership** wird die *transformationale* zusammen mit der *transaktionalen* Führung gemäß dem Full Range Leadership Model (s. Abb. 160) bezeichnet: ein Fächer von Führungsstilen zwischen aktiver Einflussnahme mit dem Versuch der Verhaltens-Übertragung – der charismatischen Führung ähnlich – und distanziertem, beobachtendem Führen im Laisser-faire, ebenfalls in relativer Freiheit (Furtner & Baldegger, 2023, bes. S. 5).

Das hier (s. Abb. 160) eingefügte **Empowering Leadership** setzt einen Kontrapunkt gegenüber dem mitunter als *heroisch* bezeichneten Transformational Leadership, das ebenso wie die charismatische und wie die transaktionale Führung stärker auf die Führungskraft fokussiert. Ebenso wie Shared Leadership, wird Empowering Leadership dagegen als *postheroisch* bezeichnet: mit Fokus auf die Geführten (Furtner & Baldegger, 2023, S. 239). Die Gesichtspunkte, nach denen Führungskräfte dabei beurteilt werden, illustrieren die Vielfalt von Empowerment und deuten damit das Potenzial des *New Work* an, das sich diesem Führungsstil verschreibt (s. Tab. 111).[204]

Tab. 111: Kriterien zur Beurteilung von Führung im Empowerment (nach Furtner & Baldegger, 2023, S. 252–256).

Dimension	Beispiel-Gegenstand Die Führungsperson, die ich beurteile ...	
Messung nach Empowering Leadership Questionnaire (ELQ)		
Positives Vorbild	–	setzt sich hohe Maßstäbe für ihr Leistungsverhalten
Partizipative Entscheidungsfindung	–	fördert die Team-Mitglieder, um Ideen und Anregungen zum Ausdruck zu bringen

---

[204] Tab. 111 gibt Kriterien nach 4 Methoden wieder, die Empowering Leadership messen; daher die teilweisen Doppelungen bzw. Überschneidungen

Tab. 111 (fortgesetzt)

Dimension	Beispiel-Gegenstand Die Führungsperson, die ich beurteile ...
Coaching	– hilft meiner Arbeitsgruppe und zeigt Entwicklungsbereiche auf
Informieren	– erklärt Entscheidungen des Unternehmens
Anteilnahme zeigen / Interaktion mit dem Team	– zeigt sich besorgt um das Wohlbefinden der Team-Mitglieder – weiß, welche Arbeit im Team gerade erledigt wird
Messung nach Leadership Empowerment Behavior (LEB)	
Steigerung der Sinnhaftigkeit der Arbeit	– hilft mir zu verstehen, wie meine Ziele mit den Zielen des Unternehmens zusammenhängen
Förderung der Beteiligung an der Entscheidungsfindung	– trifft viele Entscheidungen gemeinsam mit mir
Ausdruck von Vertrauen in hohe Leistung	– glaubt, dass ich anspruchsvolle Aufgaben bewältigen kann
Gewähren von Autonomie gegenüber bürokratischen Zwängen	– erlaubt mir, meine Arbeit auf meine Weise zu erledigen
Messung nach Empowering Leadership Scale PS (ELS-PS)[205]	
Verstärkt die Selbstbelohnung	– ermutigt mich dazu, mich selbst zu belohnen, wenn ich eine Aufgabe besonders gut gemacht habe
Verstärkt das Teamwork	– ermutigt mich dazu, mit meinen Team-Mitgliedern zusammenzuarbeiten
Partizipative Zielsetzung	– entscheidet gemeinsam mit mir, welche Leistungsziele erreicht werden sollen
Verstärkt autonomes Handeln	– spornt mich an, selbständig nach Lösungen für meine Probleme zu suchen
Verstärkt das Chancen-Denken	– fordert mich auf, Probleme als Chancen und nicht als Hindernisse zu sehen
Verstärkte die Selbstentwicklung	– ermutigt mich dazu, meine Fähigkeiten und Fertigkeiten zu entwickeln

---

[205] *Empowering Leadership Scale PS (ELS-PS)*, entwickelt von Pearce & Sims, 2002 (nach Furtner & Baldegger, 2023, S. 254)

Tab. 111 (fortgesetzt)

Dimension	Beispiel-Gegenstand Die Führungsperson, die ich beurteile ...
Messung nach Empowering Leadership Scale AM (ELS-AM)[206]	
Autonomie (Power Sharing)	– lässt mich Verantwortung übernehmen – befähigt mich, Aufgaben in Eigeninitiative zu starten – gibt mir die Entscheidungsbefugnis bei Problemen in meiner Abteilung
Entwicklungsunterstützung (Development Support)	– zeigt mir, wie sie die Arbeit organisiert – gibt mir die Möglichkeit, ihre Planung nachzuvollziehen – erzählt mir von ihrer Art und Weise, ihre Arbeit zu organisieren

Auch empirisch lässt sich die Nähe von Empowering Leadership zu *partizipativer* Führung (s. a. Kap. 4.2, Kap. 9.2) nachweisen. Zudem weist Empowering Leadership eine Nähe zum *Autonomie*-Konzept auf (s. Kap. 10.2). Außerdem besteht Verwandtschaft zum *Shared Leadership* (s. Kap. 7.2, 10.2), das, wenn es durch die Führungskraft initiiert ist, auch als *Vertical Empowering Leadership* bezeichnet wird (Furtner & Baldegger, 2023, S. 254 f. bzw. 266).

Auf der Basis von Self Leadership (Selbstführung, s. Kap. 10.2) ergänzt Empowering Leadership das **New Leadership** zu einer Klaviatur von Führungsstilen, die dem New Work im Unternehmen als Basis dienen (s. Abb. 161).

Eine solche **ganzheitliche Führung** stellt in sich eine Balance zwischen den Anforderungen her, auf die sie sich bezieht, und den Grundlagen, auf denen sie beruht. Dem liegt ein Verständnis von Führung und System zugrunde, das auf Vertrauen und Beteiligung baut, Wertschätzung und Sinn gibt, Engagement aus Identifikation ableitet und Komplexität sowie Dynamik einbezieht. Es steht auf vier Pfeilern, die sich gegenseitig ergänzen und etabliert sein müssen, um zu funktionieren (Von Au, 2021, S. 234 f.; s. Tab. 112).

Eine Grundlage solcher Führung ist in **Work-Life-Balance** zu finden (s. Kap. 11.2). Diese bezieht sich nicht nur auf die in Unternehmen heute meist eher beachteten physisch-körperlichen, zeitlich-örtlichen oder gesundheitlich-biologischen Komponenten, sondern sie bezieht sich ebenfalls auf Sinnhaftigkeit.[207] Dieses Verständnis geht in das proaktive Management von Unternehmen ein, das sich mit *Work-Life-Management* bezeichnen lässt (s. u.).

---

206 *Empowering Leadership Scale AM (ELS-AM)*, entwickelt von Amundsen & Martinsen, 2014 (nach Furtner & Baldegger, 2023, S. 254 f.)
207 Auch von daher ist der Stress des *Bore-out* zu verstehen (s. Kap. 7.1).

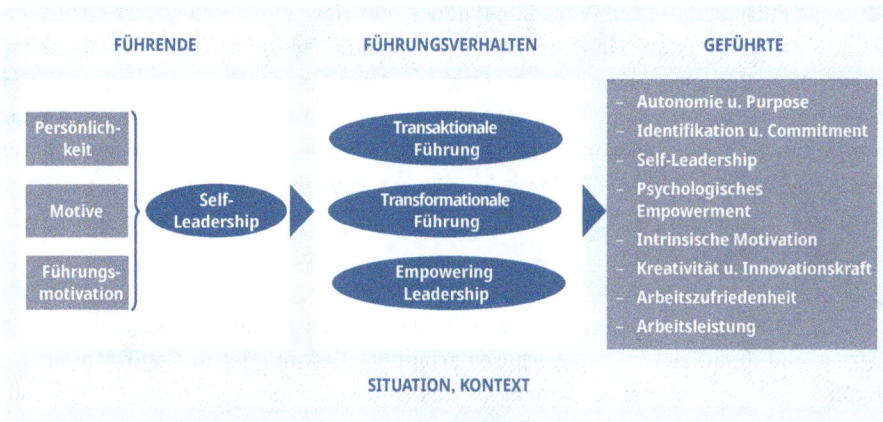

Abb. 161: Self-Leadership und Führung als Treiber für New Work im Unternehmen. New Leadership – transaktionale und transformationale Führung – sowie Empowering Leadership in gegenseitiger Ergänzung (angelehnt an Furtner & Baldegger, 2023, S. 4).

Tab. 112: Ganzheitliches Verständnis von Führung und System (Zusammenstellung nach Von Au, 2021, S. 235).

Pfeiler der Führung	Erläuterung
Beziehung	– Führung ist Beziehung und Interaktion, d. h. wechselseitige Transformation – Vertrauen und Wertschätzung haben dabei Schlüsselfunktionen inne – Digitalisierung, Disruption und Change erfordern Transparenz – Erforderlich dafür ist strukturierte, regelbasierte Kommunikation
Partizipation	– Vertrauen und Wertschätzung erfordern Führung auf Augenhöhe – Das schließt streng hierarchische oder autoritäre Führung i. d. R. aus – In der Verantwortung der Führungskraft liegt daher die Installation partizipativer, agiler oder geteilter (shared) Führung
Sinn	– Die Frage nach Sinn kann nicht nur mit (eigenen oder fremden) materiellen Interessen beantwortet werden – Engagement für das Unternehmen folgt aus Identifikation mit dessen Zielen – Führung bedeutet daher auch: Sinnstiftung
System	– Jede Organisation ist ein lebendes System mit lebenden Mitgliedern, zwischen denen wechselseitige Austauschverhältnisse bestehen – Vorherrschend sind hier Komplexität und Dynamik – keine linearen Prozesse – Veränderung am System erfordert stets den Blick auf deren Auswirkungen für die Organisationsmitglieder und die Rahmenbedingungen der Arbeit

Mit einer Entscheidung für Work-Life-Balance und New Work unterstützt das Unternehmen sein Feelgood Management und untermauert sein Employer Branding (s. Kap. 11.2). Es steigert damit die Motivation seiner Mitarbeitenden, als Botschafter ihres Unternehmens zu fungieren. Aufgrund ihrer **Identifikation** treten sie für ihr Unternehmen ein und wirken durch persönliche Überzeugung intern wie extern. Auf dem Arbeitsmarkt machen die damit im *War for Talents* ihr Unternehmen zu einem „employer of choice" („Unternehmen der Wahl", Siegel, 2021, S. 21 f.; Spall & Schmidt, 2019, bes. S. 241–244).[208]

Die Überzeugungskraft der Mitarbeitenden als solche *Corporate Ambassadors* ihres Unternehmens erwächst aus der Energie, die sich mit der Verwirklichung von Werten und dem Erleben von *Purpose* verbindet. Dies mündet in **Commitment** gegenüber dem Unternehmen. Anders als das *rationale* (austauschbasierte) Commitment, das auf Kosten-Nutzen-Überlegungen beruht, basiert das *emotionale* Commitment auf Werten und schließt an das Erleben von Sinn bei der Arbeit an. Auch dabei zeigt sich: Idealerweise berücksichtigt das Unternehmen dies schon bei Einstellung und Onboarding seiner Beschäftigten, um später daran anzuknüpfen (Frisch et al., 2019, bes. S. 1016–1022).

> Der Begriff **Work-Life-Management** bezeichnet ein wertebasiertes, strategisches Handeln des Unternehmens, um Fluktuation zu minimieren und Mitarbeitende in optimalen Arbeitsbedingungen an das Unternehmen zu binden (Retention). Dies geschieht durch
> – Work-Life-Balance für die Beschäftigten
> – Autonomie von Zeit und Ort bei deren Arbeit
> – Corporate Citizenship des Unternehmens
> – monetäre Tools (Gehalt, Bonus-System, ergänzende Bestandteile)
> – Diversität und Inklusion im Unternehmen
>
> So zielt Work-Life-Management sowohl aufs Unternehmen als auch auf den Arbeitsmarkt (Yee et al., 2020, S. 329 f.).

Während der Kern des Begriffs *Work-Life-Balance* auf Seiten der Beschäftigten liegt, die für sich selbst eine Balance anstreben, bezeichnet der Begriff **Work-Life-Management** die aktive Arbeit des Unternehmens (Managements) zugunsten dieser Balance aller seiner Beschäftigten. Dabei geht es nicht nur darum, durch Employer Branding im *War for Talents* zu reüssieren, sondern maßgeblich darum, Motivation zu erhöhen, Barrieren zu senken und – zumal Gen Y und Gen Z – die gewünschte, sozialverträgliche Arbeit anzubieten. Das steigert zugleich Effizienz und Produktivität (zur Frage der Ziel-Identität s. a. Kap. 2.3).

---

208 Zudem können sie medial auftreten; so werben Unternehmen mit Fotos ihrer Mitarbeitenden. Die mediale Kommunikation basiert auf parasozialen Beziehungen (grundsätzlich wie bei Testimonials oder Influencern): parasozial, aber keineswegs wirkungslos (Könecke, 2018, S. 30–38).

Insofern sind die Maßnahmen des *Work-Life-Managements* als Umsetzung des *New Work*-Konzepts zu verstehen. Beide betreffen alle Teile des Unternehmens, auch und besonders dessen C-Level.[209] Sieht man die **Unternehmensleitung** als Dreiklang der drei Sphären von Directing (Lenken), Leading (Führen) und Managing (Planung, Organisation, Durchführung, Kontrolle), die sich überschneiden (Bungay, 2022, S. 51), so lassen sich New Work und Work-Life-Management in deren Schnittmenge ansiedeln (s. Abb. 162).

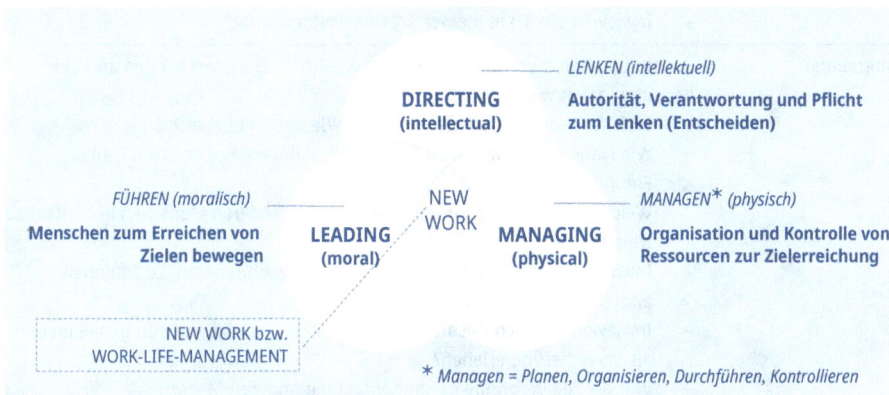

―――――― *LENKEN (intellektuell)*

DIRECTING   **Autorität, Verantwortung und Pflicht**
(intellectual)   **zum Lenken (Entscheiden)**

FÜHREN (moralisch) ―――――   **NEW**   ――――――― *MANAGEN* (physisch)*
                                        WORK
Menschen zum Erreichen von   **LEADING**   **MANAGING**   **Organisation und Kontrolle von**
Zielen bewegen   (moral)   (physical)   **Ressourcen zur Zielerreichung**

┌ ─ ─ ─ ─ ─ ─ ─ ─ ─ ─ ─ ┐
    NEW WORK bzw.
 WORK-LIFE-MANAGEMENT
└ ─ ─ ─ ─ ─ ─ ─ ─ ─ ─ ─ ┘   * *Managen = Planen, Organisieren, Durchführen, Kontrollieren*

Abb. 162: New Work und die 3 Sphären der Unternehmensleitung. Work-Life-Management im Schnittfeld von Lenkung, Management und Führung im Unternehmen (in der Basis angelehnt an Bungay, 2022, S. 50 f.).

Work-Life-Balance erstreckt sich damit auf unterschiedliche Arten des *Tätigseins*, die im Vollzug menschlichen Lebens wesentlich sind und ihrerseits ebenfalls nach einer Ausgewogenheit verlangen (A. Schreyögg, 2010, S. 262 f.; s. Tab. 113, mit Fragen zur *Selbsterkenntnis*).

Die Beantwortung derartiger Fragen erfordert Ehrlichkeit gegenüber sich selbst, vielleicht sogar Mut. Und auch wenn die Antworten nicht im Unternehmen ausgebreitet werden, bedeutet ein solcher Ansatz mit seiner Transparenz in vielen Fällen eine Veränderung im **Führungsverhalten** gegenüber dem traditionellen Usus. Er beinhaltet Verletzlichkeit und Vertrauen, baut Wertschätzung auf, und er geht notwendigerweise einher mit dem Verzicht auf *Macht*. Ein derartiges – transformationales – Verhalten fördert zudem die Offenheit für Lernen im Team (s. Kap. 8.4) und für Shared

---

209 C-Level meint die Leitungsebene, i. d. R. bestehend aus mindestens CEO (Chief Executive Officer) und CFO (Chief Financial Officer) sowie häufig COO (Chief Operating/Operations Officer) bzw. anderen Funktionen wie CMO (Chief Marketing Officer), CSO (Chief Sales Officer, Chief Security Officer) oder CIO (Chief Information Officer) und neuerdings vermehrt CHRO (Chief Human Resources Officer).

Tab. 113: Die 4 Dimensionen des Tätigseins (angelehnt an Seel, 1999, bzw. Schmidt-Lellek, 2007, nach A. Schreyögg, 2010, S. 263 f.).

Dimension des Tätigseins	Erläuterung bzw. Erkenntnisfragen
Arbeit	– Inwiefern passt meine Arbeit zu meinen Interessen? – Inwiefern kann ich mich mit meiner beruflichen Rolle identifizieren? – Inwiefern erlebe ich meine Arbeit als sinnvoll? – Welche Anerkennung erhalte ich für meine berufliche Arbeit? – Inwieweit bin ich in meiner Arbeit selbstbestimmt?
Interaktion	Begegnung zwischen Personen, die ein wirkliches Einlassen auf den anderen bedeutet: privat wie beruflich. – Welche Freunde habe ich und welche Bedeutung haben sie für mich? – Wie stabil und dauerhaft sind meine Beziehungen zu anderen (Familie, Freundeskreis, Beruf)? – Welche Aktivitäten unternehme ich, um mit anderen Menschen in Kontakt zu treten? – Inwieweit kann ich mich anderen gegenüber öffnen und die Offenheit anderer beantworten? – Inwieweit kann ich Gespräche, Diskussionen etc. mit anderen genießen und als Bereicherung erleben? – Wie viel Zeit verbringe ich im Kontakt mit anderen Menschen?
Spiel	Der Bereich *Spiel* bewegt sich jenseits von Effektivität und trägt seinen Zweck in sich selbst. (Kinder, die sich selbstvergessen dem Spiel hingeben, taugen als Modell.) – Welchen Freiraum bietet mein Alltag für spielerische Aktivitäten? – Welche Formen des Spiels haben für mich Vorrang (allein, in Gesellschaft)? – In welchen Formen habe ich in früheren Zeiten am ehesten einen erfüllten Augenblick erlebt? – Welche Bedeutung haben für mich künstlerische Aktivitäten (aktiver oder passiver Art)? – Inwieweit können spielerische Zugänge zur Wirklichkeit und erfüllte Augenblicke auch in den anderen Tätigkeitsdimensionen erfahrbar werden?
Betrachtung, Kontemplation, Meditation	Hier ist kein personales Gegenüber erforderlich. Es geht z. B. um Versenkung in ein Kunstwerk, einen Roman, eine philosophische Betrachtung oder um einen konstruktiven Zustand innerer *Awareness*, bei dem die Person nur im *Hier und Jetzt* in sich hineinspürt. – Welche Freiräume gibt es in meinem beruflichen Alltag für kontemplative Erfahrungen? – Welche Formen der Betrachtung oder Versenkung sind mir zugänglich oder haben für mich Vorrang (in der Natur, gegenüber Kunstwerken, dem Hören von Musik, in religiösen Betrachtungen, philosophischen Gedanken etc.)? – In welchen Formen habe ich früher kontemplative Erfahrungen machen können, und wie ist es heute damit bestellt? – Inwieweit können kontemplative Zugänge auch in den anderen Tätigkeitsdimensionen erfahrbar werden oder auf sie einwirken?

Leadership (s. Kap. 7.2, 11.1). Seine Wirkungen sind also vielfältig (Foelsing & Schmitz, 2021, bes. S. 210).[210]

Elemente von Situativer Führung (auf die jeweilige Situation bezogen) sowie Servant Leadership (s. Kap. 4.2) und *Humble Leadership* komplettieren die Palette von Stilen in der modernen Führung.

> Das Konzept des **Humble Leadership** (engl. für *demütige* oder *bescheidene Führung*) knüpft an das transformationale und partizipative Führungsverständnis sowie an das *Servant Leadership*-Konzept an (s. Kap. 4.2) und fügt ihnen eine weitere Dimension hinzu: Demut. Diese kann verstanden werden als Kombination aus
> –   Offenheit
> –   Bescheidenheit
> –   Ehrlichkeit
>
> (Von der Oelsnitz, 2022, S. 374.)[211]

Demut unterstützt zugleich das *Lernen*: durch den transparenten Umgang mit eigenen Irrtümern und Grenzen. Es lässt sich empirisch zeigen, dass das Eingeständnis von Nichtwissen und Nichtkönnen als Stärke aufgefasst wird: sowohl zwischen einzelnen Personen als auch auf der Ebene des gesamten Unternehmens (Von der Oelsnitz, 2022, S. 373 f.).[212]

Gerade **hybride Teams** honorieren solches Führungsverhalten, um Beziehungen aufzubauen und zu pflegen. Denn hybride Teams stehen besonders in der Gefahr, dass sich Sub-Gruppen bilden: Die Team-Teile in Präsenz verfügen über das Potenzial, Ingroup-Beziehungen zu installieren (*inner circles* s. Kap. 7.2), was zum Nachteil der Zusammenarbeit mit den virtuellen Team-Mitgliedern in den dann entstehenden *outer circles* und damit schädlich für die Effizienz des Teams insgesamt wäre: Ein Zerklüften in *inner* und *outer circles* will das Unternehmen unbedingt vermeiden. Stattdessen setzt es im Normalfall auf Äquidistanz zwischen Führungskraft und Mitarbeitenden (Bernardy et al., 2021, S. 122–124; s. a. Kap. 7.2).

New Work bzw. Work-Life-Management sind damit als Teil der Strategie des Unternehmens zu sehen, wie Feelgood Management bzw. Well-Being Management auch. Dabei müssen nicht alle Teile gleichzeitig implementiert werden, zumal nicht alle Mitarbeitenden die gleiche Vorstellung von deren Umsetzung haben. Wichtig ist, dass das

---

210 Transparenz ermöglicht zugleich die Kommunikation von Erfolg und die emotionale Beteiligung an ihm. So können z. B. Scoreboards, die den Fortschritt eines Projekts oder Vertriebserfolge offen anzeigen, Engagement entfachen, was dem „menschlichen Drang nach Fortschritt und Weiterentwicklung" entgegenkommt (Covey et al, 2022, S. 107).
211 Zum *Humble Leadership* s. a. die Komponente der Demut im Konzept des *Unleadership* (Kap. 10.2).
212 Zudem kann die Beschäftigung mit dem, was man nicht weiß, als Weisheit bezeichnet werden: ebenfalls eine Basis respektvoller Zusammenarbeit, und nicht zum Schaden für das Unternehmen (Rolfe, 2019, S. 231).

Unternehmen bei seinen wirtschaftlichen Überlegungen zur Einführung von New Work bzw. Work-Life-Management die sozialen Merkmale sowie die Interessen seiner Beschäftigten einbezieht (Yee et al., 2020, S. 335).

Für die *Implementierung* von New Work in heutigen Unternehmen werden drei Zieldimensionen vorgeschlagen:

– Strategie-Orientierung
– Agilitäts-Orientierung
– Individualitäts-Orientierung

Als zentraler Treiber des Erfolgs von New Work kann dabei die **Mitarbeiterbeteiligung** angesehen werden. In diesem Kontext wird darunter nicht die unmittelbare Beteiligung der Beschäftigten am Kapital (und damit an Gewinn bzw. Verlust) oder auf andere Weise am Risiko des Unternehmens verstanden. Vielmehr geht es hier um *Teilhabe* und *Integration* in die erforderlichen Prozesse von Planung, Organisation und Durchführung sowie Kontrolle bei der Einführung von New Work – bzw. auch von Work-Life-Management (Hackl et al., 2017, bes. S. 86–100 sowie S. 159; s. a. Abb. 163 – Führung wird dabei als Verhalten, nicht als hierarchische Funktion verstanden).[213] Ohne eine solche Beteiligung wird erfolgreiches Management für die Zukunft nicht mehr diskutiert.

Einen ähnlich biologisch und psychologisch menschenorientierten, organisationalen und sozialen Ansatz stellt das **Quality of the Work Life Management** (QWLM) dar (Limongi-França et al., 2021; s. Kap. 1). Es verfolgt Ziele, die sich weitestgehend mit den hier erörterten decken. Sie integrieren persönliche Lebens- sowie Unternehmensziele, Freude und Humanisierung sowie den Umgang des Managements damit. Die Ergebnisse sind auch dort erhöhte Motivation, reduzierter Stress, verbesserte Effizienz und gesteigerte Attraktivität (Limongi-França et al., 2021, bes. S. 433–441).

Die Umsetzung von New Work bzw. Work-Life-Management unterscheidet sich damit von manchem herkömmlichen Umgang mit *Strategien*. Während diese mitunter von der Unternehmensleitung beschlossen und dann top-down in das Unternehmen hinein umgesetzt werden, erfordert New Work ein Umlernen im gesamten Unternehmen.[214] Denn nicht nur Entscheidungswege und Kommunikation, Strukturen und Prozesse, Terminsetzungen und Projektdurchführungen ändern sich, sondern die gesamte **Unternehmenskultur** im Sinne der Haltung zu Partizipation sowie das Innovations-

---

213 Hackl et al. (2017) sehen zudem flache Hierarchien („weniger Vertikalität", S. 87) als Voraussetzung für den Erfolg von New Work an. Flache Hierarchien waren ein Trend, der als *Lean Management* nach Kaizen (Kap. 8.4) seit den 1960/1970er Jahren breitesten Niederschlag fand, so dass er geradezu selbstverständlich wurde.

214 Nach dem US-Futurologen Alvin Toffler (1928–2016) werden die Analphabeten des 21. Jahrhunderts nicht die sein, die nicht lesen und schreiben können, sondern die, „die nicht lernen, umlernen und neu lernen können" (zit. nach Seitz & Seitz, 2018, S. 355).

Abb. 163: Zieldimensionen und Gestaltungsfelder von New Work nach Hackl et al. Zugleich Ausrichtungen und Umsetzungs-Treiber von proaktivem Work-Life-Management im Unternehmen (eigene Darstellung nach Hackl et al., 2017, bes. S. 96, 99).

verhalten und das Verständnis von Werten, Zielen, Sinn und Führung (Hackl, 2017, bes. S. 52–56).

Diese Zusammenhänge einer **innovativen Unternehmensführung** sind offenbar kulturübergreifend und global ähnlich. Während die klassische Karriere längst nicht mehr nur in den industrialisierten Ländern des globalen Nordens an Bedeutung verliert, rückt die Sinnfrage auf allen Kontinenten in den Vordergrund (Franken, 2022, S. 199).

Mit Work-Life-Management ist ein Modell entstanden, das neue Antworten zu liefern in der Lage ist: **New Work 4.0**. Werte und Wertschätzung, Vertrauen und Partizipation, Diversität und Agilität, Purpose und Autonomie liefern kostbare Anhaltspunkte – wie New Leadership und Empowerment, Community Building und transparente Kommunikation. Die Notwendigkeit zu guter Ausbildung des Managements sowie zu eigenständigem Denken und Entscheiden bleibt allerdings bestehen. Doch im Bedarfsfall steht Unterstützung in Form von Coaching und Feedback, Talent Management und systemischem Lernen bereit.

Mein Fazit? Im Kapitel 12.

12 Fazit

Was ist zu tun, um im *War for Talents* zu bestehen? Stärken stärken? Schwächen schwächen? Und welche? Natürlich hängt es ab von Branche und Wettbewerb, Märkten und Produkten, Größe des Unternehmens, seiner Kultur und von etlichen Umständen, die dort bereits vorherrschen. Und das im Hinblick auf die zahlreichen Faktoren, die dieses Buch untersucht. Doch die Digitalisierung setzt sich fort, die demographische Uhr tickt, und die Konkurrenz schläft nicht. Das „Dass" des Wandels ist sicher, das „Wie" ist gestaltbar.

Einige der Faktoren, die dieses Buch entfaltet, sind stärker auf die Mitarbeitenden bezogen, andere eher auf das Top-Management oder auf alle Führungskräfte. Manche stammen aus dem Zielkatalog von Unternehmen und müssen durch deren Eigentümer entschieden werden, andere sind bottom-up beeinflussbar. Viele sind Teil der jeweils vorherrschenden Unternehmenskultur und werden von innen gesteuert; andere wirken von außen auf das Unternehmen ein. Das alles macht die Arbeit am *Change* im Unternehmen nicht leichter, sondern zu einer echten Herausforderung.

Sie ist lösbar: Alle Führungskräfte und praktisch jeder Top-Manager kann die Arbeit an Klima und Kultur in seinem Unternehmen angehen und seine Mitarbeitenden im hier so genannten *Enriched Transformational Leadership* führen. Jeder kann seinen Mitarbeitenden schrittweise Autonomie geben, *Empowerment* anstreben und *Shared Leadership* vorantragen. Jeder kann transparente, echte Kommunikation ernst nehmen. Zugleich unterliegen diese Faktoren jedoch ebenfalls dem Einfluss der Unternehmenseigner selbst.

Stärker von Unternehmensentscheidungen mag abhängen, wie ernst Talent Management im Sinne beruflicher und persönlicher Entwicklung von Personal genommen wird und für wie wichtig Feelgood Management als tatsächliches Wohlergehen aller Beschäftigten gehalten wird. Genauso gehört zu den tiefgreifenden strategischen Entscheidungen im Unternehmen, Agiles Management schrittweise einzuführen oder wirkliche Diversität voranzubringen: mit vielversprechender Profitabilität, aber eben auch erheblichen kulturellen Herausforderungen, die sich damit zunächst verbinden.

Zu den Maßnahmen, die wiederum jede Führungskraft anstoßen kann, gehören Schritte zu einer guten Feedback-Kultur und zu systemischem Lernen (New Learning) – genauso wie das Fördern personaler Resilienz und ein dynamisches, vielseitiges Community Building. Daneben treten andere Faktoren, die die Motivation der Mitarbeitenden direkt unterstützen und den Unternehmenserfolg indirekt, aber auch nachhaltig fördern. Darunter fallen Coaching durch Externe für eine große Zahl von Mitarbeitenden oder Mentoring durch Interne – als Teil hochwertiger Personalentwicklung.

Dass Arbeit in Projekten zunimmt, feste Strukturen zurückgehen und Wandel als Permanent Change sich etabliert, sind Lektionen, die von Shareholdern wie Mitarbeitenden aller Ebenen gelernt werden (müssen). Dazu gehört auch, dass Manager immer mehr die Rolle von Moderatoren übernehmen – und das Aus für traditionelles

https://doi.org/10.1515/9783111374420-012

Zeitmanagement, wie wir es jahrzehntelang kannten, sowie die Office-Gestaltung im zunächst meist relativ starren Gebäude, in dem wir arbeiten: Ohne diesbezügliche multidimensionale Flexibilität wird erfolgreiche Zukunft unmöglich.

Neue Führungsstile wie die hier skizzierten (Enriched) Transformational, Empowering und Shared Leaderships – bzw. Kombinationen davon –, die sich als *New Leadership* zusammenfassen lassen, öffnen den Mitarbeitenden neue Wege der Identifikation mit ihrem Unternehmen, der vertieften Einbettung in dessen soziale und produktive Strukturen und der Motivation. Sie intensivieren damit zugleich die Sinnfindung und die personale Entfaltung und aktivieren ihrerseits die Dynamik von Knowhow-Aufbau und Interaktion, Lernen und Innovation.

Strategische Weichenstellungen, die zu Recht als *innovative Unternehmensführung* gesehen werden, legen zugleich Fundamente für einen schöpferischen Wandel, der einen grundlegenden Neuaufbau abfedert und unter den Beschäftigten nicht selten sogar begrüßt wird, weil sie sich von der Sicherheit in ihrem Unternehmen getragen fühlen. Dazu gehört in der Führung der Mut zum Vertrauen, der sich in weitgehendem Verzicht zur Kontrolle niederschlägt, sowie der Aufbau einer Fehlerkultur, die sich ihrerseits transparenter Kommunikation bedient.

Das gilt sogar dann, wenn die eine oder andere Neuerung im Unternehmen von dessen Beschäftigten als Disruption empfunden wird: Entscheidungen zur Vertiefung von Lean Management oder zur Einführung agiler Arbeitsmethoden sind per se oft nicht evolutionär, müssen aber nicht als feindlich angesehen werden. Ehrlichkeit und Authentizität ermöglichen partnerschaftliche Leitung; sie ist wesentlich das Ergebnis von Kommunikation. Nur ist diese Kommunikation nicht einfach Werkzeug, sondern zu verstehen als das, was ihr Wesen ausmacht: Beziehung.

Innovative Unternehmensführung nimmt ihre Mitarbeitenden mit in eine mehr evolutionär als revolutionär gestaltete, digitale und globalisierte Multikulturalität. Sie integriert Gen Y und Gen Z als natürliche, wenn auch heterogene Bestandteile. Dabei stößt sie auf eine bisher unbekannte Vielfalt nicht nur von Generationen, sondern auch von und Lebens- und Arbeitsweisen sowie Lern- und Kommunikationsstilen – und das, ohne der einen oder der anderen Seite ein Übergewicht zu geben oder sie als richtiger oder falscher anzusehen.

Auch die Gleichzeitigkeit unterschiedlicher Wege sowie das steigende Tempo des Wandels, die die Beschäftigten bisher in ihrer Arbeitswelt so nie erlebten, verlangen nach Lösungen, die von Unternehmen zu Unternehmen unterschiedlich ausfallen. Unternehmensleitung selbst bleibt dabei eine Kunst, die sich von Fall zu Fall unterscheidet und die von Fall zu Fall in unterschiedlichem Maße durch Einzelne oder durch Gruppen, mal von vornherein zielgerichtet anvisiert und mal mühsam und schrittweise erarbeitet wird.

Die Herausforderungen an die Beschäftigten – auch besonders der Gen X und der Baby Boomer, soweit sie noch nicht in Rente gegangen sind – ermöglichen Erfolgserlebnisse und Erfahrungen, mit denen die Betreffenden wiederum ihre Unternehmen und deren Beschäftigte bereichern: vom Mentoring über *Peer-to-Peer* Coaching bis zum *Reverse Mentoring*, vom Austausch über Umgang mit Stress und Resilienz-Aufbau gegen Burn-out bis zum Diskurs über Business-Development-Ansätze und strategische Erfahrungen.

Ob Ansätze zu Job Crafting oder die Entscheidung zur Einführung holokratischer Arbeit, ob Versuche mit *Operations and Key Results* (OKR) oder mit hybrider Arbeit zwischen Homeoffice, Präsenzpflicht und internationalem Remote Work: Top-down allein brauchen viele Entscheidungen nicht mal mehr bedacht zu werden – sie werden von der Realität partizipativer Entwicklungen eingeholt. So ist es klüger, von vornherein auf Qualitätszirkel oder andere Lösungsweisen und ggf. auf Business Coaching von außen zu setzen, die die erforderliche Arbeit unterstützen.

Das Managen an sich bleibt also (im Sinne Maliks) gleich; nur seine Objekte ändern sich. In vielen Fällen wird Management neu organisiert: in variableren Strukturen und neuartigen Prozessen. Und von der Situation des jeweiligen Unternehmens hängt es also ab, ob dessen Eigner die Ziele vorgeben oder ob sie das Management oder gar die Mitarbeitenden an deren Erarbeitung beteiligen: Neues Team-Building nutzt Schwarm-Intelligenz in dem Wissen, dass das Team mehr ist als die Summe seiner Teile.

Dabei fußt New Leadership nicht auf Macht oder Status, sondern auf Anerkennung und Respekt. Es hat mit Offenheit, Wertschätzung und Begeisterung zu tun. Es inspiriert für gemeinsame Ziele und das Teilen von Erfolg. Es geht über das Eigeninteresse hinaus und bewertet Erfolg im Team. Das ist nicht nur ein betriebliches Phänomen, sondern reicht weiter: Führungskräfte und Mitarbeitende erfahren sich neu. Man könnte auch dies als eine symbolische Führung bezeichnen – nur, in einem neuen Sinne, als Symbol einer erfolgreichen Entwicklung.

Daraus entwickelt sich Glaubwürdigkeit: in persönlicher Hinsicht, im gesellschaftlich-politischen Sinn und damit in betrieblicher Funktionsfähigkeit. Sie erzeugt Belastbarkeit, die in Zeiten von Wandel und Erschöpfung sowie angesichts der Herausforderungen an Innovation und Schöpfergeist wichtig ist. Glaubwürdigkeit zählt das Autoren-Team eines der erfolgreichsten BWL-Lehrbücher unserer Zeit „zum zentralen Leitmotiv unternehmerischen Handelns" (Thommen et al., 2023, S. 676).[215] Die beiden anderen Leitmotive sind für diese Autoren Kreativität – und Kommunikation.

Was also zu tun ist, um im *War for Talents* zu bestehen? Es würde der Wirklichkeit im Unternehmen nicht gerecht, konkrete Handlungsempfehlungen im Sinne der zahlreichen Faktoren zu geben, wie sie dieses Buch erörtert. Jede Situation hat ihre Spezifika, und jede Lösung ist individuell zu erarbeiten. Dabei unterstützen externe Expertise aus Coaching und Consulting, internes Wissen sowie Erfahrung der Schwarm-Intelligenz und erfolgreicher Einzelner, 360°-Feedback und andere Instrumente –

---

215 Die Autoren schreiben das als Resümee im letzten, dem 47. Kapitel ihres Lehrbuchs zur Allgemeinen BWL „aus managementorientierter Sicht" (10. Aufl., 2023).

zumal aus gut geführten bzw. geformten Teams. Sie werden nutzbar durch systemische Führung.

Teamführung und -formung gehören zu den schwierigsten Aufgaben in der VUCA-Welt. Muster und Verhaltensregeln zu finden, die es ermöglichen, die Bedürfnisse aller Beteiligten zu befriedigen und zudem gut miteinander zu harmonieren, bleibt eine Kunst (W. P. Davison). Doch das Ausmaß an *trial and error*, das dafür nötig ist, reduziert sich, je stärker das Team zur Autonomie autorisiert wird – sofern es dazu qualifiziert ist. Auch hierzu ist Bildung notwendig: von der beruflichen Qualifikation bis zum *Lifelong Learning* als Teil des systemischen Lernens im Unternehmen.

Mit proaktivem *Work-Life-Management* sichert das Unternehmen nicht nur die Work-Life-Balance seiner Beschäftigten, deren physische und mentale Fitness und Resilienz, Arbeitszufriedenheit und Output. Zusammen mit seiner Attraktivität auf dem Arbeitsmarkt steigert es auch die Performance auf seinen Absatzmärkten insgesamt und die Resilienz gegen seine Wettbewerber. Seine Schlagkraft nimmt zu: Resilienz und Effizienz ergänzen sich – ggf. auch in Richtung Ganzheitlichkeit. Die Zukunft wird zeigen, wieweit diese Erkenntnisse die traditionelle BWL zu ergänzen vermögen.

Eigentümer wie Führungskräfte tun wohl ausnahmslos gut daran, die persönliche Empathie im Unternehmen zu forcieren und *New Work* im Sinne Frithjof Bergmanns zu installieren (o. k., doch fast eine Empfehlung). Damit setzen sie auf eine Ethik, in deren Zentrum Vertrauen steht, und fördern Bottom-up-Kultur im Unternehmen. Flankiert wird dies von Sinnstiftung durch *Purpose* und von der Überzeugung, dass Zielharmonie zwischen Unternehmens-Eigentümern, den *Problem Owners*, und Mitarbeitenden, den *Problem Solvers*, möglich ist. Daran führt offenbar kein Weg vorbei.

Und das ist auch nicht nötig. Denn New Work im Sinne F. Bergmanns ist keine Alternative zum Kapitalismus und kein Klassenkampf gegen ein Establishment, sondern im Gegenteil: Es reiht sich ein in den Akkord von Markt und Demokratie im Zusammenspiel von Freiheit und Individualismus durch Fokussierung auf Sinnfindung gegen stumpfen Kollektivismus. New Work hat jedoch zugleich ein ausgeprägtes Gespür für Gemeinschaft – und fördert deren Sinn dafür: zutiefst humanistisch. Damit werden im Unternehmen in gewissem Maße auch Selbstbestimmung und Freiheit notwendig.[216]

Daraus kann man lernen und Arbeit sowie Unternehmen entsprechend gestalten. Auch hierzu gibt es keine Alternative, die zukunftsfähig erschiene. Wenn das Knowhow der Wissensgesellschaft nicht allein bei Führungskräften und Eigentümern liegt, sondern vermehrt bei den Mitarbeitenden aller Ebenen, also auch der unteren, dann

---

216 Bezogen auf die Entwicklung unserer Gesamtgesellschaft formuliert der Philosoph Karl Popper: „[...] wenn wir Menschen bleiben wollen, dann gibt es nur einen Weg, den Weg in die offene Gesellschaft. Wir müssen ins Unbekannte, ins Ungewisse, ins Unsichere weiterschreiten und die Vernunft, die uns gegeben ist, verwenden, um, so gut wir es eben können, für beides zu planen: nicht nur für Sicherheit, sondern zugleich auch für die Freiheit" (Popper, 1992, nach Doppler & Lauterburg, 2019, S. 576 f.).

ist es keine Frage (allein) der Ethik, sie alle in ein breites *Sharing* einzubeziehen, sondern lediglich eine Frage der Vernunft. Die Verhältnisse sind bereits so; der Erfolg zahlreicher (nicht mehr neuer) Unternehmen zeigt es – nicht nur die Microsofts und Apples der Welt.

Die diesbezügliche Skepsis übersieht mitunter, was Netzwerk-Effekte wie die Erweiterung von Wissen eigentlich ausmacht. Das Wesentliche an ihnen ist nicht, dass die Zahl der beteiligten Köpfe oder deren soziologische und betriebliche Bedeutung gestiegen wären. Entscheidend ist vielmehr, dass das Zusammenführen des auf Viele verteilten Wissens im Verlauf des Prozesses eine Kraft entfaltet, die derjenigen eines Wissens überlegen ist, das sich auf Wenige beschränkt. Die Voraussetzung ist nur, dass seine Nutzung neu organisiert wird. Das ist der Hintergrund von Agilität im Unternehmen.

Ihr neuer Status und ihre neue Freiheit verlangen den Beschäftigten allerdings – wie es immer ist – einen Preis ab. Er besteht in der Übernahme von Verantwortung. Das bedeutet Risiko, also die Abnahme von Sicherheit (genauer: der vermeintlichen Sicherheit, wie wir sie lange kannten). Das erfordert ein Mindestmaß an Mut, wird aber erleichtert durch Organisiertheit, wie sie korporativen Gesellschaften nicht fremd ist – und wie Vereine, Kirchen, Gewerkschaften, Zünfte u. ä. sie schon lange kannten und bestenfalls noch immer kennen. Solche Organisiertheit ist möglich.

Der alte, nicht selten unfriedliche Antagonismus von Arbeit vs. Kapital steht damit möglicherweise vor einer Ablösung oder zumindest vor einer Ergänzung durch eine neue Partnerschaft von *Wissen* und Kapital. Voraussetzung dafür ist, dass die Beschäftigten auf der Seite des Wissens positioniert bleiben. Auch sie müssen also ihre Position erkennen, immer wieder erneuern und verteidigen, also auch ihrerseits die Entwicklung ihrer Talente sowie das – gelegentlich anstrengende – *Lifelong Learning* als einen Kern ihrer Lebensführung verstehen: beruflich wie privat.

Die Fragmentierung unserer Gesellschaft und die Heterogenisierung unseres individuellen Lebens, die die Umformung der Alterspyramide seit Jahrzehnten begleiten, haben den gesellschaftlichen Konsens reduziert: Die gemeinsame Basis an Grundwerten ist schmaler geworden. Partizipation ist das Gebot der Stunde, ggf. auch ein weiterer Schritt an Demokratisierung. Das kann nur einer gehen mit Offenheit für Diversität und dem Mut zur Beteiligung nicht nur an Entscheidungen, sondern auch an Risiken – und damit ggf. am Eigentum an Produktivkapital: Das wäre ein weiteres neues Kapitel.

Darüber hinaus stehen eventuell auch die Sharing Economy und Non-Profit-Entrepreneurships (und weitere NPOs) für neue Aufbrüche in eine Gesellschaft, die das binäre Gegenüber von Mensch und (Produktiv-) Kapital überwinden. Vielleicht ist aber alles dies auch zu sehr an altem Denken und alten Parametern orientiert, und etwas völlig Neues entwickelt sich.

Zunächst jedenfalls weist die Ausprägung digitaler Führungskompetenzen und Organisationsformen für hybride Arbeit – also remote und in Präsenz – in eine neue Richtung, die eine harmonische und friedliche Weiterentwicklung des bisher Bestehenden verspricht: Unternehmen und Gesellschaft, Märkte und Systeme, Recht, individuelle Arbeitsbeiträge und die Sozialität des Menschen in seinen privaten Bereichen müssen nicht prinzipiell angetastet werden.

Die politischen Diskussionen um Zeiterfassung und Renten-Aufschub-Prämie, die Experimente mit der 4-Tage-Woche oder die etwaige Übertragung von Regeln aus der Telearbeit verlieren an Brisanz, wenn Unternehmen attraktive Modelle der multidimensionalen Flexibilität der Arbeit erarbeiten. Staatlicher Schutz für junge Familien verblasst gegenüber Kitas im Unternehmen; die Kreativität der öffentlichen Hände hinkt schon immer der Schaffenskraft des privaten Sektors hinterher – sie tut es von Natur aus.

Keine Duz-Kultur rettet aus dem Haifischbecken; und die technisch bedingte 24/7-Erreichbarkeit im Privaten scheint sich zu einem größeren Einfallstor für den Burn-out zu entwickeln, als es der Stress der Maschinen in Fabriken und Büros je war. Und dennoch gibt es Gründe, neben staatlichen Regeln auf die Kraft und Ideen der Privatwirtschaft zu hoffen: Gen Y und Gen Z stehen mit der Macht einer drohenden Abstimmung mit den Füßen in den Startlöchern der Fluktuation. Für viele ändert sich der klassische Karriereweg.

Dabei muss es den Betreffenden keineswegs darum gehen, durch Flexibilisierung von Arbeitszeit und -ort den Gesamtumfang der zu leistenden Arbeit zu reduzieren. Das ist angesichts der Aufgaben, denen die Gesellschaft mit der Verrentung der Baby Boomer und der Verlängerung der Lebensdauer insgesamt gegenübersteht, ohnehin ein zweifelhaftes Unterfangen: Um Renten und Pflegeleistungen zu erwirtschaften, ist evtl. eher das Gegenteil erforderlich: die Ausweitung der Gesamt-Arbeitszeiten. Für Gen Y und Gen Z liegt das in der Luft; umso wichtiger ist ihnen deren Flexibilisierung.

Auch das Problem der Integration von Millionen von Immigranten schafft die private Wirtschaft nicht aus der Welt, indem sie sich begeistert eine Diversität auf die Fahnen schreibt, die flüchtig werden und sich als Strohfeuer entpuppen könnte. Doch eine gelingende Integration am Arbeitsplatz birgt das Potenzial zu Leuchtkraft, Inspiration und Ausstrahlung. Nicht nur die neuen Mitarbeitenden, sondern auch die bisherigen müssen lernen: Die bisherigen üben Diversität ein, indem auch sie selbst sich wandeln – und nicht nur die Neuen sich anpassen: eine Lektion für die Gesellschaft.

Diese Lektion strahlt aus auf andere Themen, auch auf die Inklusion von Menschen mit Handicap. Es handelt sich bei solchen Prozessen, nüchtern betrachtet, um eine Hybridisierung etlicher Arbeits- und Lebensbereiche, die für sich in Anspruch nehmen kann, etwas Neues darzustellen. Das Ergebnis in Unternehmen wie in der Gesellschaft besteht in einem vertieften Verständnis füreinander, einem intensivierten Miteinander – und in gesteigerter Zufriedenheit. Deren Folge sind gestärkter sozialer Friede und verbesserte ökonomische Produktivität.

Der Weg dorthin ist nicht kurz; doch es gibt historische Beispiele. In der Zeit der Innovationen um Stahlindustrie und Elektrifizierung – zumal der Gründerzeit ausgangs des 19. Jahrhunderts bis zum 1. Weltkrieg – stifteten Unternehmer ganze Stadtteile als Wohngebiete für ihre Fabrikarbeiter und deren Familien: wie Siemensstadt in Berlin oder die Margaretenhöhe in Essen, benannt nach der Ehefrau Friedrich Alfred Krupps. Man versteht diese Akte richtig, wenn man sie als Ergebnis notwendiger Work-Life-Balance für die Beschäftigten der Unternehmen ihrer Zeit interpretiert.

Die Eigenart wirtschaftlichen Handelns, auf die hier mit Schumpeters *schöpferischer Zerstörung* bereits hingewiesen wurde, bleibt erhalten: Neues tritt an die Stelle von Altem. Auch Heraklits 2500 Jahre altes „Alles fließt" bleibt unangetastet – bezogen auf die Gesamtgesellschaft wie auf die Wirtschaft. *Permanent Change* und *Lifelong Learning* samt lebenslanger persönlicher Entwicklung weisen allerdings noch in anderer Hinsicht in eine neue Richtung: Nicht mehr nur wirtschaftliche Kennzahlen bilden das Maß der Dinge.

Zufriedenheit mit den Arbeitsbedingungen, Sinn bei der Arbeit und Motivation, Bildung, eine positive Work-Life-Balance mit Familien-Integration und nachhaltiger Gesundheit – um von ökologischen Effekten noch gar nicht zu reden – weisen auf KPIs hin, die nicht allein monetärer Natur, sondern auch auf anderen Skalen abzubilden sind. Diese KPIs schlagen sich in friedlichen Arbeitsbedingungen, steigender Produktivität und neuer Integrationskraft nieder. Dafür dürften Unternehmenseigner den Preis mancher Teilhabe zu entrichten bereit sein.

Als Initialzündung sind der Mut zum Vertrauen in die eigenen Beschäftigten sowie die Bereitschaft zu echter sozialer Partnerschaft erforderlich. Man mag sich wundern, wie viele Führungskräfte und Top-Manager mit oder sogar unter Ängsten leben. Hinter Fassaden aus Ritualen und Symbolik verbergen sich noch zu oft Furcht und Unsicherheit, sind viele mächtige Männer – und zahlreiche leider noch immer nicht wirklich emanzipiert aufgewachsene Frauen – eher getrieben als autonom, dadurch eher stressanfällig als selbstbestimmt und vielfach misstrauisch und missmutig statt fröhlich.

Da helfen keine Kalendersprüche, kein einfaches „Stärken stärken" oder nur „Wertschöpfung durch Wertschätzung". Nötig in der Leitung sind ein komplexes Verstehen, Denken, Entscheiden, Planen und Umsetzen in die Breite und Tiefe, ins Prinzipielle und in Details hinein, sowie in die Dimension der verknüpften Kausalitäten und zeitlichen Entwicklungen. *Staff Development* aber setzt ggf. im Inneren an, als Persönlichkeitsentwicklung im besten Sinne – auch durch Coaching –, und auch als Rückweg zum eigenen Selbst im Bedenken dessen, was man *wirklich, wirklich* will.

Gelegentlich führt das zu Zielfindungen, Weichenstellungen und Entscheidungen, die überraschen. Als Coach und Consultant mache ich damit immer wieder lehrreiche Erfahrungen. Sie zeigen, was Führungskräfte und C-Level-Manager mitunter daran hindert, innovativ zu werden und loszulegen, Schritte pfiffig anzugehen und guter Dinge zu beschreiten. Aus der Sicht des Praktikers mit zwei Jahrzehnten im internationalen Management, in Strategie, Business Development, Mergers and Acquisitions sowie Corporate Start-ups verantwortlich tätig, könnte das erstaunen.

Aus der Sicht des Coaches ist es für mich normal geworden – bleibt jedoch handlungsbedürftig. Denn die ersten Unternehmenseigner haben das längst verstanden und das Ruder nachhaltig umgelegt. Ihr Management ist auf neuen Wegen unterwegs, ihre Führungskräfte können sich ausprobieren, dazulernen und Erfahrungen weitergeben. Umwälzungen erreichen die Beschäftigten, neue Prozesse und Strukturen entstehen. Ganze Unternehmen erfinden sich neu: von innen heraus, substanziell, divers, dynamisch und profitabel.

Aus ihrem Erfolg lässt sich lernen. Ihr Weg war nicht reibungsfrei und bringt mitunter Fremdes, Befremdliches oder auch Verblüffendes mit sich. Entrepreneurship, unternehmerisches Handeln, ist auch in dieser Hinsicht gefragt; Mühe und Verhandlungen mögen *part of the package* sein. Am Ende des Weges müssen kein *Humble Leadership* und keine Genossenschaft stehen. Aber der Mut zur Balance auch von Gemeinnutz und Eigennutz könnte nötig werden. Er erregt Interesse, wenn auch nicht immer gleich Verständnis; mitunter Skepsis, aber am Ende meist die Kraft der Überzeugung.

Übrigens kämpfen auch die Hochschulen – nicht nur um neue Studierende in der sich wandelnden Demographie, also um internationale Studierende, teils remote, teils in Präsenz, möglichst hybrid, und das ebenfalls divers, dynamisch und komplex. Sie kämpfen auch darum, sinnvollen Content zu identifizieren: Was gestern nötig war, wird heute überflüssig, was eben noch zu lernen war, ist schon Allgemeinwissen, wird gegoogelt oder durch KI generiert. Doch klar ist, was auch morgen erforderlich bleibt: Persönlichkeit, Soft Skills, kritischer Verstand, Entscheidungskraft, Werte – und Mut.

Entsprechend erweitern junge Beschäftigte aus Gen Y und Gen Z schon heute ihr Skill Set – und honorieren, wenn Unternehmen sie darin unterstützen: nicht als *Woke Washing* im Zuge nötigen Employer Brandings, sondern authentisch und glaubwürdig. Gerade junge Menschen haben dafür ein Gespür – und wenn manche sich kurzfristig blenden lassen, wachen sie kurze Zeit später auf. Die Rolle der Beschäftigten als *Corporate Ambassadors* tut ein Übriges, und die per Mausklick sichtbare Bewertung von Arbeitgebern wirkt auf dem sensibler werdenden Arbeitsmarkt immer nachhaltiger.

Wird also alles besser? Müssen wir weniger arbeiten? Bricht das Paradies auf dem Arbeitsmarkt an? Nichts davon. Ob wir uns in zwei Seiten organisieren – Arbeit und Kapital bzw. Wissen und Kapital – oder in der Beteiligung der Beschäftigten am Produktivkapital der Unternehmen, ändert nichts daran, dass umfangreiche Aufgaben vor uns liegen. Alleine schon *Balance* zu halten kann ein mühsamer Akt werden – zwischen welchen Ansprüchen auch immer. Und Lernen und Veränderung sind keine Selbstläufer, sondern bleiben Arbeit. Doch die Alternative wären Starrheit und Rückschritt.

Nicht nur die Großen des Silicon Valley haben Erfolgsgeschichte mit multidimensionaler Bottom-up-Kultur geschrieben. Vielmehr werden ihre Rezepte seit Jahren kopiert. Eigentümer und Manager aus aller Welt sind nach Kalifornien gepilgert und haben interviewt, hospitiert, gelernt – und sich schon im Hotel und auf dem Rückflug an die Umsetzung gemacht. Vom schwäbischen Hidden Champion bis zum europäischen Branchenführer reicht die Liste derer, die sich neue Visionen, Leitbilder, Strategien und Ziele verordnet haben – oder ihre Schwarm-Intelligenz daran haben arbeiten lassen.

Ihr Erfolg gibt ihnen Recht. Die einen mussten Gräben überwinden, ggf. die Kraft der Versöhnung mit Gegnern von gestern erleben und sich neu definieren; für die anderen waren Wege und Werkzeuge, Mechanismen und Methoden neu, aber nicht das Wesen und die Struktur ihres Tuns: Das alles hängt vom Status ab, in dem sie gestartet waren. Gemeinsam ist ihnen, dass sie sich der Herausforderung des Wandels gestellt haben. Die meisten von ihnen, soweit sichtbar, haben das im Kontakt mit anderen, im Erfahrungsaustausch getan. Es spricht viel dafür, dass er den Erfolg bestimmt.

Auch hier erhält Kommunikation einen neuen Stellenwert. Papiere und Powerpoints, Texte und Theorien werden zu Recht bezweifelt, wenn sie der kritischen Diskussion nicht standhalten. Doch auch diese Diskussion wird komplexer, differenzierter, feingliedriger, sensibler. Auch für sie gilt es, in Argumentation wie Emotion gut aufgestellt zu sein. Externe Moderation hilft dabei, Coaching ebenfalls. *Lifelong Learning* auch hier. Die Diskussion muss tiefgründig sein, ich möchte fast sagen: erbarmungslos. Sie muss ergeben, was das Unternehmen *wirklich, wirklich* will: Was es braucht.

Mittlerweile liegt viel Wissen darüber vor, wie solche Prozesse zu gestalten sind. Ein Buch wie dieses fasst es zusammen und bietet einen Überblick. Naturgemäß reicht die Wirklichkeit der Praxis weiter, als 375 Seiten es tun. Eine analytisch klare und emotional ausgewogene Perspektive des jeweiligen Unternehmens zeigt meist schnell, wo Lösungen zu finden sind. Ihr Erfolg setzt echte Offenheit der Entscheidungsträger voraus. Auf die Beschäftigten und deren Führungskräfte wartet unterdessen *Lifelong Development*.

Unternehmen, die diesen Weg gehen, sind für den *War for Talents* gut aufgestellt. Management und Führungskräfte, die sich darauf einlassen, sind ebenso gut gerüstet. Auch für ihre eigene Karriere: Die Konkurrenz um die attraktivsten Jobs bleibt bestehen.

Dank

Außer meiner Frau, meiner Familie und Verlagsdirektor Stefan Giesen samt seinem Team habe ich so vielen anderen zu danken, dass ich fürchte, jemanden zu vergessen. Und wo Schluss machen?

Vor den anderen Lehrern und Professoren sind es Peter Steder, der mich den Umgang mit Fehlern hat begreifen lassen. Erhard Kantzenbach, der mich den Kern und den Segen des Wettbewerbs hat verstehen lassen. W. Phillips Davison, der mich Wesen und Wärme der Lehre von der Gemeinschaft, der Soziologie, hat spüren lassen. Jean-Noel Kapferer, der mir die Identität der Marken nahebrachte hat. Richard Riess, der mir die Augen für die Gnade der Empathie geöffnet hat. Philipp Riehm, der mir den Reichtum der Diversität gezeigt hat. Dominik Pietzcker, der mich immer wieder mit Inspiration und Distanz zum Gegenstand erfrischt hat. Andreas Hebbel-Seeger und Thomas Horky, die mich mit Konstanz und Kollegialität gestärkt haben.

Unter den Praktikern sind es besonders Hildegund Remme, die mich großartige Pädagogik und glasklare Didaktik hat sehen lassen. Ulrich Kresse, der mich mit enormer Eigenständigkeit wieder und wieder inspiriert hat. Stefan Meyhoefer, der mir den Sinn für Kreativität neu und immer wieder neu entfacht hat. Rainer Siemers, der mich seinen originellen Bogen vom Finanzwesen zum Coaching hat erleben lassen. Lars Dannemeyer, der mich in ein neues Lernen zur Kommunikation eingeführt hat. Thomas Santoro, der mich mit Moderation und Mediation bereichert hat. Miriam van der Staaij, die mich Seelsorge neu hat erleben lassen. Bernd Hoffmann, der Teamführung vorgelebt hat. Benedikt von Herman, der mich früh auf Multikulturalität gebracht hat.

Neben den Kolleginnen und Kollegen bei KarriereLoft sind es ungezählte weitere in Journalismus und Management, bei der dpa, bei Axel Springer, Bertelsmann und Lagardère, in Kirche und Vereinen, in der Familie und im Freundeskreis, in Ehrenämtern sowie an Universitäten und Hochschulen, die mich inspiriert haben. Oder abgeschreckt. Doch auch daraus kann man lernen.

„It takes a village to raise a child", zitiert mein Schwiegersohn ein Sprichwort. Noch viel mehr fließt in ein solches Buch ein, schien mir manchmal.

https://doi.org/10.1515/9783111374420-013

Nachwort

„Nach dem Spiel ist vor dem Spiel."
(Sepp Herberger)[217]

„Geht's raus und spielt's Fußball"
(Franz Beckenbauer)[218]

Wenn dich der Gegenstand dieses Buches betrifft, und du bzw. dein Unternehmen machen sich auf einen neuen Weg: prima. Ich wünsche dir dabei viel Glück und Erfolg.

Es würde mich dann interessieren, wie es dir damit ergangen ist. Welche Erfahrungen hast du dabei gemacht? Welche Anmerkungen, Anregungen, Ergänzungen Kommentare kannst du mir geben? Und natürlich erst recht Kritik und Fehlerhinweise o. ä. ...

Ich freue mich auf dein Feedback. Lifelong Learning.[219]
Vielen Dank!

H. R.
hr@karriereloft.de
www.karriereloft.de

---

217 Trainer der deutschen Fußball-Weltmeister-Mannschaft 1954.
218 Als Teamchef (Coach) angeblich in der Kabine an seine Mannschaft vor dem Titelgewinn im WM-Finale 1990.
219 Ich würde Eintritt dafür bezahlen, ins 3. und 4. Quartal unseres Jahrhunderts schauen zu können: Ich finde es alles so super spannend. Einen Blick ein Stück weit durchs 2. Quartal hindurch habe ich hier unternommen. „Mehr als die Vergangenheit interessiert mich die Zukunft, denn in ihr gedenke ich zu leben" (Albert Einstein).

https://doi.org/10.1515/9783111374420-014

Literatur

Abels, H. (2017). *Identität: Über die Entstehung des Gedankens, dass der Mensch ein Individuum ist, den nicht leicht zu verwirklichenden Anspruch auf Individualität und Kompetenzen, Identität in einer riskanten Moderne zu finden und zu wahren.* (3., aktual. u. erw. Aufl.). Springer VS. https://doi.org/10.1007/978-3-658-14155-4

Aksoy, C. G., Barrero, J. M., Bloom, N., Davis, S. J., Dolls, M. & Zarate, P. (2022). Working from home around the world. *EconPol Forum, 23*(6), 38–41. https://www.econpol.eu/forum-2022-6

Allhoff, D.-W. & Allhoff, W. (2021). *Rhetorik & Kommunikation: Ein Lehr- und Übungsbuch* (18. Aufl.). Ernst Reinhardt Verlag.

Alter, U., Dumeril, J.-C., Heer, S. & Künzli, H. (2019). Schaffung wissensmäßiger und emotionaler Voraussetzungen für die Zusammenarbeit. In E. Lippmann, A. Pfister & U. Jörg (Hrsg.), *Handbuch Angewandte Psychologie für Führungskräfte: Führungskompetenz und Führungswissen* (5., vollst. überarb. Aufl., S. 607–674). Springer. https://doi.org/10.1007/978-3-662-55810-2

Amlinger-Chatterjee, M. & Wöhrmann, A. M. (2017). Flexible Arbeitszeiten. *Zeitschrift für Arbeitswissenschaft, 71*, 39–51. https://doi.org/10.1007/s41449-017-0047-x

AOK (Hrsg.). (2023, 18. Januar). Steigert der kurze Powernap auf der Arbeit die Leistungsfähigkeit? *AOK Gesundheitsmagazin.* https://www.aok.de/pk/magazin/wohlbefinden/schlaf/wie-lange-dauert-ein-powernap/

Arnold Basler, D., Wehner, T. & Schulze, H. (2021). Nicht einfach ohne Hierarchie: Ergebnisse einer qualitativen Studie zur Implementierung von Selbstorganisation und Selbstführung. *OrganisationsEntwicklung. Zeitschrift für Unternehmensentwicklung und Change Management, 1*, 66–71. https://netzwerkselbstorganisation.net/artikel/2021_5/

Assig, D. & Echter, D. (2021). Coaching im Topmanagement. In C. Rauen (Hrsg.), *Handbuch Coaching* (4., vollst. überarb. u. erw. Aufl., S. 657–673). Hogrefe.

Aßländer, M. S. & Schumann, O. J. (2022). Wirtschaftsethik als angewandte Ethik. In M. S. Aßländer (Hrsg.), *Handbuch Wirtschaftsethik* (2., aktual. u. erw. Aufl., S. 37–49). J.B. Metzler. https://doi.org/10.1007/978-3-476-05806-5_5

Atkinson, R. D. (2005). *The Past and Future of America's Economy: Long Waves of Innovation that Power Cycles of Growth.* Edward Elgar.

Atkinson, R. D. (2018). Shaping structural change in an era of new technology. In M. Neufeind, J. O'Reilly & F. Ranft (Hrsg.), *Work in the Digital Age. Challenges of the Fourth Industrial Revolution* (S. 103–116). https://www.progressives-zentrum.org/wp-content/uploads/2022/07/Work-in-the-Digital-Age_Challenges-of-the-4th-Industrial-Revolution_Jacqueline-OReilly-Florian-Ranft-and-Max-Neufeind.pdf

Ayoko, O. B. & Ashkanasy, N. M. (2020). The physical environment of office work: Future open plan offices. *Australian Journal Of Management, 45*(3). https://doi.org/10.1177/0312896220921913

Backhaus, N. (2022). Telearbeit, Homeoffice oder mobiles Arbeiten? Impulse zur Zukunft der Arbeit von zuhause. *sozialpolitik.ch, 2*, 1–32. https://doi.org/10.18753/2297-8224-224

Backhaus, N., Tisch, A. & Beermann, B. (2021). *Telearbeit, Homeoffice und Mobiles Arbeiten: Chancen, Herausforderungen und Gestaltungsaspekte aus Sicht des Arbeitsschutzes* (Bundesanstalt für Arbeitsschutz und Arbeitsmedizin (BAuA), Hrsg.). https://doi.org/10.21934/baua:fokus20210505

Bakker, A. B. & Demerouti, E. (2014). Job Demands–Resources Theory. *Wellbeing: A Complete Reference Guide, 3*(2), 1–28. https://doi.org/10.1002/9781118539415.wbwell019

Bakker, A. B. & Demerouti, E. (2016). Job Demands–Resources Theory: Taking Stock and Looking Forward. *Journal Of Occupational Health Psychology, Advance online publication.* https://doi.org/10.1037/ocp0000056

Bartscher, T. & Nissen, R. (2018, 14. Februar). *Individualisierung.* Gabler Wirtschaftslexikon. Abgerufen am 16. Juli 2023, von https://wirtschaftslexikon.gabler.de/definition/individualisierung-36154/version-259618

https://doi.org/10.1515/9783111374420-015

BAuA (Bundesanstalt für Arbeitsschutz und Arbeitsmedizin) (Hrsg.). (2019). *Flexible Arbeitszeitmodelle: Überblick und Umsetzung* (2. Aufl.). https://doi.org/10.21934/baua:praxis20170719

Beament, T. & Mercer, S. J. (2016). Speak up! Barriers to challenging erroneous decisions of seniors in anaesthesia. *Anaesthesia, 71*, 1332–1340. https://doi.org/10.1111/anae.1354

Beavers, D. (2018). *Diversity, Equity and Inclusion Framework: Reclaiming Diversity, Equity and Inclusion for Racial Justice.* The Greenlining Institute.

Beck, K. (2023). *Kommunikationswissenschaft* (7., überarb. Aufl.). UTB.

Becker, C., Kratzer, N. & Lanfer, S. (2019). Neue Arbeitswelten: Wahrnehmung und Wirkung von Open-Space-Büros. *Arbeit, 28*(3), 263–284. https://doi.org/10.1515/arbeit-2019-0017

Becker, F. (2019). *Mitarbeiter wirksam motivieren: Mitarbeitermotivation mit der Macht der Psychologie.* Springer. https://doi.org/10.1007/978-3-662-57838-4

Becker, M. (2015). *Systematisches Diversity Management: Konzepte und Instrumente für die Personal- und Führungspolitik.* Schäffer-Poeschel.

Becker, S. (2014). Warum nur veränderte Unternehmensroutinen für die Prävention hilfreich sind. In P. Buchenau (Hrsg.), *Chefsache Prävention I: Wie Prävention zum unternehmerischen Erfolgsfaktor wird* (S. 1–14). https://doi.org/10.1007/978-3-658-03612-6

Becker-Carus, C. & Wendt, M. (2017). *Allgemeine Psychologie: Eine Einführung* (2., aktual., kompl. überarb. Neuaufl.). Springer. https://doi.org/10.1007/978-3-662-53006-1

Beeger, B. (2023, 15. August). Fachkräftemangel: Nahles fordert Ende von Frühverrentungen in Unternehmen. *FAZ.NET.* https://www.faz.net/aktuell/wirtschaft/mehr-wirtschaft/fruehverrentungen-in-unternehmen-nahles-fordert-ende-19105283.html#void

Beil, L. (2023, 27. Juli). Arbeitszeit: Macht uns die 4-Tage-Woche produktiver und gesünder? ARD Alpha. https://www.ardalpha.de/wissen/gesundheit/gesund-leben/4-tage-woche-arbeiten-gesundheit-produktiv-arbeitsstunden-arbeitszeit-100.html

Bennett, J. L. (2024). *The Manager's Guide to Coaching for Change.* De Gruyter. https://doi.org/10.1515/9783111002415

Bensberg, F. & Buscher, G. (2018). Agenten des Wandels – Berufsbilder und Kompetenzen für das Transformation Management. In F. Keuper, M. Schomann, L. I. Sikora & R. Wassef (Hrsg.), *Disruption und Transformation Management. Digital Leadership – Digitales Mindset – Digitale Strategie* (S. 145–163). Springer Gabler. https://doi.org/10.1007/978-3-658-19131-3_7

Bentele, G. & Seidenglanz, R. (2015). Vertrauen und Glaubwürdigkeit: Begriffe, Ansätze, Forschungsübersicht und praktische Relevanz. In R. Fröhlich, P. Szyszka & G. Bentele (Hrsg.), *Handbuch der Public Relations: Wissenschaftliche Grundlagen und berufliches Handeln. Mit Lexikon* (3., überarb. u. erw. Aufl., S. 411–429). Springer VS. https://doi.org/10.1007/978-3-531-18917-8_26

Berg, M. (2019). Die Führungsrolle 4.0 in agilen Innovationsmodellen: Die geteilte, entpersonalisierte Führungsrolle für komplexe Situationen am Beispiel des Design Thinkings. In C. Negri (Hrsg.), *Führen in der Arbeitswelt 4.0: Der Mensch im Unternehmen. Impulse für Fach- und Führungskräfte* (S. 119–136). Springer. https://doi.org/10.1007/978-3-662-58411-8_10

Berger, P. (2018). *Praxiswissen Führung: Grundlagen – Reflexion – Haltung.* Springer Gabler. https://doi.org/10.1007/978-3-662-50527-4

Berger, S., Weber, F. & Buser, A. (2021). *Hybrid Work Compass: Navigating the future of how we work* (HSG, Novu Office & HR Campus, Hrsg.). https://www.alexandria.unisg.ch/handle/20.500.14171/110031

Bergmann, F. (2008). *Neue Arbeit, neue Kultur* (5. Aufl.). Arbor.

Bergmann, R. & Bungert, M. (2022). *Strategische Unternehmensführung: Perspektiven, Konzepte, Strategien* (3., erw. u. aktual. Aufl.). Springer Gabler. https://doi.org/10.1007/978-3-662-65424-8

Bernardy, V., Müller, R., Röltgen, A. T. & Antoni, C. H. (2021). Führung hybrider Formen virtueller Teams – Herausforderungen und Implikationen auf Team- und Individualebene. In S. Mütze-Niewöhner, W. Hacker, T. Hardwig, S. Kauffeld, E. Latniak, M. Nicklich & U. Pietrzyk (Hrsg.), *Projekt- und Teamarbeit in der digitalisierten Arbeitswelt. Herausforderungen, Strategien und Empfehlungen* (S. 115–138). Springer Vieweg. https://doi.org/10.1007/978-3-662-62231-5_6

Berne, E. (2002). *Spiele der Erwachsenen: Psychologie der menschlichen Beziehungen Taschenbuch* (23. Aufl., Neuausgabe). Rowohlt.

Berthel, J. & Becker, F. G. (2022). *Personal-Management: Grundzüge für Konzeptionen betrieblicher Personalarbeit* (12., vollst. überarb. Aufl.). Schäffer-Poeschel.

Beschorner, T. (2022). Stakeholderorientierter Ansatz (R. Edward Freeman et al.). In M. S. Aßländer (Hrsg.), *Handbuch Wirtschaftsethik* (2., aktual. u. erw. Aufl., S. 393–400). J.B. Metzler. https://doi.org/10.1007/978-3-476-05806-5_37

Beyer, I. (2023, 27. April). Sustainable Development Goals: 17 SDGs, die unsere Zukunft sichern sollen. *Management Circle. Bildung für die Besten*. Abgerufen am 22. Juni 2024, von https://www.management circle.de/blog/sdgs-sustainable-development-goals.html

Bhatia, A., Carmody, K., Johnson, R., Scott, J. & Weaver, K. (2022, 5. Dezember). *McKinsey Quarterly. Meet the newest member of the consumer C-suite: The chief transformation officer*. McKinsey & Company. https://www.mckinsey.com/capabilities/transformation/our-insights/meet-the-newest-member-of-the-consu mer-csuite-the-chief-transformation-officer

Bick, A. & Fuchs-Schündeln, N. (2023, 27. Oktober). Arbeitsmarktforschung: Der Traum von den vier Tagen. *FAZ.NET*. https://www.faz.net/aktuell/wirtschaft/wirtschaftswissen/arbeitsmarktforschung-der-traum-von-der-vier-tage-woche-19263213.html

Bierhoff, B. (2020). Selbstorganisation und Eigensinn. Über die Unverfügbarkeit des Subjekts. In O. Geramanis & S. Hutmacher (Hrsg.), *Der Mensch in der Selbstorganisation. Kooperationskonzepte für eine dynamische Arbeitswelt. uniscope. Publikationen der SGO Stiftung* (S. 231–246). Springer Gabler. https://doi.org/10.1007/978-3-658-27048-3_15

Bilinska, P. & Wegge, J. (2023). Jung führt Alt: Wenn Altersunterschiede zwischen Mitarbeitern und Führungskräften zum Problem werden. In J. Felfe & R. Van Dick (Hrsg.), *Handbuch Mitarbeiterführung. Wirtschaftspsychologisches Praxiswissen für Fach- und Führungskräfte* (2., erw. u. aktual. Aufl., S. 343–358). Springer. https://doi.org/10.1007/978-3-662-68185-5_28

Bischof, N. (2019). Self-Leadership in selbstorganisierten Systemen am Beispiel Holacracy. In C. Negri (Hrsg.), *Führen in der Arbeitswelt 4.0: Der Mensch im Unternehmen. Impulse für Fach- und Führungskräfte* (S. 63–72). Springer. https://doi.org/10.1007/978-3-662-58411-8_6

Blank, N. (2011). *Vertrauenskultur: Voraussetzung für Zukunftsfähigkeit von Unternehmen*. Gabler. https://doi.org/10.1007/978-3-8349-6894-4

Bloom, N., Han, R. & Liang, J. (2023). How Hybrid Working From Home Works Out. In *NBER - National Bureau Of Economic Research*. https://www.nber.org/papers/w30292

Blum, U. & Gabathuler, J. (2019). PE 4.0: Herausforderungen für Führungskräfte und Bildungsverantwortliche. In C. Negri (Hrsg.), *Führen in der Arbeitswelt 4.0: Der Mensch im Unternehmen. Impulse für Fach- und Führungskräfte* (S. 73–93). Springer. https://doi.org/10.1007/978-3-662-58411-8_7

BMAS (Bundesministerium für Arbeit und Soziales) (Hrsg.). (o. D.). *Homeoffice*. Bundesministerium für Arbeit und Soziales. Abgerufen am 27. November 2022, von https://www.bmas.de/DE/Arbeit/Arbeits recht/Teilzeit-flexible-Arbeitszeit/homeoffice.html#doc387a1a0e-79c3-4c4b-a284-ac58a04d62bcbodyText2

BMAS (Bundesministerium für Arbeit und Soziales, Referat Information, Monitoring, Bürgerservice, Bibliothek) (Hrsg.). (2021, April). *Dritter Teilhabebericht der Bundesregierung über die Lebenslagen von Menschen mit Beeinträchtigungen (Gesamtbericht)*. www.bmas.de. https://www.bmas.de/DE/Service/Pu blikationen/Broschueren/a125-21-teilhabebericht.html

Boes, A. & Kämpf, T. (2019). Wie nachhaltig sind agile Arbeitsformen? In B. Badura, A. Ducki, H. Schröder, J. Klose & M. Meyer (Hrsg.), *Fehlzeiten-Report 2019. Digitalisierung - gesundes Arbeiten ermöglichen* (S. 193–204). Springer. https://doi.org/10.1007/978-3-662-59044-7_13

Böhm, S. A., Baumgärtner, M. K. & Dwertmann, D. J. G. (2013). Modernes Personalmanagement als Schlüsselfaktor der beruflichen Inklusion von Menschen mit Behinderung. In S. A. Böhm, M. K. Baumgärtner & D. J. G. Dwertmann (Hrsg.), *Berufliche Inklusion von Menschen mit Behinderung. Best Practices aus dem ersten Arbeitsmarkt* (S. 3–21). Springer Gabler. https://doi.org/10.1007/978-3-642-34784-9_1

Bolden, R. (2011). Distributed Leadership in Organizations: A Review of Theory and Research. *International Journal Of Management Reviews, 13*(3), 251–269. https://doi.org/10.1111/j.1468-2370.2011.00306.x

Bolten, J. (2008). Reziprozität, Vertrauen, Interkultur. Kohäsionsorientierte Teamentwicklung in virtualisierten multikulturellen Arbeitsumgebungen. In E. Jammal (Hrsg.), *Vertrauen im interkulturellen Kontext. Perspectives of the Other.* (S. 69–73). VS Verlag für Sozialwissenschaften. https://doi.org/10.1007/978-3-531-91038-3_5

Borzykowski, B. (2017, 11. Januar). *Workplace: Why open offices are bad for us.* BBC. https://www.bbc.com/worklife/article/20170105-open-offices-are-damaging-our-memories

Bouncken, R. B., Aslam, M. M., Gantert, T. M. & Kallmuenzer, A. (2023). New work design for knowledge creation and sustainability: An empirical study of coworking-spaces. *Journal Of Business Research, 154*, 113337. https://doi.org/10.1016/j.jbusres.2022.113337

Bouncken, R. B. & Gantert, T. M. (2021). Hybride multilokale Arbeit: „New Work" Potenziale im Remote-, Co-working- und KMU-Office. *Zeitschrift für KMU und Entrepreneurship, 69*(1), 1–16. https://doi.org/10.3790/zfke.69.1.1

Braak, J. & Elle, K. (2019). Leadership-Coaching in der VUCA-Welt. In J. Heller (Hrsg.), *Resilienz für die VUCA-Welt. Individuelle und organisationale Resilienz entwickeln* (S. 69–83). Springer. https://doi.org/10.1007/978-3-658-21044-1_5

Bracht, E. M., Nieberle, K. W. & Van Dick, R. (2023). Selbstführung. In J. Felfe & R. Van Dick (Hrsg.), *Handbuch Mitarbeiterführung. Wirtschaftspsychologisches Praxiswissen für Fach- und Führungskräfte* (2., überarb. u. erw. Aufl., S. 113–122). Springer. https://doi.org/10.1007/978-3-662-68185-5_55

Brademann, I. & Piorr, R. (2019). Generation Z – Analyse der Bedürfnisse einer Generation auf dem Sprung ins Erwerbsleben. In B. Hermeier, T. Heupel & S. Fichtner-Rosada (Hrsg.), *Arbeitswelten der Zukunft. Wie die Digitalisierung unsere Arbeitsplätze und Arbeitsweisen verändert* (S. 345–360). Springer Gabler. https://doi.org/10.1007/978-3-658-23397-6_19

Brandstädter, S., Feldmann, E., Seiferling, N. & Sonntag, K. (2019). Gefährdungsbeurteilung psychischer Belastung in kleinen und mittleren Unternehmen – Validierung des Verfahrens GPB-KMU. *Zeitschrift für Arbeitswissenschaft, 73*, 69–77. https://doi.org/10.1007/s41449-018-00138-7

Brasser, M. (2022). Individuelle Resilienz fördern. In S. Kaudela-Baum, S. Meldau & M. Brasser (Hrsg.), *Leadership und People Management: Führung und Kollaboration in Zeiten der Digitalisierung und Transformation* (S. 123–135). Springer Gabler. https://doi.org/10.1007/978-3-658-35521-0_8

Breidenbach, J. & Rollow, B. (2019). *New Work needs Inner Work: A handbook for companies on the way to self-organisation* (2. Aufl.). Vahlen. https://doi.org/10.15358/9783800661404

Bremi, R., Negri, C., Werkmann-Karcher, B., Nordmann, D. & Beutter, C. (2019). Personalgewinnung, Entwicklung und Trennungsmanagement. In E. Lippmann, A. Pfister & U. Jörg (Hrsg.), *Handbuch Angewandte Psychologie für Führungskräfte: Führungskompetenz und Führungswissen* (5., vollst. überarb. Aufl., S. 517–606). Springer. https://doi.org/10.1007/978-3-662-55810-2_13

Breyer-Mayländer, T. (2017). *Management 4.0 - Den digitalen Wandel erfolgreich meistern: Das Kursbuch für Führungskräfte.* Hanser. https://doi.org/10.3139/9783446451704

Brodbeck, F. C. (2016). *Internationale Führung: Das GLOBE-Brevier in der Praxis.* Springer. https://doi.org/10.1007/978-3-662-43361-4

Brodbeck, K.-H. (2022). Die Entwicklung der Ökonomik zur normativen Wissenschaft. In M. S. Aßländer (Hrsg.), *Handbuch Wirtschaftsethik* (2., aktual. u. erw. Aufl., S. 85–95). J.B. Metzler. https://doi.org/10.1007/978-3-476-05806-5_9

Brübach-Schlickum, S. (2016). Coworking als alternatives Arbeitsplatzkonzept – Fallstudie Combinat 56. In M. Klaffke (Hrsg.), *Arbeitsplatz der Zukunft: Gestaltungsansätze und Good-Practice-Beispiele* (S. 273–290). Springer Gabler. https://doi.org/10.1007/978-3-658-12606-3_13

Bruce, A. & Jeromin, C. (2020). *Corporate Purpose – das Erfolgskonzept der Zukunft: Wie sich mit Haltung Gemeinwohl und Profitabilität verbinden lassen.* Springer Gabler. https://doi.org/10.1007/978-3-658-29803-6

Bruch, H., Schuler, A. & Barton, L. (2022). Inspirierend: multimodale Führung: Leadership zwischen Leistungsdruck, Präzision und Exploration. In *Zeitschrift Führung + Organisation (ZfO)* (Bd. 91, Nummer 6, S. 378–386).

Brüggemann, H. & Bremer, P. (2020). *Grundlagen Qualitätsmanagement: Von den Werkzeugen über Methoden zum TQM* (3. Aufl.). Springer Vieweg. https://doi.org/10.1007/978-3-658-28780-1

Bruhn, P. (2020). *Homeoffice und mobiles Arbeiten im Team effektiv umsetzen: Praxisratgeber: Remote Work und Heimarbeitsplatz technisch schnell einrichten.* Springer Vieweg. https://doi.org/10.1007/978-3-658-30608-3

Buengeler, C. & Homan, A. C. (2016). Diversity in Teams: Was macht diverse Teams erfolgreich? In P. Genkova & T. Ringeisen (Hrsg.), *Handbuch Diversity Kompetenz. Band 1: Perspektiven und Anwendungsfelder* (S. 663–677). Springer. https://doi.org/10.1007/978-3-658-08594-0_39

Bujard, M. (2022). Die Folgen des demografischen Wandels. *Informationen Zur Politischen Bildung / Izpb*, *350*. https://www.bpb.de/shop/zeitschriften/izpb/demografischer-wandel-350/507789/die-folgen-des-demografischen-wandels/

Bundesministerium der Justiz & Bundesamt für Justiz (Hrsg.). (2024, 27. März). *Verordnung über Arbeitsstätten (Arbeitsstättenverordnung - ArbStättV).* Gesetze Im Internet. https://www.gesetze-im-internet.de/arbst_ttv_2004/BJNR217910004.html

Bungard, W. (2018). Feedback in Organisationen: Stellenwert, Instrumente und Erfolgsfaktoren. In I. Jöns & W. Bungard (Hrsg.), *Feedbackinstrumente im Unternehmen. Grundlagen, Gestaltungshinweise, Erfahrungsberichte* (2. Aufl., S. 3–28). Springer Gabler. https://doi.org/10.1007/978-3-658-20759-5_1

Bungay, S. (2022). Lessons in Leadership from the Great Commanders. In M. Reeves & F. Candelon (Hrsg.), *New leadership imperatives* (S. 47–56). De Gruyter. https://doi.org/10.1515/9783110775174

Bury, S., Decker, E. & Piorr, R. (2019). Der Übergang von der Erwerbs- in die Nacherwerbsphase – Gestaltungsaufgabe und -möglichkeit für das Personalmanagement: Ressourcenmanagement in Übergangspassagen. In B. Hermeier, T. Heupel & S. Fichtner-Rosada (Hrsg.), *Arbeitswelten der Zukunft. Wie die Digitalisierung unsere Arbeitsplätze und Arbeitsweisen verändert* (S. 443–458). Springer Gabler. https://doi.org/10.1007/978-3-658-23397-6_23

Butollo, W., Koll-Krüsmann, M. & Hagl, M. (2017). Humanistische Psychotherapieverfahren. In H.-J. Möller, G. Laux & H.-P. Kapfhammer (Hrsg.), *Psychiatrie, Psychosomatik, Psychotherapie.* (5., überarb. u. aktual. Aufl., S. 1149–1176). Springer. https://doi.org/10.1007/978-3-662-49295-6_48

Chambers, E. G., Foulon, M., Handfield-Jones, H., Hankin, S. M. & Michaels III, E. G. (1998). The War for Talent. *The McKinsey Quarterly, 3*(3), 44–57. https://www.researchgate.net/profile/Mark-Foulon-2/publication/284689712_The_War_for_Talent/links/58d103b94585158476f366f6/The-War-for-Talent.pdf?_tp=eyJjb250ZXh0Ijp7ImZpcnN0UGFnZSI6InB1YmxpY2F0aW9uIiwicGFnZSI6InB1YmxpY2F0aW9uIn19

Chappell, B. (2019, 4. November). 4-Day Workweek Boosted Workers' Productivity By 40%, Microsoft Japan Says. *NPR.* https://www.npr.org/2019/11/04/776163853/microsoft-japan-says-4-dayworkweek-boosted-workers-productivity-by-40

Cheng, A. (2018, 10. August). *One Big Potential Beneficiary Of The Coworking Space Trend: Brick-And-Mortar Retailers.* Forbes. https://www.forbes.com/sites/andriacheng/2018/08/10/retail-coworking-spaces/

Ciesielski, M. A. & Schutz, T. (2016). *Digitale Führung: Wie die neuen Technologien unsere Zusammenarbeit wertvoller machen.* Springer Gabler. https://doi.org/10.1007/978-3-662-49125-6

Clutterbuck, D. (2017). Skills of a Multicultural Mentor. In N. Graf & F. Edelkraut, *Mentoring. Das Praxisbuch für Personalverantwortliche und Unternehmer* (2., aktual. u. erw. Aufl., S. 345–348). Springer Gabler. https://doi.org/10.1007/978-3-658-15109-6_11

Comelli, G. (2018). Feedbackprozesse bei Teamentwicklung. In I. Jöns & W. Bungard (Hrsg.), *Feedbackinstrumente im Unternehmen. Grundlagen, Gestaltungshinweise, Erfahrungsberichte* (2. Aufl., S. 49–79). Springer Gabler. https://doi.org/10.1007/978-3-658-20759-5_3

Condrau, F. (2005). *Die Industrialisierung in Deutschland*. Wissenschaftliche Buchgesellschaft (wbg).

Covey, S., McChesney, C., Huling, J. & Maron, A. (2022). *Die 4 Disziplinen der Umsetzung: Strategien sicher umsetzen und Ziele erfolgreich erreichen*. Redline.

Davison, W. P. (2004): *Things Might Go Right: Projects for Peace and a Better Life in an Age of Globalization and Specialization*. iUniverse.

De Clercq, I. (2018). *Vernetzt Arbeiten: Soziale Netzwerke in Unternehmen*. Frankfurter Allgemeine Buch.

De Smet, A., Mugayar-Baldocchi, M., Reich, A. & Schaninger, B. (2023, 20. April). *Gen what? Debunking age-based myths about worker preferences*. McKinsey & Company. https://www.mckinsey.com/capabilities/people-and-organizational-performance/our-insights/gen-what-debunking-age-based-myths-about-worker-preferences#/

Dechange, A. (2024). *Projektmanagement – Schnell erfasst* (2., aktual. u. erw. Aufl.). Springer Gabler. https://doi.org/10.1007/978-3-662-68169-5

Decker, M., Flüter-Hoffmann, C. & Modler, W. (2022). Hohe betriebliche Unterstützung der Menschen mit Behinderungen: IW-Kurzbericht Nr. 66. In *Institut der Deutschen Wirtschaft (IW)*. https://www.iwkoeln.de/studien/mareike-decker-christiane-flueter-hoffmann-wiebke-alexandra-modler-hohe-betriebliche-unterstuetzung-der-menschen-mit-behinderungen.html

Deekeling, E. & Arndt, S. (2021). Change-Kommunikation in Unternehmen. In S. Einwiller, S. Sackmann & A. Zerfaß (Hrsg.), *Handbuch Mitarbeiterkommunikation. Interne Kommunikation in Unternehmen* (S. 545–563). Springer Gabler. https://doi.org/10.1007/978-3-658-23152-1_31

Dehner, U. (2021). Introvision-Coaching. In C. Rauen (Hrsg.), *Handbuch Coaching* (4., vollst. überarb. u. erw. Aufl., S. 501–517).

Demerouti, E. & Bakker, A. B. (2023). Job demands-resources theory in times of crises: New Propositions. *Organizational Psychology Review, 13*(3), 209–236. https://doi.org/10.1177/20413866221135022

Denis, J., Langley, A. & Sergi, V. (2012). Leadership in the Plural. *The Academy Of Management Annals, 6*(1), 211–283. https://doi.org/10.5465/19416520.2012.667612

Destatis (Statistisches Bundesamt). (2024). *Zahl der Woche: Knapp ein Viertel aller Erwerbstätigen arbeitete 2022 im Homeoffice*. Destatis. Statistisches Bundesamt. https://www.destatis.de/DE/Presse/Pressemitteilungen/Zahl-der-Woche/2023/PD23_28_p002.html

Dietz, K.-M. (2016). Handeln aus sich selbst heraus: Von der Führung zur Selbstführung im Horizont einer Dialogischen Unternehmenskultur. In C. Von Au (Hrsg.), *Wirksame und nachhaltige Führungsansätze. Leadership und Angewandte Psychologie: System, Beziehung, Haltung und Individualität* (S. 113–133). Springer. https://doi.org/10.1007/978-3-658-11956-0_6

DIN-Normenausschuss Qualitätsmanagement, Statistik und Zertifizierungsgrundlagen (NQSZ). (2009). *DIN 69901-2: Projektmanagement - Projektmanagementsysteme - Teil 2: Prozesse, Prozessmodell*. www.din.de. https://www.din.de/de/mitwirken/normenausschuesse/nqsz/veroeffentlichungen/wdc-beuth:din21:113428357

Dixon-Fyle, S., Hunt, D. V., Huber, C., Del Mar Martínez Márquez, M., Prince, S. & Thomas, A. (2023). Diversity matters even more: The case for holistic impact. In *McKinsey & Company*. https://www.mckinsey.com/featured-insights/diversity-and-inclusion/diversity-matters-even-more-the-case-for-holistic-impact#/

Dixon-Fyle, S., Hunt, V., Dolan, K. & Prince, S. (2020). Diversity wins: How inclusion matters. In *McKinsey & Company*. https://www.mckinsey.de/~/media/mckinsey/locations/europe%20and%20middle%20east/

deutschland/news/presse/2020/2020-05-19%20diversity%20wins/report%20diversity-wins-how-inclusion-matters%202020.pdf

Doerr, J. (2018). *OKR: Objectives & Key Results: Wie Sie Ziele, auf die es wirklich ankommt, entwickeln, messen und umsetzen*. Vahlen. https://doi.org/10.15358/9783800657742

Dolls, M. & Lay, M. (2023). Wie wirken sich Homeoffice und steigende Wohnkostenbelastung auf die Wohnortwahl aus?: Evidenz aus einer großangelegten Umfrage in Deutschland. In ifo Institut (Hrsg.), *ifo Schnelldienst* (Bd. 76, Nummer 2, S. 37–42). https://www.ifo.de/DocDL/sd-2023-02-dolls-lay-wohnortpraeferenzen.pdf

Dölz, J. & Siems, F. (2018). Eine Diskussion des Dunning-Kruger-Effekts für Kunden-Mitarbeitenden-Beziehungen. In H. Gölzner & P. Meyer (Hrsg.), *Emotionale Intelligenz in Organisationen. Der Schlüssel zum Wissenstransfer von angewandter Forschung in die praktische Umsetzung* (S. 333–351). Springer VS. https://doi.org/10.1007/978-3-658-19127-6_16

Doppler, K. & Lauterburg, C. (2019). *Change Management: Den Unternehmenswandel gestalten* (14., aktual. Aufl.). Campus.

Dosik, D., Bhalla, V. & Bailey, A. (2022). A Lot Will Change – So Must Leadership. In M. Reeves & F. Candelon (Hrsg.), *New Leadership Imperatives* (S. 27–34). De Gruyter. https://doi.org/10.1515/9783110775174

Drews, G., Hillebrand, N., Kärner, M., Peipe, S. & Rohrschneider, U. (2021). *Praxishandbuch Projektmanagement* (3. Aufl.). Haufe.

Duméril, J.-C. (2019). Agility Suitability Check: Agile Methoden am richtigen Ort einsetzen. In C. Negri (Hrsg.), *Führen in der Arbeitswelt 4.0. Der Mensch im Unternehmen: Impulse für Fach- und Führungskräfte* (S. 51–61). Springer. https://doi.org/10.1007/978-3-662-58411-8_5

Duwe, J. (2020). *Beidhändige Führung: Wie Sie als Führungskraft durch Ambidextrie Innovationssprünge ermöglichen* (2. Aufl.). Springer Gabler. https://doi.org/10.1007/978-3-662-61572-0

Dyer, A., Barybkina, E., Erker, C. P. & Sullivan, J. (2022). A CEO's Guide to Leading and Learning in the Digital Age. In M. Reeves & F. Candelon (Hrsg.), *New Leadership Imperatives* (S. 63–70). De Gruyter. https://doi.org/10.1515/9783110775174

Eberhardt, D., Neumann, S. & Streuli, E. (2019). Diversität – Führung von Menschen mit unterschiedlichem Hintergrund. In E. Lippmann, A. Pfister & U. Jörg (Hrsg.), *Handbuch Angewandte Psychologie für Führungskräfte: Führungskompetenz und Führungswissen* (5., vollst. überarb. Aufl., S. 885–909). Springer. https://doi.org/10.1007/978-3-662-55810-2_19

Eberl, P. (2022). Vertrauens- und Misstrauenskulturen. In M. K. W. Schweer (Hrsg.), *Facetten des Vertrauens und Misstrauens. Herausforderungen für das soziale Miteinander* (S. 221–236). Springer VS. https://doi.org/10.1007/978-3-658-29047-4_12

Ebert, H. (2020). *Sprache und Dialog als Führungsinstrumente: Wie Gespräche die Organisationsentwicklung der Zukunft sichern*. Springer Gabler. https://doi.org/10.1007/978-3-658-16776-9

Eichholz, R. E. (2000). *Unternehmens- und Mitarbeiterführung* (2., verb. u. erw. Aufl.). C. H. Beck.

Eilers, S., Möckel, K., Rump, J. & Schabel, F. (2017). *HR-Report 2017. Schwerpunkt Kompetenzen für eine digitale Welt: Eine empirische Studie des Instituts für Beschäftigung und Employability IBE im Auftrag von Hays für Deutschland, Österreich und die Schweiz* (Hays AG & Institut für Beschäftigung und Employability IBE, Hrsg.). https://www.hays.de/personaldienstleistung-aktuell/studie/hr-report-2017

Eilers, S., Rump, J., Schabel, F. & Möckel, K. (2023). *HR-Report 2023 Mitarbeiterbindung: Eine empirische Studie des Instituts für Beschäftigung und Employability IBE und Hays* (Hays AG & Institut für Beschäftigung und Employability IBE, Hrsg.). https://www.hays.de/personaldienstleistung-aktuell/studie/hr-report-2023-mitarbeiterbindung

Einheitsübersetzung der Heiligen Schrift. (2016). ERF Bibleserver. https://www.bibleserver.com/

Eisele, O., Jeske, T. & Lennings, F. (2021). Produktivitätsmanagement: Anforderungen, Gestaltung und Umsetzung in der digitalisierten Arbeitswelt. In T. Jeske & F. Lennings (Hrsg.),

Produktivitätsmanagement 4.0: Praxiserprobte Vorgehensweisen zur Nutzung der Digitalisierung in der Industrie (S. 7–41). Springer Vieweg. https://doi.org/10.1007/978-3-662-61584-3_2

Ell, T. (2016). New Workplace Design to Business ®Evolution – Fallstudie Daimler AG. In M. Klaffke (Hrsg.), *Arbeitsplatz der Zukunft: Gestaltungsansätze und Good-Practice-Beispiele* (S. 231–250). Springer Gabler. https://doi.org/10.1007/978-3-658-12606-3_11

Ellwart, T., Russell, Y. & Blanke, K. (2023). Führung in reduzierter Arbeitszeit (FIRA) – Co-Leitung, Teilzeitmodelle und Delegation von Führungsaufgaben: Wirtschaftspsychologisches Praxiswissen für Fach- und Führungskräfte. In J. Felfe & R. Van Dick (Hrsg.), *Handbuch Mitarbeiterführung* (2., überarb. u. erw. Aufl., S. 385–401). Springer. https://doi.org/10.1007/978-3-662-68185-5_44

Enderle, G. (2022). Die goldene Regel. In Michael. S. Aßländer (Hrsg.), *Handbuch Wirtschaftsethik* (2., aktual. u. erw. Aufl., S. 723–726). J.B. Metzler. https://doi.org/10.1007/978-3-476-05806-5_76

Esch, F. & Langner, T. (2019). Ansätze zur Erfassung und Entwicklung der Markenidentität. In F.-R. Esch (Hrsg.), *Handbuch Markenführung* (S. 177–200). Springer Gabler. https://doi.org/10.1007/978-3-658-13342-9_9

Falco, A., Girardi, D., Elfering, A., Peric, T., Pividori, I. & Dal Corso, L. (2023). Is Smart Working Beneficial for Workers' Wellbeing? A Longitudinal Investigation of Smart Working, Workload, and Hair Cortisol/Dehydroepiandrosterone Sulfate during the COVID-19 Pandemic. *International Journal Of Environmental Research And Public Health (IJERPH)*, *20*(13), 6220. https://doi.org/10.3390/ijerph20136220

Felfe, J. (2020). *Mitarbeiterbindung* (2., überarb. u. erw. Aufl.). Hogrefe.

Feuser, F. (2019). Diversität und Diversitätsmanagement. In M. Busold (Hrsg.), *War for Talents. Erfolgsfaktoren im Kampf um die Besten* (S. 75–86). Springer Gabler. https://doi.org/10.1007/978-3-662-57481-2_6

Fink, L. (2019). *Larry Fink's 2019 Letter to CEOs: Purpose & Profit*. BlackRock. https://www.blackrock.com/corporate/investor-relations/2019-larry-fink-ceo-letter

Fladerer, M. P., Weitz, T. F., Peus, C., Heidbrink, L. & Korndörffer, S. H. (2022). *Führungskräftebefragung 2022* (Wertekommission – Initiative Werte Bewusste Führung e. V., Hrsg.). https://www.wertekommission.de/wp-content/uploads/2022/09/Fuehrungskraeftebefragung-2022.pdf

Foelsing, J. & Schmitz, A. (2021). *New Work braucht New Learning: Eine Perspektivreise durch die Transformation unserer Organisations- und Lernwelten*. Springer Gabler. https://doi.org/10.1007/978-3-658-32758-3

Frambach, H. (2019). *Basiswissen Mikroökonomie* (5., überarb. Aufl.). UTB.

Franck, N. (2019). *Praxishandbuch Kommunikative Kompetenz: Die Schlüsselqualifikation für Studium und Beruf*. Beltz Juventa.

Franken, S. (2015). *Personal: Diversity Management*. Springer Gabler. https://doi.org/10.1007/978-3-658-06797-7

Franken, S. (2022). *Führen in der Arbeitswelt der Zukunft: Instrumente, Techniken und Best-Practice-Beispiele* (2., vollst. überarb. u. aktual. Aufl.). Springer Gabler. https://doi.org/10.1007/978-3-658-38372-5

Fraunhofer-Institut für Arbeitswirtschaft und Organisation (IAO). (2013). *KAI Job-Profil Feelgood-Manager/in*. https://goodplace.org/wp-content/uploads/2016/01/KAI-Jobprofile_Feelgood-Manager.pdf

Friedman, M. (1970, 13. September). A Friedman doctrine-- The Social Responsibility of Business Is to Increase Its Profits. *The New York Times*. https://www.nytimes.com/1970/09/13/archives/a-friedman-doctrine-the-social-responsibility-of-business-is-to.html

Frisch, J. C., Baum, M. & Esch, F. (2019). Marken-Commitment von Mitarbeitern aufbauen. In F.-R. Esch (Hrsg.), *Handbuch Markenführung* (S. 1011–1026). Springer Gabler. https://doi.org/10.1007/978-3-658-13342-9_47

Fröhlich-Gildhoff, K. (2022). Resilienz. In M. K. W. Schweer (Hrsg.), *Facetten des Vertrauens und Misstrauens. Herausforderungen für das soziale Miteinander* (S. 71–85). Springer VS. https://doi.org/10.1007/978-3-658-29047-4_5

Furtner, M. (2017). *Empowering Leadership: Mit selbstverantwortlichen Mitarbeitern zu Innovation und Spitzenleistungen.* Springer Gabler. https://doi.org/10.1007/978-3-658-16060-9

Furtner, M. & Baldegger, U. (2023). *Self-Leadership und Führung: Theorien, Modelle und praktische Umsetzung* (3., vollst. überarb. u. aktual. Aufl.). Springer Gabler. https://doi.org/10.1007/978-3-658-43107-5

Gamma, A. (2016). Von der Kunst, sich selbst und andere zu führen. In C. Von Au (Hrsg.), *Wirksame und nachhaltige Führungsansätze: System, Beziehung, Haltung und Individualität* (S. 43–58). Springer. https://doi.org/10.1007/978-3-658-11956-0_2

Gansser, O. & Godbersen, H. (2023). Vier-Komponenten-Modell der Mitarbeiterbindung. *Zusammenstellung Sozialwissenschaftlicher Items und Skalen (ZIS).* https://doi.org/10.6102/zis330

García, T., Hoffmann, C. & Pfister, A. (2019). Psychologische Grundlagen für Führungskräfte. In E. Lippmann, A. Pfister & U. Jörg (Hrsg.), *Handbuch Angewandte Psychologie für Führungskräfte. Führungskompetenz und Führungswissen* (5., vollst. überarb. Aufl., S. 97–156). Springer. https://doi.org/10.1007/978-3-662-55810-2_5

Gärtner, M., Garten, T. & Huesmann, M. (2016). Flexible Arbeitsmodelle für Führungskräfte. Zum Stand der Forschung. *Zeitschrift für Arbeitswissenschaft, 70,* 220–230. https://doi.org/10.1007/s41449-016-0038-3

Gatlin-Keener, C. & Lunsford, R. (2020, 4. August). *Four-Day Workweek: The Microsoft Japan Experience.* Academic An Business Research Institute (AABRI), Virtual Conference. http://www.aabri.com/VC2020Manuscripts/VC20032.pdf

Gehm, J. (2022). *Design Thinking etablieren: So verankern Sie Design Thinking im Unternehmen – bewährtes Vorgehensmodell, Erfahrungen, Fallbeispiele.* Springer Gabler. https://doi.org/10.1007/978-3-658-37243-9

Genkova, P. (2022a). Diversity Kompetenz und Führungspersönlichkeit. In P. Genkova, E. Semke & H. Schreiber (Hrsg.), *Diversity nutzen und annehmen. Praxisimplikationen für das Diversity Management* (S. 19–43). Springer. https://doi.org/10.1007/978-3-658-35326-1_2

Genkova, P. (2022b). Diversity und Diversity Management: Ein kritischer Überblick. In P. Genkova, E. Semke & H. Schreiber (Hrsg.), *Diversity nutzen und annehmen. Praxisimplikationen für das Diversity Management* (S. 3–18). Springer. https://doi.org/10.1007/978-3-658-35326-1_1

Germann, M. (2023). Wenn die Generation Z die Spielregeln neu definiert: Erwartungen und Arbeitsmotive der jungen Generation von Berufseinsteigenden angesichts eines von Fachkräftemangel geprägten Umfelds. In O. Geramanis, S. Hutmacher & L. Walser (Hrsg.), *Organisationale Machtbeziehungen im Wandel. Führung zwischen Zustimmung und Zwang* (S. 65–84). Springer Gabler. https://doi.org/10.1007/978-3-658-42092-5_5

Gilbert, D. U. (2003). *Vertrauen in strategischen Unternehmensnetzwerken: Ein strukturationstheoretischer Ansatz.* Springer & Deutscher Universitätsverlag. https://doi.org/10.1007/978-3-322-82007-5

Gladwell, M. (2002, 14. Juli). The Talent Myth. *The New Yorker.* https://www.newyorker.com/magazine/2002/07/22/the-talent-myth

Gleich, M. (2016). Smart Working – Fallstudie UniCredit Bank AG. In M. Klaffke (Hrsg.), *Arbeitsplatz der Zukunft: Gestaltungsansätze und Good-Practice-Beispiele* (S. 207–229). Springer Gabler. https://doi.org/10.1007/978-3-658-12606-3_10

Goleman, D. (2000, März). *Emotional Intelligence. Leadership That Gets Results.* Harvard Business Review. https://hbr.org/2000/03/leadership-that-gets-results

Gomez, P. & Lambertz, M. (2023). *Leading by Weak Signals: Using Small Data to Master Complexity.* De Gruyter. https://doi.org/10.1515/9783110797886

Gordon, T. (2005). *Managerkonferenz: Effektives Führungstraining* (aktual. Neuausgabe Edition). Heyne.

Graf, A. (2012). *Selbstmanagement-Kompetenz in Unternehmen nachhaltig sichern: Leistung, Wohlbefinden und Balance als Herausforderung.* Springer Gabler. https://doi.org/10.1007/978-3-8349-7150-0

Graf, N. & Edelkraut, F. (2017). *Mentoring: Das Praxisbuch für Personalverantwortliche und Unternehmer* (2., aktual. u. erw. Aufl.). Springer Gabler. https://doi.org/10.1007/978-3-658-15109-6

Graf, N. & Edelkraut, F. (2021). Wo bitte geht's zur Personalentwicklung? Die Rolle der PE neu gedacht (Ein Gastbeitrag von N. Graf und F. Edelkraut). In J. Foelsing & A. Schmitz, *New Work braucht New Learning. Eine Perspektivreise durch die Transformation unserer Organisations- und Lernwelten* (S. 231–244). Springer Gabler. https://doi.org/10.1007/978-3-658-32758-3_8

Gragnano, A., Simbula, S. & Miglioretti, M. (2020). Work–Life Balance: Weighing the Importance of Work–Family and Work–Health Balance. *International Journal Of Environmental Research And Public Health, 17*(3), 907. https://doi.org/10.3390/ijerph17030907

Greenhaus, J. H., Collins, K. M. & Shaw, J. D. (2003). The relation between work–family balance and quality of life. *Journal Of Vocational Behavior, 63*(3), 510–531. https://doi.org/10.1016/s0001-8791(02)00042-8

Greif, S. & Jonas, E. (2021). Evaluation von Coaching-Prozessen und -Ergebnissen. In C. Rauen (Hrsg.), *Handbuch Coaching* (4., vollst. überarb. u. erw. Aufl., S. 347–372). Hogrefe.

Große Kracht, K. (2019). Michel Foucault: Analytik der Macht (1977–1984). In C. Gärtner & G. Pickel (Hrsg.), *Schlüsselwerke der Religionssoziologie* (S. 335–341). Springer VS. https://doi.org/10.1007/978-3-658-15250-5_38

Gubbins, C., Garavan, T. N. & Bennett, E. E. (2023). Digital Learning: A Bright New Dawn for Learning and Development. In T. Lynn, P. Rosati, E. Conway & L. Van der Werff (Hrsg.), *The Future of Work. Challenges and Prospects for Organisations, Jobs and Workers* (S. 127–149). Palgrave Macmillan. https://doi.org/10.1007/978-3-031-31494-0_9

Gudergan, G., Hoeborn, G., Götzen, R. & Wieninger, S. (2022). Digital Leadership – Paradigmenwechsel in der Führungskultur. In G. Schuh, V. Zeller & V. Stich (Hrsg.), *Digitalisierungs- und Informationsmanagement. Handbuch Produktion und Management 9* (S. 39–58). Springer Vieweg. https://doi.org/10.1007/978-3-662-63758-6_4

Gutting, D. (2016). *Interkulturelles Management, Diversity und internationale Kooperation*. Kiehl.

Habermas, J. (1992). *Erläuterungen zur Diskursethik* (2. Auflage). Suhrkamp.

Hackl, B., Wagner, M., Attmer, L. & Baumann, D. (2017). *New Work: Auf dem Weg zur neuen Arbeitswelt: Management-Impulse, Praxisbeispiele, Studien*. Springer Gabler. https://doi.org/10.1007/978-3-658-16266-5

Hägerbäumer, M. (2017). *Risikofaktor Präsentismus: Hintergründe und Auswirkungen des Arbeitens trotz Krankheit*. Springer. https://doi.org/10.1007/978-3-658-17457-6

Hahn, H.-W. (2011). *Die Industrielle Revolution in Deutschland*. Oldenbourg Wissenschaftsverlag. https://doi.org/10.1524/9783486702491

Hammermann, A. (2019). Mobile Arbeit. In J. Rump & S. Eilers (Hrsg.), *Arbeitszeitpolitik: Zielkonflikte in der betrieblichen Arbeitszeitgestaltung lösen* (S. 83–95). Springer Gabler. https://doi.org/10.1007/978-3-662-57475-1_5

Hanappi-Egger, E. (2012). Diversitätsmanagement und CSR. In A. Schneider & R. Schmidpeter (Hrsg.), *Corporate Social Responsibility. Verantwortungsvolle Unternehmensführung in Theorie und Praxis* (S. 177–189). Springer. https://doi.org/10.1007/978-3-642-25399-7_12

Hans-Böckler-Stiftung (HBS). (2023, 17. März). *Studien zu Homeoffice und mobiler Arbeit*. Hans-Böckler-Stiftung. https://www.boeckler.de/de/auf-einen-blick-17945-Auf-einen-Blick-Studien-zu-Homeoffice-und-mobiler-Arbeit-28040.htm

Hardwig, T. & Weißmann, M. (2021). Das Arbeiten mit Kollaborationsplattformen – neue Anforderungen an die Arbeitsgestaltung und interessenpolitische Regulierung. In S. Mütze-Niewöhner, W. Hacker, T. Hardwig, S. Kauffeld, E. Latniak, M. Nicklich & U. Pietrzyk (Hrsg.), *Projekt- und Teamarbeit in der digitalisierten Arbeitswelt. Herausforderungen, Strategien und Empfehlungen* (S. 203–224). Springer Vieweg. https://doi.org/10.1007/978-3-662-62231-5_10

Harlacher, M., Nitsch, V. & Mütze-Niewöhner, S. (2021). Komplexität im Projektmanagement. In S. Mütze-Niewöhner, W. Hacker, T. Hardwig, S. Kauffeld, E. Latniak, M. Nicklich & U. Pietrzyk (Hrsg.), *Projekt- und Teamarbeit in der digitalisierten Arbeitswelt. Herausforderungen, Strategien und Empfehlungen* (S. 55–73). Springer Vieweg. https://doi.org/10.1007/978-3-662-62231-5_3

Harvard Business School Admissions Staff. (2020, 8. Mai). Building a World of Trusted Leaders: Taking the MBA Oath. *MBA Voices*. https://www.hbs.edu/mba/blog/post/trusted-leadership-in-2020-taking-the-mba-oath

Hasselmann, O. & Schauerte, B. (2023). Organisationale Resilienz als Handlungsfeld eines erweiterten betrieblichen Gesundheitsmanagements – den Unternehmenserfolg nachhaltig gestalten. In B. Badura, A. Ducki, J. Baumgardt, M. Meyer & H. Schröder (Hrsg.), *Fehlzeiten-Report 2023. Zeitenwende – Arbeit gesund gestalten* (S. 193–205). Springer. https://doi.org/10.1007/978-3-662-67514-4_12

Hauser, F., Schulte-Deußen, K. & Langer, D. (2016). Büro als Treiber von Arbeitgeber-Attraktivität und Mitarbeiter-Engagement. In M. Klaffke (Hrsg.), *Arbeitsplatz der Zukunft: Gestaltungsansätze und Good-Practice-Beispiele* (S. 57–79). Springer Gabler. https://doi.org/10.1007/978-3-658-12606-3_3

Hays & Go1 (Hrsg.). (2022). *Learning Mindset Report 2022: Die großen Unterschiede beim Lernen*. https://www.hays.de/personaldienstleistung-aktuell/studie/learning-mindset-report-2022

Heidt, L. (2023). Discussion Paper: Remote Work Konzepte - Definition und mögliche Klassifizierung. In A. Pfnür (Hrsg.), *Arbeitspapiere zur immobilienwirtschaftlichen Forschung und Praxis* (Bd. 51). Technische Universität Darmstadt. https://www.real-estate.bwl.tu-darmstadt.de/media/bwl9/dateien/arbeitspapiere/Arbeitspapier_51_Remote_Work_und_New_Work_Konzepte.pdf

Hellert, U. (2022). *Arbeitszeitmodelle der Zukunft: Arbeitszeiten flexibel und attraktiv gestalten* (3. Aufl.). Haufe. https://doi.org/10.34157/9783648158395

Hellert, U., Müller, F. & Mander, R. (2019). Zeitkompetenz, Vertrauen und Prozessfeedback im Virtual Work Resource Model. In B. Hermeier, T. Heupel & S. Fichtner-Rosada (Hrsg.), *Arbeitswelten der Zukunft. Wie die Digitalisierung unsere Arbeitsplätze und Arbeitsweisen verändert* (S. 145–161). Springer Gabler. https://doi.org/10.1007/978-3-658-23397-6_9

Helmold, M. (2022). *Leadership: Agile, virtuelle und globale Führungskonzepte in Zeiten von neuen Megatrends*. Springer Gabler. https://doi.org/10.1007/978-3-658-36364-2

Helmold, M., Dathe, T. & Hummel, F. (2019). *Erfolgreiche Verhandlungen: Best-in-Class Empfehlungen für den Verhandlungsdurchbruch*. Springer Gabler. https://doi.org/10.1007/978-3-658-23969-5

Helmrich, R. & Leppelmeier, I. (2020). *Sinkt die Halbwertszeit von Wissen?: Theoretische Annahmen und empirische Befunde*. (Bundesinstitut für Berufsbildung, Hrsg.). BIBB - Direktvertrieb.

Hemel, U. (2022). Sinnschöpfung und Wertschöpfung – Über die Zukunftsfähigkeit werteorientierter Unternehmen. In J. Drumm & S. Oeben (Hrsg.), *CSR und Kirche: Die unternehmerische Verantwortung der Kirchen für die ökologisch-soziale Zukunftsgestaltung* (S. 173–185). Springer Gabler. https://doi.org/10.1007/978-3-662-64419-5_15

Henkel AG & Co. KGaA. (2024, 17. Januar). *Globales Programm für mehr Gleichberechtigung in der Kinderbetreuung. Henkel führt acht Wochen voll-vergütete Elternzeit für alle Mitarbeitenden weltweit ein* [Pressemeldung]. https://www.henkel.de/presse-und-medien/presseinformationen-und-pressemappen/2024-01-17-henkel-fuehrt-acht-wochen-voll-verguetete-elternzeit-fuer-alle-mitarbeitenden-weltweit-ein-1919374

Henley Business School (Hrsg.). (2022). *The four-day week: The pandemic and the evolution of flexible working*. https://assets.henley.ac.uk/v3/fileUploads/Four-day-week-white-paper-FINAL.pdf

Hennerfeind, P., Hennerfeind, B. & Swoboda, R. (2020). *Soziale Aspekte der Führung*. Springer Gabler. https://doi.org/10.1007/978-3-658-29510-3

Hernandez Bark, A. S. & Pundt, L. (2023). Frauen in Führungspositionen. In J. Felfe & R. Van Dick (Hrsg.), *Handbuch Mitarbeiterführung. Wirtschaftspsychologisches Praxiswissen für Fach- und Führungskräfte* (2., überarb. u. erw. Aufl., S. 311–325). Springer. https://doi.org/10.1007/978-3-662-68185-5_23

Herrmann, B. (2014). Du kannst nicht nicht wirken: Wie Sie sich bewusst machen, was Sie im Team und bei Geschäftspartnern auslösen. In P. Buchenau (Hrsg.), *Chefsache Prävention I: Wie Prävention zum unternehmerischen Erfolgsfaktor wird* (S. 105–122). Springer Gabler. https://doi.org/10.1007/978-3-658-03612-6_6

Herrmann, D., Hüneke, K. & Rohrberg, A. (2012). *Führung auf Distanz: Mit virtuellen Teams zum Erfolg* (2., überarb. Aufl.). Gabler. https://doi.org/10.1007/978-3-8349-3711-7

Hesse, G., Mayer, K., Rose, N. & Fellinger, C. (2019). Herausforderungen für das Employer Branding und deren Kompetenzen. In G. Hesse & R. Mattmüller (Hrsg.), *Perspektivwechsel im Employer Branding. Neue Ansätze für die Generationen Y und Z* (2., aktual. u. erw. Aufl., S. 55–104). Springer Gabler. https://doi.org/10.1007/978-3-658-26208-2_3

Hesseler, M. (2022). *Human Resource Management 4.0: Kluge Personalentscheidungen für die neue Arbeitswelt.* UVK Verlag. https://doi.org/10.24053/9783739880136

Heyna, P. & Fittkau, K.-H. (2021). *Transformationale Führung kompakt: Genese, Theorie, Empirie, Kritik.* Springer Gabler. https://doi.org/10.1007/978-3-658-33421-5

Hillberg, K. (2020). *Projektmanagement im Einkauf: Praxisleitfaden mit Checklisten und Beispielen* (2., aktual. u. erw. Aufl.). Springer Gabler. https://doi.org/10.1007/978-3-658-31310-4

Hilmer, H. (2023a). *Motive, Motivation und Ziele im Personal Performance Management: Grundlagen der persönlichen Leistungssteuerung.* Springer Gabler. https://doi.org/10.1007/978-3-662-67844-2

Hilmer, H. (2023b). *Willenskraft und Gewohnheiten im Personal Performance Management: So bleiben Sie auf Ihre Ziele fokussiert.* Springer Gabler. https://doi.org/10.1007/978-3-662-67846-6

Hinterhuber, H. H. (1977). *Strategische Unternehmungsführung.* De Gruyter.

Hofert, S. (2018). *Agiler führen: Einfache Maßnahmen für bessere Teamarbeit, mehr Leistung und höhere Kreativität* (2., aktual. Aufl.). Springer Gabler. https://doi.org/10.1007/978-3-658-18561-9

Hofert, S. (2021). *Agiler führen: Einfache Maßnahmen für bessere Teamarbeit, mehr Leistung und höhere Kreativität* (3., aktual. Aufl.). Springer Gabler. https://doi.org/10.1007/978-3-658-33910-4

Hoff, A. (2021). *Gestaltung betrieblicher Arbeitszeitsysteme: Ein Überblick für die Praxis* (2., gründl. durchges. Aufl.). Springer Gabler. https://doi.org/10.1007/978-3-658-33751-3

Hoffmann, C. & Pfister, A. (2019). Führen mit Zielen. In E. Lippmann, A. Pfister & U. Jörg (Hrsg.), *Handbuch Angewandte Psychologie für Führungskräfte: Führungskompetenz und Führungswissen* (5., vollst. überarb. Aufl., S. 675–724). Springer. https://doi.org/10.1007/978-3-662-55810-2_15

Hoffmann, J. (2022). Visionsentwicklung. In G. Schuh, V. Zeller & V. Stich (Hrsg.), *Digitalisierungs- und Informationsmanagement. Handbuch Produktion und Management 9* (S. 59–79). Springer Vieweg. https://doi.org/10.1007/978-3-662-63758-6_5

Höfler, H., Bodingbauer, D., Dolleschall, H. & Schwarenthorer, F. (2018). *Abenteuer Change Management: Handfeste Tipps aus der Praxis für alle, die etwas bewegen wollen* (6., überarb. u. aktual. Aufl.). Frankfurter Allgemeine Buch.

Hofmann, J., Piele, A. & Piele, C. (2023). *Mobile Arbeit – Sozialpartnerstudie 2023: Ergebnisse der Befragung von Beschäftigten, Betriebsräten und HR-Verantwortlichen der chemisch-pharmazeutischen Industrie* (O. Riedel, K. Hölzle, W. Bauer & S. Rief, Hrsg.). Fraunhofer IAO. https://doi.org/10.24406/publica-2105

Holtbrügge, D. (2022). *Personalmanagement* (8., überarb., aktual. u. erw. Aufl.). Springer Gabler. https://doi.org/10.1007/978-3-662-65742-3

Holzmann, R. (2019). *Wirtschaftsethik* (2., neue u. aktual. Aufl.). Springer Gabler. https://doi.org/10.1007/978-3-658-23460-7

Hübschen, T. (2018). Zukunft des Büros – Büro der Zukunft. In H. R. Fortmann & B. Kolocek (Hrsg.), *Arbeitswelt der Zukunft: Trends – Arbeitsraum – Menschen – Kompetenzen* (S. 67–82). Springer Gabler. https://doi.org/10.1007/978-3-658-20969-8_5

IAB Institut für Arbeitsmarkt- und Berufsforschung. (2023, 13. März). *Durchschnittliche jährliche Arbeitszeit pro Erwerbstätigen (Voll- und Teilzeit) in Deutschland von 2001 bis 2022.* Statista. https://de.statista.com/statistik/daten/studie/4047/umfrage/entwicklung-der-jaehrlichen-arbeitszeit-pro-erwerbstaetigen/

IAB Institut für Arbeitsmarkt- und Berufsforschung (Hrsg.). (2024a). *IAB-Stellenerhebung.* IAB Institut für Arbeitsmarkt- und Berufsforschung. Abgerufen am 6. Juli 2024, von https://iab.de/das-iab/befragungen/iab-stellenerhebung/

IAB Institut für Arbeitsmarkt- und Berufsforschung (Hrsg.). (2024b). *Job-Futuromat.: Werden digitale Technologien Ihren Job verändern?* Job-Futuromat. Abgerufen am 6. Juli 2024, von https://job-futuromat.iab.de/

ifaa - Institut für angewandte Arbeitswissenschaft (Hrsg.). (2022). Hype um die 4-Tage-Woche: Eine realistische Betrachtung. In *Ifaa - Institut für Angewandte Arbeitswissenschaft E. V.* https://www.arbeits wissenschaft.net/fileadmin/Bilder/Angebote_und_Produkte/Zahlen_Daten_Fakten/Factsheet_Vier-Tage-Woche_Web.pdf

IFBG – Institut für Betriebliche Gesundheitsberatung (Hrsg.). (2023). #whatsnext – Gesund arbeiten in der hybriden Arbeitswelt. In *IFBG – Institut für Betriebliche Gesundheitsberatung.* https://www.tk.de/resource/blob/2145756/3005523ae7a54b38cbdd7445021cdb11/studie--whatsnext-2023-data.pdf

Ilter, Y., Barth-Farkas, F. & Ringeisen, T. (2023). Digitale Führungskommunikation und organisationale Bindung von Beschäftigten im Homeoffice. *Gruppe. Interaktion. Organisation. Zeitschrift für Angewandte Organisationspsychologie (GIO), 54*(2), 259–271. https://doi.org/10.1007/s11612-023-00676-7

Immerschitt, W. & Stumpf, M. (2019). *Employer Branding für KMU: Der Mittelstand als attraktiver Arbeitgeber* (2., überarb. u. erg. Aufl.). Springer Gabler. https://doi.org/10.1007/978-3-658-23133-0

Immerschitt, W. & Stumpf, M. (2022). *Neue Herausforderungen im Employer Branding: Wie Digitalisierung und Homeoffice den Aufbau von Arbeitgebermarken verändert haben.* Springer Gabler. https://doi.org/10.1007/978-3-658-39464-6

International Labour Organization (ILO) (Hrsg.). (2022). *Working Time and Work-Life Balance Around the World.* https://www.ilo.org/wcmsp5/groups/public/---ed_protect/---protrav/---travail/documents/publi cation/wcms_864222.pdf

Jaeger, C. (2014). Arbeitszeiten alternsgerecht gestalten. *Betriebspraxis & Arbeitsforschung: Zeitschrift für Angewandte Arbeitswissenschaft, 220*, 32–37. https://www.google.com/url?sa=t&rct=j&q=&esrc=s&source=web&cd=&cad=rja&uact=8&ved=2ahUKEwig3Ma-1oyCAxUX_7sIHTeBA8IQFnoECBEQAQ&url=https%3A%2F%2Fwww.arbeitswissenschaft.net%2Ffileadmin%2FBilder%2FAngebote_und_Produkte%2FPublikationen%2FZeitschriften_B_und_A%2F2014_2_220_low.pdf&usg=AOvVaw3cOHA8GWqaDZ5g6R70DM6D&opi=89978449

Jaeger, C., Altun, U., Glaser, S., Lawonn, C. & Matthes, A. (2017). *Arbeitszeit im Wandel* (Gesamtmetall Gesamtverband der Arbeitgeberverbände der Metall- und Elektro-Industrie e. V. & ifaa - Institut für angewandte Arbeitswissenschaft e. V., Hrsg.). https://www.unternehmerverband.org/fileadmin/con tent/unternehmerverband/04_aktuelles/beamer/Arbeitswirtschaft/Anlage_1_2017__Brosch%C3%BCre_Arbeitszeit_im_Wandel.pdf

Jäger Fontana, A. (2022). Teams entwickeln. In S. Kaudela-Baum, S. Meldau & M. Brasser (Hrsg.), *Leadership und People Management: Führung und Kollaboration in Zeiten der Digitalisierung und Transformation* (S. 337–350). Springer Gabler. https://doi.org/10.1007/978-3-658-35521-0_22

Jansen, L. J., Diercks, J. & Kupka, K. (2023). *Recruitainment: Gamification in Employer Branding, Personalmarketing und Personalauswahl* (2. Aufl.). Springer Gabler. https://doi.org/10.1007/978-3-658-38749-5

Jansen-Preilowski, V. V., Paruzel, A. & Maier, G. W. (2020). Arbeitszeitgestaltung in der digitalisierten Arbeitswelt: Ein systematisches Literatur Review zur Wirkung von Arbeitszeitverkürzung in Bezug auf die psychische Gesundheit. *Gruppe. Interaktion. Organisation. Zeitschrift für Angewandte Organisationspsychologie (GIO), 51*, 331–343. https://doi.org/10.1007/s11612-020-00530-0

Jánszky, S. G. (2018). Arbeitswelten 2040 – Nehmen uns Computer die Arbeit weg? In H. R. Fortmann & B. Kolocek (Hrsg.), *Arbeitswelt der Zukunft. Trends – Arbeitsraum – Menschen – Kompetenzen* (S. 15–26). Springer Gabler. https://doi.org/10.1007/978-3-658-20969-8_2

Johansen, B. (2012). *Leaders Make the Future: Ten New Leadership Skills for an Uncertain World* (2nd ed., revised and expanded). McGraw-Hill Higher Education.

Jonassen, M., Chlopczik, A., Lippmann, E. & Beutter, C. (2019). Gestaltung der Beziehung zu einzelnen Mitarbeitenden. In E. Lippmann, A. Pfister & U. Jörg (Hrsg.), *Handbuch Angewandte Psychologie für*

Führungskräfte: Führungskompetenz und Führungswissen (5., vollst. überarb. Aufl., S. 325–391). Springer. https://doi.org/10.1007/978-3-662-55810-2_9

Jones, G. (2023). *Deeply Responsible Business: A Global History of Values-Driven Leadership.* Harvard University Press.

Jöns, I. (2018). Feedbackprozesse in Organisationen: Psychologische Grundmodelle und Forschungsbefunde. In I. Jöns & W. Bungard (Hrsg.), *Feedbackinstrumente im Unternehmen. Grundlagen, Gestaltungshinweise, Erfahrungsberichte* (2., aktual. u. erw. Aufl., S. 29–48). Springer Gabler. https://doi.org/10.1007/978-3-658-20759-5_2

Jörg, U. & Steiger, T. (2019a). Leistung und Verhalten beeinflussen. In E. Lippmann, A. Pfister & U. Jörg (Hrsg.), *Handbuch Angewandte Psychologie für Führungskräfte: Führungskompetenz und Führungswissen* (5., vollst. überarb. Aufl., S. 157–166). Springer. https://doi.org/10.1007/978-3-662-55810-2_6

Jörg, U. & Steiger, T. (2019b). Organisationsverständnis und dessen Einfluss. In E. Lippmann, A. Pfister & U. Jörg (Hrsg.), *Handbuch Angewandte Psychologie für Führungskräfte: Führungskompetenz und Führungswissen* (5., vollst. überarb. Aufl., S. 19–38). Springer. https://doi.org/10.1007/978-3-662-55810-2_2

Jung, H. (2016). *Allgemeine Betriebswirtschaftslehre* (13., aktual. Aufl.). De Gruyter. https://doi.org/10.1515/9783486989434

Jung, H. (2017). *Personalwirtschaft* (10., aktual. Aufl.). De Gruyter. https://doi.org/10.1515/9783110493092

Jungmann, F. & Wegge, J. (2023). Führung von altersgemischten Arbeitsgruppen. In J. Felfe & R. Van Dick (Hrsg.), *Handbuch Mitarbeiterführung. Wirtschaftspsychologisches Praxiswissen für Fach- und Führungskräfte* (2., überarb. u. erw. Aufl., S. 327–342). Springer. https://doi.org/10.1007/978-3-662-68185-5_40

Jürgens, K., Hoffmann, R. & Schildmann, C. (2017). *Arbeit transformieren!: Denkanstöße der Kommission »Arbeit der Zukunft«.* transcript Verlag. https://doi.org/10.14361/9783839440520

Kaduk, A., Genadek, K., Kelly, E. L. & Moen, P. (2019). Involuntary vs. voluntary flexible work: insights for scholars and stakeholders. *Community, Work & Family, 22*(4), 412–442. https://doi.org/10.1080/13668803.2019.1616532

Kaminski, M. (2013). *Betriebliches Gesundheitsmanagement für die Praxis: Ein Leitfaden zur systematischen Umsetzung der DIN SPEC 91020.* Springer Gabler. https://doi.org/10.1007/978-3-658-01274-8

Kanatouri, S. (2021). Digitales Coaching. In C. Rauen (Hrsg.), *Handbuch Coaching* (4., vollst. überarb. u. erw. Aufl., S. 131–162). Hogrefe.

Kars-Ünlüoğlu, S., Jarvis, C. & Gaggiotti, H. (2024). *Unleadership: The Remarkable Power of Unremarkable Acts.* De Gruyter. https://doi.org/10.1515/9783110767353

Kaudela-Baum, S. (2022). Organisationen als Lernsysteme gestalten. In S. Kaudela-Baum, S. Meldau & M. Brasser (Hrsg.), *Leadership und People Management: Führung und Kollaboration in Zeiten der Digitalisierung und Transformation* (S. 439–452). Springer Gabler. https://doi.org/10.1007/978-3-658-35521-0_29

Kaudela-Baum, S. & Altherr, M. (2020). Freiheiten bewusst organisieren – oder: Wie führe ich eine Organisation in die Selbstorganisation? Ansatzpunkte autonomiefördernder Führung. In O. Geramanis & S. Hutmacher (Hrsg.), *Der Mensch in der Selbstorganisation. Kooperationskonzepte für eine dynamische Arbeitswelt* (S. 125–141). Springer Gabler. https://doi.org/10.1007/978-3-658-27048-3_8

Keller, C. & Knafla, I. (2019). Selbstführung als zentrale Kompetenz in digitalen und flexiblen Arbeitswelten: Evidenzbasierte Strategien der Selbstregulation für Führungskräfte und Mitarbeitende. In C. Negri (Hrsg.), *Führen in der Arbeitswelt 4.0: Der Mensch im Unternehmen. Impulse für Fach- und Führungskräfte* (S. 137–151). Springer. https://doi.org/10.1007/978-3-662-58411-8_11

Kels, P. (2022). Psychologische Verträge gestalten. In S. Kaudela-Baum, S. Meldau & M. Brasser (Hrsg.), *Leadership und People Management: Führung und Kollaboration in Zeiten der Digitalisierung und Transformation* (S. 161–172). Springer Gabler. https://doi.org/10.1007/978-3-658-35521-0_11

Kernen, H., Meier, G., Negri, C. & Gundrum, E. (2019). Führung der eigenen Person. In E. Lippmann, A. Pfister & U. Jörg (Hrsg.), *Handbuch Angewandte Psychologie für Führungskräfte: Führungskompetenz und Führungswissen* (5., vollst. überarb. Aufl., S. 167–238). Springer. https://doi.org/10.1007/978-3-662-55810-2_7

Kiel, V. (2019). Führen in Zeiten des Wandels. In E. Lippmann, A. Pfister & U. Jörg (Hrsg.), *Handbuch Angewandte Psychologie für Führungskräfte. Führungskompetenz und Führungswissen* (5., vollst. überarb. Aufl., S. 809–884). Springer. https://doi.org/10.1007/978-3-662-55810-2_18

Kitterle, C. (2016). evolution@work – Fallstudie Swiss Re Deutschland AG. In M. Klaffke (Hrsg.), *Arbeitsplatz der Zukunft: Gestaltungsansätze und Good-Practice-Beispiele* (S. 191–206). https://doi.org/10.1007/978-3-658-12606-3_9

Klaffke, M. (2016). Erfolgsfaktor Büro – Trends und Gestaltungsansätze neuer Büro- und Arbeitswelten. In M. Klaffke (Hrsg.), *Arbeitsplatz der Zukunft: Gestaltungsansätze und Good-Practice-Beispiele* (S. 1–27). Springer Gabler. https://doi.org/10.1007/978-3-658-12606-3_1

Klaffke, M. (2019). *Gestaltung agiler Arbeitswelten: Innovative Bürokonzepte für das Arbeiten in digitalen Zeiten*. Springer Gabler. https://doi.org/10.1007/978-3-658-24864-2

Klaffke, M. (2022). New Work – Generationenorientierte Gestaltung von Arbeits- und Bürowelten. In M. Klaffke (Hrsg.), *Generationen-Management. Konzepte, Instrumente, Good-Practice-Ansätze* (3., überarb. u. aktual. Aufl., S. 267–293). Springer Gabler. https://doi.org/10.1007/978-3-658-38649-8_9

Klaffke, M. & Oppitz, J. (2016). Change Management – Mobilisierung der Organisation für neue Bürowelten. In M. Klaffke (Hrsg.), *Arbeitsplatz der Zukunft: Gestaltungsansätze und Good-Practice-Beispiele* (S. 169–188). Springer Gabler. https://doi.org/10.1007/978-3-658-12606-3_8

Klanke, C., Müller, K. & Schmitt, L. (2018). 360°-Feedback in der Stadtverwaltung Mannheim. In I. Jöns & W. Bungard (Hrsg.), *Feedbackinstrumente im Unternehmen. Grundlagen, Gestaltungshinweise, Erfahrungsberichte* (2., aktual. u. erw. Aufl., S. 361–373). Springer Gabler. https://doi.org/10.1007/978-3-658-20759-5_20

Kleb, I. & Talaulicar, T. (2022). Stakeholder-Management. In M. S. Aßländer (Hrsg.), *Handbuch Wirtschaftsethik* (2., aktual. u. erw. Aufl., S. 491–500). J.B. Metzler. https://doi.org/10.1007/978-3-476-05806-5_47

Kohlert, C. (2016). Büro-Flächen-Gestaltung – Trends und Ansätze. In M. Klaffke (Hrsg.), *Arbeitsplatz der Zukunft: Gestaltungsansätze und Good-Practice-Beispiele* (S. 119–139). Springer Gabler. https://doi.org/10.1007/978-3-658-12606-3_6

Kohlhaas, S. E. (2022). *Die neue Kunst des Leitens: Wie Menschen sich entfalten können. Top-Down war gestern*. Herder.

Könecke, T. (2018). *Das Modell der personenbezogenen Kommunikation und Rezeption: Beeinflussung durch Stars, Prominente, Helden und andere Deutungsmuster*. Springer Gabler. https://doi.org/10.1007/978-3-658-19194-8

Köppen, E. (2015). Empathie im Unternehmen: Regime und Refugium. In J. Kleres & Y. Albrecht (Hrsg.), *Die Ambivalenz der Gefühle. Über die verbindende und widersprüchliche Sozialität von Emotionen* (S. 101–123). Springer VS. https://doi.org/10.1007/978-3-658-01654-8_6

Kotte, S. (2021). Wirksamkeit von Coaching. In C. Rauen (Hrsg.), *Handbuch Coaching* (4., vollst. überarb. u. erw. Aufl., S. 277–290). Hogrefe.

Krause, A., Baeriswyl, S., Berset, M., Deci, N., Dettmers, J., Dorsemagen, C., Meier, W., Schraner, S., Stetter, B. & Straub, L. (2014). Selbstgefährdung als Indikator für Mängel bei der Gestaltung mobil-flexibler Arbeit. *Wirtschaftspsychologie, 4*, 49–59. https://www.researchgate.net/publication/326250391

Kraus-Wildegger, M. (2021). *Feelgood Management: Mit Wertschätzung und Menschlichkeit erfolgreich in die Arbeitswelt von morgen* (2. Aufl.). Metropolitan.

Kremmel, D. & Von Walter, B. (2021). Employer Branding. In S. Einwiller, S. Sackmann & A. Zerfaß (Hrsg.), *Handbuch Mitarbeiterkommunikation. Interne Kommunikation in Unternehmen* (S. 503–522). Springer Gabler. https://doi.org/10.1007/978-3-658-23152-1_29

Krick, A., Felfe, J. & Schübbe, K. (2023). Führung im Homeoffice: Herausforderungen und wichtige Kompetenzen. In Felfe & Van Dick (Hrsg.), *Handbuch Mitarbeiterführung. Wirtschaftspsychologisches Praxiswissen für Fach- und Führungskräfte* (2., überarb. u. erw. Aufl., S. 659–675). Springer. https://doi.org/10.1007/978-3-662-68185-5_51

Krings, F. & Kaufmann, M. C. (2016). Diversity Kompetenz trainieren. In P. Genkova & T. Ringeisen (Hrsg.), *Handbuch Diversity Kompetenz. Band 1: Perspektiven und Anwendungsfelder* (S. 337–349). Springer. https://doi.org/10.1007/978-3-658-08594-0_33

Krisor, S. M., Flasche, S. & Antonik, T. (2015). Aktuelle HR-Trends: Managing Diversity, demographischer Wandel und Wissensmanagement. In J. Rowold, *Human Resource Management. Lehrbuch für Bachelor und Master* (2., vollst. korr. u. verb. Aufl., S. 231–244). Springer Gabler. https://doi.org/10.1007/978-3-662-45983-6_21

Krisor, S. M. & Köster, G. M. (2016). Diversity Management – Definition, Konzept und Verständnis im Human Resource Management. In P. Genkova & T. Ringeisen (Hrsg.), *Handbuch Diversity Kompetenz. Band 1: Perspektiven und Anwendungsfelder* (S. 89–104). Springer. https://doi.org/10.1007/978-3-658-08594-0_68

Krisor, S. M., Rowold, J. & Block, C. (2015). Personalentwicklung. In J. Rowold, *Human Resource Management. Lehrbuch für Bachelor und Master* (2., vollst. korr. u. verb. Aufl., S. 173–185). Springer Gabler. https://doi.org/10.1007/978-3-662-45983-6_16

Kriz, J. (2021). Systemisches Coaching. In C. Rauen (Hrsg.), *Handbuch Coaching* (4., vollst. überarb. u. erw. Aufl., S. 401–416). Hogrefe.

Kudernatsch, D. (2022). *Toolbox Objectives and Key Results* (2., aktual. u. erw. Aufl.). Schäffer-Poeschel. https://doi.org/10.34156/978-3-7910-5565-7

Kühl, D. (2016). *Balanceorientierte Führung: Eine Modellableitung als zukünftiger Managementansatz*. Springer Gabler. https://doi.org/10.1007/978-3-658-14299-5

Künkel, P. & Grün, A. (2020). Warum Sinn und das Management von komplexen Veränderungsprozessen zusammengehören. Ein Beitrag zur ko-kreativen Zukunftsgestaltung. In O. Geramanis & S. Hutmacher (Hrsg.), *Der Mensch in der Selbstorganisation. uniscope. Publikationen der SGO Stiftung* (S. 143–160). Springer Gabler. https://doi.org/10.1007/978-3-658-27048-3_9

Kuster, J., Bachmann, C., Hubmann, M., Lippmann, R. & Schneider, P. (2022). *Handbuch Projektmanagement: Agil – Klassisch – Hybrid* (5., vollst. überarb. u. erw. Aufl.). Springer Gabler. https://doi.org/10.1007/978-3-662-65473-6

Laloux, F. (2017). *Reinventing Organizations visuell: Ein illustrierter Leitfaden sinnstiftender Formen der Zusammenarbeit*. Vahlen. https://doi.org/10.15358/9783800652860-1

Landes, M., Steiner, E., Wittmann, R. & Utz, T. (2020). *Führung von Mitarbeitenden im Home Office: Umgang mit dem Heimarbeitsplatz aus psychologischer und ökonomischer Perspektive*. Springer Gabler. https://doi.org/10.1007/978-3-658-30053-1

Lange, C. (2022). *OKR in der Praxis: Objectives & Key Results - Beispiele, Hacks, Erfahrungen*. Business Village.

Lange, J. (2019). *Feel Good Management – Anforderungen und Aufgabengebiete: Praxishandbuch mit Fallbeispielen*. Springer Gabler. https://doi.org/10.1007/978-3-662-58312-8

Latniak, E. & Schäfer, J. (2021). Belastungs- und Ressourcensituation operativer Führungskräfte bei virtueller Teamarbeit. Herausforderungen für die Gestaltung der Arbeit. In S. Mütze-Niewöhner, W. Hacker, T. Hardwig, S. Kauffeld, E. Latniak, M. Nicklich & U. Pietrzyk (Hrsg.), *Projekt- und Teamarbeit in der digitalisierten Arbeitswelt. Herausforderungen, Strategien und Empfehlungen* (S. 75–95). Springer Vieweg. https://doi.org/10.1007/978-3-662-62231-5_4

Lauer, T. (2021). *Change Management: Fundamentals and Success Factors*. https://doi.org/10.1007/978-3-662-62187-5

Lehmann, O. (2023, 17. April). Wellness kommt zuerst: Die „Hotelification" unserer Büros. *HR JOURNAL*. https://www.hrjournal.de/hotelification-unserer-bueros/#more-22527

Lenz, U. (2019). Coaching im Kontext der VUCA-Welt: Der Umbruch steht bevor. In J. Heller (Hrsg.), *Resilienz für die VUCA-Welt. Individuelle und organisationale Resilienz entwickeln* (S. 49–68). Springer. https://doi. org/10.1007/978-3-658-21044-1_4

Lewis, S. & Cooper, C. L. (2005). *Work-Life Integration: Case Studies of Organisational Change*. John Wiley & Sons. https://doi.org/10.1002/9780470713433

Lies, J. (2013). Wertschätzung und Wertschöpfung - Inkompatibel oder zwei Seiten einer Medaille? In J. Lies (Hrsg.), *Wertschätzendes Management: Theorie, Praxis und Beispiele zur Wertschätzung als Basis von Service und Innovation im Unternehmen Krankenhaus* (S. 8–25). LIT Verlag.

Lies, J. (2018, 14. Februar). *Wertschätzendes Management*. Gabler Wirtschaftslexikon. https://wirtschaftslexikon.gabler.de/definition/wertschaetzendes-management-53995/version-277054

Liesenfeld, B. (2007). *Leitbilder*. Ohne Verlag (interner Druck, Rohde & Liesenfeld).

Limongi-França, A. C., Barcauí, A. B., Mendes, P. B., Da Silva, R. R. & Nogueira, W. (2021). Innovation and Quality of the Work Life Management: Managers, Purpose of Life and Joy. In A. McMurray, N. Muenjohn & C. Weerakoon (Hrsg.), *The Palgrave Handbook of Workplace Innovation* (S. 427–443). Palgrave Macmillan. https://doi.org/10.1007/978-3-030-59916-4_23

Lippmann, E. (2019a). Beratung und Coaching im Einzel- und Gruppensetting. In E. Lippmann, A. Pfister & U. Jörg (Hrsg.), *Handbuch Angewandte Psychologie für Führungskräfte: Führungskompetenz und Führungswissen* (5., vollst. überarb. Aufl., S. 459–481). Springer. https://doi.org/10.1007/978-3-662-55810-2_11

Lippmann, E. (2019b). Identität in der Arbeitswelt 4.0. In C. Negri (Hrsg.), *Führen in der Arbeitswelt 4.0: Der Mensch im Unternehmen. Impulse für Fach- und Führungskräfte* (S. 95–107). Springer. https://doi.org/10.1007/978-3-662-58411-8

Lippmann, E. (2019c). Konfliktmanagement. In E. Lippmann, A. Pfister & U. Jörg (Hrsg.), *Handbuch Angewandte Psychologie für Führungskräfte. Führungskompetenz und Führungswissen* (5., vollst. überarb. Aufl., S. 763–808). Springer. https://doi.org/10.1007/978-3-662-55810-2_17

Lippmann, E. & Steiger, T. (2019). Das Rollenkonzept der Führung. In E. Lippmann, A. Pfister & U. Jörg (Hrsg.), *Handbuch Angewandte Psychologie für Führungskräfte: Führungskompetenz und Führungswissen* (5., vollst. überarb. Aufl., S. 75–93). Springer. https://doi.org/10.1007/978-3-662-55810-2_4

Lippold, D. (2021). *Personalführung im digitalen Wandel: Von den klassischen Führungsansätzen zu den New-Work-Konzepten*. De Gruyter. https://doi.org/10.1515/9783110752625

Lippold, D. (2023). *Modernes Personalmanagement: Personalmarketing im digitalen Wandel* (4., überarb. u. erw. Aufl.). De Gruyter. https://doi.org/10.1515/9783111331898

Lott, Y. & Windscheid, E. (2023). 4-Tage-Woche: Vorteile für Beschäftigte und betriebliche Voraussetzungen für verkürzte Arbeitszeiten. *Policy Brief WSI, 79*. https://www.boeckler.de/fpdf/HBS-008610/p_wsi_pb_79_2023.pdf

Lufthansa Group. (o. D.). *Interdisziplinäre Zusammenarbeit bei New Workspace (internes Arbeitspapier, ca. 2019)*.

Lufthansa Group. (2023). *Geschäftsbericht 2022: WE GROW. WE SHAPE. WE LEAD*. https://investor-relations.luft hansagroup.com/fileadmin/downloads/de/finanzberichte/geschaeftsberichte/LH-GB-2022-d.pdf

Luhmann, N. (2000). *Vertrauen: Ein Mechanismus der Reduktion sozialer Komplexität* (4. Aufl.). UTB.

Lynn, T., Rosati, P., Conway, E. & Van der Werff, L. (2023). Introducing the Future of Work: Key Trends, Concepts, Technologies and Avenues for Future Research. In T. Lynn, P. Rosati, E. Conway & L. Van der Werff (Hrsg.), *The Future of Work. Challenges and Prospects for Organisations, Jobs and Workers* (S. 1–20). Palgrave Macmillan. https://doi.org/10.1007/978-3-031-31494-0_1

Madauss, B.-J. (2020). *Projektmanagement: Theorie und Praxis aus einer Hand* (8. Aufl.). Springer Vieweg. https://doi.org/10.1007/978-3-662-59384-4

Maister, D. H., Green, C. H. & Galford, R. M. (2001). *The Trusted Advisor*. Free Press.

Malik, F. (2006). *Führen Leisten Leben: Wirksames Management für eine neue Welt* (2., überarb. Aufl.). Campus.

Manchen Spörri, S. & Gisin, L. (2022). Diversity-kompetent führen. In S. Kaudela-Baum, S. Meldau & M. Brasser (Hrsg.), *Leadership und People Management: Führung und Kollaboration in Zeiten der Digitalisierung und Transformation* (S. 207–222). Springer Gabler. https://doi.org/10.1007/978-3-658-35521-0_14

Marrold, L. (2018). Mit Holacracy auf dem Weg zur agilen Organisation. In H. R. Fortmann & B. Kolocek (Hrsg.), *Arbeitswelt der Zukunft. Trends – Arbeitsraum – Menschen – Kompetenzen* (S. 83–99). Springer Gabler. https://doi.org/10.1007/978-3-658-20969-8_6

Matusiewicz, D. (2019). Gesunde Arbeitswelt der Zukunft: Der Produktionsfaktor Mensch und seine digitale Gesundheit am Arbeitsplatz. In B. Hermeier, T. Heupel & S. Fichtner-Rosada (Hrsg.), *Arbeitswelten der Zukunft. Wie die Digitalisierung unsere Arbeitsplätze und Arbeitsweisen verändert* (S. 289–302). Springer Gabler. https://doi.org/10.1007/978-3-658-23397-6_16

Mauler, S., Ortner, H. & Pfeiffenberger, U. (2017). Medien und Glaubwürdigkeit, Objektivität und Vertrauen: Zur Einführung. In S. Mauler, H. Ortner & U. Pfeiffenberger (Hrsg.), *Medien und Glaubwürdigkeit: Interdisziplinäre Perspektiven auf neue Herausforderungen im medialen Diskurs* (S. 7–20). Innsbruck University Press. https://doi.org/10.25969/mediarep/724

Mayer-Tups, B. (2021). Internes Coaching. In C. Rauen (Hrsg.), *Handbuch Coaching* (4., vollst. überarb. u. erw. Aufl., S. 591–618). Hogrefe.

McCarthy, J., Bosak, J., Cleveland, J. N. & Parry, E. (2023). Diversity and Inclusion. In T. Lynn, P. Rosati, E. Conway & L. Van der Werff (Hrsg.), *The Future of Work. Challenges and Prospects for Organisations, Jobs and Workers* (S. 97–109). Palgrave Macmillan. https://doi.org/10.1007/978-3-031-31494-0_7

McGuire, D. & Germain, M.-L. (Hrsg.). (2023). *Leadership in a Post-COVID Pandemic World* [De Gruyter]. https://doi.org/10.1515/9783110799101

McQuade, A. (2022). *Ethical Leadership: Moral Decision-making under Pressure*. De Gruyter. https://doi.org/10.1515/9783110745849

Meckenstock, G. (1997). *Wirtschaftsethik*. De Gruyter. https://doi.org/10.1515/9783110805437

Meldau, S. (2022). Burnout erkennen und vorbeugen. In S. Kaudela-Baum, S. Meldau & M. Brasser (Hrsg.), *Leadership und People Management: Führung und Kollaboration in Zeiten der Digitalisierung und Transformation* (S. 63–79). Springer Gabler. https://doi.org/10.1007/978-3-658-35521-0_4

Menning, A., Ewald, B., Nicolai, C. & Weinberg, U. (2020). Team Creativity Between Local Disruption and Global Integration. In C. Meinel & L. Leifer (Hrsg.), *Design Thinking Research. Investigating Design Team Performance* (S. 133–142). Springer. https://doi.org/10.1007/978-3-030-28960-7_8

Meyer, H. & Reher, H.-J. (2020). *Projektmanagement: Von der Definition über die Projektplanung zum erfolgreichen Abschluss* (2., überarb. Aufl.). Springer Gabler. https://doi.org/10.1007/978-3-658-28763-4

Meyer, P. & Gölzner, H. (2018). Die Relevanz von emotionaler Intelligenz für den Erfolg von Organisationen – der Blick in die Gegenwart, Vergangenheit und Zukunft. In H. Gölzner & P. Meyer (Hrsg.), *Emotionale Intelligenz in Organisationen. Der Schlüssel zum Wissenstransfer von angewandter Forschung in die praktische Umsetzung* (S. 19–31). Springer VS. https://doi.org/10.1007/978-3-658-19127-6_1

Migge, B. (2018). *Handbuch Coaching und Beratung* (4., aktual. Aufl.). Beltz.

Mischke, J., Luby, R., Vickery, B., Woetzel, J., White, O., Sanghvi, A., Rhee, J., Fu, A., Palter, R., Dua, A. & Smit, S. (2023). Empty spaces and hybrid places: The pandemic's lasting impact on real estate. In *McKinsey Global Institute*. https://www.mckinsey.com/mgi/our-research/empty-spaces-and-hybrid-places#/

Mohe, M., Dorniok, D. & Kaiser, S. (2010). Auswirkungen von betrieblichen Work-Life Balance Maßnahmen auf Unternehmen: Stand der empirischen Forschung. *Zeitschrift für Management, 5*(2), 105–139. https://doi.org/10.1007/s12354-010-0121-1

Mohnen, A., Pokorny, K. & Sliwka, D. (2008). Transparency, Inequity Aversion, and the Dynamics of Peer Pressure in Teams: Theory and Evidence. *Journal Of Labor Economics, 26*(4), 693–720. https://doi.org/10.1086/591116

Mollet, L. S. & Kaudela-Baum, S. (2022). Agil führen. In S. Kaudela-Baum, S. Meldau & M. Brasser (Hrsg.), *Leadership und People Management: Führung und Kollaboration in Zeiten der Digitalisierung und Transformation* (S. 191–205). Springer Gabler. https://doi.org/10.1007/978-3-658-35521-0_13

Mourlane, D., Hollmann, D. & Trumpold, K. (2013). *Führung, Gesundheit & Resilienz* (Bertelsmann Stiftung, Hrsg.). https://www.bertelsmann-stiftung.de/fileadmin/files/user_upload/Fuehrung__Gesundheit__Re lienz_Studie.pdf

Müller, A. & Müller, A. (2019). Das Unternehmen ohne Hierarchie – Messung und Umsetzung. In B. Hermeier, T. Heupel & S. Fichtner-Rosada (Hrsg.), *Arbeitswelten der Zukunft. Wie die Digitalisierung unsere Arbeitsplätze und Arbeitsweisen verändert* (S. 459–476). Springer Gabler. https://doi.org/10.1007/978-3-658-23397-6_24

Müller, O. & Mumm, A. (2021). Coach-Auswahl in Unternehmen. In C. Rauen (Hrsg.), *Handbuch Coaching* (4., vollst. überarb. u. erw. Aufl., S. 577–590). Hogrefe.

Müller-Friemauth, F. & Kühn, R. (2019). New Work-Challenge – Die schöne neue Arbeitswelt aus zukunftsforscherischer Sicht. In B. Hermeier, T. Heupel & S. Fichtner-Rosada (Hrsg.), *Arbeitswelten der Zukunft. Wie die Digitalisierung unsere Arbeitsplätze und Arbeitsweisen verändert* (S. 391–412). Springer Gabler. https://doi.org/10.1007/978-3-658-23397-6_21

Myers, D. G. & DeWall, C. N. (2023). *Psychologie* (4., überarb. Aufl.). Springer. https://doi.org/10.1007/978-3-662-66765-1

Nachreiner, F., Arlinghaus, A. & Greubel, J. (2019). Variabilität der Arbeitszeit und Unfallrisiko. *Zeitschrift für Arbeitswissenschaft, 73*, 369–379. https://doi.org/10.1007/s41449-019-00172-z

Nasher, J. (2015). *Deal! Du gibst mir, was ich will!* (7. Aufl.). Goldmann.

Nelke, A. & Steffen, A. (2019). Visionen und Empowerment: Wie Employer Branding in der öffentlichen Verwaltung funktionieren kann. In B. Hermeier, T. Heupel & S. Fichtner-Rosada (Hrsg.), *Arbeitswelten der Zukunft. Wie die Digitalisierung unsere Arbeitsplätze und Arbeitsweisen verändert* (S. 517–539). Springer Gabler. https://doi.org/10.1007/978-3-658-23397-6_27

Nerdinger, F. W. (2018). Vorgesetztenbeurteilung. In I. Jöns & W. Bungard (Hrsg.), *Feedbackinstrumente im Unternehmen. Grundlagen, Gestaltungshinweise, Erfahrungsberichte* (2., aktual. u. erw. Aufl., S. 107–123). Springer Gabler. https://doi.org/10.1007/978-3-658-20759-5_5

Neumann, U. (2019a). Die Zürcher Teampyramide: Ein Leitfaden für die Entwicklung von produktiven, innovativen und anpassungsfähigen Teams. In C. Negri (Hrsg.), *Führen in der Arbeitswelt 4.0: Der Mensch im Unternehmen. Impulse für Fach- und Führungskräfte* (S. 17–32). Springer. https://doi.org/10.1007/978-3-662-58411-8_3

Neumann, U. (2019b). Projektmanagement. In E. Lippmann, A. Pfister & U. Jörg (Hrsg.), *Handbuch Angewandte Psychologie für Führungskräfte. Führungskompetenz und Führungswissen* (5., vollst. überarb. Aufl., S. 727–761). Springer. https://doi.org/10.1007/978-3-662-55810-2_16

Neumer, J. & Nicklich, M. (2021). Fluide Teams in agilen Kontexten – Grenzziehung und innere Strukturierung als Herausforderung für Selbstorganisation. In S. Mütze-Niewöhner, W. Hacker, T. Hardwig, S. Kauffeld, E. Latniak, M. Nicklich & U. Pietrzyk (Hrsg.), *Projekt- und Teamarbeit in der digitalisierten Arbeitswelt. Herausforderungen, Strategien und Empfehlungen* (S. 31–53). Springer Vieweg. https://doi.org/10.1007/978-3-662-62231-5_2

Nguyen, H. M. & Nguyen, L. V. (2022). Employer attractiveness, employee engagement and employee performance. *International Journal Of Productivity And Performance Management, 72*(10), 2859–2881. https://doi.org/10.1108/ijppm-04-2021-0232

Nielsen, R. K., Bévort, F., Henriksen, T. D., Hjalager, A. & Lyndgaard, D. B. (2023). *Navigating Leadership Paradox: Engaging Paradoxical Thinking in Practice.* De Gruyter. https://doi.org/10.1515/9783110788877

Nordmann, N. & Drewitz, U. (2023). *Willkommen, Generationenvielfalt!: Gen X, Millennials, Gen Z – ein starkes Team.* Schäffer-Poeschel. https://doi.org/10.34156/978-3-7910-6053-8

OECD. (2023). *OECD Compendium of Productivity Indicators 2023.* OECD Publishing. https://doi.org/10.1787/74623e5b-en

Oschmiansky, F. (2020, 2. März). *Arbeitszeitpolitik*. Bundeszentrale für Politische Bildung (bpb). https://www.bpb.de/themen/arbeit/arbeitsmarktpolitik/306055/arbeitszeitpolitik/

Osterloh, M. & Weibel, A. (Hrsg.). (2006). *Investition Vertrauen: Prozesse der Vertrauensentwicklung in Organisationen*. Gabler. https://doi.org/10.1007/978-3-8349-9067-9

Otterbring, T., Pareigis, J., Wästlund, E., Makrygiannis, A. & Lindström, A. (2018). The relationship between office type and job satisfaction: Testing a multiple mediation model through ease of interaction and well-being. *Scandinavian Journal Of Work, Environment & Health, 44*(3), 330–334. https://doi.org/10.5271/sjweh.3707

Özdemir, H. & Lagler Özdemir, B. (2021). Interkulturelles Coaching. In C. Rauen (Hrsg.), *Handbuch Coaching* (4., vollst. überarb. u. erw. Aufl.). Hogrefe.

Papworth, K. D. (2023). *Compassionate Leadership: For Individual and Organisational Change*. De Gruyter. https://doi.org/10.1515/9783110763126

Parment, A. (2013). *Die Generation Y: Mitarbeiter der Zukunft motivieren, integrieren, führen* (2., vollst. überarb. u. erw. Aufl.). Gabler. https://doi.org/10.1007/978-3-8349-4622-5

Parment, A. (2023). *Die Generation Z: Die Hoffnungsträgergeneration in der neuen Arbeitswelt*. Springer Gabler. https://doi.org/10.1007/978-3-658-42682-8

Pascale, R. T. & Athos, A. G. (1981). *The Art of Japanese Management: Applications für American Executives*. Simon & Schuster.

Pastoors, S. & Ebert, H. (2019). Kulturübergreifend kommunizieren. In S. Pastoors, J. H. Becker, H. Ebert & M. Auge, *Praxishandbuch werteorientierte Führung. Kompetenzen erfolgreicher Führungskräfte im 21. Jahrhundert* (S. 295–313). Springer. https://doi.org/10.1007/978-3-662-59034-8_17

Pelz, W. (2016). Transformationale Führung – Forschungsstand und Umsetzung in der Praxis. In C. Von Au (Hrsg.), *Wirksame und nachhaltige Führungsansätze: System, Beziehung, Haltung und Individualität* (S. 93–112). Springer. https://doi.org/10.1007/978-3-658-11956-0_5

Pencavel, J. (2015). The Productivity of Working Hours. *The Economic Journal, 125*(589), 2052–2076. http://www.jstor.org/stable/24738007

Petendra, B. (2015). *Räumliche Dimensionen der Büroarbeit: Eine Analyse des flexiblen Büros und seiner Akteure*. Springer VS. https://doi.org/10.1007/978-3-658-06951-3

Peters, T. (2015). *Leadership: Traditionelle und moderne Konzepte. Mit vielen Beispielen*. Springer Gabler. https://doi.org/10.1007/978-3-658-02673-8

Peters, T. & Ghadiri, A. (2013). *Neuroleadership - Grundlagen, Konzepte, Beispiele: Erkenntnisse der Neurowissenschaften für die Mitarbeiterführung* (2., überarb. u. erw. Aufl.). Springer Gabler. https://doi.org/10.1007/978-3-658-02165-8

Peters, T. & Waterman, R. H. (1982). *In Search of Excellence: Lessons from America's Best-Run Companies*. Harper & Row.

Petry, T. & Konz, C. (2022). Charakteristika agiler Organisationen. Sich mit dem „Agile Org Navigator" in Agilitätskonzepten zurechtfinden. *Zeitschrift Führung + Organisation (Zfo), 6*, 397–402.

Pfeffer, J. (2001). Fighting the war for talent is hazardous to your organization's health. *Organizational Dynamics, 29*(4), 248–259. https://doi.org/10.1016/s0090-2616(01)00031-6

Pfister, A. (2019). Menschenbilder. In E. Lippmann, A. Pfister & U. Jörg (Hrsg.), *Handbuch Angewandte Psychologie für Führungskräfte: Führungskompetenz und Führungswissen* (5., vollst. überarb. Aufl., S. 3–17). Springer. https://doi.org/10.1007/978-3-662-55810-2_1

Pfister, A., Lippmann, E. & Beutter, C. (2019). Problemlösen und Entscheiden. In E. Lippmann, A. Pfister & U. Jörg (Hrsg.), *Handbuch Angewandte Psychologie für Führungskräfte: Führungskompetenz und Führungswissen* (5., vollst. überarb. Aufl., S. 239–324). Springer. https://doi.org/10.1007/978-3-662-55810-2_8

Pfister, A. & Müller, P. (2019). Psychologische Grundlagen des agilen Arbeitens. In C. Negri (Hrsg.), *Führen in der Arbeitswelt 4.0: Der Mensch im Unternehmen. Impulse für Fach- und Führungskräfte*. (S. 33–50). Springer. https://doi.org/10.1007/978-3-662-58411-8_4

Pfister, A. & Neumann, U. (2019). Führungstheorien. In E. Lippmann, A. Pfister & U. Jörg (Hrsg.), *Handbuch Angewandte Psychologie für Führungskräfte: Führungskompetenz und Führungswissen* (5., vollst. überarb. Aufl., S. 39–73). https://doi.org/10.1007/978-3-662-55810-2_3

Pflaum, S. & Wüst, L. (2019). *Der Mentoring Kompass für Unternehmen und Mentoren: Persönliche Erfahrungsberichte, Erfolgsprinzipien aus Forschung und Praxis*. Springer. https://doi.org/10.1007/978-3-658-22530-8

Pietrzyk, U., Gühne, M. & Hacker, W. (2021). Prävention zeitlicher Überforderung bei komplexer Wissens- und Innovationsarbeit. In S. Mütze-Niewöhner, W. Hacker, T. Hardwig, S. Kauffeld, E. Latniak, M. Nicklich & U. Pietrzyk (Hrsg.), *Projekt- und Teamarbeit in der digitalisierten Arbeitswelt. Herausforderungen, Strategien und Empfehlungen* (S. 97–114). Springer Vieweg. https://doi.org/10.1007/978-3-662-62231-5_5

Pietzcker, D. (2024). *Markenkommunikation kompakt: Aktuelle Markenführung im Spannungsfeld von Wirtschaft und Wertewandel*. Springer Gabler. https://doi.org/10.1007/978-3-658-44573-7

Pietzonka, M. (2019). Schlüsselkompetenzen zum Umgang mit sozialer Vielfalt für die Arbeitswelt 4.0 – Einordnung, Kennzeichnung und Messung. In B. Hermeier, T. Heupel & S. Fichtner-Rosada (Hrsg.), *Arbeitswelten der Zukunft. Wie die Digitalisierung unsere Arbeitsplätze und Arbeitsweisen verändert* (S. 477–496). Springer Gabler. https://doi.org/10.1007/978-3-658-23397-6_25

Pinnow, D. F. (2012). *Führen: Worauf es wirklich ankommt* (6. Aufl.). Springer Gabler. https://doi.org/10.1007/978-3-8349-4067-4

Pirker-Binder, I. (2016). Der Mensch und sein Arbeitsplatz. In I. Pirker-Binder (Hrsg.), *Prävention von Erschöpfung in der Arbeitswelt. Betriebliches Gesundheitsmanagement, interdisziplinäre Konzepte, Biofeedback* (S. 147–155). Springer. https://doi.org/10.1007/978-3-662-48619-1_10

Plickert, P., Lindner, R. & Kanning, T. (2021, 20. April). Wandel der Arbeitswelt: Bankvorstände ohne Büro: Topmanager der Großbank HSBC bekommen in London künftig nur noch einen „Hot Desk". Auch andere Banken starten die Bürorevolution. *FAZ.NET*. https://www.faz.net/aktuell/karriere-hochschule/buero-co/wandel-der-arbeitswelt-bankvorstaende-ohne-buero-17301487.html#void

Porter, M. E. (2014). *Wettbewerbsvorteile: Spitzenleistungen erreichen und behaupten* (8., durchges. Aufl.). Campus.

Posé, U. (2016). *Von der Führungskraft zur Führungspersönlichkeit: Vom Wert einer Vertrauens- und Verantwortungskultur*. Springer Gabler. https://doi.org/10.1007/978-3-658-10924-0

Pundt, A. & Venz, L. (2023). Emotional intelligent führen – Emotionen im Führungsprozess erkennen, verstehen und steuern. In J. Felfe & R. Van Dick (Hrsg.), *Handbuch Mitarbeiterführung. Wirtschaftspsychologisches Praxiswissen für Fach- und Führungskräfte* (2., überarb. u. erw. Aufl., S. 505–516). Springer. https://doi.org/10.1007/978-3-662-68185-5_12

PwC. (2019). Diversity is good for growth. Wie Unternehmen durch inklusive Kulturtransformation ihre Zukunft sichern – ein Blick auf die Immobilienbranche. In *ZIA die Immobilienwirtschaft* [Report]. https://zia-deutschland.de/wp-content/uploads/2021/04/zia_diversitystudie_20191.pdf

Rahnfeld, C. (2019). *Diversity-Management: Zur sozialen Verantwortung von Unternehmen*. Springer VS. https://doi.org/10.1007/978-3-658-23252-8

Rauen, C. (2014). *Coaching* (3., überarb. u. erw. Aufl.). Hogrefe.

Rauen, C. (2021). Varianten des Coachings. In C. Rauen (Hrsg.), *Handbuch Coaching* (4., vollst. überarb. u. erw. Aufl., S. 37–65). Hogrefe.

Rauen, C. & Steinke, I. (2021). Coach-Kompetenzen. In C. Rauen (Hrsg.), *Handbuch Coaching* (4., vollst. überarb. u. erw. Aufl., S. 163–182). Hogrefe.

Reeves, M., Moose, S. & Whitaker, K. (2022). The Board's Role in Strategy in a Changing Environment. In M. Reeves & F. Candelon (Hrsg.), *New Leadership Imperatives* (S. 17–26). De Gruyter. https://doi.org/10.1515/9783110775174-002

Reeves, M., Tollman, P., Hansell, G., Whitaker, K. & Deegan, T. (2022). Leadership Matters: When, How Much, and How? In M. Reeves & F. Candelon (Hrsg.), *New Leadership Imperatives* (S. 3–16). De Gruyter. https://doi.org/10.1515/9783110775174-001

Reeves, M. & Torres, R. (2022). In Sync: Unlocking Collective Action in a Connected World. In M. Reeves & F. Candelon (Hrsg.), *New Leadership Imperatives* (S. 113–124). De Gruyter. https://doi.org/10.1515/9783110775174-013

Reichert, T. (2019). *Projektmanagement: Projekte zum Erfolg führen* (4., erw. Aufl.). Haufe.

Reindl, C., Lanwehr, R. & Kopinski, T. (2022). Das hybride Büro: Gestaltungsansätze für New Work-Arbeitsumgebungen anhand eines Fallbeispiels. *Gruppe. Interaktion. Organisation. Zeitschrift für Angewandte Organisationspsychologie (GIO)*, *53*, 241–249. https://doi.org/10.1007/s11612-022-00635-8

Reinmuth, M. (2009). Vertrauen und Wirtschaftssprache: Glaubwürdigkeit als Schlüssel für erfolgreiche Unternehmenskommunikation. In C. Moss (Hrsg.), *Die Sprache der Wirtschaft* (S. 127–145). VS Verlag für Sozialwissenschaften. https://doi.org/10.1007/978-3-531-91888-4_8

Reumann, K. (2019, 25. September). Der hellere Machiavelli: Linke und rechte Schwärmer müssen lernen: Macht ist nichts Verwerfliches. *Frankfurter Allgemeine Zeitung (FAZ)*, 8.

Reuschl, A. J. & Bouncken, R. B. (2017). Coworking-Spaces als neue Organisationsform in der Sharing Economy. In M. Bruhn & K. Hadwich (Hrsg.), *Dienstleistungen 4.0: Geschäftsmodelle - Wertschöpfung - Transformation. Band 2. Forum Dienstleistungsmanagement* (S. 185–208). Springer Gabler. https://doi.org/10.1007/978-3-658-17552-8_8

Reuter, U. & Sukowski, N. (2020). *Personal, Team- und Konfliktmanagement: Theoretisches Wissen und praktische Anwendung*. Kohlhammer.

Richter, G. & Cernavin, O. (2016). Büro als Treiber gesundheitsförderlicher und produktiver Arbeitsbedingungen. In M. Klaffke (Hrsg.), *Arbeitsplatz der Zukunft: Gestaltungsansätze und Good-Practice-Beispiele* (S. 81–101). Springer Gabler. https://doi.org/10.1007/978-3-658-12606-3_4

Richter, H. A. & Westphal, L.-H. (2024, Juli). Woke Washing oder Solidarität?: Learnings für Werbung und PR nach Russlands Überfall auf die Ukraine. *Prmagazin*. https://prmagazin.de/tup-06-07-2024/

Richter, H. A., Rother, C., Voß, F., Hinrichsen, I., Mühlschlegel, N. & Sultan, S. (2023, 20. April). *Schau mir in die Augen, Online!: Creative: Space 2023*. University:Future Festival. https://festival.hfd.digital/de/schau-mir-in-die-augen-online-/#top

Rieder, M. (2018). Gruppendynamik als Lernraum für emotionale Intelligenz von Führungskräften. In H. Gölzner & P. Meyer (Hrsg.), *Emotionale Intelligenz in Organisationen: Der Schlüssel zum Wissenstransfer von angewandter Forschung in die praktische Umsetzung* (S. 259–277). Springer VS. https://doi.org/10.1007/978-3-658-19127-6_13

Ritter, H. (2023, 18. Juli). Henning Ritters Tagebuch: Unbehagen an den Frankfurtisten. *FAZ.NET*. https://www.faz.net/aktuell/wissen/geist-soziales/kritik-der-frankfurter-schule-aus-henning-ritters-tagebuch-19040848.html

Rofcanin, Y., Afacan Findikli, M., Las Heras, M. L. & Ererdi, C. (2022). Idiosyncratic Deals and Individualization of Human Resource Management Practices: The Growth of HR Differentiation. In S. Anand & Y. Rofcanin (Hrsg.), *Idiosyncratic Deals at Work. Exploring Individual, Organizational, and Societal Perspectives* (S. 119–142). Palgrave Macmillan. https://doi.org/10.1007/978-3-030-88516-8_6

Rohmann, E. & Bierhoff, H. (2022). Gerechtigkeit und Vertrauen. In M. K. W. Schweer (Hrsg.), *Facetten des Vertrauens und Misstrauens. Herausforderungen für das soziale Miteinander* (S. 19–36). Springer VS. https://doi.org/10.1007/978-3-658-29047-4_2

Rohrmeier, J. (2021). Employer Branding im Kontext von Personalmanagement. In C. Chlupsa & J. Rohrmeier (Hrsg.), *Employer Branding. Chancen eines interdisziplinären Ansatzes* (S. 7–14). De Gruyter. https://doi.org/10.1515/9783110712056-002

Rolfe, M. (2019). *Positive Psychologie und organisationale Resilienz: Stürmische Zeiten besser meistern*. Springer. https://doi.org/10.1007/978-3-662-55758-7

Rolff, B. (2021). Kooperation statt Konflikt – Mit dem Harvard-Konzept kreative, kooperative Lösungen schaffen. In M. H. Dahm (Hrsg.), *Kooperationsmanagement in der Praxis. Lösungsansätze und Beispiele erfolgreicher Kooperationsgestaltung* (S. 99–115). Springer Gabler. https://doi.org/10.1007/978-3-658-28112-0_5

Roth, A. (2020). Arbeitszeiterfassung mobiler Beschäftigter: Technische Aspekte. In Y. Lott (Hrsg.), *Arbeitszeiterfassung bei mobiler Beschäftigung. Herausforderungen und Handlungsmöglichkeiten: Bd. 426 der Reihe Study der Hans-Böckler-Stiftung* (S. 58–93). https://www.boeckler.de/fpdf/HBS-007723/p_study_hbs_426.pdf

Röttger, U. (2022). Vertrauen und Glaubwürdigkeit in der Unternehmenskommunikation. In A. Zerfaß, M. Piwinger & U. Röttger (Hrsg.), *Handbuch Unternehmenskommunikation: Strategie - Management – Wertschöpfung* (3., vollst. überarb. u. erw. Aufl., S. 351–370). Springer Gabler. https://doi.org/10.1007/978-3-658-22933-7_15

Rowold, J. (2015). *Human Resource Management: Lehrbuch für Bachelor und Master* (2., vollst. korr. u. verb. Aufl.). Springer Gabler. https://doi.org/10.1007/978-3-662-45983-6

Rump, J. (2019). Unternehmensführung vor dem Hintergrund des Zielkonflikts in der Zeitpolitik. In J. Rump & S. Eilers (Hrsg.), *Arbeitszeitpolitik. Zielkonflikte in der betrieblichen Arbeitszeitgestaltung lösen* (S. 25–40). Springer Gabler. https://doi.org/10.1007/978-3-662-57475-1_2

Rump, J., Eilers, S. & Zapp, D. (2019). Arbeitszeitpolitik im Kontext der Digitalisierung. In J. Rump & S. Eilers (Hrsg.), *Arbeitszeitpolitik. Zielkonflikte in der betrieblichen Arbeitszeitgestaltung lösen* (S. 3–22). Springer Gabler. https://doi.org/10.1007/978-3-662-57475-1_1

Russell, M. B. & Liggans, G. (2022). *Fired Up!: A guide to transforming your team from burnout to engagement*. De Gruyter.

Ryan, R. M. & Deci, E. L. (2000). Intrinsic and Extrinsic Motivations: Classic Definitions and New Directions. *Contemporary Educational Psychology, 25*(1), 54–67. https://doi.org/10.1006/ceps.1999.1020

Ryba, A. (2021). Coaching-Ansätze im Überblick. In C. Rauen (Hrsg.), *Handbuch Coaching* (4., vollst. überarb. u. erw. Aufl., S. 375–399). Hogrefe.

Sachverständigenrat zur Begutachtung der gesamtwirtschaftlichen Entwicklung. (2023). *Wachstumsschwäche überwinden - in die Zukunft investieren: Jahresgutachten 2023/24.* https://www.sachverstaendigenrat-wirtschaft.de/fileadmin/dateiablage/gutachten/jg202324/JG202324_Gesamtausgabe.pdf

Sass, E. (2019). *Mitarbeitermotivation, Mitarbeiterbindung: Was erwarten Arbeitnehmer?* Springer Gabler. https://doi.org/10.1007/978-3-658-24649-5

Sautermeister, J. (2022). Moral und Vertrauen. In M. K. W. Schweer (Hrsg.), *Facetten des Vertrauens und Misstrauens. Herausforderungen für das soziale Miteinander* (S. 57–69). Springer VS. https://doi.org/10.1007/978-3-658-29047-4_4

Saxer, U. (2012). *Mediengesellschaft: Eine kommunikationssoziologische Perspektive*. VS Verlag für Sozialwissenschaften. https://doi.org/10.1007/978-3-531-18809-6

Schäfer, E. (2017). *Lebenslanges Lernen: Erkenntnisse und Mythen über das Lernen im Erwachsenenalter*. Springer. https://doi.org/10.1007/978-3-662-50422-2

Schäffer, U. & Möller, M. (2022, 3. Oktober). Moderne BWL: Boni können Fehlverhalten auslösen. *FAZ.NET*. Abgerufen am 8. Juni 2023, von https://www.faz.net/aktuell/wirtschaft/moderne-bwl-boni-koennen-fehlverhalten-ausloesen-18359929.html

Schallmo, D. R. A. & Lang, K. (2020). *Design Thinking erfolgreich anwenden: So entwickeln Sie in 7 Phasen kundenorientierte Produkte und Dienstleistungen* (2., aktual. Aufl.). Springer Gabler. https://doi.org/10.1007/978-3-658-28325-4

Scharnhorst, J. (2019). *Psychische Belastungen am Arbeitsplatz vermeiden: Burnoutprävention und Förderung von Resilienz in Unternehmen*. Haufe.

Scheppe, M. (2024, 19. Januar). Elterngeld. Henkel führt weltweit achtwöchige voll bezahlte Elternzeit ein. *Handelsblatt.* https://www.handelsblatt.com/unternehmen/handel-konsumgueter/elterngeld-henkel-fuehrt-weltweit-achtwoechige-voll-bezahlte-elternzeit-ein/100007594.html

Scherle, N. (2016). Diversitätsaffine Konzepte einer globalen Bürgergesellschaft: Einblicke, Reflexionen und Perspektiven. In P. Genkova & T. Ringeisen (Hrsg.), *Handbuch Diversity Kompetenz. Band 1: Perspektiven und Anwendungsfelder* (S. 29–46). Springer. https://doi.org/10.1007/978-3-658-08594-0_11

Scherm, M. & Kaufel, S. (2018). 360-Grad-Feedback. In I. Jöns & W. Bungard (Hrsg.), *Feedbackinstrumente im Unternehmen. Grundlagen, Gestaltungshinweise, Erfahrungsberichte* (2., aktual. u. erw. Aufl., S. 125–143). Springer Gabler. https://doi.org/10.1007/978-3-658-20759-5_6

Scherm, M. & Sarges, W. (2019). *360°-Feedback* (2., überarb. u. erw. Aufl.). Hogrefe. https://doi.org/10.1026/03000-000

Schermuly, C. C. (2023). Empowerment: Die Mitarbeiter stärken und entwickeln. In J. Felfe & R. Van Dick (Hrsg.), *Handbuch Mitarbeiterführung. Wirtschaftspsychologisches Praxiswissen für Fach- und Führungskräfte* (2., überarb. u. erw. Aufl., S. 17–29). Springer. https://doi.org/10.1007/978-3-662-68185-5_25

Schermuly, C. C. & Graßmann, C. (2023): Erfolgreicher Einsatz von Coaching in der Führungskräfteentwicklung. In J. Felfe & R. Van Dick (Hrsg.), *Handbuch Mitarbeiterführung. Wirtschaftspsychologisches Praxiswissen für Fach- und Führungskräfte* (2., überarb. u. erw. Aufl., S. 203–216). Springer. https://doi.org/10.1007/978-3-662-68185-5_41

Schipper, M. & Petermann, F. (2022). Selbstvertrauen. In M. K. W. Schweer (Hrsg.), *Facetten des Vertrauens und Misstrauens. Herausforderungen für das soziale Miteinander* (S. 87–102). Springer VS. https://doi.org/10.1007/978-3-658-29047-4_6

Schirrmacher, T. (2002): *Ethik: Gottes Ordnungen. Erziehung, Wirtschaft, Kirche* (3., korr. u. erw. Aufl., Bd. 5). Reformatorischer Verlag Beese.

Schlick, C., Bruder, R. & Luczak, H. (2018). *Arbeitswissenschaft* (4. Aufl.). Springer Vieweg. https://doi.org/10.1007/978-3-662-56037-2

Schmid, B. (2016). Führen aus systemischer Sicht. In C. Von Au (Hrsg.), *Wirksame und nachhaltige Führungsansätze: System, Beziehung, Haltung und Individualität* (S. 135–152). Springer. https://doi.org/10.1007/978-3-658-11956-0_7

Schmid, B. (2021). Organisations-Coaching. In C. Rauen (Hrsg.), *Handbuch Coaching* (4., vollst. überarb. u. erw. Aufl., S. 111–130). Hogrefe.

Schneemann, C., Zika, G., Kalinowski, M., Maier, T., Krebs, B., Steeg, S., Bernardt, F., Mönnig, A., Parton, F., Ulrich, P. & Wolter, M. I. (2020). *Aktualisierte BMAS-Prognose „Digitalisierte Arbeitswelt": Forschungsbericht Bundesministerium für Arbeit und Soziales, FBB526/3* (Bundesministerium für Arbeit und Soziales, Institut für Arbeitsmarkt- und Berufsforschung der Bundesagentur für Arbeit (IAB), Bundesinstitut für Berufsbildung (BIBB) & GWS Wirtschaftliche Strukturforschung GmbH, Hrsg.). SSOAR. https://nbn-resolving.org/urn:nbn:de:0168-ssoar-73296-5

Schneider, H. (2020). *Das Rätsel der Produktivität: Betriebs- und volkswirtschaftliche Aktualisierung eines missverstandenen Begriffs.* Springer Gabler. https://doi.org/10.1007/978-3-658-31758-4

Schnell, N. & Schnell, A. (2019). *New Work Hacks: 50 Inspirationen für modernes und innovatives Arbeiten.* Springer Gabler. https://doi.org/10.1007/978-3-658-27299-9

Schnell, T. (2018). Von Lebenssinn und Sinn in der Arbeit: Warum es sich bei beruflicher Sinnerfüllung nicht um ein nettes Extra handelt. In B. Badura, A. Ducki, H. Schröder, J. Klose & M. Meyer (Hrsg.), *Fehlzeiten-Report 2018. Sinn erleben - Arbeit und Gesundheit* (S. 11–21). Springer. https://doi.org/10.1007/978-3-662-57388-4_2

Schobert, D. (2010). Vereinbarkeit verschiedener Lebensdomänen. In A. S. Esslinger, M. Emmert & O. Schöffski (Hrsg.), *Betriebliches Gesundheitsmanagement. Mit gesunden Mitarbeitern zu unternehmerischem Erfolg* (S. 88–100). Gabler. https://doi.org/10.1007/978-3-8349-8835-5_4

Scholl, W. (2020). New Team-Work – eine neue Balance von Gruppe und Führung. *Organisationsberatung, Supervision, Coaching, 27*, 139–154. https://doi.org/10.1007/s11613-020-00645-9

Schor, J. B., Fan, W., Kelly, O., Gu, G., Bezdenezhnykh, T. & Bridson-Hubbard, N. (2022). The Four Day Week: Assessing Global Trials of Reduced Work Time with No Reduction in Pay. In *Four Day Week Global*. https://www.4dayweek.com/us-ireland-results

Schormair, M. J. L. & Gilbert, D. U. (2017). Das Shared-Value-Konzept von Porter und Kramer – The Big Idea!? In T. Wunder (Hrsg.), *CSR und Strategisches Management. Wie man mit Nachhaltigkeit langfristig im Wettbewerb gewinnt* (S. 95–110). Springer Gabler. https://doi.org/10.1007/978-3-662-49457-8_5

Schreiner, N. & Kenning, P. (2018). Teilen statt Besitzen: Disruption im Rahmen der Sharing Economy. In F. Keuper, M. Schomann, L. I. Sikora & R. Wassef (Hrsg.), *Disruption und Transformation Management. Digital Leadership – Digitales Mindset – Digitale Strategie* (S. 355–379). Springer Gabler. https://doi.org/10.1007/978-3-658-19131-3_16

Schreyögg, A. (2010). *Coaching für die neu ernannte Führungskraft* (2. Aufl.). VS Verlag für Sozialwissenschaften. https://doi.org/10.1007/978-3-531-92023-8

Schreyögg, A. (2021). Konflikt-Coaching. In C. Rauen (Hrsg.), *Handbuch Coaching* (4., vollst. überarb. u. erw. Aufl., S. 489–500). Hogrefe.

Schreyögg, G. & Geiger, D. (2016). *Organisation: Grundlagen moderner Organisationsgestaltung. Mit Fallstudien* (6., vollst. überarb. u. erw. Aufl.). https://doi.org/10.1007/978-3-8349-4485-6

Schreyögg, G. & Koch, J. (2020). *Management: Grundlagen der Unternehmensführung* (8., vollst. überarb. Aufl.). Springer Gabler. https://doi.org/10.1007/978-3-658-26514-4

Schröder, H. & Meyer, M. (2018, Juni). *Digital olé – Gesundheit adé?* G+G Gesundheit und Gesellschaft. https://archiv.gg-digital.de/2018/06/thema-des-monats/digital-ole-gesundheit-ade/index.html

Schuler, H. & Görlich, Y. (2018). Leistungsbeurteilung und Beurteilungsgespräch. In I. Jöns & W. Bungard (Hrsg.), *Feedbackinstrumente im Unternehmen. Grundlagen, Gestaltungshinweise, Erfahrungsberichte* (2., aktual. u. erw. Aufl., S. 83–105). Springer Gabler. https://doi.org/10.1007/978-3-658-20759-5_4

Schulz von Thun Institut für Kommunikation. (o. D.). *Das Kommunikationsquadrat*. Abgerufen am 20. Juli 2020, von https://www.schulz-von-thun.de/die-modelle/das-kommunikationsquadrat

Schwarz, F. (2023, 6. Februar). Wenn Freizeit und Arbeit ineinander verschwimmen: Nach drei Jahren Corona-Pause meldet sich die Ambiente als größte Konsumgütermesser der Welt zurück. Das Trendthema „Neue Arbeit" erhält zm ersten Mal einen eigenen Bereich. *Frankfurter Allgemeine Zeitung (FAZ)*.

Schweer, M. K. W. (2008). Vertrauen und soziales Handeln - Eine differentialpsychologische Perspektive. In E. Jammal (Hrsg.), *Vertrauen im interkulturellen Kontext* (S. 13–26). VS Verlag für Sozialwissenschaften. https://doi.org/10.1007/978-3-531-91038-3_2

Schweer, M. K. W. & Siebertz-Reckzeh, K. (2022). Loyalität. In M. K. W. Schweer (Hrsg.), *Facetten des Vertrauens und Misstrauens. Herausforderungen für das soziale Miteinander* (S. 37–55). Springer VS. https://doi.org/10.1007/978-3-658-29047-4_3

Seibold, S. (2022). *Stress, Mobbing und Burn-out: Umgang mit Leistungsdruck — Belastungen im Beruf meistern* (7. Aufl.). Springer. https://doi.org/10.1007/978-3-662-64190-3

Seidl, B. (2018). *NLP: Mentale Ressourcen nutzen* (4. Aufl.). Haufe-Lexware.

Seifert, H. (2019). Mit Arbeitszeitkonten zu mehr Zeitsouveränität? In J. Rump & S. Eilers (Hrsg.), *Arbeitszeitpolitik. Zielkonflikte in der betrieblichen Arbeitszeitgestaltung lösen. IBE-Reihe* (S. 97–106). Springer Gabler. https://doi.org/10.1007/978-3-662-57475-1_6

Seitz, J. & Seitz, J. (2018). Digitale Kompetenzen: New Work = New Human? In H. R. Fortmann & B. Kolocek (Hrsg.), *Arbeitswelt der Zukunft. Trends – Arbeitsraum – Menschen – Kompetenzen* (S. 355–382). Springer Gabler. https://doi.org/10.1007/978-3-658-20969-8_24

Seliger, R. (2016). Positive Leadership – Führen mit Energie. In C. Von Au (Hrsg.), *Wirksame und nachhaltige Führungsansätze. System, Beziehung, Haltung und Individualität* (S. 59–74). Springer. https://doi.org/10.1007/978-3-658-11956-0_3

Senge, K. & Dabrowski, S. (2022). Global Compact der Vereinten Nationen. In M. S. Aßländer (Hrsg.), *Handbuch Wirtschaftsethik* (2., aktual. u. erw. Aufl., S. 217–228). J.B. Metzler. https://doi.org/10.1007/978-3-476-05806-5_20

Sharma, S. & Sharma, S. K. (2016). Team Resilience: Scale Development and Validation. *Vision: The Journal Of Business Perspective, 20*(1), 37–53. https://doi.org/10.1177/0972262916628952

Siedenbiedel, C. (2015, 13. Januar). *Marie Jahoda & Paul Lazarsfeld: Arbeitslosigkeit zerstört das Leben.* FAZ. NET. https://www.faz.net/aktuell/wirtschaft/wirtschaftswissen/2.3141/jahoda-und-lazarsfeld-arbeitslosigkeit-zerstoert-das-leben-13363444.html

Siegel, A. (2021). Employer Branding im Kontext der Generation Z. In C. Chlupsa & J. Rohrmeier (Hrsg.), *Employer Branding: Chancen eines interdisziplinären Ansatzes* (S. 17–38). De Gruyter. https://doi.org/10.1515/9783110712056-003

Solga, M. (2023). Führen als Gestalten psychologischer Kontrakte: Die wechselseitigen Erwartungen in Balance bringen. In J. Felfe & R. Van Dick (Hrsg.), *Handbuch Mitarbeiterführung. Wirtschaftspsychologisches Praxiswissen für Fach- und Führungskräfte* (2., überarb. u. erw. Aufl., S. 543–556). Springer. https://doi.org/10.1007/978-3-662-68185-5_35

Spall, C. & Schmidt, H. J. (2019). *Personal Branding: Was Menschen zu starken Marken macht.* Springer Gabler. https://doi.org/10.1007/978-3-658-23741-7

Spisak, M. (2018). *Kultursensitive Führung: Was Sie über die Organisationskultur wissen müssen, um erfolgreich zu führen.* Springer. https://doi.org/10.1007/978-3-658-21198-1

Sponheuer, B. (2010). *Employer Branding als Bestandteil einer ganzheitlichen Markenführung.* Gabler. https://doi.org/10.1007/978-3-8349-8483-8

Sprenger, B. (2018). Vom Kontorvorsteher zum Teamkoordinator: Was muss eine Führungskraft heute können? In M. Lohmer, B. Sprenger & J. Von Wahlert (Hrsg.), *Gesundes Führen. Life-Balance versus Burnout im Unternehmen* (2., überarb. u. erw. Aufl., S. 49–59). Schattauer.

Steckl, M., Simshäuser, U. & Niederberger, M. (2019). Arbeitgeberattraktivität aus Sicht der Generation Z: Eine quantitative Befragung zur Bedeutung gesundheitsrelevanter Dimensionen im Betrieb. *Prävention und Gesundheitsförderung, 14*(3), 212–217. https://doi.org/10.1007/s11553-019-00703-w

Steinke, I. (2021). Qualität im Coaching. In C. Rauen (Hrsg.), *Handbuch Coaching* (4., vollst. überarb. u. erw. Aufl., S. 217–244). Hogrefe.

Stepstone (Hrsg.). (2021). Diversity, Equity & Inclusion (DEI) Report 2021. In *Stepstone.* https://www.stepstone.de/e-recruiting/diversity-report-whitepaper/

Stewart, G. L., Courtright, S. H. & Manz, C. C. (2019). Self-Leadership: A Paradoxical Core of Organizational Behavior. *Annual Review Of Organizational Psychology And Organizational Behavior, 6,* 47–67. https://doi.org/10.1146/annurev-orgpsych-012218-015130

Stock-Homburg, R. & Groß, M. (2019). *Personalmanagement: Theorien - Konzepte - Instrumente* (4., vollst. überarb. u. erw. Aufl.). Springer Gabler. https://doi.org/10.1007/978-3-658-26081-1

Stoi, R. & Dillerup, R. (2022). *Unternehmensführung: Erfolgreich durch modernes Management & Leadership: Methoden - Umsetzung - Trends* (6., kompl. überarb. u. erw. Aufl.). Franz Vahlen. https://doi.org/10.15358/9783800663392

Stolzenberg, K. & Heberle, K. (2021). *Change management: Veränderungsprozesse erfolgreich gestalten - Mitarbeiter mobilisieren. Vision, Kommunikation, Beteiligung, Qualifizierung* (4. Aufl.). Springer. https://doi.org/10.1007/978-3-662-61895-0

Stotz, W. (2007). *Employee Relationship Management: Der Weg zu engagierten und effizienten Mitarbeitern.* De Gruyter.

strategy+business. (2017, 11. September). Six Ways to Foster a Speak-Up Culture. *Medium.* Abgerufen am 28. August 2023, von https://medium.com/strategy-business/six-ways-to-foster-a-speak-up-culture-fd3d8f1e6a20

Straubhaar, T. (2016). Diversity Kompetenz und Wirtschaftlichkeit. In P. Genkova & T. Ringeisen (Hrsg.), *Handbuch Diversity Kompetenz. Band 1: Perspektiven und Anwendungsfelder* (S. 295–305). https://doi.org/10.1007/978-3-658-08594-0_18

Streithofen, H. B. (2005). *Macht, Moneten und Moral: Die Kardinaltugenden als Normen für Politik und Wirtschaft*. MM Verlag.

Stroh, D. (2021). *Mythos Agilität: Wie New Work wirklich gelingt*. Schäffer-Poeschel.

Struhs-Wehr, K. (2017). *Betriebliches Gesundheitsmanagement und Führung: Gesundheitsorientierte Führung als Erfolgsfaktor im BGM*. Springer. https://doi.org/10.1007/978-3-658-14266-7

Suchanek, A. (2015). *Unternehmensethik: In Vertrauen investieren*. Mohr Siebeck.

Suchanek, A. (2022). Das Verhältnis von Markt und Moral. In M. S. Aßländer (Hrsg.), *Handbuch Wirtschaftsethik* (2., aktual. u. erw. Aufl., S. 109–121). J.B. Metzler. https://doi.org/10.1007/978-3-476-05806-5_11

Suckale, M. (2023). Homeoffice entzaubert sich. In A.-K. Achleitner & H. Rickmann (Hrsg.), *Next. 2030. 33 kluge Köpfe über Deutschlands Zukunft* (S. 78–86). DIIND Deutsches Innovationsinstitut für Nachhaltigkeit und Digitalisierung.

Sulzberger, M. (2020). Selbstmanagement als Erfolgsfaktor von Selbstorganisation. In O. Geramanis & S. Hutmacher (Hrsg.), *Der Mensch in der Selbstorganisation. Kooperationskonzepte für eine dynamische Arbeitswelt* (S. 99–122). Springer Gabler. https://doi.org/10.1007/978-3-658-27048-3_7

Synnott, C. K. (2017). Management by Objectives: An Overview. *Social Science Research Network (SSRN)*. https://doi.org/10.2139/ssrn.3053038

Tapaninaho, R. & Kujala, J. (2019). Reviewing the Stakeholder Value Creation Literature: Towards a Sustainability Approach. In W. Leal Filho (Hrsg.), *Social Responsibility and Sustainability. World Sustainability Series* (S. 3–36). Springer. https://doi.org/10.1007/978-3-030-03562-4_1

Tautz, D., Krick, A. & Felfe, J. (2023). Informelle Kommunikation als Führungsinstrument. In J. Felfe & R. Van Dick (Hrsg.), *Handbuch Mitarbeiterführung. Wirtschaftspsychologisches Praxiswissen für Fach- und Führungskräfte* (2., erw. u. aktual. Aufl., S. 101–112). Springer. https://doi.org/10.1007/978-3-662-68185-5_54

Thaler, R. H. & Sunstein, C. R. (2014). *Nudge: Wie man kluge Entscheidungen anstößt* (3. Aufl.). Ullstein.

The Global Goals For Sustainable Development: Brand Assets. Icon Grid. (2023). The Global Goals. Abgerufen am 27. Oktober 2023, von https://www.globalgoals.org/resources/

Thiemann, D., Müller, M. & Kozica, A. (2020). Selbstorganisation in komplexen digitalen Arbeitswelten. In O. Geramanis & S. Hutmacher (Hrsg.), *Der Mensch in der Selbstorganisation. Kooperationskonzepte für eine dynamische Arbeitswelt* (S. 337–350). Springer Gabler. https://doi.org/10.1007/978-3-658-27048-3_22

Thom, N. (2003). *Betriebliches Vorschlagswesen: Ein Instrument der Betriebsführung und des Verbesserungsmanagements* (6., überarb. u. erg. Aufl.). Peter Lang.

Thomas, A. (2014). *Wie Fremdes vertraut werden kann: Mit internationalen Geschäftspartnern zusammenarbeiten*. Springer Gabler. https://doi.org/10.1007/978-3-658-03235-7

Thomas, K. W. & Velthouse, B. A. (1990). Cognitive Elements of Empowerment: An "Interpretive" Model of Intrinsic Task Motivation. *Academy Of Management Review, 15*(4), 666–681. https://doi.org/10.5465/amr.1990.4310926

Thommen, J.-P. (2015). *Glaubwürdigkeit im Stakeholder-Management* (3., vollst. überarb. Aufl.). Versus. https://doi.org/10.24096/9783039097227

Thommen, J.-P., Achleitner, A.-K., Gilbert, D. U., Hachmeister, D., Jarchow, S. & Kaiser, G. (2020). *Allgemeine Betriebswirtschaftslehre: Umfassende Einführung aus managementorientierter Sicht* (9., überarb. u. aktual. Aufl.). Springer Gabler. https://doi.org/10.1007/978-3-658-27246-3

Thommen, J.-P., Achleitner, A.-K., Gilbert, D. U., Hachmeister, D., Jarchow, S. & Kaiser, G. (2023). *Allgemeine Betriebswirtschaftslehre: Umfassende Einführung aus managementorientierter Sicht* (10., überarb. u. aktual. Aufl.). Springer Gabler. https://doi.org/10.1007/978-3-658-39395-3

Thompson, B. Y. (2019). The Digital Nomad Lifestyle: (Remote) Work/Leisure Balance, Privilege, and Constructed Community. *International Journal Of The Sociology Of Leisure, 2*, 27–42. https://doi.org/10.1007/s41978-018-00030-y

Thorhauer, Y. (2022). Kantischer Ansatz (Norman E. Bowie). In M. S. Aßländer (Hrsg.), *Handbuch Wirtschaftsethik* (2., aktual. u. erw. Aufl., S. 361–371). J.B. Metzler. https://doi.org/10.1007/978-3-476-05806-5_34

Tillmann, S., Hüttermann, H. & Boerner, S. (2022). Trau, schau, wem: Entstehung und Auswirkungen von Vertrauen in Führungskräfte. In M. K. W. Schweer (Hrsg.), *Facetten des Vertrauens und Misstrauens. Herausforderungen für das soziale Miteinander* (S. 203–220). Springer VS. https://doi.org/10.1007/978-3-658-29047-4_11

Tollman, P. & Reeves, M. (2022). When Leadership Matters Most. In M. Reeves & C. François (Hrsg.), *New Leaderships Imperatives* (S. 35–38). De Gruyter. https://doi.org/10.1515/9783110775174-004

Tomoff, M. (2018). *Positive Psychologie in Unternehmen: Für Führungskräfte*. Springer. https://doi.org/10.1007/978-3-658-21619-1

Torres, R., Reeves, M., Tollman, P. & Veith, C. (2022). The Rewards of CEO Reflection. In M. Reeves & F. Candelon (Hrsg.), *New Leadership Imperatives* (S. 57–62). De Gruyter. https://doi.org/10.1515/9783110775174-007

Travis, N. (2018). *The Challenge Culture: Why the Most Successful Organizations Run on Pushback*. PublicAffairs.

Troger, H. (2021). *Human Resource Management in a Post COVID-19 World: New Distribution of Power, Individualization, Digitalization and Demographic Developments*. Springer. https://doi.org/10.1007/978-3-030-67470-0

Uebernickel, F., Brenner, W., Pukall, B., Naef, T. & Schindlholzer, B. (2015). *Design thinking: Das Handbuch*. Frankfurter Allgemeine Buch.

Uhle, T. & Treier, M. (2019). *Betriebliches Gesundheitsmanagement: Gesundheitsförderung in der Arbeitswelt - Mitarbeiter einbinden, Prozesse gestalten, Erfolge messen* (4., vollst. überarb. u. aktual. Aufl.). Springer. https://doi.org/10.1007/978-3-658-25410-0

Ullmann, G. & Jörg, U. (2019). Arbeiten in und mit Gruppen. In E. Lippmann, A. Pfister & U. Jörg (Hrsg.), *Handbuch Angewandte Psychologie für Führungskräfte: Führungskompetenz und Führungswissen* (5., vollst. überarb. Aufl., S. 393–455). Springer. https://doi.org/10.1007/978-3-662-55810-2_10

Vahs, D. (2023). *Organisation: Ein Lehr- und Managementbuch* (11., überarb. u. erw. Aufl.). Schäffer-Poeschel.

Varanasi, L. (2023, 10. August). People who choose to work from home are actually less-productive when they do so, new research suggests. An author behind the research explains why. *Business Insider*. https://www.businessinsider.com/workers-who-prefer-work-from-home-wfh-are-less-productive-2023-8

Varney, S. (2021). *Leadership in Complexity and Change: For a World in Constant Motion*. De Gruyter. https://doi.org/10.1515/9783110713343

Verhoeven, T. (2020). Digitale Candidate Experience. In T. Verhoeven (Hrsg.), *Digitalisierung im Recruiting. Wie sich Recruiting durch künstliche Intelligenz, Algorithmen und Bots verändert* (S. 51–66). Springer Gabler. https://doi.org/10.1007/978-3-658-25885-6_5

Vertovec, S. (2024). *Superdiversität: Migration und soziale Komplexität*. Suhrkamp.

Vollrath, V. (2018). Talent Management in Zeiten der Digitalisierung. In H. R. Fortmann & B. Kolocek (Hrsg.), *Arbeitswelt der Zukunft. Trends – Arbeitsraum – Menschen – Kompetenzen* (S. 167–191). Springer Gabler. https://doi.org/10.1007/978-3-658-20969-8_12

Von Au, C. (2021). Führungspersönlichkeiten im digitalen Zeitalter – Eine achtsam-reflektierte Haltung ist entscheidend. In O. Geramanis, S. Hutmacher & L. Walser (Hrsg.), *Kooperation in der digitalen Arbeitswelt. Verlässliche Führung in Zeiten virtueller Kommunikation* (S. 231–246). Springer Gabler. https://doi.org/10.1007/978-3-658-34497-9_14

Von der Oelsnitz, D. (2022). Humble Leadership - Mit Moral und Anstand zu einer besseren Organisation. *Zeitschrift Führung + Organisation (Zfo), 6*, 373–377. https://gfo-web.de/assets/Uploads/News/Down loads/06_22_Kostenloser_Download_Oelsnitz.pdf

Von der Oelsnitz, D., Behring, M. & Schmidt, J. (2023). *Krisengerechtes Employer Branding: Empfehlungen für Unternehmen am Beispiel der Corona-Krise*. Springer Gabler. https://doi.org/10.1007/978-3-658-40000-2

Voss, C. & Raz, T. (2016). *Never Split the Difference: Negotiating As If Your Life Depended On It*. Harper Collins.

Wache, T. (2022). *Betriebsklima und Unternehmenskultur: Bestandsaufnahme – Systematisierung – Vergleich*. Springer Gabler. https://doi.org/10.1007/978-3-658-37095-4

Wahren, H.-K. E. (1987). *Zwischenmenschliche Kommunikation und Interaktion in Unternehmen: Grundlagen, Probleme und Ansätze zur Lösung*. De Gruyter. https://doi.org/10.1515/9783110856903

Waltersbacher, A., Maisuradze, M. & Schröder, H. (2019). Arbeitszeit und Arbeitsort – (Wie viel) Flexibilität ist gesund? In B. Badura, A. Ducki, H. Schröder, J. Klose & M. Meyer (Hrsg.), *Fehlzeiten-Report 2019. Digitalisierung - gesundes Arbeiten ermöglichen* (S. 77–107). Springer. https://doi.org/10.1007/978-3-662-59044-7_7

Walther, D. (2020). *Die 38-Stunden-Woche für Manager: Optimale Work-Life-Balance durch gute Führung* (2., überarb. u. aktual. Aufl.). Springer Gabler. https://doi.org/10.1007/978-3-658-29135-8

Watzlawick, P. (o. D.). *Die Axiome von Paul Watzlawick*. Paul Watzlawick Website. Abgerufen am 09. August 2024, von https://www.paulwatzlawick.de/axiome.html

Weber, J. (2018, 20. Februar). *Balanced scorecard*. Gabler Wirtschaftslexikon. https://wirtschaftslexikon.gab ler.de/definition/balanced-scorecard-28000

Weber, S. (2023). *Die Welt geht unter und ich muss trotzdem arbeiten?* Kiepenheuer und Witsch.

Weber, U. & Gesing, S. (2019). *Feelgood-Management: Chancen für etablierte Unternehmen*. Springer. https://doi.org/10.1007/978-3-658-23977-0

Webers, T. (2020). *Systemisches Coaching: Psychologische Grundlagen* (2., überarb. u. erw. Aufl.). Springer. https://doi.org/10.1007/978-3-662-61336-8

Weerakoon, C. & McMurray, A. (2021). The Introduction: An Overview to Workplace Innovation Research. In A. McMurray, N. Muenjohn & C. Weerakoon (Hrsg.), *The Palgrave Handbook of Workplace Innovation* (S. 3–21). Palgrave Macmillan. https://doi.org/10.1007/978-3-030-59916-4_1

Wegener, R. & Ackermann, S. (2021). Wirkfaktoren und Coaching-Prozessforschung. In C. Rauen (Hrsg.), *Handbuch Coaching* (4., vollst. überarb. u. erw. Aufl., S. 291–312). Hogrefe.

Weibler, J. (2023). *Personalführung: Personen, Beziehungen, Kontexte, Wirkungen* (4., kompl. überarb. u. erw. Aufl.). Vahlen.

Weindl, P. (2021). Die Kernanforderungen der Generation Z an den Arbeitgeber. In C. Chlupsa & J. Rohrmeier (Hrsg.), *Employer Branding: Chancen eines interdisziplinären Ansatzes* (S. 39–62). De Gruyter. https://doi.org/10.1515/9783110712056-004

Welge, M. K., Al-Laham, A. & Eulerich, M. (2017). *Strategisches Management: Grundlagen - Prozess - Implementierung* (7., überarb. u. aktual. Aufl.). Springer Gabler. https://doi.org/10.1007/978-3-658-10648-5

Werding, M. (2019). Talente werden knapp: Perspektiven für den Arbeitsmarkt. In M. Busold (Hrsg.), *War for Talents. Erfolgsfaktoren im Kampf um die Besten* (2., aktual. u. erw. Aufl., S. 3–17). Springer Gabler. https://doi.org/10.1007/978-3-662-57481-2_1

Werner, C. M. (2023). *Die Relevanz von Teamdiversität für Innovation aus Sicht von Führungskräften: Eine qualitativ-empirische Analyse*. Springer Gabler. https://doi.org/10.1007/978-3-658-40458-1

Werther, S. (2016). Shared Leadership. In C. Von Au (Hrsg.), *Wirksame und nachhaltige Führungsansätze. System, Beziehung, Haltung und Individualität* (S. 171–187). Springer. https://doi.org/10.1007/978-3-658-11956-0_9

Werther, S. & Woschée, R. (2018). Die Zukunft von Feedback in Unternehmen – zwischen mobilen Apps und Echtzeit-Dashboards? In I. Jöns & W. Bungard (Hrsg.), *Feedbackinstrumente im Unternehmen.*

Grundlagen, Gestaltungshinweise, Erfahrungsberichte (2., aktual. u. erw. Aufl., S. 229–242). Springer Gabler. https://doi.org/10.1007/978-3-658-20759-5_11

Wesche, J. S. & Fleig, L. (2023). Authentic Leadership: Authentische Führung praktizieren und trainieren. In J. Felfe & R. Van Dick (Hrsg.), *Handbuch Mitarbeiterführung. Wirtschaftspsychologisches Praxiswissen für Fach- und Führungskräfte* (2., überarb. u. erw. Aufl., S. 3–15). Springer. https://doi.org/10.1007/978-3-662-68185-5_3

Wiese, B. S. & Stertz, A. M. (2019). *Arbeits- und Organisationspsychologie: Ein Überblick für Psychologiestudierende und -interessierte.* Springer. https://doi.org/10.1007/978-3-662-58056-1

Wietlisbach, O. (2018, 7. Dezember). Merkel hatte recht! Das Internet «ist für uns alle Neuland». *Watson.* https://www.watson.ch/digital/kommentar/890310518-merkel-hatte-recht-das-internet-ist-fuer-uns-alle-neuland

Wilbers, M. (2022). *Employer-Branding-Projekte erfolgreich gestalten: Ein praxisorientierter Leitfaden zur Entwicklung einer Arbeitgebermarke* (2. Aufl.). Springer Gabler. https://doi.org/10.1007/978-3-662-64021-0

Wilke, C. (2019). Auswirkungen des demografischen Wandels auf den Arbeitsmarkt. In B. Hermeier, T. Heupel & S. Fichtner-Rosada (Hrsg.), *Arbeitswelten der Zukunft. Wie die Digitalisierung unsere Arbeitsplätze und Arbeitsweisen verändert* (S. 37–48). Springer Gabler. https://doi.org/10.1007/978-3-658-23397-6_3

Wills, S., Lujabe, T. & Orbea, A. (2023). Developing Servant Leaders in Business. In S. K. Dhiman & G. E. Roberts (Hrsg.), *The Palgrave Handbook of Servant Leadership* (S. 323–348). Palgrave Macmillan. https://doi.org/10.1007/978-3-031-01323-2_19

Wingerter, C., Mischler, F., Schüßler, K., Schymura, S., Touil, S., Bruttel, O., Himmelreicher, R., Stuth, S., Tisch, A., Backhaus, N., Hartwig, M., Meyer, S. & Wischniewski, S. (2021, 10. März). *Datenreport 2021 - Kapitel 5: Arbeitsmarkt und Verdienste.* Destatis - Statistisches Bundesamt. https://www.destatis.de/DE/Service/Statistik-Campus/Datenreport/Downloads/datenreport-2021-kap-5.html

Winkel, O. (1996). Wertewandel und Politikwandel. Wertewandel als Ursache von Politikverdrossenheit und als Chance ihrer Überwindung. *APuZ Aus Politik und Zeitgeschichte, 52–53.* https://www.bpb.de/shop/zeitschriften/apuz/archiv/537951/wertewandel-und-politikwandel-wertewandel-als-ursache-von-politikverdrossenheit-und-als-chance-ihrer-ueberwindung/

Winkler, K., König, S. & Heß, C. (2022). *Management und Führung hybrider Teams.* Hochschule Kempten, Institut für digitale Transformation in Arbeit, Bildung und Gesellschaft, Kempten. http://hdl.handle.net/10419/251054

Witte, F. (2023, 17. August). Umgekehrtes Mentoring: Jung und weise: In Mentoringprogrammen lernen die Grünschnäbel unter den Mitarbeitern von den alten Hasen. Aber nicht immer! Es geht nämlich auch umgekehrt. *FAZ.NET.* https://www.faz.net/aktuell/karriere-hochschule/jung-und-weise-wie-alte-im-beruf-von-den-jungen-profitieren-koennen-19096837.html

Wöhe, G. (1976). *Einführung in die Allgemeine Betriebswirtschaftslehre* (12. Aufl.). Franz Vahlen.

Wöhe, G., Döring, U. & Brösel, G. (2023). *Einführung in die Allgemeine Betriebswirtschaftslehre* (28., überarb. u. aktual. Aufl.). Vahlen.

Wolfsberger, J. (2022). Workation: Flexibles Arbeiten aus dem Ausland als Trend: Die personalwirtschaftliche Perspektive. In Deloitte Consulting GmbH (Hrsg.), *Arbeit im Wandel: Hybrid Work, Workation und das Büro der Zukunft. Flexible Working Studie 2022* (S. 24–25). https://www2.deloitte.com/content/dam/Deloitte/at/Documents/human-capital/flexible-working-studie-2022.pdf

Wunderer, R. (2018). *Führung und Zusammenarbeit in Märchen und Arbeitswelten.* Springer Gabler. https://doi.org/10.1007/978-3-658-18167-3

Wyatt, S. (2024). *Antidote to the Crisis of Leadership: Opportunity in Complexity.* De Gruyter. https://doi.org/10.1515/9783110796292

Yee, R. W. Y., Miquel-Romero, M. J. & Cruz-Ros, S. (2020). Work-life management for workforce maintenance: A qualitative comparative study. *Journal Of Business Research, 121*, 329–337. https://doi.org/10.1016/j.jbusres.2020.09.029

Yue, C. A., Thelen, P. D. & Verghese, A. K. (2022). Should I Speak Up? How Supervisory Communication, Team Culture, and Team Relationships Determine Employees' Voice Behavior. *International Journal Of Business Communication, 0*(0). https://doi.org/10.1177/23294884221104794

Yukl, G. (2013). *Leadership in Organizations* (8. Aufl.). Pearson.

Yuningsih, Mardiana, N., Jima, H. & Prasetya, M. D. (2023). The Effect of Hustle Culture on Psychological Distress with Self Compassion as Moderating Variable. In R. Perdana, G. E. Putrawan, B. Saputra & T. Y. Septiawan (Hrsg.), *Proceedings of the 3rd Universitas Lampung International Conference on Social Sciences (ULICoSS 2022). Advances in Social Science, Education and Humanities Research* (Bd. 740, S. 1062–1073). https://doi.org/10.2991/978-2-38476-046-6_102

Zander, G. (2023). *Wundermittel 4-Tage-Woche?: Chancen, Risiken, Grenzen und flexible Alternativen*. Haufe.

Zeeshan, M. (2023). Leadership Lessons Arising from the COVID-19 Pandemic. In D. McGuire & M.-L. Germain (Hrsg.), *Leadership in a Post-COVID Pandemic World* (S. 15–32). De Gruyter. https://doi.org/10.1515/9783110799101-002

Zeschke, M. & Zacher, H. (2022). *Homeoffice*. Hogrefe.

Zheng, X., Schafheitle, S. D. & Van der Werff, L. (2023). Smart Technology in the Workplace: Threats and Opportunities for Trusting Employers. In T. Lynn, P. Rosati, E. Conway & L. Van der Werff (Hrsg.), *The Future of Work. Palgrave Studies in Digital Business & Enabling Technologies* (S. 67–79). Palgrave Macmillan. https://doi.org/10.1007/978-3-031-31494-0_5

Ziegler, D. (2012). *Die industrielle Revolution* (3., bibliogr. aktual. Aufl.). Wissenschaftliche Buchgesellschaft.

Zinkin, J. & Bennett, C. J. (2021). *The Principles and Practice of Effective Leadership*. De Gruyter. https://doi.org/10.1515/9783110707878

Zollondz, H. (2011). *Grundlagen Qualitätsmanagement: Einführung in Geschichte, Begriffe, Systeme und Konzepte* (3., überarb. u. aktual. Aufl.). Oldenbourg. https://doi.org/10.1524/9783486712025

Zorn, V., Baschin, J., Reining, N., Inkermann, D., Vietor, T. & Kauffeld, S. (2021). Team- und Projektarbeit in der digitalisierten Produktentwicklung. In S. Mütze-Niewöhner, W. Hacker, T. Hardwig, S. Kauffeld, E. Latniak, M. Nicklich & U. Pietrzyk (Hrsg.), *Projekt- und Teamarbeit in der digitalisierten Arbeitswelt. Herausforderungen, Strategien und Empfehlungen* (S. 155–178). Springer Vieweg. https://doi.org/10.1007/978-3-662-62231-5_8

Abbildungsverzeichnis

https://doi.org/10.1515/9783111374420-016

Abkürzungen

ABW	Activity-Based Workspace
AGG	Allgemeines Gleichbehandlungsgesetz
AI	Artificial Intelligence
AOK	(Krankenversicherung; ehem. Allgemeine Orts-Krankenkasse)
APAC	Asia-Pacific (Wirtschaftsraum)
ArbSchG	Arbeitsschutzgesetz
ArbStättV	Arbeitsstättenverordnung
ArbZG	Arbeitszeitgesetz
AT	Altes Testament
AT&T	American Telephone & Telegraph Company (ehem. weltgrößte Telefongesellschaft)
BA	Bundesagentur für Arbeit (ehem. BfA, Bundesanstalt für Arbeit)
BAuA	Bundesanstalt für Arbeitsschutz und Arbeitsmedizin
BAG	Bundesarbeitsgericht
BANI	(Acronym) *brittle* (brüchig), *anxious* (ängstlich), *non-linear* (nicht-linear), *incomprehensible* (unbegreiflich)
BATNA	Best Alternative to a Negotiated Agreement
BCG	Boston Consulting Group
BGF	Betriebliche Gesundheitsförderung
BGG	Gesetz zur Gleichstellung von Menschen mit Behinderungen
BGM	Betriebliches Gesundheitsmanagement
BMAS	Bundesministerium für Arbeit und Soziales
BPR	Business Process Reengineering
BPSO	Biological, Psychological, Social, Organizational
BSC	Balanced Scorecard
BWL	Betriebswirtschaft(slehre)
CB	Corporate Behavior
CC	Corporate Communications
CCM	Coach Competence Model
CD	Corporate Design
CH	Schweiz
CI	Corporate Identity
CIP	Continuous Improvement Process (s. a. KVP)
COP	Community of Practice
CSR	Corporate Social Responsibility
CTI	Center for Talent Innovation (New York)
DACH	Deutschland, Österreich, Schweiz
DEI	Diversity Equity Inclusion
DGPP	Deutsche Gesellschaft für Positive Psychologie
Destatis	Statistisches Bundesamt
DGB	Deutscher Gewerkschaftsbund
DGPP	Deutsche Gesellschaft für Positive Psychologie
DIN	Deutsches Institut für Normung
DINK	(Acronym) *double income, no kids*
DIW	Deutsches Institut für Wirtschaftsforschung (Berlin)
ERP	Enterprise-Resource-Planning
EDV	Elektronische Datenverarbeitung
EL	Eltern-Ich (in der Transaktionsanalyse)

https://doi.org/10.1515/9783111374420-017

ELQ	Empowering Leadership Questionnaire
ELS	Empowering Leadership Scale
ER	Erwachsenen-Ich (in der Transaktionsanalyse)
EuGH	Europäischer Gerichtshof
EWCS	European Working Conditions Survey (Europ. Erhebung zu den Arbeitsbedingungen)
FAZ	Frankfurter Allgemeine Zeitung
FGM	Feelgood Management
FK	Führungskraft
FRLT	Full Range of Leadership Theory
FTE	Full time equivalent (Vollzeitstelle)
Gen	Generation(en)
GF	Geschäftsführer
GLOBE-Studie	*Global Leadership* and *Organizational Behavior Effectiveness* Program
HBS	Hans-Böckler-Stiftung (Stiftung des DGB)
HBS	Harvard Business School
HCM	Human Capital Management
HR	Human Resources
HW	Hybrid Work
IAB	Institut für Arbeitsmarkt- und Berufsforschung der Bundesagentur für Arbeit
IAO	Institut für Arbeitswissenschaft und Organisation (Fraunhofer)
IBE	Institut für Beschäftigung und Employability (der Hays AG)
ICF	International Classification of Functioning, Disability and Health (der WHO)
ifaa	Institut f. angewandte Arbeitswissenschaft e. V.
IFBG	Institut für Betriebliche Gesundheitsberatung
Ifo-Institut	ifo Institut – Leibniz-Institut f. Wirtschaftsforschung an der Universität München e.V.
IKT	Informations- u. Kommunikationstechnologien
ILO	International Labour Organization
ISO	International Organization for Standardization (Intl. Organisation für Normierung)
IT	Information Technology
IW	Institut der Deutschen Wirtschaft
Jer	Jeremia (biblischer Prophet)
K	Kind-Ich (in der Transaktionsanalyse)
KapOVAZ	Kapazitätsorientierte variable Arbeitszeit (Arbeit auf Abruf)
Koh	Kohelet
KPI	Key Performance Indicator(s)
KVP	Kontinuierlicher Verbesserungsprozess (s. a. CIP)
LEB	Leadership Empowerment Behavior
LMX-Theorie	Leader-Member Exchange Theory
MBA	Master of Business Administration
MbE	Management by Exception
MbO	Management by Objectives
MBSR	Mindful-Based Stress Reduction
MENA	Middle East and North Africa (als Vertriebsmarkt)
Mt	Matthäus (Evangelium der christlichen Bibel)
MuSchG	Mutterschutzgesetz
MVP	Minimum Viable Products
NASA	*National Aeronautics and Space Administration*
NBER	National Bureau of Economic Research
NLP	Neurolinguistisches Programmieren

NPO	Non-profit organization
OCB	Organizational Citizenship Behavior
OECD	Organisation for Economic Co-operation and Development
ÖPNV	Öffentlicher Personen-Nahverkehr
OKR	Objectives and Key Results
OP	med. Operation(en)
OPO	Open Plan Office
PDCA	Plan – Do – Check – Act (Demin-Rad)
PE	Personalentwicklung
POK	Partner ohne Kinder
Ps.	Person
PwC	PricewaterhouseCoopers (Wirtschaftsprüfungsgesellschaft)
QC	Qualitätszirkel
QWLM	Quality of the Work Life Management
R & D	Research & Development (Forschung & Entwicklung)
REM	Real Estate Management
RoI	Return on Investment
SDT	Self-Determination Theory (Selbstbestimmungstheorie)
Sg.	Singular
SGB	Sozialgesetzbuch (z. B. SGB III: Drittes, von 1998: Arbeitsförderung)
SMART	(Acronym) *specific* (spezifisch), *measurable* (messbar), *assignable* (zuweisbar), *realistic* (realistisch), *time-bound* (zeitgebunden/terminiert)
SWOT	(Acronym) Strenghts – Weaknesses – Opportunities – Threats
TA	Transaktionsanalyse
TOP	Tagesordnungspunkt
TPM	Total Productive Maintenance (ugs., umfassend produktive Instandhaltung)
TQC	Total Quality Control (Umfassende Qualitätskontrolle)
TQM	Total Quality Management
TzBfG	Teilzeit- und Befristungsgesetz
TZI	Themenzentrierte Interaktion
USP	Unique Selling Proposition (Alleinstellungsmerkmal)
VUCA	(Acronym) *volatility* (Unbeständigkeit), *uncertainty* (Unsicherheit), *complexity* (Komplexität), *ambiguity* (Mehrdeutigkeit)
VWL	Volkswirtschaftslehre
WFA	Work from Anywhere
WFB	Work-Family-Balance
WFH	Work from Home
WFO	Work from Office
WHB	Work-Health-Balance
WHO	World Health Organization (Weltgesundheitsorganisation)
WLB	Work-Life-Balance
WLM	Work-Life-Management
WOL	Working Out Loud
WSI	Wirtschafts- und Sozialwissenschaftliche Institut (der HBS)
ZIA	Zentraler Immobilien Ausschuss e. V.

Tabellenverzeichnis

https://doi.org/10.1515/9783111374420-018

Register

https://doi.org/10.1515/9783111374420-019

www.ingramcontent.com/pod-product-compliance
Lightning Source LLC
Chambersburg PA
CBHW071959220326
41599CB00034BA/6748